JN493868

LabVIEW

LabVIEW의 정석 기본편 컬러판

LabVIEW

LabVIEW의 정석 기본편 컬러판

- 본서는 LabVIEW 버전에 상관없이 학습할 수 있습니다.
- LabVIEW의 정석 블로그(http://blog.naver.com/wowlabview)
  에서 실습에 필요한 '실습과 정답'을 다운 받으세요.
- LabVIEW의 정석 시리즈 '저자 직강 교육'이 개설 되었습니다.
  관련 정보는 블로그를 방문하세요.

INFINITYBOOKS
인 피 니 티 북 스

| 손혜영 저 |

머 • 리 • 말

LabVIEW 전문 강사로 일하면서 LabVIEW를 배우고자 하는 엔지니어, 공학도, 교수 등 다양한 분야에 계신 많은 분들을 만날 수 있었습니다. 이분들의 최대 고민은 LabVIEW 실력을 최단 시간에 향상 하는 방법을 찾는 것이었습니다. 이에 대한 해답은 전문가로부터 잘 정리된 핵심 내용을 전달받는 것입니다. 즉 교육을 받는 것이 LabVIEW를 최단 시간에 효율적으로 배울 수 있는 방법이지만, 교육에 참석할 여건이 되지 않는 분들을 위해 LabVIEW를 익히는 데 있어 조금이나마 도움이 될까 하여 이 책을 쓰게 되었습니다.

이 책은 제가 LabVIEW를 강의하면서 고객들이 혼자서 공부하는 데 있어 어려워하는 부분의 내용을 중심으로 가장 기본이면서도 가장 중요한 내용으로 구성하였습니다.

이 책의 특징은 다음과 같습니다.

1. LabVIEW 버전에 상관없이 참조할 수 있는 기본서이다.
2. LabVIEW를 가르치면서 커스터머들이 궁금해 하고 어려워하는 부분을 쉽게 설명하였다.
3. 기존의 LabVIEW 기본 서적들이 다루지 않은 부분들을 보완하였다.
4. 다양한 예제를 제공하여 학교 교재로 사용 가능하다(자가 진단 퀴즈 보완 및 Slide 제공).
5. CLAD 준비를 하고자 하는 분들을 위한 CLAD 문제 풀이를 제공하였다.
6. LabVIEW의 정석 – 응용편을 위한 필수 내용으로 구성하였다.
7. LabVIEW의 정석 시리즈 저자 직강교육 개설

부디 이 책이 여러분의 LabVIEW 실력을 향상하는 데 있어 많은 도움이 되기를 바랍니다. 참고로 후속편인 'LabVIEW의 정석 – 응용편'에서는 LabVIEW를 이용하여 프로젝트를 완성하는 과정과 CLD와 CLA의 준비에 도움이 되는 내용을 수록하였으니 많은 성원 부탁 드립니다.
마지막으로 이 책을 출판하는 데 많은 도움을 주신 한국내쇼날인스트루먼트와 인피니티북스 관계자 여러분께 다시 한 번 감사드립니다.

감사합니다.

저자 손 혜 영

CONTENTS

CHAPTER 04

구조 125

CHAPTER 05

모듈화 프로그램 187

CONTENTS

CHAPTER 08

디자인 패턴 249

CHAPTER 09

데이터 수집 289

Appendix

Appendix 395

LabVIEW의 정석

기본편

CHAPTER

01

LabVIEW 환경 탐색

01 LabVIEW 환경 탐색

LabVIEW를 이용하여 프로그램을 개발하려면 LabVIEW 환경 및 LabVIEW에서 사용하는 용어들을 잘 알고 있어야 합니다. 지금부터 이에 대해 자세히 살펴봅니다.

1-1. LabVIEW 시작 화면

LabVIEW를 처음 실행하면 [그림 1-1-1]과 같은 화면이 나타납니다. 좌측에는 '프로젝트 생성' 버튼이 있고 우측에는 '파일 열기' 버튼이 있습니다. 새 VI을 생성하려면 '프로젝트 생성' 버튼을 클릭하고 새 VI를 선택합니다.

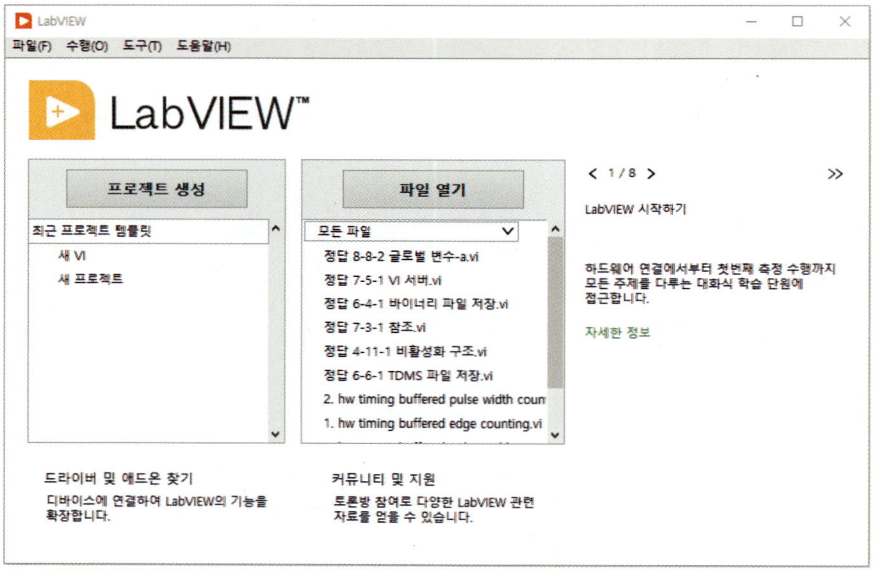

그림 1-1-1 LabVIEW 시작 화면

실습 1.1.1 새 VI를 만들어 봅니다.

1. LabVIEW를 런칭하고 '프로젝트 생성' 버튼을 클릭하면 다음과 같은 화면이 나옵니다.
2. '새 VI'를 선택하고 하단 우측에 '마침' 버튼을 클릭합니다.

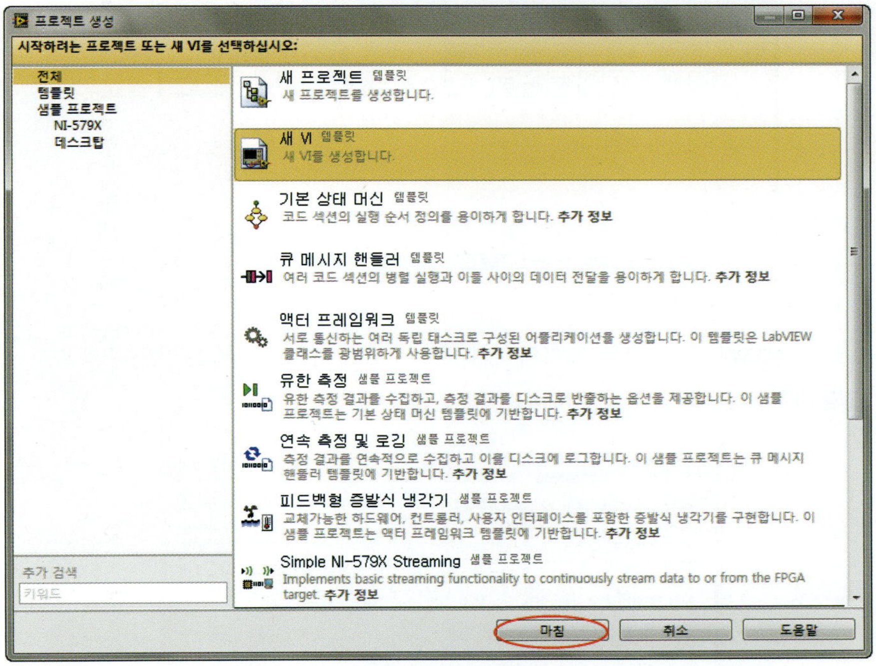

1-2. VI(Virtual Instrument)

실습 1.1.1에서 새롭게 만든 VI는 [그림 1-2-1]처럼 두 개의 창으로 구성이 되어 있습니다. 회색 창은 프런트패널, 흰색 창은 블록다이어그램이라고 합니다. 프런트패널은 사용자 인터페이스를 디자인하는 공간이고, 블록다이어그램은 소스 코드를 작성하는 공간입니다.

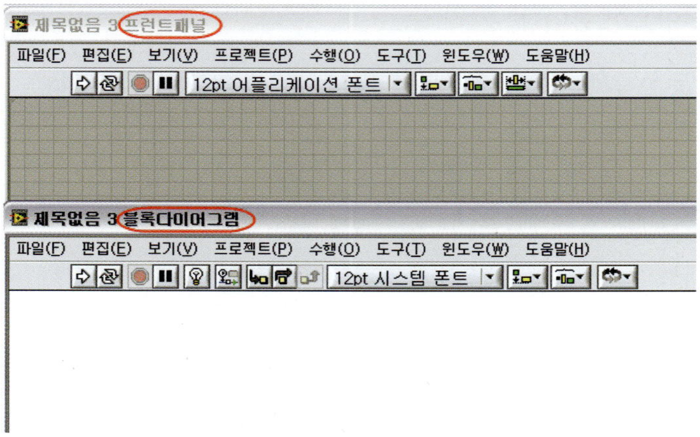

그림 1-2-1 프런트패널과 블록다이어그램

두 개의 창으로 구성되어 있는 VI를 저장합니다. [그림 1-2-2]와 같이 프런트패널 또는 블록다이어그램에서 **파일풀다운메뉴 〉 파일 〉 저장 (Ctrl+S)**을 선택합니다 .

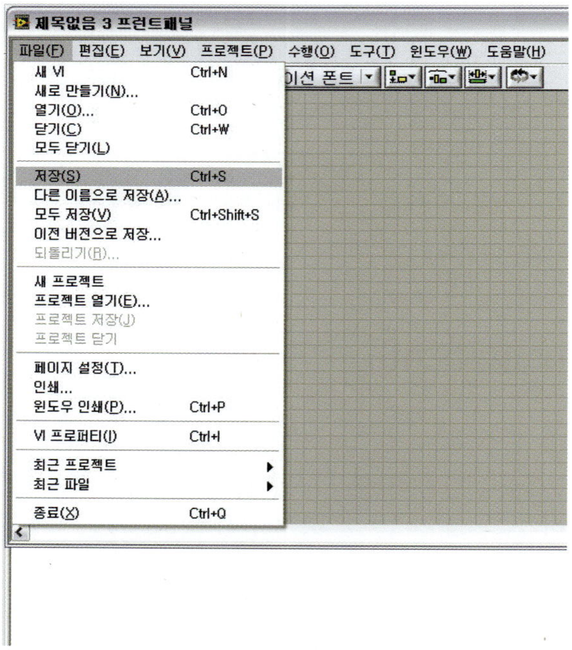

그림 1-2-2 VI 파일 저장 메뉴

[그림 1-2-3]과 같이 파일 입력 창이 나타나고 확장자는 'VI'입니다. 여기서 VI는 가상 계측기(Virtural Instrument)를 의미합니다 .

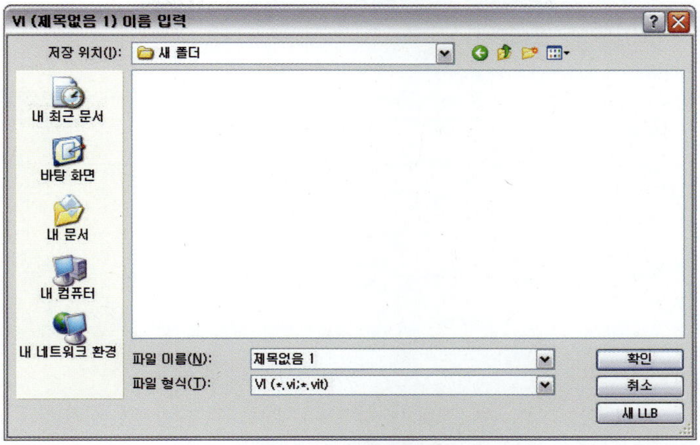

그림 1-2-3 VI 파일

실습 1.2.1 VI를 저장해 봅니다.

1. '실습 1.1.1'에서 새로 만든 VI는 회색의 프런트패널과 흰색의 블록다이어그램으로 구성되어 있습니다.

2. 블록다이어그램이나 프런트패널에서 **파일풀다운메뉴 〉 파일 〉 저장(Ctrl+S)**을 선택하여 'test'라는 이름으로 VI를 저장합니다.

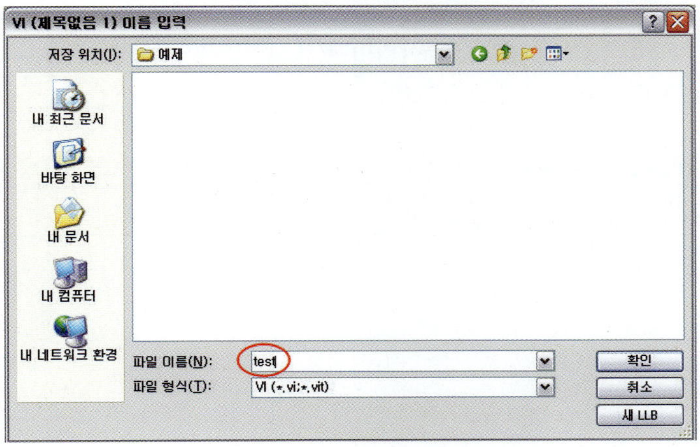

1-3. 프런트패널

프런트패널은 사용자 인터페이스를 구성하는 공간입니다. 프로그램 사용자는 프런트패널을 통해 값을 입력하고 결과값을 확인할 수 있습니다.

그림 1-3-1 프런트패널

1-4. 블록다이어그램

블록다이어그램은 소스 코드를 작성하는 공간입니다. LabVIEW에서 제공하는 다양한 코드 또는 사용자가 직접 만든 코드 등을 이용하여 프로그램을 작성합니다.

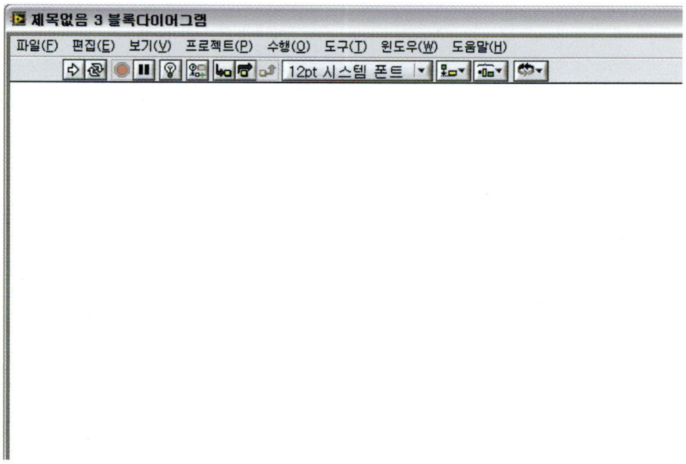

그림 1-4-1 블록다이어그램

1-5. 프로젝트

프로그램 개발 시, 개발 산출물이 VI 하나 이상일 때 프로젝트를 이용하면 체계적으로 프로그램을 관리할 수 있습니다. 프로젝트는 VI 뿐만 아니라 엑셀, 파워포인트, 워드, PDF 등 LabVIEW가 아닌 다른 곳에서 만들어진 파일들도 함께 관리가 가능하며, 개발 완료 후 실행 파일(.exe)[1]과 설치 파일[2]도 프로젝트를 통해 생성이 가능합니다. 프로젝트 파일의 확장자는 .lvproj입니다.

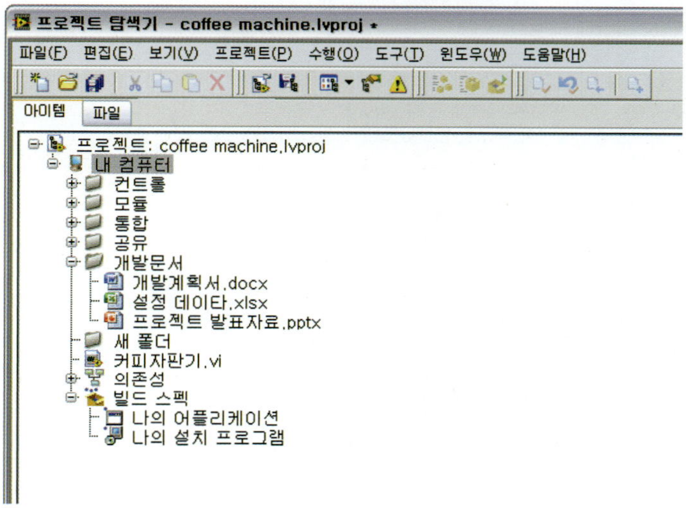

그림 1-5-1 프로젝트

프로젝트에서 사용되는 기능 중 새로 만들기, 추가하기, 저장하기, 삭제하기 등에 대해 살펴봅니다. [그림 1-5-2]처럼 프로젝트 탐색기의 내 컴퓨터에서 마우스 오른쪽 버튼을 클릭하면 바로가기메뉴[3]가 나타나고, 이를 통해 새로 만들기, 추가하기, 저장하기, 삭제하기 등이 가능합니다. 그 외 메뉴들도 한 번씩 선택해 보고 어떤 동작을 하는지 살펴보기 바랍니다.

1 CH 11.8 참조
2 CH 11.9 참조
3 CH 1.9 참조

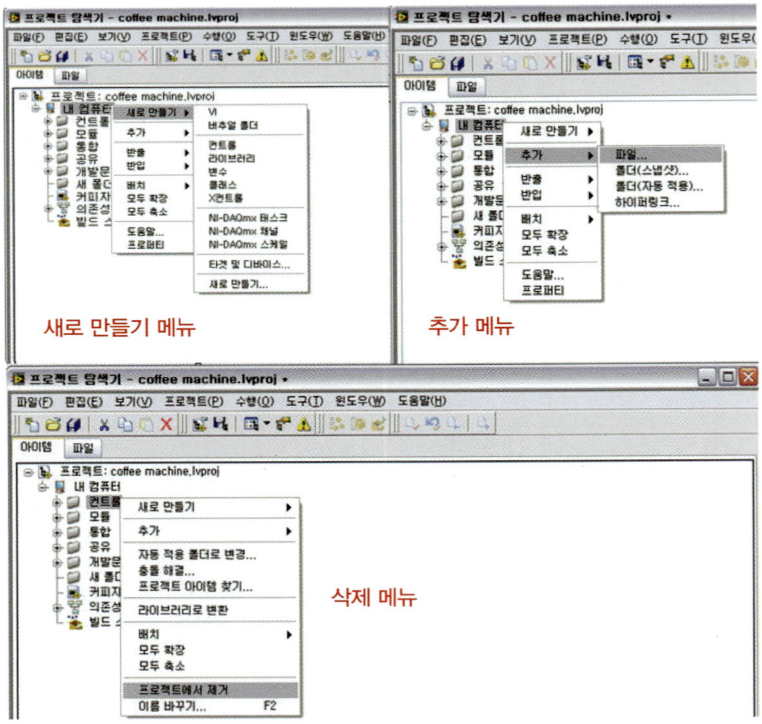

그림 1-5-2 프로젝트 메뉴 사용법

다음으로 프로젝트 사용 시 몇 가지 주의 사항을 살펴보겠습니다.

- 프로젝트의 폴더 구성은 실제 폴더 구성과 똑같이 하는 것이 관리하기가 편리합니다.

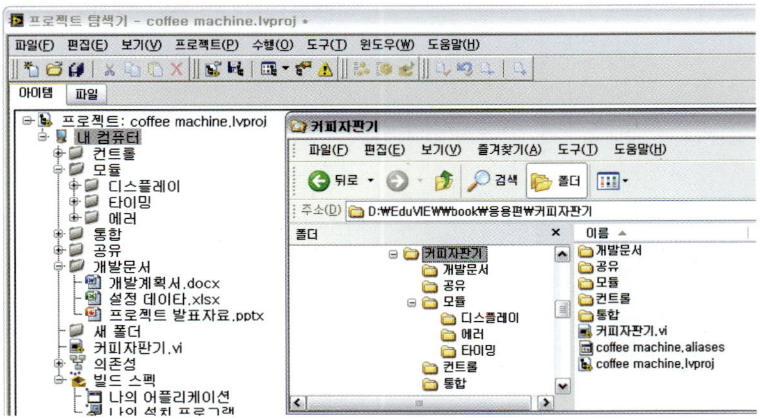

그림 1-5-3 폴더 구성

• 프로젝트에서 버추얼 폴더 생성이 내 컴퓨터상에 실제로 생성되지는 않습니다. 즉 프로젝트상의 폴더는 논리적 폴더이지 물리적 폴더가 아닙니다.

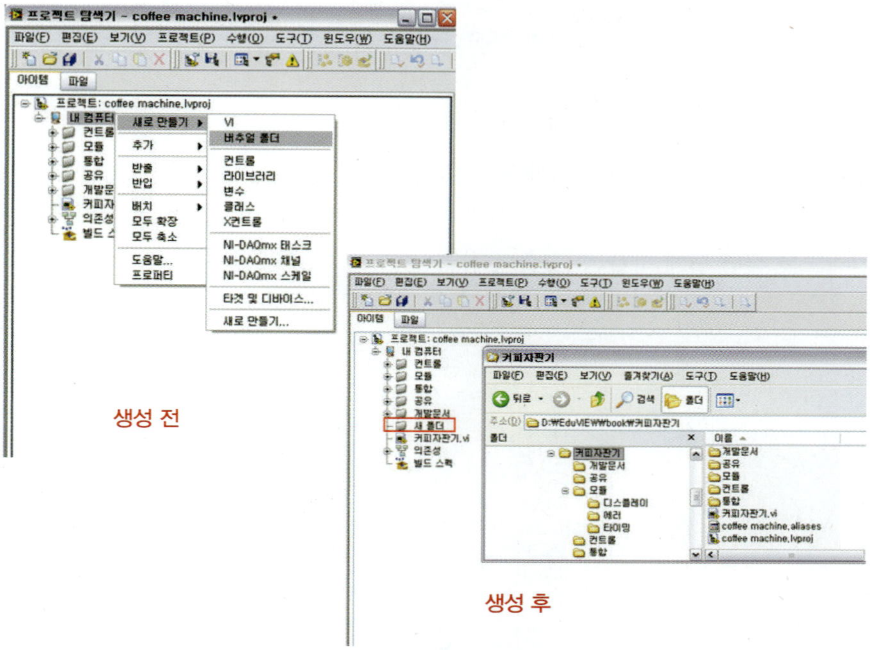

그림 1-5-4 폴더 생성

• 프로젝트에서 버추얼 폴더 및 파일을 삭제한다고 해서 내 컴퓨터에서 실제로 삭제되는 것은 아닙니다.

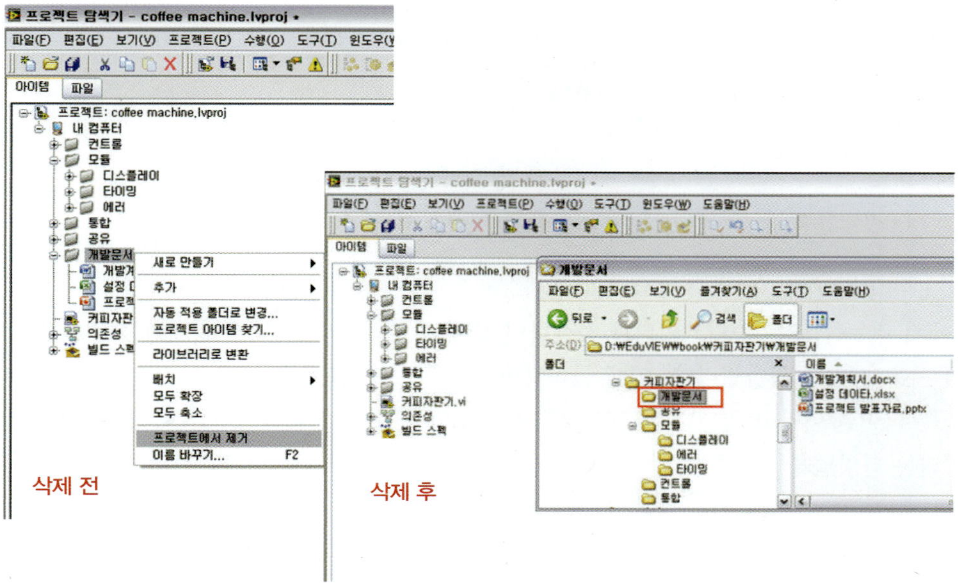

그림 1-5-5 폴더 삭제

1-6. 팔레트

LabVIEW에는 3개의 팔레트가 있습니다. 프런트패널에서 사용하는 컨트롤 팔레트, 블록다이어그램에서 사용하는 함수 팔레트, 프런트패널과 블록다이어그램 둘 다에서 사용 가능한 도구 팔레트가 있습니다.

- **컨트롤 팔레트** : 컨트롤(입력)과 인디케이터(출력)[4]를 모아둔 곳으로 프런트패널에서 마우스 오른쪽 버튼을 클릭하면 나타납니다. 팔레트 우측 상단에 검색 버튼을 이용하여 원하는 컨트롤 또는 인디케이터의 키워드를 주면 쉽게 찾을 수 있습니다.

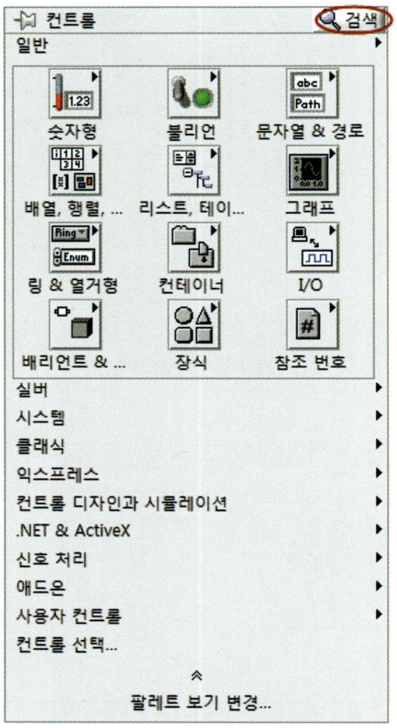

그림 1-6-1 컨트롤 팔레트

팔레트에서 컨트롤 또는 인디케이터를 선택하여 드래그 한 뒤 프런트패널에 원하는 위치에 드롭하면 라벨(이름)을 가지고 생성됩니다. 이때 블록다이어그램에도 똑같은 라벨을 가진 아이콘이 하나 생기는데 이를 터미널[5]이라고 합니다. 프런트패널에서 컨트롤 또는 인디케이터를 더블 클릭하게 되면 이에 매칭되는 터미널을 보여줍니다.

---

4 CH 1.7 참조
5 CH 1.7 참조

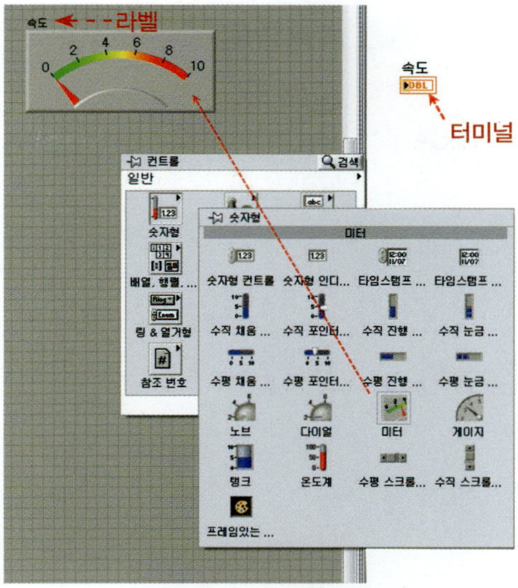

그림 1-6-2 라벨, 터미널

● **함수 팔레트** : LabVIEW에서 제공하는 소스 코드들을 모아둔 곳으로 블록다이어그램에서 마우스 오른쪽 버튼을 클릭하면 나타납니다. 상단에 검색 버튼을 이용하여 원하는 소스 코드의 키워드를 주면 쉽게 찾을 수 있습니다.

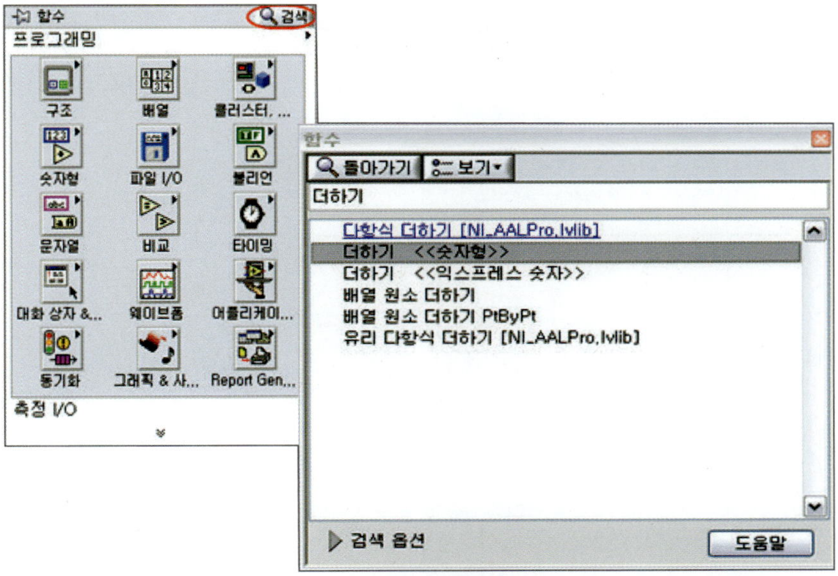

그림 1-6-3 함수 팔레트

사용하고자 하는 소스 코드를 선택하여 드래그한 뒤 블록다이어그램에 원하는 위치에 드롭하면 됩니다.

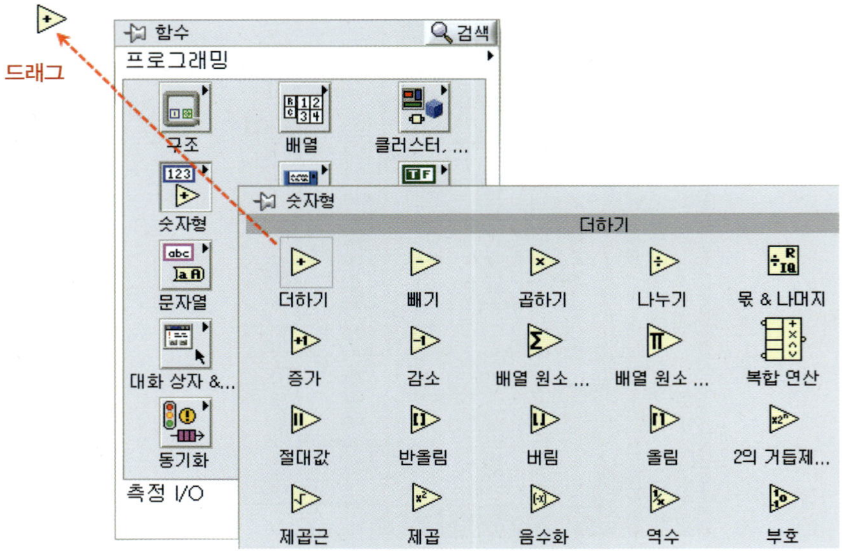

그림 1-6-4 함수 팔레트 사용법

● **도구 팔레트** : 마우스의 기능을 설정할 수 있는 곳으로 프런트패널이나 블록다이어그램에서 'shift + 마우스 오른쪽 버튼 클릭'을 하거나 **파일풀다운메뉴 〉 보기 〉 도구 팔레트**를 하면 나타납니다. 도구 팔레트 최상단에 위치한 자동기능을 사용하면 편리합니다. 자동기능을 사용하면 마우스의 기능이 자동으로 위치에 따라서 변경됩니다. 각 기능을 선택하면 마우스의 포인터 모양이 다음과 같은 모양으로 변경됩니다.

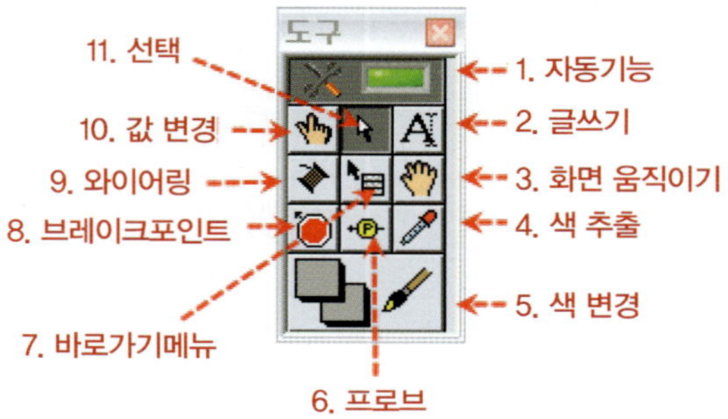

그림 1-6-5 도구 팔레트

지금부터 도구 팔레트의 기능을 살펴봅니다.

1. 자동기능 – 마우스의 기능이 위치하는 곳에 따라 스스로 최적의 기능으로 변경됩니다.
2. 글쓰기 – 프런트패널이나 블록다이어그램에서 글쓰기가 가능합니다. 글을 쓰고자 하는 위치에서 마우스 왼쪽 버튼을 클릭한 후 타이핑합니다.
3 화면 움직이기 – 프런트패널이나 블록다이어그램의 화면을 이동할 때 사용합니다.
4. 색 추출 – 원하는 색상을 추출할 때 사용합니다.
5. 색 변경 – 색상 변경을 원하는 위치에서 마우스 오른쪽 버튼을 클릭하게 되면 색 선택창이 나타나고 원하는 색에 마우스를 위치시키면 색이 변합니다.

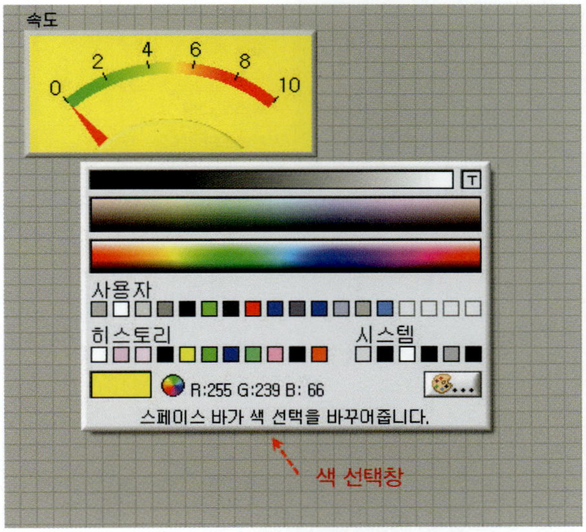

그림 1-6-6 색 선택창

6. 프로브[6] – 원하는 위치에 데이터 값을 모니터링합니다.
7. 바로가기메뉴[7] – 컨트롤이나 인디케이터의 속성을 변경할 수 있는 메뉴가 나타납니다.

6 CH 2.3 참조
7 CH 1.9 참조

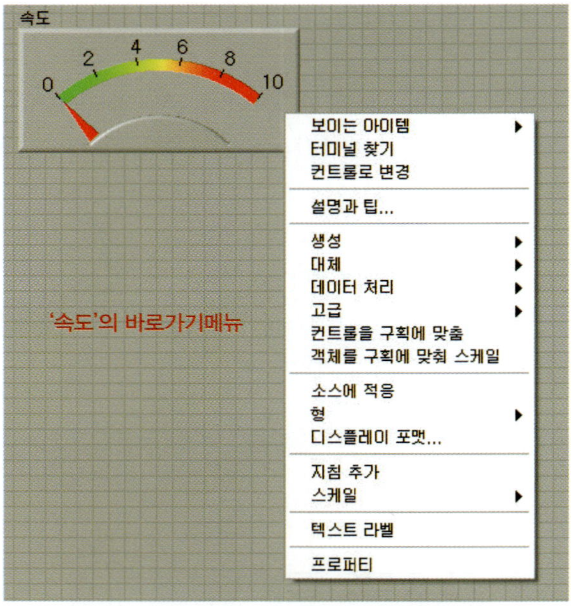

그림 1-6-7 바로가기메뉴

8. 브레이크포인트[8] - 프로그램 실행을 지정한 포인트에서 일시 정지하는 브레이크포인트를 생성합니다.
9. 와이어링 - 블록다이어그램에서 와이어를 연결하는 데 사용합니다.
10. 값 변경 - 컨트롤의 값을 변경합니다.
11. 선택 - 프런트패널이나 블록다이어그램에서 원하는 부분을 선택하는 기능입니다. 선택해서 이동 또는 삭제 및 크기 조정 등의 작업을 하게 됩니다.

실습 1.6.1 컨트롤 팔레트, 함수 팔레트, 도구 팔레트를 사용해 봅니다.

1. '실습 1.2.1'에서 저장한 'test.vi'의 프런트패널에서 마우스 오른쪽 버튼을 클릭하여 컨트롤 팔레트가 나타나는지 확인합니다.
2. 블록다이어그램에서 마우스 오른쪽 버튼을 클릭하여 함수 팔레트가 나타나는지 확인합니다.
3. 프런트패널에서 **파일풀다운메뉴 〉 보기 〉 도구 팔레트(Shift + 마우스 오른쪽 버튼을 클릭)**하여 도구 팔레트가 나타나는지 확인합니다.
4. 도구 팔레트에서 색 변경을 선택하여 프런트패널을 원하는 색으로 변경합니다.

8 CH 2.4 참조

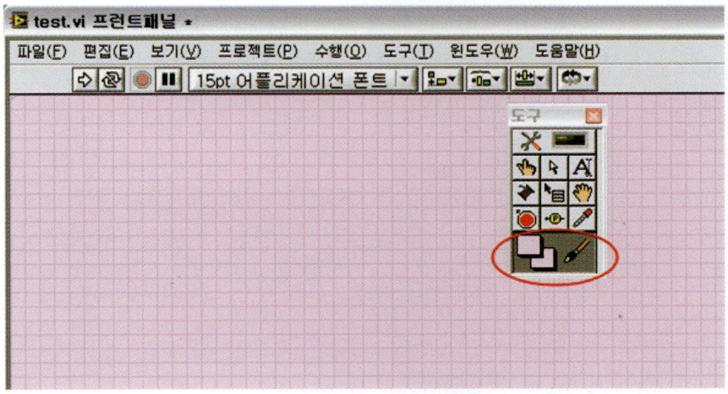

5. 도구 팔레트에서 자동기능을 선택하고 도구 팔레트를 닫습니다.

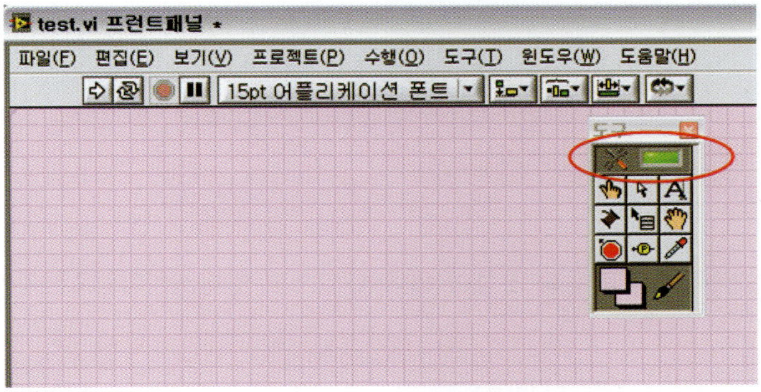

6. VI를 저장합니다.

1-7. 컨트롤/인디케이터/상수/터미널

LabVIEW에서는 입력을 컨트롤, 출력을 인디케이터, 변하지 않는 값을 상수라고 합니다. 프런트패널에서 컨트롤이나 인디케이터를 만들면 블록다이어그램에서 각각의 컨트롤과 인디케이터에 1:1로 매칭되는 것을 터미널이라고 합니다.

예를 들어 'a+3=b' 수식에서 'a'는 컨트롤, '3'은 상수, 'b'는 인디케이터입니다. 컨트롤과 인디케이터는 프런트패널에서, 상수는 블록다이어그램에서만 사용 가능합니다. 또한 블록다이어그램에 터미널이 생성되어 있습니다. 여기서 'a', 'b'는 라벨입니다.

프런트패널에서 컨트롤 또는 인디케이터를 선택한 후, 더블 클릭을 하면 각각에 해당하는 터미널들을 블록다이어그램에서 찾아줍니다. 반대로 터미널에서 더블 클릭을 해도 각각에 매칭되는 컨트롤 또는 인디케이터를 찾아줍니다.

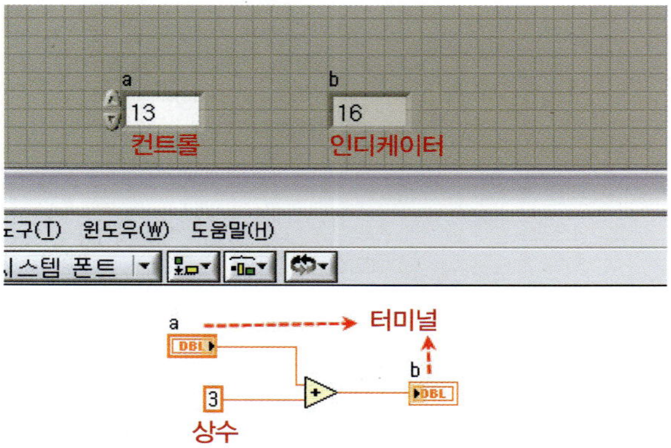

그림 1-7-1 컨트롤, 인디케이터, 상수

블록다이어그램에서 터미널의 화살표 방향이 왼쪽에 있으면 인디케이터, 오른쪽에 있으면 컨트롤입니다.

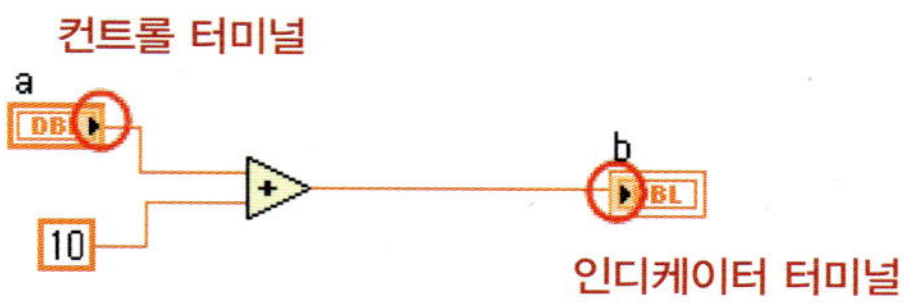

그림 1-7-2 터미널의 구분

실습 1.7.1 컨트롤, 인디케이터, 터미널을 만들어 봅니다.

1. '실습 1.6.1'에서 저장한 VI의 프런트패널에 컨트롤 팔레트에서 숫자형 컨트롤 2개와 숫자형 인디케이터 하나를 가져다 놓고 라벨을 'a', 'b', 'c'로 변경합니다.

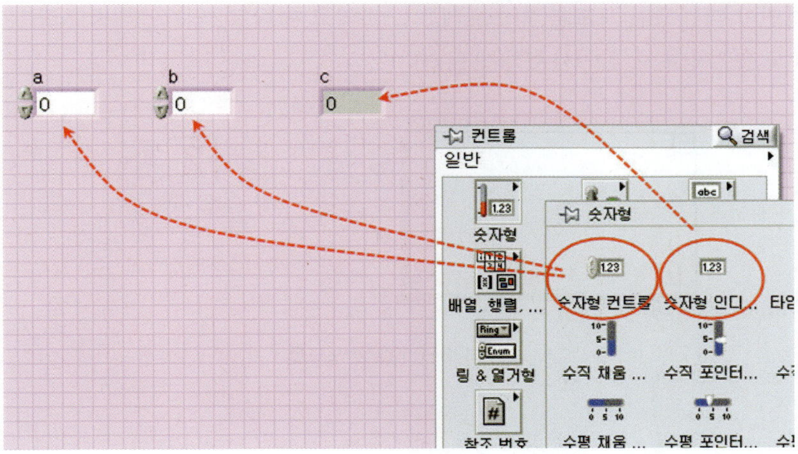

2. 블록다이어그램에서 a, b, c의 터미널이 생겼는지 확인하세요.

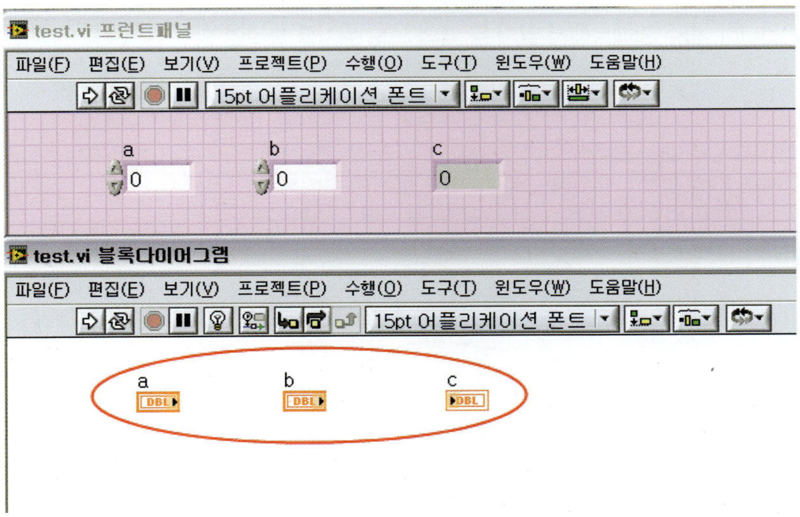

3. VI를 저장합니다.

1-8. 노드

LabVIEW에서는 함수 팔레트에서 상수를 제외한 나머지들인 함수, subVI, 구조들을 노드라고 합니다. 즉 입력 또는 출력을 가지고 있는 블록다이어그램의 객체를 의미합니다. [그림 1-8-1]에서 세 번째 있는 바탕화면이 파란색인 노드를 익스프레스 노드라고 합니다. 익스프레스 노드는 대화 창을 이용해 설정하는 노드로써 초보자가 사용하기 쉽습니다.

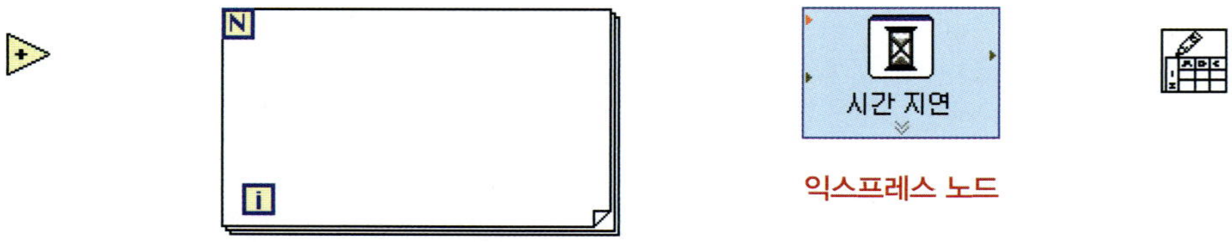

그림 1-8-1 다양한 노드들

실습 1.8.1 노드를 사용해 보고 와이어링하는 법을 익힙니다.

1. '실습 1.7.1'에서 저장한 VI의 블록다이어그램에 3*(a+b)=c를 구현하기 위해서 필요한 노드, 즉 **더하기**.vi와 **곱하기**.vi를 위치시킵니다. 함수 팔레트에서 앞의 두 개의 노드 위치를 모르면 함수 팔레트의 검색을 이용하세요.

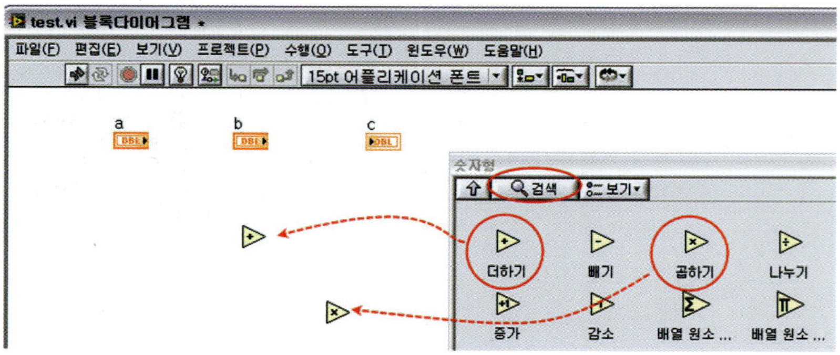

2. a와 b를 **더하기**.vi의 x와 y에 와이어링하고 **더하기**.vi의 출력을 **곱하기**.vi의 x, **곱하기**.vi의 출력을 c에 와이어링합니다. 와이어링하는 방법은 터미널의 검정화살표( )에 마우스를 위치시켜 마우스가 실패모양( )으

로 되고 클릭을 하면 와이어가 연결됩니다. 마우스를 노드의 원하는 지점에 위치시키면 기본 도움말[9](Ctrl+H)에서 깜빡이는 것을 확인한 후 클릭해 주면 와이링이 완성됩니다.

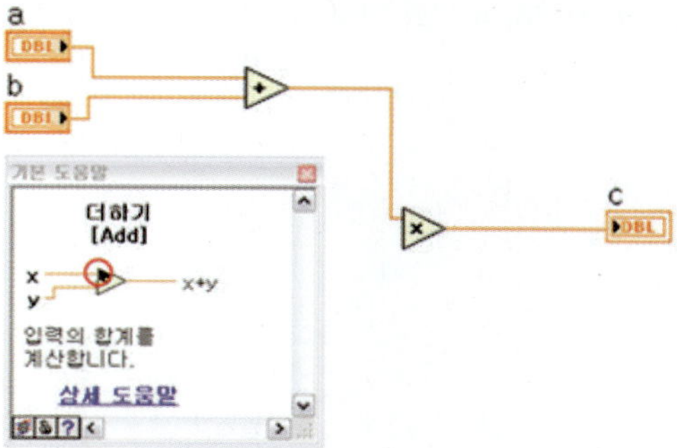

3. VI를 저장합니다.

1-9. 바로가기메뉴

프런트패널에서 컨트롤이나 인디케이터에서 혹은 블록다이어그램에서 터미널, 와이어, 노드 등에 마우스를 올려놓고 오른쪽 버튼을 클릭 하면 바로가기메뉴가 나타납니다. [그림 1-9-1]에서 바로가기메뉴는 조금씩 메뉴의 차이가 있습니다. 바로가기메뉴를 이용해 속성이나 설정, 기능 등을 편집할 수 있습니다.

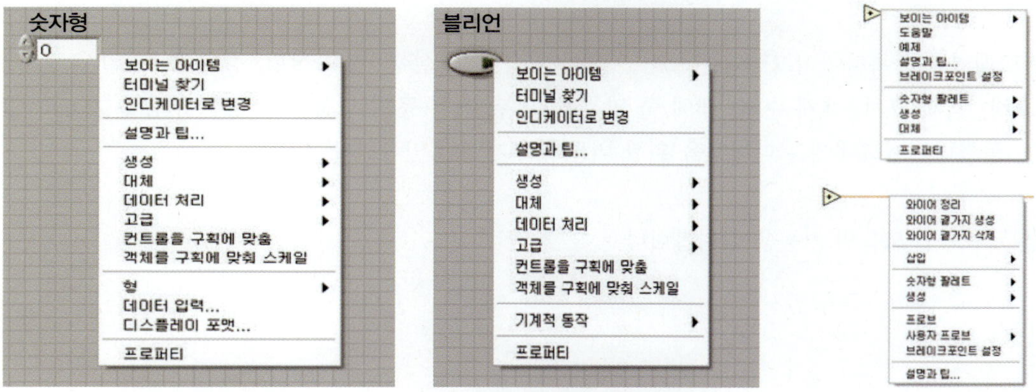

그림 1-9-1 다양한 바로가기메뉴

9 CH 1.13 참조

실습 1.9.1 바로가기메뉴 사용법을 익힙니다.

1. '실습 1.8.1'에서 저장한 VI의 블록다이어그램에서 **곱하기.vi**의 y에서 마우스 오른쪽 버튼을 클릭하면 **곱하기.vi**의 **바로가기메뉴 〉 생성 〉 상수**를 선택하여 '3'을 입력합니다.

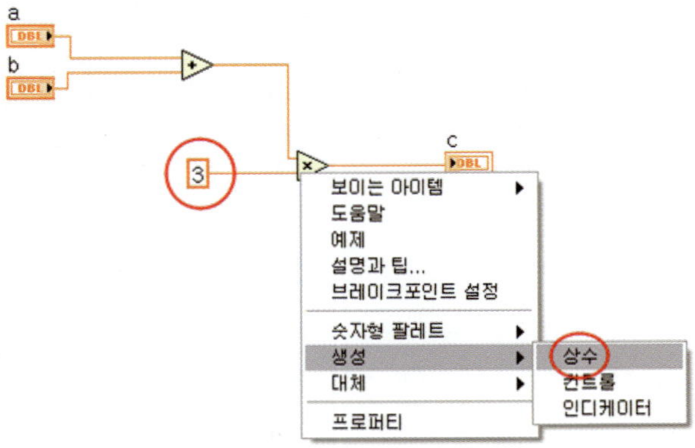

2. VI를 저장합니다.

1-10. 도구 모음

프런트패널과 블록다이어그램에는 도구 모음이 있습니다. 실행, 연속 실행, 강제 종료, 일시 정지, 폰트 조정, 객체 크기, 객체 순서, 객체 줄 맞추기, 앞뒤 위치 등을 조정할 수 있는 기능을 가지고 있습니다. 블록다이어그램에는 디버깅을 위한 버튼이 추가되어 있습니다.

지금부터 도구 모음의 기능을 살펴봅니다.

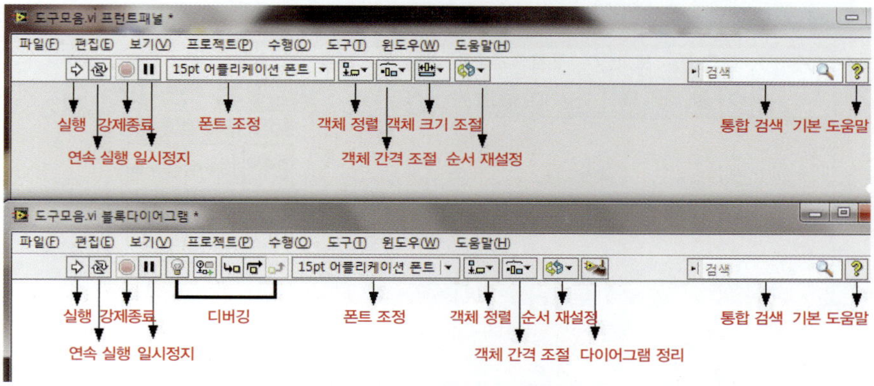

그림 1-10-1 도구 모음

- 실행 – 프로그램 실행
- 연속 실행 – 프로그램을 연속적으로 반복해서 실행
- 강제 종료 – 프로그램을 강제적으로 종료
- 폰트 조정 – 프런트패널/블록다이어그램의 폰트 사이즈, 색상, 글씨체 등 변경
- 객체 정렬 – 객체(컨트롤, 인디케이터, 노드 등)들의 줄을 맞춤
- 객체 간격 조절 – 객체들의 간격 조정
- 객체 크기 조절 – 객체들의 사이즈 조정
- 순서 재설정 – 객체들의 앞뒤 순서 변경과 그룹화 또는 그룹 해제를 가능하게 함
- 디버깅[10] – 프로그램을 디버깅할 때 사용
- 통합 검색 – 키워드를 검색할 때 ni.com, LabVIEW 도움말, 팔레트를 모두 검색하여 결과를 보여줌
- 기본 도움말 – 기본 도움말 창을 보여줌

실습 1.1.1 도구 모음을 사용해 봅니다.

1. '실습 1.8.1'에서 저장한 VI의 a, b, c를 전체 선택하여 프런트패널의 도구 모음에서 객체 줄 맞추기(객체 정렬)에서 아래쪽 경계를 선택하여 객체들을 정렬합니다.

10 CH 2 참조

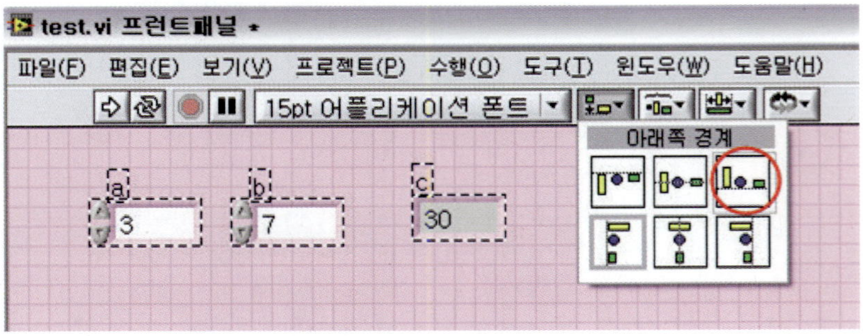

2. 프런트패널에서 a, b에 '3', '7'을 입력하고 도구 모음에서 실행 버튼을 누르면 c에 '30'이 출력되는지 확인하세요.

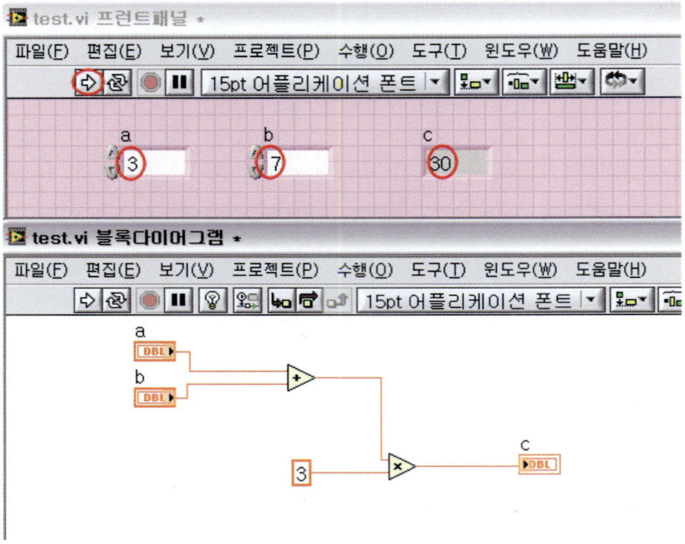

3. VI를 저장합니다.

1-11. 환경 설정

프런트패널과 블록다이어그램에 **파일풀다운메뉴 > 도구 > 옵션**을 선택하면 LabVIEW의 여러 가지 환경을 설정할 수 있습니다. [그림 1-11-1]처럼 항목에서 '환경'을 선택하고 'VI에서 최대 실행 취소 단계'를 최대값 '99'로 설정하면 실행 취소가 이전 99번까지 진행되어 프로그램할 때 유용합니다.

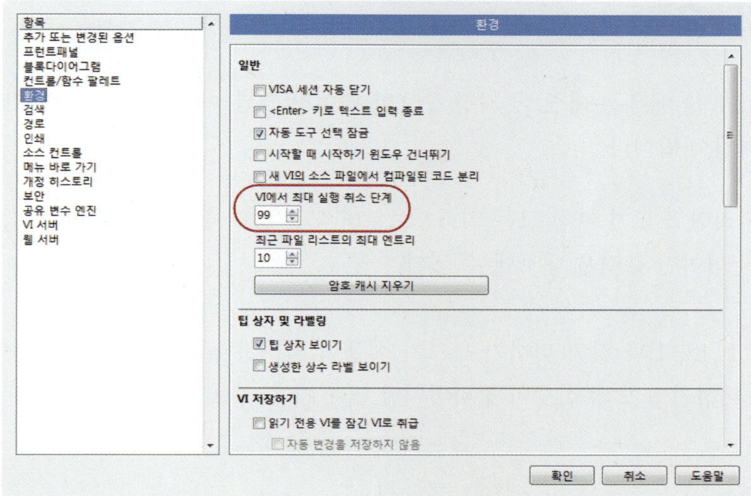

그림 1-11-1 'VI에서 최대 실행 취소 단계' 환경 설정

항목에서 '블록다이어그램' 선택 시 '프런트패널 터미널을 아이콘으로 놓기'를 체크하지 않으면 블록다이어그램 터미널의 사이즈가 작아지고 공간 절약을 할 수 있어 편리합니다.

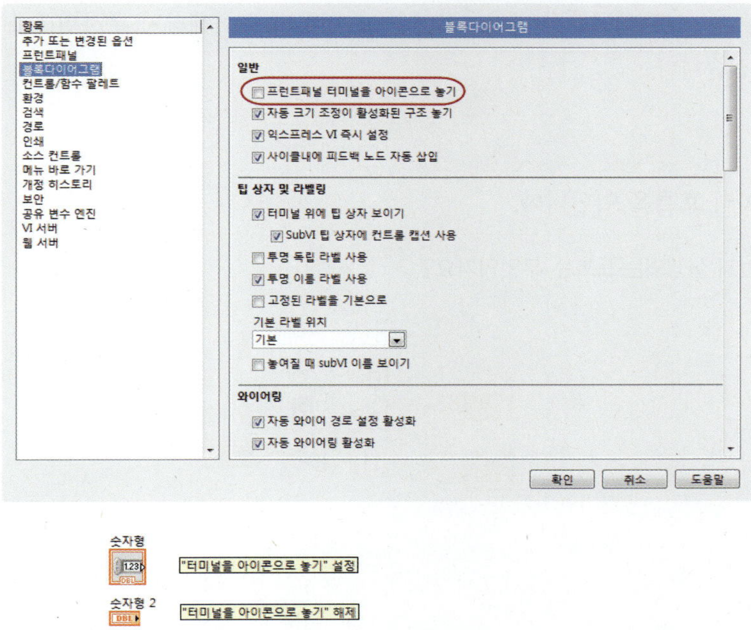

그림 1-11-2 '프런트패널 터미널을 아이콘으로 놓기' 환경 설정

이외에도 여러 가지 설정들을 변경하여 어떤 변화가 일어나는지 살펴보기 바랍니다.

1-12. 데이터 흐름

지금부터 LabVIEW를 배우는 데 있어 가장 중요한 데이터 흐름 이야기를 할 것입니다. 다음 두 가지를 반드시 기억하길 바랍니다.

- 노드가 실행되려면 노드가 가진 모든 입력으로부터 모든 값이 들어와야 한다.
- 노드 실행이 끝나야만 출력을 내보낼 수 있다.

예를 들어 [그림 1-12-1]과 같이 더하기 노드가 실행이 될려면 'a', 'b'의 값이 다 들어와야지만 노드가 실행이 되고, 더하기 노드의 실행이 끝나야지만 'c'에 값을 내보낼 수 있습니다.

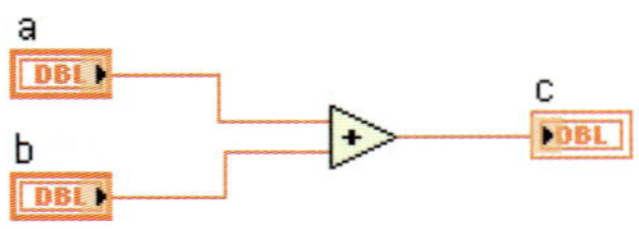

그림 1-12-1 데이터 흐름

위의 데이터 흐름은 아주 당연한 이야기이지만 이를 정확하게 이해하지 못하면 LabVIEW 프로그램을 이해할 수가 없습니다.

실습 1.12.1 데이터 흐름을 익힙니다.

1. 다음 중 가장 먼저 실행되는 노드는 무엇인가요?

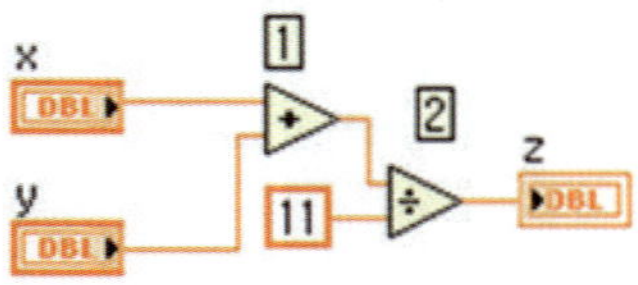

① 더하기 ② 나누기
③ 더하기와 나누기 중 무엇이 먼저 실행될지 모른다.

➔ **정답 ① : 나누기는 더하기의 출력을 입력으로 받아야함.**

2. 다음 중 가장 먼저 실행되는 노드는 무엇인가요?

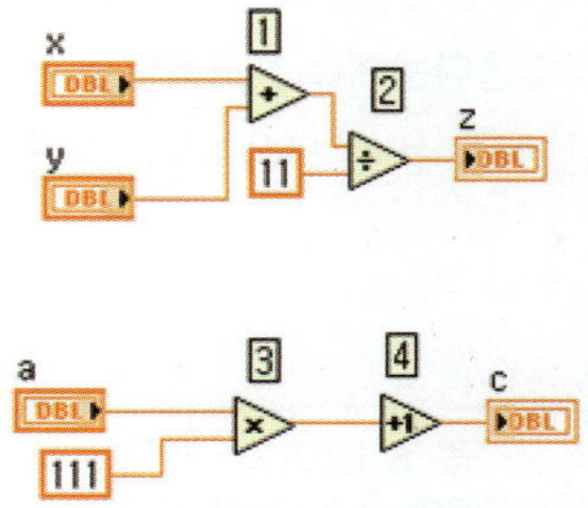

① 더하기 ② 나누기

③ 곱하기 ④ 증가

⑤ 더하기와 곱하기 중 무엇이 먼저 실행될지 모른다.

➔ **정답 ⑤ : 더하기와 곱하기의 모든 입력에 값이 들어와 있음.**

3. 다음 그림에 두 개의 **나누기**.vi가 있습니다. 둘 중 마지막에 실행되는 노드는 무엇인가요?

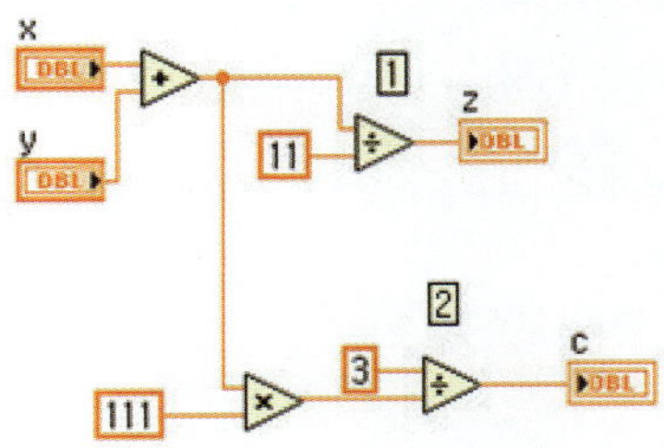

① ❶번 나누기 ② ❷번 나누기

③ ❶번 나누기와 ❷번 나누기 중 무엇이 나중에 실행될지 모른다.

➔ **정답 ③ : 더하기만 실행이 끝나면 ❶번 나누기와 곱하기 중 뭐가 먼저 실행될지 순서를 정할 수 없으므로 ❶번과 ❷번의 나누기의 실행 순서를 결정할 수 없음.**

1-13. 기본 도움말

컨트롤/함수 팔레트에 있는 개체들의 도움말을 참조하는 습관을 기르면 LabVIEW 실력을 빠르게 향상시킬 수 있습니다. 기본 도움말은 **파일풀다운메뉴 〉 도움말 〉 기본 도움말 보이기(Ctrl+H)**를 선택하면 됩니다. [그림 1-13-1]의 기본 도움말에서 '상세 도움말'을 클릭하면 해당 노드의 자세한 설명을 볼 수 있습니다.

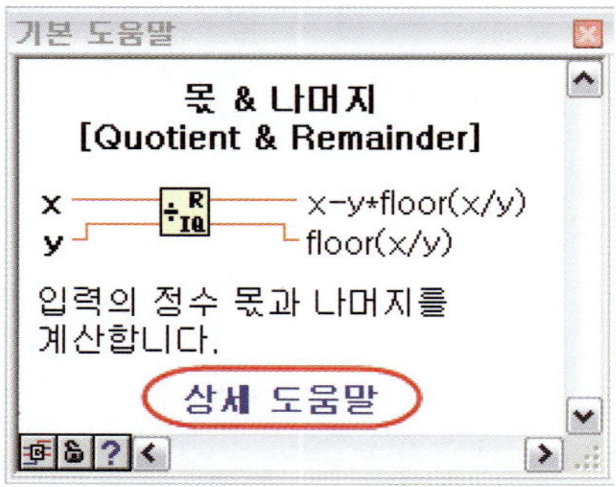

그림 1-13-1 도움말

실습 1.13.1 기본 도움말을 사용해 봅니다.

1. '실습 1.8.1'에서 저장한 test.vi의 블록다이어그램에서 기본 도움말(Ctrl+H)을 보이게 하고 **곱하기**.vi에 마우스를 위치시키면 **곱하기**.vi의 기본 도움말을 확인할 수 있습니다.

2. **곱하기**.vi의 상세 도움말을 확인해 보세요.

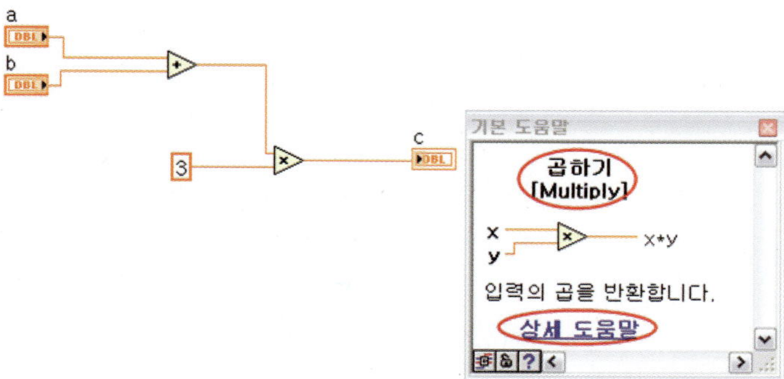

1-14. 예제 찾기

LabVIEW의 예제를 참조하는 방법은 **파일풀다운메뉴 〉 도움말 〉 예제 찾기**를 선택하면 됩니다. [그림 1-14-1]처럼 주제별로 카테고리화되어 있습니다.

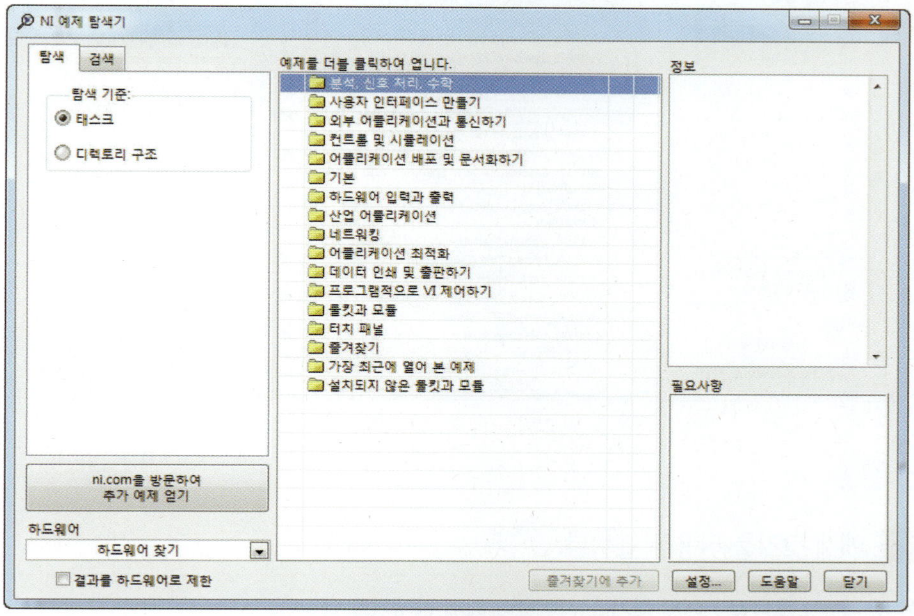

그림 1-14-1 예제 찾기

[그림 1-14-2]에서 검색된 예제들을 선택하면 우측 상단 정보에서 예제에 대한 설명을 확인할 수 있고, 만약 이 예제를 실행하는 데 추가적으로 필요한 하드웨어/소프트웨어가 있다면 우측 하단 필요사항에서 해당 모델명 확인이 가능합니다.

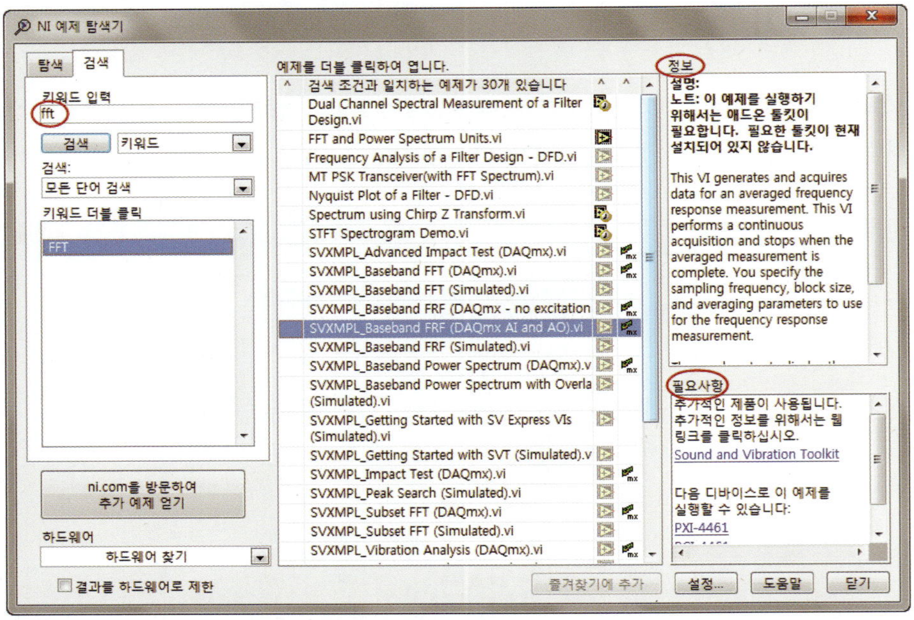

그림 1-14-2 예제 찾기

실습 1.14.1 예제 찾기를 사용해 봅니다.

1. 파일풀다운메뉴 〉 도움말 〉 예제 찾기를 선택하여 예제 탐색기를 엽니다.

2. 검색에서 키워드 입력에 '더하기'를 입력하여 Numeric Functions.vi를 열고 실행해 봅니다.

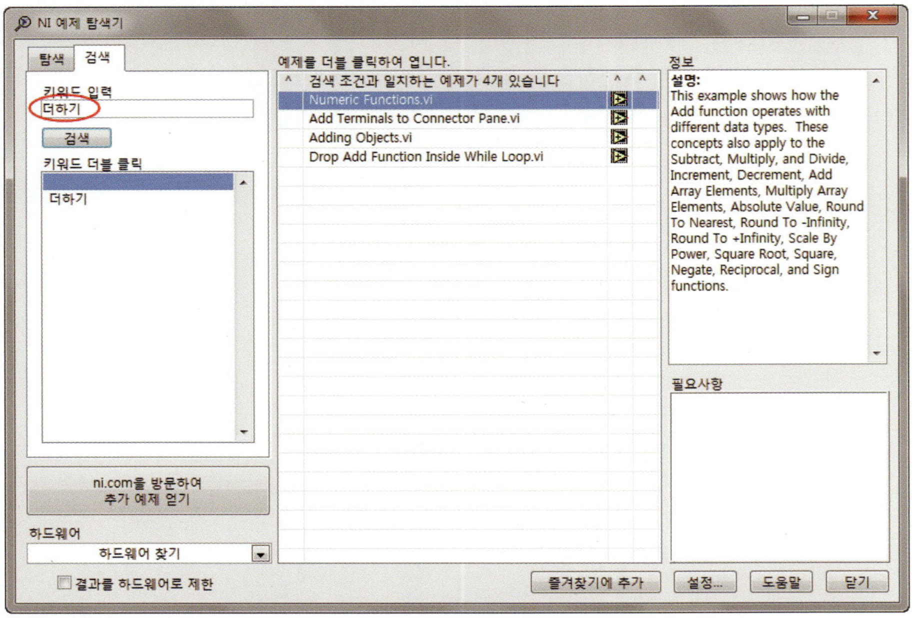

1-15. 빠른 탐색

프런트 패널 또는 블록다이어그램에서 Ctrl+Space를 하면 빠른 탐색이 나타납니다. 말 그대로 빠르게 컨트롤 팔레트 또는 함수 팔레트의 내용을 검색할 수 있습니다.

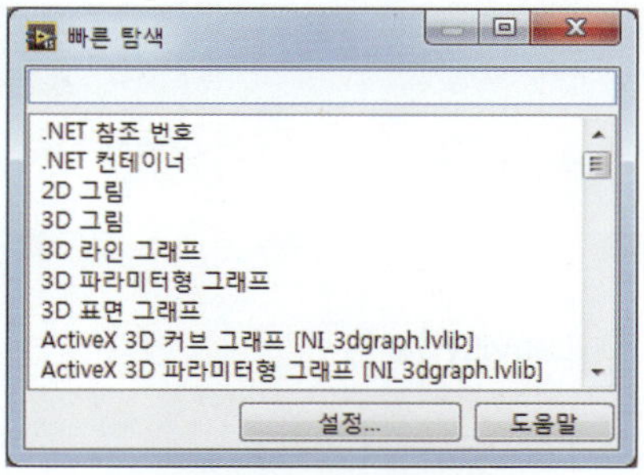

그림 1-15-1 빠른 탐색

그리고 '도움말'을 클릭하여 '빠른 탐색 키보드 바로가기' 항목을 참조하면 훨씬 더 다양한 단축키를 알아볼 수 있습니다.

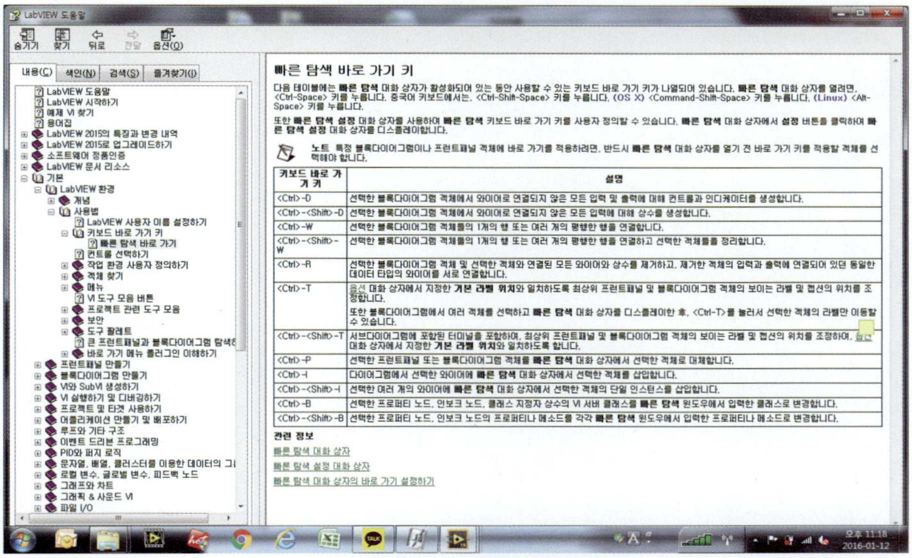

그림 1-15-2 빠른 탐색 바로가기

Tip **자주 사용하는 단축키**

- Ctrl + N : 새 VI 열기
- Ctrl + R : VI 실행
- Ctrl + S : VI 저장
- Ctrl + Z : 실행 취소(UnDo)
- Ctrl + Shift + Z : 다시 실행(ReDo)
- Ctrl + H : 도움말 열기
- Ctrl + Space : 빠른 탐색

자가 진단 퀴즈

LabVIEW

❶ ______________ 은/는 사용자 인터페이스를 구성하는 공간입니다.

❷ ______________ 은/는 소스 코드를 작성하는 공간입니다.

❸ LabVIEW는 ______________, ______________, ______________ 의 3가지 팔레트를 가지고 있습니다.

❹ LabVIEW에서 입력은 ______________ 라고/이라고 합니다.

❺ LabVIEW에서 출력은 ______________ 라고/이라고 합니다.

❻ 프런트패널에서 컨트롤이나 인디케이터를 생성하면 블록다이어그램에 ______________ 가/이 생성됩니다.

❼ 함수 팔레트에서 ____________ 을/를 제외하고 모든 함수, subVI, 구조들을 ____________ 라고/이라고 합니다.

❽ 프로젝트의 확장자명은 ______________ 입니다.

❾ 데이터 흐름에 대해 설명하세요.

CHAPTER 요약

LabVIEW

| LabVIEW 환경 탐색 요약 |

- VI는 LabVIEW의 가장 대표적인 파일 확장자입니다.
- 프런트패널은 사용자 인터페이스를 구성하는 공간입니다.
- 블록다이어그램은 소스 코드를 작성하는 공간입니다.
- 프로젝트란 프로그램 개발 시 효율적으로 산출물들을 관리하기 위한 파일입니다.
- LabVIEW에는 컨트롤 팔레트, 함수 팔레트, 도구 팔레트가 있습니다.
- 컨트롤은 입력, 인디케이터는 출력, 상수는 변하지 않는 값을, 노드는 함수 팔레트에 있는 상수를 제외한 소스 코드들을 의미합니다.
- 데이터 흐름이란 노드는 입력이 들어와야지만 실행되고, 실행이 완료되어야지만 출력을 내보낼 수 있습니다.
- 항상 기본 도움말을 참조하세요.

LabVIEW의 정석

기본편

CHAPTER

02

디버깅

02 디버깅

LabVIEW를 이용하여 프로그램을 개발하려면 디버깅 방법을 알아야 합니다. 지금부터 디버깅 즉 프로그램의 오류 발생 시 이를 수정하는 방법들에 대해 살펴봅니다.

2-1. 실행버튼이 깨어진 VI

VI의 실행버튼이 깨져 있는 모습을 간혹 볼 수 있습니다. 이는 VI에 문법적으로 문제가 있다는 의미입니다. 깨진 실행버튼을 클릭하면 에러 리스트 창이 나타납니다. 에러 리스트에서 몇 개의 에러가 발생을 했는지 그리고 왜 발생을 했는지의 정보가 있습니다.

[그림 2-1-1]에서 보면, 1개의 에러가 있다고 알려줍니다. 에러 메시지가 나열되고 나열된 에러를 선택하여 더블 클릭하게 되면 에러가 발생한 부분을 찾아 하이라이트합니다.

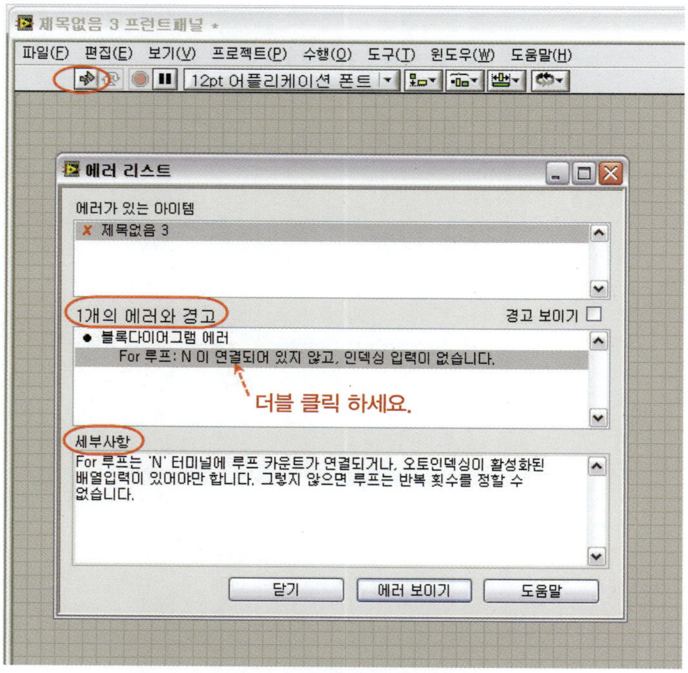

그림 2-1-1 실행버튼이 깨진 VI

2-2. 실행 하이라이트

실행 하이라이트를 활성화한 뒤 프로그램을 실행하면서 데이터 흐름을 직접 확인할 수 있습니다. 블록다이어그램의 도구 모음에서 실행 하이라이트를 활성화하면 [그림 2-2-1]처럼 전구 모양에 불이 들어옵니다. 그리고 프로그램을 실행시키면 천천히 실행되면서 데이터의 흐름이나 실행 순서 등을 확인할 수 있습니다. 사용이 끝나면 실행 하이라이트를 끕니다.

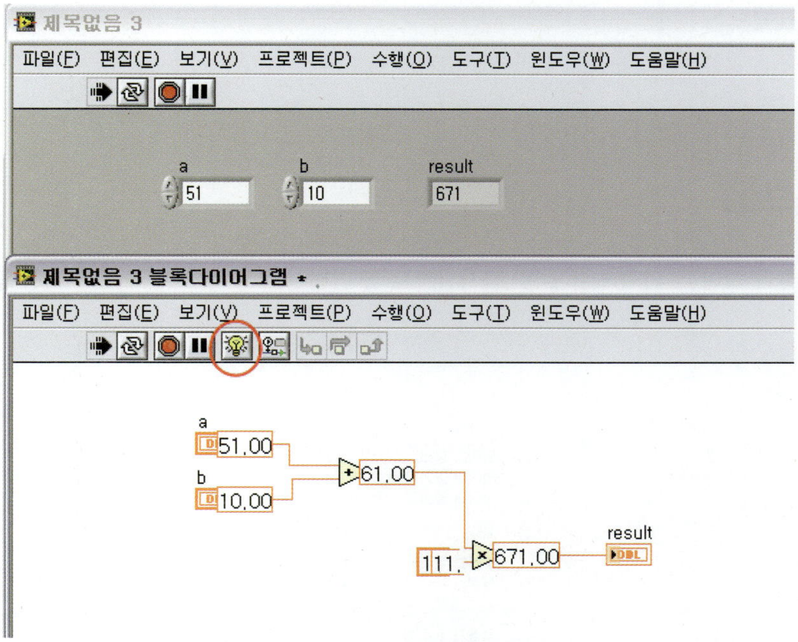

그림 2-2-1 실행 하이라이트 실행

실습 2.2.1 실행 하이라이트를 사용해 봅니다.

1. '실습 1.8.1'에서 저장한 test.vi를 열고 프런트패널에서 a, b에 '3', '7'을 입력합니다.

2. 실행 하이라이트를 켜고 실행버튼을 클릭하세요.

3. 블록다이어그램에서 데이터의 흐름을 확인해 보세요.

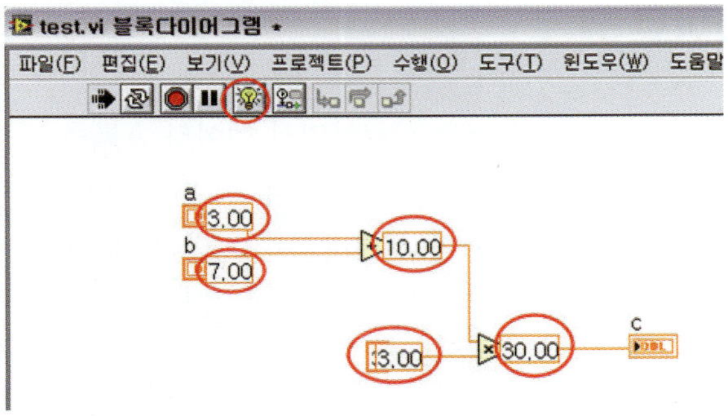

2-3. 프로브

블록다이어그램의 원하는 위치에서 값을 실시간으로 모니터링하고 싶으면 프로브 기능을 이용합니다.

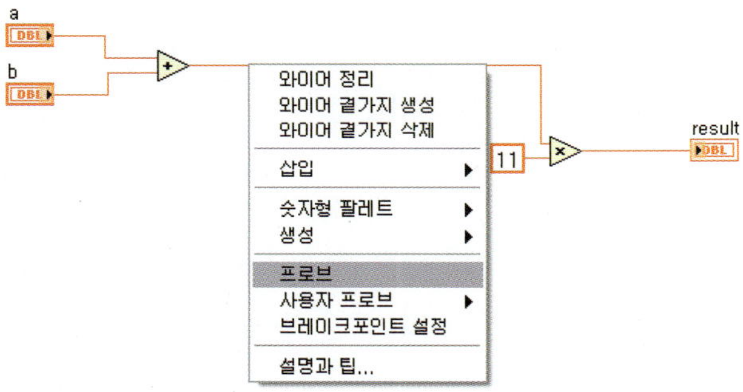

그림 2-3-1 프로브 생성

[그림 2-3-2]에서 블록다이어그램의 1번과 2번의 위치에서 마우스 오른쪽 버튼을 클릭하여 프로브를 만들어 프로브 창을 통해 실시간으로 데이터를 모니터링하고 있습니다. 프로브는 사용자가 만들고 싶은 만큼 만들 수 있습니다. 프로브를 없애려면 프로브 창을 닫으면 됩니다. 참고로 1.6장에서 언급 했듯이 도구 팔레트에서도 프로브를 만들 수 있습니다.

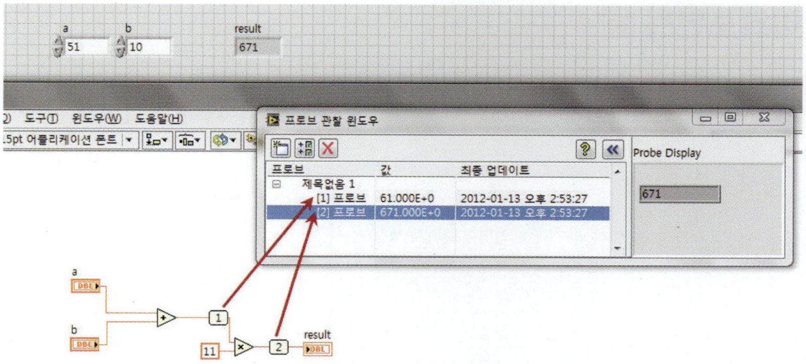

그림 2-3-2 프로브

실습 2.3.1 프로브를 사용해 봅니다.

1. '실습 1.8.1'에서 저장한 test.vi의 블록다이어그램에 다음과 같이 5와 6 지점에서 각각 마우스 오른쪽 버튼을 클릭해서 **바로가기메뉴 〉 프로브**를 선택합니다.

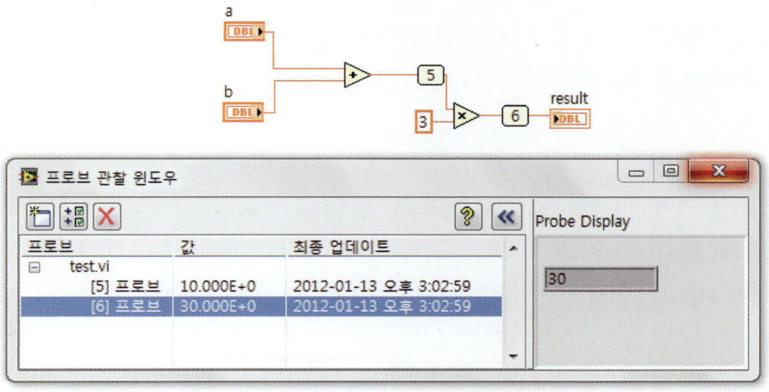

2. a와 b에 각각 '3'과 '7'을 입력하고 실행한 뒤, 프로브에 값이 출력되는지 확인한 후 프로브 창을 닫습니다.

2-4. 브레이크포인트

브레이크포인트는 블록다이어그램의 원하는 위치에서 프로그램을 일시 정지하게 만듭니다.

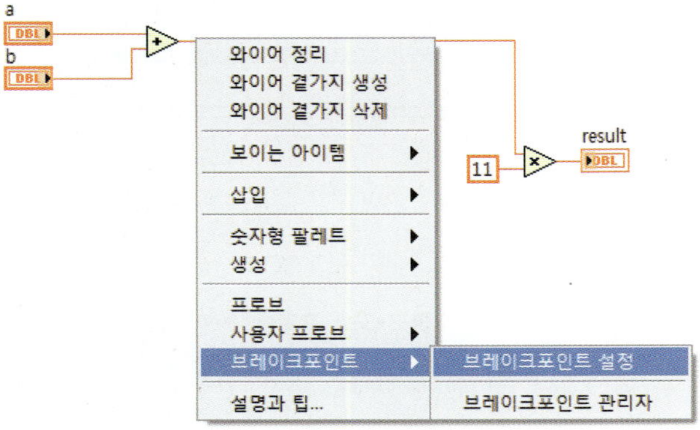

그림 2-4-1 브레이크포인트 생성

[그림 2-4-2]처럼 브레이크포인트는 와이어나 노드 중 어느 곳에서든 생성 가능하며, 실행을 하면 가장 먼저 만나게 되는 브레이크포인트에서 일시 정지하며 대기하게 됩니다. 정지된 포인트는 점선으로 표시되며 다음 실행할 노드 부분에서 깜빡이게 됩니다. 일시 정지를 해제하고 싶을 때는 도구 모음에서 일시 정지 버튼을 눌러주면 두 번째 브레이크포인트를 만날 때까지 실행이 됩니다.

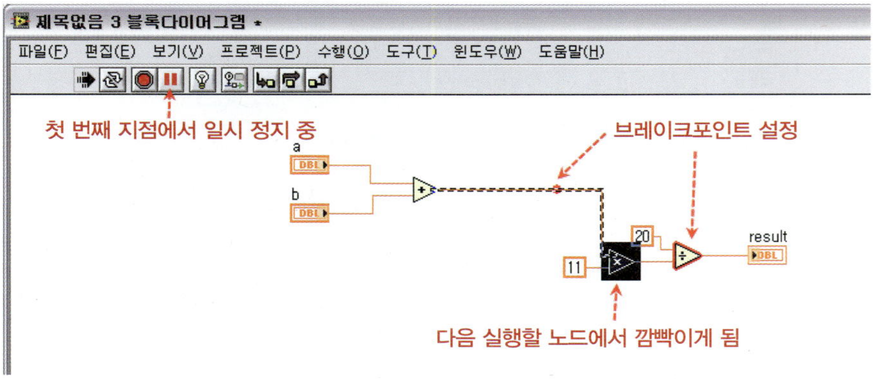

그림 2-4-2 첫 번째 브레이크포인트에서 일시 정지 중

브레이크포인트는 사용자가 만들고 싶은 만큼 만들 수 있습니다. 그리고 브레이크포인트를 지우려면 [그림 2-4-3]처럼 지우고자 하는 지점에 마우스를 놓고 오른쪽 버튼을 클릭한 후 **바로가기 메뉴 〉 브레이크포인트 〉 브레이크포인트 지우기**를 선택하면 없어집니다.

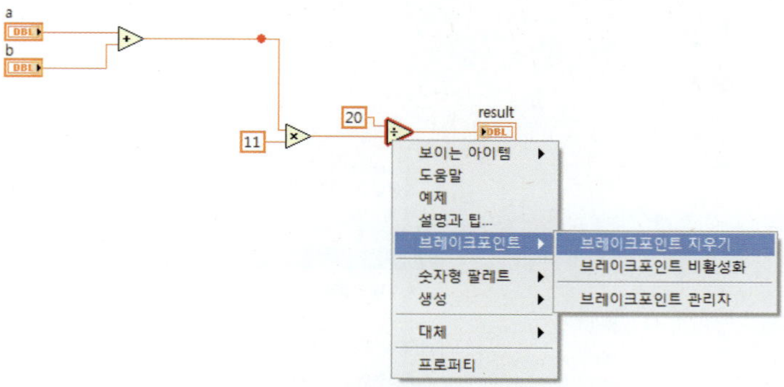

그림 2-4-3 브레이크포인트 지우기

실습 2.4.1 브레이크포인트를 사용해 봅니다.

1. '실습 1.8.1'에서 저장한 test.vi의 블록다이어그램에 다음과 같이 **곱하기**.vi에서 마우스 오른쪽 버튼을 클릭해서 **바로가기메뉴 〉 브레이크포인트 〉 브레이크포인트 설정**을 선택합니다.

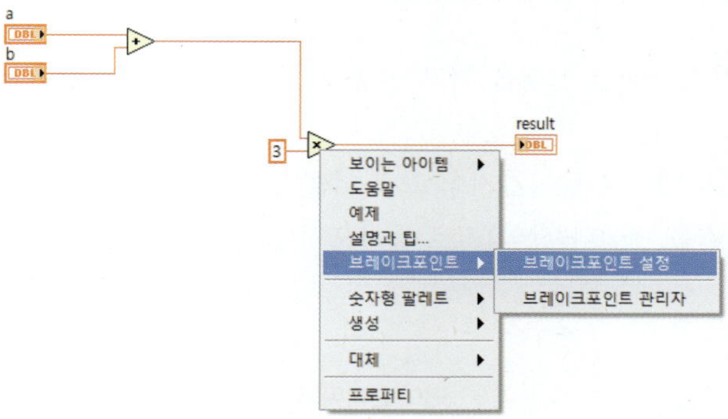

2. 실행을 하면 브레이크포인트 지점에서 일시 정지하여 대기하고 있습니다.

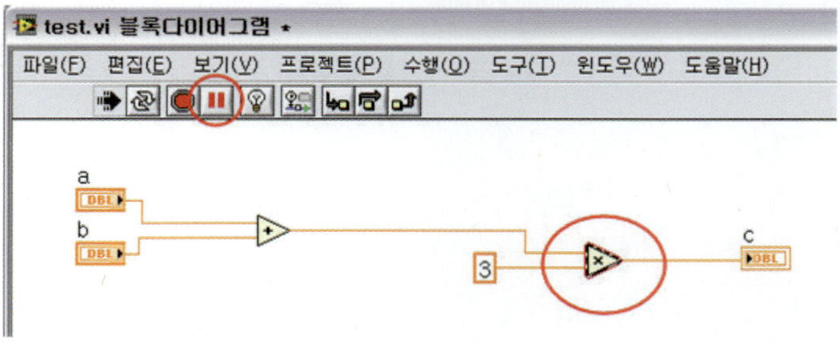

3. 도구 모음에서 일시 정지를 클릭하면 일시 정지되었던 프로그램이 다시 실행합니다.

4. 브레이크포인트가 설정된 지점에서 **바로가기메뉴 〉 브레이크포인트 〉 브레이크포인트 지우기**를 합니다.

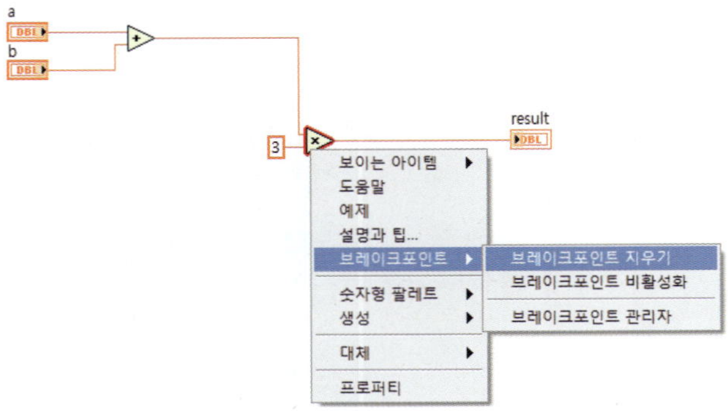

2-5. 단계별 실행 

단계별 실행은 프로그램을 노드별로 실행하는 기능입니다. 한 단계씩 실행함으로써 실행 순서도 확인해 볼 수도 있고, 어떤 노드에서 문제가 발생했는지를 알 수 있습니다.

- **노드 내부로 들어가기** : 단계별 실행을 하고 실행 중 subVI[11]를 만날 경우 subVI 내부로 들어가서 단계별 실행
- **노드 건너뛰기** : subVI 내부로 들어가지 않고 건너뛸 경우 사용
- **노드 벗어나기** : subVI를 벗어나 상위 VI로 돌아오거나 단계별 실행을 끝낼 경우 사용

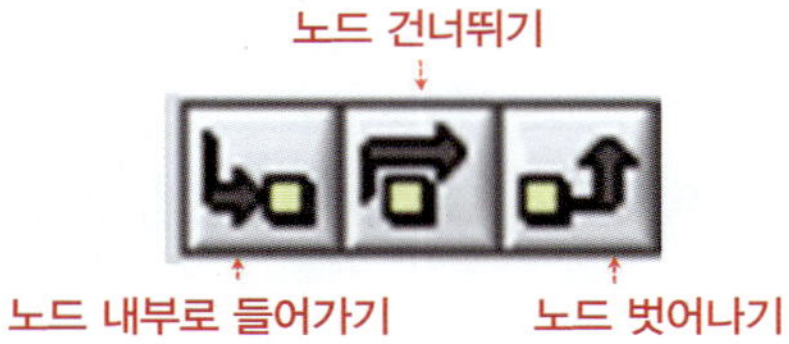

그림 2-5-1 단계별 실행

11 CH 6 참조

실습 2.5.1 단계별 실행을 사용해 봅니다.

1. '실습 1.8.1'에서 저장한 test.vi의 블록다이어그램에서 단계별 실행 중 노드 내부로 들어가기를 한 번씩 클릭하면 노드가 차례대로 실행되는 것을 확인할 수 있습니다. 노드가 데이터 흐름에 맞추어 차례차례 실행되는 것을 확인합니다.

2-6. 와이어 값 유지

와이어 값 유지는 블록다이어그램에서 와이어 안에 값을 저장함으로써 실행이 끝난 이후에도 와이어에 프로브를 생성하면 데이터를 볼 수 있습니다.

실습 2.6.1 와이어 값 유지를 사용해 봅니다.

1. '실습 1.8.1' 에서 저장한 test.vi을 실행합니다. 그리고 블록다이어그램에서 1지점에 프로브를 만들고 값이 없는 것을 확인하세요. 그리고 프로브를 닫으세요.

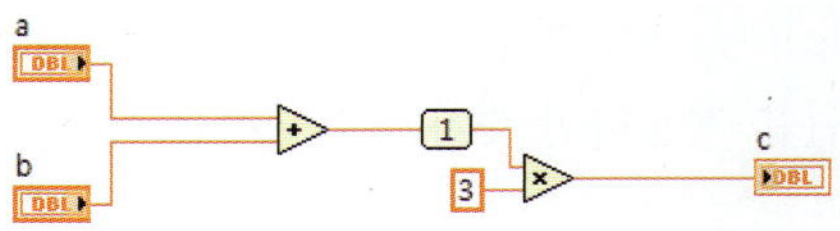

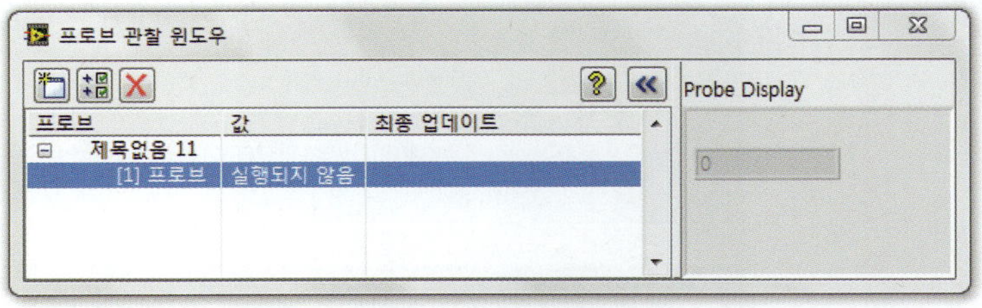

2. 블록다이어그램의 도구 모음에서 와이어 값 유지를 선택하고 다시 실행하세요. 그리고 블록다이어그램에서 2 지점에 프로브를 만들고 와이어에 값이 저장된 것을 확인한 후 프로브를 닫으세요.

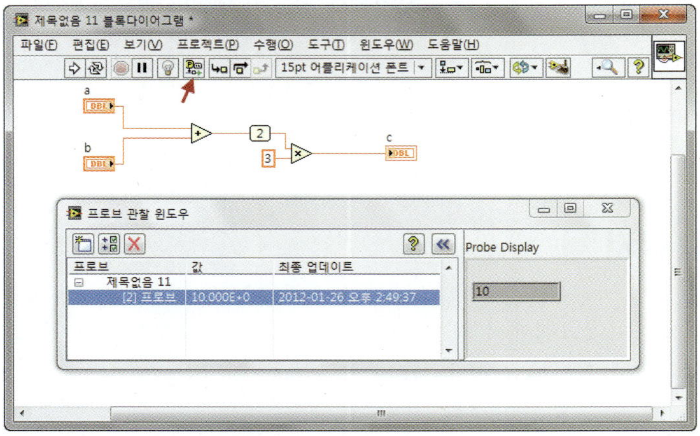

2-7. 비정상적 데이터들

무한대의 값을 표현하는 기호로 Inf(Infinite), 숫자가 아니라는 의미로 NaN(Not a Number)이 사용됩니다. [그림 2-7-1]에서 '-13 '에 제곱근을 적용하면 숫자가 아니라는 NaN, '11'을 0으로 나누면 Inf 무한대의 값이 나옵니다.

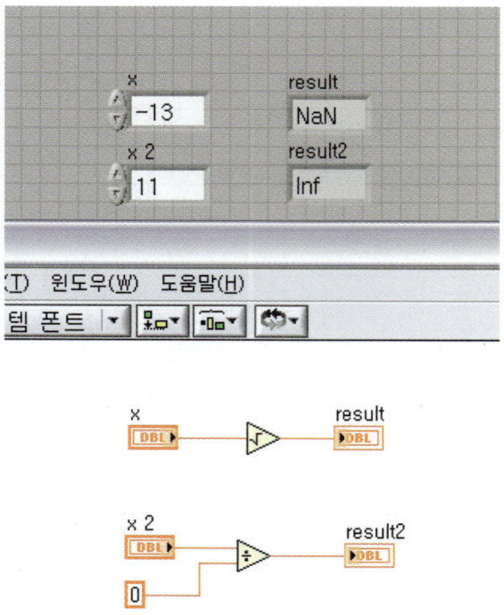

그림 2-7-1 비정상 데이터들

2-8. 에러 클러스터

에러 클러스터란 에러 상태, 에러 코드, 에러 소스의 정보를 묶은 것을 의미합니다.

- 에러 상태 : 에러 발생 유무를 불리언 데이터로 표현하며 에러가 발생하면 참이 됩니다.
- 에러 코드 : 에러가 발생했을 경우 에러 코드 몇 번인지를 알려줍니다.
- 에러 소스 : 에러가 발생했을 경우 어떤 노드에서 발생했는지를 알려줍니다.

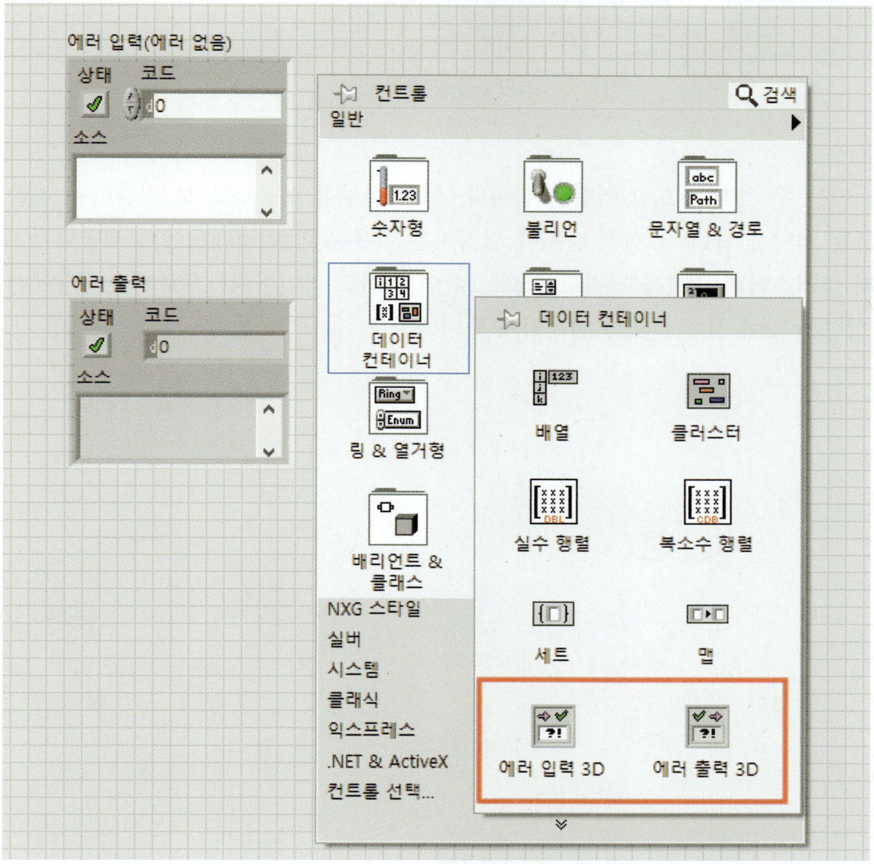

그림 2-8-1 에러 클러스터

에러 코드에 해당하는 에러 메세지를 확인하려면 **파일풀다운메뉴 〉 도움말 〉 에러 설명**을 선택합니다. 그러면 [그림 2-8-2]의 에러 설명 창이 나타나는데, 코드에 에러 코드번호를 입력하면 에러가 발생한 이유를 볼 수 있습니다.

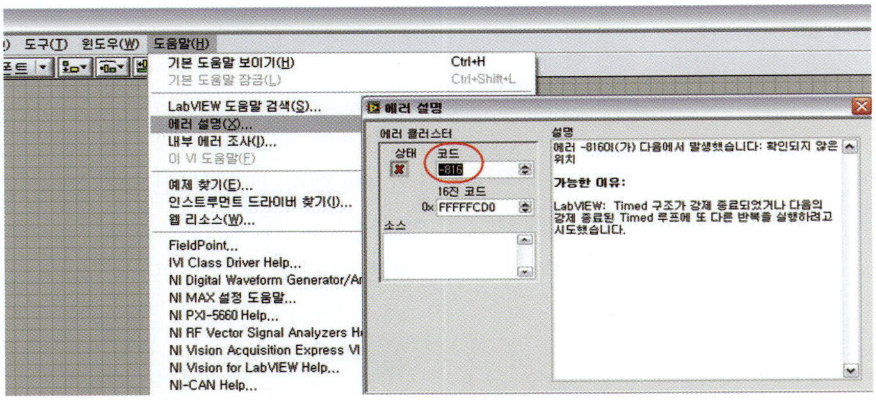

그림 2-8-2 에러 설명

에러 클러스터는 두 가지 중요한 역할을 합니다. 에러 정보를 다음 노드로 전달하는 역할과 실행 순서를 결정하는 역할을 합니다. 실행 순서를 결정하는 이유는 함수 팔레트에서 제공되는 대부분의 노드들이 에러 클러스터 입출력을 가지고 있으므로 이를 서로 와이어링함으로써 1.12장에서 다룬 데이터 흐름에 영향을 주어 실행 순서를 결정하게 됩니다.

자가 진단 퀴즈

LabVIEW

❶ ___________ 을/를 활성화하면 데이터 흐름이 보이면서 천천히 실행됩니다.

❷ ___________ 은/는 블록다이어그램에서 원하는 위치의 값을 실시간으로 모니터링 가능하게 합니다.

❸ ___________ 은/는 블록다이어그램의 원하는 위치에서 프로그램을 일시 정지하게 합니다.

❹ ___________ 은/는 블록다이어그램에서 한 노드씩 차례로 실행하는 기능입니다.

❺ ___________ 은/는 블록다이어그램에서 와이어에 값을 저장합니다.

❻ ___________ 은/는 무한대 값을 표현하는 기호입니다.

❼ ___________ 은/는 숫자가 아니라는 것을 표현하는 기호입니다.

❽ 에러 클러스터는 ___________, ___________, ___________ 의 정보를 묶은 것입니다.

❾ 에러 클러스터의 두 가지 역할에 대해 설명하세요.

CHAPTER 요약

| 디버깅 요약 |

- LabVIEW는 실행 하이라이트, 프로브, 브레이크포인트, 단계별 실행, 와이어 값 유지 등을 통해 디버깅을 합니다.
- Inf는 무한대를 의미하고, NaN는 숫자가 아닌 것을 의미합니다.
- 에러 클러스터는 에러 상태, 에러 코드, 에러 소스의 정보를 묶은 것입니다.

LabVIEW의 정석
기본편

CHAPTER

03

데이터 타입

3-1 숫자형(Numeric) 3-2 문자열(String) 3-3 불리언(Boolean)

3-4 배열(Array) 3-5 클러스터(Cluster) 3-6 웨이브폼 데이터/웨이브폼 차트/웨이브폼 그래프

3-7 다이나믹 데이터 타입(Dynamic data) 3-8 열거형(Enum)

3-9 배리언트(Variant) 3-10 타입 정의(Type Definition)

03 데이터 타입

LabVIEW에서 사용하는 숫자형, 문자열, 불리언, 클러스터, 배열 등 다양한 데이터 타입을 살펴봅니다.

3-1. 숫자형(Numeric)

숫자형은 크게 두 가지 타입이 있습니다. 소수점이 있는 실수형 타입과 소수점이 없는 정수형 타입입니다. 실수형 타입은 와이어와 터미널색이 주황색이고 정수형 타입은 파란색입니다. [그림 3-1-1]에서 다양한 숫자형 컨트롤과 인디케이터들을 보실 수 있습니다.

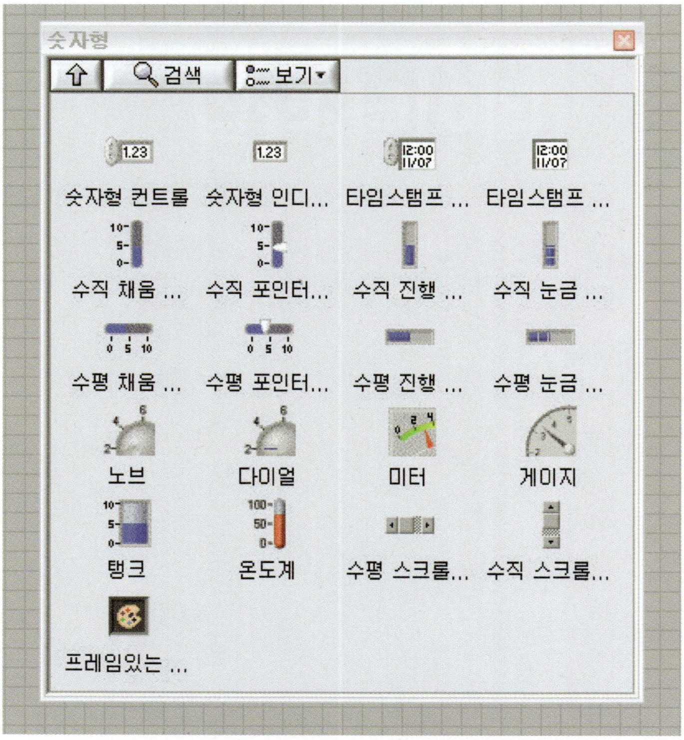

그림 3-1-1 숫자형

실수형 또는 정수형으로 데이터 타입을 바꾸기 위해서는 숫자형의 **바로가기메뉴 〉형**을 변경해야 합니다. 형은 크게 실수형, 정수형, 양의 정수형, 복소수형으로 나뉘고, 같은 실수형 안에서도 EXT, DBL 등 차지하는 메모리 사이즈에 따라 표현 범위가 달라집니다. 따라서 표현하고자 하는 숫자의 범위에 따라 적절한 형을 선택하여 사용하는 것이 좋습니다.

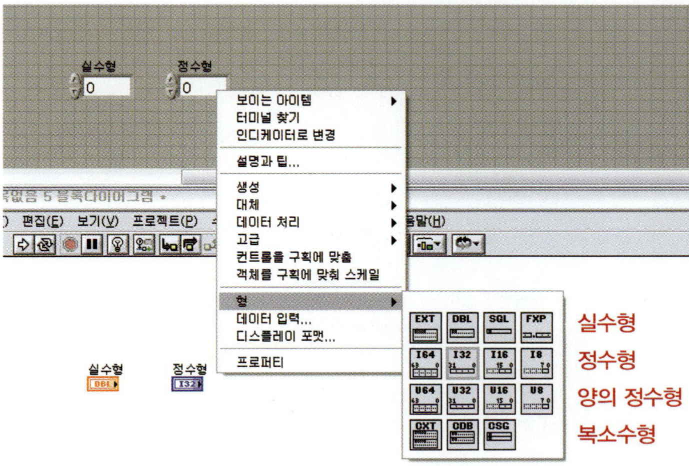

그림 3-1-2 형 변경

[그림 3-1-3]은 숫자형 노드들입니다. 사칙연산 및 반올림 등의 노드들이 제공됩니다.

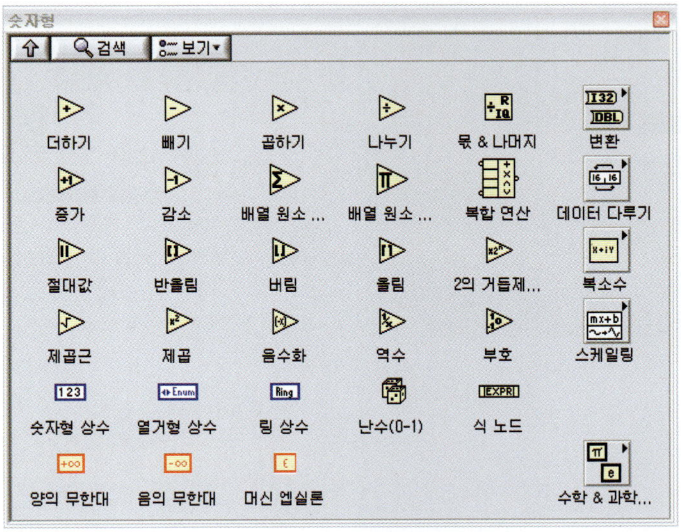

그림 3-1-3 숫자형 노드들

숫자형 노드들의 특징은 다형성을 가지고 있습니다. 이는 3.4장에서 배열[12]을 배운 후 다시 한 번 설명하겠습니다.

숫자형의 데이터 타입이 맞지 않을 경우 LabVIEW는 에러를 발생하지 않고 자동으로 가장 최적화된 데이터 타입으로 변환해서 코드를 실행합니다. 하지만 데이터 타입을 맞춰서 프로그램했을 때 보다 더 많은 메모리를 차지하게 되고, 실행 속도도 느려집니다. 따라서 프로그램 시 데이터 타입을 맞춰서 프로그램하기 바랍니다. [그림 3-1-4]처럼 데이터 타입이 맞지 않는 경우 빨간색의 점이 생성되는데, 이를 강제 변환점(coercion dot)이라고 합니다.

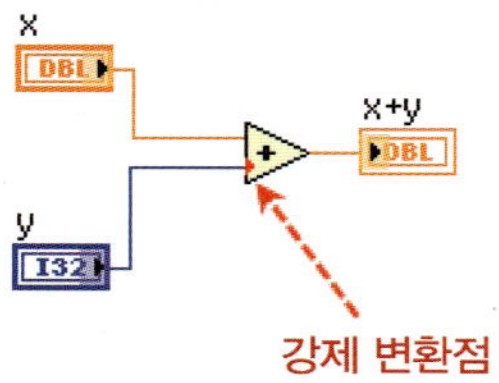

그림 3-1-4 형 변경

실습 3.1.1 숫자형을 사용하여 다양한 숫자형 노드와 바로가기메뉴 사용법을 익힙니다.

1. 입력된 숫자 3개의 값을 평균하여 반올림하는 프로그램, 즉 (A+B+C)/3=D의 결과를 반올림해 봅니다. 새 VI를 열고 프런트패널에 숫자형 컨트롤 3개를 위치시킵니다. 라벨을 각각 '창의력', '독창성', '난이도'로 변경합니다.

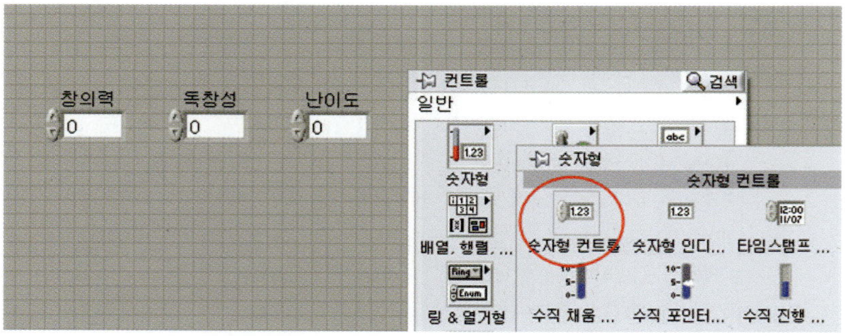

12 CH 3.4 참조

2. '창의력'의 **바로가기메뉴 〉 형 〉 배정도(DBL)**인지 확인하세요.

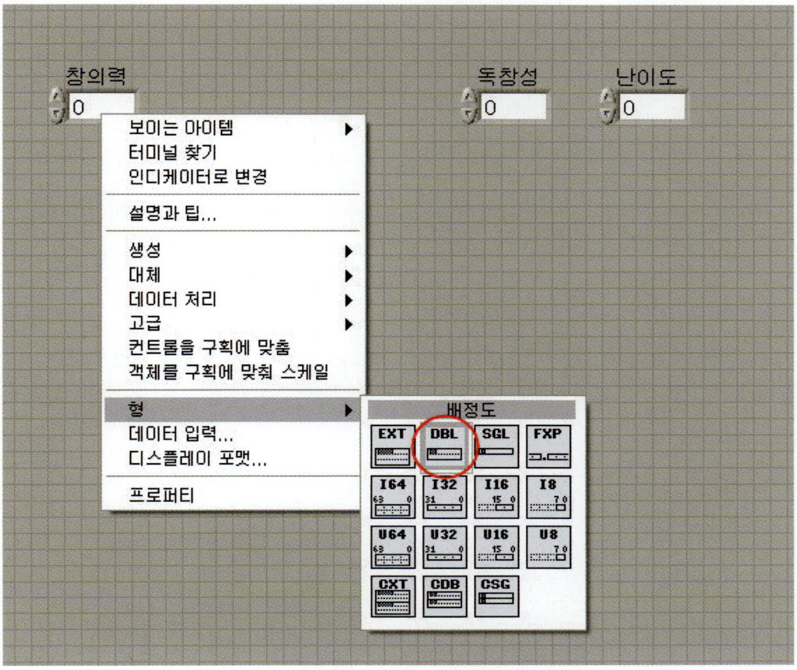

3. 블록다이어그램에 **더하기**.vi 2개와 **나누기**.vi를 위치시키고 그림과 같이 와이어링합니다. 참고로 위의 노드를 못찾으면 함수 팔레트의 검색기능을 이용하세요.

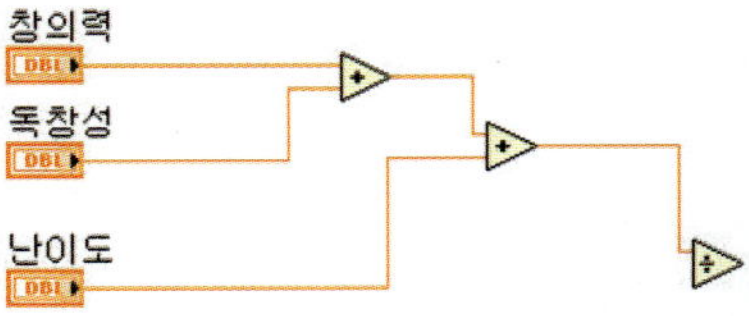

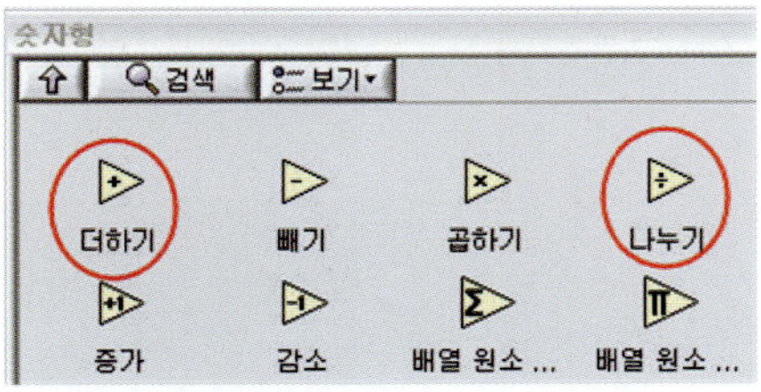

4. **나누기**.vi의 y에 마우스를 위치시키고 마우스 오른쪽 버튼을 클릭해서 **바로가기메뉴〉 생성 〉 상수**를 선택하고 '3'을 입력합니다.

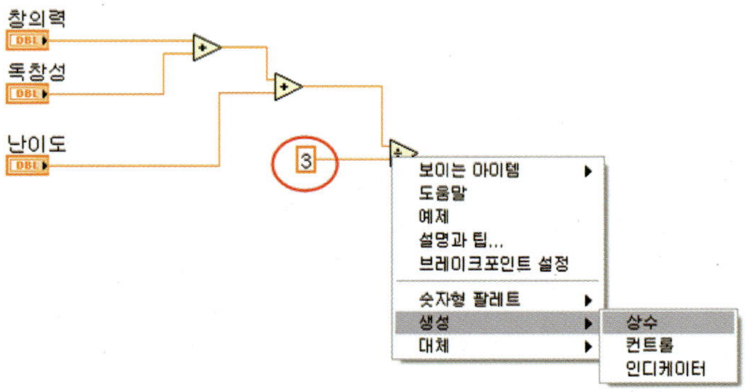

5. **나누기**.vi의 출력에서 **바로가기메뉴 〉 생성 〉 인디케이터**를 선택하여 라벨을 '결과'로 변경합니다.

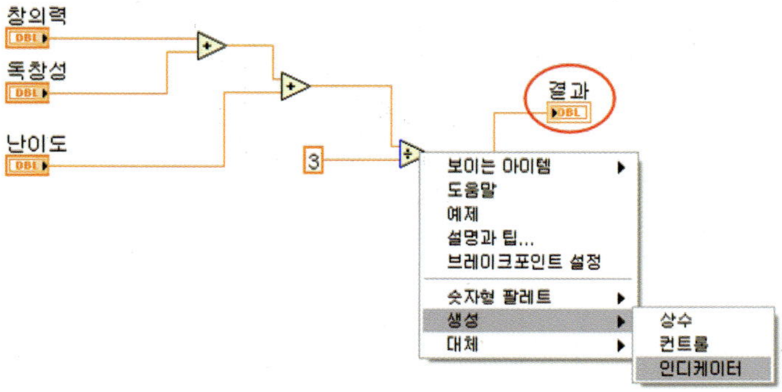

6. '창의력'에 '7.1', '독창성'에 '9.3', '난이도'에 '11.5'을 입력하고 실행합니다. '결과'에 '9.3'이 나오는지 확인하세요.

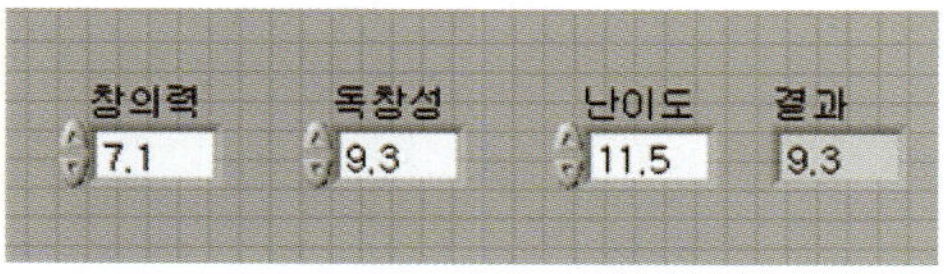

7. 결과값을 반올림하기 위해 **반올림**.vi를 추가하도록 하겠습니다. 블록다이어그램에서 **나누기**.vi 출력과 '결과' 터미널 사이의 와이어에서 마우스 오른쪽 버튼을 클릭해서 **바로가기메뉴 〉 삽입 〉 숫자형 팔레트 〉 반올림**을 선택합니다.

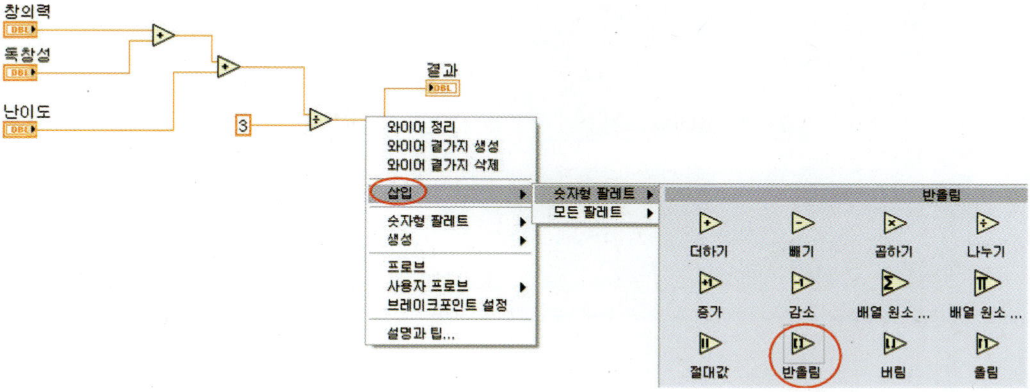

8. 6번과 같은 값을 입력하고 실행 후 '결과'를 비교해 보세요.

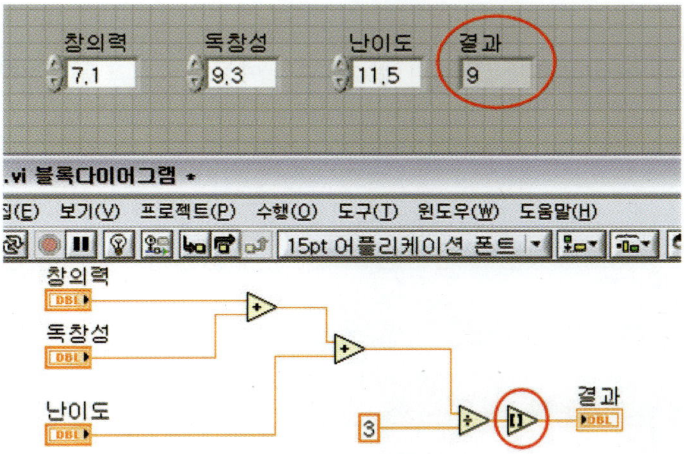

9. VI를 저장합니다.

3-2. 문자열(String)

문자열 데이터는 터미널과 와이어의 색이 분홍색입니다. 문자열 데이터는 특히 통신(TCP/IP, GPIB, 시리얼 등)관련 프로그램을 할 때 많이 사용되는 데이터 타입입니다. 따라서 문자열 데이터를 다양한 문자열 노드와 함께 잘 사용할 줄 알아야 합니다.

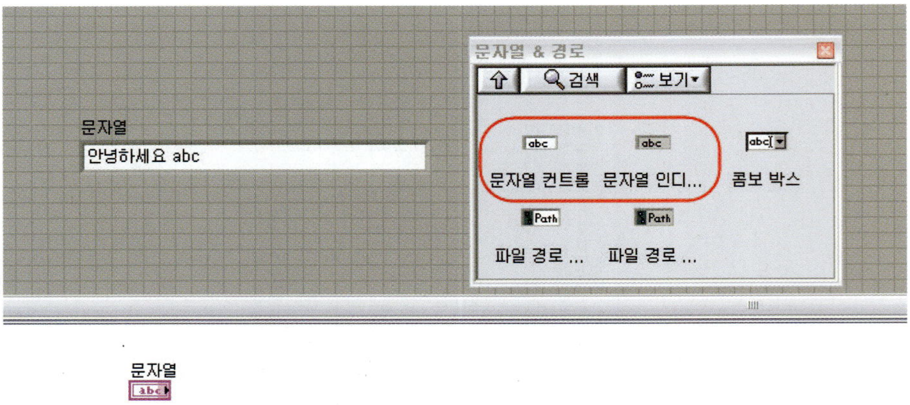

그림 3-2-1 문자열

문자열의 바로가기메뉴에서 보면 디스플레이 방법에 따라 여러 가지 모드로 변경하여 볼 수 있습니다.

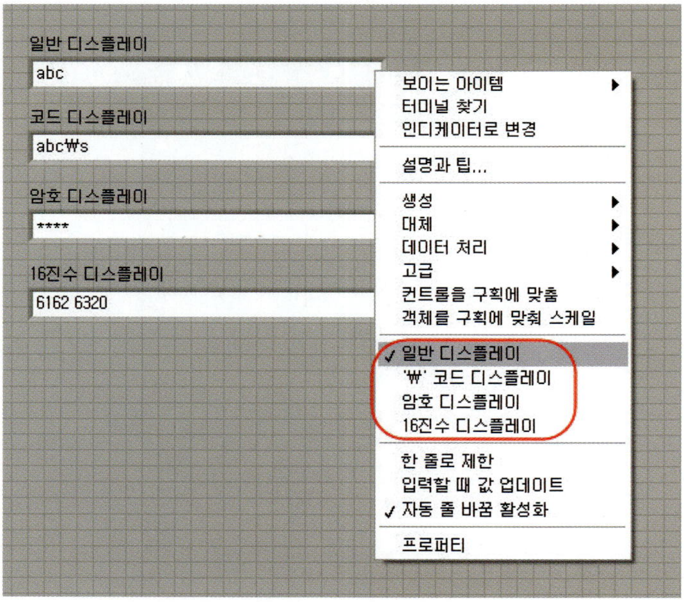

그림 3-2-2 디스플레이 모드

[그림 3-2-3]은 문자열 노드들입니다. 문자를 지우고, 붙이고, 바꾸고, 숫자/문자 변환하는 등의 작업이 가능합니다. 다양한 문자열 노드들의 기능을 잘 파악하고 있어야 합니다.

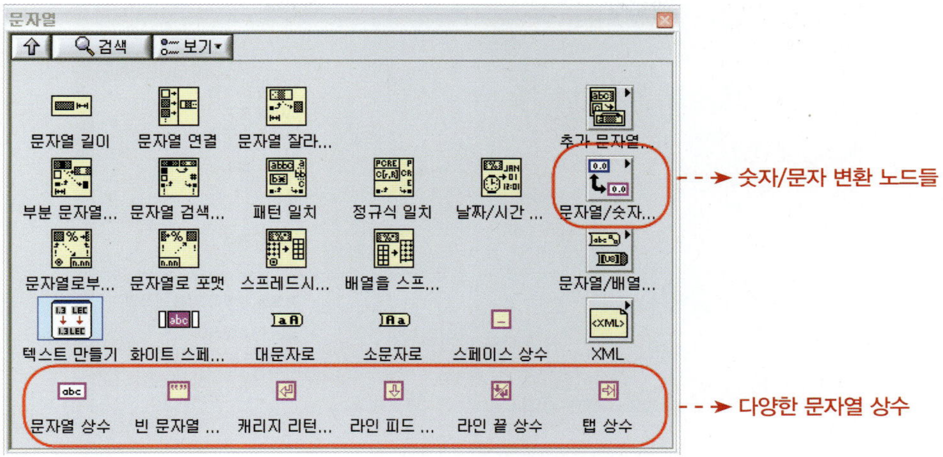

그림 3-2-3 문자열 노드들

실습 3.2.1 숫자형을 문자열로 데이터 변환하여 다양한 문자열 노드와 바로가기메뉴 사용법을 익힙니다.

1. '실습 3.1.1'에서 저장한 VI를 엽니다. 데이터 타입이 숫자형인 '결과'를 문자열로 변환하기 위해 **숫자를 소수점형 문자열로**.vi를 위치시킵니다. '결과' 터미널을 그림과 같이 **숫자를 소수점형 문자열로**.vi의 숫자에 와이어링하고, 정밀도에서 **바로가기메뉴 〉 생성 〉 상수**를 선택하여 '1'을 입력합니다. 그리고 **숫자를 소수점형 문자열로**.vi의 F포맷 문자열에서 **바로가기메뉴 〉 생성 〉 인디케이터**를 선택하여 라벨을 '점수'로 변경합니다.

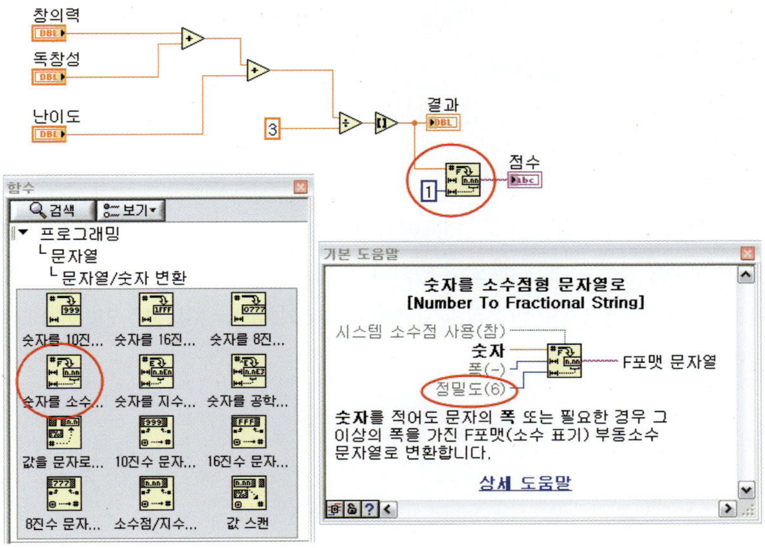

2. 실행하면 '결과'의 숫자형이 문자열로 데이터가 변환되어 '점수'에 출력됩니다. '점수'의 **바로가기메뉴 〉 암호 디스플레이**를 선택하여 출력값이 '***'로 변환되는 것을 확인하세요.

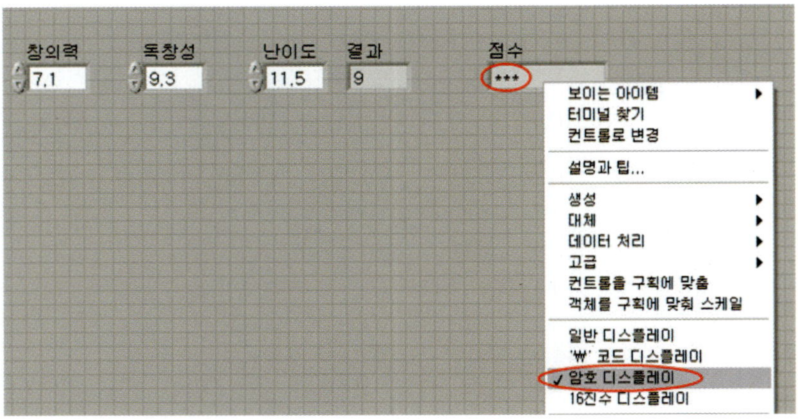

3. 문자열 컨트롤을 추가하여 라벨을 '머리말'과 '맺음말'로 변경한 뒤 그림과 같이 입력하세요.

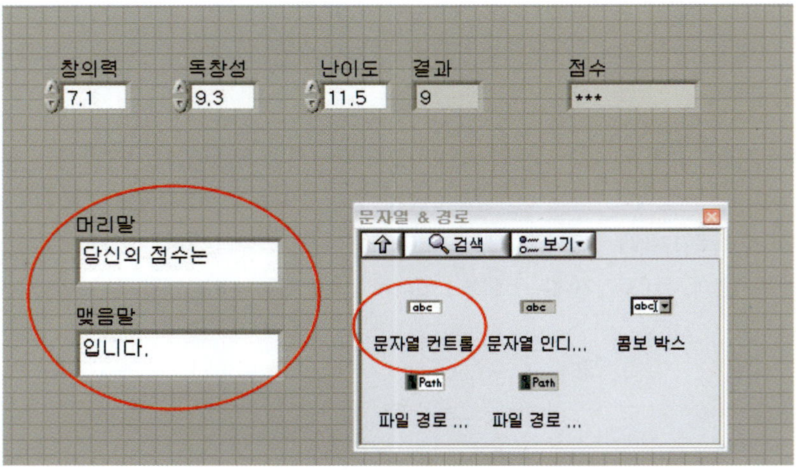

4. **문자열 연결**.vi를 사용하여 '머리말', '점수', '맺음말'을 하나의 문장으로 연결하겠습니다. **문자열 연결**.vi에서 도움말을 보면 입력 개수를 늘릴 수 있도록 되어 있습니다. 입력을 마우스로 드래그하여 3개로 만든 다음 그림과 같이 와이어링하고 **문자열 연결**.vi의 연결된 문자열에서 **바로가기메뉴 〉 생성 〉 인디케이터**를 선택하여 라벨을 '결과문'으로 변경하세요.

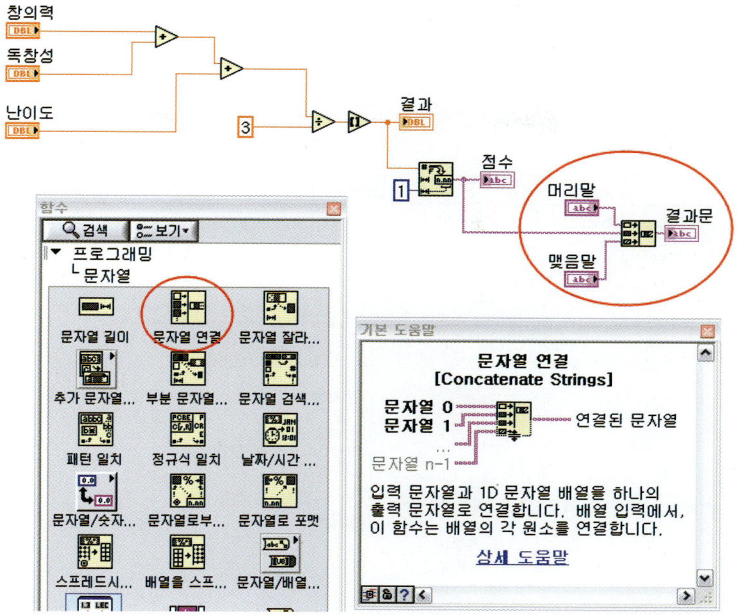

5. 실행하면 그림과 같은 값이 출력되는지 확인하세요.

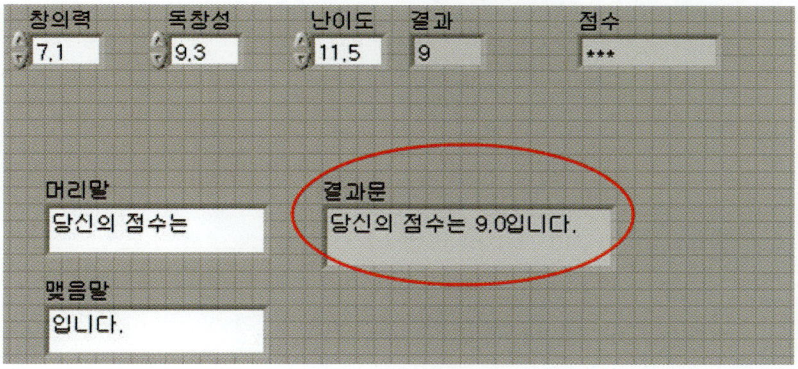

6. '결과문'의 문자 길이를 **문자열 길이**.vi를 이용해 알아봅니다. '길이'에 출력되는 값은 문자뿐 아니라 공백까지 포함합니다.

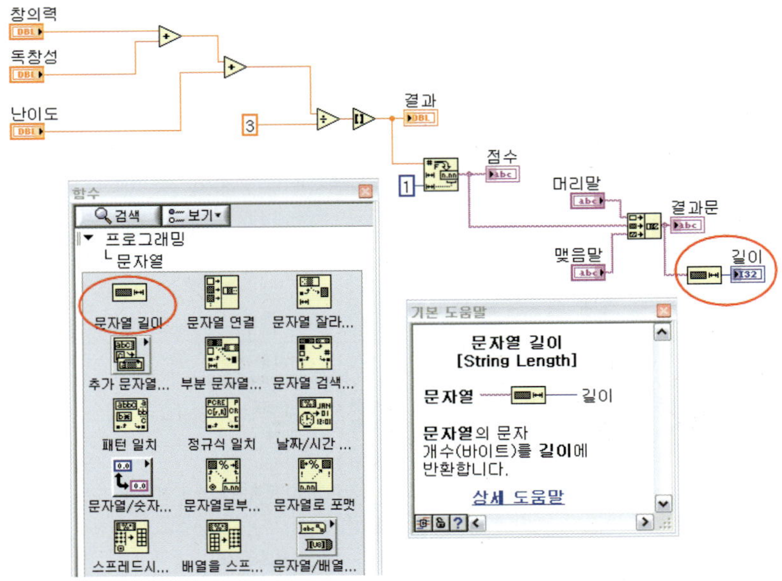

7. '결과문'에서 **패턴 일치**.vi를 사용하여 '점수'라는 문자가 있는지 확인해 봅니다. 그리고 '점수' 이후의 문자열을 '이후 부분 문자열'에 인디케이터를 연결하여 그림의 프런트패널과 같은 출력이 되는지 확인하세요.

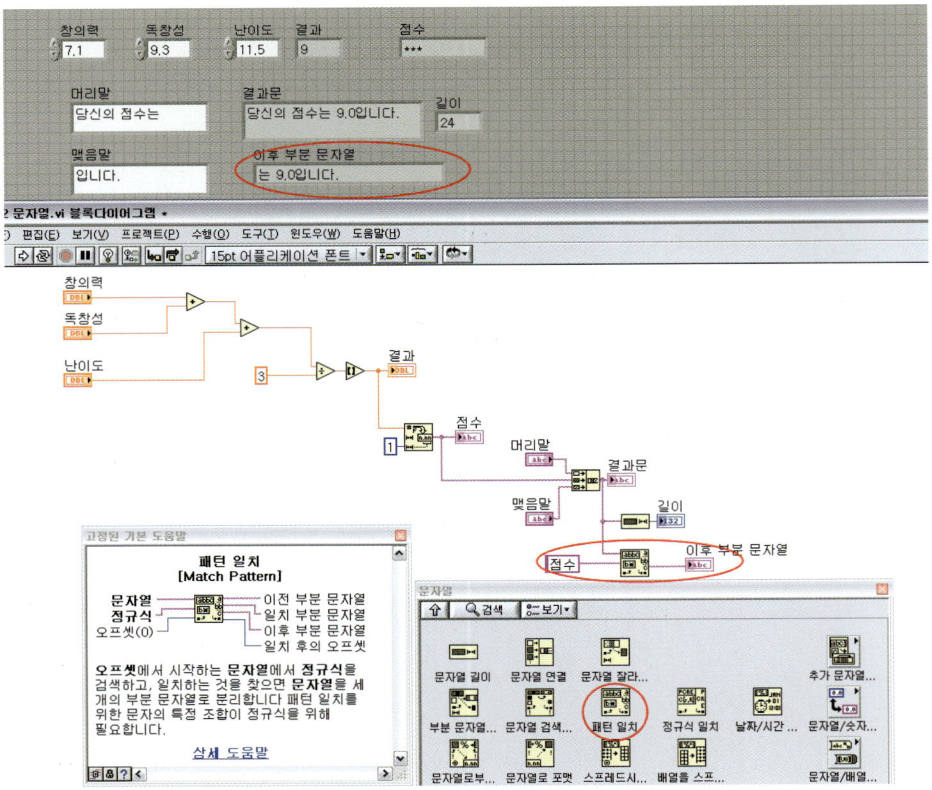

8. VI를 저장합니다.

3-3. 불리언(Boolean)

불리언은 참/거짓 데이터로써 터미널과 와이어가 초록색을 나타냅니다.

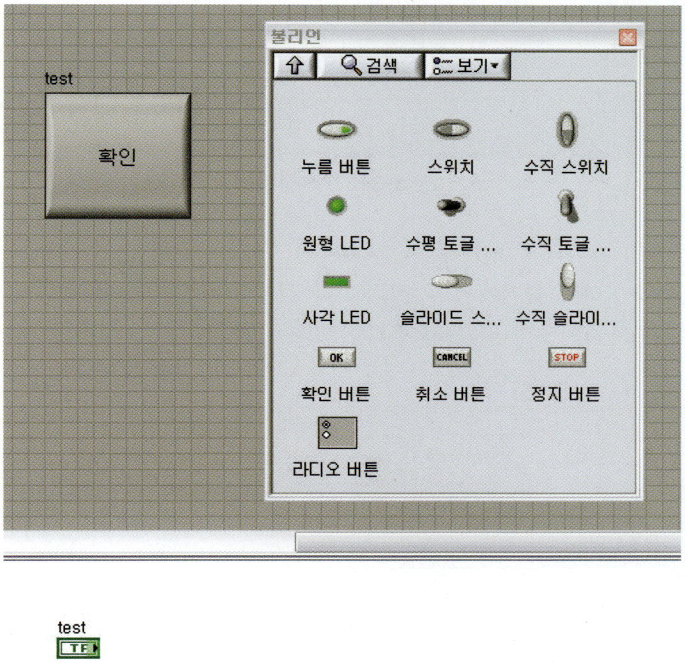

그림 3-3-1 불리언

[그림 3-3-2]에서 불리언의 **바로가기메뉴 〉 기계적 동작**을 선택하면 불리언의 동작을 선택할 수 있습니다. 첫 번째 줄은 스위치를, 두 번째는 래치를 의미합니다. 스위치는 예를 들어 방에 조명을 켜기 위해 스위치를 누르는 것처럼 눌렀다가 손을 떼었을 때 눌러진 상태를 그대로 유지하는 동작을 의미합니다. 반면 래치는 초인종처럼 눌렀다가 손을 떼게 되면 원래 상태로 돌아오는 동작을 의미합니다.

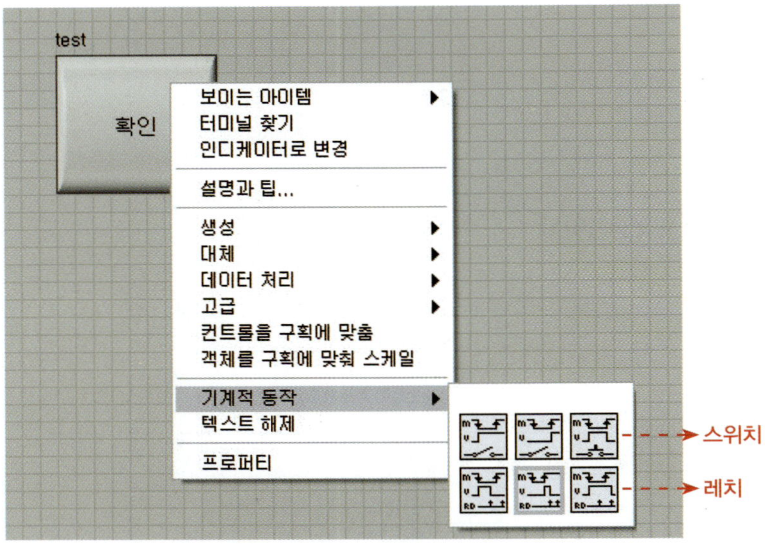

그림 3-3-2 기계적 동작

파일풀다운메뉴 〉 도움말 〉 예제 찾기에서 '기계적'이라 검색해서 Mechanical Action of Booleans.vi를 동작시켜 봄으로써 6가지의 기계적 동작의 차이를 확인해 볼 수 있습니다.

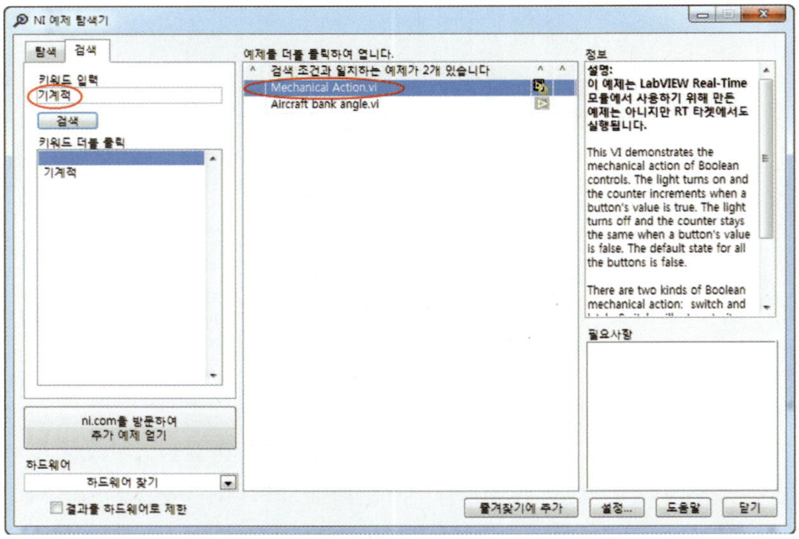

그림 3-3-3 기계적 동작 예제

[그림 3-3-4]는 불리언 노드들입니다. and, or, not 등의 연산이 가능합니다.

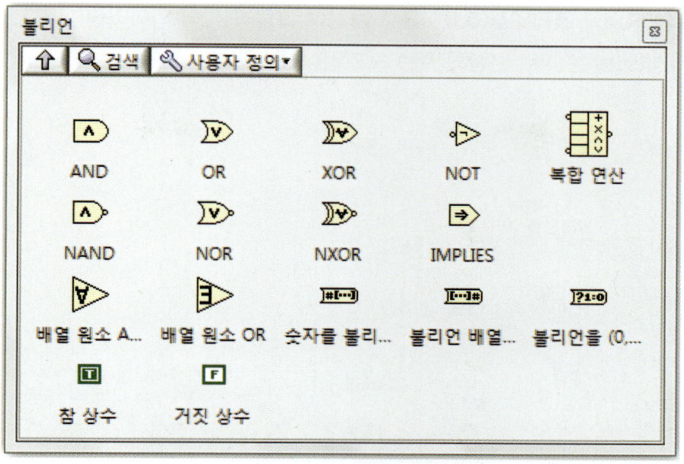

그림 3-3-4 불리언 노드들

실습 3.3.1 불리언 데이터 타입을 사용해 보고 다양한 불리언 노드들의 사용법을 익힙니다.

1. 새 VI를 열고 프런트패널에 수직 토글 스위치 3개를 가져다 놓고 각각 라벨을 'a', 'b', 'c'로 변경합니다.

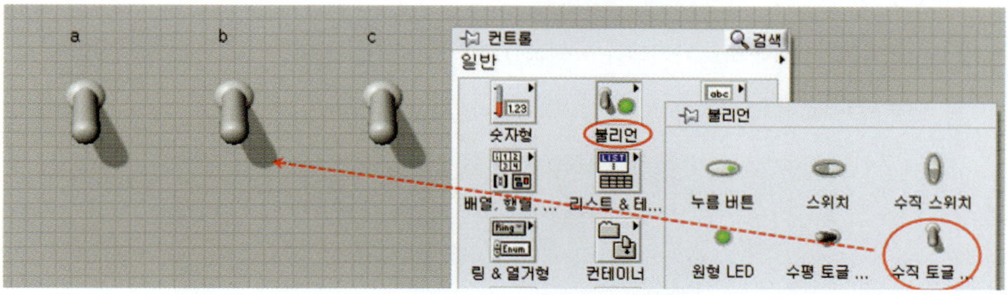

'c'는 **바로가기메뉴 〉 인디케이터로 변경**을 선택합니다.

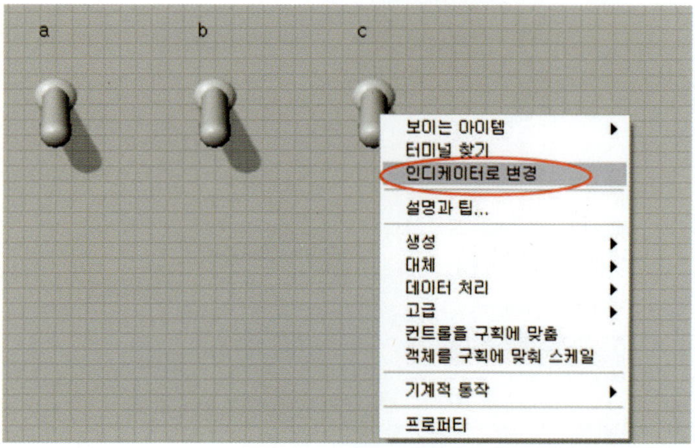

2. 블록다이어그램에서 OR.vi와 **불리언을(0,1).vi**를 사용하여 그림과 같이 와이어링합니다. **불리언을(0,1).vi**는 '거짓(false)'은 '0'으로 '참(true)'은 '1'로 변환해 주는 노드입니다.

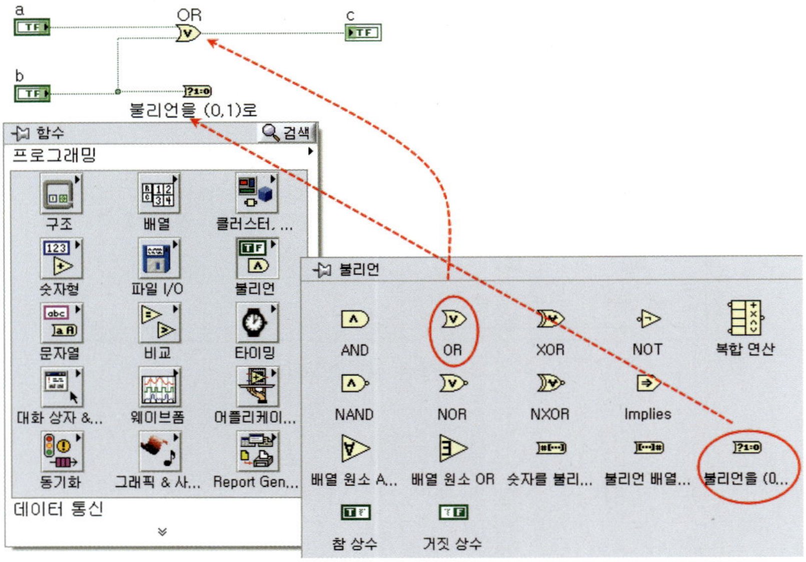

3. **불리언을(0,1).vi**의 출력쪽에서 **바로가기메뉴 〉 생성 〉 인디케이터**를 선택합니다. 생성된 인디케이터의 라벨을 '숫자로 변환'으로 변경합니다.

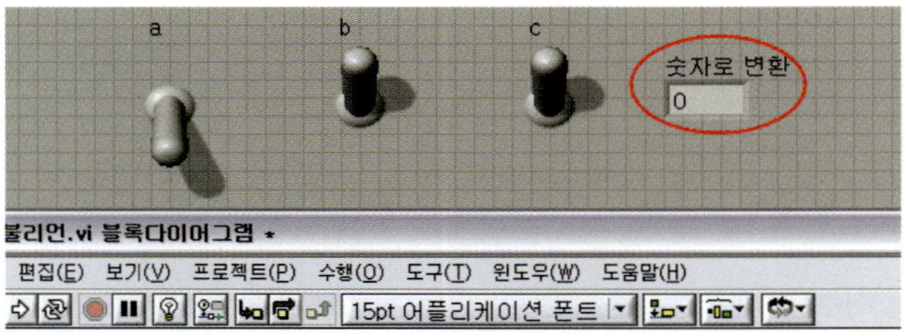

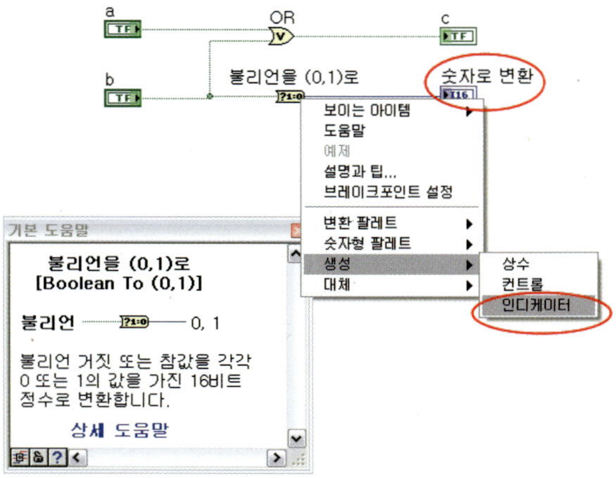

4. 프론트패널에서 'a'는 '거짓(false)'으로, 'b'는 '참(true)'으로 설정하여 실행합니다. 실행 후 'c'는 '거짓'과 '참'의 or 결과인 '참'으로 출력이 될 것입니다. 또한 'c'의 '참' 값이 숫자 '1'로 출력되는 것을 확인할 수 있습니다.

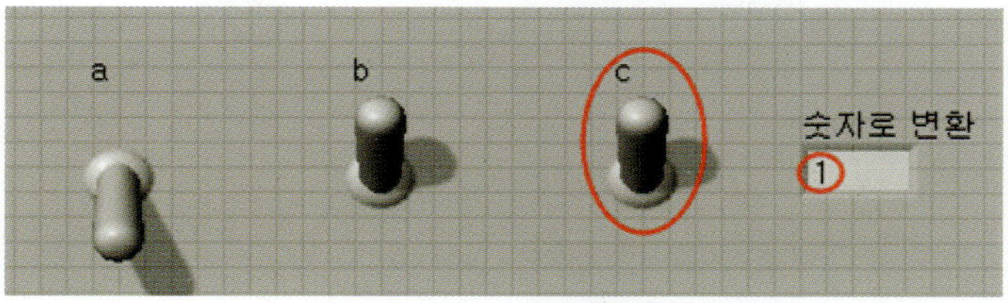

5. VI를 저장합니다.

실습 3.3.2 복합 연산 노드들의 사용법을 익힙니다.

1. 새 VI를 열고 그림과 같이 프런트패널을 구성합니다.

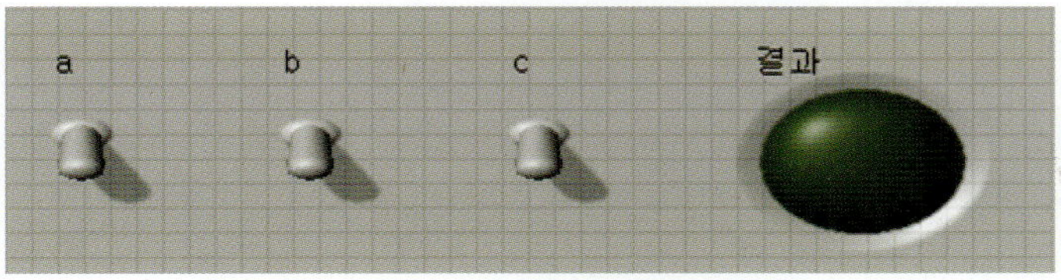

2. 블록다이어그램에서 **복합 연산**.vi를 추가하여 그림과 같이 구성합니다. **복합 연산**.vi의 기본 도움말에서 보면 노드의 아래 부분을 늘릴 수 있도록 되어 있습니다. 따라서 마우스를 이용하여 입력을 하나 더 추가하여 3개의 입력을 가질 수 있도록 합니다. **복합 연산**.vi는 입력의 개수를 원하는 만큼 추가할 수 있는 노드이며 **바로가기 메뉴 〉 모드 변경**을 통해 다양한 불리언 연산을 가능하게 합니다.

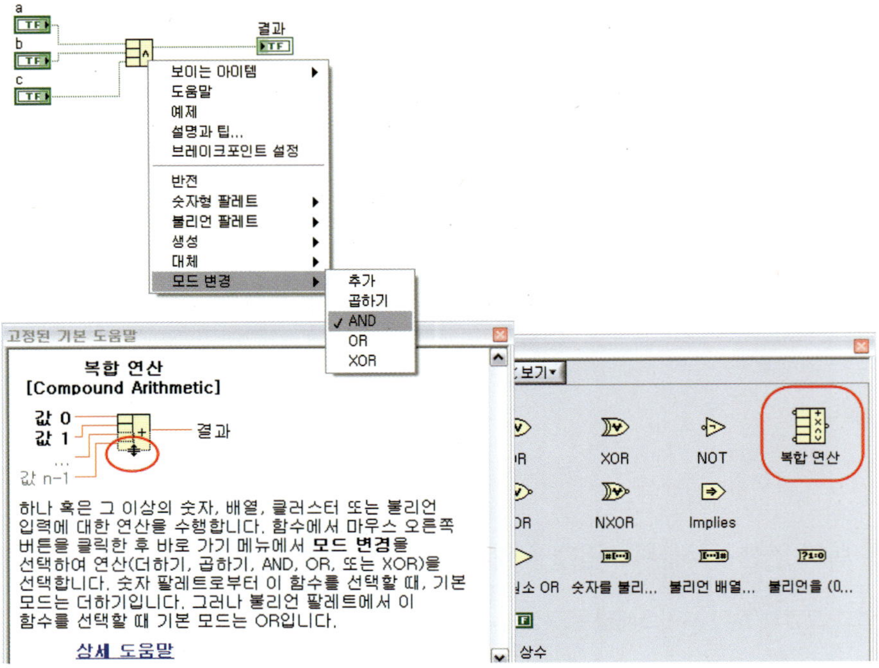

3. 프론트패널에서 'a'는 '거짓(false)', 'b'는 '참(true)', 'c'는 '거짓(false)'으로 설정하여 실행합니다. 실행 후 '결과'는 '거짓'과 '참' 그리고 '거짓'의 and 결과인 '거짓'으로 출력이 될 것입니다.

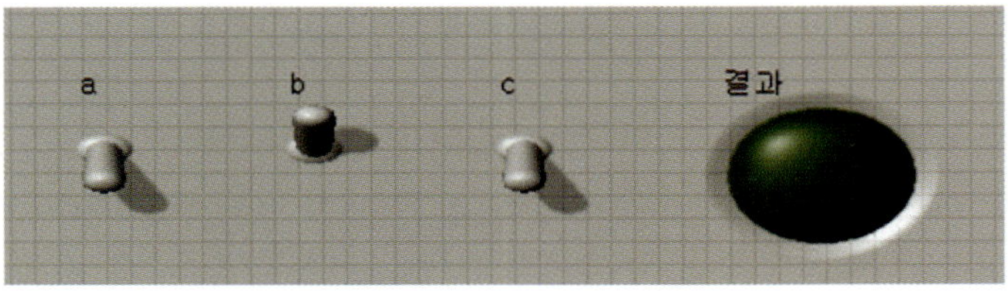

4. VI를 저장합니다.

3-4. 배열(Array)

배열은 같은 데이터 타입을 여러 개 묶은 것을 의미합니다. 배열에서 사용되는 용어를 몇 가지 살펴보겠습니다. 원소는 배열을 구성하는 하나하나의 데이터를 의미하고, 인덱스는 일종의 주소값입니다. 즉 원소의 위치를 알 수 있습니다. 차원은 1차원, 2차원, 3차원 또는 그 이상 여러 차원을 가질 수가 있으며, 1차원은 행 또는 열만 가지고 있고, 2차원은 행과 열의 값을 가지고 있고, 3차원은 행, 열, 면의 값을 가지고 있습니다.

배열을 만드는 방법은 3단계로 이루어 집니다. 먼저 배열쉘을 프런트패널이나 블록다이어그램에 위치시킵니다. 배열쉘을 위치시키면 처음에 블록다이어그램에 나타나는 터미널색은 검정색입니다. 검정색은 데이터 타입이 정의되지 않음을 의미합니다.

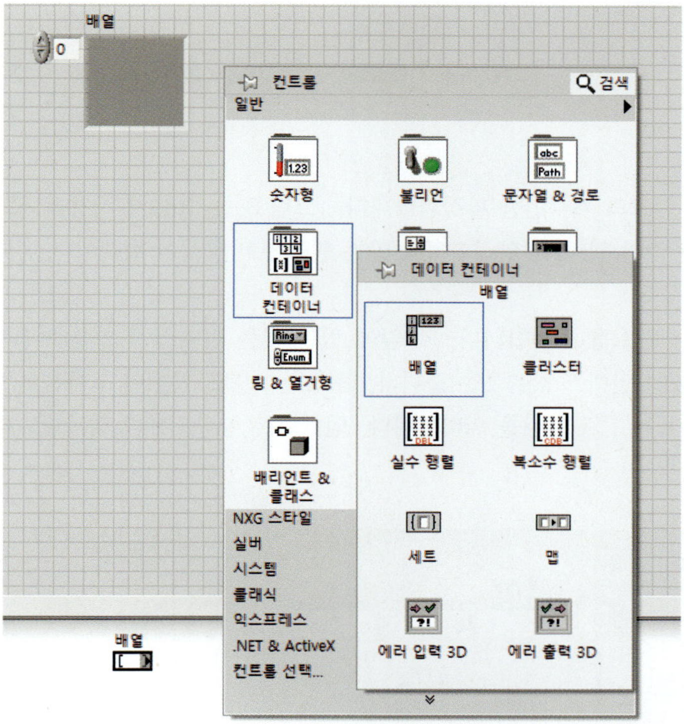

그림 3-4-1 배열쉘

다음으로 원하는 데이터 타입을 배열쉘 안에 위치시킵니다. 그러면 배열쉘의 터미널 색이 데이터 타입의 색으로 변경됩니다. [그림 3-4-2]에서는 문자열 컨트롤을 배열쉘에 가져다 놓아 터미널 색상이 분홍색으로 바뀌었고 터미널의 화살표 방향도 컨트롤을 의미합니다.

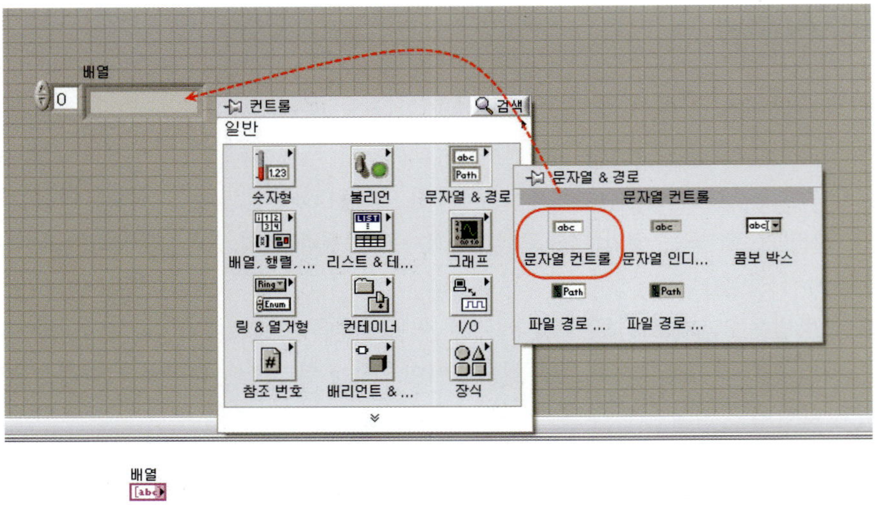

그림 3-4-2 배열쉘에 원하는 데이터 놓기

마지막으로 원하는 원소의 개수만큼 활성화합니다. [그림 3-4-3]에서 사용할 원소의 개수만큼만 각 원소에 값을 입력해 주면 됩니다. 활성화하지 않는 원소는 바탕색이 회색이며, 이는 비활성화되어 있음을 표현합니다.

여기서 'a', 'b', 'c'는 원소를 의미합니다. 'a' 앞에 있는 것을 인덱스 디스플레이라고 하는데 이는 첫 번째 보이는 원소 'a'의 인덱스 값을 보여줍니다. 즉 'a'는 인덱스가 0이고 다음에 나오는 원소들은 차례로 1씩 증가되어 'b'는 1, 'c'는 2를 의미합니다. 인덱스는 항상 0부터 시작합니다. 그림의 배열은 1차원 배열입니다.

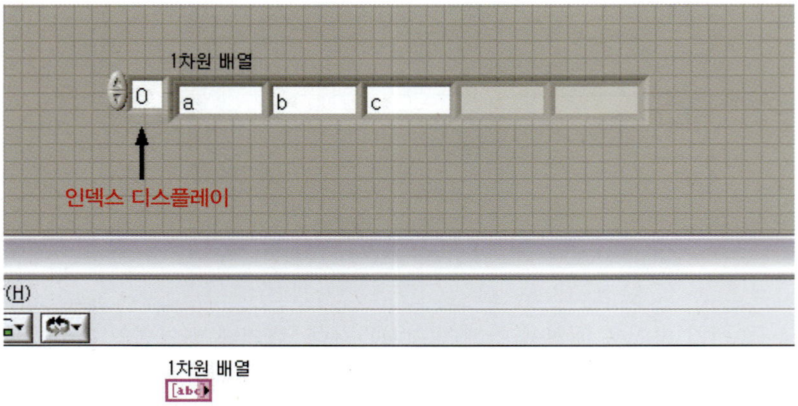

그림 3-4-3 원소 활성화

차원을 추가하려면 배열쉘을 선택하고 **바로가기메뉴 〉 차원 추가**를 선택하면 됩니다. 또는 인덱스 디스플레이를 마우스를 이용하여 아래로 늘려주면 됩니다. 2차원 배열은 인덱스가 행과 열을 가지게 됩니다. 2차원 배열의 인덱스 디스플레이가 0,0으로 되어 있는데 위의 값이 행, 아래값이 열을 의미하고 'a'는 인덱스가 (0,0)입니다.

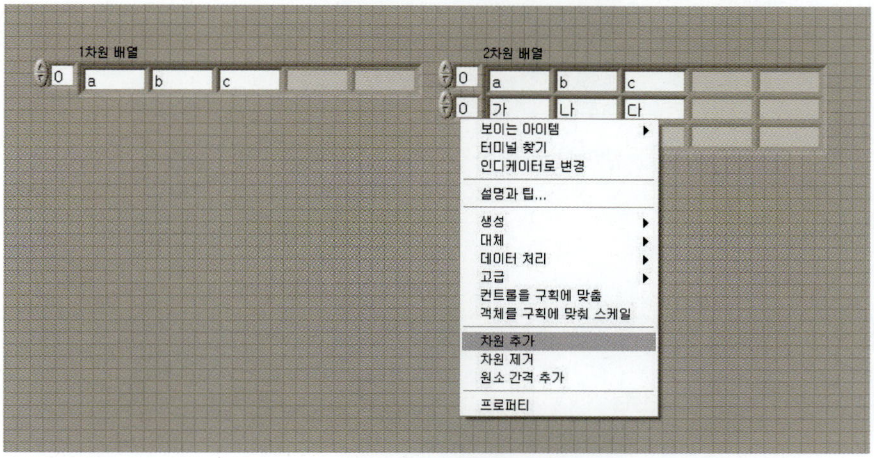

그림 3-4-4 차원 추가

배열의 차원에 따라 블록다이어그램의 와이어의 굵기가 다릅니다. 굵어질수록 차원이 높음을 의미합니다.

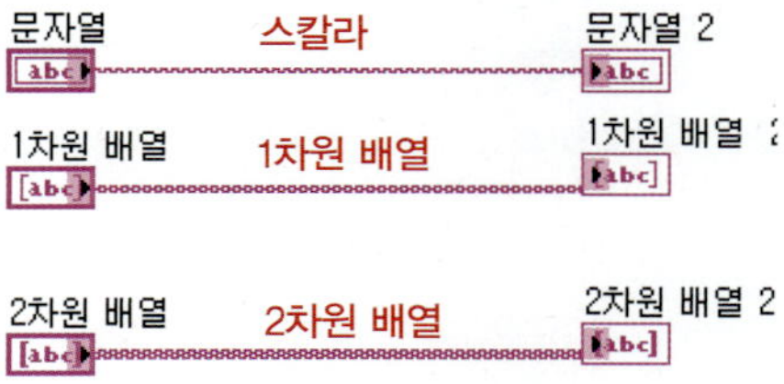

그림 3-4-5 와이어 굵기 비교

배열을 다룰 때 주의해야 할 것은 [그림 3-4-6]에서 배열의 크기(1차원 배열에서는 활성화된 원소의 개수, 2차원 배열에서는 활성화된 행과 열의 값을 의미)를 물으면 test1은 2가 아닙니다. 배열의 크기를 비활성화되어 있는 곳까지 늘려보고 알 수 있으며, test2 역시 배열의 크기는 2가 아닙니다. 인덱스 디스플레이가 1을 나타내고 있으므로 b의 인덱스는 1을 의미하고 인덱스 0은 숨겨져 있습니다.

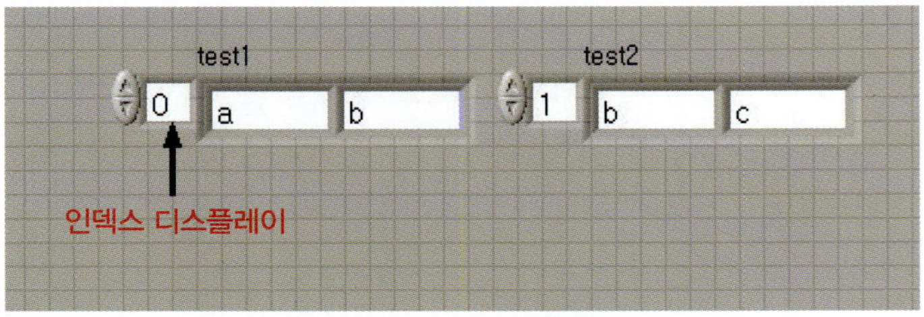

그림 3-4-6 배열 크기

다음으로 배열 상수 만드는 법을 살펴보도록 하겠습니다. 블록다이어그램에서 배열 상수쉘을 가져다 놓고,

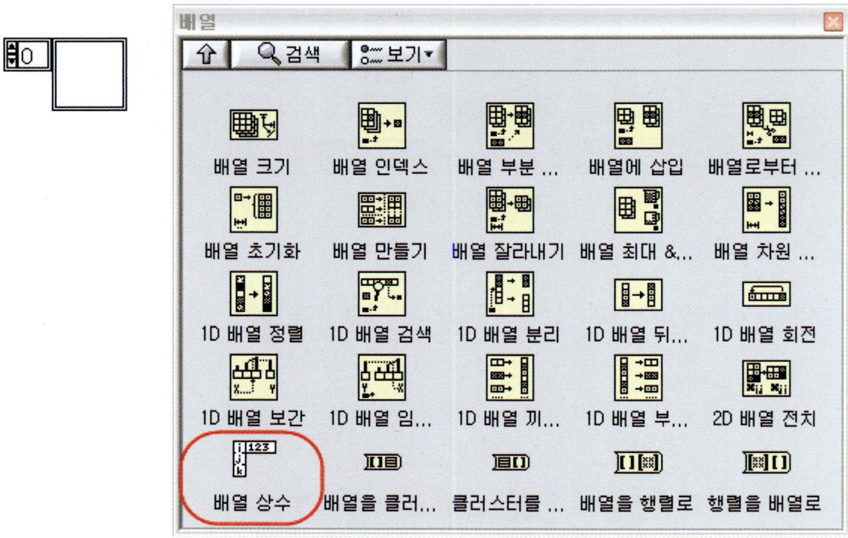

그림 3-4-7 배열 상수쉘

배열 상수쉘 안에 원하는 데이터 타입의 상수를 위치시키고,

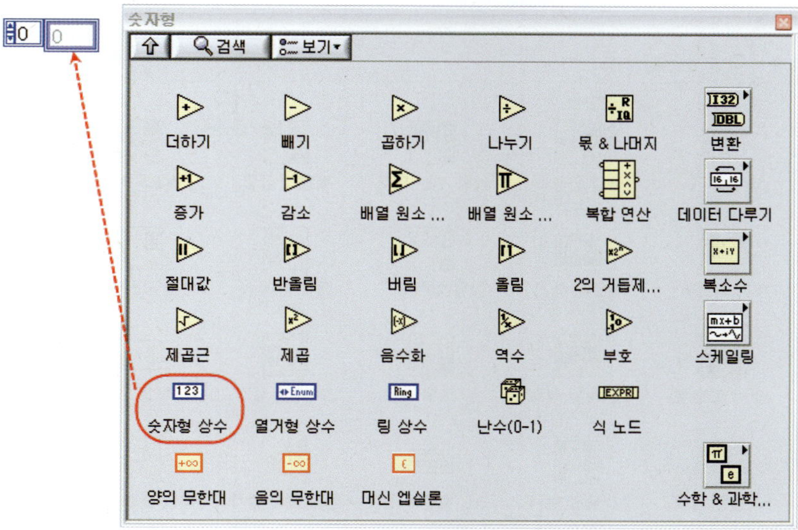

그림 3-4-8 배열 상수쉘 안에 원소 위치시키기

마지막으로 원하는 원소 개수만큼 원소를 활성화하면 됩니다.

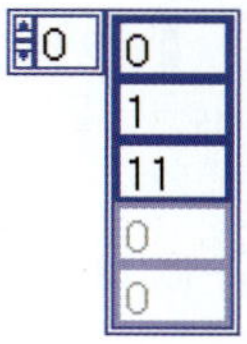

그림 3-4-9 배열 상수 활성화

또는 프런트패널에서 만든 배열 컨트롤 또는 인디케이터 터미널에서 **바로가기메뉴 〉 상수로 변경**을 해도 됩니다.

[그림 3-4-10]은 다양한 배열 노드들입니다.

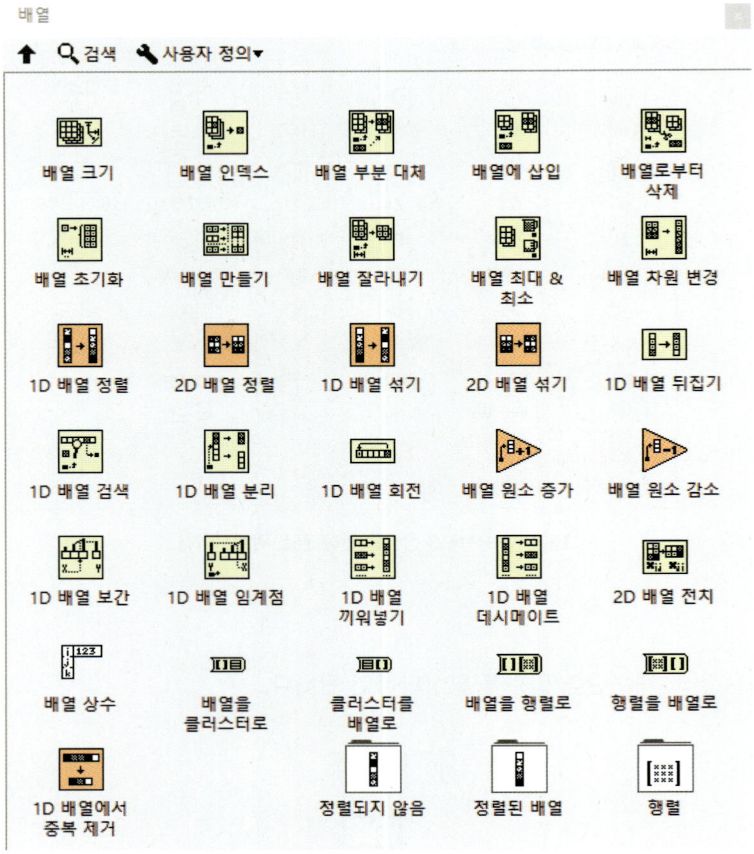

그림 3-4-10 배열 노드들

배열 노드들이 어떤 것이 있는지 예제나 도움말 등을 살펴보면서 배열 노드의 기능들을 잘 파악하고 있는 것이 배열을 다루는 데 도움이 될 것입니다. 참고로 저자가 노드의 기능을 파악하는 방법은 먼저 도움말을 읽어보고 난 후 직접 사용해 봅니다. 즉 노드에 컨트롤과 인디케이터를 연결하여 컨트롤 값을 바꿔가며 인디케이터 값의 변화를 관찰함으로써 노드의 기능을 직접 체험해 봅니다.

[그림 3-4-10]의 함수 팔레트에서 배열 노드들의 이름을 살펴보면, 배열~로 시작하는 것들은 차원에 상관없이 사용 가능하며, 1D 배열~로 시작하는 것들은 1차원 배열만 입력 가능하며, 2D 배열~로 시작하는 것들은 2차원 배열만 입력할 수 있는 노드들입니다.

또한 기본 도움말을 자세히 살펴보면 노드 모양이 전체가 실선으로 되어 있는 경우가 있고, 아랫부분이 점선으로 되어 있는 경우가 있습니다. 후자인 경우는 [그림 3-4-11]에서 보듯이 노드의 아랫부분에 마우스를 위치시켜서 마우스 모양이 양방향 화살표로 바뀌었을 때 클릭한 상태에서 드래그를 하게 되면 노드의 입력 또는 출력의 개수가 늘어나게 됩니다.

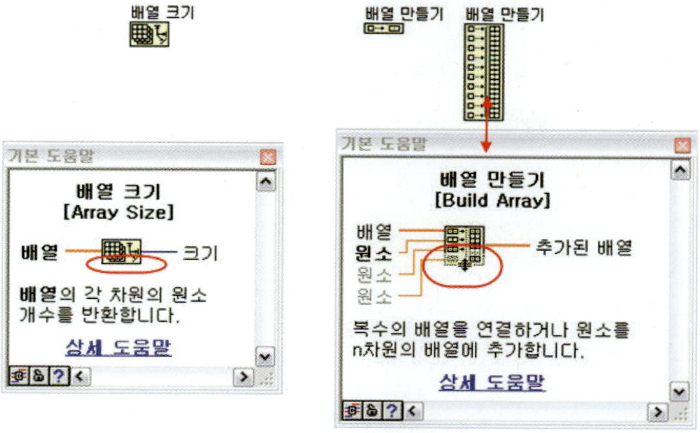

그림 3-4-11 배열 함수 도움말

[그림 3-4-12]는 배열 노드 중 **배열 크기**.vi를 이용하여 배열의 크기를 알아보고 있습니다.

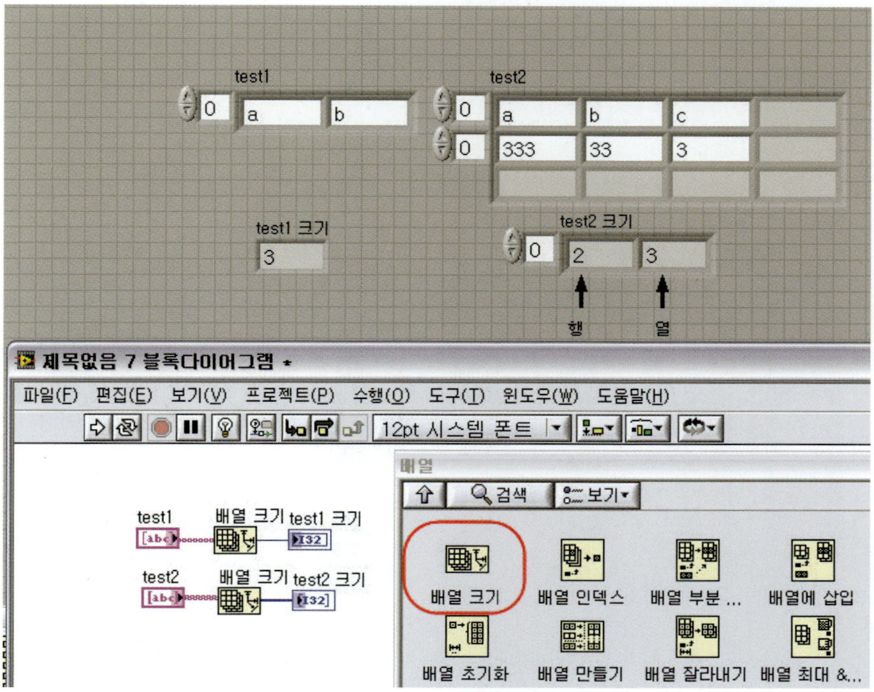

그림 3-4-12 배열 크기 노드

실습 3.4.1 배열을 만들어 보고 다양한 배열 노드들의 사용법을 익힙니다.

1. 새 VI를 열고 프런트패널에 배열쉘을 가져다 놓습니다.

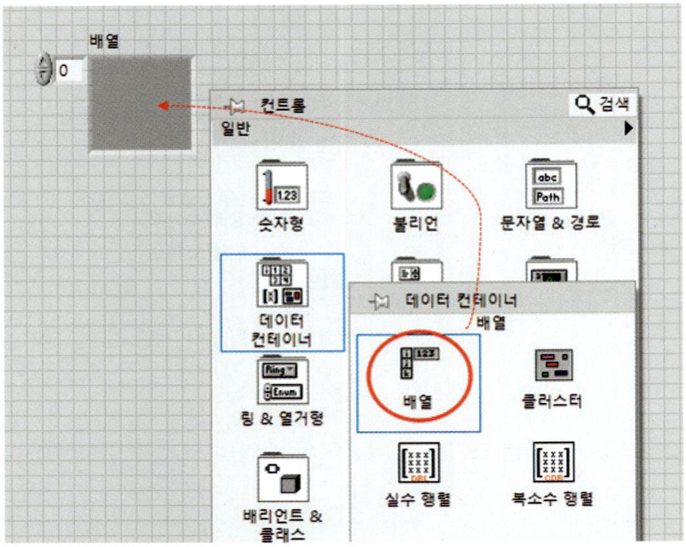

2. 배열쉘 안에 문자열 컨트롤을 원소로 넣어주고 크기를 다음 그림처럼 늘려서 '가', '나', '다', '라', '마' 다섯 개의 원소를 입력합니다.

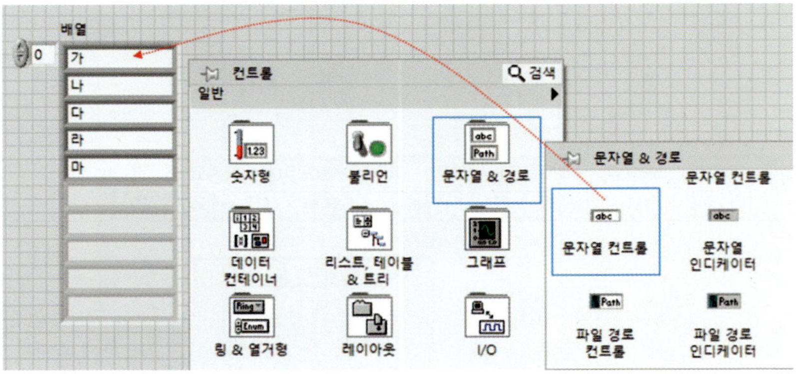

3. 블록다이어그램에서 **배열 크기**.vi, **배열 인덱스**.vi, **배열 부분 대체**.vi, **배열에 삽입**.vi, **배열로부터 삭제**.vi를 가져다 놓습니다.

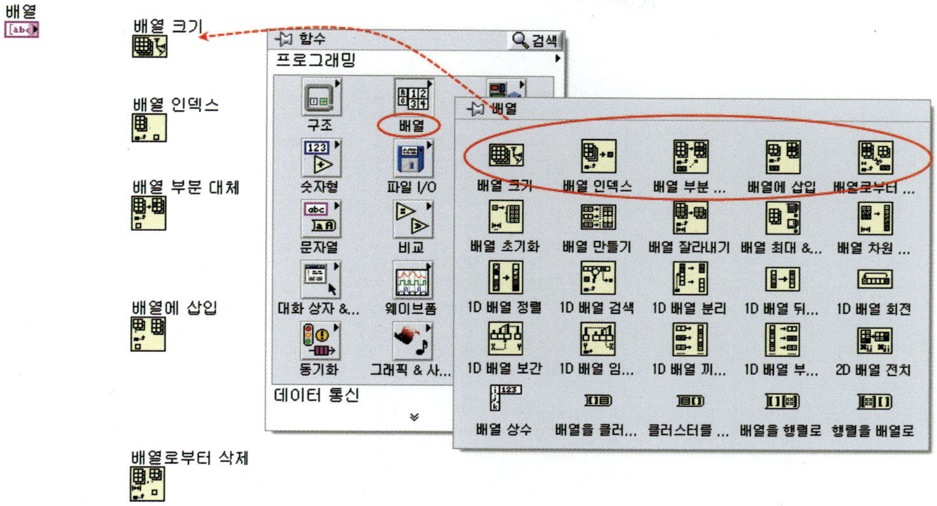

4. 각 노드의 입력들의 **바로가기메뉴 〉 생성 〉 상수**를 선택하여 그림처럼 구현합니다. 단 **배열에 삽입**.vi에 연결되어 있는 배열 상수는 바로가기메뉴를 이용한 것이 아니고 직접 문자열 배열 상수를 만들어야 합니다. 문자열 배열 상수를 만드는 방법은 [그림 3-4-7] 부분의 배열 상수 만드는 방법이 설명되어 있으니 참조하기 바랍니다.

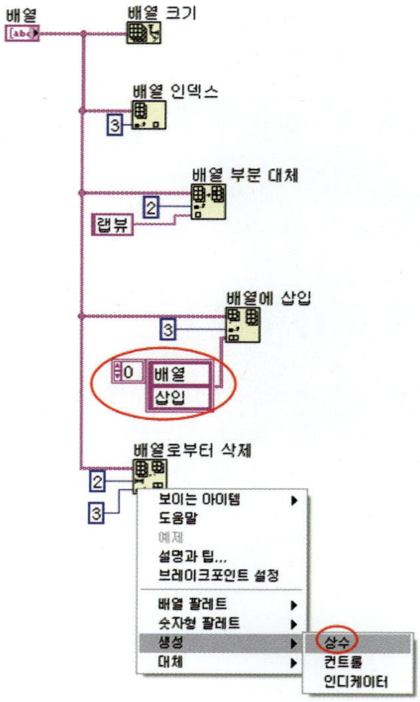

5. 각 노드의 출력들의 **바로가기메뉴 > 생성 > 인디케이터**를 선택하여 그림처럼 구현합니다.

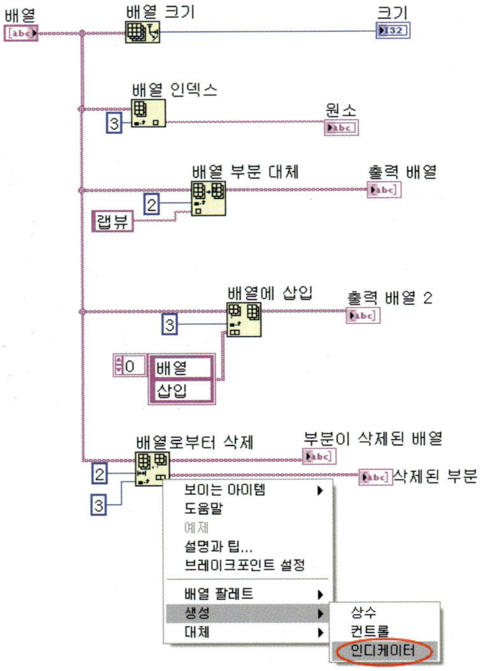

6. 실행을 하면 프런트패널에 그림과 같은 결과가 나옵니다.

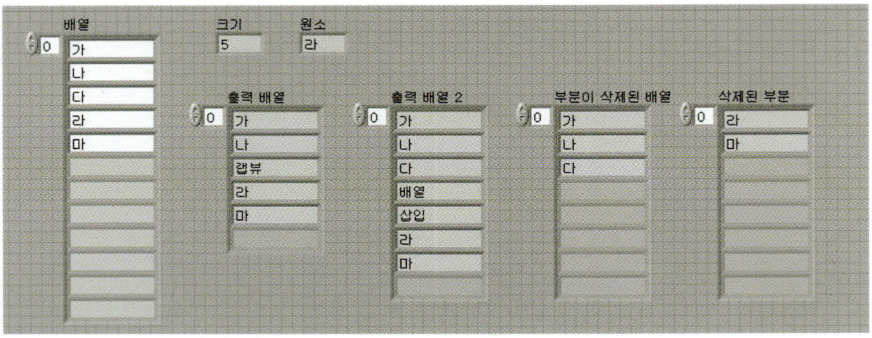

7. 6번의 결과를 살펴보면 각 노드들의 기능을 파악할 수 있습니다.

- **배열 크기**.vi – 배열의 원소 개수 반환
- **배열 인덱스**.vi – 해당 인덱스의 원소 반환(인덱스 '3'의 원소 '라'를 반환)
- **배열 부분 대체**.vi – 해당 인덱스의 원소를 대체(인덱스 '2'에 있는 '다'를 '랩뷰'로 대체)
- **배열에 삽입**.vi – 해당 인덱스에 원소를 삽입(인덱스 '3'에 '배열'과 '삽입' 원소를 삽입)
- **배열로부터 삭제**.vi – 해당 인덱스에서 입력한 원소 개수만큼 삭제하여 삭제한 부분과 남은 부분의 원소를 반환(인덱스 '3'부터 원소 2개를 삭제하여 {가, 나, 다}와 {라, 마}를 반환)

8. VI를 저장합니다.

실습 3.4.2 배열 데이터 타입을 만들어 보고 다양한 배열노드들의 사용법을 익힙니다.

1. 새 VI를 열고 프런트패널에 배열쉘을 가져다 놓습니다.

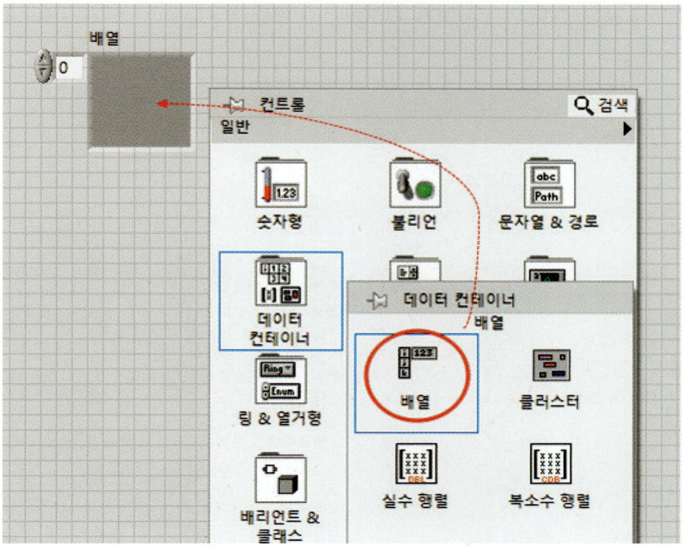

2. 배열쉘의 라벨을 '숫자형 배열'로 수정하고 배열쉘 안에 숫자형 컨트롤을 원소로 넣어준 후 크기를 다음 그림 처럼 늘려서 '1.1', '10.3', '11.9', '5.7', '6.3' 다섯개의 원소를 입력합니다.

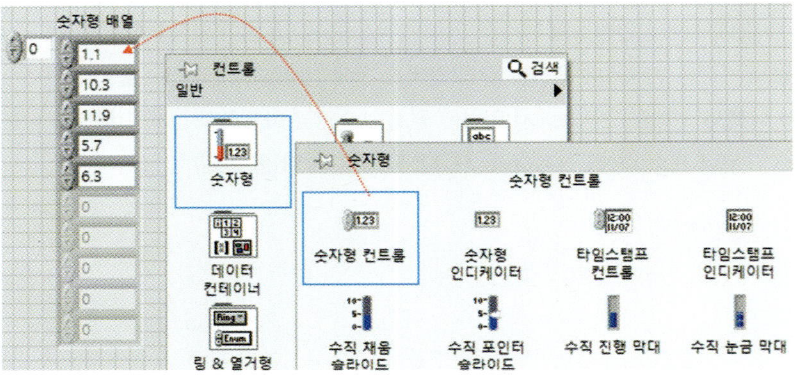

3. 블록다이어그램에서 **1D 배열 정렬**.vi, **1D 배열 검색**.vi, **1D 배열 분리**.vi, **1D 배열 뒤집기**.vi, **배열 최대&최소**.vi 를 가져다 놓습니다.

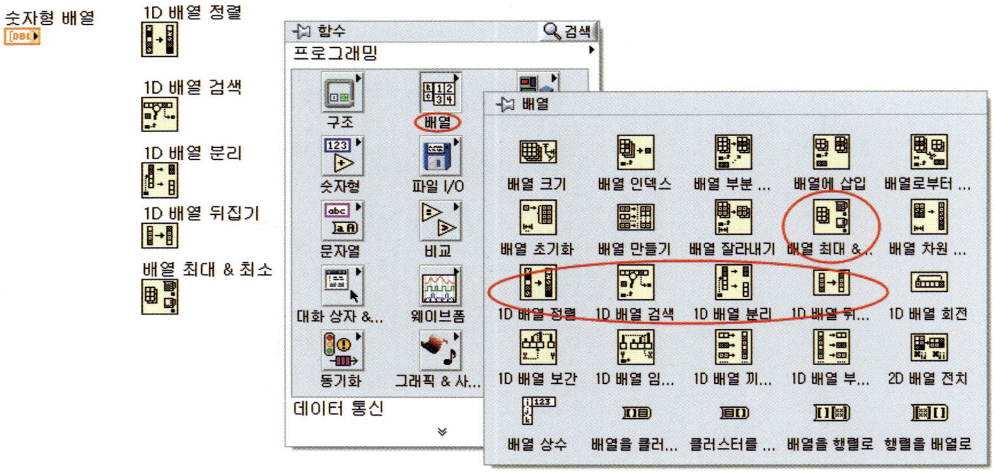

4. 각 노드 입력들의 **바로가기메뉴 〉 생성 〉 상수**를 선택하여 그림처럼 구현합니다.

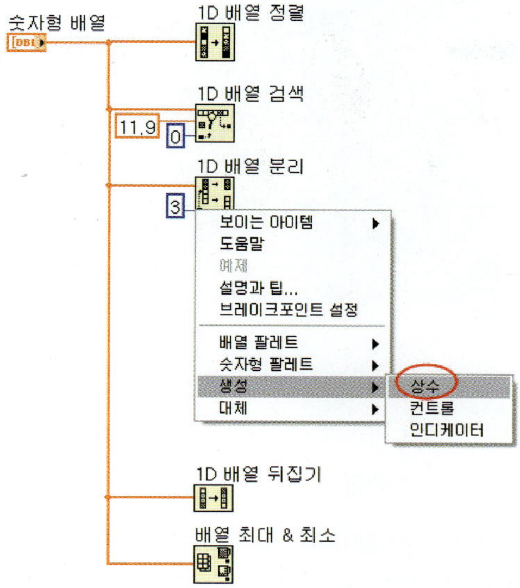

5. 각 노드 출력들의 **바로가기메뉴 〉 생성 〉 인디케이터**를 선택하여 그림처럼 구현합니다.

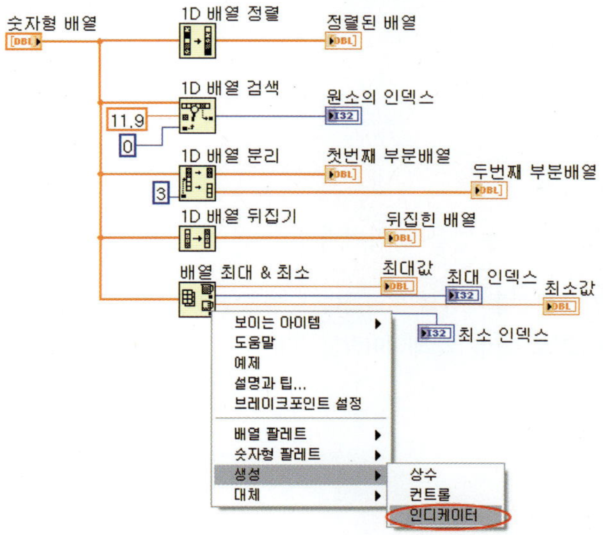

6. 실행을 하면 프런트패널에 그림과 같은 결과가 나옵니다.

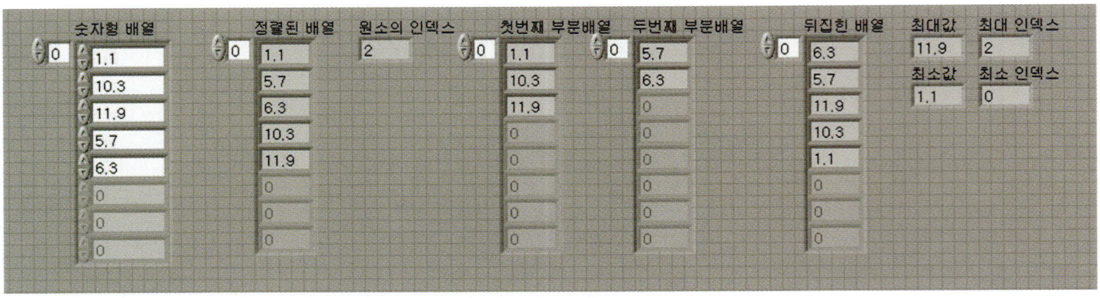

7. 6번의 결과를 살펴보면 각 노드들의 기능을 파악할 수 있습니다.

- **1D 배열 정렬**.vi – 원소들을 크기 순으로 정렬
- **1D 배열 검색**.vi – 배열 중 원소가 있는지 검색해서 있으면 해당 인덱스 반환 '(11.9' 원소의 인덱스 '2' 반환)
- **1D 배열 분리**.vi – 해당 인덱스를 기준으로 배열을 분리시킴.
  (인덱스'3'을 기준으로 {1.1, 10.3, 11.9}와 {5.7, 6.3}으로 분리)
- **1D배열 뒤집기**.vi – 원소의 순서를 뒤집음
- **배열 최대&최소**.vi – 원소의 최대값과 최소값 그리고 해당 인덱스를 반환
  (최대값 '11.9'와 해당 인덱스 '2'그리고 최소값 '1.1'과 해당 인덱스 '0'반환)

8. VI를 저장합니다.

실습 3.4.3 배열 만들기.vi의 사용법을 익힙니다.

1. '실습' 폴더에서 '3-4-3 배열 만들기.vi'를 불러옵니다. 블록다이어그램에서 **배열 만들기**.vi를 3개 추가한 후, **배열 만들기**.vi의 입력을 2개로 늘리기와 와이어링합니다.

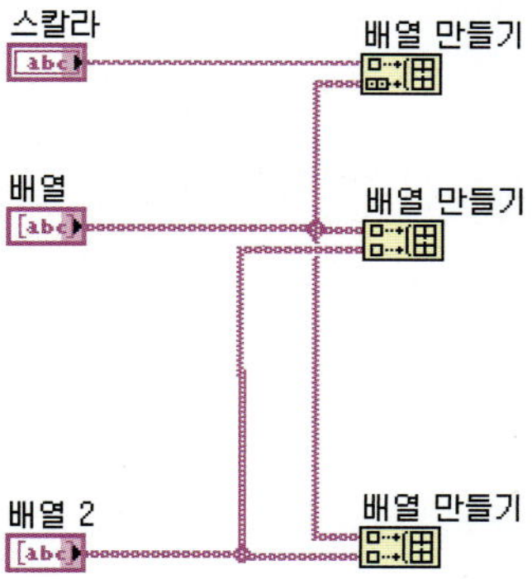

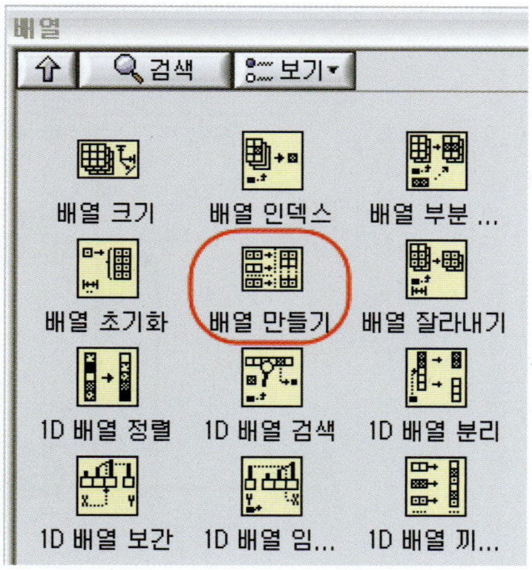

2. 3번째 **배열 만들기**.vi의 **바로가기메뉴 〉 입력 연결**을 선택합니다. 3개의 **배열 만들기**.vi의 모습을 자세히 보면 서로 다른 것을 확인할 수 있습니다.

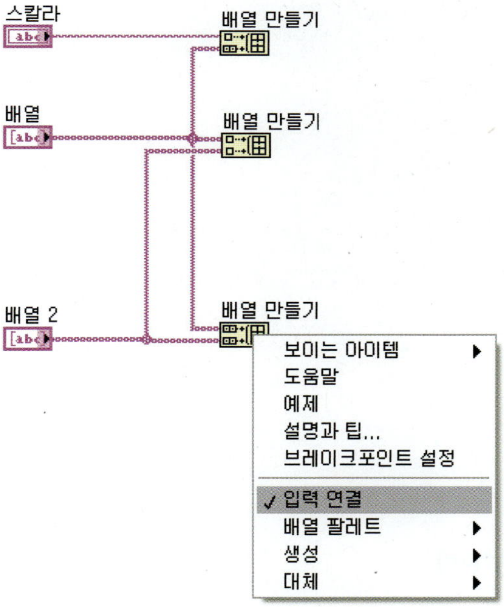

3. 각 **배열 만들기**.vi의 출력쪽에서 **바로가기메뉴 〉 생성 〉 인디케이터**를 생성합니다.

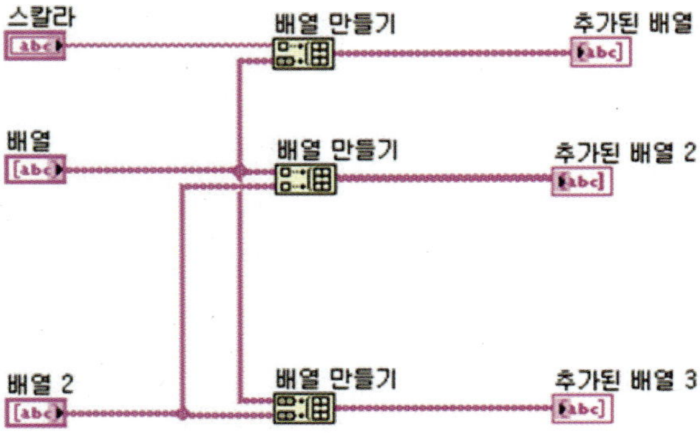

4. 실행을 하면 프런트패널에 그림과 같은 결과가 나옵니다. **배열 만들기**.vi의 입력에 따라 또는 **배열 만들기**.vi 노드의 입력 연결 선택 유무에 따라 다양한 출력 결과를 확인할 수 있습니다.

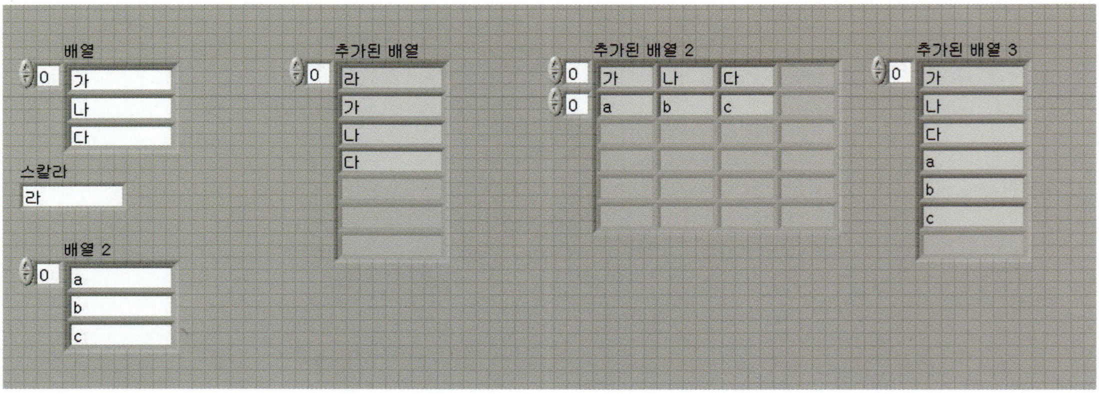

5. VI를 저장합니다.

3-5. 클러스터(Cluster)

학생의 영어성적을 관리하는 프로그램을 만들려고 합니다. 학생 개인별로 필요한 데이터는 이름, 학번, 영어성적이라고 가정합니다. 이때 이름은 문자열, 학번은 문자열 또는 숫자형, 영어성적은 숫자형으로 데이터 타입을 만들면 됩니다. 이처럼 다양한 데이터 타입의 묶어서 학생이라는 데이터 타입을 만들어 관리하면 편리할 것입니다. 이때 여러 가지 데이터 타입의 묶음을 클러스터라고 합니다.

다양한 데이터 타입이라고 해서 컨트롤과 인디케이터를 함께 묶을 수는 없습니다.
클러스터를 만드는 방법은 2단계로 이루어집니다. 먼저 클러스터쉘을 프런트패널에 위치시킵니다. 클러스터쉘을 위치시키면 처음에 블록다이어그램에 나타나는 터미널의 색은 검정색입니다. 검정색은 데이터 타입이 정의되지 않음을 의미합니다.

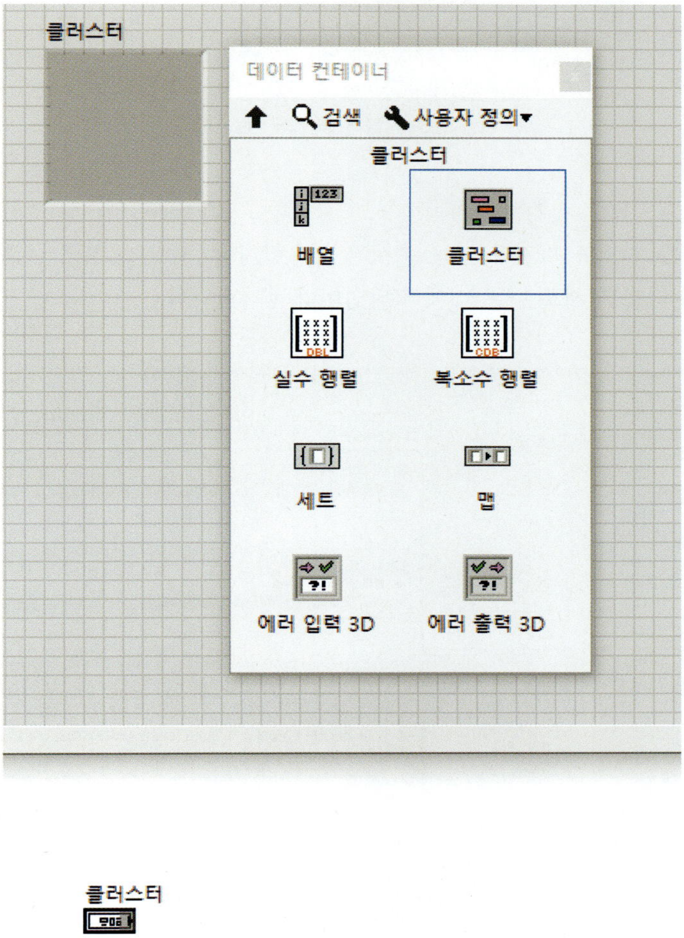

그림 3-5-1 클러스터쉘

원하는 데이터 타입의 원소를 넣어주고 라벨을 바꿔주면 됩니다. 배열처럼 활성화는 필요 없습니다.

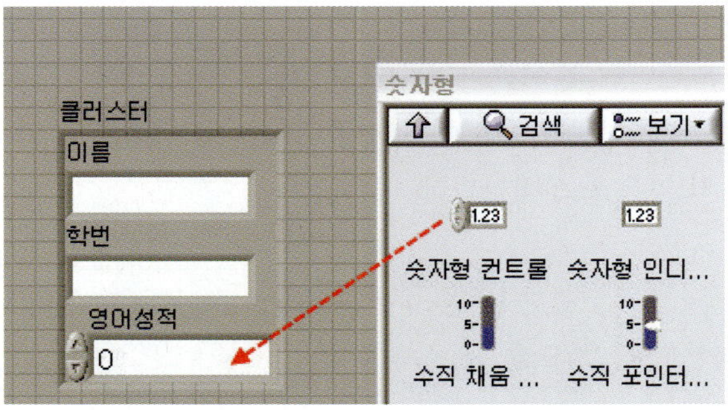

그림 3-5-2 클러스터쉘에 원소 넣기

클러스터쉘에 원하는 원소를 가져다 놓는 순서가 중요합니다. 같은 모양의 클러스터를 만들더라도 가져다 놓은 순서가 다르면 서로 다른 데이터 타입이라 생각합니다.

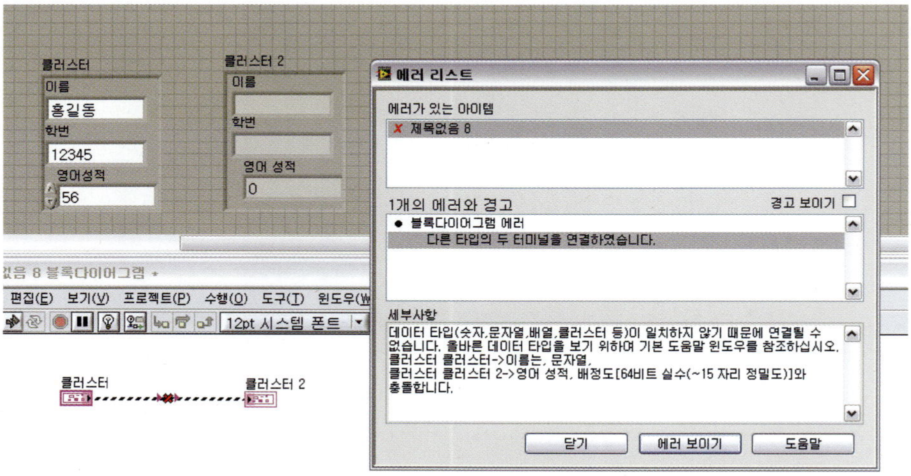

그림 3-5-3 원소의 순서를 다르게 만든 클러스터들

클러스터를 만들 때 순서를 확인하고 순서를 변경할 수 있는 방법은 클러스터쉘의 가장자리에서 마우스 오른쪽 버튼을 클릭하여 **바로가기메뉴 〉클러스터 내의 컨트롤 순서 재설정**을 선택합니다.

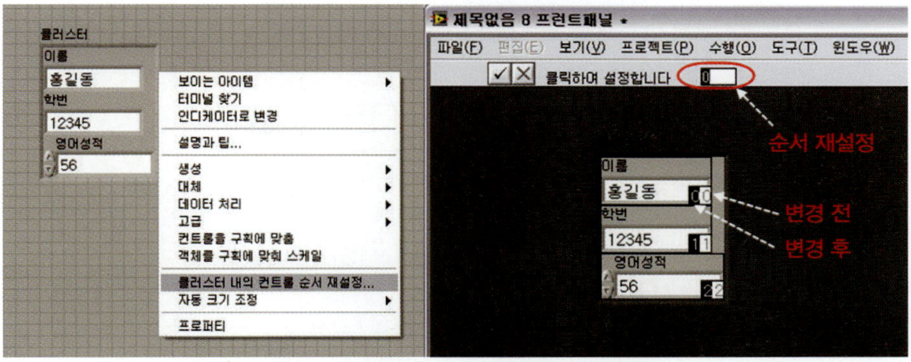

그림 3-5-4 클러스터쉘 내의 컨트롤 순서 재설정

클러스터 상수를 만드는 방법은 블록다이어그램에 상수 클러스터쉘에 원하는 상수들을 넣으면 됩니다.

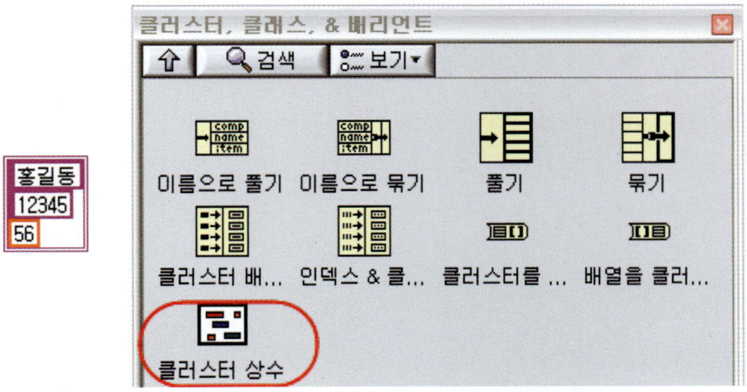

그림 3-5-5 클러스터 상수

또는 프런트패널에서 클러스터 컨트롤 또는 클러스터 인디케이터를 만든 후 블록다이어그램에 생성된 터미널에서 **바로가기메뉴 〉 상수로 변경**을 선택합니다. [그림 3-5-6]은 클러스터 노드들입니다. 이 중 사용 빈도가 높은 **묶기.vi**, **풀기.vi**, **이름으로 묶기.vi**, **이름으로 풀기.vi**를 살펴봅니다.

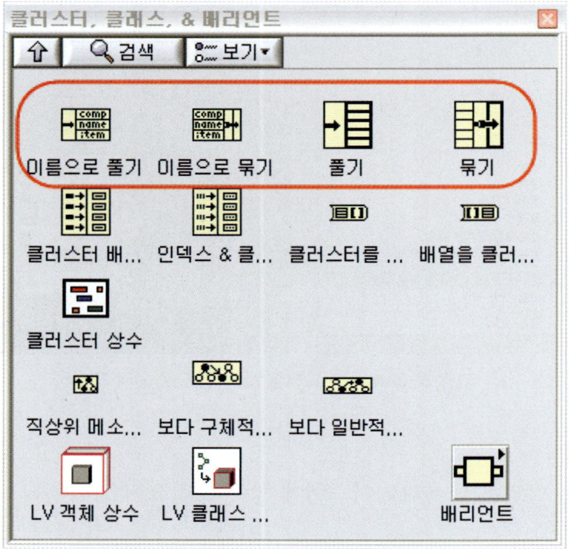

그림 3-5-6 클러스터 노드들

묶기.vi는 클러스터를 만들 때 주로 사용합니다. [그림 3-5-7]에서 라벨이 '이름', '학번', '영어성적'을 원소로 가진 클러스터를 만들기 위해 **묶기.vi**를 사용했습니다. 참고로 **묶기.vi**의 기본 도움말을 확인해 보면 노드의 입력을 늘릴 수 있도록 되어 있습니다.

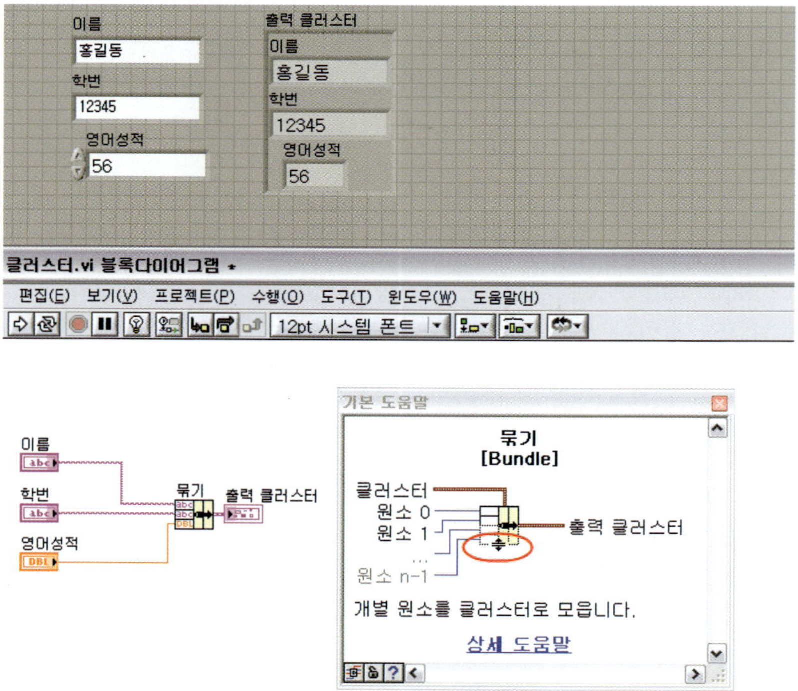

그림 3-5-7 묶기

풀기.vi는 **묶기.vi**와 반대입니다. 즉 만들어진 클러스터를 원소 개별로 모두 풀어낼 때 사용합니다.

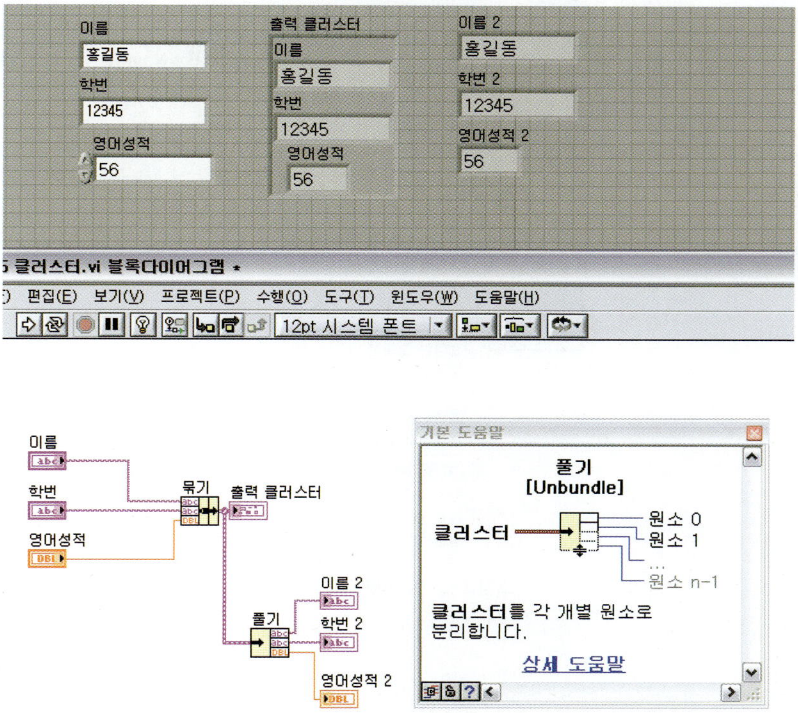

그림 3-5-8 풀기

[그림 3-5-9]에서 '홍길동'이 공부를 열심히 해서 56점의 영어성적이 10점 올라 66점이 되었다고 가정을 하면, 기존 클러스터에서 '영어성적'만을 풀어서 데이터를 업데이트해야 합니다. 이처럼 클러스터 원소 중 선택적으로 풀어내야 할 경우 **이름으로 풀기.vi**를 사용합니다. **이름으로 풀기.vi** 역시 출력을 늘릴 수 있는 노드입니다. 또한 풀어낼 원소를 **이름으로 풀기.vi**의 **바로가기메뉴 〉 아이템 선택**을 이용하여 변경할 수 있습니다.

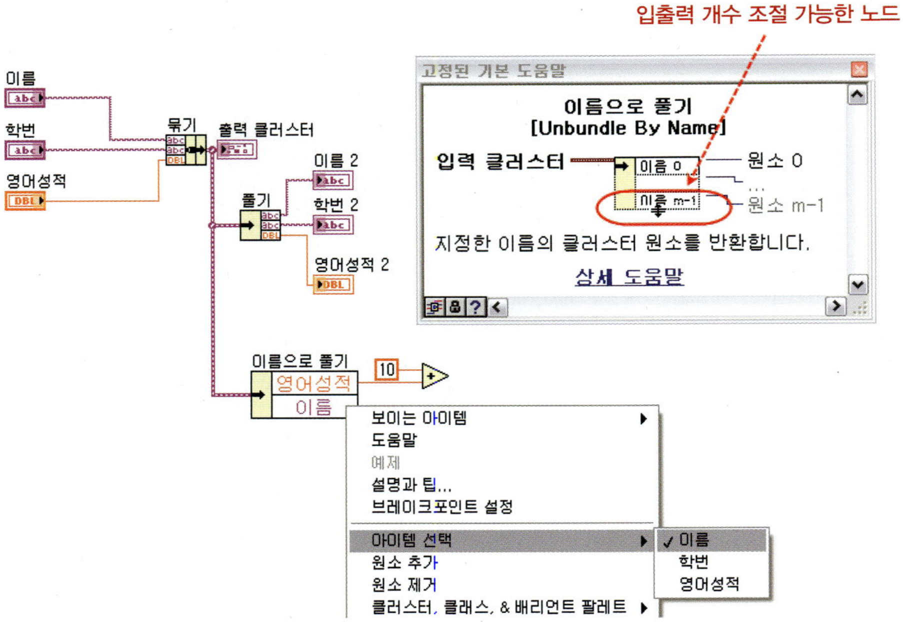

그림 3-5-9 이름으로 풀기

'학번'과 '이름'은 기존 클러스터의 값을 유지하면서 '영어성적'만 업데이트된 클러스터를 만들어야 합니다. 이처럼 일부 원소는 기존 클러스터 내용을 유지하고 선택적으로 일부만 새로운 내용을 업데이트하여 클러스터에 수정 내용을 반영하기 위해서는 **이름으로 묶기.vi**를 사용합니다.

[그림 3-5-10]의 기본 도움말에서 파라미터들의 글자 폰트가 다르다는 것을 알 수 있습니다. 즉 입력 클러스터는 굵은체이고 원소 0은 일반 글씨체이며, 원소 m-1은 회색 글씨체입니다. 굵은체는 반드시 연결해 주어야만 하는 필수, 일반 글씨체는 권장, 회색은 옵션입니다. 권장과 옵션은 연결하지 않아도 실행하는 데 무방합니다. 이때 연결하지 않으면 각 노드들이 가지고 있는 기본값이 입력됩니다.

이름으로 묶기.vi의 입력 클러스터에 기존 클러스터가 반드시 연결되어야 하고 **이름으로 묶기.vi**에서 선택된 '영어성적'만 기존 클러스터에서 내용이 업데이트되며, 나머지 '이름'과 '학번'은 기존 클러스터 값 그대로 유지됩니다.

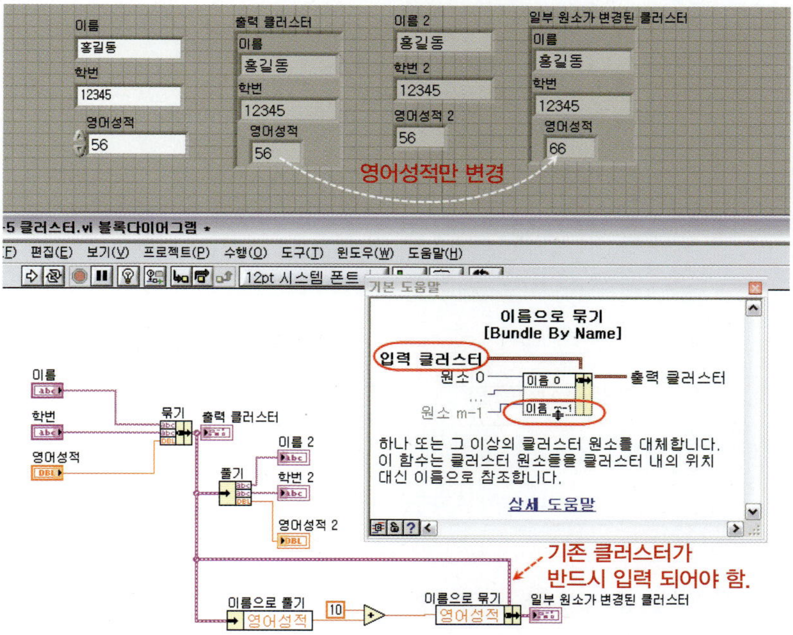

그림 3-5-10 이름으로 묶기

이름으로 묶기.vi도 **이름으로 풀기**.vi처럼 입력의 개수가 늘어나고, 원소를 노드의 **바로가기메뉴 〉 아이템 선택**을 이용하여 변경할 수 있습니다.

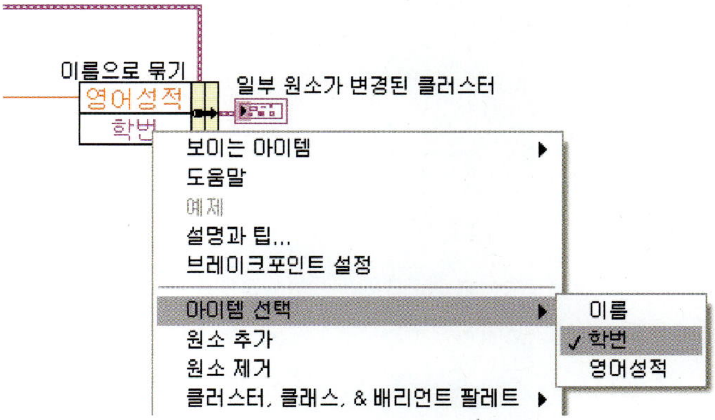

그림 3-5-11 이름으로 묶기 설정

참고로 클러스터 생성할 때 원소를 숫자형 데이터 타입만 사용한 경우와 다양한 데이터 타입을 원소로 사용해서 만든 경우, 다음 그림처럼 터미널 색상이 다릅니다.

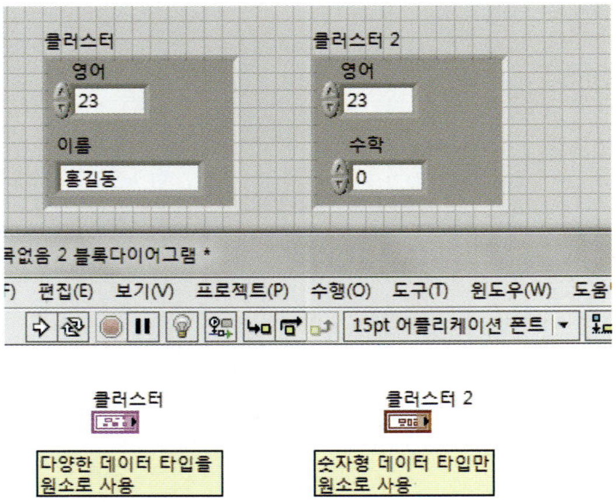

그림 3-5-12 클러스터 터미널 색상 비교

참고로 2.8장 에러 클러스터를 다시 한 번 읽어보기 바랍니다.

실습 3.5.1 클러스터 데이터 타입을 만들어 보고 다양한 클러스터 노드들의 사용법을 익힙니다.

1. 새 VI를 열고 프런트패널에 문자열 컨트롤과 숫자형 컨트롤과 수직 토글 스위치를 가져다 놓습니다. 그리고 다음 그림처럼 라벨과 값을 수정합니다.

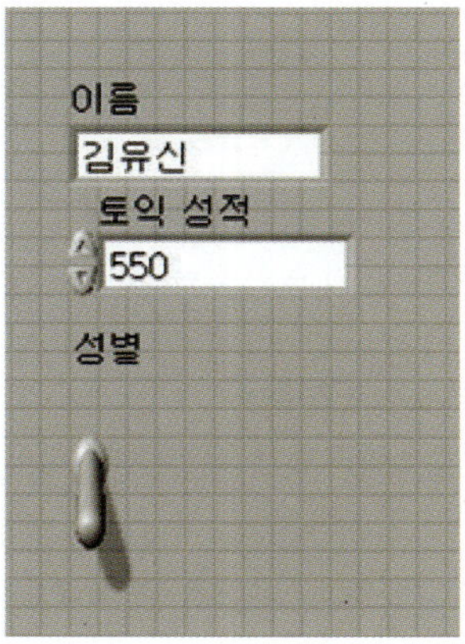

2. 블록다이어그램에서 **묶기.vi**를 가져다 놓고 입력이 3개가 될 수 있도록 크기를 하나 늘려줍니다. 그리고 각 터미널을 그림과 같이 와이어링합니다.

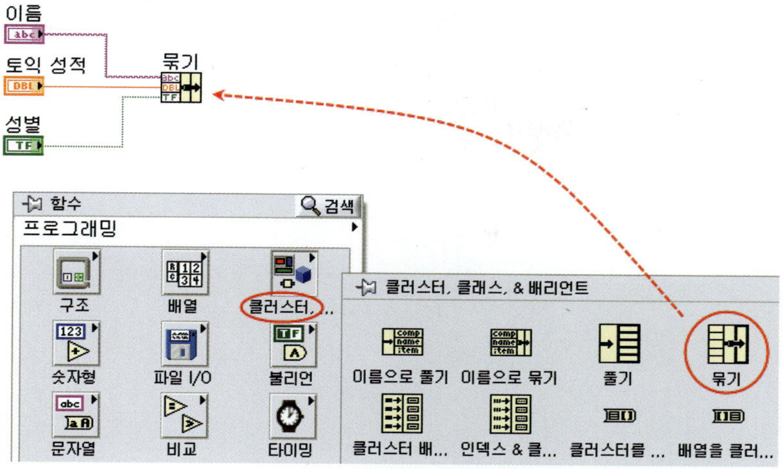

3. 블록다이어그램에서 **묶기**.vi의 출력에서 **바로가기메뉴 〉 생성 〉 인디케이터**를 만들고 만들어진 인디케이터의 라벨을 '학생'으로 변경하여 실행을 합니다. 다음 그림처럼 프런트패널에 만들어진 클러스터를 확인합니다. 즉 **묶기**.vi는 클러스터를 만들 때 사용하는 노드입니다.

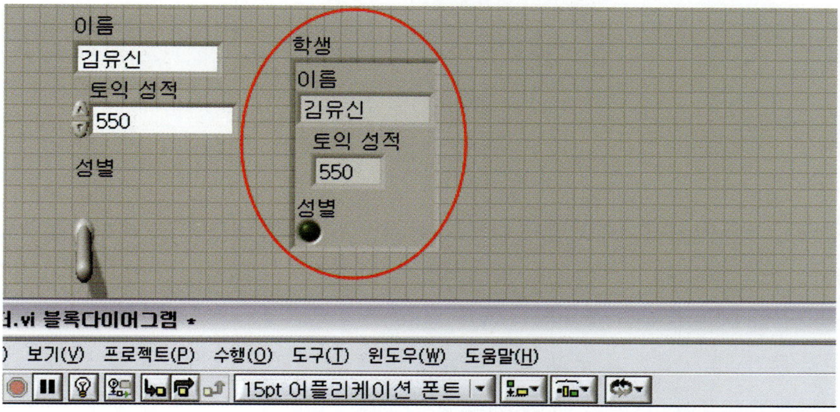

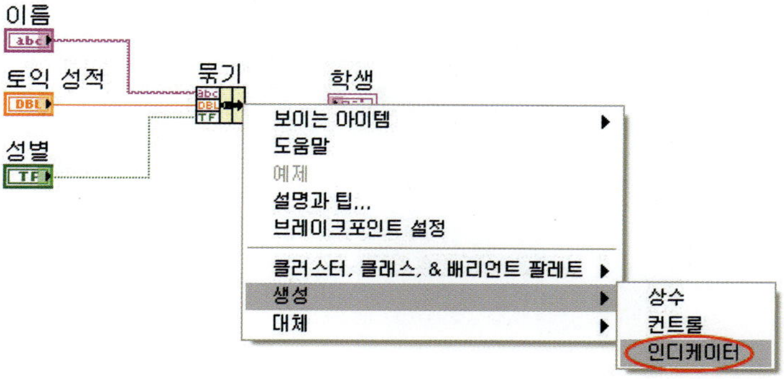

4. 학생 클러스터가 가진 원소를 모두 풀어보도록 하겠습니다. 블록다이어그램에서 **풀기.vi**를 가져다 놓고 그림처럼 와이어링하고 각 출력에서 바로가기메뉴를 이용하여 인디케이터를 만듭니다. 완성 후 실행을 하게 되면 클러스터의 원소들이 하나씩 다 풀어지게 됩니다. 즉 **풀기.vi**는 클러스터가 가진 원소를 모두 풀어낼 때 사용합니다.

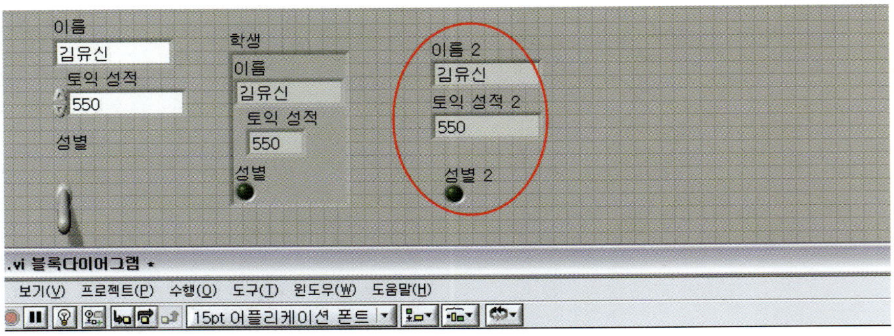

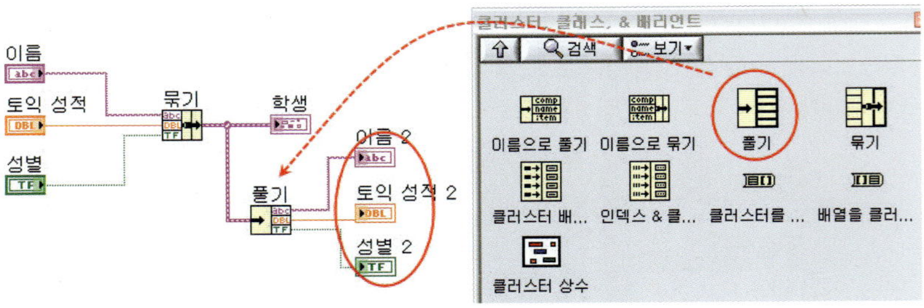

5. 학생 클러스터가 가진 원소 중에 '550'점인 '토익 성적'을 '700'점으로 업그레이드해 보도록 하겠습니다. 이를 하기 위해서는 학생 클러스터가 가진 원소 중 '토익 성적'만 풀어내서 150점을 더한 후 학생 클러스터의 원소인 '토익 성적'만 업데이트를 해야 합니다.

먼저 **이름으로 풀기.vi**를 사용하여 '토익 성적'만 풀어내도록 하겠습니다. **이름으로 풀기.vi**를 가져다놓고 그림처럼 와이어링한 후 출력에 마우스를 위치시켜 **바로가기메뉴 〉 아이템 선택 〉 토익 성적**을 선택합니다.

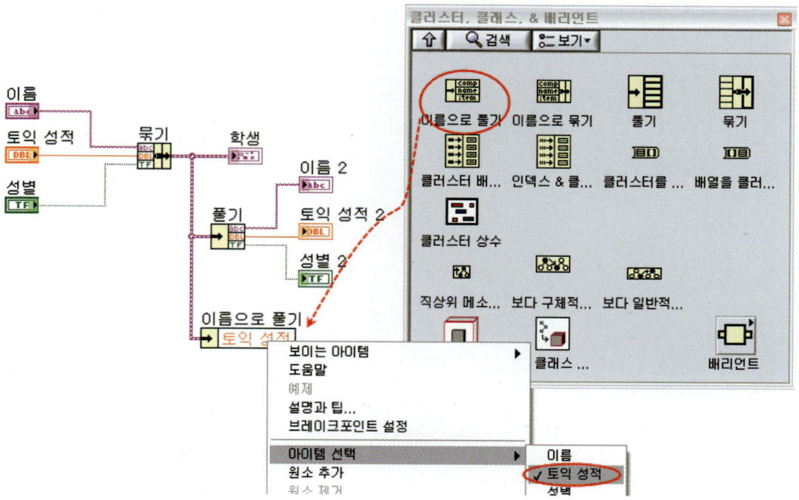

6. 풀어낸 '토익 성적'에 150점을 더하여 700점으로 만든 후 기존 학생 클러스터에 '토익 성적'만 업데이트하도록 하겠습니다. 이때 사용하는 노드는 기존 클러스터 중 일부 원소만 업데이트하는 **이름으로 묶기**.vi입니다. 그림처럼 **이름으로 묶기**.vi의 기본 도움말을 참조하면, **이름으로 묶기**.vi의 입력 클러스터는 반드시 연결해야 하는 필수 입력입니다. 따라서 그림처럼 학생 클러스터가 **이름으로 묶기**.vi의 입력 클러스터에 연결되고 150점 향상된 점수를 '토익 성적' 원소에 와이어링을 합니다. 마지막으로 **이름으로 묶기**.vi의 출력에서 바로가기메뉴를 이용하여 인디케이터를 만듭니다.

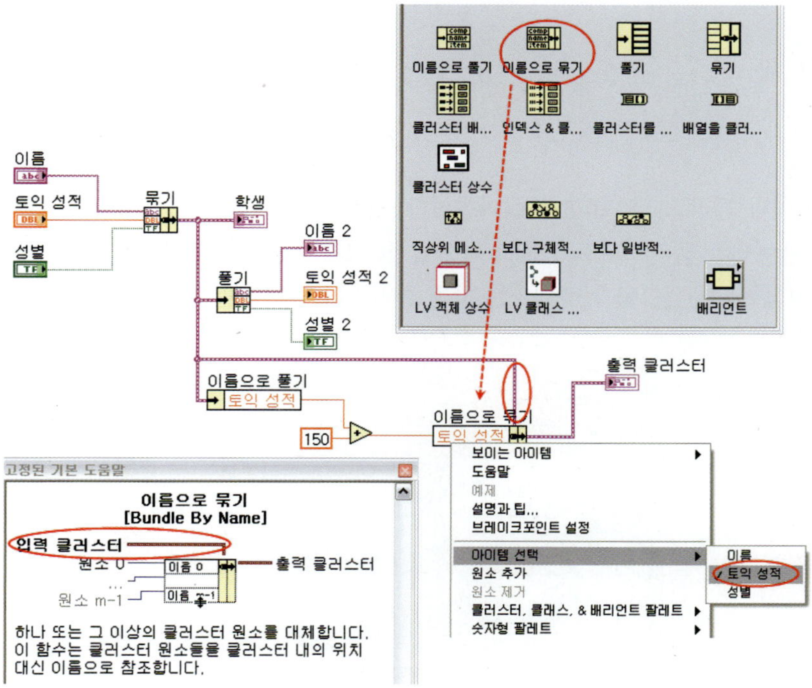

7. 실행을 하면 그림의 프런트패널과 같이 기존 학생 클러스터에서 '토익 성적'만 업데이트됩니다.

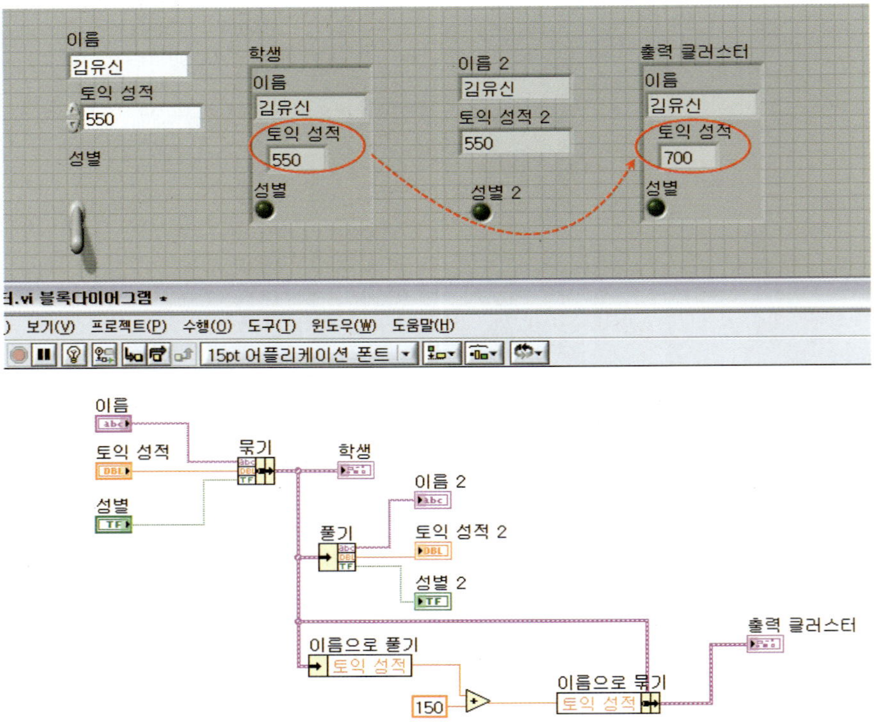

8. VI를 저장합니다.

마지막으로 배열과 클러스터의 조합을 살펴봅니다. 예를 들어 한 반의 성적 관리 프로그램을 만들 때 학생 한 명의 데이터는 클러스터로 만들고 학생이 한 명 이상이므로 같은 데이터의 묶음인 배열로 구성하는 것이 적합합니다. [그림 3-5-12]는 학생 클러스터를 배열쉘에 넣어 활성화한 모습입니다.

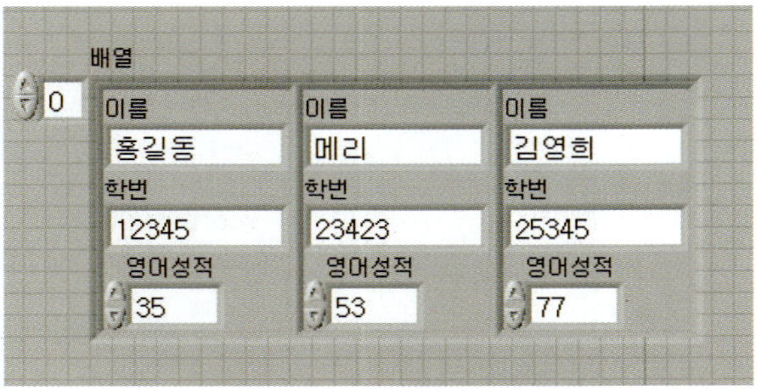

그림 3-5-12 배열과 클러스터의 조합

실습 3.5.1 클러스터와 배열을 함께 사용해 봅니다.

1 '실습' 폴더에서 '3-5-2 배열과 클러스터.vi'를 불러옵니다. 병아리반은 5명의 학생으로 이루어져 있습니다. 5명 학생들의 '토익 성적' 평균을 구하고자 합니다.

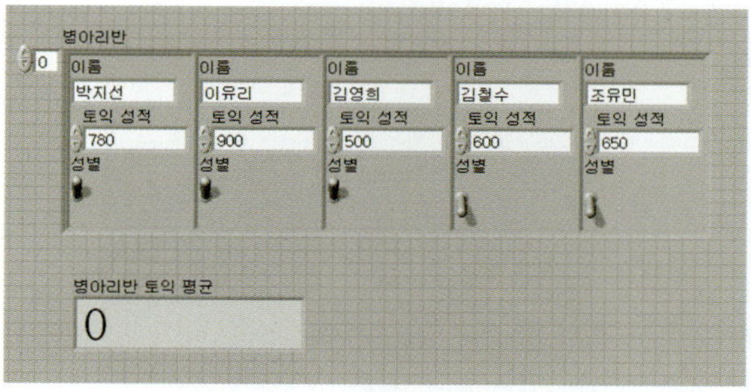

2. 현재 배열로 묶여 있는 각 원소들의 '토익 성적'만 추출해서 평균값을 구해야 합니다. 이때 사용할 노드들은 무엇일까요? 이를 수행하기 위해 여러분께서 생각한 노드들과 3번에서 구현된 코드를 보고 비교해 보기 바랍니다.

3. 배열로 묶여져 있는 **배열 인덱스**.vi를 이용하여 원소들을 하나씩 풀어서 클러스터로 된 각 원소중 '토익 성적' 만 뽑아내기 위해 **이름으로 풀기**.vi 사용합니다.

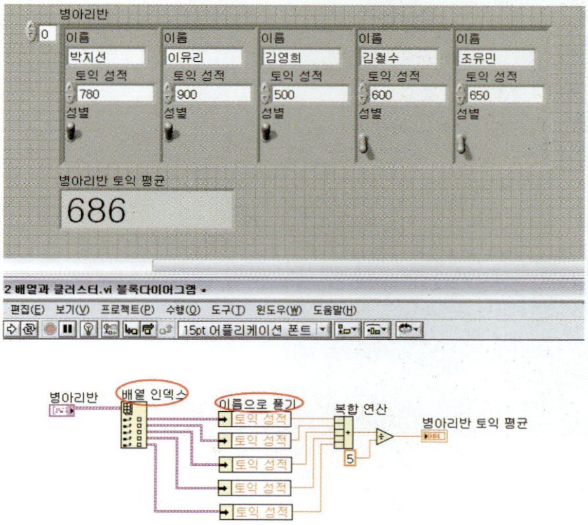

4. VI를 저장합니다.

3-6. 웨이브폼 데이터/웨이브폼 차트/웨이브폼 그래프

DAQ(Data Acquisition) 하드웨어를 통해 실제 신호를 받으면 t0, dt, Y[ ]로 구성된 데이터를 접하게 될 것입니다. 여기서 t0는 처음 데이터를 획득한 시간, dt는 데이터 간의 시간 간격, Y[ ]는 측정된 값들이 배열로 구성됩니다. 이렇게 구성된 데이터 타입을 웨이브폼 데이터라고 합니다.

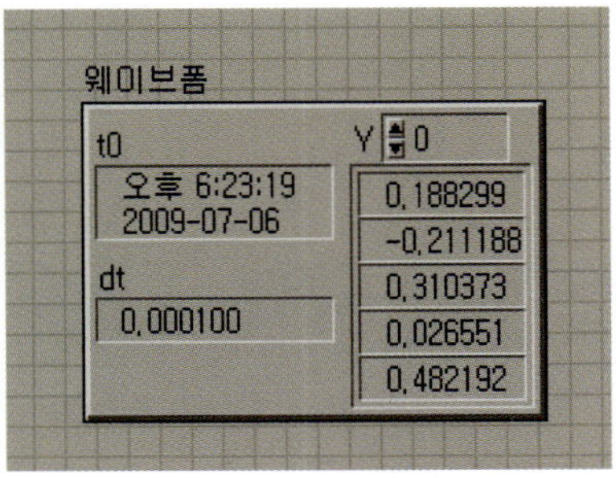

그림 3-6-1 웨이브폼 데이터

웨이브폼 데이터는 주로 웨이브폼 차트나 웨이브폼 그래프를 통해 데이터를 보는 것이 일반적입니다.

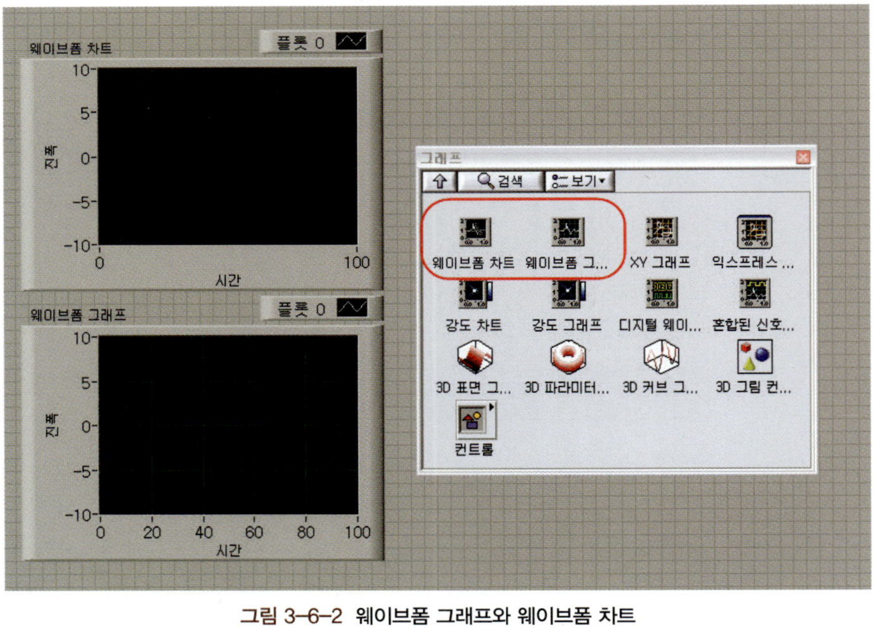

그림 3-6-2 웨이브폼 그래프와 웨이브폼 차트

웨이브폼 차트는 과거 데이터가 남아 있어 누적된 데이터를 볼 수 있고, 웨이브폼 그래프는 현재 데이터만 보입니다. 즉 과거 데이터는 사라져 히스토리를 볼 수 없습니다. 데이터 히스토리나 트렌드를 보기 위해서는 웨이브폼 차트를 이용하고, 히스토리가 필요 없고 현재 데이터만 보려면 웨이브폼 그래프를 사용합니다. 일반적으로 웨이브폼 차트는 스칼라를, 웨이브폼 그래프는 배열을 연결합니다.

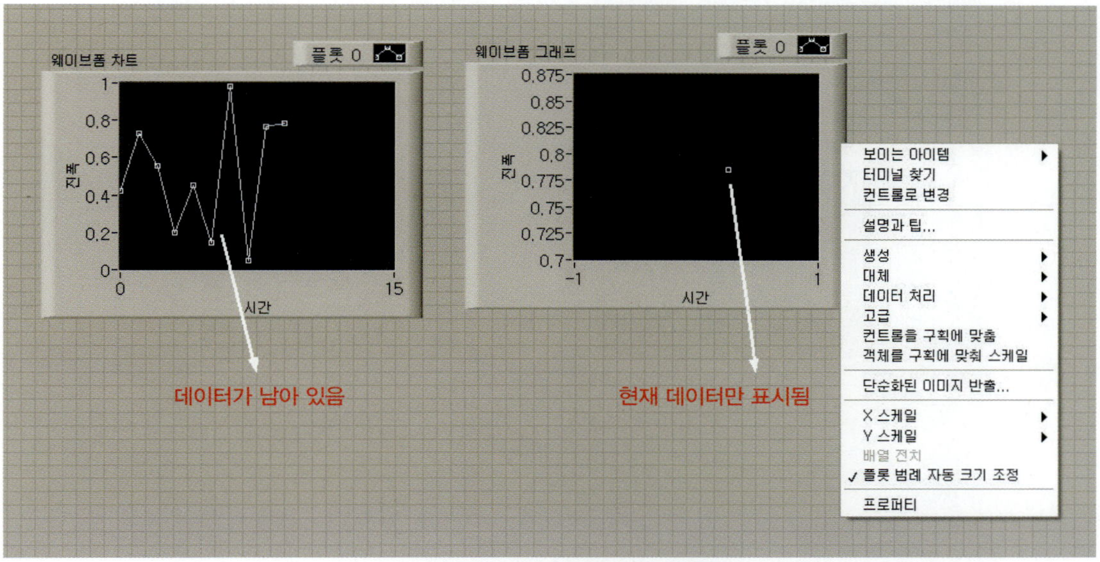

그림 3-6-3 웨이브폼 그래프와 웨이브폼 차트 차이

또한 웨이브폼 그래프나 웨이브폼 차트의 바로가기메뉴에서 다양한 속성들을 볼 수가 있습니다. 여러 가지를 선택해 보고 어떠한 변화가 생기는지 직접 확인해 보기 바랍니다.

실습 3.6.1 웨이브폼 그래프와 웨이브폼 차트를 비교합니다.

1 '실습' 폴더에서 '3-6-1 그래프와 차트.vi'를 불러와서 실행해 봅니다. 웨이브폼 차트는 값이 누적되어 보여지고, 웨이브폼 그래프는 현재 데이터만 보여집니다.

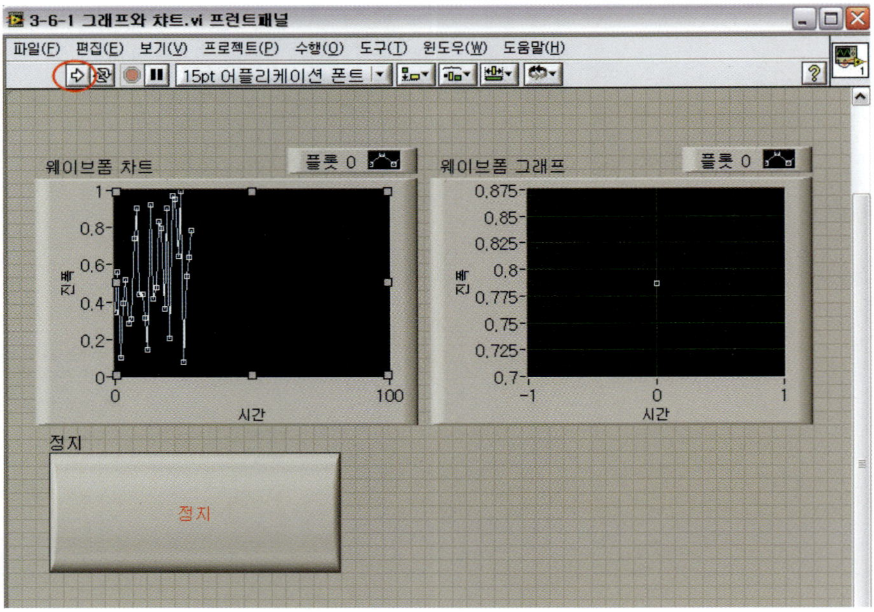

3-7. 다이나믹 데이터 타입(Dynamic data)

다이나믹 데이터 타입은 1.8장에서 다룬 익스프레스 노드들의 전용 데이터 타입입니다. 터미널 색상이 짙은 파란색입니다.

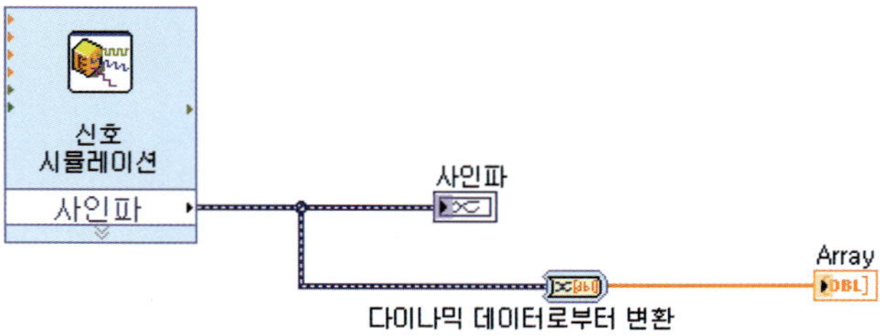

그림 3-7-1 다이나믹 데이터 타입

다이나믹 데이터를 다른 데이터 타입과 연결하면 자동으로 데이터 타입을 변환하는 노드가 추가됩니다. [그림 3-7-1]에서 보면 다이나믹 데이터 타입을 배열과 연결하면 자동으로 변환 노드가 추가됩니다.

3-8. 열거형(Enum)

열거형은 사용자가 정의한 데이터 중 하나를 선택하고자 할 때 사용하면 유용합니다.

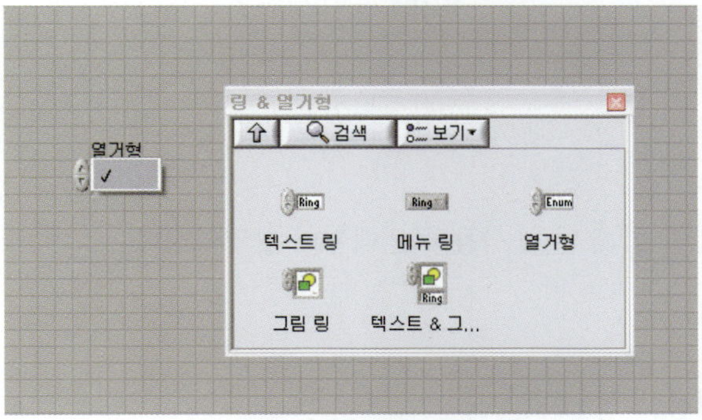

그림 3-8-1 열거형

[그림 3-8-2]는 열거형에 들어가는 메뉴들을 편집하는 것입니다. 열거형의 **바로가기메뉴 〉 아이템 편집...**을 선택하면 편집창이 나타납니다.

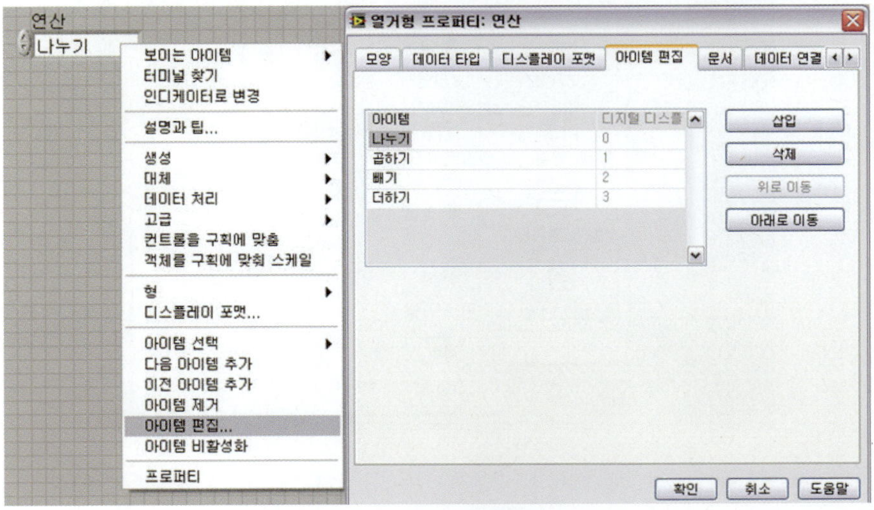

그림 3-8-2 열거형 편집

[그림 3-8-3]은 데이터를 편집한 이후 모습입니다.

그림 3-8-3 열거형

열거형은 4.7장의 케이스와 함께 많이 사용하는 데이터 타입입니다.

실습 3.8.1 열거형을 사용해 봅니다.

1. 새 VI를 열어 프런트패널에 열거형을 가져다 놓습니다.

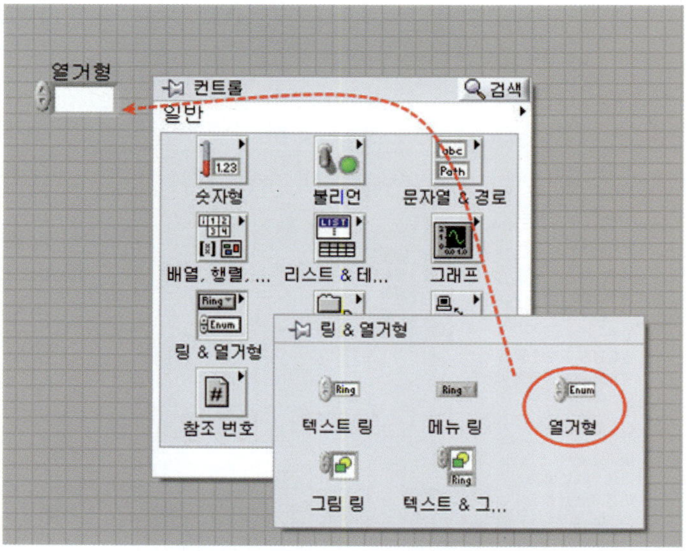

2. 열거형의 **바로가기메뉴 〉 아이템 편집...**을 통해 그림처럼 '봄', '여름', '가을', '겨울'을 입력합니다.

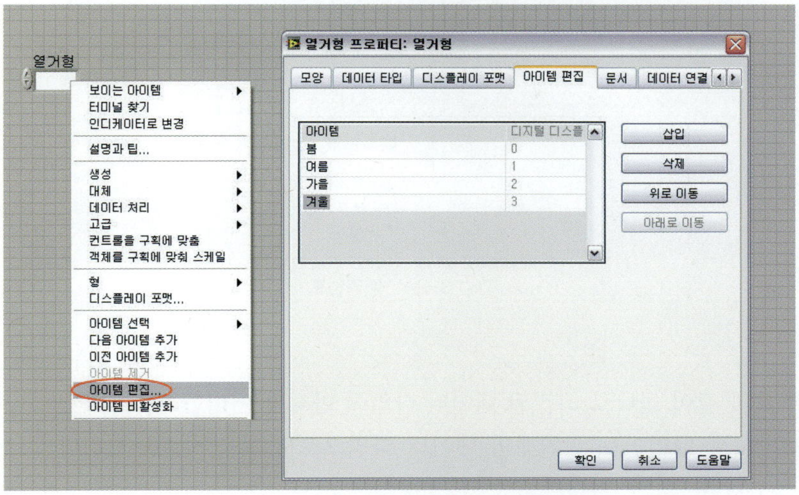

3. 그림처럼 사계절의 메뉴가 나타나는지 확인합니다.

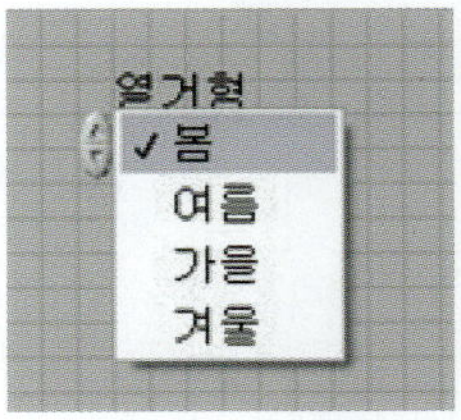

4. VI를 저장합니다.

3-9. 배리언트(Variant)

배리언트 데이터 타입은 프로그램의 유연성을 제공합니다. 따라서 배리언트 데이터 타입을 사용하면 프로그램을 유지 관리하기가 편리합니다. 구조편, 응용편 교재에서 사용 사례를 볼 수 있습니다.

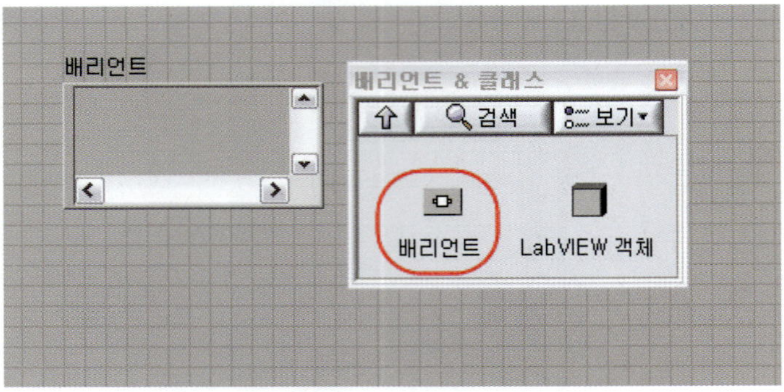

그림 3-9-1 배리언트

숫자형, 문자열 등과 같이 하나로 고정된 데이터 타입이 아니라 어떠한 데이터 타입도 배리언트로 변환이 가능하고 반대로 배리언트는 원래의 데이터 타입으로도 복원이 가능합니다. [그림 3-9-2]는 배리언트 노드들입니다.

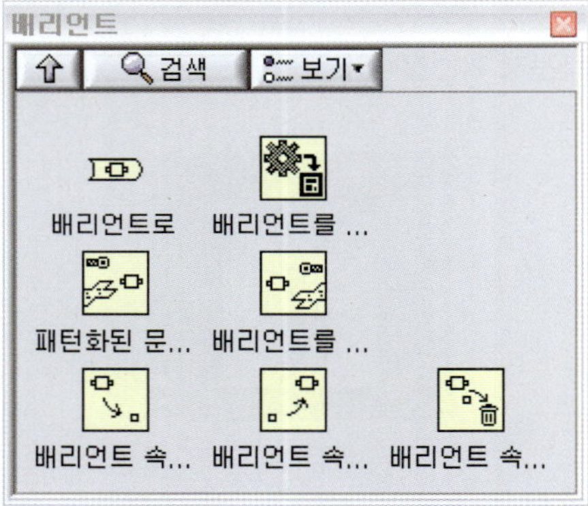

그림 3-9-2 배리언트 노드들

[그림 3-9-3]은 숫자형을 배리언트로 변환하고, 배리언트를 다시 원래의 데이터 타입인 숫자형으로 복원하는 예제입니다.

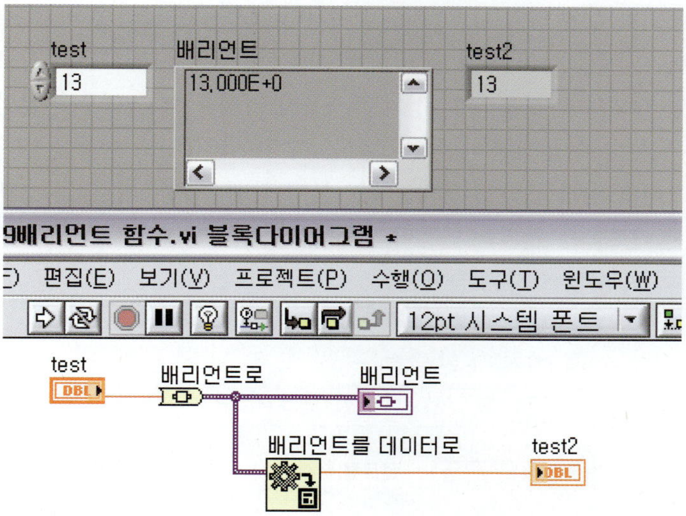

그림 3-9-3 배리언트 데이터 타입 변환

3-10. 타입 정의(Type Definition)

타입 정의는 사용자가 나만의 데이터 타입을 만드는 것입니다. 컨트롤 팔레트에서 제공하는 컨트롤/인디케이터를 쉽게 사용하듯이 사용자가 만든 데이터 타입을 저장해 두었다가 필요할 때 언제든지 사용할 수 있는 장점이 있습니다.

예를 들어 3.5장 클러스터 부분에서 '이름', '학번', '영어성적'의 데이터를 묶어서 데이터를 만들었습니다. 이 데이터 타입을 저장해 두면 나중에 필요할 때 언제든지 불러서 사용할 수 있는 장점이 있습니다. 타입 정의하는 방법은 **바로가기메뉴 〉 고급 〉 사용자 정의**를 선택하면 됩니다.

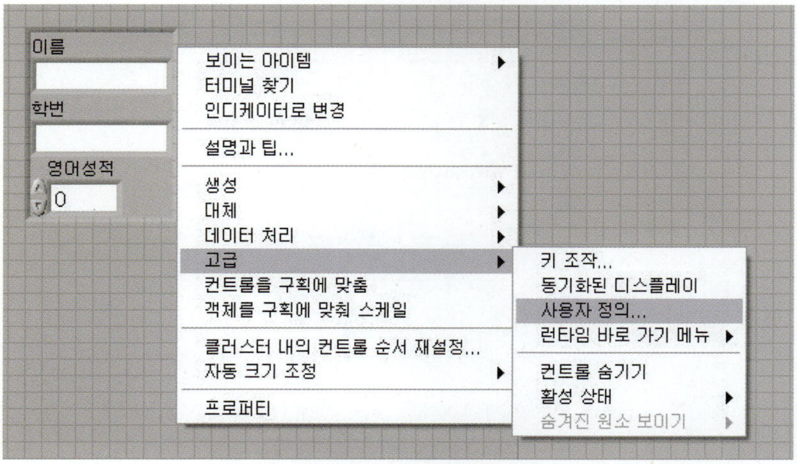

그림 3-10-1 사용자 정의

그러면 [그림 3-10-2]와 같은 창이 나타납니다. 여기서 컨트롤과 타입 정의, 엄격한 타입 정의가 있습니다. 이들의 차이는, 예를 들어 성적 관리 프로그램을 만들었는데 사용하다 보니 '수학성적'을 추가해야 할 경우 타입 정의와 엄격한 타입 정의로 사용자 정의를 했을 경우 원본만 수정하면 모든 복사본들은 자동으로 원본의 수정 내용이 반영됩니다. 하지만 컨트롤로 설정을 했다면 수정 내용이 반영되지 않습니다. 그리고 엄격한 타입 정의는 복사본이 라벨, 설명, 기본값을 제외하고는 원본과 모두 똑같아야 합니다. 컨트롤은 원본과 연동이 되지 않고, 엄격한 타입 정의는 유연성이 별로 없어서 타입 정의로 설정하여 가장 많이 사용합니다.

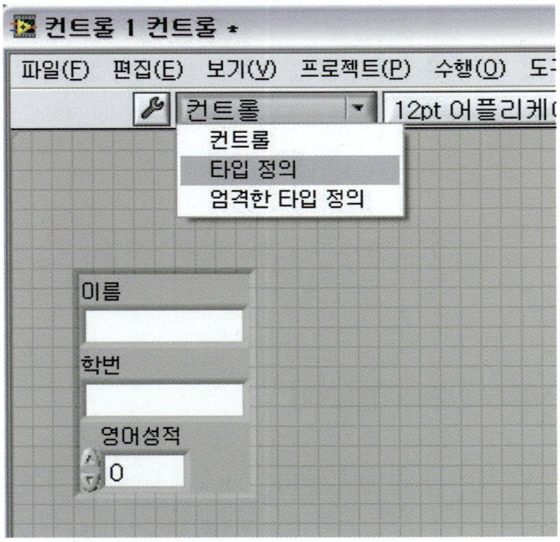

그림 3-10-2 사용자 정의 윈도우

[그림 3-10-2]에서 세 가지 중 하나를 선택하여 **파일풀다운메뉴 〉 파일 〉 저장**을 하게 되면 확장자가 '.ctl'로 생성이 됩니다.

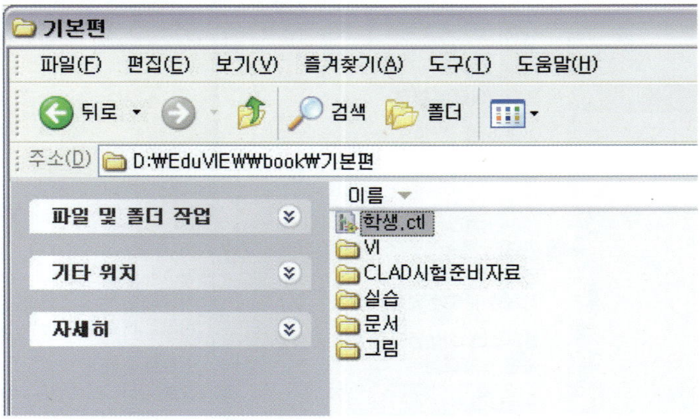

그림 3-10-3 사용자 정의 파일

이를 사용하는 방법은 파일을 선택하여 프런트패널에 드래그 드롭하는 방법이 있습니다.

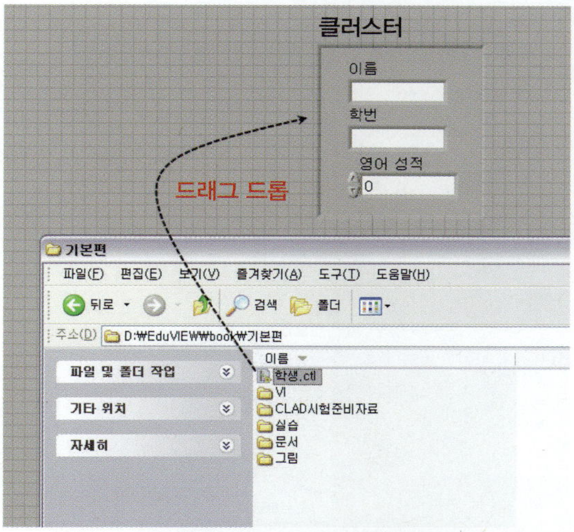

그림 3-10-4 사용자 정의된 컨트롤을 불러오는 법

또는 **컨트롤 팔레트 〉 컨트롤 선택**을 이용하면 됩니다.

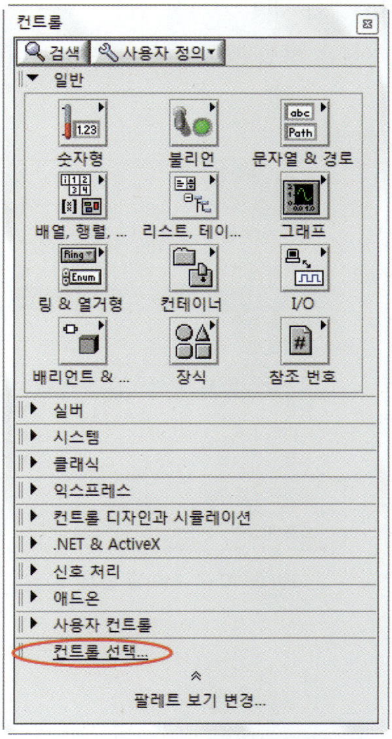

그림 3-10-5 컨트롤 선택

원본 파일을 여는 방법은 직접 '.ctl'을 선택하거나 복사본의 **바로가기메뉴 〉 타입 정의 열기**를 선택하면 원본 파일이 열립니다.

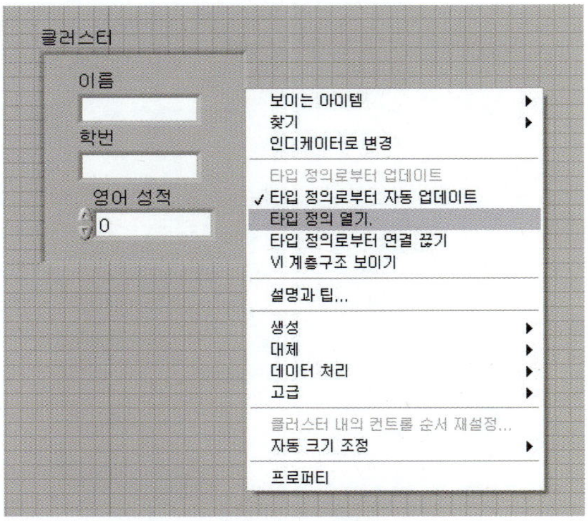

그림 3-10-6 원본 파일 열기

타입 정의할 때 컨트롤로 만들던 인디케이터로 만들던 상관없고 터미널에서 바로가기메뉴를 이용하여 컨트롤, 인디케이터, 상수로 전환해서 사용 가능합니다.
터미널 왼쪽 위에 있는 검은색 삼각형은 타입 정의된 컨트롤을 의미합니다.

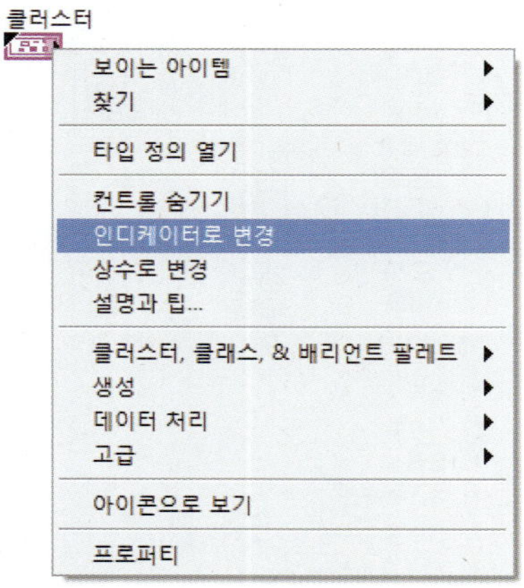

그림 3-10-7 터미널 변경

자가 진단 퀴즈

LabVIEW

❶ 숫자형 데이터 타입의 터미널과 와이어 색상은 실수형 타입은 ______________ 색, 정수형 타입은 ______________ 색입니다.

❷ 문자열 데이터의 터미널과 와이어의 색상은 ______________ 색입니다.

❸ 참/거짓을 나타내는 데이터 타입을 ______________ 라고/이라고 합니다.

이것의 터미널과 와이어 색상은 ______________ 입니다.

❹ 같은 데이터 타입의 묶음을 ______________ 라고/이라고 합니다.

❺ 다양한 데이터 타입의 묶음을 ______________ 라고/이라고 합니다.

❻ 과거 데이터를 누적해서 디스플레이할 때 ______________ 을/를 사용하고,

현재 데이터만 디스플레이할 때 ______________ 을/를 사용합니다.

❼ ______________ 데이터 타입은 프로그램에 유연성을 부여합니다.

❽ 컨트롤이나 인디케이터를 사용자 정의할 때 ______________, ______________, ______________ 세 가지 타입이 있습니다.

❾ 클러스터를 생성할 때 사용하는 노드명은 무엇입니까?

❿ 클러스터를 선택적으로 풀어낼 때 사용하는 노드명은 무엇입니까?

CHAPTER 요약

LabVIEW

| 데이터 타입 요약 |

- 숫자형은 숫자 데이터를 표현할 때 사용합니다.
- 문자형은 문자 데이터를 표현할 때 사용합니다.
- 불리언은 참/거짓 데이터를 표현할 때 사용합니다.
- 배열은 같은 데이터 타입의 묶음입니다.
- 클러스터는 다양한 데이터 타입의 묶음입니다.
- 웨이브폼 데이터는 데이터를 측정할 때, 측정 시작 시간, 측정 간격, 측정 데이터를 묶은 것을 의미합니다. 현재 데이터만 디스플레이하려면 웨이브폼 그래프, 데이터를 누적해서 디스플레이하려면 웨이브폼 차트를 사용합니다.
- 다이나믹 데이터 타입은 익스프레스 노드 전용 데이터 타입입니다.
- 열거형은 사용자가 미리 정의한 데이터 중 하나를 선택하여 사용합니다.
- 배리언트 데이터 타입은 프로그램의 유연성을 제공합니다.
- 타입 정의는 사용자가 정의한 데이터 타입을 언제 어디서든 쉽게 사용할 수 있는 장점이 있습니다.

LabVIEW의 정석

기본편

CHAPTER

04

구조

04 구조

반복이나 복잡한 수식을 구현, 이벤트 핸들링, 입력에 따른 서로 다른 코드 실행 등의 기능이 가능한 구조들을 살펴봅니다.

4-1. While 루프

반복 실행을 위한 구조로써 While 루프 내부에 위치한 코드들은 정지 조건이 만족할 때까지 반복적으로 실행됩니다. While 루프는 반복 터미널과 조건 터미널을 가지고 있습니다. 반복 터미널은 현재 몇 번 반복이 이뤄지고 있는지를 나타냅니다. 0부터 시작하며 예를 들어 i가 10을 나타내면 현재 11번째 반복을 하고 있다는 의미입니다.

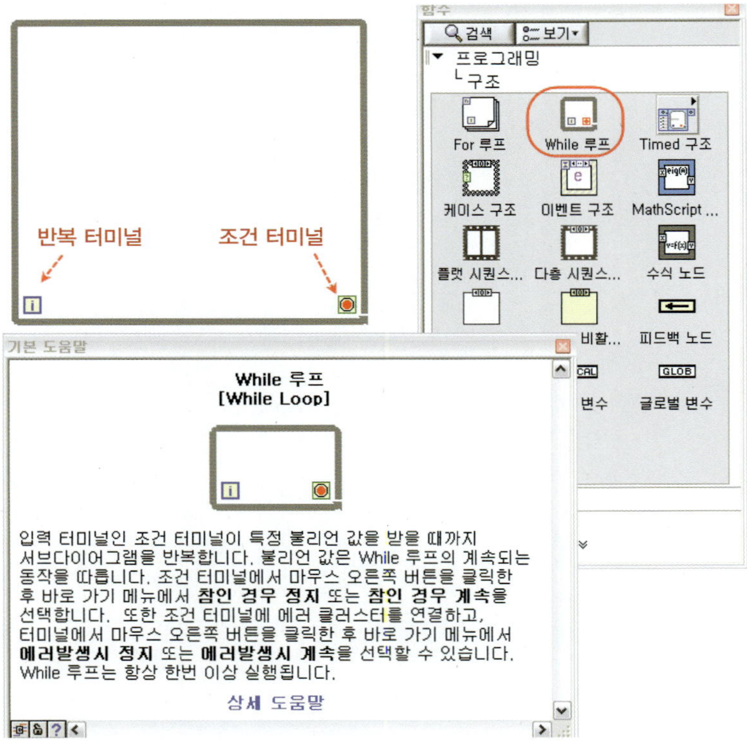

그림 4-1-1 While 루프

조건 터미널은 While 루프가 정지하는 조건을 정의합니다. 조건 터미널은 '참인 경우 정지'와 '참인 경우 계속' 두 가지 옵션이 있습니다. 이를 변경하는 방법은 조건 터미널에서 마우스 오른쪽 버튼을 클릭하면 바로가기메뉴에서 두 가지 중 하나를 선택할 수 있습니다. '참인 경우 정지'는 조건 터미널에 '참' 값이 들어오면 반복을 종료하고, '참인 경우 계속'은 조건 터미널에 '참' 값이 들어오면 반복을 계속하게 됩니다. 주로 '참인 경우 정지'를 더 많이 사용합니다.

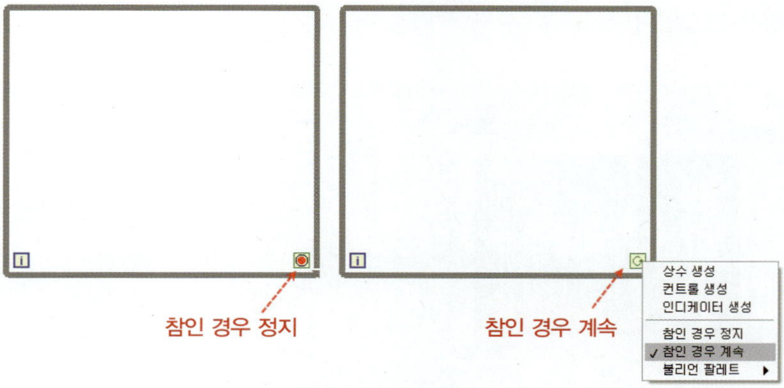

그림 4-1-2 정지 조건

While 루프는 코드를 먼저 실행하고 조건 터미널의 조건을 판단합니다. 따라서 While 루프는 적어도 한 번 실행됩니다.

그림 4-1-3 실행 순서

[그림 4-1-4]를 보면 난수 노드의 출력을 웨이브폼 차트에 연결했습니다. '정지' 버튼이 눌러지기 전까지, 즉 '정지' 버튼에 참값이 들어오기 전까지 웨이브폼 차트에 난수가 디스플레이됩니다. 이때 CPU 점유율을 살펴보면 While 루프는 현재 PC 상태에서 차지할 수 있는 최대의 CPU 점유율을 차지하여 최고의 속도로 반복을 하게 됩니다. 이를 방지하기 위해서 4.5장에서 다뤄지는 타이밍을 적용해야 합니다.

참고로 [그림 4-1-4]는 싱글 코어(Single Core)를 사용하는 컴퓨터에서 VI를 실행했을 때 CPU 점유율을 모니터링한 모습입니다.

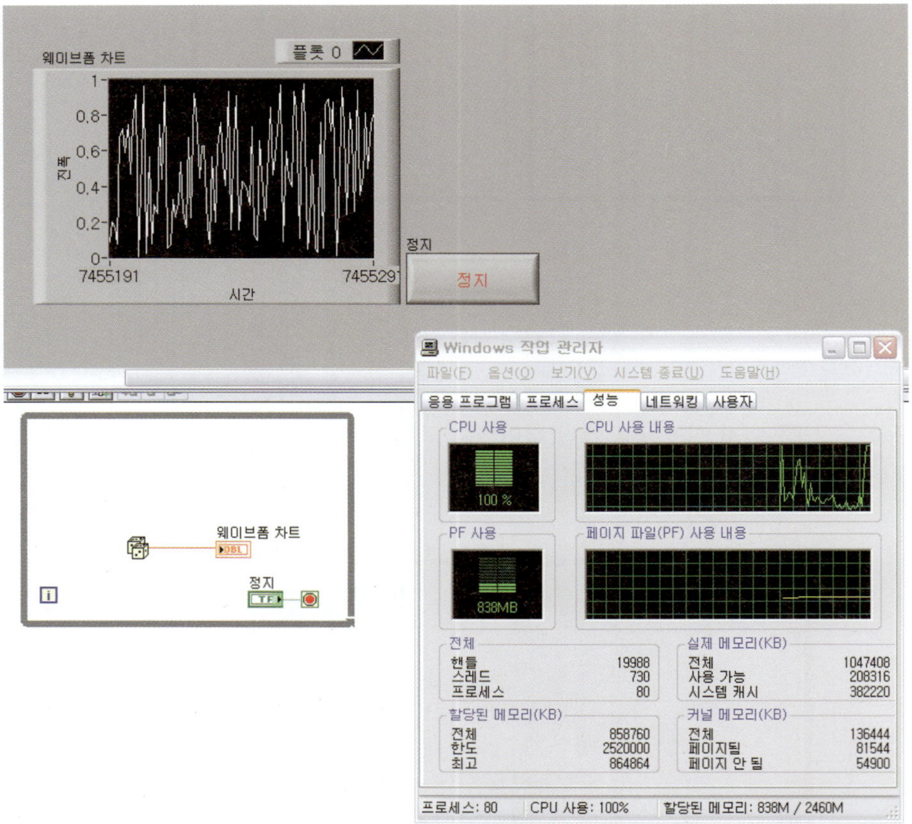

그림 4-1-4 While 루프 실행과 CPU 점유율

실습 4.1.1 While 루프 사용법을 익힙니다.

1. 새 VI를 열고 그림과 같이 웨이브폼 차트와 정지 버튼으로 프런트패널을 구성합니다.

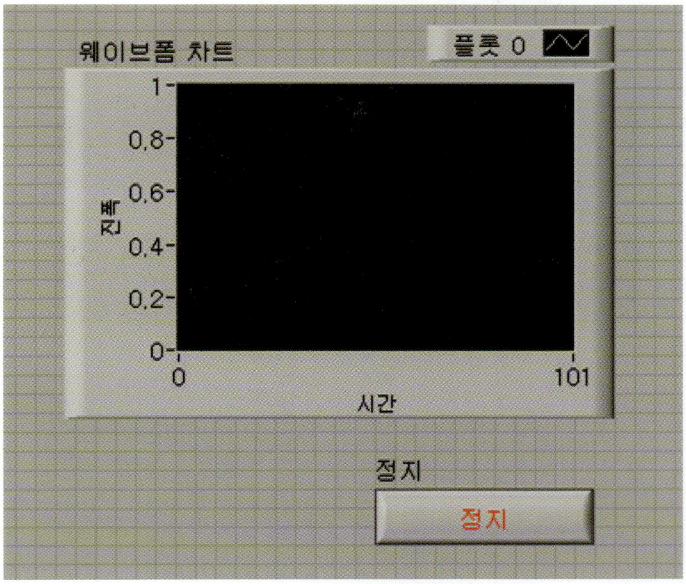

2. 블록다이어그램에서 **난수(0–1)**.vi와 While 루프를 추가해 그림과 같이 구성합니다.

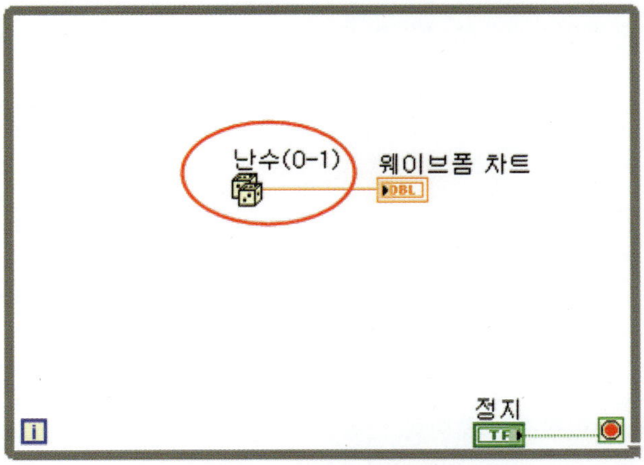

3. 윈도우의 작업 관리자 창을 띄우고 실행합니다.

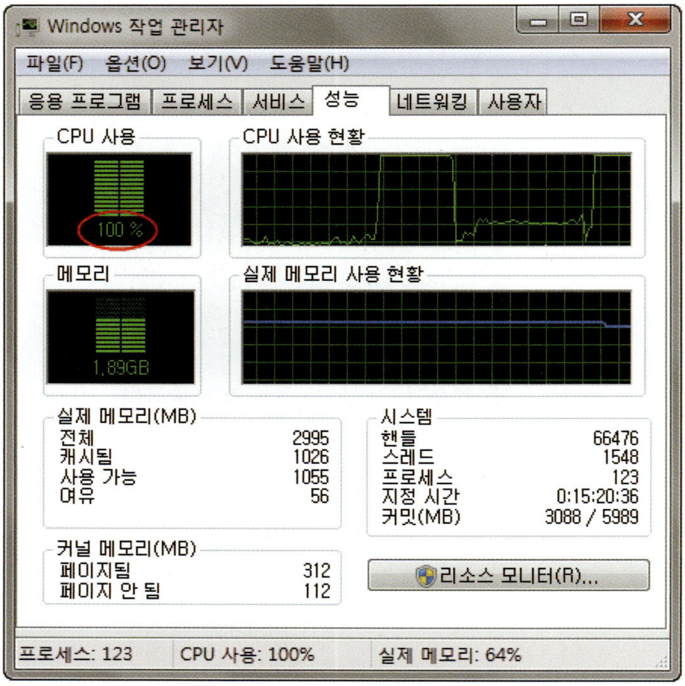

4. 실행하면 0에서 1사이의 임의의 숫자가 웨이브폼 차트에 디스플레이됩니다. 프로그램 실행 중에 CPU 점유율이 현저히 올라가는 것을 확인할 수 있습니다. 이 문제는 4.5장에서 해결하도록 하겠습니다.

5. VI를 저장합니다.

4-2. For 루프

For 루프는 While 루프와 마찬가지로 반복 실행을 하는 구조입니다. 차이점은 For 루프는 프로그램할 때 몇 번 반복을 할 것인지를 지정해야 합니다. 그럼 지정한 만큼만 반복이 이뤄집니다.

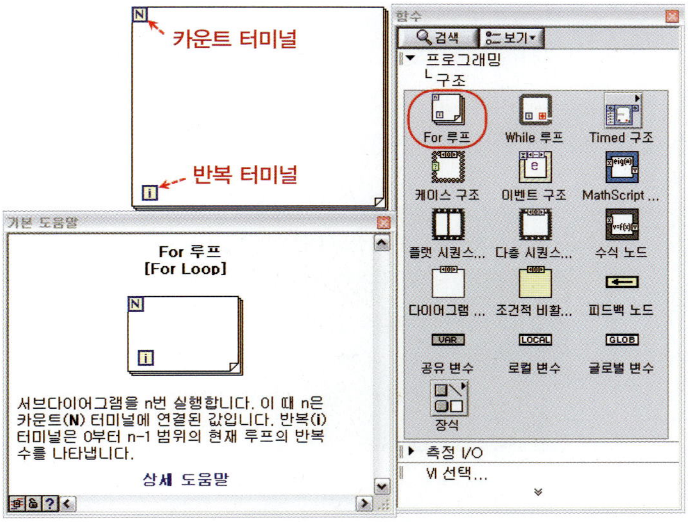

그림 4-2-1 For 루프

카운트 터미널에 몇 번 반복을 할 것인지 지정해 주면 됩니다. [그림 4-2-2]에서는 난수 발생을 11번 반복하도록 프로그래밍하였습니다. 이를 실행하게 되면 웨이브폼 차트에 11개의 난수가 디스플레이됩니다.

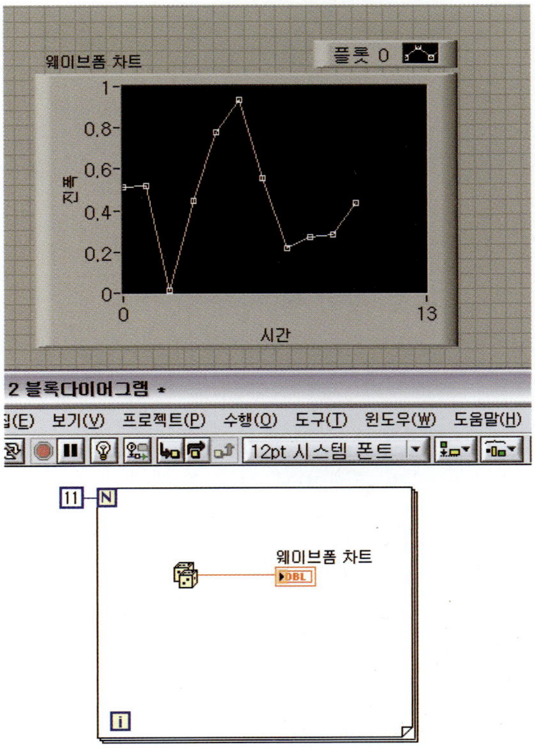

그림 4-2-2 For 루프 실행

[그림 4-2-3]을 보면 For 루프가 While 루프처럼 조건 터미널을 가지고 있는 경우가 있습니다. 조건 터미널을 만들려면 For 루프 경계선에서 마우스 오른쪽 버튼을 클릭하여 **바로가기메뉴 〉 조건 터미널**을 선택하면 나타납니다. 이는 프로그래밍할 때 지정해 놓은 반복 횟수를 다 실행하지 않고 '정지' 버튼을 이용하여 정지시킬 수 있습니다. 이 기능은 LabVIEW 8.5 이상부터 지원되는 기능입니다.

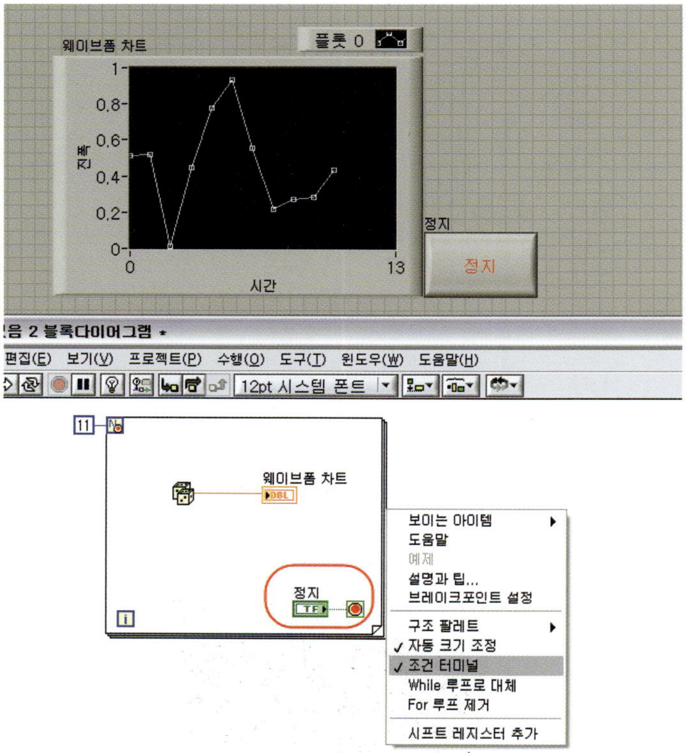

그림 4-2-3 For 루프의 조건 터미널

For 루프는 카운트 터미널에 '0'을 연결하게 되면 반복을 하지 않습니다. 즉 For 루프 안에 있는 코드를 실행하지 않습니다.

For 루프를 사용할 것인가 While 루프를 사용할 것인가는 프로그램할 때 반복 횟수가 정해져 있으면 For 루프를, 그렇지 않고 프로그램 실행 중에 반복 횟수가 결정이 되면 While 루프를 사용합니다.

실습 4.2.1 For 루프 사용법을 익힙니다.

1. 새 VI를 열고 그림과 같이 웨이브폼 차트와 정지 버튼으로 프런트패널을 구성합니다.

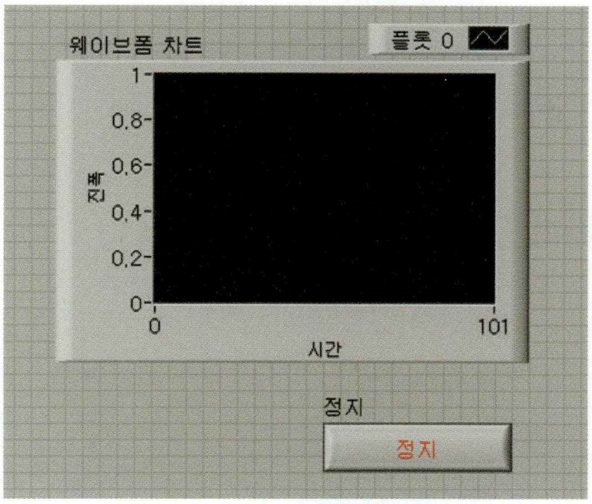

2. 블록다이어그램에서 **난수(0–1)**.vi와 For 루프를 추가해 그림과 같이 코딩합니다. For 루프의 **바로가기메뉴 〉 조건 터미널**을 선택해서 조건 터미널이 나타나게 합니다(단 이는 LabVIEW 8.5 이상에서만 지원됩니다).

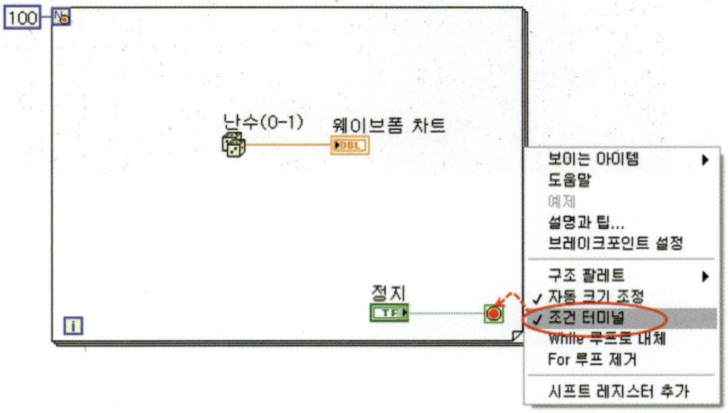

3. 실행하면 0에서 1사이의 임의의 숫자가 웨이브폼 차트에 100개가 디스플레이됩니다.

4. 100번이 실행되기 전에 정지 버튼을 누르면 100번 반복하지 않고 바로 정지하게 됩니다. 이를 시도해 보려면 4.5장의 타이밍 노드를 For 루프에 추가하는 것이 더 편리합니다.

5. VI를 저장합니다.

4-3. 반복 구조(While/For)의 시프트 레지스터

1초에 한 번씩 온도를 측정하여 현재 측정값을 기준으로 두 개 이전 값과 함께 평균 계산해서 웨이브폼 차트에 디스플레이할 경우 과거 측정값을 기억해 두어야 합니다. [그림 4-3-1]을 보면 '현재 온도'(실선)와 '평균'(점선)을 함께 웨이브폼 차트에 디스플레이했습니다. 여기서 평균은 현재 측정된 값과 이를 기준해서 바로 전에 측정한 두 개의 온도값을 합쳐서 평균내어 디스플레이했습니다.

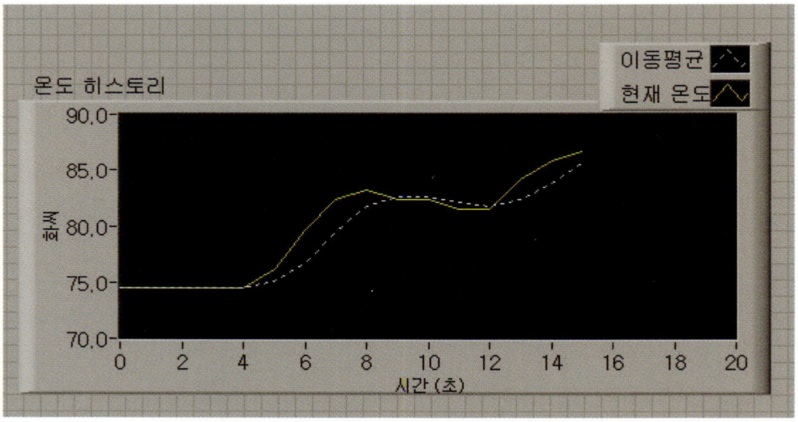

그림 4-3-1 현재 온도와 온도 평균

이때 사용한 것이 시프트 레지스터입니다. 시프트 레지스터는 반복구문, 즉 While/For 루프에서 사용 가능합니다.
시프트 레지스터를 만드는 방법은 While/For 루프의 세로 경계선에서 마우스 오른쪽 버튼을 클릭하여 **바로가기메뉴 〉 시프트 레지스터 추가**를 선택하면 됩니다. 그러면 좌우로 하나씩 짝을 이뤄 만들어 집니다. [그림 4-3-2]에서 시프트 레지스터는 검은색입니다. 이는 데이터 타입이 정해지지 않음을 의미합니다.

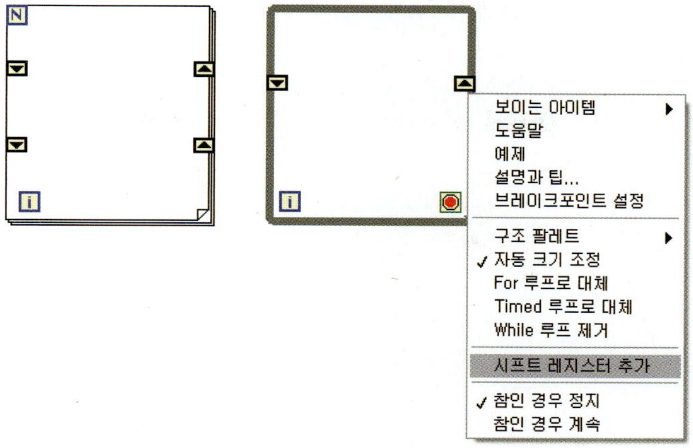

그림 4-3-2 시프트 레지스터

시프트 레지스터의 사용법은 시프트 레지스터를 초기화하면 시프트 레지스터의 색이 검정색에서 초기화한 데이터 타입의 색상으로 변경됩니다.

[그림 4-3-3]을 분석해 보면 시프트 레지스터는 숫자형 상수 '1'로 초기화를 하고, For 루프를 3번 반복하도록 설정되어 있습니다. 시프트 레지스터의 화살표 방향을 보면 지점 b(오른쪽)는 화살표가 위로, 지점 a(왼쪽)는 화살표가 밑으로 되어 있습니다. 즉 첫 번째 반복 때, 지점 a는 초기화된 '1' 값이 나오고 1+10의 결과값 11이 지점 b로 들어가고, 두 번째 반복 때, 첫 번째 반복 때 지점 b에 있던 11이 지점 a에서 나오고 11+10의 결과값 21이 지점 b로 들어가고, 세 번째 반복 때, 두 번째 반복 때 지점 b에 있던 21이 지점 a에서 나오고 21+10의 결과값 31이 지점 b로 들어갑니다. 그리고 마지막 출력으로 31값이 '출력' 인디케이터에 디스플레이됩니다.

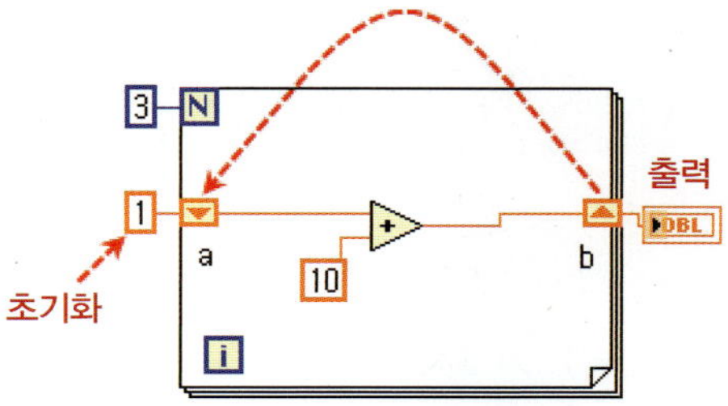

그림 4-3-3 실행

[그림 4-3-3]의 실행 결과를 정리하면 [표 4-3-1]과 같습니다

반복횟수	지점 a의 값	지점 b의 값
첫 번째	1	11
두 번째	11	21
세 번째	21	31

표 4-3-1 시프트 레지스터 값

시프트 레지스터는 초기화 유무에 따라서 다른 결과 값을 가집니다. [그림 4-3-4]에서 시프트 레지스터 초기화 부분이 다릅니다. 초기화가 '0'으로 되어 있는 프로그램은 실행할 때마다 '출력1'은 항상 30를 나타내는 반면, 초기화를 하지 않은 경우는 처음 실행하면 시프트 레지스터에 들어가는 값이 '0'입니다. 그리고 '출력2'는 '30'이 나오고, 두 번째 실행하면 처음 실행했을 때 마지막 반복 즉 세 번째 반복을 해서 나온 '30' 값이 시프트 레지스터의 초기값으로 사용되어 '출력2'는 '60'이 됩니다.
역시 세 번째 실행을 하게 되면 시프트 레지스터에 저장이 되어 있던 '60'이 초기값으로 사용됩니다. 이처럼 시프트 레지스터를 초기화하지 않으면 마지막 결과값이 저장이 되고 다음번 프로그램을 실행할 때 시프트 레지스터의 초기값으로 사용됩니다.

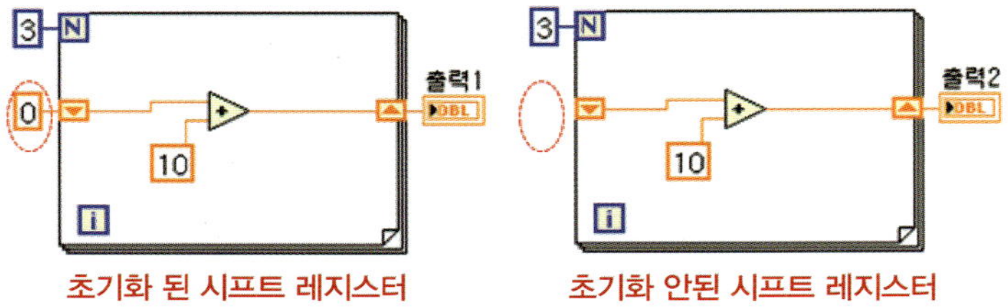

실행횟수	초기화	초기화 안함
첫 번째 실행	출력 1 : 30	출력 2 : 30
두 번째 실행	출력 1 : 30	출력 2 : 60
세 번째 실행	출력 1 : 30	출력 2 : 90

그림 4-3-4 시프트 레지스터 초기화 유무

[그림 4-3-5]에서 시프트 레지스터의 왼쪽에 원소를 추가한 모습입니다. 원소는 왼쪽에서만 원하는 만큼 추가할 수 있습니다. 원소를 추가하면, 두 번째 생긴 원소는 첫 번째 시프트 레지스터의 값을 받아 옵니다. 시프트 레지스터의 화살표 방향을 보면 데이터 전달 방향을 알 수 있습니다.

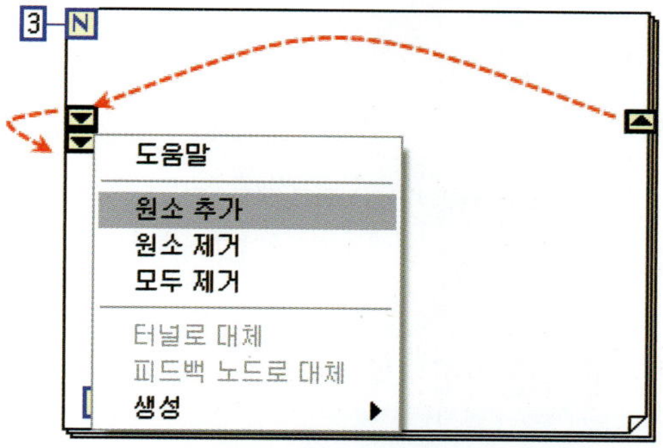

그림 4-3-5 원소 추가

[그림 4-3-6]에서 보면 시프트 레지스터의 왼쪽에 원소를 두 번 추가하여 다층으로 구성이 되어 있습니다. 그리고 3번 반복하도록 For 루프를 구성하였습니다.

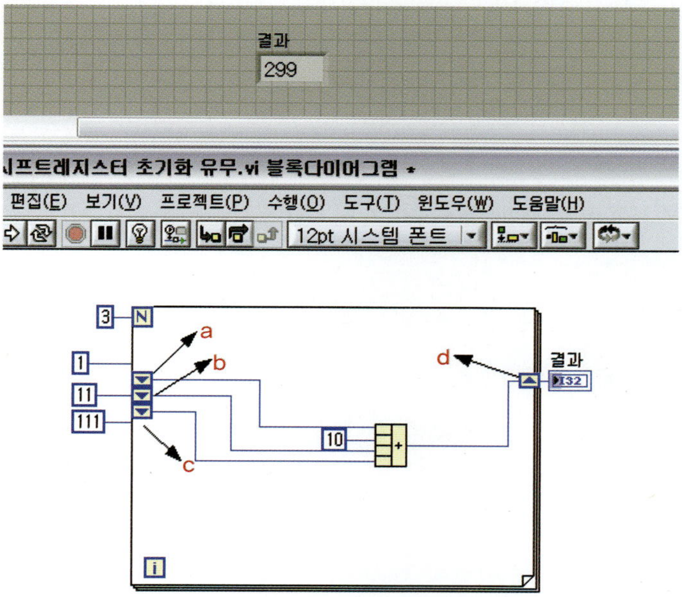

그림 4-3-6 다층 시프트 레지스터

[그림 4-3-6]을 실행하면서 각 반복마다 나오는 지점 a, b, c, d의 값을 [표 4-3-2]에 정리하였습니다.

반복횟수	지점 a의 값	지점 b의 값	지점 c의 값	지점 d의 값
첫 번째	1	11	111	133
두 번째	133	1	11	155
세 번째	155	133	1	299

표 4-3-2 다층 시프트 레지스터 값

실습 4.3.1 시프트 레지스터 사용법을 익힙니다.

1. '실습' 폴더에서 '4-3-1 시프트레지스터.vi'를 불러옵니다. 이를 실행하기 전에 블록다이어그램을 살펴봅니다.

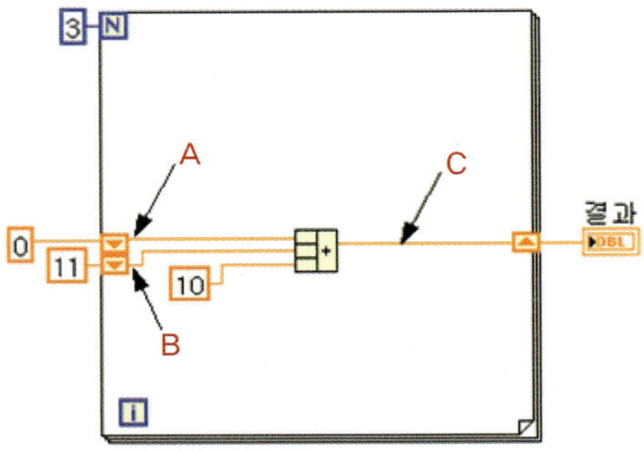

2. 블록다이어그램에서 지점 A, B, C의 값을 예측하여 다음 표에 기입해 봅니다.

반복횟수	지점 a의 값	지점 b의 값	지점 c의 값
첫 번째			
두 번째			
세 번째			

3. 2번에서 표에 기입한 값과 일치하는지 프로그램을 실행하여 확인합니다. 이때 실행 하이라이트와 각 지점 A, B, C에 프로브를 만들면 확인하기 쉽습니다.

4-4. 반복 구조(While/For)의 출력 모드

반복 구조(While/For)는 두 가지 출력 모드를 가지고 있습니다. 즉 마지막 값만 출력하든지 또는 실행 중 발생하는 모든 값을 출력하든지 두 가지 중 선택하도록 되어 있습니다. 구조를 통해서 나갈 때 또는 들어올 때 생기는 접점들을 터널이라고 하는데 이 터널에서 마우스 오른쪽 버튼을 클릭하면 [그림 4-4-1]에서처럼 **바로가기메뉴 〉 터널 모드 〉 마지막 값** 또는 **인덱스하기**를 볼 수 있습니다. '인덱스하기'는 인덱싱 활성화를 의미하고, '마지막 값'은 인덱싱 비활성화를 의미합니다. 인덱싱 활성화/비활성화에 따라 출력 터널의 모양의 차이를 [그림 4-4-1]에서 확인하기 바랍니다. 막혀있는 모양이 인덱싱 비활성화가 된 모습이고, 터널 안에 대괄호의 모양[ ]이 들어가 있는 것이 인덱싱 활성화된 모습입니다.

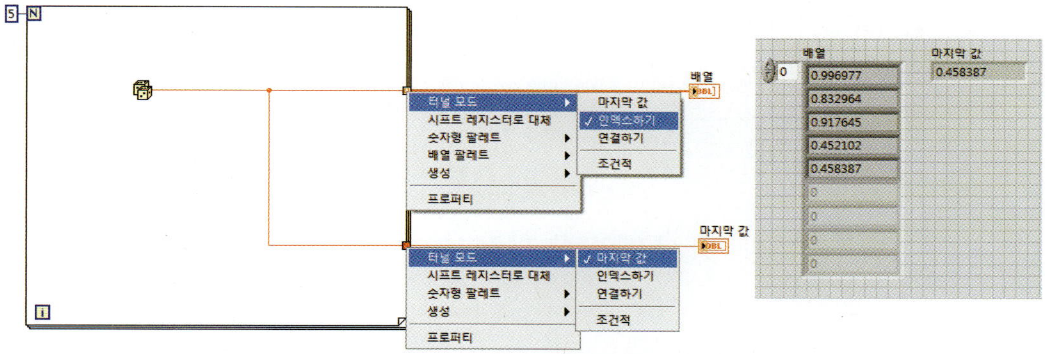

그림 4-4-1 인덱싱 활성화/비활성화

[그림 4-4-2]에서 난수를 3번 발생하도록 For 루프를 이용하였습니다. 이때 3번의 반복동안 발생한 모든 난수를 다 보기 위해 For 루프의 출력 터널에서 '인덱스하기'를 선택하면 출력이 1차원 배열로 난수 3개가 차례대로 나오고, 가장 마지막 반복 때 발생한 난수만 보기 위해서는 출력 터널에서 '마지막 값'을 선택하면 마지막 반복인 3번째 반복 때 발생한 난수 값만 출력됩니다.

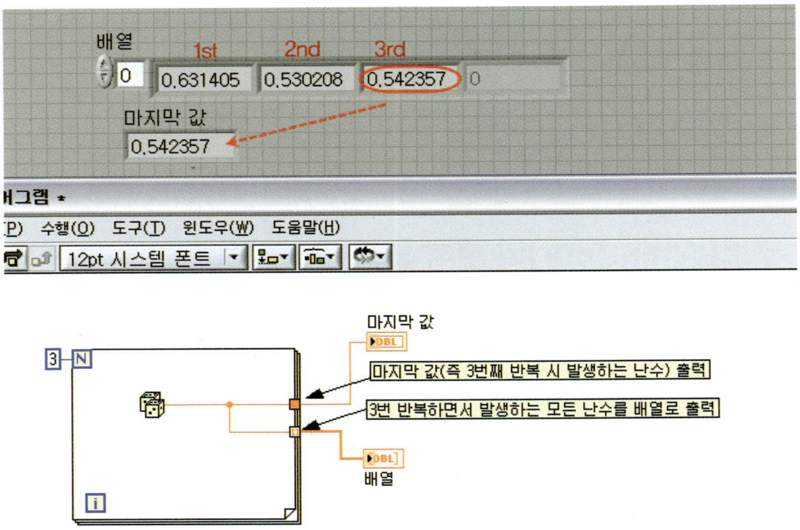

그림 4-4-2 인덱스 활성화/비활성화 값 비교

출력 터널에서 '연결하기' 기능이 있는데 이것은 모든 입력이 순서대로 추가되어, 터널 입력에 연결된 배열과 같은 차원의 출력 배열이 생깁니다.

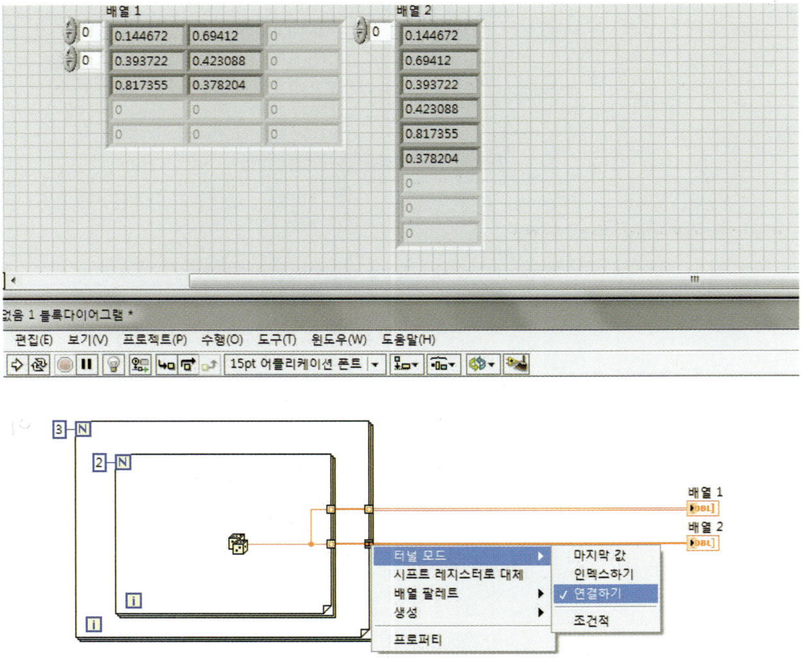

그림 4-4-3 연결하기 기능

마지막으로 '조건적' 기능은 출력 터널에서 출력되는 값을 조건에 맞는 값만 출력할 수 있도록 하는 기능입니다.

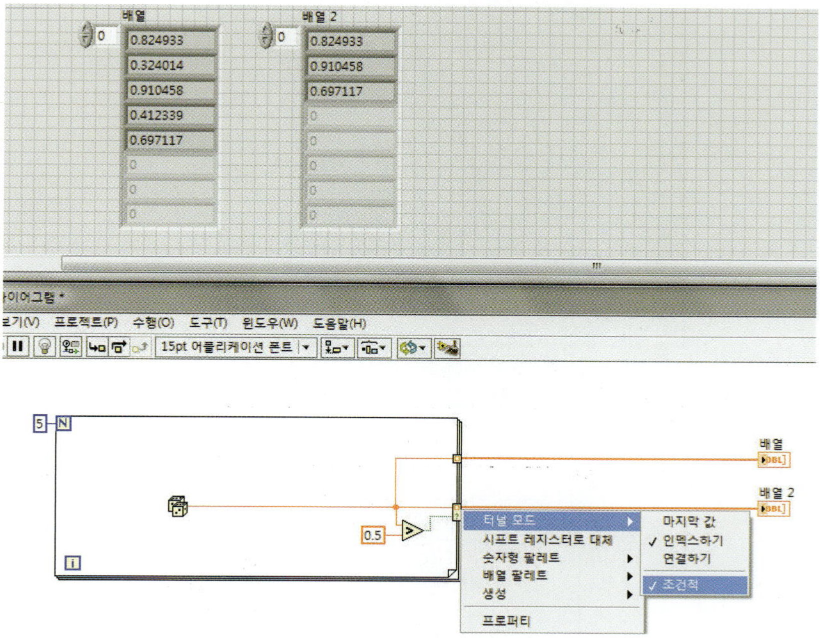

그림 4-4-4 조건적 기능

실습 4.4.1 인덱스 활성화 및 비활성화의 차이를 익힙니다.

1. '실습' 폴더에서 '4-3-1 시프트레지스터.vi'를 불러옵니다. 와이어를 추가하여 터널에서 **바로가기메뉴 〉터널 모드〉 마지막 값/인덱스하기**를 선택하여 블록다이어그램을 그림과 같이 수정합니다.

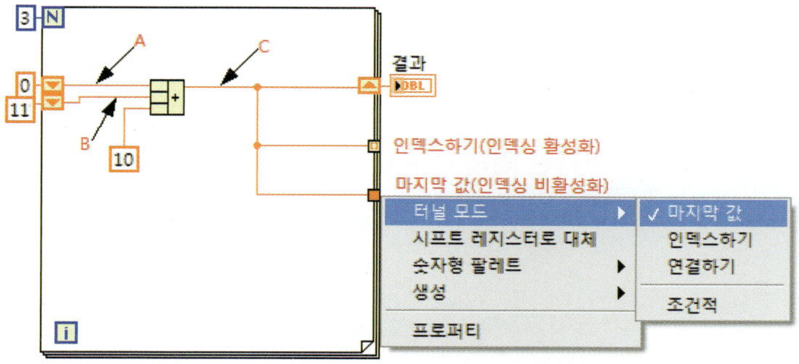

2. 각 출력 터널의 **바로가기메뉴 〉 생성 〉 인디케이터**를 선택합니다. 그리고 실행하여 프런트패널에서 결과값을 보고, 인덱싱을 활성화와 비활성화할 때의 출력값의 차이를 확인합니다.

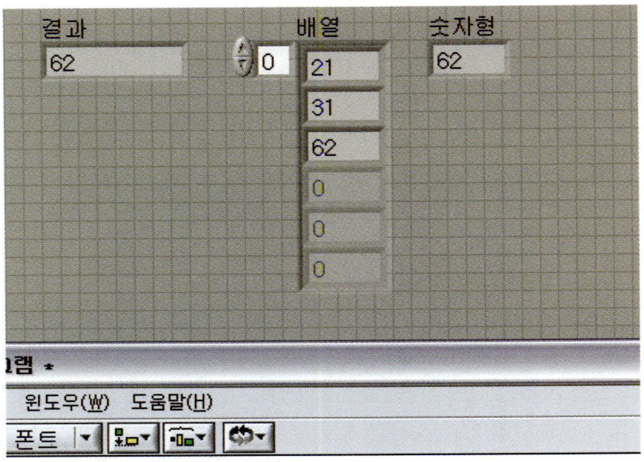

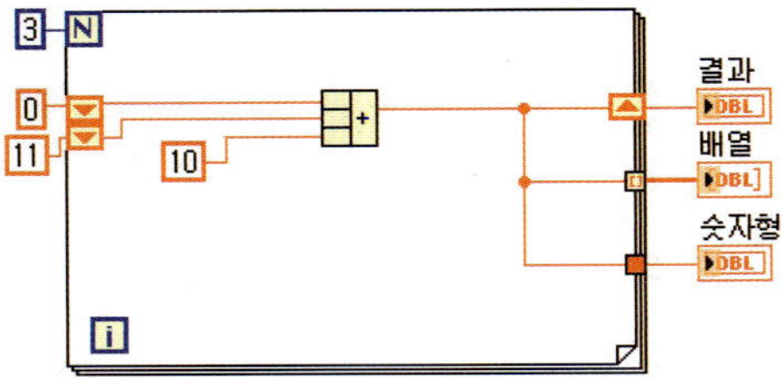

3. VI를 저장합니다.

4-5. 타이밍

반복 구조(While /For)를 사용할 때 시간 지연 및 CPU 점유율을 낮추기 위한 타이밍 노드와 함께 사용하는 것이 좋습니다. 특히 While 루프는 언제 종료할지 모르는 프로그램이기 때문에 반드시 타이밍 노드와 함께 사용해야 합니다. 타이밍 노드 중에서 가장 많이 사용하는 노드들을 중심으로 살펴보겠습니다.

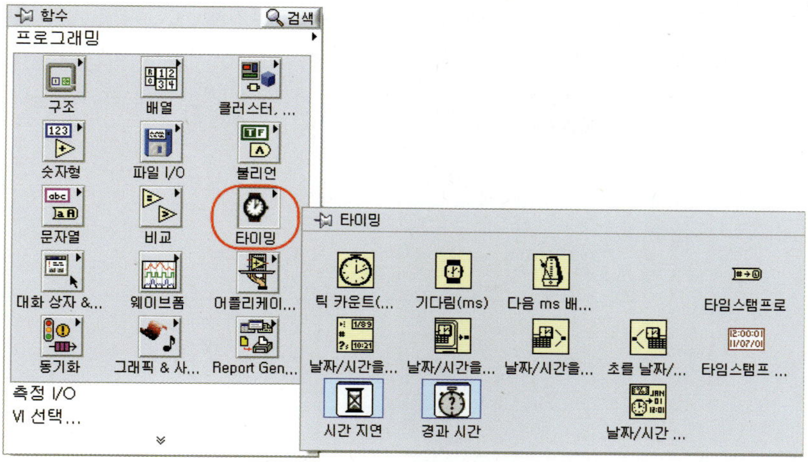

그림 4-5-1 타이밍 노드들

먼저 기다림(Wait)과 다음 ms 배수까지 기다림 노드를 비교하여 보겠습니다. [그림 4-5-2]의 A와 B에서 코드라고 되어 있는 부분이 실행되는 데 70 msec가 소요된다고 가정했을 경우, 기다림 노드를 사용한 A는 반복 주기가 170 msec가 되고 다음 ms 배수까지 기다림 노드를 사용한 B는 반복 주기가 100 msec에 맞춰집니다. 전자는 절대적으로 100 msec를 쉬고, 후자는 상대적으로 반복 주기를 100 msec에 맞추기 위해 코드가 실행되고 남은 시간, 즉 30 msec만 쉽니다.

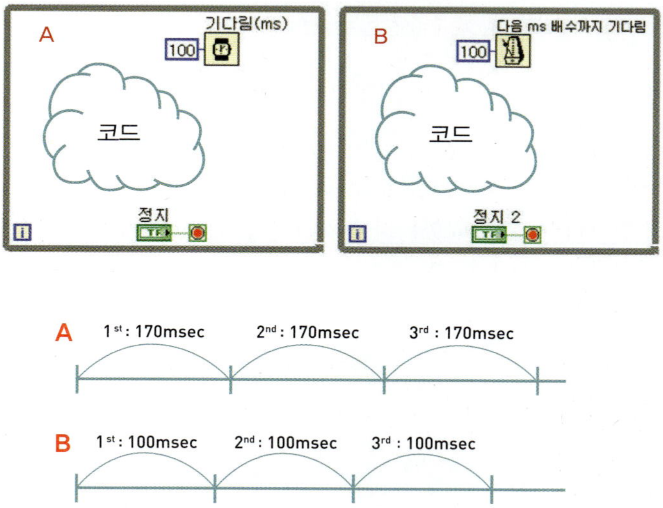

그림 4-5-2 타이밍 노드 비교

만약 A와 B에서 코드를 실행하는 데 있어 170 msec가 걸린다고 가정을 한다면 A의 반복 주기는 270 msec가 되는 반면에, B는 반복 주기가 얼마일까요? 힌트는 노드의 이름에 있습니다. 즉 다음 ms 배수까지 기다림 노드는 주어진 시간보다 코드 실행이 오래 걸린다면 주어진 시간의 다음 배수로 주기가 맞춰져서 200 msec가 됩니다.

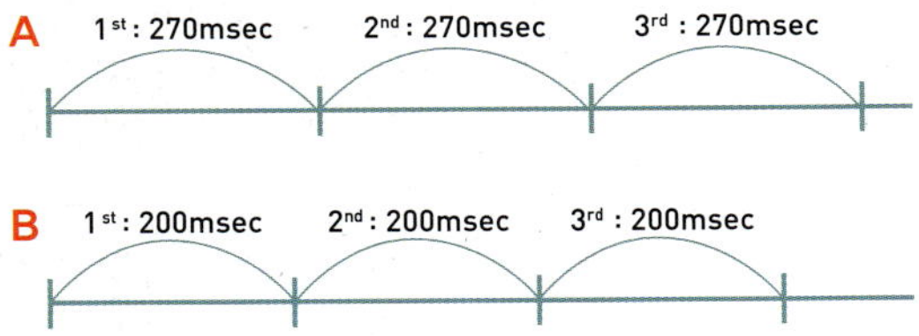

그림 4-5-3 타이밍 노드 비교2

참고로 타이밍 노드와 나머지 코드들 간에 4.8장의 시퀀스 구조 등으로 실행 순서를 정해 주어야지만 위에서 설명한 대로 정확하게 동작합니다.
시간 지연 노드는 기다림 노드와 기능이 똑같습니다. 단 에러 클러스터 입출력이 추가되어 있습니다.

그림 4-5-4 시간 지연

다음으로 소개하는 타이밍 노드들은 CPU 점유율을 낮춰주는 효과가 없습니다.
경과 시간 노드는 설정한 시간이 경과되었는지를 체크해 줍니다. [그림 4-5-4]에서 1초를 설정하였고 1초가 경과하게 되면 '경과 완료?'에 '참' 값을 출력합니다.

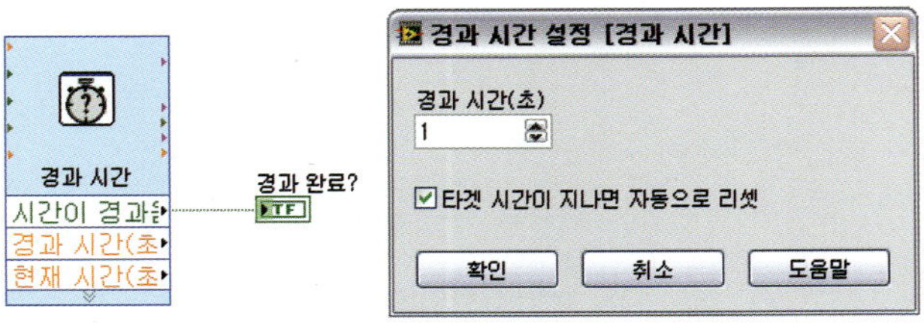

그림 4-5-5 경과 시간

틱 카운트 노드는 초시계와 같은 기능입니다.

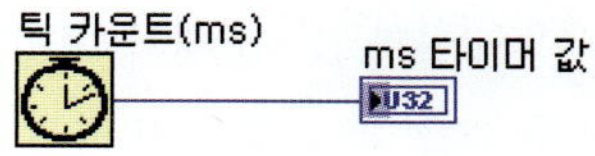

그림 4-5-6 틱 카운트

위에 소개한 타이밍 노드들 외에도 날짜와 관련된 노드들도 있으니 여러분께서는 다양하게 살펴보기 바랍니다.

실습 4.5.1 경과시간.vi의 기능을 익힙니다.

1. 새 VI를 열어 블록다이어그램에 **경과시간**.vi를 놓고 경과 시간을 '3'초로 설정하고 확인을 누릅니다.

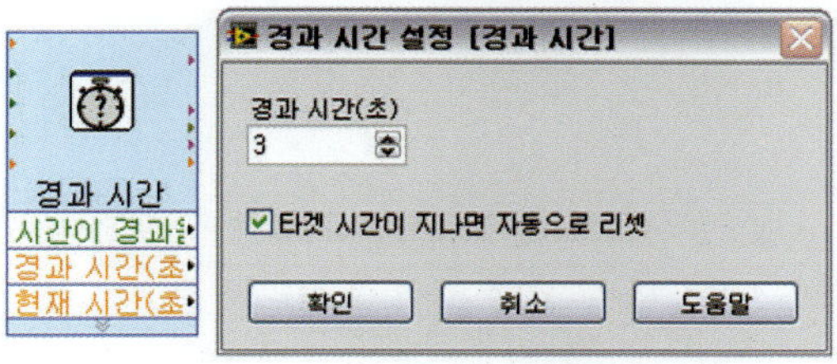

2. 블록다이어그램에서 While 루프를 이용하여 그림과 같이 구성합니다. 프로그램을 실행하여 프로그램이 3초만에 정지하는지 확인하세요.

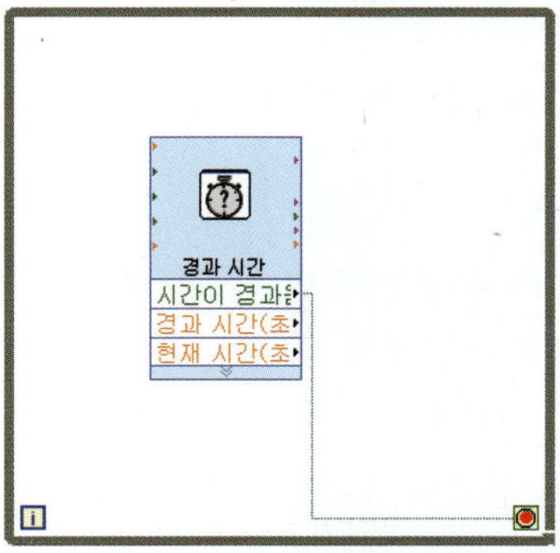

3. VI를 저장합니다.

4-6. 배열과 For 루프

3.4장에서 같은 데이터 타입의 묶음인 배열과 3.5장에서 다양한 데이터 타입의 묶음인 클러스터에 대해서 배웠습니다. 또한 클러스터의 원소를 묶고 풀어 내기 위한 노드들도 배웠습니다. 여기서 배열의 원소를 개별적으로 풀고, 낱개의 원소들을 묶어서 배열로 만드는 법을 배워보도록 하겠습니다. 이를 위해 For 루프의 인덱싱 기능을 사용하게 됩니다.

먼저 For 루프를 이용하여 배열을 만드는 방법을 살펴보면 For 루프의 출력 터널에서 인덱싱 활성화를 이용하면 됩니다. 예를 들어 [그림 4-6-1]에서 1, 3, 5, 7, 9의 원소를 가진 1차원 배열을 For 루프를 이용하여 만들어 보았습니다.

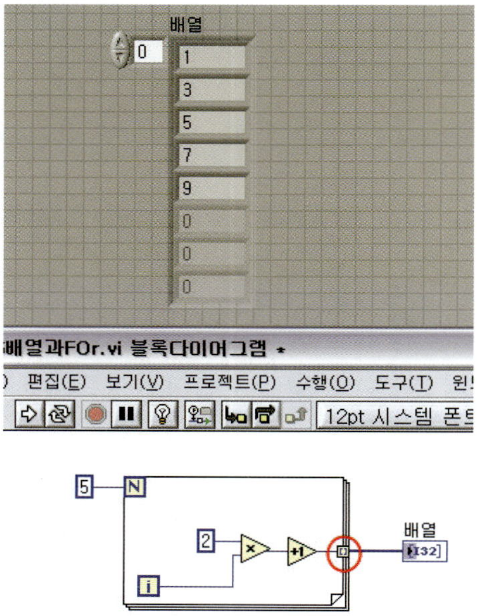

그림 4-6-1 For 루프를 이용하여 배열 생성

이번엔 반대로 배열의 원소를 하나하나 푸는 방법을 살펴보도록 하겠습니다. [그림 4-6-2]에서 10, 30, 50, 70, 90의 원소를 가진 1차원 배열에서 각 원소를 하나씩 풀어내려면 For 루프의 입력 터널에서 인덱싱 활성화하면 For 루프의 N(카운트 터미널)에 값을 주지 않아도 배열의 원소 개수만큼 반복하게 됩니다. 즉 현재 1차원 배열의 원소의 개수가 5개이므로 이 프로그램을 실행하면 5번 반복을 하면서 각 반복 때마다 차례로 원소의 값들이 하나씩 '원소'에서 모니터링됩니다.

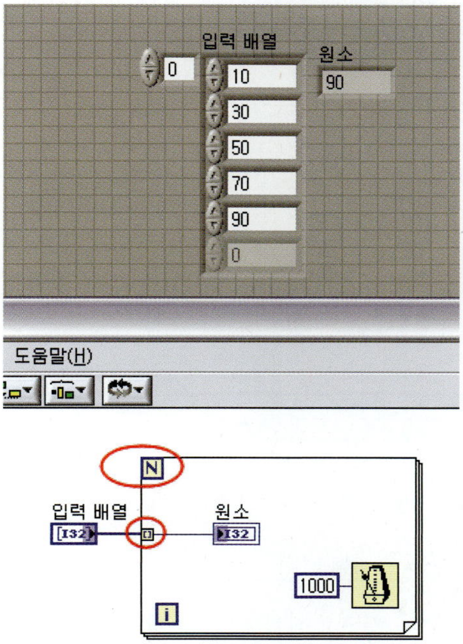

그림 4-6-2 For 루프를 이용하여 배열 풀기

[그림 4-6-3]에서 (A)와 (B)는 각각 For 루프가 몇 번 반복할까요? 실제로 그림과 같이 블록다이어그램을 구성하여 For 루프가 몇 번 반복하는지 살펴보기 바랍니다.

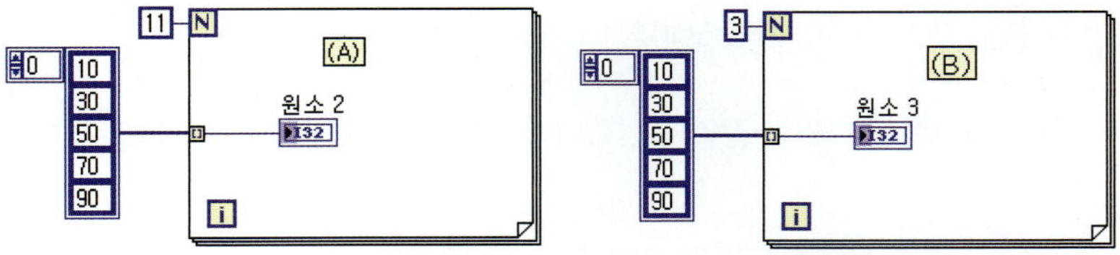

그림 4-6-3 반복 횟수

N에 연결된 값과 배열의 원소 개수 중 작은쪽에 영향을 받습니다. 즉 (A)는 5번, (B)는 3번 반복을 합니다. [그림 4-6-4]에서 입출력 터널에서 인덱싱 활성화/비활성화 설정에 따라서 결과 값이 달라지는 것을 확인해 볼 수 있습니다. A는 For 루프가 5번 반복하면서 차례차례 원소값이 입력될 것이며, B는 5번 반복하는 동안 입력 배열 통째로 입력될 것이고, C는 5번 반복을 다하고 나서 10, 30, 50, 70, 90을 원소로 가진 배열이 출력될 것이며, D는 마지막 출력 때 발생한 90만 출력됩니다.

그리고 E는 10, 30, 50, 70, 90이 5번 반복이 되어 2차원 배열로 출력되고 마지막으로 F는 마지막 반복, 즉 5번째에 B에서 나온 값이 그대로 출력이 되어 10, 30, 50, 70, 90이 나옵니다. 다음 그림의 결과가 이해가 되지 않는다면 4.6장을 차근차근 다시 읽어보길 권합니다.

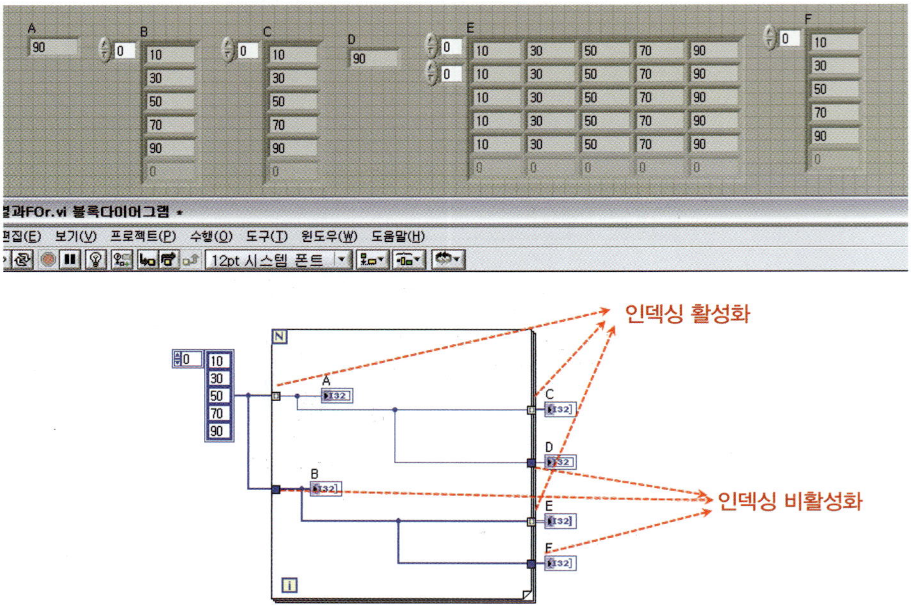

그림 4-6-4 입출력 터널의 인덱싱 활성화/비활성화에 따른 결과

실습 4.6.1 배열과 For 루프의 관계를 살펴봅니다.

1. 새 VI를 열어 블록다이어그램을 그림과 같이 구성합니다. 출력 터널은 인덱싱 활성화로 설정합니다.

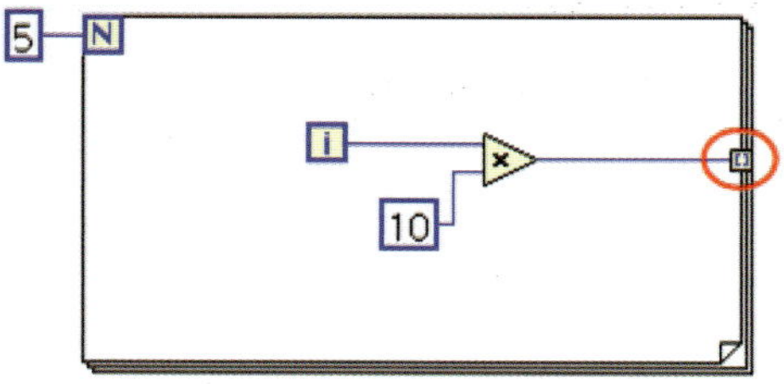

2. 출력 터널에서 **바로가기메뉴 〉 생성 〉 인디케이터**를 선택합니다. 프런트패널로 가서 실행을 하고 결과를 확인합니다. 그림처럼 [0, 10, 20, 30, 40]을 원소로 가진 1차원 배열이 출력됩니다.

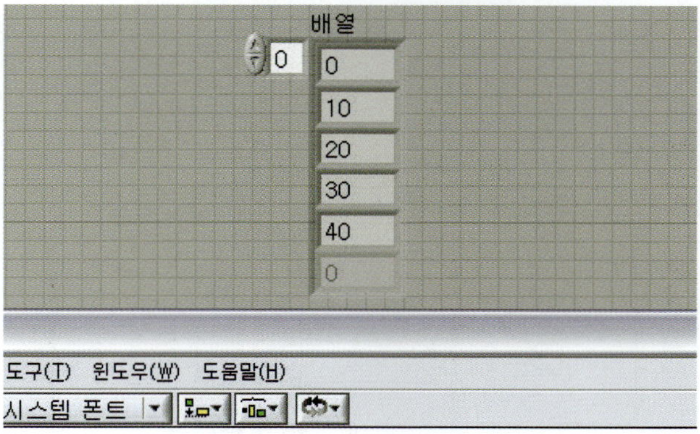

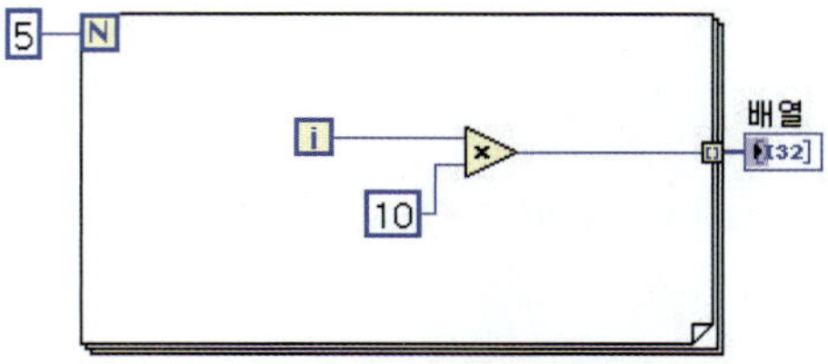

3. 블록다이어그램에서 For 루프를 추가하여 그림처럼 와이어링합니다. 두 개의 입력 터널을 하나는 인덱싱 활성화, 나머지 하나는 인덱싱 비활성화를 선택합니다.

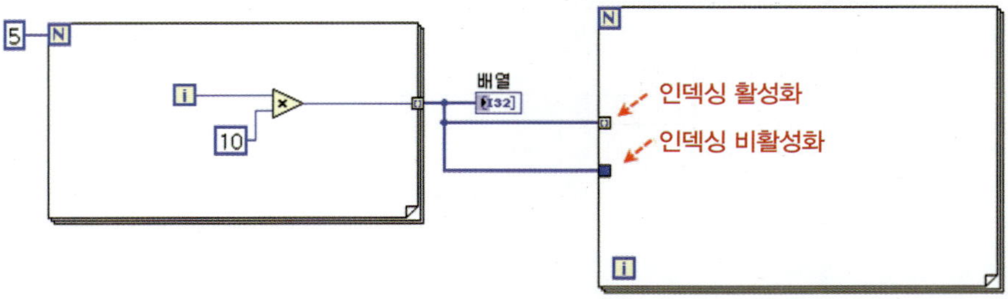

4. 두 개의 입력 터널에서 **바로가기메뉴 〉 생성 〉 인디케이터**를 선택한 후 실행 하이라이트를 켜고 실행합니다. 두 번째 For 루프는 5번 반복을 하고 각 반복마다 '숫자형'에서는 '배열'의 원소, 즉 0, 10, 20, 30, 40이 차례로 출력되고 '배열 2'는 매 반복 때마다 [0, 10, 20, 30, 40]이 출력되는 것을 확인하세요.

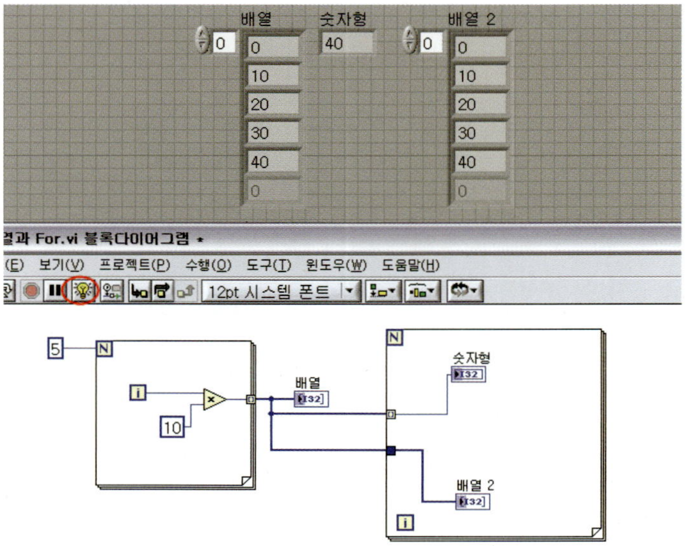

5. 블록다이어그램을 그림과 같이 수정하여 두 번째 For 루프의 출력 터널에서 각각 **바로가기메뉴 〉 생성 〉 인디케이터**를 선택합니다. 실행하고 프런트패널에서 '배열 3'과 '배열 4'의 결과 값을 확인하세요. '배열 3'은 [0, 10, 20, 30, 40]에서 1을 뺀 [−1, 9, 19, 29, 39]가 출력이 되고 '배열 4'는 2차원 배열이 출력되는 것을 볼 수 있습니다.

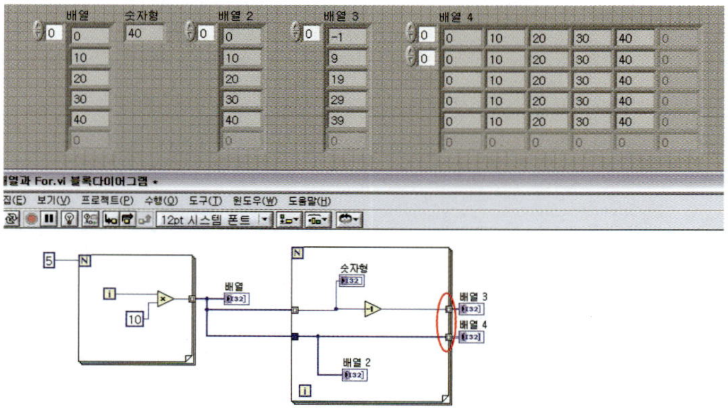

6. VI를 저장합니다.

실습 4.6.2 배열과 For 루프의 관계를 살펴봅니다.

1. '실습' 폴더에서 '3–5–2 배열과 클러스터.vi'를 불러옵니다. For 루프를 이용하여 병아리반의 토익 평균을 구해 봅니다. 블록다이어그램을 그림과 같이 구성합니다. For 루프를 이용하여 배열에 구성된 각 학생들을 원소 개별로 풀어냅니다. For 루프의 입력 터널을 통해 나오는 각 원소에서 **이름으로 풀기**.vi를 이용하여 필요한 '토익 성적'만 뽑아낸 다음 이들의 합계를 시프트 레지스터로 구하거나 인덱싱 활성화 기능을 사용하여 토익 성적만 배열로 출력합니다.

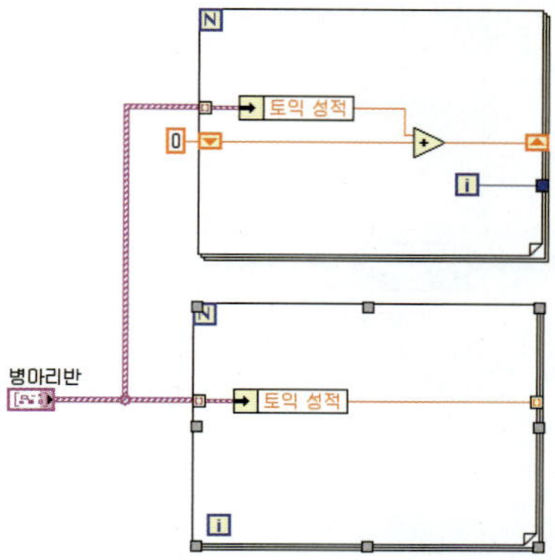

2. 병아리 반의 토익 성적의 총합계 점수를 학생 수로 나누어 평균을 구하거나 **평균**.vi를 사용합니다.

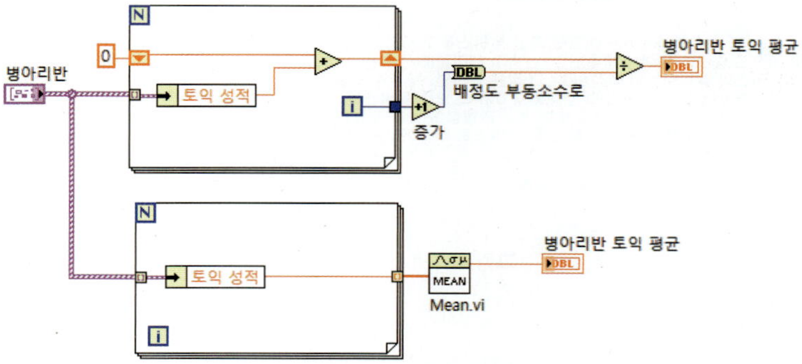

3. VI를 저장합니다.

4-7. 케이스 구조

예를 들어 프로그램에서 '+'가 입력되면 더하기 하는 코드를 실행하고, '−'가 입력되면 빼기하는 코드가 실행하게 하고 싶은 경우 어떻게 하면 좋을까요? 즉 입력하는 값에 따라 실행하는 코드의 내용이 달라질 경우 케이스 구조를 사용합니다. 케이스 구조는 [그림 4-7-1]에서 '선택자 터미널'과 '케이스 선택자 라벨'로 구성이 되어 있습니다. '선택자 터미널'은 기본이 초록색으로 불리언 데이터 타입이지만 불리언 이외에 숫자형, 문자열 등 다른 데이터 타입도 연결 가능합니다. 선택자 터미널에 어떤 값이 들어 오는냐에 따라 실행되는 케이스가 달라집니다. 케이스 선택자 라벨을 통해 케이스를 구분할 수 있습니다.

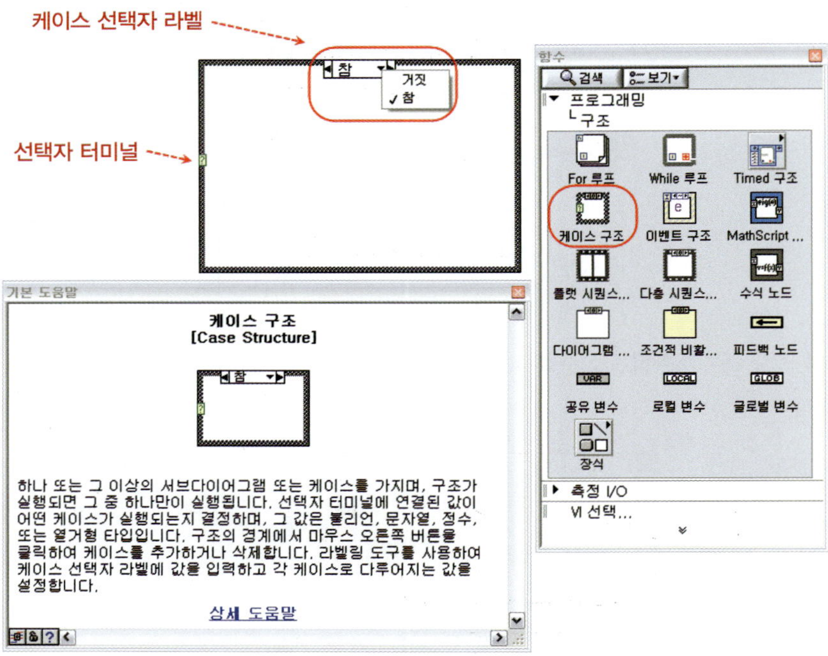

그림 4-7-1 케이스 구조

케이스 구조를 사용할 때는 두 가지 주의할 점이 있습니다. 지금부터 이에 대해 살펴보도록 하겠습니다.

[그림 4-7-2]에서 선택자 터미널에 '연산 선택'이라는 불리언을 연결하였습니다. 불리언이 가질 수 있는 값은 '참' 또는 '거짓'입니다. 따라서 불리언 데이터 타입을 선택자 터미널에 연결을 하면 '참' 케이스와 '거짓' 케이스가 자동 생성이 됩니다. [그림 4-7-2]에서 '참' 케이스일 때 'a'와 'b'의 값을 더하고, '거짓' 케이스일 때 'a'와 'b' 값을 곱하는 코드를 작성하였습니다. 따라서 '연산 선택'을 '참' 값을 주고 프로그램을 실행하면 'a'와 'b'를 더해서 'c'에 출력을 하게 됩니다.

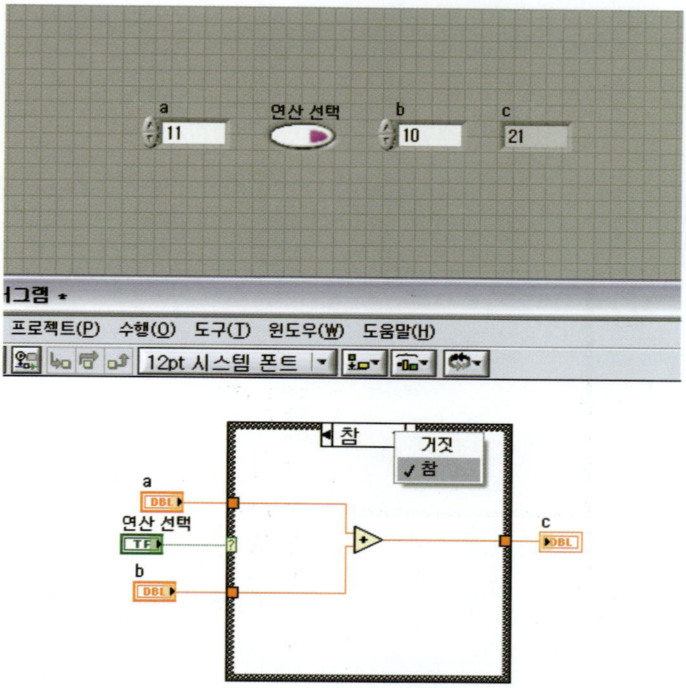

그림 4-7-2 불리언과 케이스 구조

[그림 4-7-3]에서 선택자 터미널에 I32형의 숫자형 타입의 '연산 선택'을 연결하였습니다. 숫자형이 가질 수 있는 값은 …-1, 0, 1…등의 숫자들입니다. 따라서 숫자형 데이터 타입을 케이스 구조의 선택자 터미널에 연결을 하게 되면 자동적으로 '0, 기본'과 '1'의 케이스가 생성됩니다. 그리고 케이스 구조 경계선에서 마우스 오른쪽 버튼을 클릭하여 바로가기메뉴를 이용하면 케이스 추가 및 복제 삭제, 기본 케이스 만들기 등 다양한 기능을 수행할 수 있습니다. [그림 4-7-3]에서는 **바로가기메뉴 〉 다음 케이스 추가**를 선택하여 케이스를 추가하였습니다. 따라서 '연산 선택'에 '0'이 입력되면 'a*b=c'가 실행되고, '1'이 입력되면 'a+b=c'가 실행되고, '111'이 입력되면 'a /b=c'가 실행되는 코드입니다.

다음 그림에서는 연산 선택에서 '111' 값이 들어 왔을 때 실행하게 될 나누기 코드가 보이는 것이고 '0' 케이스와 '1' 케이스는 '111' 케이스 뒤에 숨겨져 보이지 않고 있습니다. 케이스 선택자 라벨 옆에 있는 화살표를 이용하여 다른 케이스를 보이게 할 수 있습니다. '111' 케이스가 보인다고 해서 '111' 케이스에 있는 코드가 실행되는 것은 아닙니다. 선택자 터미널에서 들어오는 값에 의해 실행되는 케이스가 결정됩니다.

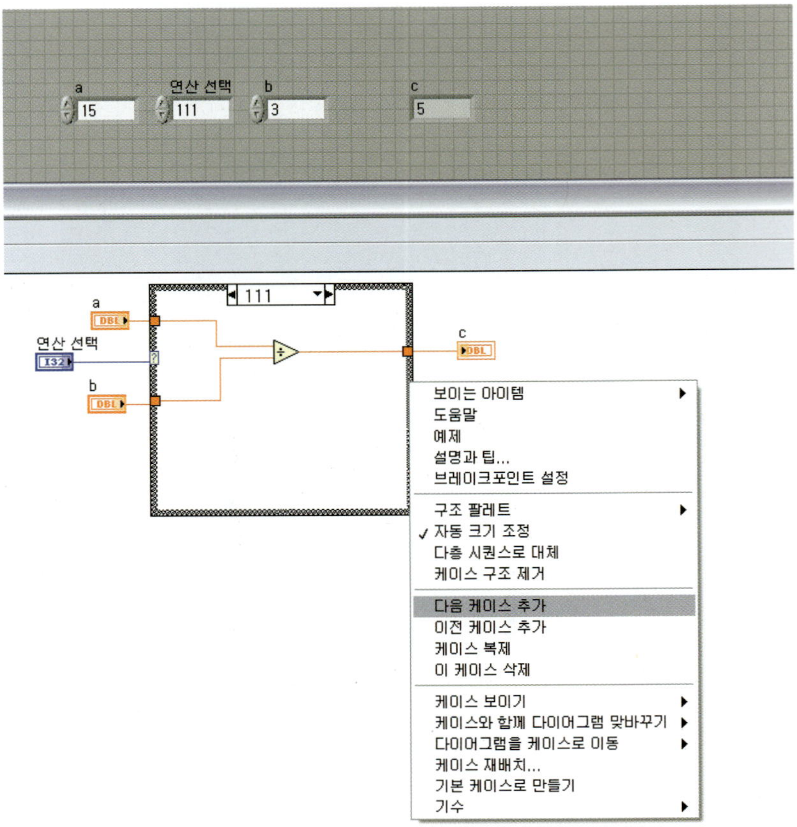

그림 4-7-3 숫자형과 케이스 구조

[그림 4-7-4]에서 보면, '0' 케이스에 '기본'이라고 되어 있습니다. 이는 '연산 선택'의 데이터 타입이 숫자형입니다. 그리고 정의한 케이스는 '0', '1', '111'의 입력에 대해서만 케이스를 생성하였습니다. 만약 프로그램 사용자가 '연산 선택'에 '0', '1', '111' 이외의 값을 입력하면 어떻게 될까요?

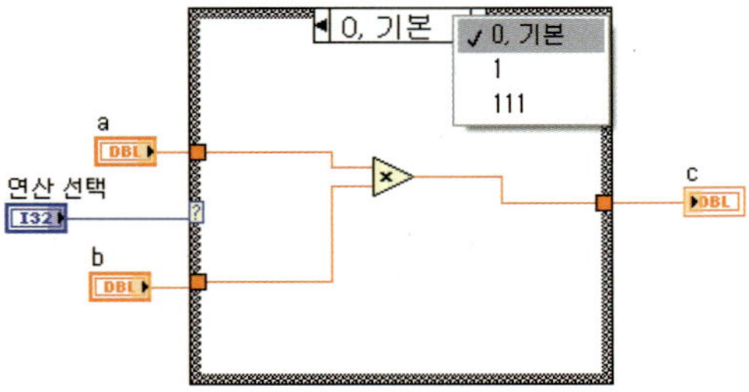

그림 4-7-4 기본 케이스

이와 같은 경우 앞에서 정의한 숫자 이외의 값을 입력했을 때는 '기본'이라고 표기된 케이스를 실행합니다. 예를 들어 '연산 선택'에 '777'을 입력했을 때는 '0, 기본' 케이스 내의 코드를 실행합니다. 여기서 '기본'이라는 값을 지우게 되면 실행 버튼이 깨지게 되고, 깨진 실행 버튼을 누르게 되면 [그림 4-7-5]와 같은 에러 메세지를 보여줍니다.

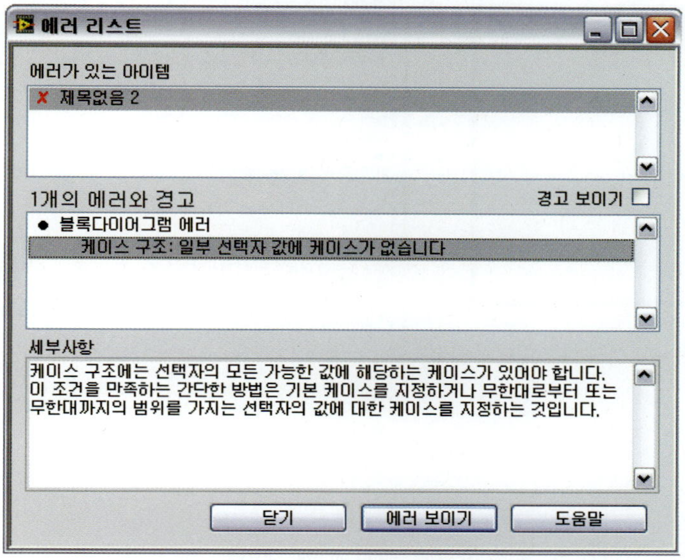

그림 4-7-5 기본 케이스 에러

따라서 선택자 터미널에 연결되어 있는 데이터 타입이 정의한 케이스 이외의 값을 가질 수 있는 숫자형 또는 문자열 등은 반드시 기본 케이스가 정의되어 있어야 합니다. 이것이 케이스 구조를 사용할 때 첫 번째 주의점입니다. [그림 4-7-2]처럼 케이스 선택자에 불리언 데이터 타입이 연결되어 있는 경우, 기본 케이스가 없습니다. 그 이유는 불리언이 가질 수 있는 값은 '참'과 '거짓' 이외의 값을 가질 수 없고, '참' 케이스와 '거짓' 케이스를 모두 만들었기 때문입니다.

다음은 선택자 터미널에 문자형 데이터 타입을 연결한 경우를 살펴보겠습니다. 역시 기본 케이스는 반드시 있어야 합니다. [그림 4-7-6]처럼 '연산 선택'에서 정의된 케이스 이외의 값이 들어오게 되면 '나누기, 기본' 케이스가 실행됩니다.

[그림 4-7-6]에서 'c' 값이 출력되는 출력 터널을 보면 터널이 하얗게 비어 있습니다. 그리고 실행 버튼이 깨져 있으며, 깨진 실행 버튼을 누르면 '터널 : 터널 지정 잃음 또는 터널 지정 찾을 수 없음'이라는 내용의 에러 리스트가 나타납니다.

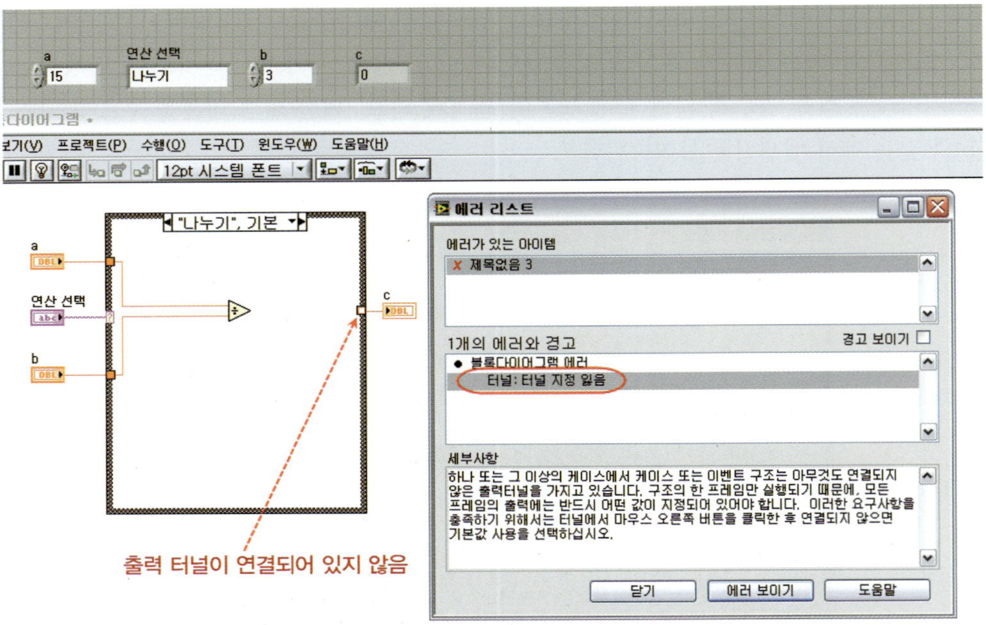

그림 4-7-6 출력 터널 지정 잃음

케이스 구조에서 출력을 케이스 구조 밖으로 내보낼 때 생기는 출력 터널에 생성한 모든 케이스에 대해 출력값이 전부 연결이 되어 있어야 합니다. 하나라도 연결이 안되면 [그림 4-7-6]처럼 출력 터널이 비어 있게 되면서 '터널 지정 잃음 또는 터널 지정 찾을 수 없음'이라는 에러가 발생하게 됩니다. 이것이 케이스 구조를 사용할 때 두 번째 주의점입니다. 즉 출력 터널을 모든 케이스에서 다 연결해 주면 [그림 4-7-7]의 첫 번째 출력 터널과 같이 막히게 되고, 그렇지 않은 경우 두 번째 출력 터널과 같이 하얗게 공백이 생기게 되며, 마지막 출력 터널은 모든 케이스에서 전부 연결을 안 했더라도 출력 터널에서 **바로가기메뉴 〉 연결되지 않으면 기본값 사용**을 선택하게 되면 [그림 4-7-6]과 같은 에러는 발생하지 않습니다.

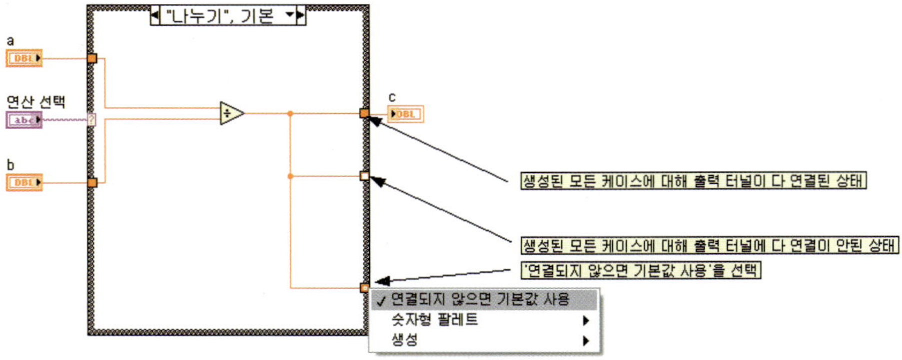

그림 4-7-7 출력 터널 비교

연결되지 않으면 기본값 사용에서 '기본값'은 [표 4-7-1]을 참조하세요.

데이터 타입	기본값
숫자형	0
불리언	거짓
문자열	비어있음

표 4-7-1 연결되지 않으면 사용되는 기본값

[그림 4-7-8]에서 선택자 터미널에 에러 클러스터를 연결하였습니다. 자동적으로 '에러 없음' 케이스와 '에러' 케이스가 생깁니다.

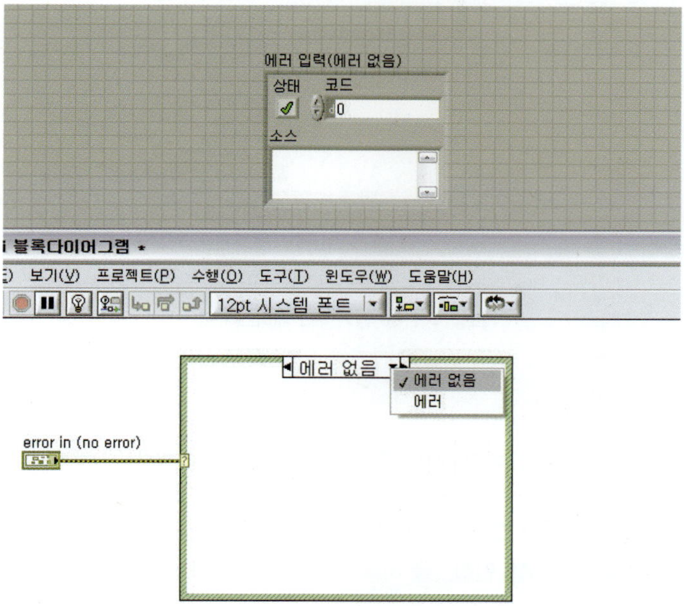

그림 4-7-8 에러 클러스터와 케이스 구조

[그림 4-7-9]에서 선택자 터미널에 열거형을 연결하였습니다. 열거형에 정의된 모든 아이템에 해당하는 케이스를 자동으로 생성하려면 케이스 구조의 **바로가기메뉴 〉 모든 값에 대한 케이스 추가**를 선택하면 됩니다. 모든 값에 대한 케이스 추가를 한 이후에는 바로가기메뉴에서 이 메뉴가 사라집니다. 이는 열거형이 케이스 구조와 많이 사용되는 이유 중 하나입니다.

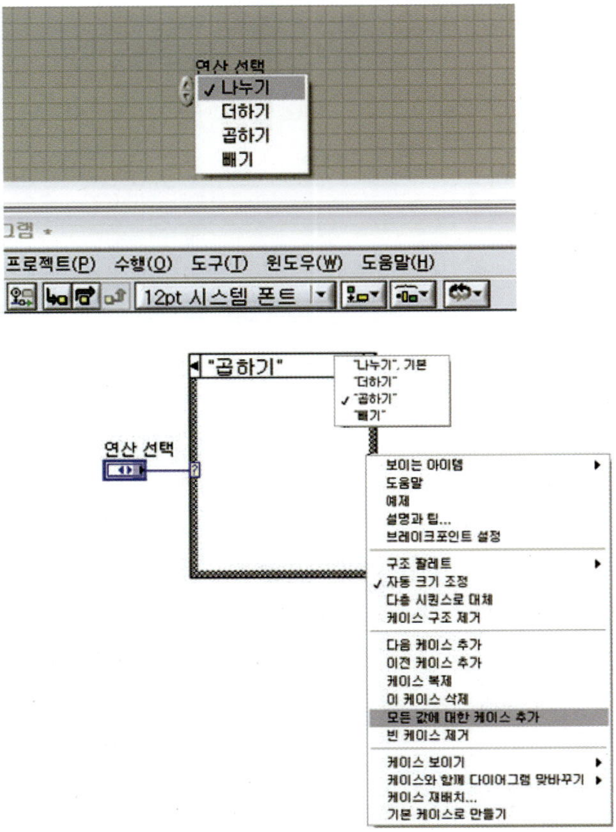

그림 4-7-9 열거형과 케이스 구조

실습 4.7.1 케이스 구조를 사용하여 사칙연산이 가능한 간단한 계산기를 만들어 봅니다.

1. 새 VI를 열어 프런트패널에 숫자형 컨트롤 2개, 열거형 1개, 숫자형 인디케이터를 그림과 같이 구성합니다. 이때 열거형은 **바로가기메뉴 〉 아이템 편집...**을 이용하여 '더하기', '빼기', '곱하기', '나누기'로 아이템을 편집합니다.

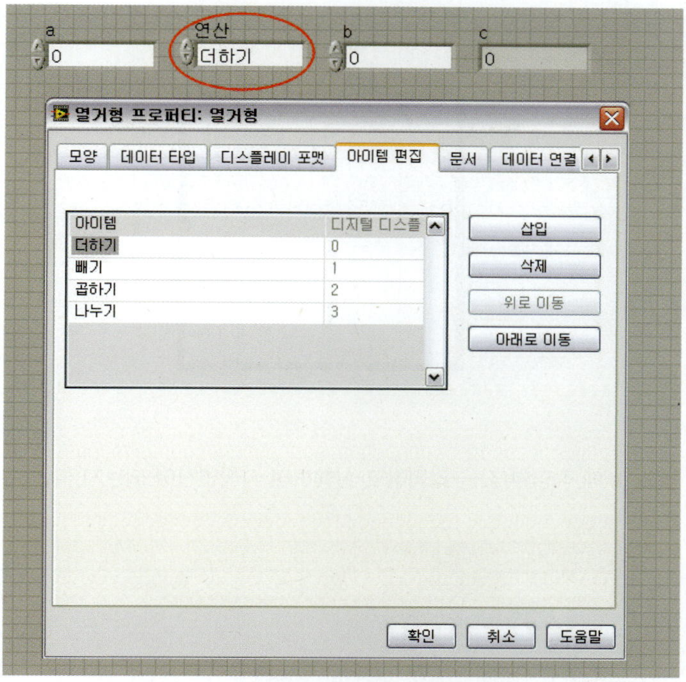

2. 블록다이어그램에서 케이스 구조를 가져다 놓고 선택자 터미널에 '연산 '터미널을 연결한 후 케이스 구조의 **바로가기메뉴 > 모든 값에 대한 케이스 추가**를 선택합니다. 그러면 열거형이 가진 아이템에 대한 모든 케이스가 자동으로 생성됩니다.

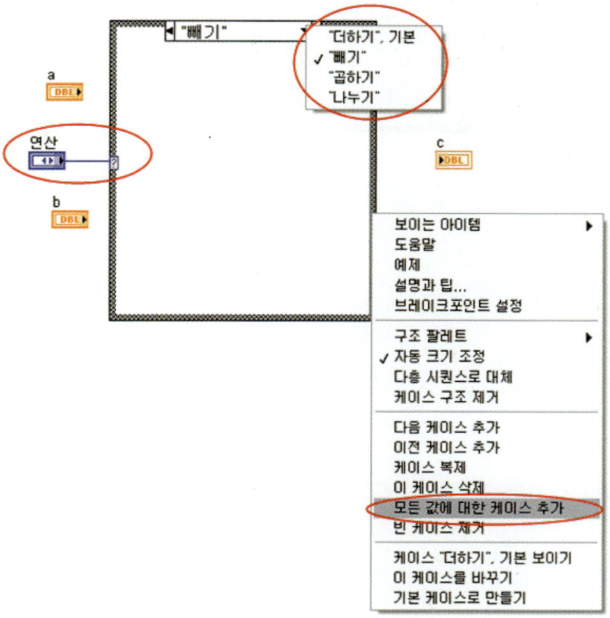

3. 각 해당 케이스에 **더하기**.vi, **빼기**.vi, **곱하기**.vi, **나누기**.vi를 넣어서 그림과 같이 와이어링합니다.

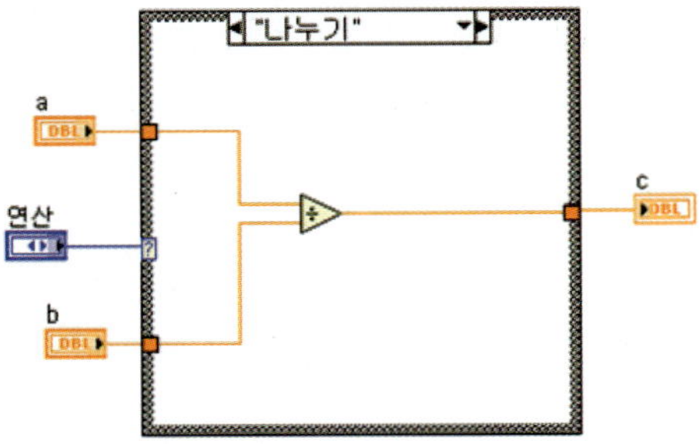

4. 프런트패널에서 'a'와 'b'에 적당한 값을 입력하고 실행하여 사칙연산이 되는지 확인하세요.

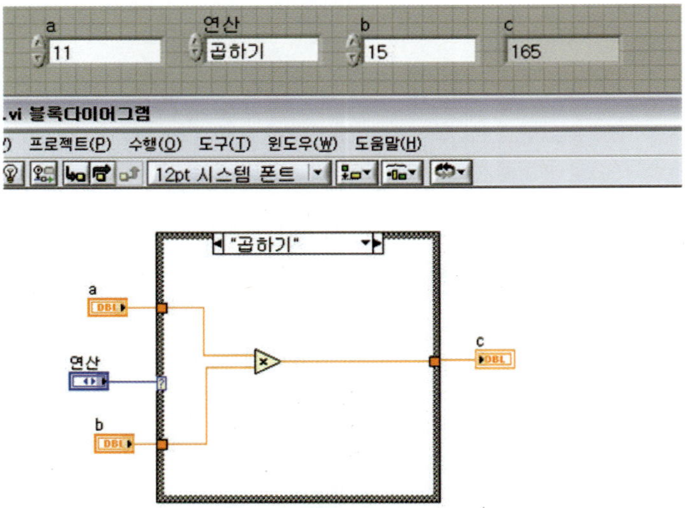

5. VI를 저장합니다.

4-8. 시퀀스 구조

시퀀스 구조는 노드 이름에서 알 수 있듯이 시퀀스를 만들 때, 즉 순서를 강제적으로 정할 때 사용하는 구조입니다. 플랫 시퀀스 구조와 다층 시퀀스 구조가 있는데, 생긴 모양이 다를 뿐 기능은 같습니다. LabVIEW 2014 버전에서는 다층 시퀀스 구조가 보이지 않습니다. 다층 시퀀스 구조를 사용하고 싶으면 플랫 시퀀스 구조를 사용하여 프로그램 한 다음 플랫 시퀀스 구조의 **바로가기 메뉴 〉 다층 시퀀스로 대체**를 선택합니다.

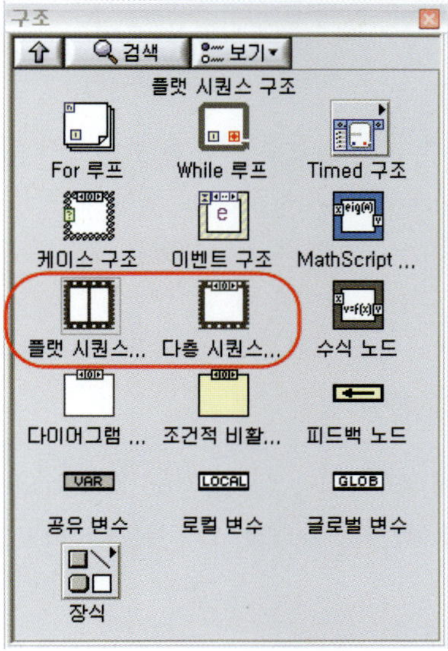

그림 4-8-1 시퀀스 구조

[그림 4-8-2]에서 플랫 시퀀스 구조를 사용하였습니다. **바로가기메뉴 〉 다음 프레임 추가**를 이용하여 프레임을 추가할 수 있습니다. 첫 번째 프레임 안에 구현되어 있는 '더하기' 실행이 끝나면 두 번째 프레임에 있는 코드를 실행하게 됩니다. 이처럼 프레임 순서대로 프로그램이 실행됩니다. 플랫 시퀀스 구조는 프레임이 다 펼쳐져 있어 코드를 한 눈에 확인할 수 있어 좋긴 하지만 공간을 많이 차지합니다.

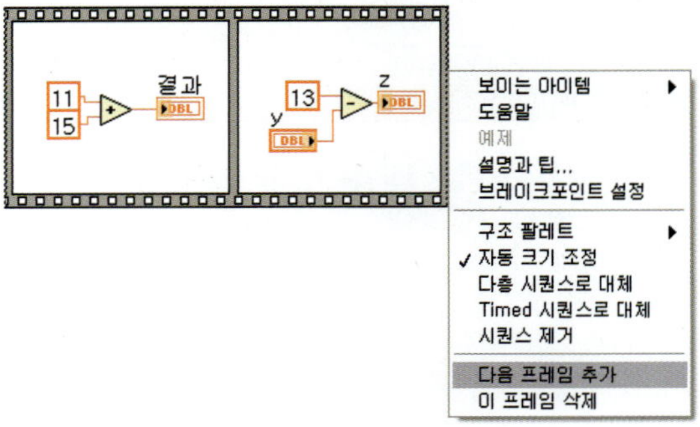

그림 4-8-2 플랫 시퀀스 구조

반면에 다층 시퀀스 구조는 [그림 4-8-3]처럼 프레임이 차곡차곡 쌓이게 됩니다. 다층 시퀀스 구조는 공간을 조금 차지하지만 코드가 한 눈에 보이지 않는 단점이 있습니다.

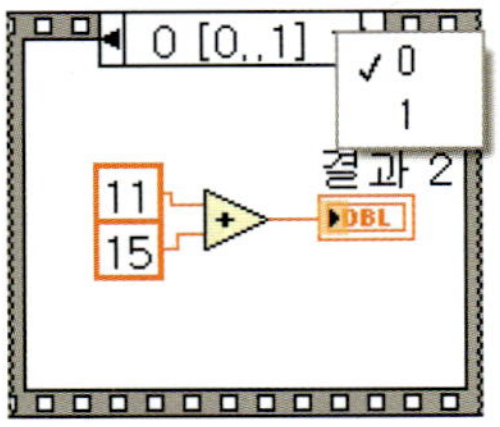

그림 4-8-3 다층 시퀀스 구조

시퀀스 구조를 사용할 때는 각 프레임들을 실행하는 중에 에러가 발생할 경우 시퀀스를 중간에 빠져나올 수가 없습니다. 즉 가지고 있는 모든 프레임을 다 실행해야지만 시퀀스 구조를 빠져나가게 됩니다. 시퀀스 구조를 사용할 때는 실행 중에 에러가 발생했을 경우를 대비하여 프로그램해야 합니다.

실습 4.8.1 시퀀스 구조를 사용해 봅니다.

1. '실습' 폴더에서 '4-8-1 시퀀스.vi'를 불러옵니다. 실행을 하면 'a'와 'b'의 대화 창이 무작위로 나타납니다. 이를 시퀀스 구조를 사용하여 'a'가 먼저 실행되고 끝나면 'b'가 실행되도록 만듭니다.

2. 블록다이어그램에서 플랫 시퀀스 구조를 그림처럼 추가하세요. 플랫 시퀀스 구조의 **바로가기메뉴 > 다음 프레임 추가**를 이용하여 두 개의 프레임으로 만드세요.

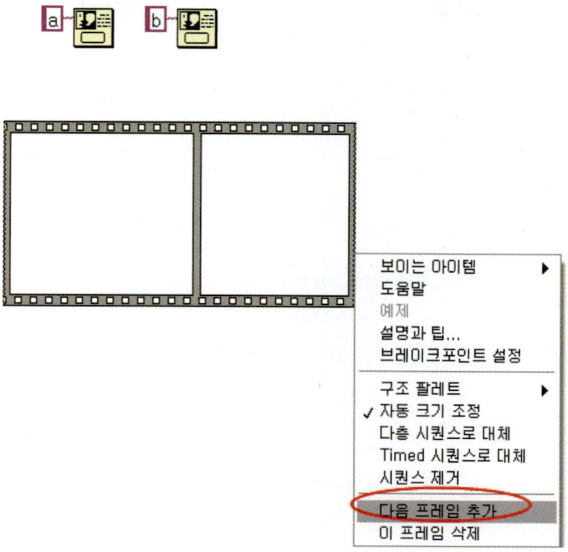

3. 각각의 프레임에 그림처럼 **단일 버튼 대화 상자**.vi를 하나씩 넣어주세요. 실행을 하게 되면 'a'와 'b'의 대화창이 차례로 하나씩 나타나게 됩니다.

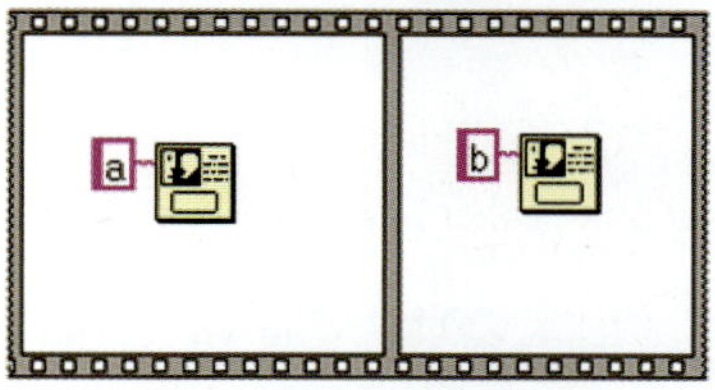

4. VI를 저장합니다.

4-9. 수식 노드

수식 노드는 복잡한 수식을 구현할 때, C언어와 비슷한 문법을 사용하여 구현이 가능합니다.

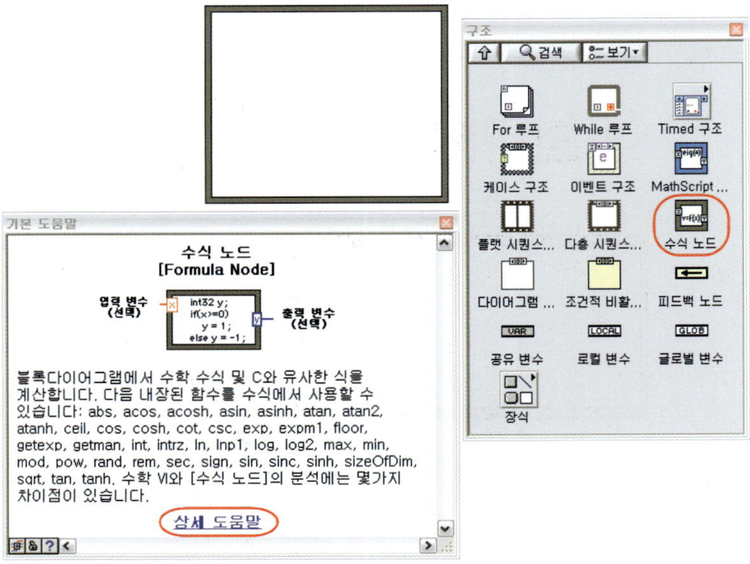

그림 4-9-1 수식 노드

수식 노드에서 사용 가능한 함수나 문법은 기본 도움말에서 상세 도움말을 참조하기 바랍니다. [그림 4-9-2]는 수식 노드의 상세 도움말입니다. 여기에 표시해 놓은 '함수'를 클릭하면 사용 가능한 함수들의 리스트를 볼 수 있고, '수식 노드 구문'을 클릭하면 사용 가능한 문법들을 확인해 볼 수 있습니다.

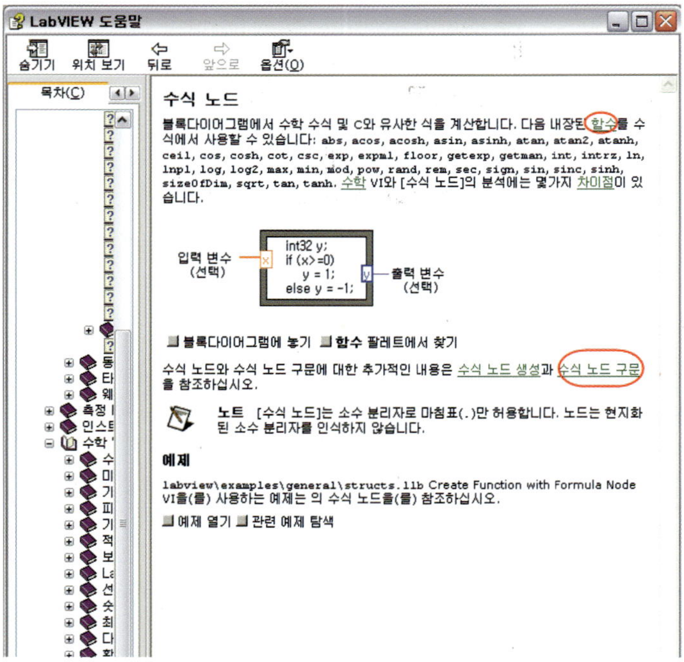

그림 4-9-2 수식 노드 상세 도움말

입출력을 정의하는 방법은 수식 노드의 **바로가기메뉴 〉 입력 추가/출력 추가**를 하면 원하는 개수만큼 입력과 출력을 정의할 수 있습니다.

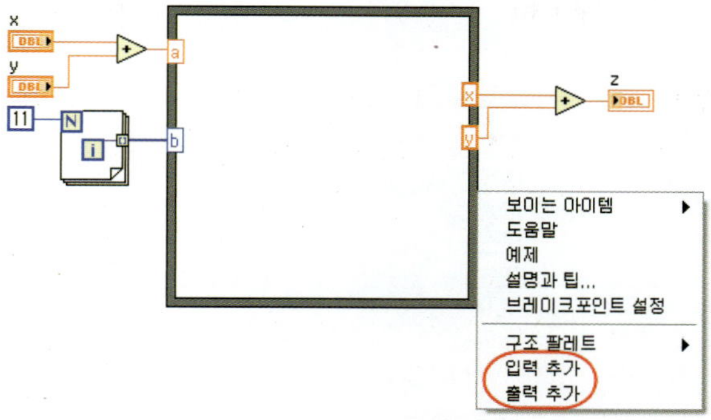

그림 4-9-3 입력, 출력 추가

[그림 4-9-4]에 수식 노드와 비슷한 기능을 하는 노드 중 수식 익스프레스 노드가 있습니다.

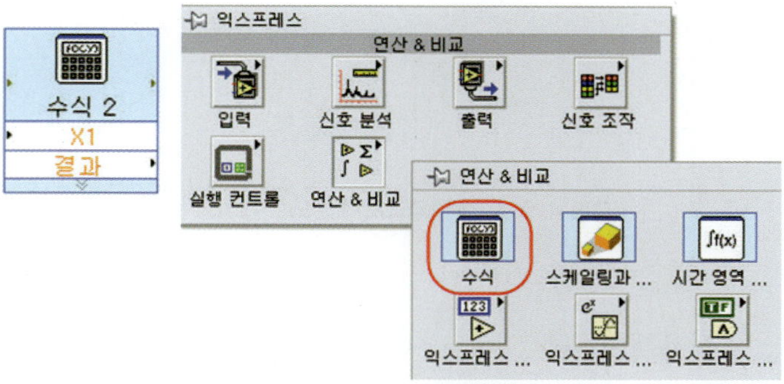

그림 4-9-4 수식 익스프레스 노드

이 노드는 [그림 4-9-5]와 같은 대화창을 통해 수식을 구현할 수 있습니다. 수식 노드와 가장 큰 차이점은 사용할 수 있는 입력은 최대 8개, 출력은 1개로 정해져 있습니다.

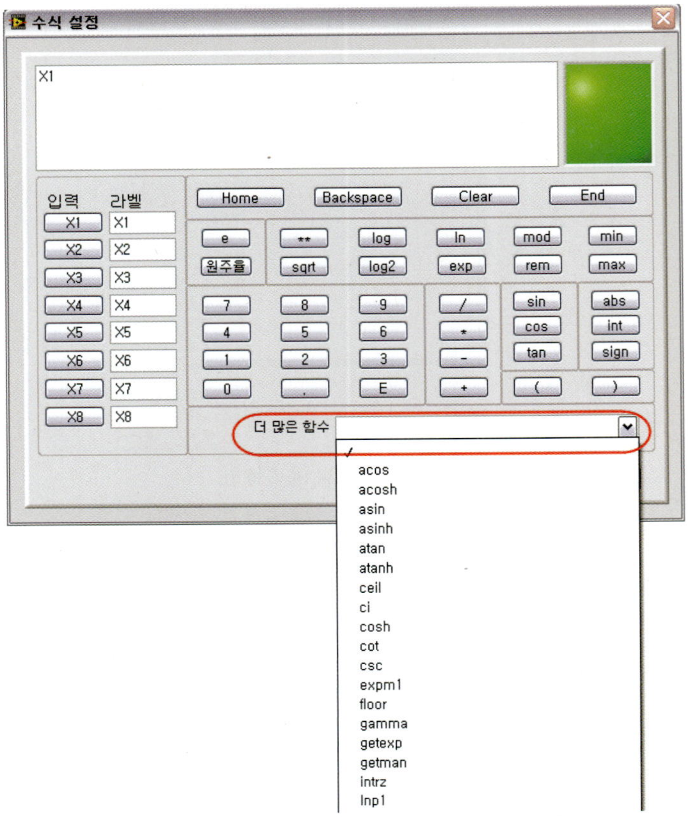

그림 4-9-5 수식 익스프레스 노드 대화창

실습 4.9.1 수식 노드를 사용해 봅니다.

1. 새 VI를 열어서 그림과 같이 숫자형 컨트롤 2개와 숫자형 인디케이터 2개를 만듭니다.

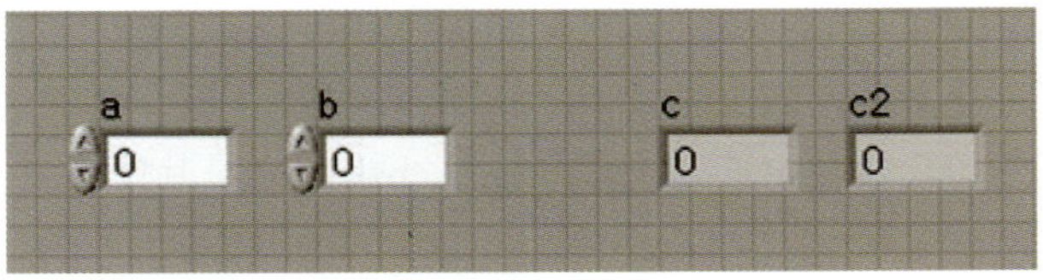

2. 블록다이어그램에서 **더하기.vi**와 수식 노드를 추가하세요. 수식 노드의 **바로가기메뉴 〉 입력 추가/출력 추가**를 선택하여 그림과 같이 와이어링합니다.

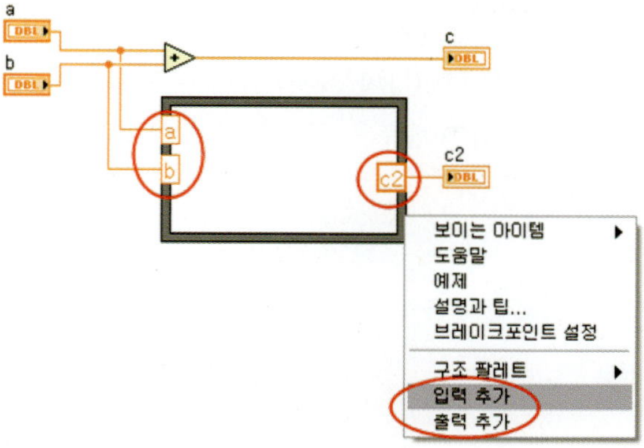

3. 수식 노드에 그림과 같이 수식을 구현합니다.

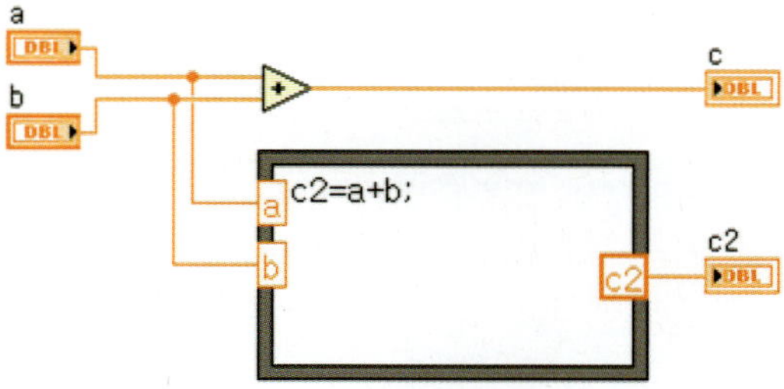

4. 'a'와 'b'에 적당한 값을 입력하고 실행한 후, 'c'와 'c2'의 값이 같은지 확인하세요.

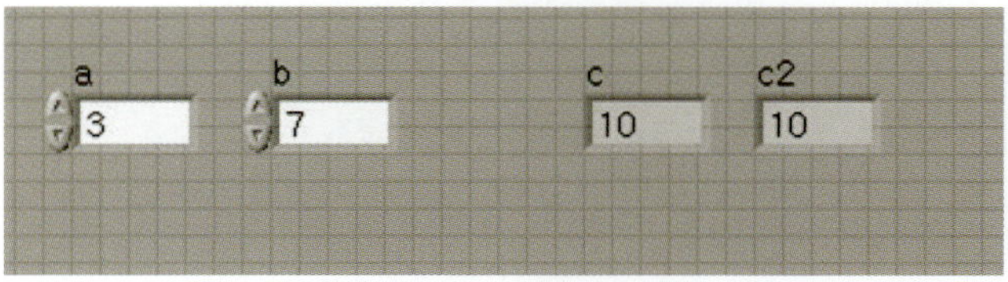

5. VI를 저장합니다.

4-10. 이벤트 구조

프로그램 사용자가 프런트패널에서 더블 클릭, 마우스 다운, 마우스 업, 키다운 등 마우스나 키보드를 통해 어떠한 동작을 할 때만 특정 코드를 실행하고자 할 때 이벤트 구조를 사용합니다.
이벤트는 크게 정적(Static) 이벤트와 다이나믹/사용자(Dynamic or User) 이벤트로 구분됩니다. 정적 이벤트는 다시 알림 이벤트와 필터 이벤트로 구분됩니다. 다이나믹(또는 사용자) 이벤트는 8.8장에서 다루도록 하겠습니다.

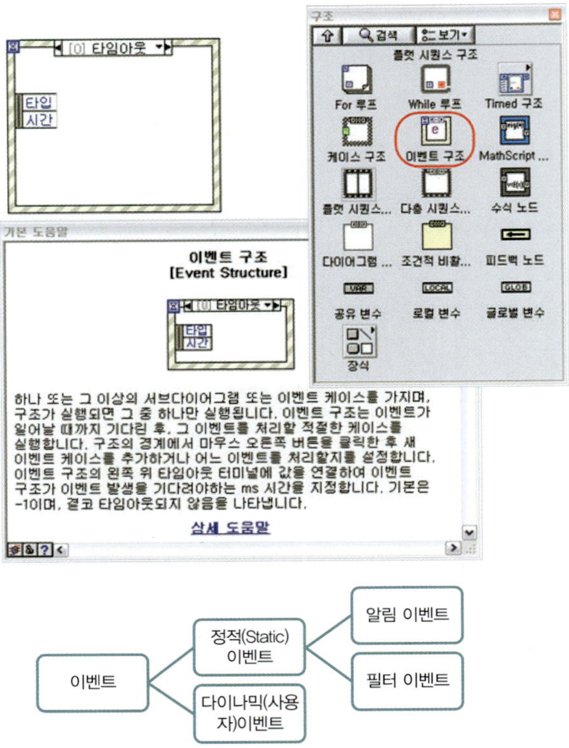

그림 4-10-1 이벤트 구조

[그림 4-10-2]와 함께 이벤트 구조에서 사용하는 용어를 살펴보도록 하겠습니다.

- 이벤트 선택자 라벨 : 어떤 이벤트인지를 구별
- 타임아웃 : 이벤트를 기다리는 시간(msec)
- 이벤트 데이터 노드 : 이벤트가 가지고 있는 속성들
- 이벤트 필터 노드 : 필터 이벤트가 가지고 있는 속성들. 필터 이벤트에서만 사용 가능

• 다이나믹 이벤트 터미널 : 다이나믹 이벤트를 등록할 때 사용. 이것은 이벤트 구조의 **바로가기메뉴 〉 다이나믹 이벤트 터미널 보이기**를 선택해야만 보입니다.

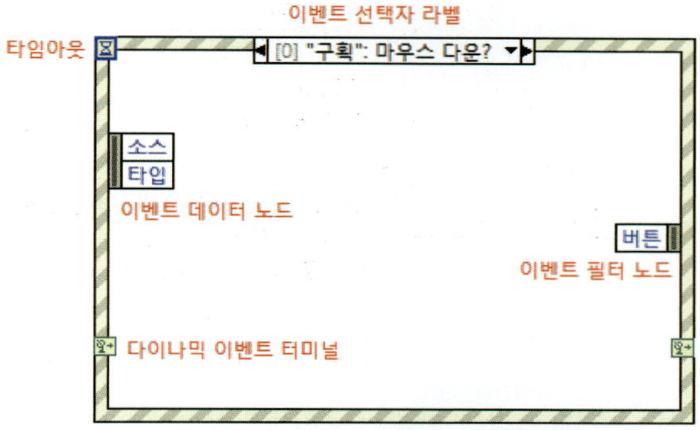

그림 4-10-2 이벤트 용어

이벤트 구조는 일반적으로 While 루프와 함께 사용됩니다.

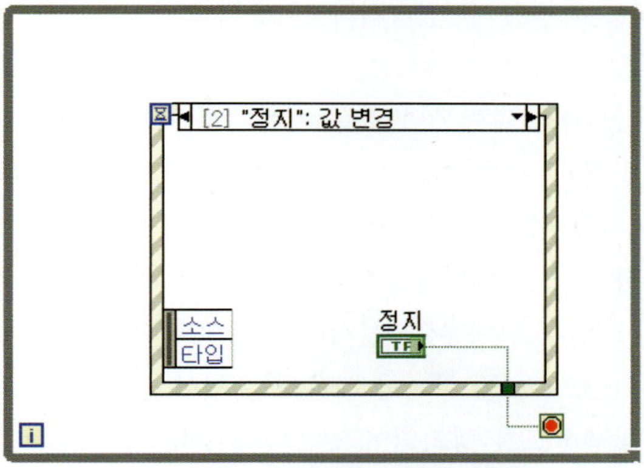

그림 4-10-3 이벤트 구조와 While 루프

[그림 4-10-4]에서 이벤트 구조의 **바로가기메뉴 〉 이 케이스에 의해 핸들되는 이벤트 편집...**을 선택하게 되면 [그림 4-10-5]와 같은 이벤트 편집창이 나타납니다. 이외에도 이벤트 케이스 추가 또는 복제, 삭제 등도 바로가기메뉴에서 선택할 수 있습니다.

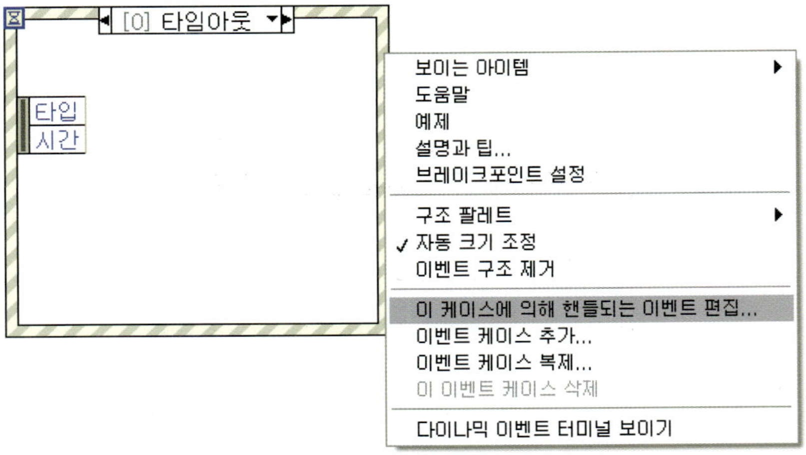

그림 4-10-4 이벤트 구조의 바로가기메뉴

[그림 4-10-5]의 이벤트 편집창에서 이벤트 소스(1)의 컨트롤을 보면 프런트패널에 있는 컨트롤이나 인디케이터들의 라벨이 보입니다. 그리고 이벤트(2)를 자세히 보면 앞에 화살표가 빨간색과 초록색으로 구분이 되어 있는 것을 확인할 수 있습니다. 초록색 화살표는 알림 이벤트로써 이벤트 중 가장 빈번하게 사용하게 될 이벤트입니다. 즉 이벤트가 발생한 사실을 LabVIEW에게 바로 알려 해당 특정 코드가 실행될 수 있도록 합니다. 알림 이벤트는 이벤트 데이터 노드만 사용 가능합니다. 빨간색 화살표는 필터 이벤트로써 발생된 이벤트를 필터링 가능합니다. 필터 이벤트는 이벤트 데이터 노드와 이벤트 필터 노드를 모두 사용 가능합니다. 예를 들어 프런트패널의 라벨 'a'를 가진 컨트롤에 '마우스 다운'이 발생할 때, 특정 코드를 실행하고자 할 때, [그림 4-10-5]와 같이 이벤트 소스(1)에서 'a'를 선택하고 이벤트(2)에서 '마우스 다운'을 선택하면 이벤트 지정자(3)에 등록이 됩니다. 이처럼 이벤트 구조에서 제공하는 이벤트(2) 중 하나를 사용하는 것이 정적 이벤트 입니다. 정적 이벤트는 대부분 키보드나 마우스로 발생하도록 정의되어 있습니다. 이외에 이벤트를 사용자 정의하는 것을 다이나믹 또는 사용자 이벤트라고 합니다.

4.10장에서는 정적 이벤트에 대해 설명하도록 하겠습니다. 다이나믹 이벤트는 8.8장을 참조하세요.

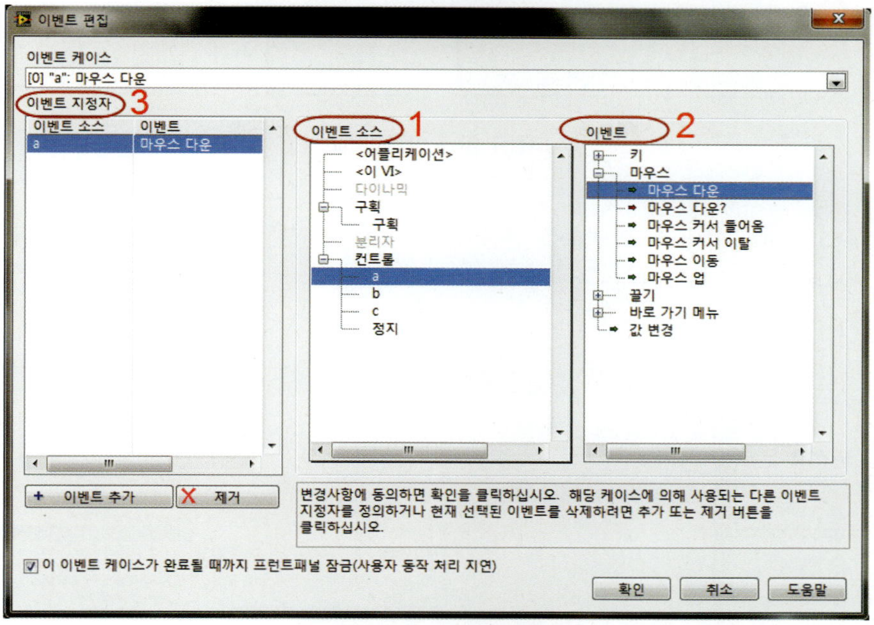

그림 4-10-5 이벤트 편집창

[그림 4-10-5]에서 이벤트 지정자(3)에 등록된 것은 [그림 4-10-6]에서처럼 이벤트 선택자 라벨에 나타납니다.

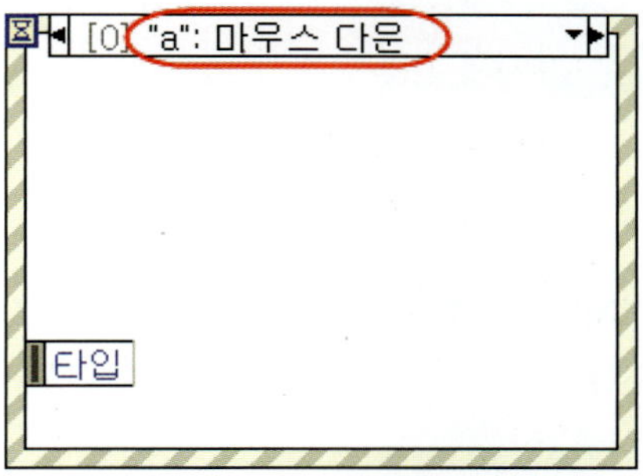

그림 4-10-6 이벤트 편집 완료 모습

지금부터 이벤트 프로그램을 해보도록 하겠습니다.
[그림 4-10-7]처럼 프론트패널에 'a', 'b', 'c', '정지' 라벨을 가진 불리언 버튼 4개를 만들고, 'a'에 마우스 다운을 했을 때 'a'라는 메시지 팝업창이 뜨고, 'b'에 마우스 업 했을 때, 'b'라는 메시지 팝업창 뜨고, 'c'의 값이 변경되면 'b'에 마우스 업 했을 때와 같은 코드를 실행하고 '정지' 버튼의 값이 변경되면 프로그램이 종료되도록 만들어 보겠습니다.

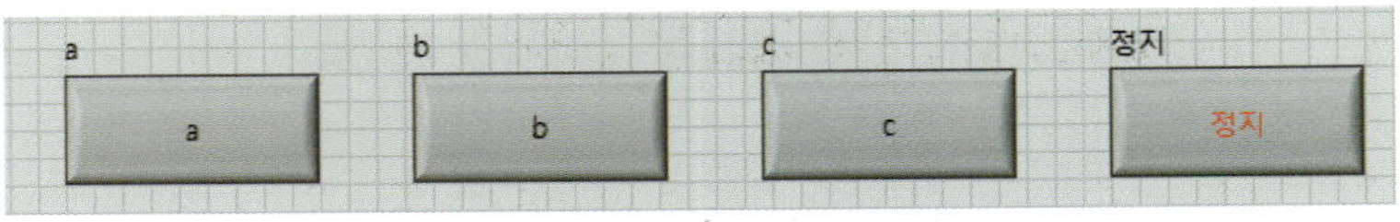

그림 4-10-7 프런트패널

먼저 [그림 4-10-8]과 같이 'a' 이벤트를 만듭니다. 이벤트 편집창을 통해 이벤트 소스에서 'a'를 선택하고, 이벤트에서 '마우스 다운'을 선택합니다

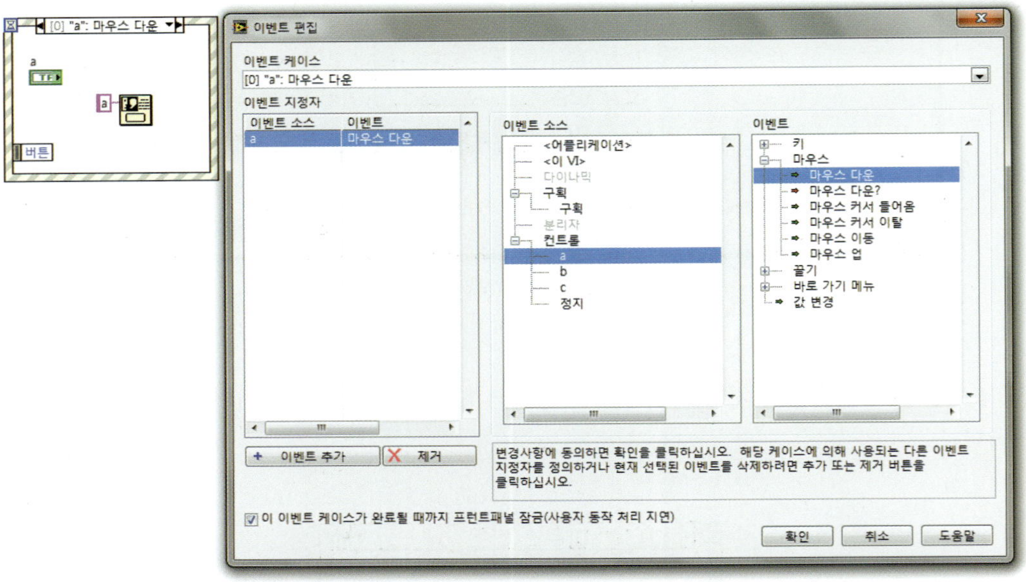

그림 4-10-8 'a' 이벤트 케이스

다음으로 이벤트 구조의 **바로가기메뉴 〉 이벤트 케이스 추가...**하여 [그림 4-10-9]와 같이 'b' 이벤트를 만듭니다. 이벤트 편집창을 통해 이벤트 소스에서 'b'를 선택하고, 이벤트에서 '마우스 업'을 선택합니다.

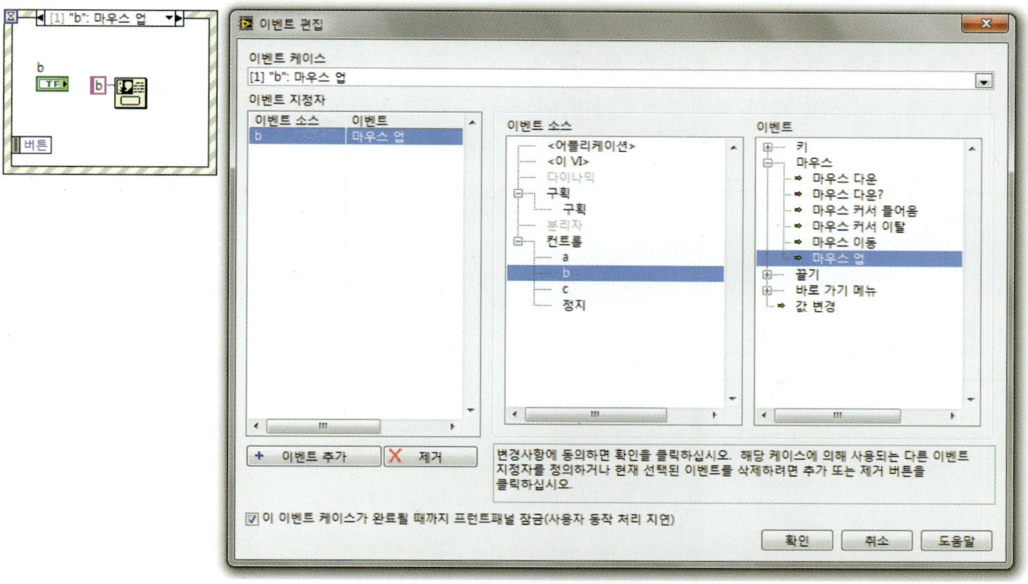

그림 4-10-9 'b' 이벤트 케이스

[그림 4-10-10]과 같이 'c' 이벤트는 기존 'b' 케이스에서 이벤트 편집창에서 '+ 이벤트 추가' 버튼을 이용하여 이벤트 소스는 'c', 이벤트는 '값 변경'을 선택하여 이벤트 지정자에 추가하면 이벤트 선택자 라벨에 두 개가 나타납니다. 즉 'b'에 '마우스 업'이 발생되거나, 'c'에 '값 변경'이 발생하면 'b'라고 적힌 단일 버튼 대화 상자가 나타납니다.

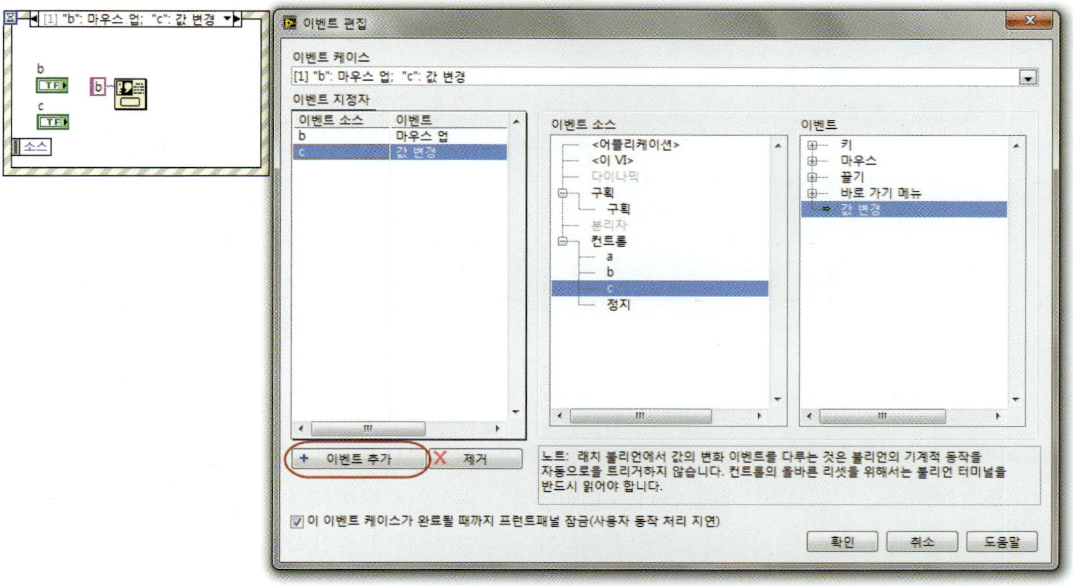

그림 4-10-10 'c' 이벤트 케이스

마지막으로 이벤트 케이스를 추가하여 [그림 4-10-11]과 같이 '정지' 이벤트를 만듭니다. 이벤트 편집창을 통해 이벤트 소스에서 '정지'를 선택하고, 이벤트에서 '값 변경'을 선택합니다. 그리고 '정지' 터미널을 While 루프의 조건 터미널에 연결하여 프로그램을 정지하도록 합니다.

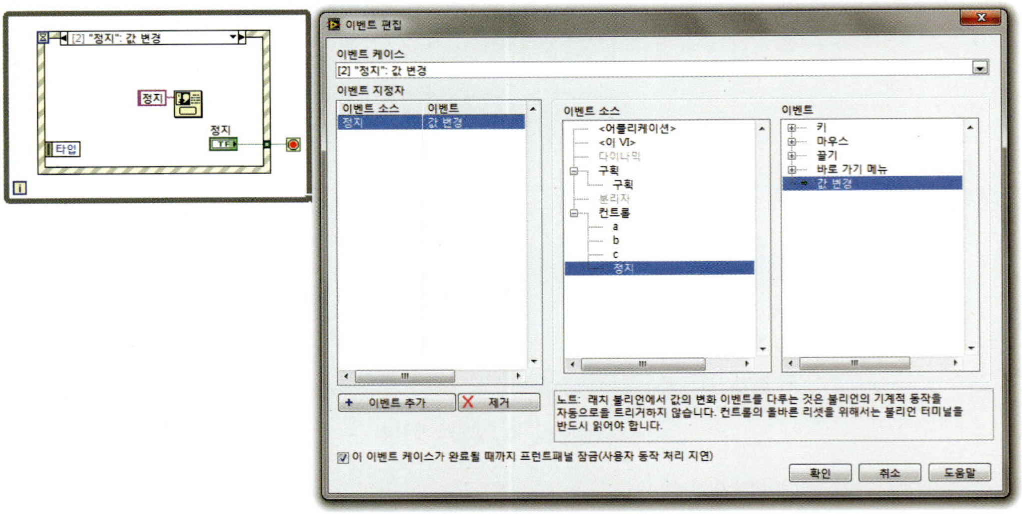

그림 4-10-11 '정지' 이벤트 케이스

위의 코드에 필터 이벤트와 타임아웃 이벤트를 추가하도록 하겠습니다. [그림 4-10-12]에서 프로그램 실행 중 우측 상단에 'X' 버튼을 누르면 프로그램이 닫히게 됩니다. 필터 이벤트로 'X' 버튼을 눌러도 닫히지 않고 정상적으로 실행되도록 코드를 만들어 봅니다.

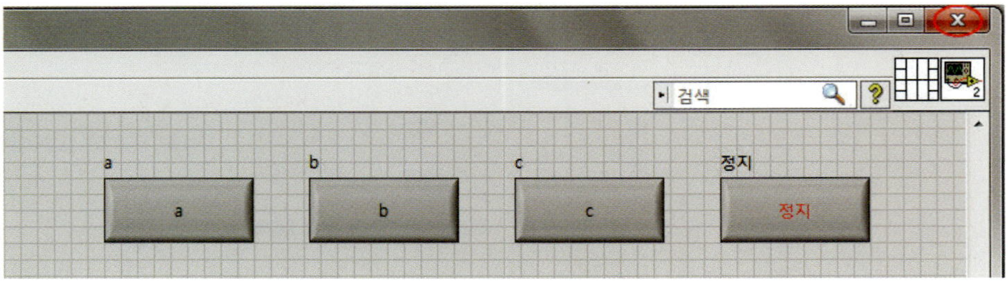

그림 4-10-12 패널 닫기

먼저 이벤트 구조의 **바로가기메뉴 〉 이벤트 케이스 추가...**하여 이벤트 편집창을 엽니다. 이벤트 소스는 '이 VI'를 선택하고, 이벤트는 '패널 닫기?'를 선택합니다. 필터 이벤트를 선택하였기 때문에 이벤트 구조에 이벤트 필터 노드가 나타나고 '버림?'에 참 상수를 연결해 주면 '패널 닫기' 버튼이 눌러진 이벤트를 버리게 됩니다. 즉 필터링하여 실행 중인 프로그램은 'X' 버튼을 눌러도 닫히지 않고 정상적으로 실행하도록 하기 위하여 거짓 상수를 While 루프의 조건 터미널에 와이어링합니다.

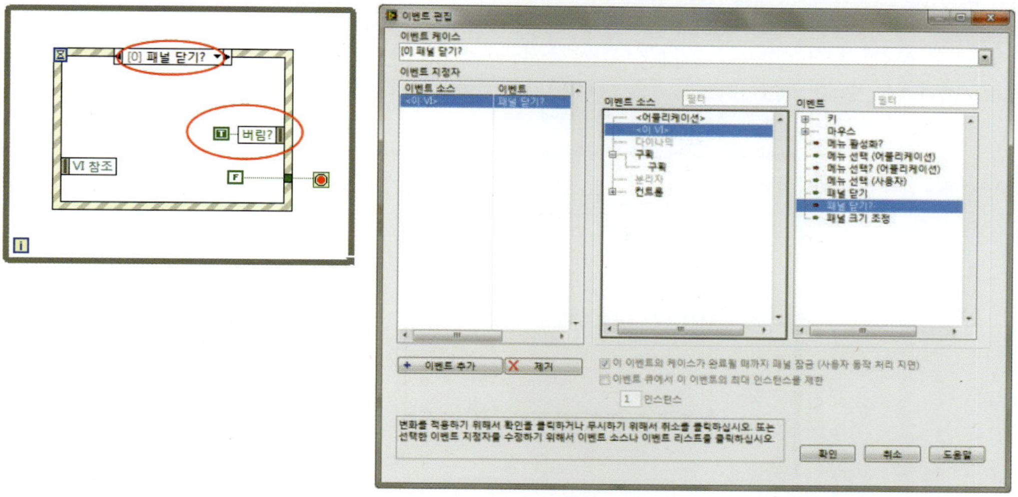

그림 4-10-13 필터 이벤트 편집

마지막으로 타임아웃 이벤트를 설정하겠습니다. [그림 4-10-14]에서 이벤트 구조의 좌측 상단에 있는 모래시계 모양에 '3000'(msec)의 값을 연결하였습니다. 아무 값도 주지 않으면 사용자가 정의해 놓은 이벤트가 발생하기를 무한 대기하는 반면에, 구체적인 시간 값을 주고 주어진 시간 내에 이벤트가 발생하지 않게 되면 타임아웃 이벤트 케이스 안에 구현된 코드가 실행됩니다. [그림 4-10-14]와 같은 경우는 3초 안에 정의한 이벤트가 발생되지 않으면 '타임아웃'이라는 메시지 창이 뜰 것입니다.

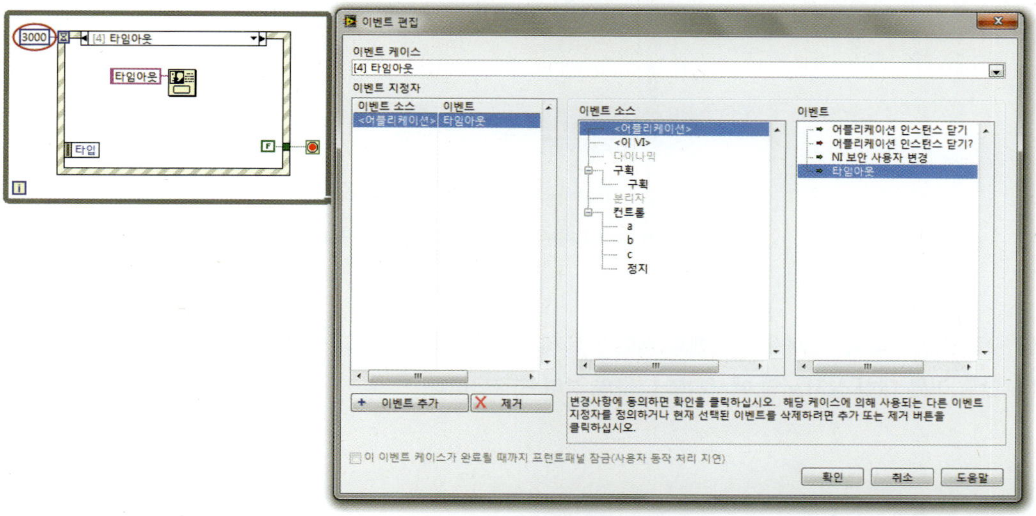

그림 4-10-14 타임아웃 이벤트 편집

실습 4.10.1 정적 이벤트를 사용해 봅니다.

1. '실습' 폴더에서 '4-10-1 정적이벤트.vi'를 불러옵니다. 블록다이어그램에서 이벤트 구조를 추가합니다.

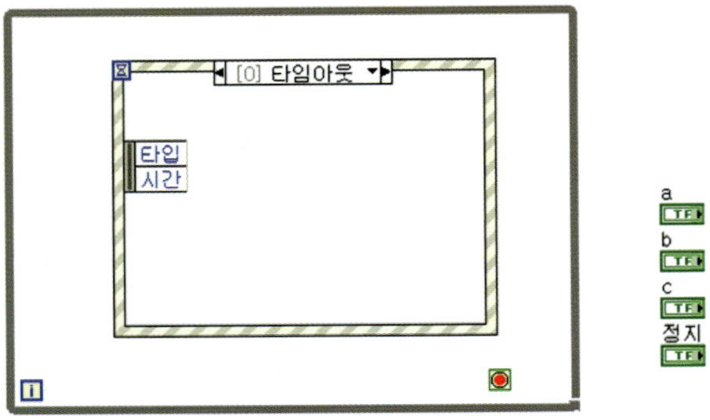

2. 이벤트 구조의 **바로가기메뉴 〉 이 케이스에 의해 핸들되는 이벤트 편집...**을 선택하여 그림과 같이 설정하고 '확인' 버튼을 누릅니다. 그리고 이벤트 케이스 안에 **단일 버튼 대화 상자**.vi, 거짓 상수를 가져다 놓고 그림과 같이 구성합니다.

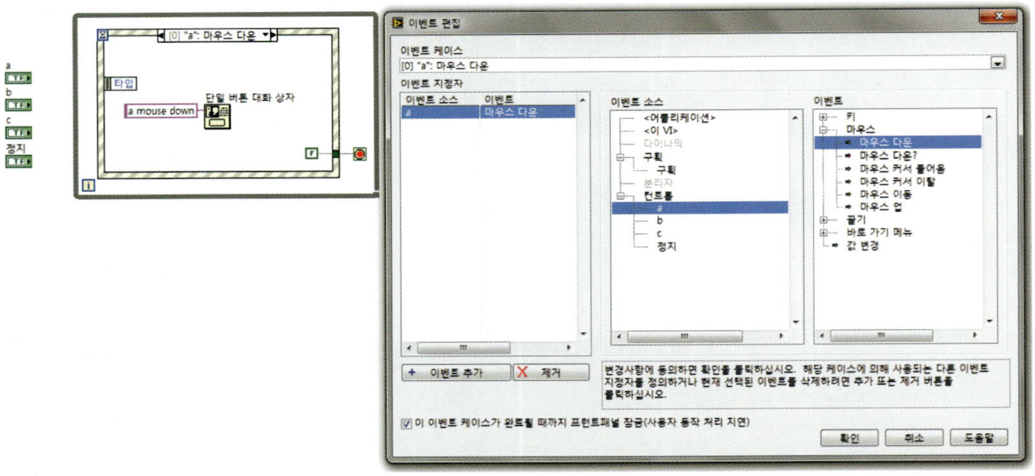

3. 이벤트 구조의 **바로가기메뉴 〉 이벤트 케이스 복제...**를 선택하여 그림과 같이 설정하고 '확인' 버튼을 누릅니다. **단일 버튼 대화 상자**.vi의 메시지를 다음과 같이 변경합니다.

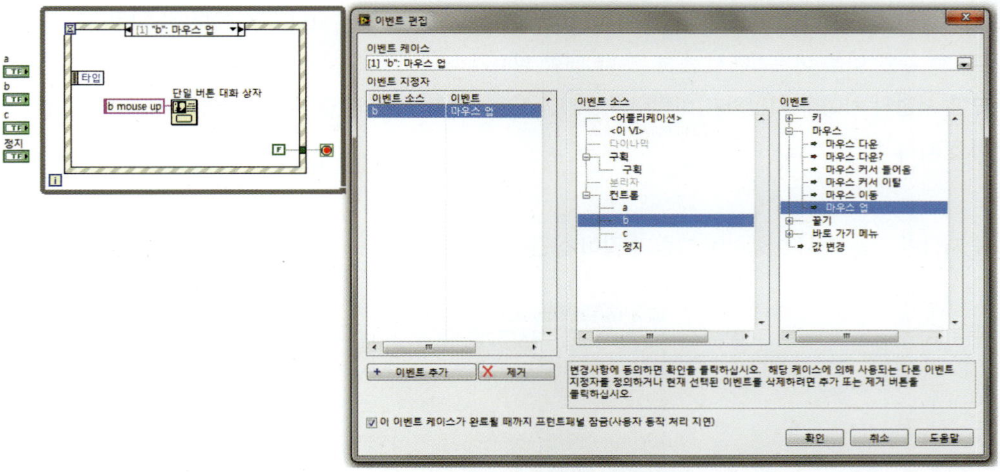

4. 이벤트 구조의 **바로가기메뉴 〉 이벤트 케이스 추가...**를 선택하여 그림과 같이 설정하고 '확인' 버튼을 누릅니다. '정지' 터미널을 다음과 같이 연결합니다.

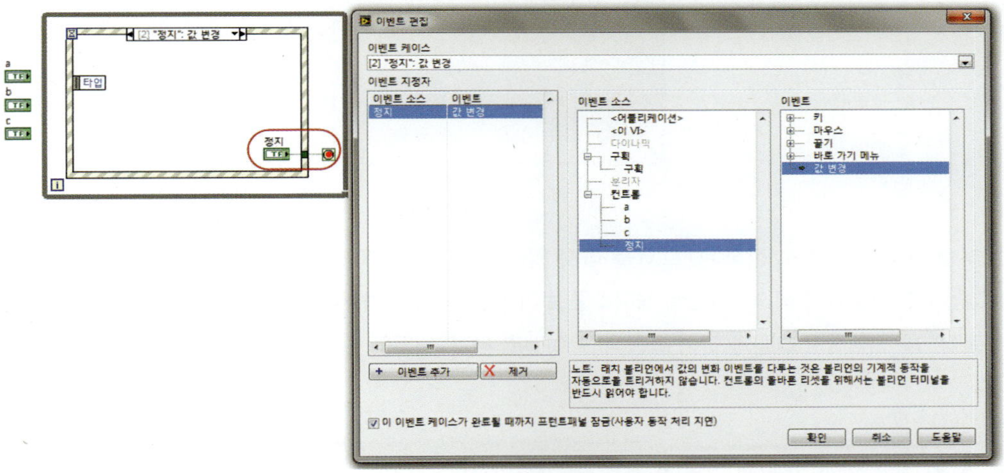

5. 'a'와 'b' 터미널을 각각 이벤트 구조 안에 넣어줍니다.

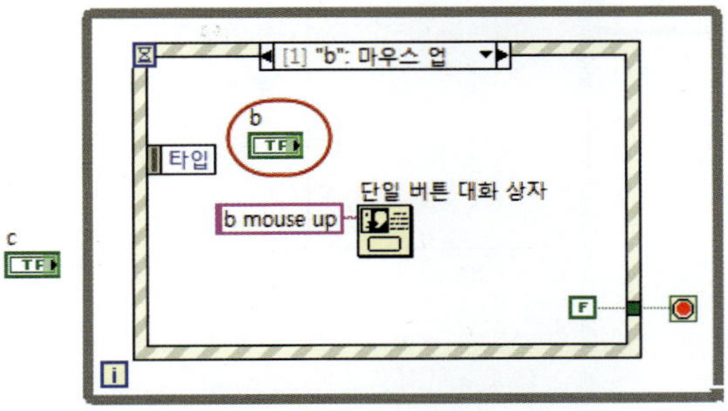

6. VI를 저장하고 실행하면 프런트패널에서 'a' 버튼을 마우스로 누르는 순간 대화 상자가 나타나고, 'b' 버튼은 마우스로 누른 다음 마우스에서 손을 뗄 때 대화 상자가 나타나는 것을 확인하세요. 즉 대화 상자가 나타나는 미묘한 시점의 차이를 확인하기 바랍니다. 마지막으로 '정지' 버튼의 값이 변경(거짓에서 참으로)하면 프로그램이 정지됩니다.

7. VI를 저장한 다음 다시 실행하여 그림과 같이 상단에 있는 'X' 버튼을 누르면 창이 닫히는 것을 확인합니다.

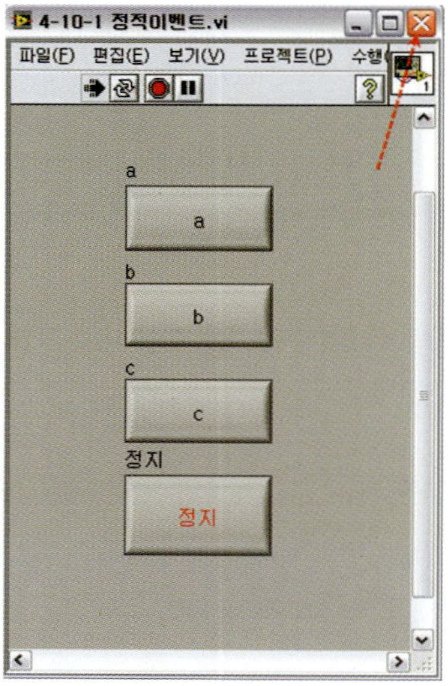

8. '실습' 폴더에서 '4-10-1 정적이벤트.vi'를 다시 열어 'b' 이벤트 케이스에 'c'의 값 변경 이벤트를 추가하도록 하겠습니다. 다음과 같이 'b' 이벤트 케이스를 보이게 한 뒤 **바로가기메뉴 〉 이 케이스에 의해 핸들되는 이벤트 편집...**을 선택하여 그림과 같이 파란색 '+ 이벤트 추가' 버튼을 눌러 기존 설정에 'c'의 '값 변경'을 추가합니다.

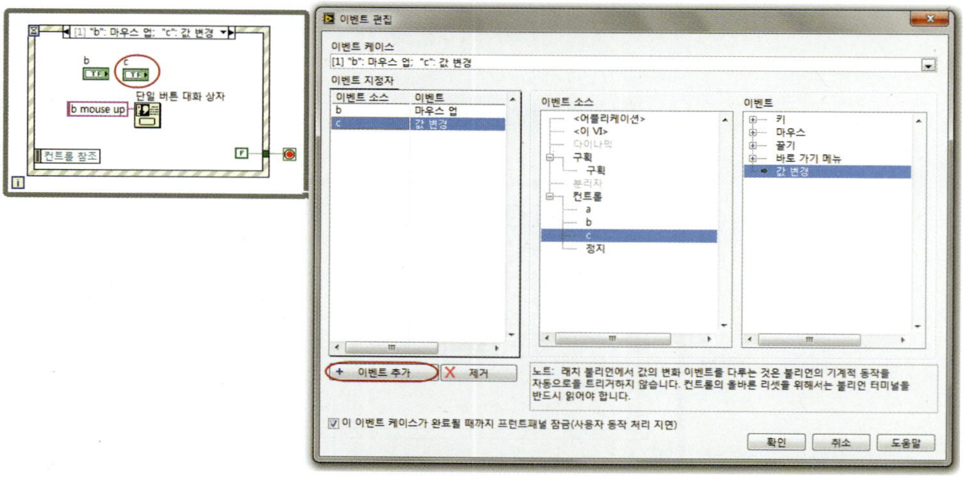

9. 이벤트의 **바로가기메뉴 〉 이벤트 케이스 추가...**를 선택하여 그림과 같이 설정하고 '확인' 버튼을 누릅니다. 그리고 다음과 같이 블록다이어그램을 완성합니다. 이번에 설정한 이벤트는 정적 이벤트 중에서도 필터 이벤트입니다.

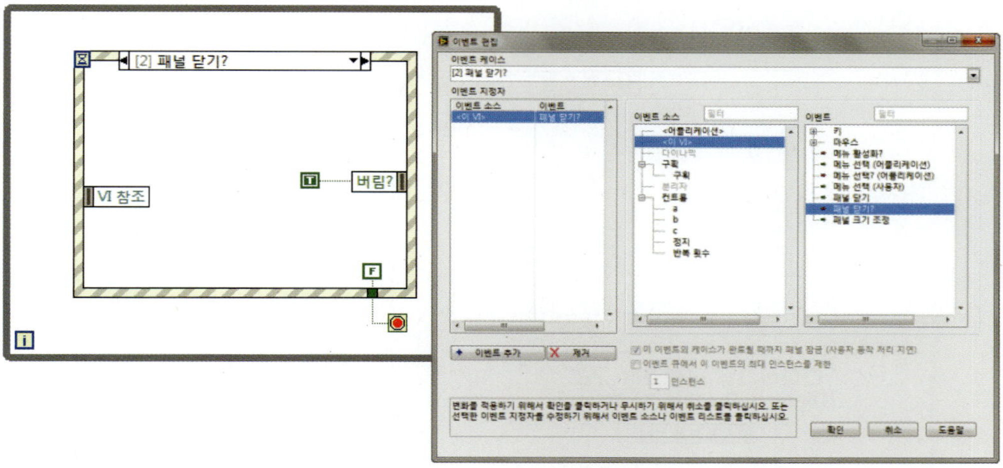

10. VI를 저장하고 실행하면 상단에 있는 'x' 버튼을 눌러도 창이 닫히지 않는 것과 'c' 버튼을 눌렀을 때, 'b mouse up'이라는 대화 상자가 나타나는 것을 확인하고 프로그램을 정지합니다.

11. While 루프에서 반복 터미널의 **바로가기메뉴 〉 인디케이터 생성**을 선택하여 라벨을 '반복 횟수'로 변경한 뒤, 프런트패널에서 프로그램을 다시 시작합니다. 그리고 사용자가 정의한 이벤트가 발생할 때만 '반복 횟수'가 하나씩 증가하는 것을 확인하세요.

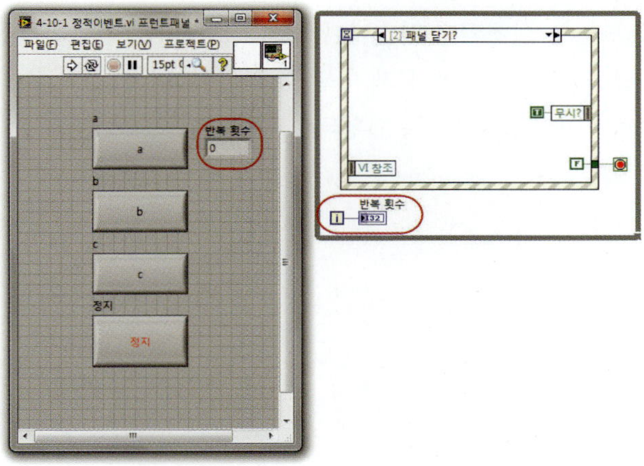

12. VI를 저장합니다.

4-11. 다이어그램 비활성화 구조

다이어그램 비활성화 구조는 활성화와 비활성화로 나눠져 있습니다. 이것은 주로 디버깅할 때 많이 사용됩니다. 아직 미완성의 코드를 일부만 실행시키고 나머지는 실행시키지 않을 때 쓰면 유용합니다.

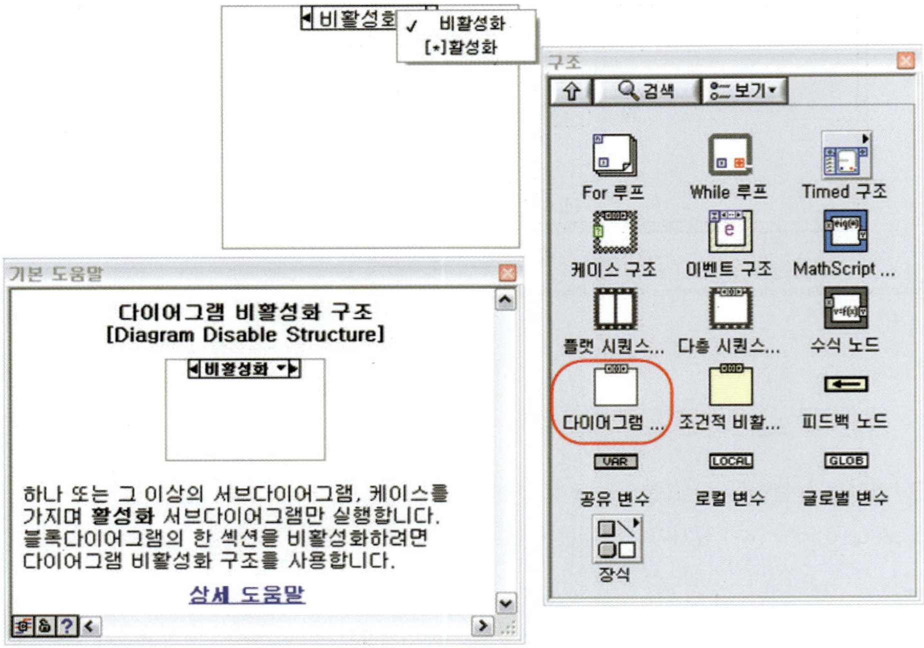

그림 4-11-1 다이어그램 비활성화 구조

비활성화 안에 구현된 노드들은 실행되지 않습니다. [그림 4-11-2]처럼 비활성화 안에 들어 있는 노드들은 에러가 있어도 프로그램은 실행에 문제가 없습니다. [그림 4-11-2]를 실행하면 두 번째 For 루프만 실행되고 비활성화 안에 있는 코드는 실행되지 않습니다.

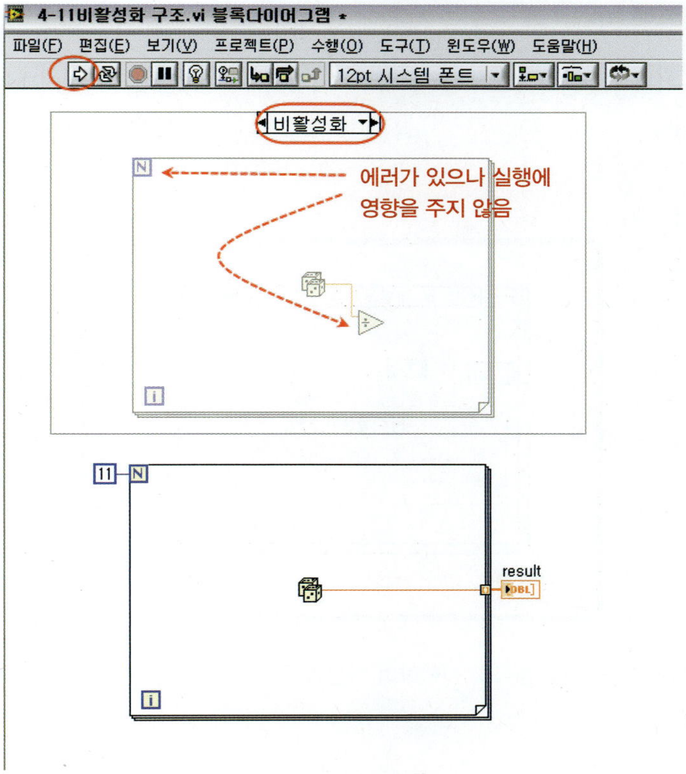

그림 4-11-2 비활성화

활성화 안에 구현된 노드들을 실행시킵니다. [그림 4-11-3]은 활성화 안에 들어 있는 코드로부터 11과 5를 더한 값을 받아 For 루프가 16번 실행됩니다.

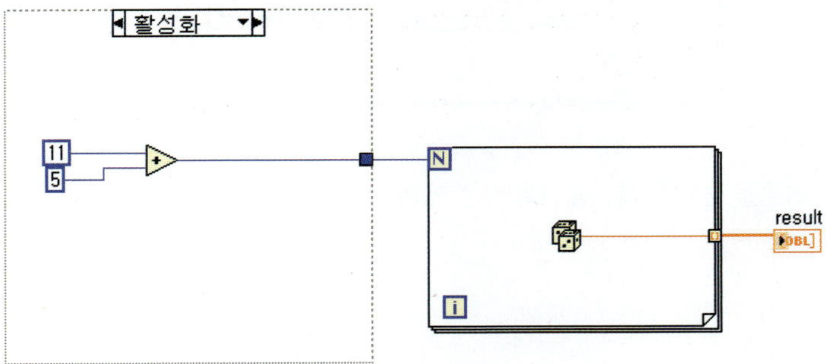

그림 4-11-3 활성화

실습 4.11.1 다이어그램 비활성화 구조를 사용해 봅니다.

1. '실습' 폴더에서 '4-11-1 비활성화 구조.vi'를 불러옵니다. 블록다이어그램에서 다이어그램 비활성화 구조를 다음과 같이 추가합니다.

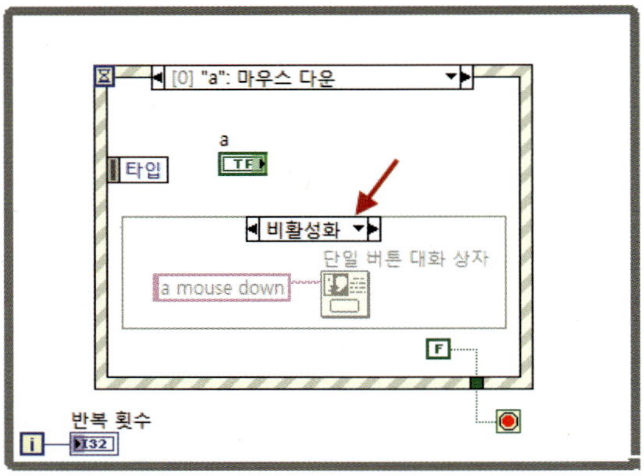

2. 다이어그램 비활성화 구조에서 활성화를 선택하여 다음과 같이 **단일 버튼 대화 상자**.vi 가져다 놓습니다.

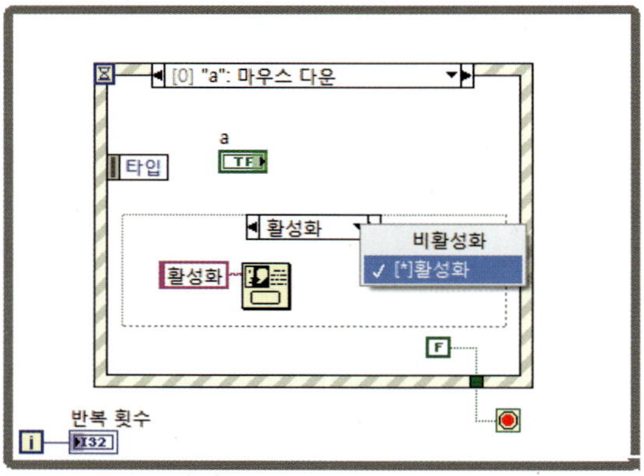

3. VI를 실행한 뒤 'a' 버튼을 눌렀을 때, '활성화'라는 대화 상자가 나타나는 것을 확인합니다.

4. VI를 저장합니다.

자가 진단 퀴즈

LabVIEW

❶ While 루프의 조건 터미널은 ______________ , ______________ 두 가지 옵션이 있습니다.

❷ ______________ 은/는 반복 횟수가 지정되어 있을 때 사용하는 구조입니다.

❸ 다음 블록다이어그램에서 두 개의 출력 터널에서 출력되는 값은 무엇일까요?

인덱싱 활성화 출력 :

인덱싱 비활성화 출력 :

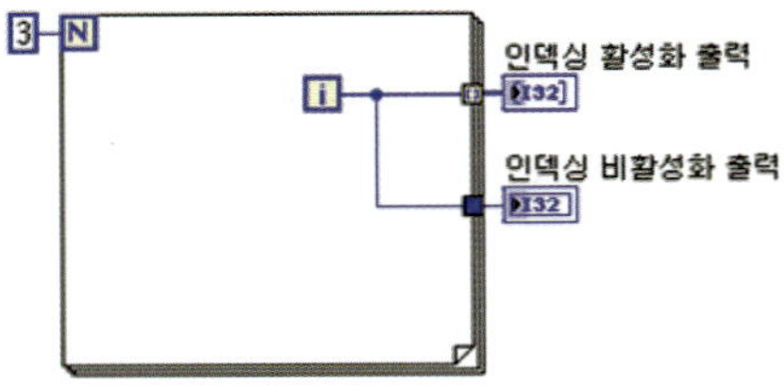

❹ 배열을 만들거나 배열의 원소를 개별적으로 풀어낼 때 사용하는 구조는 무엇입니까?

❺ 다음 코드에서 에러가 발생한 이유는 무엇입니까?

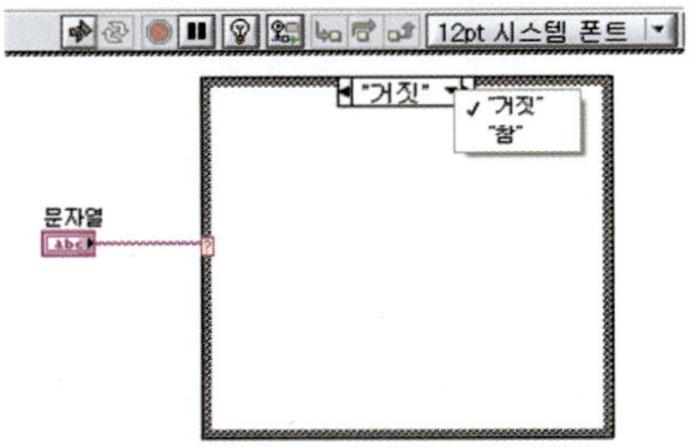

❻ 케이스 구조의 출력 터널에서 '연결되지 않으면 기본값 사용'의 옵션을 사용할 때 숫자형의 기본값은 ______________ 이고 , 불리언의 기본값은 ______________ 입니다.

❼ ______________ 구조는 노드의 순서를 강제적으로 정할 때 사용합니다.

❽ ______________ 노드는 C언어와 비슷한 문법을 사용하여 복잡한 수식을 구현합니다.

❾ 이벤트는 크게 정적 이벤트와 ______________ 로/으로 구분됩니다.

❿ 정적 이벤트는 알림 이벤트와 ______________ 로/으로 구분됩니다.

CHAPTER 요약

| 구조 요약 |

- While 루프는 코드를 반복 실행하고자 할 때 사용합니다.
- For 루프는 코드를 정한 횟수만큼 반복 실행하고자 할 때 사용합니다.
- 케이스 구조는 입력값에 따라 실행하는 코드가 다른 경우 사용합니다.
- 시퀀스 구조는 순차적 실행이 필요할 때 사용하는 구조입니다.
- 수식 노드는 복잡한 수식을 C 프로그래밍 방식과 비슷한 문법을 사용하여 구현할 때 사용합니다.
- 이벤트 구조는 특정 이벤트가 발생하는 시점에서 동기화시켜 특정 코드를 실행시키고자 할 때 사용합니다.
- 다이어그램 비활성화 구조는 실행에서 제외하고자 하는 코드가 있을 때 사용합니다.

LabVIEW의 정석
기본편

CHAPTER

05

모듈화 프로그램

05 모듈화 프로그램

기존에 만들었던 VI를 다른 프로젝트에서 재활용하는 방법인 모듈화에 대해 알아봅니다. 모듈화 프로그램은 시간과 노력을 아낄 수 있어 효율적입니다.

5-1. subVI 의미

예를 들어 학생 성적 관리 프로그램을 만드는 데 사용한 성적 평균 내는 부분의 코드를 다른 프로젝트에서 재사용하고자 합니다. 평균 내는 부분을 하나로 모듈화를 하여 함수 팔레트에서 노드를 사용하듯이 필요할 때 언제든지 내가 만든 모듈화된 코드를 사용 가능합니다. 이 모듈화한 코드를 subVI라고 합니다. [그림 5-1-1]에서와 같이 모듈화 전에 일부 코드를 subVI로 만들어 사용하였습니다.

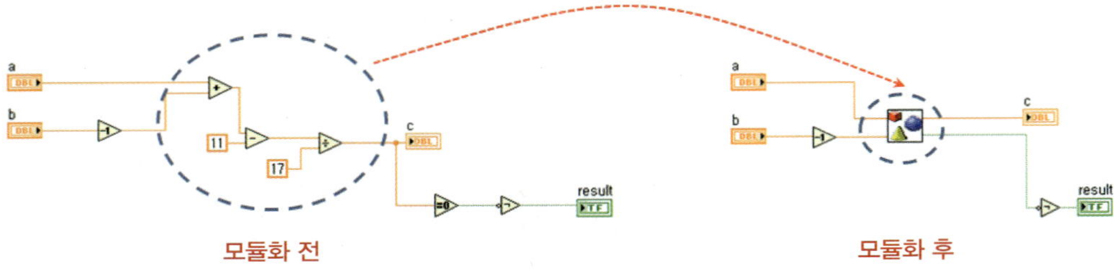

그림 5-1-1 모듈화

5-2. subVI 만들기

subVI를 만드는 법은 두 단계로 구성되어 있습니다.
첫 번째, 아이콘을 디자인합니다. 이 과정은 필수는 아닙니다. 하지만 [그림 5-2-1]에서 아이콘을 디자인한 것이 훨씬 VI의 기능을 이해하기가 좋습니다. 이처럼 내가 만든 subVI가 어떤 기능을 하는 것인지 그림 또는 글로 상징화해 주는 것이 좋습니다.

그림 5-2-1 아이콘

프런트패널이나 블록다이어그램에서 아이콘을 더블 클릭하면 [그림 5-2-2]와 같은 아이콘 편집기가 나타납니다. 아이콘 편집기를 이용하여 아이콘을 디자인하게 됩니다. 아이콘 편집기의 기능은 '편집 도구'를 이용하여 지우기도 하고 글씨도 쓰고 색상을 변경하는 등의 작업을 합니다. 다음은 '편집 도구'의 사용법입니다.

- 점선 모양(선택)을 더블 클릭하면 아이콘 전체가 선택됩니다. 그리고 키보드에서 'delete'를 클릭하면 전체가 지워집니다.
- 사각형 모양(사각형)을 더블 클릭하면 '편집 도구'의 라인 색에 선택된 색의 경계선이 생성됩니다.
- 파란 사각형 모양(채운 사각형)을 더블 클릭하면 '편집 도구'의 채우기 색에 선택된 색으로 경계선 내부가 채워집니다.
- T 모양(텍스트)을 더블 클릭하면 폰트 조정을 할 수 있습니다.

'문양' 탭에 있는 여러 가지 그림들을 아이콘 내부로 드래그 해서 사용이 가능합니다.

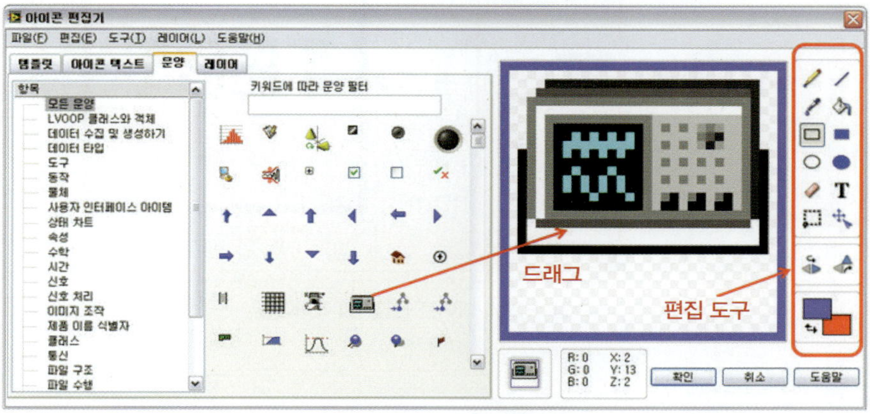

그림 5-2-2 아이콘 편집기

'아이콘 텍스트' 탭에서 텍스트를 쓰면 다음과 같이 아이콘에 입력됩니다.

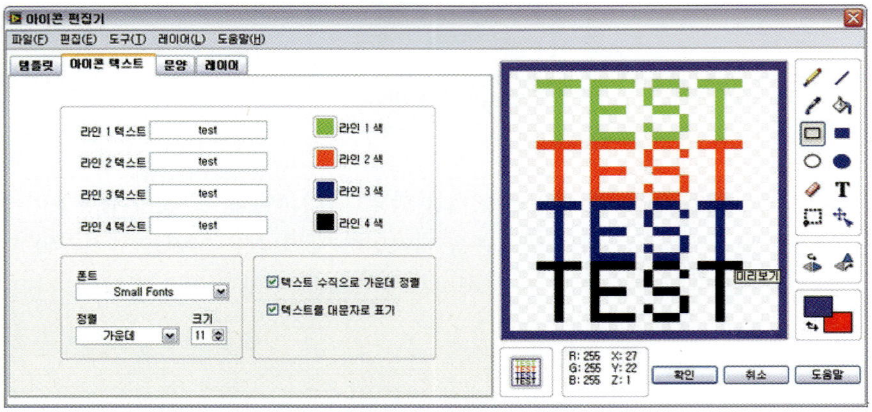

그림 5-2-3 아이콘 편집기의 아이콘 텍스트

'레이어' 탭에서 아이콘을 디자인한 단계들이 보이며, 각 단계들의 투명도를 조절할 수도 있고 보이지 않게 설정할 수도 있습니다.

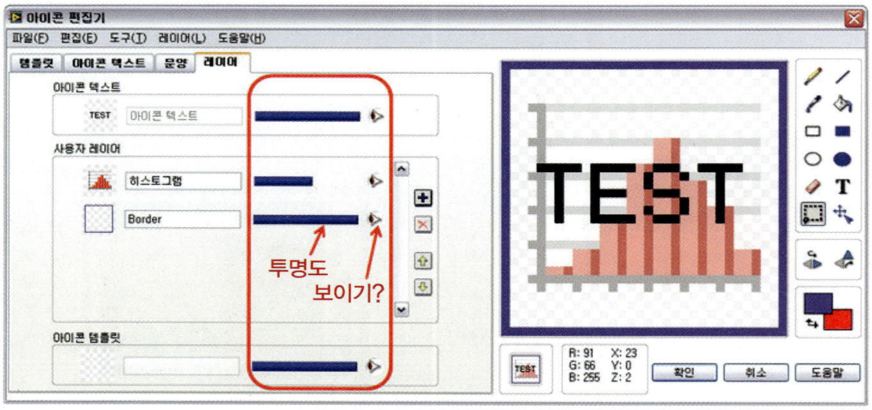

그림 5-2-4 아이콘 편집기의 레이어

이와 같이 아이콘 편집기를 사용하여 다양한 아이콘을 만듭니다.
마지막으로 아이콘을 디자인할 때, 사용하고 싶은 그림 파일이 있다면 [그림 5-2-5]처럼 프런트 패널의 아이콘 부분에 그림 파일을 그대로 드래그 드롭하여 아이콘을 변경할 수 있습니다.

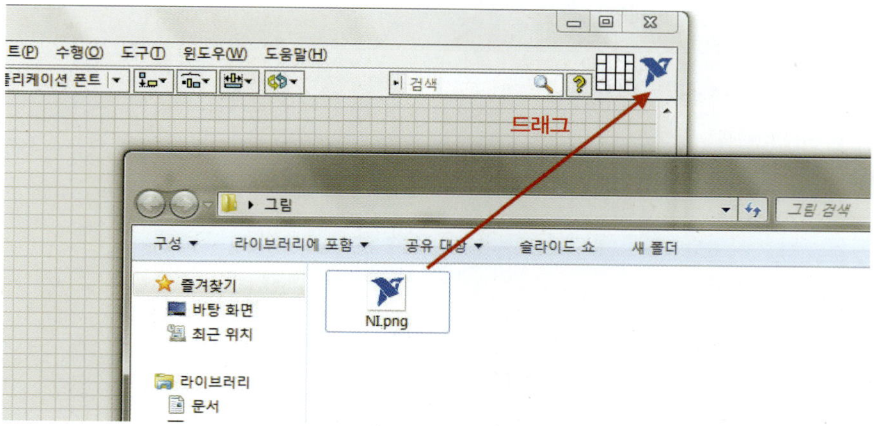

그림 5-2-5 아이콘 그림 복사

두 번째, 커넥터 연결을 해 주어야 합니다. 커넥터 연결은 외부에서 subVI에 입출력값을 전달하는 통로라고 생각하면 됩니다. 커넥터에서 보여지는 패턴을 그대로 사용하거나 변경하고자 하면 커넥터에서 **바로가기메뉴 〉 패턴**을 이용하여 적절한 패턴을 선정합니다.

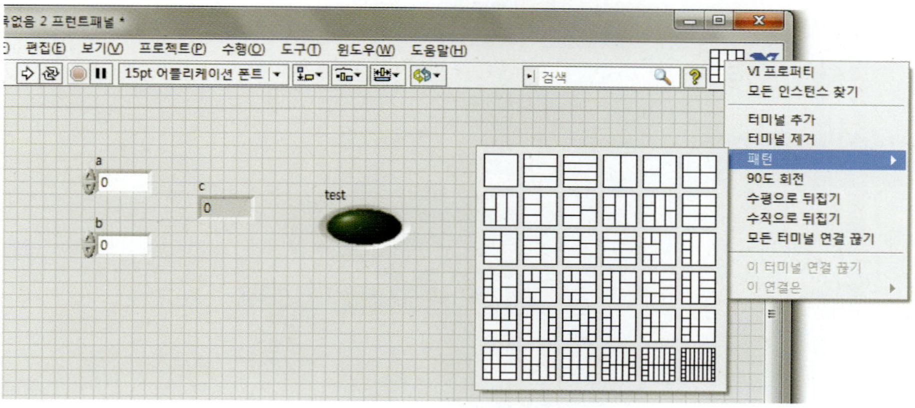

그림 5-2-6 커넥터 패턴 선정

선정된 패턴에 연결할 컨트롤/인디케이터를 매칭합니다. 매칭하는 방법은 아이콘의 커넥터 부분에서 마우스를 위치시키면 마우스가 와이어가 가능한 모드로 변경이 됩니다. 먼저 패턴에서 위치를 지정하고 이와 연결할 컨트롤 또는 인디케이터를 지정하게 되면 [그림 5-2-7]과 같이 연결된 데이터의 타입을 나타내는 색상으로 패턴이 채워지게 됩니다.

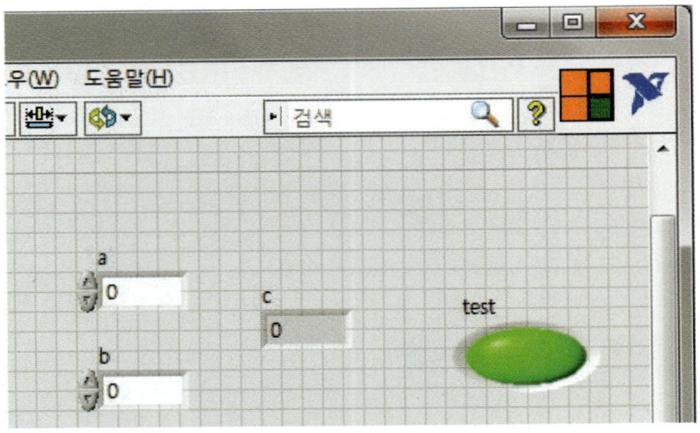

그림 5-2-7 커넥터 연결

[그림 5-2-8]에서 커넥터를 연결한 후, 아이콘의 커넥터를 선택하고 각각의 연결 속성을 설정할 수 있습니다. 필수(굵은 글씨)는 반드시 연결을 해야 하며, 권장(검정 일반 글씨)과 옵션(회색 글씨)은 연결을 하지 않으면 VI가 가지고 있는 기본값이 입력됩니다. 출력은 필수 속성을 설정할 수 없습니다.

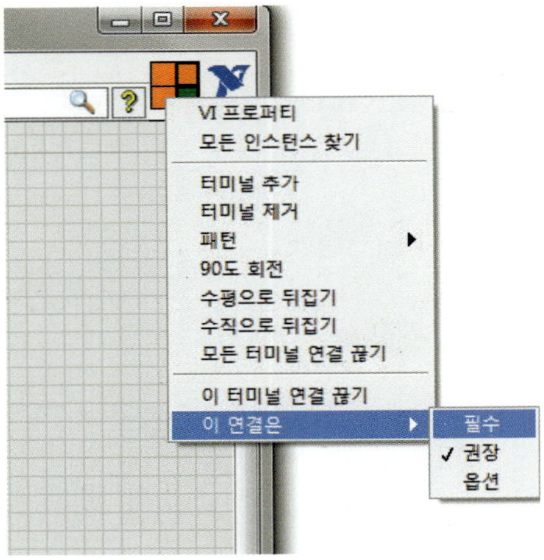

그림 5-2-8 커넥터 옵션

5-3. 자동으로 subVI 생성하기

5.2장에서 subVI를 만드는 방법은, 프로젝트를 시작할 때 미리 어떤 기능을 subVI로 만들겠다라고 계획을 한 상태에서 사용하기 적합하고, 지금 소개할 방법은 프로젝트를 만들다가 계획에는 없었는데 구현을 하다가 보니 특정 부분을 subVI로 만들면 좋겠다 하는 경우에 사용하면 편리합니다.
[그림 5-3-1]에서 subVI로 만들 코드 부분을 드래그하여 선택을 합니다.

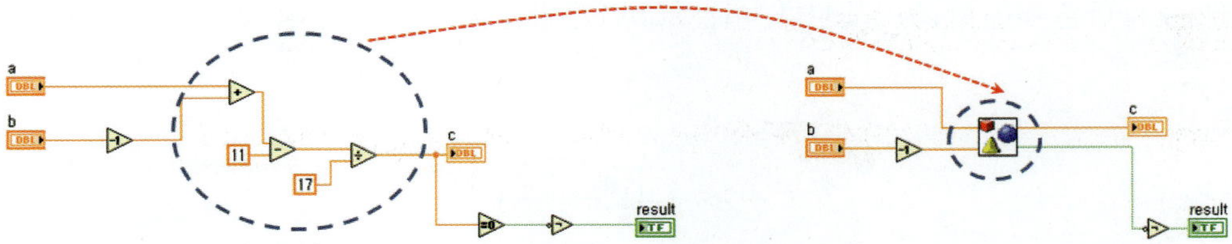

그림 5-3-1 자동으로 subVI 생성하기

[그림 5-3-2]처럼 **파일풀다운메뉴 〉 편집 〉 SubVI 생성**이 활성화가 되어 있고, 이를 선택하게 되면 선택된 코드가 디폴트 모양의 아이콘을 가진 subVI로 변경됩니다. 만들어진 subVI는 커넥터가 이미 연결되어 있기 때문에 아이콘만 디자인하고 저장하면 간단하게 subVI가 만들어집니다.

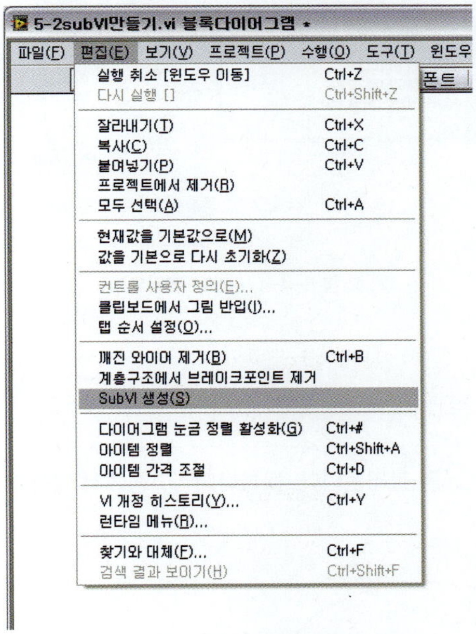

그림 5-3-2 subVI 생성 메뉴

5-4. subVI 사용하기

만들어진 subVI를 사용하는 방법은 [그림 5-4-1]에서 **함수팔레트 〉 VI 선택...**을 이용하여 subVI를 선택할 수 있습니다. 또는 윈도우 파일 탐색기에서 subVI를 블록다이어그램에 드래그하여 바로 불러올 수도 있습니다. subVI의 기본 도움말을 보면 a(굵은 글씨), b(회색 글씨), c, test(검정 일반 글씨)

의 글씨체가 다른 것을 알 수 있습니다. 이는 subVI를 만들 때 설정한 커넥터의 속성 때문입니다.

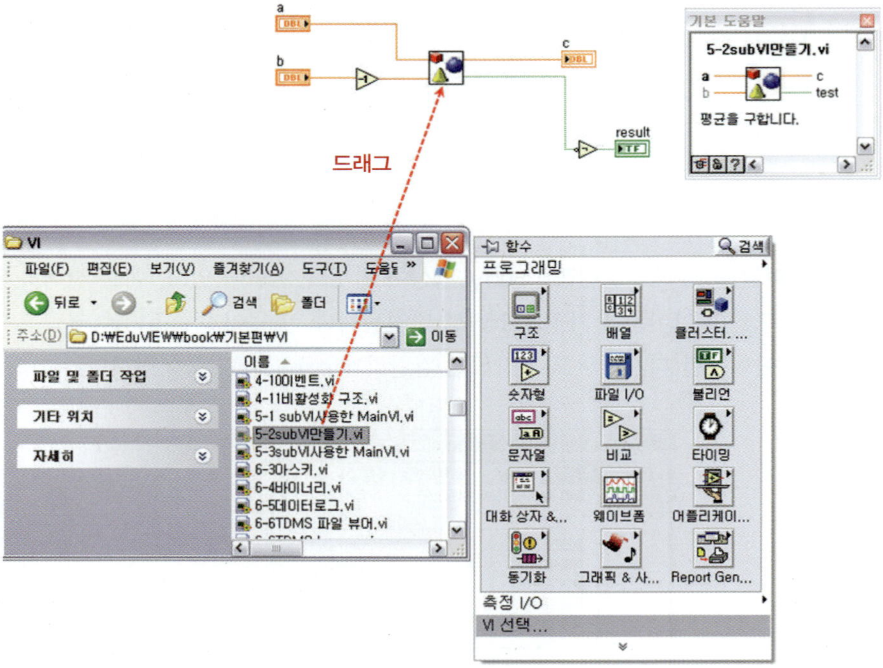

그림 5-4-1 subVI 불러오기

실습 5.4.1 subVI를 만들어 봅니다.

1. '실습' 폴더에서 '5-4-1 subVI.vi'를 불러옵니다. 블록다이어그램에서 다음과 같이 동그라미 친 부분을 드래그하여 선택합니다.

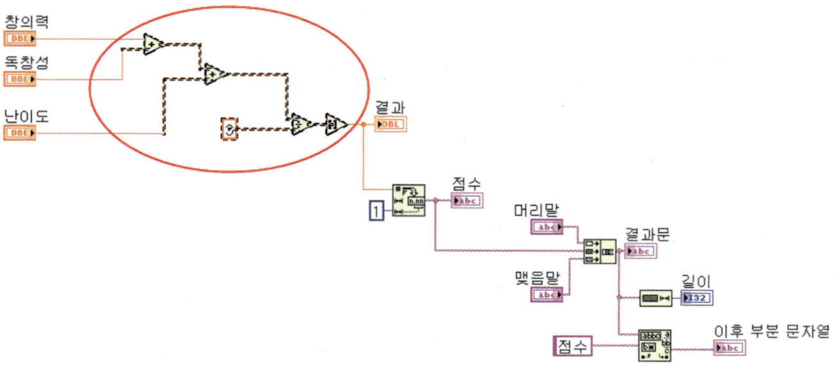

2. 파일풀다운메뉴 〉 편집 〉 SubVI 생성(S)을 선택합니다.

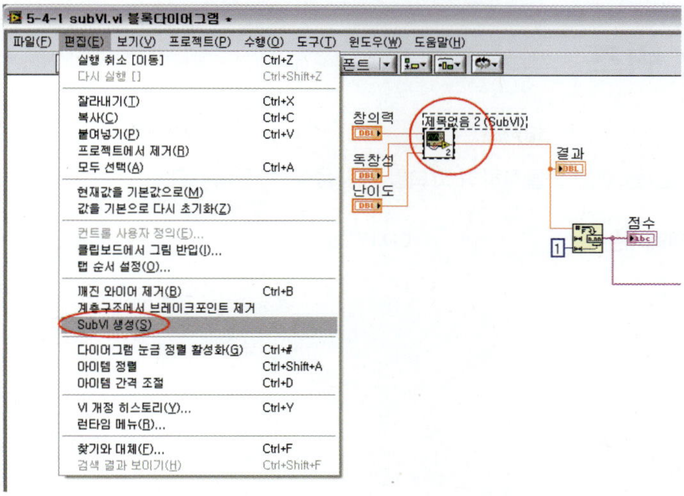

3. 만들어진 subVI를 더블 클릭하여 열어봅니다. 열린 프런트패널에서 커넥터가 연결된 모습을 확인합니다.

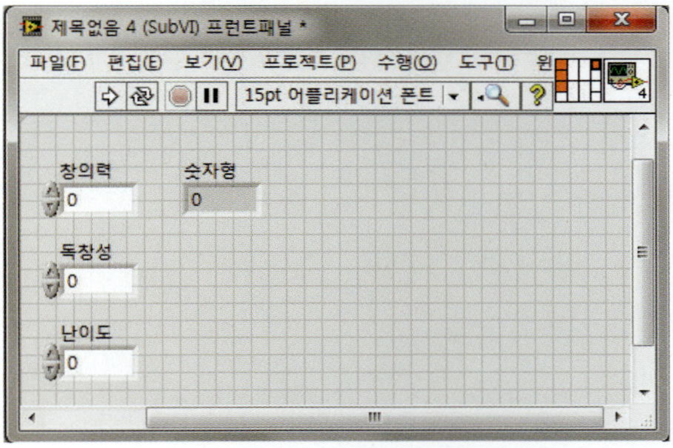

4. 이번에는 아이콘 편집기를 이용해 아이콘을 임의로 편집해 봅니다. 편집이 완성되면 확인하고 닫습니다. 이 VI를 'sub'라는 이름으로 저장합니다.

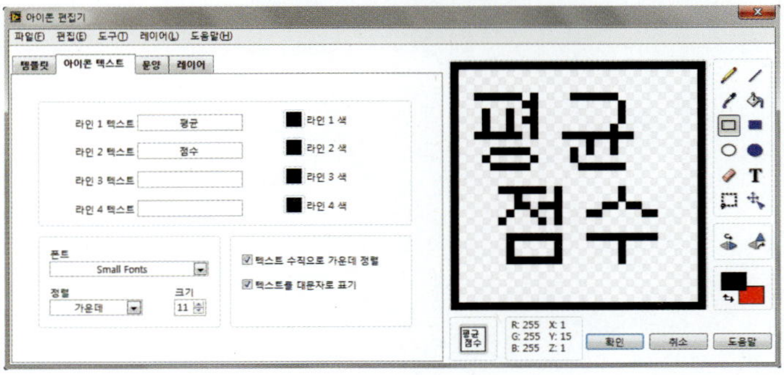

자가 진단 퀴즈

LabVIEW

❶ ______________ 은/는 VI를 모듈화하여 코드를 재사용할 수 있습니다.

❷ subVI를 만들기 위해서는 ______________ 디자인과 ______________ 연결을 합니다.

CHAPTER 요약

| 모듈화 프로그램 요약 |

- subVI를 만들면 코드를 재사용할 수 있어 시간과 노력이 절약됩니다.
- subVI를 만들 때, 아이콘을 디자인하고 커넥터 연결을 합니다.

LabVIEW의 정석

기본편

CHAPTER

06

파일 입출력

06 파일 입출력

데이터를 저장하였다가 추후 참조하기에 적합한 방법은 데이터베이스(DB)나 파일로 저장하는 것입니다. 이번 장에서는 LabVIEW에서 지원하는 다양한 파일 포맷들을 살펴보고 파일 입출력 프로그램하는 방법을 살펴보도록 하겠습니다.

6-1. 다양한 파일 포맷

LabVIEW에서 지원하는 파일 포맷은 아스키, 바이너리, LVM, TDMS 등이 있습니다.

아스키 포맷으로 저장된 파일은 메모장 같은 곳에서 볼 수 있다는 장점을 가진 반면에 바이너리 포맷 대비 용량이 크고 속도가 느리기 때문에 저속의 소량 데이터를 저장하는 프로젝트에 적합합니다.

바이너리 포맷은 아스키 포맷 대비 용량은 작고 속도도 빠르긴 하지만 일반 메모장 등과 같은 곳에서 파일을 보는 것이 불가능합니다. 따라서 반드시 파일을 읽기 위한 LabVIEW 프로그램을 해야 하는 번거로움이 있습니다. 바이너리 포맷은 대량의 고속 데이터를 저장하는 데 적합한 파일 포맷입니다.

LVM 포맷은 LabVIEW에서 만든 아스키형 파일 포맷이며, 탭(tab)으로 데이터를 구분하여 스프레드시트(Excel 등) 또는 메모장 같은 곳에서 데이터를 볼 수 있습니다. 또한 데이터를 생성한 날짜 시간 등 데이터에 관한 정보는 헤더에 포함이 됩니다.

TDMS 포맷은 LabVIEW에서 만든 바이너리형 파일 포맷으로 '.tdms'와 '.tdms_index' 파일이 생성됩니다. 전자에는 실제 데이터가 바이너리로 저장되어 있고 후자에는 파일 속성이나 파일에 대한 정보 등이 포함되어 있습니다. TDMS 포맷은 National Instruments 사의 다른 소프트웨어(DIAdem, LabWindows/CVI 등)와 Microsoft 사의 Excel 등에서도 사용 가능합니다.

참고로 Excel에서 TDMS 파일을 읽을 경우 'TDM Excel Add-in tool'이 필요합니다. 이는 National Instruments 홈페이지(www.ni.com)에서 무료로 다운로드 받을 수 있습니다. TDMS 포맷은 공개하고 있으므로 다른 프로그램에서도 읽고 쓰고 하는 프로그램을 개발할 수 있습니다. 바이너리 포맷 대비 장점은 파일을 읽어 올 때, 원하는 데이터만 뽑아서 읽어 올 수 있다는 점과 강력한 뷰어(**TDMS 파일 보기.vi**)를 제공하고, Excel에서 바로 읽어 올 수 있다는 장점들이 있습니다.

6-2. 파일 입출력 프로그램

파일 입출력 프로그램을 하는 방법은 상위레벨 노드를 이용하여 프로그램하거나 하위레벨 노드를 이용하여 프로그램하는 방법이 있습니다. 전자는 프로그램하기 쉬운 장점이 있으나 사용자 정의가 불가능합니다.

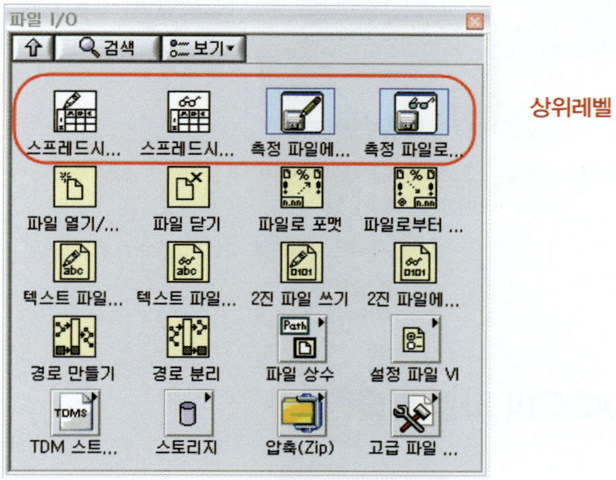

그림 6-2-1 상위레벨 파일 입출력 노드

후자는 프로그램이 전자의 방법보다는 복잡한 편이지만 사용자 정의가 가능하고 효율적입니다.

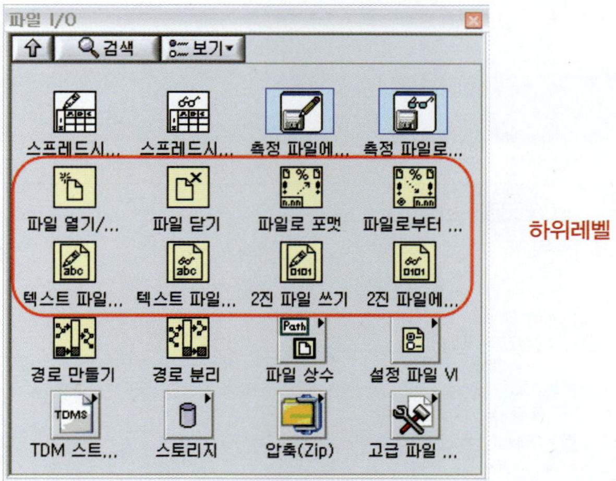

그림 6-2-2 하위레벨 파일 입출력 노드

하위레벨 프로그램 순서는 [그림 6-2-3]과 같습니다. 쓰거나 읽는 동작의 반복이 필요하면 반복할 코드만 While 루프 안에 위치시킵니다. '열기'나 '닫기'는 While 루프에 넣어 파일을 열고 닫고하는 작업을 반복할 필요가 없습니다.

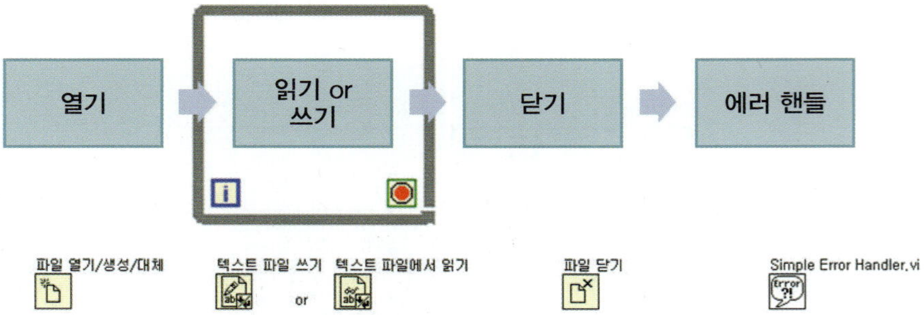

그림 6-2-3 하위레벨 파일 입출력 프로그램

6-3. 아스키(ASCII) 파일 입출력

[그림 6-3-1]과 같이 아스키 포맷으로 데이터를 저장하는 프로그램을 할 때 **파일 열기/생성/대체.vi**에서 동작 파라미터에 'replace or create'로 설정하여 기존 파일이 있으면 대체하거나 새롭게 생성할 수 있도록 설정합니다. 그리고 **텍스트 파일에 쓰기.vi**는 항상 문자열 데이터 타입만 연결할 수 있습니다. [그림 6-3-1]처럼 파일 입출력 프로그램에서 참조 번호를 연결하여 공유하는데, 이는 파일 경로 정보를 나타냅니다.

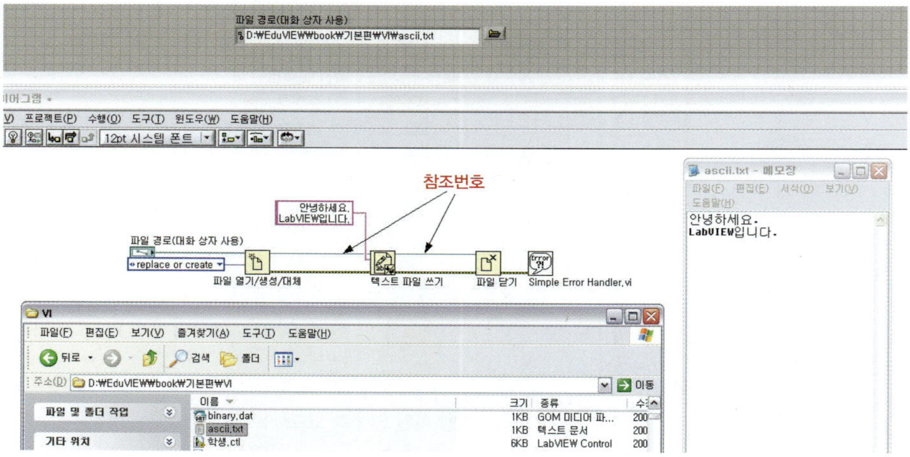

그림 6-3-1 아스키 파일 쓰기

텍스트 파일에 쓰기.vi는 항상 문자열 데이터 타입만 연결할 수 있기 때문에 숫자를 저장하고자 할 때도 숫자를 문자열로 바꿔서 저장해야 합니다. [그림 6-3-2]에서 **숫자를 소수점형 문자열로**.vi를 사용하여 숫자를 문자열로 바꿔 저장하였습니다. 저장 결과를 보면 난수가 한 줄로 저장되어 있어 데이터 구분이 어렵습니다.

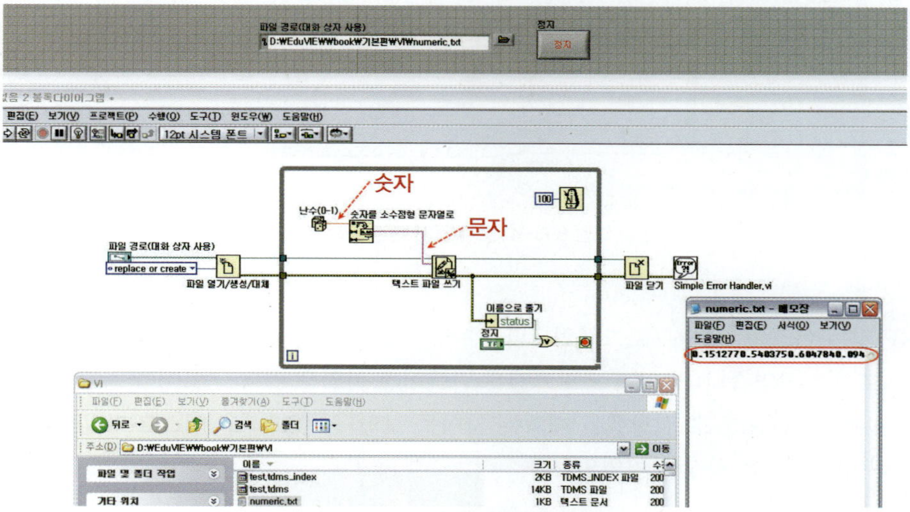

그림 6-3-2 숫자를 문자로 변환

위의 프로그램에서 데이터를 구분하기 위해 'Enter' 기능을 하는 '라인 끝 상수' 또는 '캐리지 리턴 상수'를 사용하여 한 열로 저장되도록 [그림 6-3-3]과 같이 프로그램을 수정하였습니다.

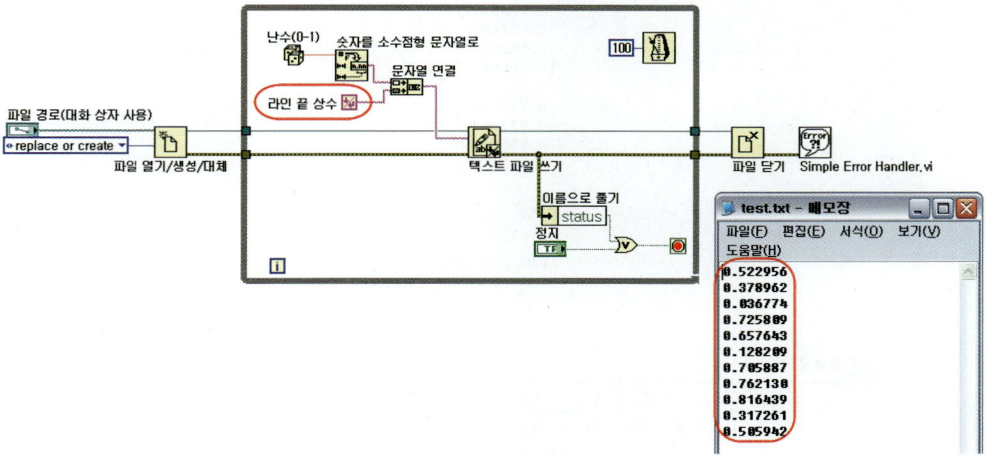

그림 6-3-3 한 열로 저장

LabVIEW에서는 [그림 6-3-4]와 같이 숫자/문자 변환을 위한 다양한 노드들과 문자열 상수(Enter, Tab 등)들을 제공합니다.

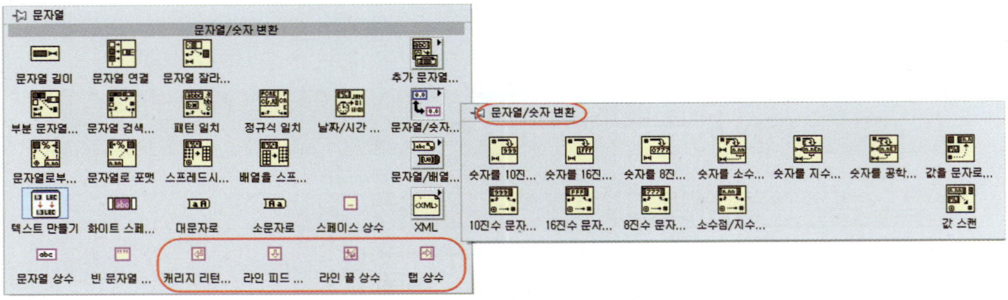

그림 6-3-4 숫자/문자 변환 노드들

[그림 6-3-5]는 아스키 읽기 프로그램입니다. 주의할 점은 **파일 열기/생성/대체.vi**의 동작 파라미터를 'open'으로 설정하였습니다. 읽기 프로그램은 만들어진 파일을 열어서 읽어야 하므로 쓰기 프로그램에서 'replace or create'로 설정했을 때와는 차이를 보입니다. 그리고 **텍스트 파일로부터 읽기.vi**에서 읽어온 데이터 타입은 항상 문자열입니다.

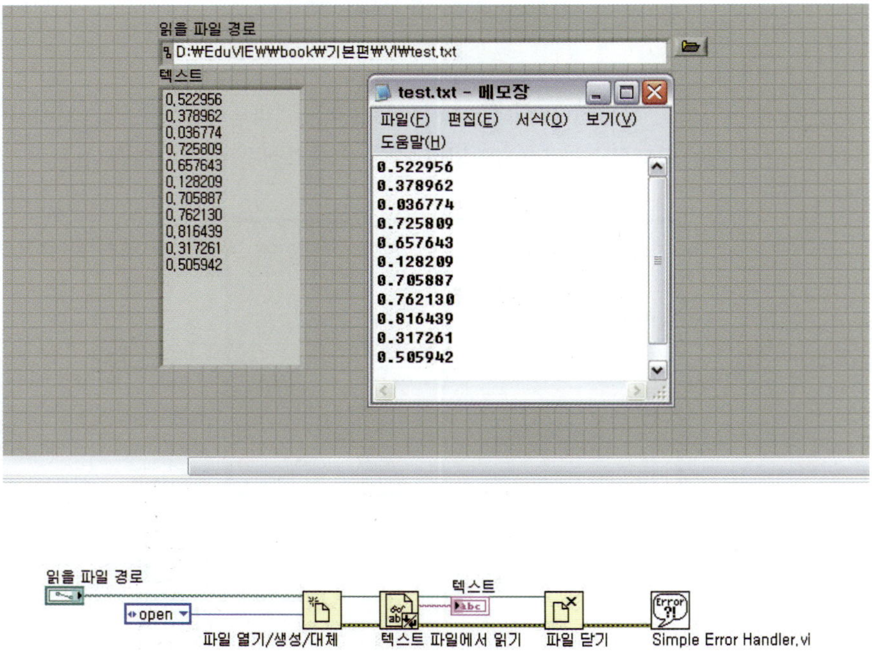

그림 6-3-5 아스키 파일 읽기

[그림 6-3-5]에서 아스키 포맷으로 저장된 파일로부터 읽어온 문자열 데이터를 웨이브폼 차트를 통해 보려면 [그림 6-3-6]과 같이 문자열 데이터를 숫자형 배열로 변경해야 합니다.

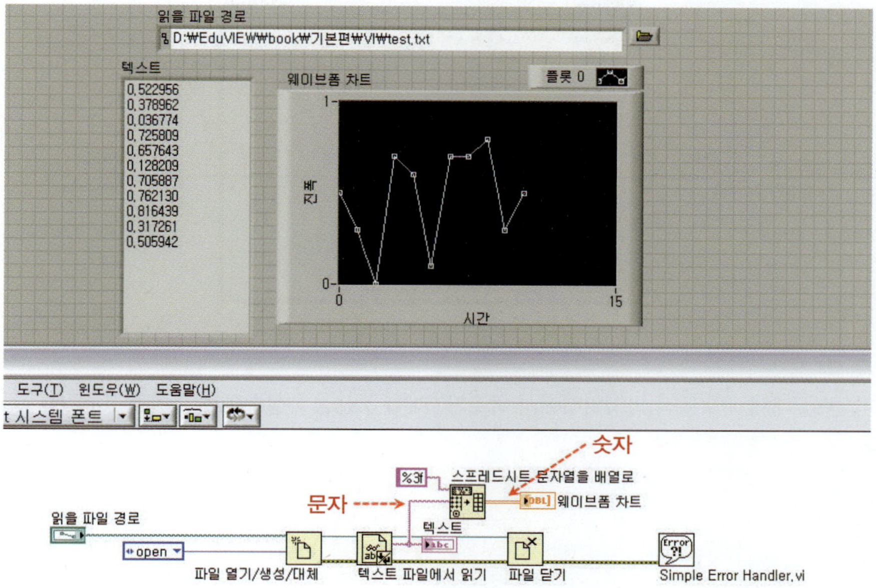

그림 6-3-6 문자를 숫자로 변경

실습 6.3.1 랜덤숫자 100개를 아스키 포맷 파일로 저장합니다.

1. '실습' 폴더에서 '6-3-1 아스키 파일 저장.vi'를 불러옵니다. 실행을 하면 0에서 1 사이의 임의의 숫자 100개가 웨이브폼 차트에 나타납니다.

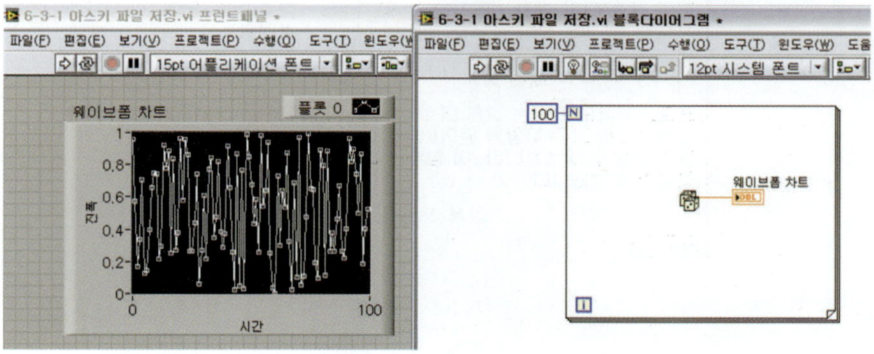

2. 블록다이어그램에 **파일 열기/생성/대체**.vi, **텍스트 파일에 쓰기**.vi, **파일 닫기**.vi, **단순 에러 핸들러**.vi를 추가하여 그림과 같이 수정합니다.

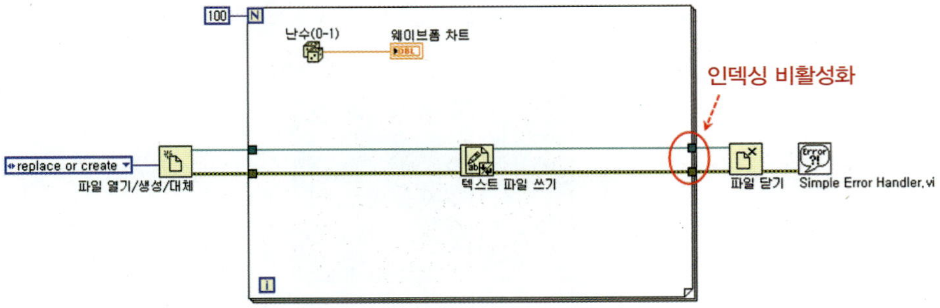

3. 파일 열기/생성/대체.vi의 동작 파라미터에서 **바로가기메뉴 > 생성 > 상수**를 선택하여 'replace or create'로 설정하세요.

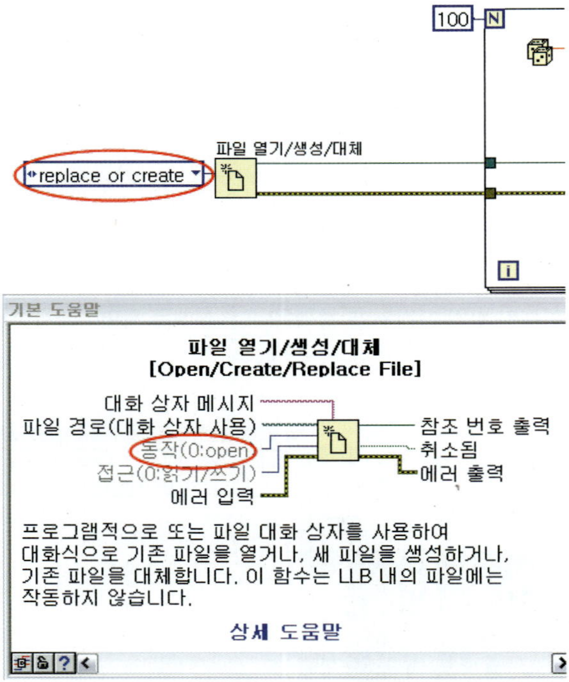

4. **문자열로 포맷**.vi를 사용하여 숫자형을 문자열로 변경하고 라인 끝 상수와 연결된 출력을 **텍스트 파일에 쓰기**.vi의 텍스트 파라미터에 그림과 같이 입력합니다. 여기서 **문자열로 포맷**.vi는 숫자를 문자로 만들고 입력된 값들을 연결해 주는 두 가지 역할을 한꺼번에 해 주는 노드입니다.

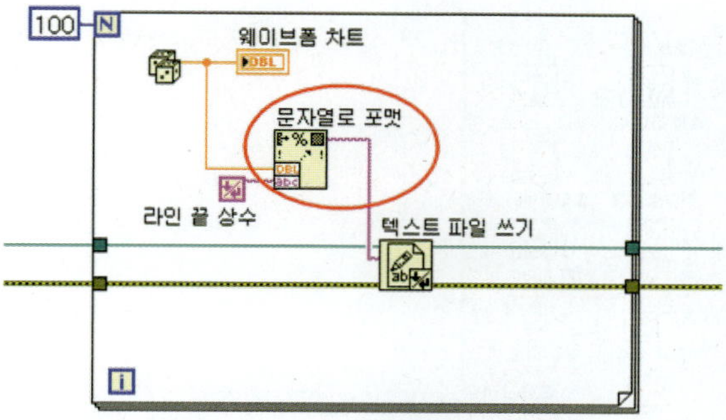

5. 실행을 하면 파일 경로를 입력하는 창이 나타나고 파일명을 입력해 주면 그림과 같은 아스키 파일이 생성됩니다.

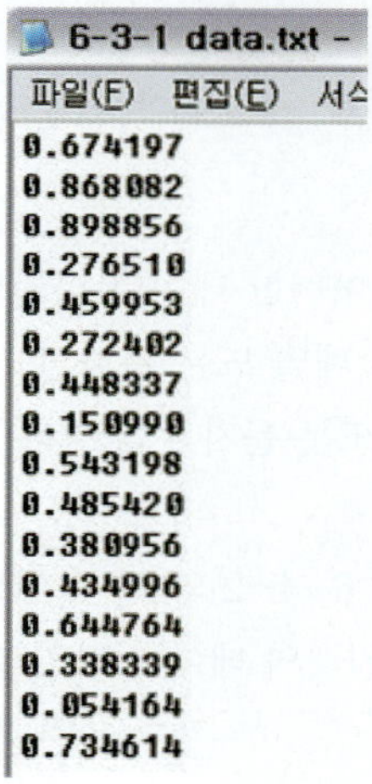
6-3-1 data.txt -
파일(F) 편집(E) 서식
0.674197
0.868082
0.898856
0.276510
0.459953
0.272402
0.448337
0.150990
0.543198
0.485420
0.380956
0.434996
0.644764
0.338339
0.054164
0.734614

6. VI를 저장하고 닫습니다.

6-4. 바이너리(Binary) 파일 입출력

바이너리는 [그림 6-4-1]에 보이는 다양한 노드들을 이용하여 프로그램이 가능합니다.

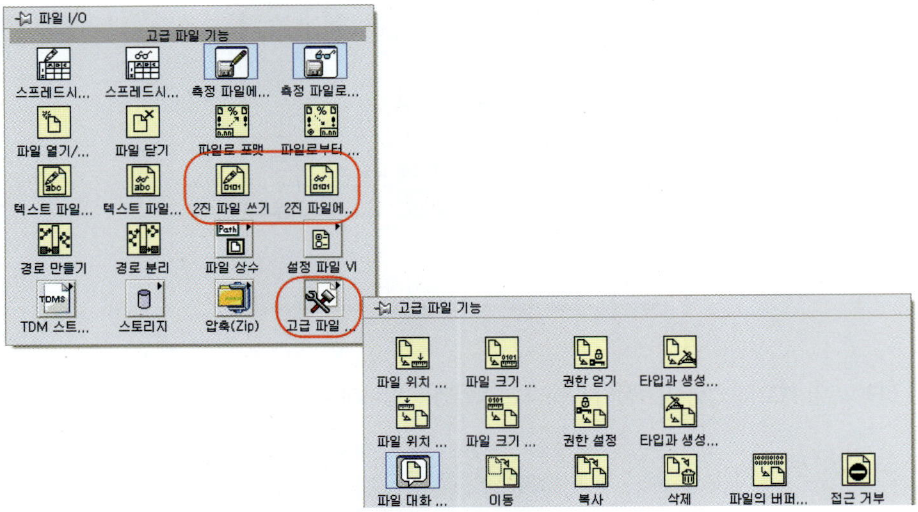

그림 6-4-1 바이너리 노드들

바이너리 포맷은 아스키 포맷과는 달리 어떠한 데이터 타입도 데이터 변환 없이 **2진 파일에 쓰기**.vi에 바로 연결합니다. **2진 파일에 쓰기**.vi에서 배열 또는 문자열 크기를 앞에 추가? 파라미터는 **2진 파일에 쓰기**.vi에 연결되는 데이터 타입이 배열 또는 문자열인 경우 '참' 값을 설정하면 이들의 크기를 자동으로 추가해 줍니다.

바이너리 포맷으로 저장된 파일을 [그림 6-4-2]와 같이 메모장에서 열어서 보면 데이터가 깨져보입니다. 이는 문자열로 데이터 변환 없이 원래의 데이터 타입 그대로 저장되기 때문입니다.

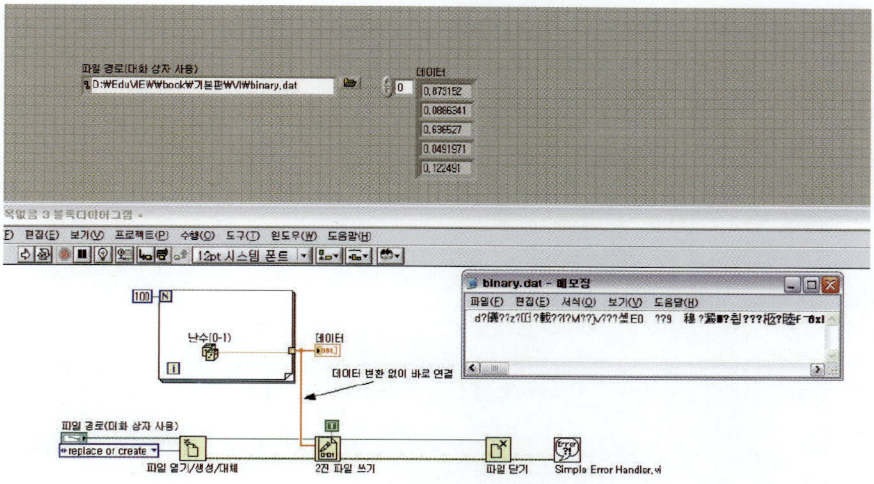

그림 6-4-2 바이너리 포맷 파일 쓰기

[그림 6-4-3]은 [그림 6-4-2]에서 만든 바이너리 포맷의 파일을 읽는 프로그램입니다. 주의할 점은 **파일 열기/생성/대체**.vi의 동작 파라미터를 'open'으로 설정하고, **2진 파일로부터 읽기**.vi에서 데이터 타입 파라미터에 읽어 올 데이터 타입을 선언하면 선언한 데이터 타입으로 읽혀집니다. 이때 저장 당시의 데이터 타입과 같은 타입으로 선언해야 하며, 그렇지 않으면 데이터를 읽어 올 수 없습니다. 따라서 바이너리 포맷 파일을 읽을 때는 저장한 데이터 타입을 정확히 알고 있어야 복원이 가능합니다.

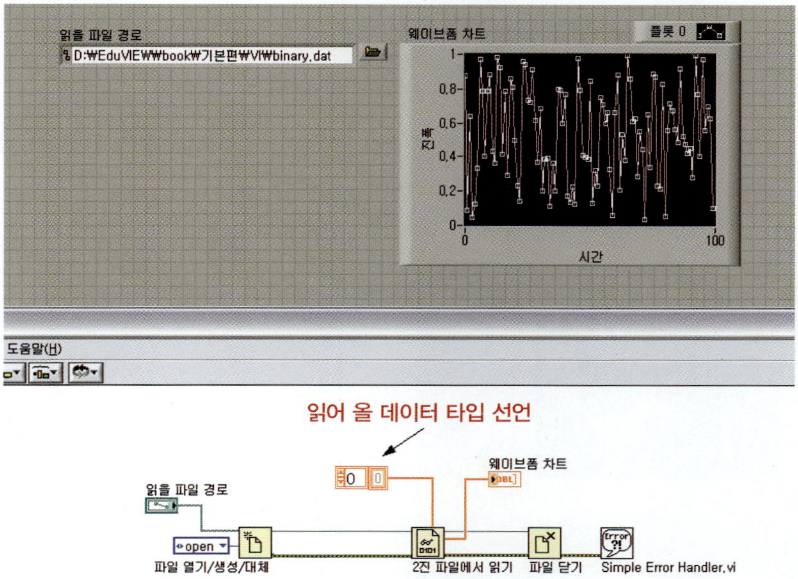

그림 6-4-3 바이너리 포맷 파일 읽기

바이너리 포맷의 특징 중 하나는 모든 데이터들이 같은 크기로 저장하기 때문에 특정 위치의 데이터만을 읽어 올 수 있다는 것입니다. [그림 6-4-4]는 **파일 위치 설정**.vi를 사용하여 전체 파일 중 읽어 올 데이터의 위치를 지정해 주면 특정 위치의 데이터만 읽어 옵니다. 다음 프로그램은 헤더(4바이트) 이후 첫 번째 데이터를 읽어 오는 프로그램입니다.

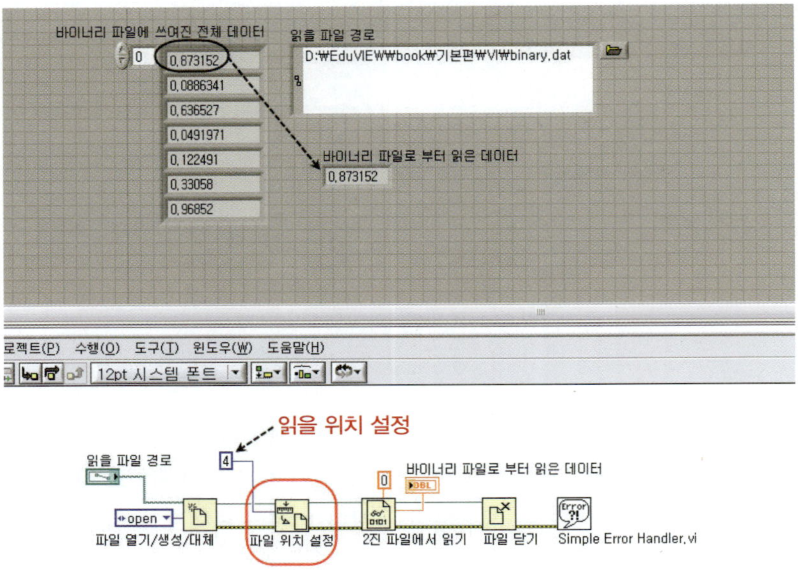

그림 6-4-4 특정 위치의 데이터 읽기

실습 6.4.1 랜덤 숫자 100개를 바이너리 포맷 파일로 저장합니다.

1. '실습' 폴더에서 '6-4-1 바이너리 파일 저장.vi'를 불러옵니다. 실행을 하면 0에서 1 사이의 임의의 숫자 100개가 웨이브폼 차트에 나타납니다.

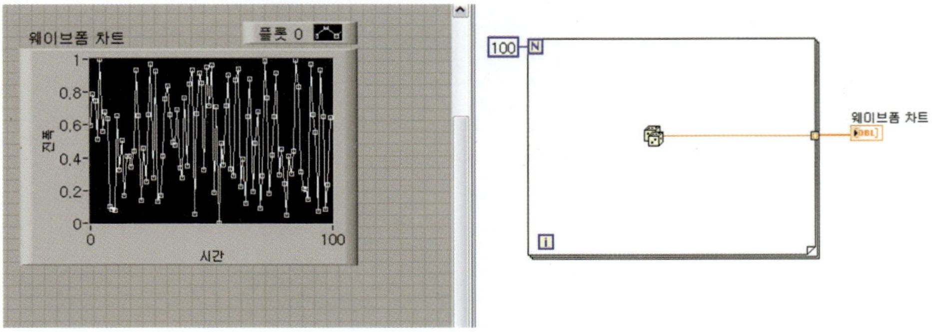

2. 블록다이어그램에 **파일 열기/생성/대체**.vi, **2진 파일에 쓰기**.vi, **파일 닫기**.vi, **단순 에러 핸들러**.vi를 추가하여 그림과 같이 수정합니다. **파일 열기/생성/대체**.vi의 동작 파라미터에서 **바로가기메뉴 〉 생성 〉 상수**를 선택합니다. 그리고 그림과 같이 'replace or create'로 설정합니다. 아스키 포맷과는 달리 숫자형 데이터를 문자열 데이터로 변환 없이 **2진 파일에 쓰기**.vi에 데이터 파라미터에 연결하는 것이 특징입니다.

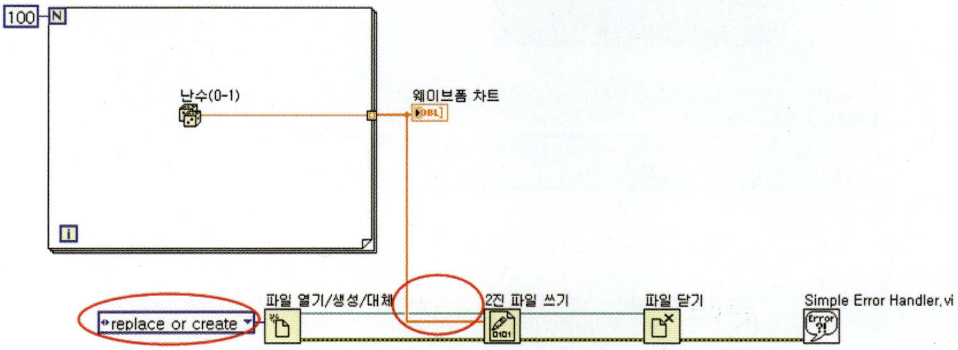

3. 실행을 하면 파일 경로를 입력하는 창이 나타나고 파일명을 입력해 주면 바이너리 파일이 생성됩니다. 이 파일을 메모장에서 확인해 보면 그림과 같이 깨져 있습니다.

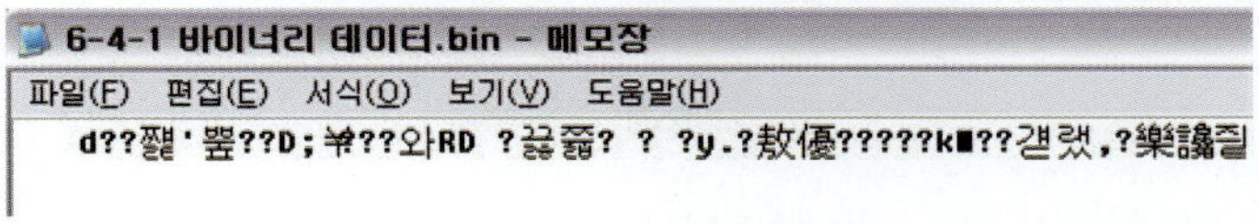

4. VI를 저장하고 닫습니다.

실습 6.4.2 바이너리 포맷 파일을 읽어 옵니다.

1. 새 VI를 열고 프런트패널에는 웨이브폼 차트를, 블록다이어그램에는 **파일 열기/생성/대체**.vi, **2진 파일로부터 읽기**.vi, **파일 닫기**.vi, **단순 에러 핸들러**.vi를 추가하여 그림과 같이 구성합니다.

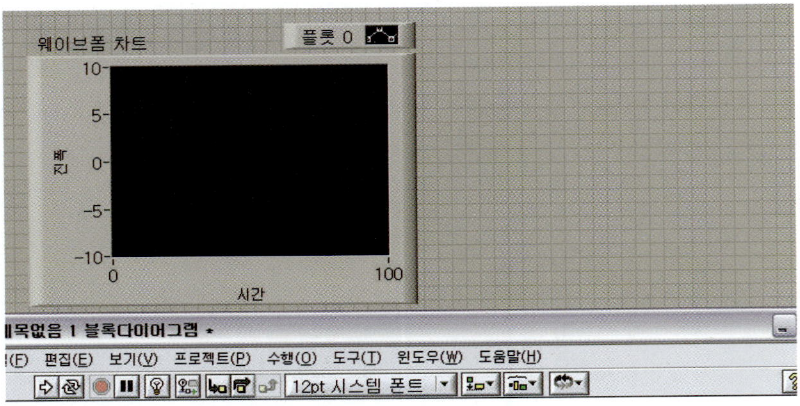

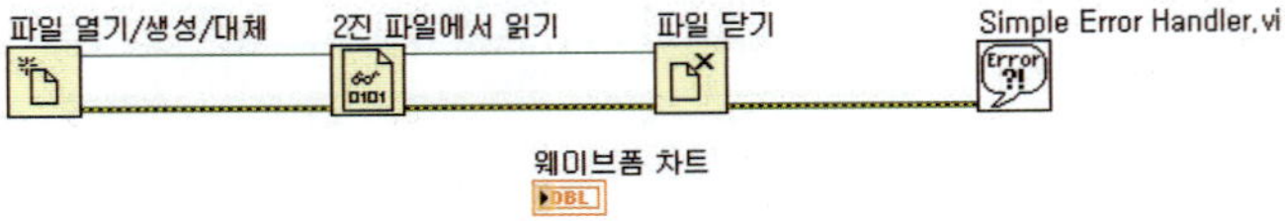

2. 블록다이어그램에서 **파일 열기/생성/대체**.vi의 동작 파라미터에서 **바로가기메뉴 〉 생성 〉 상수**를 선택합니다. 그리고 그림과 같이 'open'으로 설정합니다.

3. **2진 파일로부터 읽기**.vi의 데이터 타입 파라미터에 '실습 6.4.1'에서 저장한 데이터 타입인 배정도 배열을 상수로 만들어 연결합니다. 다음으로 **2진 파일로부터 읽기**.vi의 데이터 파라미터에 웨이브폼 차트를 연결합니다. **2진 파일로부터 읽기**.vi의 데이터 타입 파라미터에 연결한 상수는 일종의 선언과 같은 개념입니다. 즉 읽어 올 파일의 데이터 타입을 연결해 주면 선언한 데이터 타입으로 파일에 저장된 데이터를 읽어 옵니다. 이때 데이터 타입을 실제로 저장된 데이터 타입이 아닌 다른 데이터 타입으로 선언하게 되면 파일에 저장된 데이터를 정상적으로 읽지 못합니다.

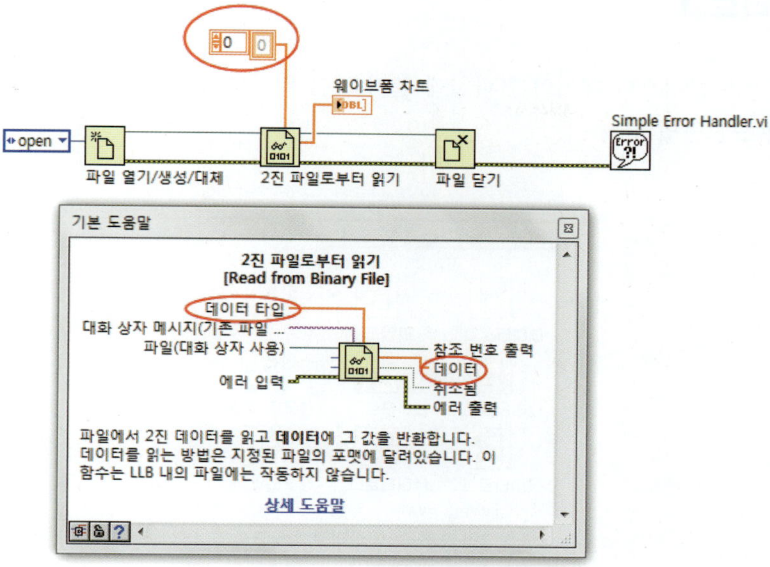

4. 실행하고 '실습 6.4.1'에서 생성한 파일을 지정해 주면 데이터가 웨이브폼 차트에 표시됩니다.

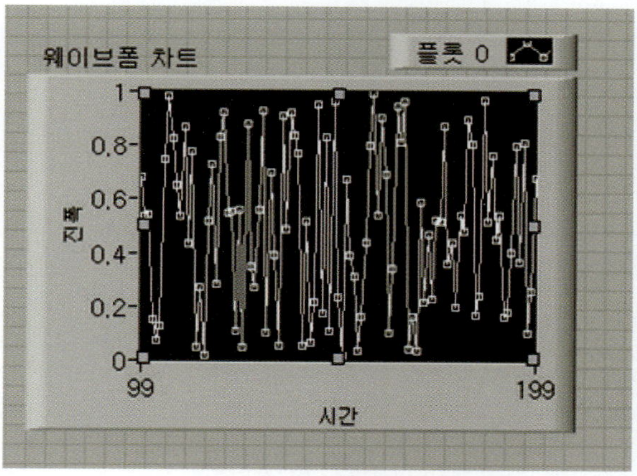

5. VI를 저장하고 닫습니다.

6-5. 데이터로그

데이터로그 파일은 클러스터 데이터를 파일에 쓰기 또는 읽기를 쉽게 해줍니다. [그림 6-5-1]은 데이터 로그 전용 노드들입니다.

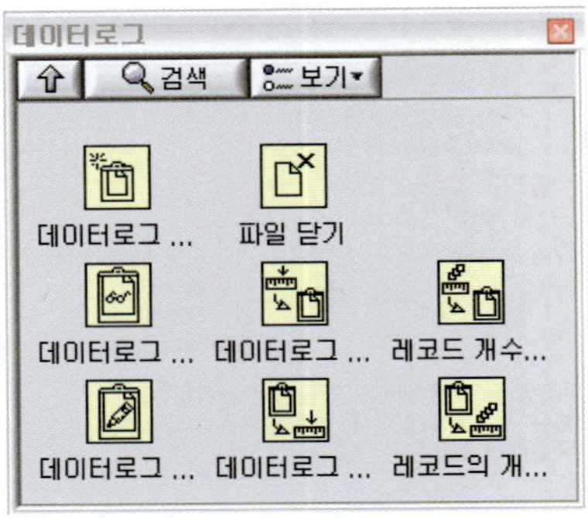

그림 6-5-1 데이터로그 노드

[그림 6-5-2]는 데이터로그 파일 쓰기 프로그램입니다. 주의할 점은 **데이터로그 열기/생성/대체.vi**의 레코드 타입 파라미터에 저장할 데이터 타입을 선언해야 하는 것입니다.

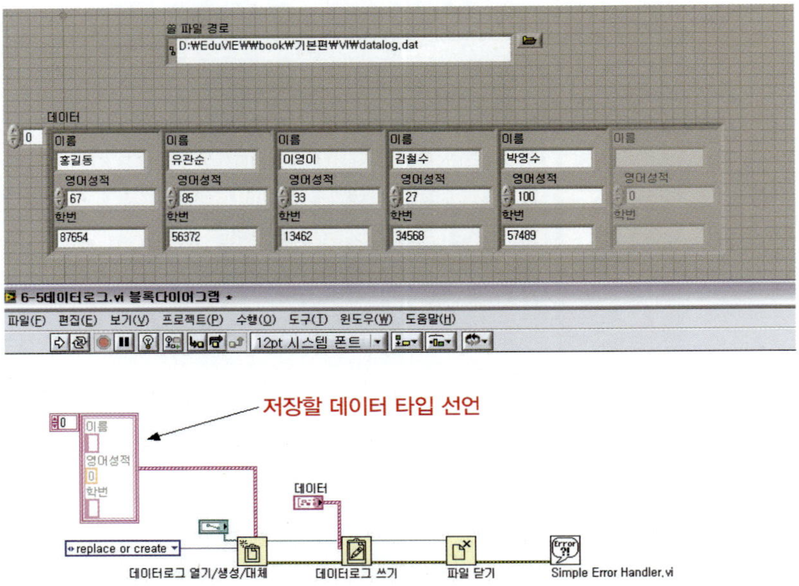

그림 6-5-2 데이터로그 파일 쓰기

[그림 6-5-3]은 데이터로그 파일 읽기 프로그램입니다. 쓰기할 때와 마찬가지로 **데이터로그 열기/생성/대체.vi**의 레코드 타입 파라미터에 읽어 올 데이터 타입을 선언해야 합니다.

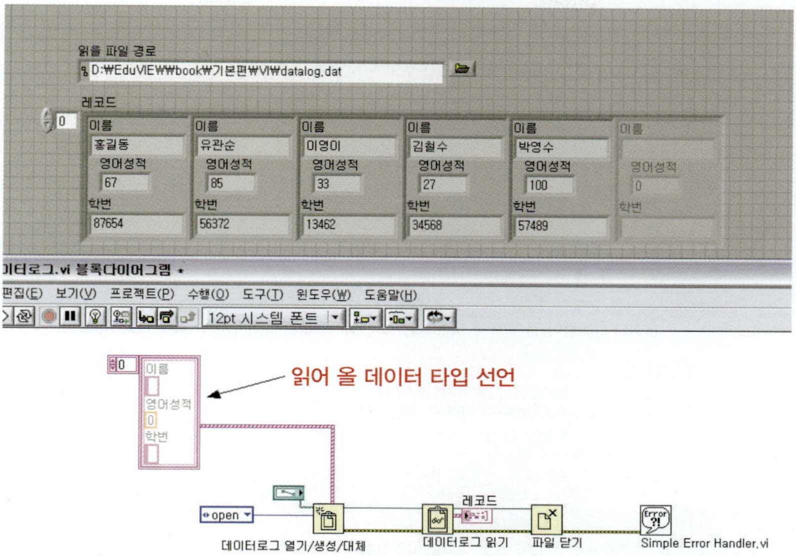

그림 6-5-3 데이터로그 파일 읽기

실습 6.5.1 클러스터 데이터를 데이터로그 파일로 저장합니다.

1. '실습' 폴더에서 '6-5-1 데이터로그 파일 저장.vi'를 불러옵니다. 프런트패널에 있는 클러스터 배열을 저장하는 프로그램을 만들도록 하겠습니다.

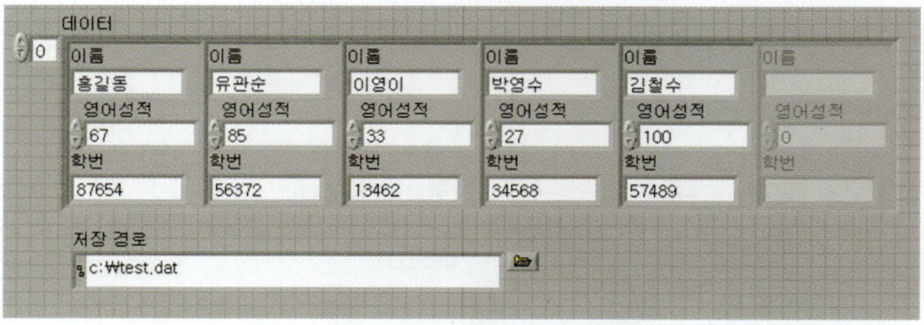

2. 블록다이어그램에 **데이터로그 열기/생성/대체**.vi, **데이터로그 쓰기**.vi, **파일 닫기**.vi, **단순 에러 핸들러**.vi를 추가하여 그림과 같이 구성합니다. **데이터로그 열기/생성/대체**.vi의 동작 파라미터에서 **바로가기메뉴 > 생성 > 상수**를 선택하여 'replace or create'로 설정하고, 레코드 타입 파라미터에는 저장할 데이터 타입을 선언해 줍니다. 즉 이 실습에서는 프런트패널에 있는 데이터 타입인 클러스터 배열을 상수로 만들어 연결해 줍니다. 그리고 '저장 경로' 터미널을 데이터로그 경로 파라미터에 연결해 줍니다.

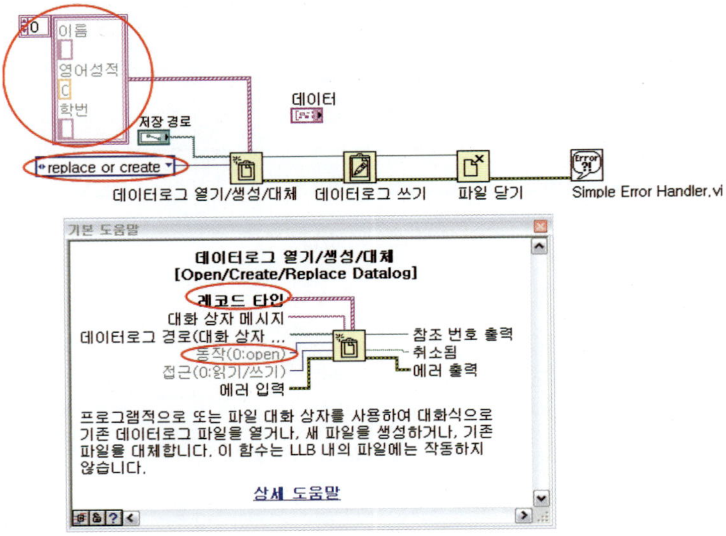

3. **데이터로그 쓰기**.vi의 레코드 파라미터에 '데이터' 터미널을 연결하고 실행을 하면 C:₩test.dat 파일이 생성됩니다.

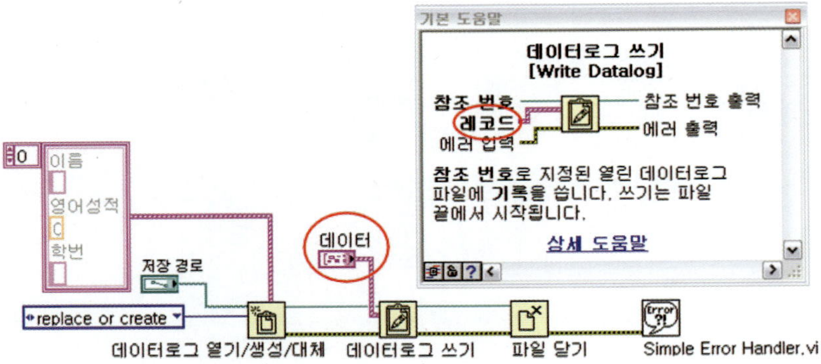

4. VI를 저장하고 닫습니다.

실습 6.5.2 저장된 데이터로그 파일을 읽어 옵니다.

1. '실습' 폴더에서 '6-5-2 데이터로그 파일 읽기.vi'를 불러옵니다. 블록다이어그램에 **데이터로그 열기/생성/대체**.vi, **데이터로그 읽기**.vi, **파일 닫기**.vi, **단순 에러 핸들러**.vi를 추가하여 그림과 같이 구성합니다. **데이터로그 열기/생성/대체**.vi의 동작 파라미터에서 **바로가기메뉴 〉 생성 〉 상수**를 선택하여 'open'으로 설정하고, 레코드 타입 파라미터에는 읽어 올 데이터 타입을 선언해 줍니다. 즉 이 실습에서는 프런트패널에 있는 데이터 타입인 클러스터 배열을 상수로 만들어 연결해 줍니다. 그리고 '읽을 파일 경로' 터미널을 데이터로그 경로 파라미터에 연결해 줍니다.

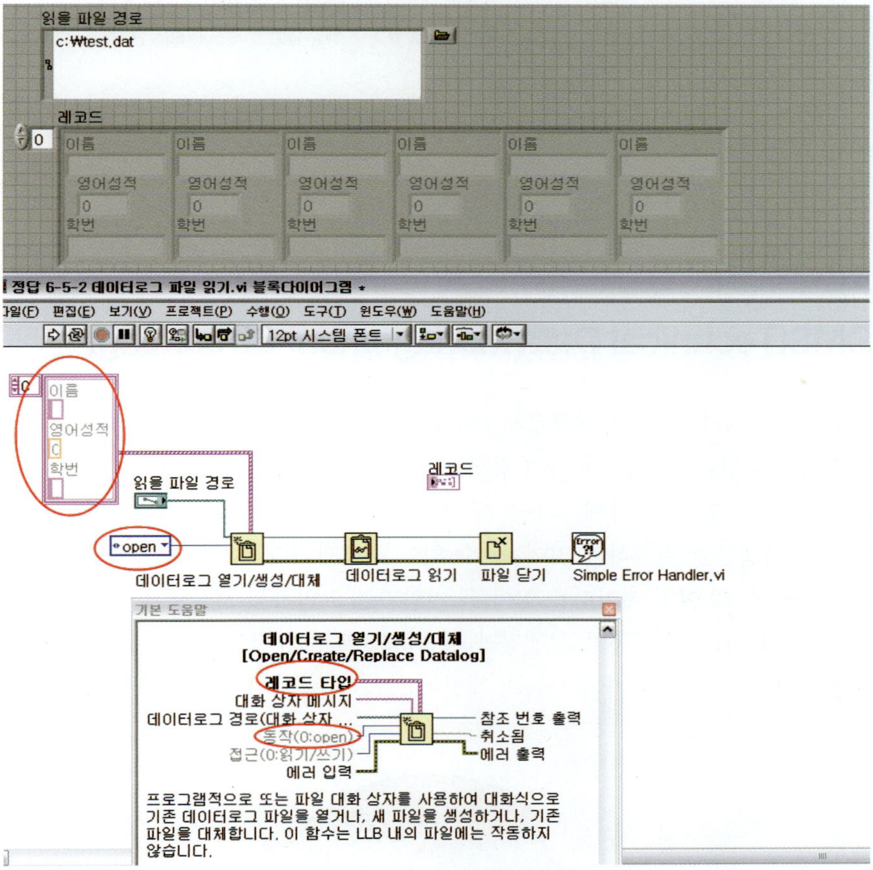

2. **데이터로그 읽기**.vi의 레코드 파라미터에 '레코드' 터미널을 연결하고 실행하여 C:₩test.dat 파일을 읽어 옵니다. 실습 6.5.1에서 저장한 데이터와 같은 데이터가 읽혀지는지 프런트패널에서 확인하세요.

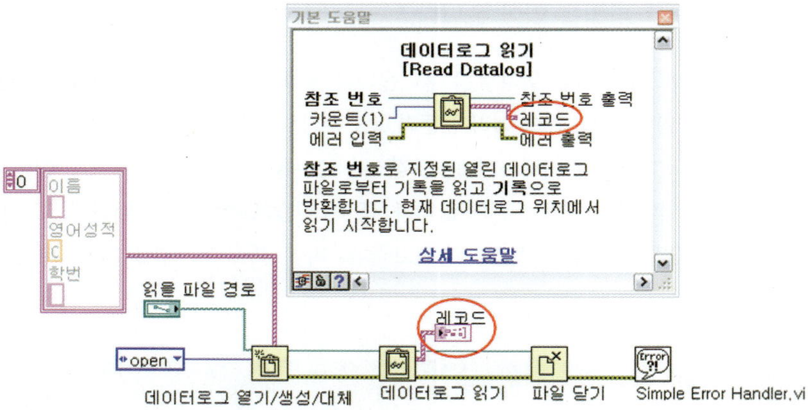

3. VI를 저장하고 닫습니다.

6-6. TDMS(Technical Data Management Streaming)

TDMS는 LabVIEW가 만든 파일 포맷으로서 LabVIEW용 바이너리입니다. 따라서 TDMS 포맷은 바이너리 포맷의 특징과 다음과 같은 세 가지 장점을 더 가지고 있습니다.

첫째, TDMS는 데이터 수집 시 함께 사용하면 저장할 때 지정한 채널 그룹과 채널들을 읽어 올 때 원하는 그룹 또는 채널들만 발췌하여 읽어 올 수 있어 편리합니다. 채널 그룹과 채널을 지정할 때는 TDMS 파일을 읽어 올 때 어떤 데이터를 읽어 올 것인가를 고민하고 지정해야 합니다.

예를 들어 [그림 6-6-1]처럼 자동차의 엔진과 배터리의 온도와 전압을 측정한다고 가정하면, 추후 어떤 데이터를 읽어 올 것인가에 따라 그룹과 채널이 달라질 것입니다.

그림 6-6-1 차량 데이터 측정

[그림 6-6-2]는 측정 데이터를 자동차 부품별로 데이터를 읽을 때는 (A)가 적합하고, 온도 데이터 전체를 읽거나 전압 데이터 전체를 읽고자 할 때는 (B)가 적합합니다. 이처럼 추후 데이터를 어떻게 읽어 올 것인가에 따라 데이터 채널 그룹과 채널 이름을 지정합니다.

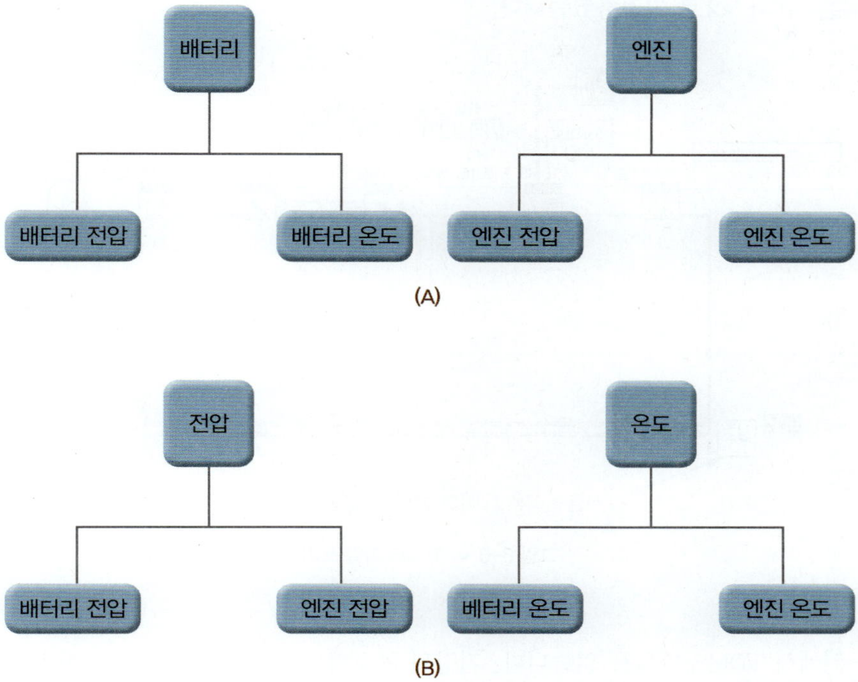

그림 6-6-2 채널 그룹과 채널 지정

[그림 6-6-3]은 TDMS 파일 노드들입니다.

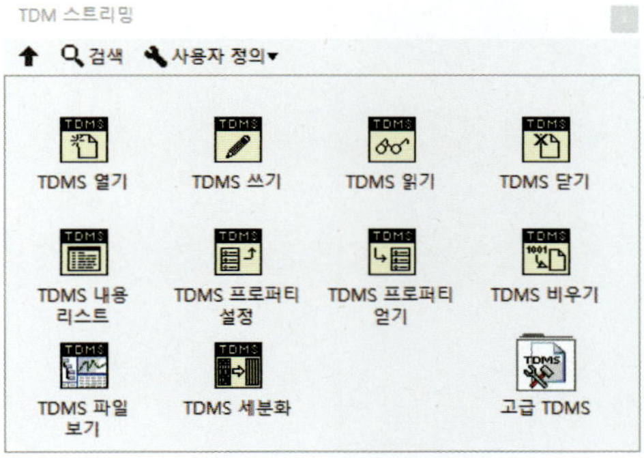

그림 6-6-3 TDMS 노드들

[그림 6-6-4]는 TDMS 파일 쓰기 프로그램입니다. 파일을 열고 쓰고 닫는 순으로 프로그램을 하고, **TDMS 프로퍼티 설정.vi**를 이용하여 원하는 프로퍼티(헤더)를 설정합니다. 이 실습에서는 파일이 생성된 시간을 '저장시간'이라는 프로퍼티명을 주어 저장하였습니다. 그리고 **TDMS 쓰기.vi**에서는 그룹과 채널 이름을 지정해 주어야 합니다. 여기서 그룹 이름은 '시간 데이터'와 '파워 스펙트럼'으로 지정하고 채널 이름은 'a1'과 'a2'로 지정하였습니다.

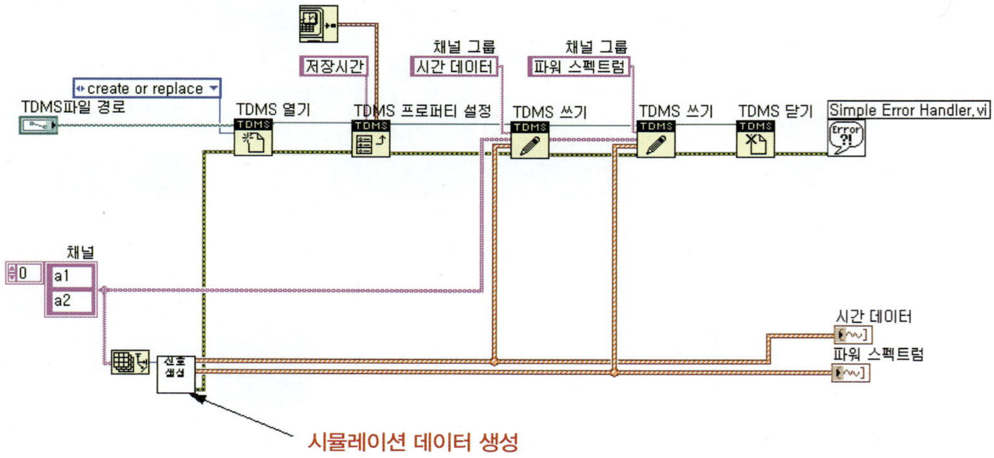

그림 6-6-4 TDMS 파일 쓰기

[그림 6-6-5]에서 TDMS 파일을 읽습니다. 저장된 프로퍼티를 읽기 위해 **TDMS 프로퍼티 얻기.vi**를 사용할 때 읽어 올 데이터 타입을 선언해 주면 선언한 데이터 타입으로 복원합니다.
그리고 **TDMS 읽기.vi**에 그룹 이름과 채널 이름을 알려주면 전체 파일 중에 해당 데이터만 읽어 옵니다.

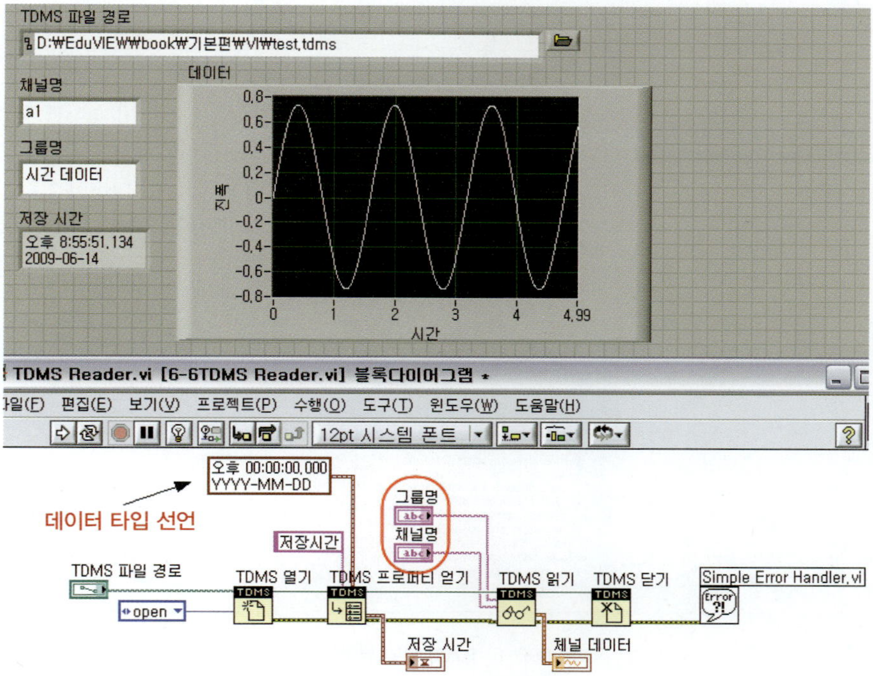

그림 6-6-5 TDMS 파일 읽기

둘째, [그림 6-6-6]의 **TDMS 파일 보기**.vi는 TDMS 포맷으로 저장된 파일을 읽기 프로그램을 만들지 않고도 TDMS 파일을 바로 읽어 올 수 있도록 합니다. 이 노드에 파일 경로 정보만 주면 그림과 같은 대화창이 떠서 어떤 그룹 또는 어떤 채널의 데이터를 읽어 올 것인지 선택하면 그래프나 테이블로 데이터를 볼 수 있으며 또한 저장된 프로퍼티까지 볼 수 있습니다.

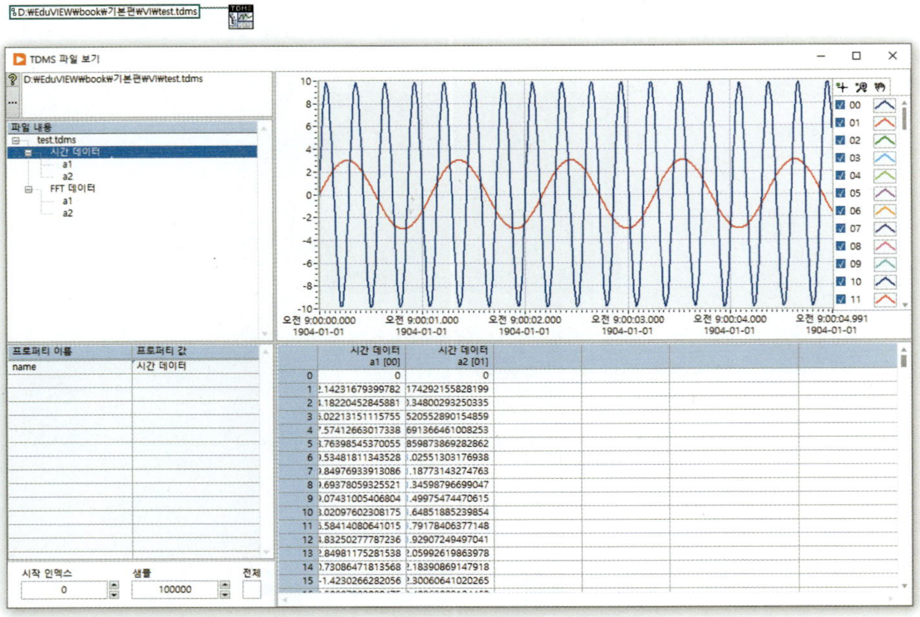

그림 6-6-6 TDMS 파일 뷰어(viewer)

셋째, ni.com에서 무료로 배포하는 'TDM Excel Add-In'을 추가 설치하면 Excel에서 TDMS 파일에 저장된 데이터를 읽어올 수 있습니다. 최근 LabVIEW 버전들은 LabVIEW를 설치할 때 기본적으로 TDM Excel Add-In이 설치됩니다.

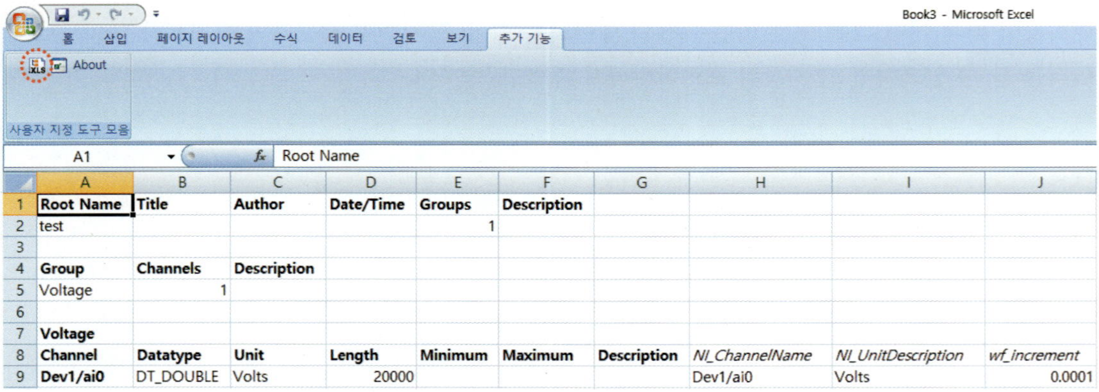

그림 6-6-7 TDM Excel Add-In

실습 6.6.1 TDMS 파일로 저장합니다.

1. '실습' 폴더에서 '6-6-1 TDMS 파일 저장.vi'를 불러옵니다. 실행을 하면 그림과 같은 데이터가 두 개의 웨이브폼 그래프에 나타납니다. '시간 데이터' 웨이브폼 그래프에 'a1', 'a2'의 시간 데이터가 나타나고, 'FFT 데이터' 웨이브폼 그래프에 'a1', 'a2'의 FFT 데이터가 나타납니다.

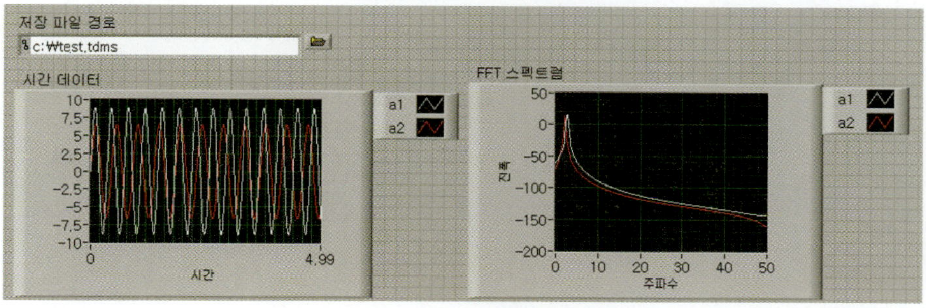

이 데이터를 아래와 같은 구조로 TDMS 파일로 저장하는 프로그램을 생성하도록 하겠습니다.

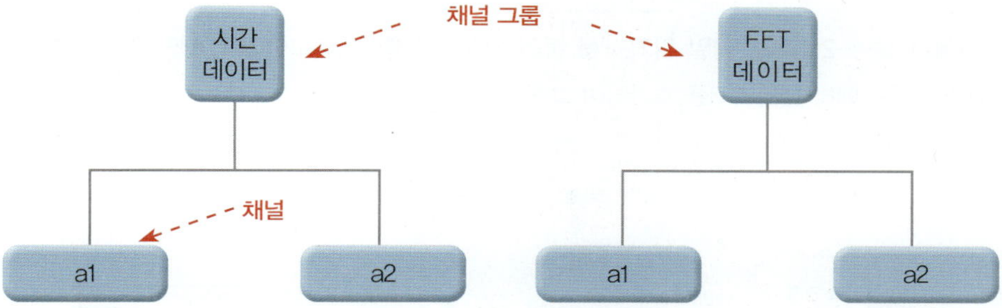

2. 블록다이어그램에 TDMS **열기**.vi, TDMS **쓰기**.vi, TDMS **닫기**.vi, **단순 에러 핸들러**.vi를 추가하여 그림과 같이 구성합니다.

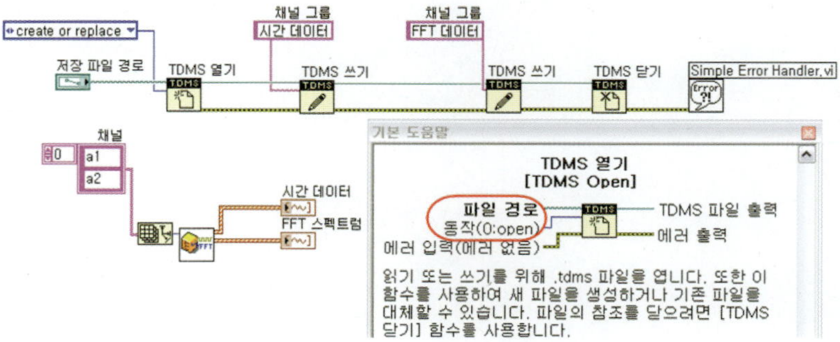

3. TDMS **쓰기**.vi에 그림과 같이 연결하고 실행을 하면 C:₩test.tdms 파일이 생성됩니다.

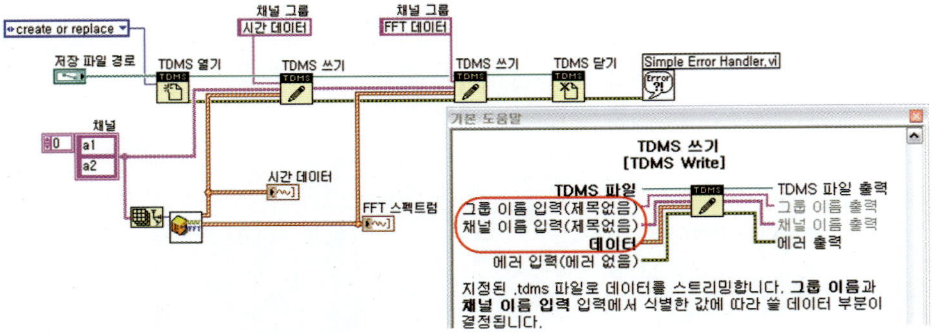

4. VI를 저장하고 닫습니다.

실습 6.6.2 저장된 TDMS 파일을 읽어 옵니다.

1. '실습' 폴더에서 '6-6-2 TDMS 파일 읽기.vi'를 불러옵니다. 블록다이어그램에 TDMS **열기**.vi, TDMS **읽기**.vi, TDMS **닫기**.vi, **단순 에러 핸들러**.vi를 추가하여 그림과 같이 구성합니다.

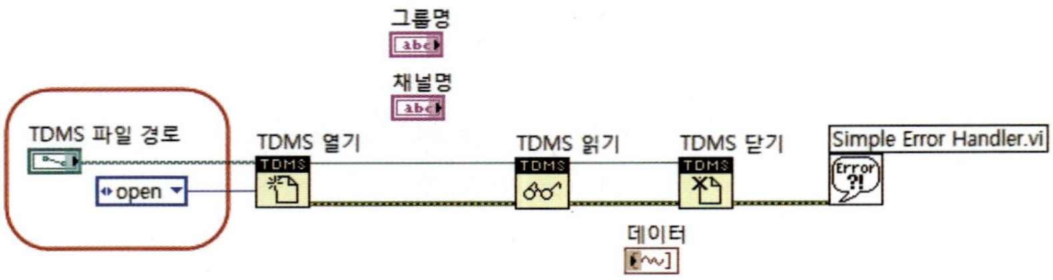

2. TDMS 읽기.vi의 그룹 이름 입력, 채널 이름 입력, 데이터 파라미터에 '그룹명' 터미널, '채널명' 터미널, '데이터' 터미널을 각각 연결합니다.

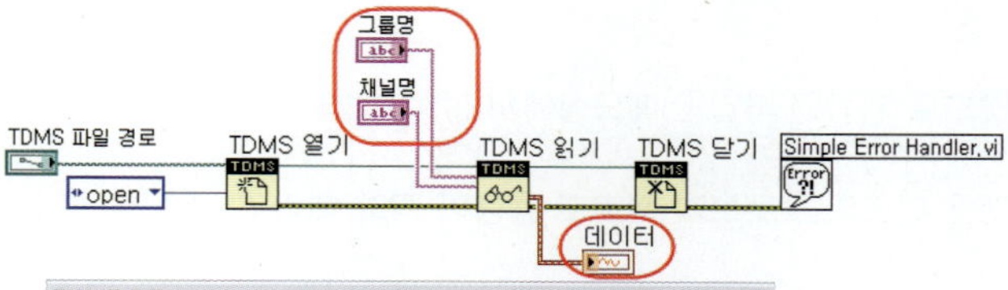

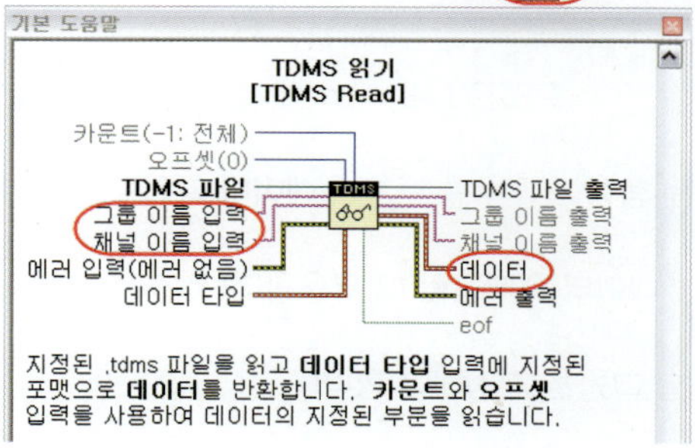

3. 프런트패널에서 채널명('a1' 또는 'a2')과 그룹명('타이밍 데이터' 또는 'FFT 데이터')을 입력하고 실행하면 C:\test.tdms 파일에서 해당 데이터만을 추출하여 읽어 옵니다.

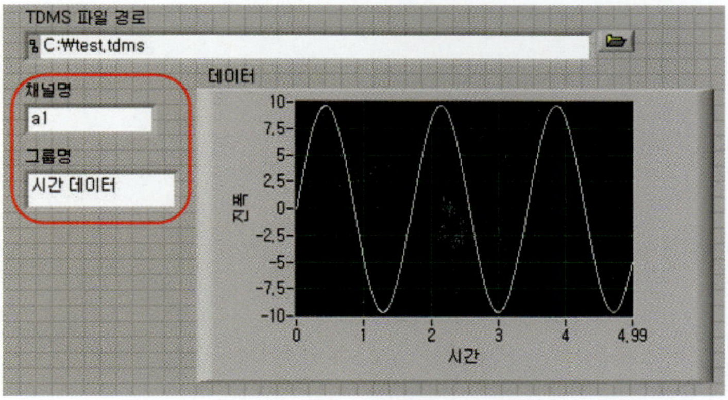

4. VI를 저장하고 닫습니다.

자가 진단 퀴즈

LabVIEW

❶ ______________포맷으로 저장된 파일은 메모장에서 볼 수 있습니다.

❷ ______________포맷은 아스키 포맷보다 빠르고 용량이 작아 대량의 고속의 데이터를 저장하는데 적합한 파일 포맷입니다.

❸ ______________ 포맷과 ______________ 포맷은 LabVIEW 에서 만든 파일 포맷입니다.

❹ 아스키 포맷으로 파일을 만들 때에는 항상 ______________데이터 타입으로 변환하여 데이터를 저장합니다.

❺ 데이터로그 포맷은 ______________데이터를 저장할 때 유용합니다.

❻ TDMS는 ______________와/과 채널 그룹을 지정해야 합니다.

❼ (바이너리, 아스키)포맷으로 된 파일은 특정 위치의 데이터를 읽어오는 것이 가능합니다.

CHAPTER 요약

| 파일 입출력 요약 |

- 아스키 포맷은 저속의 소량의 데이터를 저장할 때 사용합니다.
- 바이너리 포맷은 고속의 다량의 데이터를 저장할 때 사용합니다.
- 데이터로그 포맷은 클러스터 데이터를 저장할 때 사용합니다.
- TDMS 포맷을 데이터 수집 프로그램에서 사용하면 전체 데이터 중 원하는 그룹 또는 채널만 선택적으로 읽어 올 수 있어 편리합니다.

LabVIEW의 정석

기본편

CHAPTER

07

프런트패널 제어

07 프런트패널 제어

LabVIEW를 설치하면 VI 서버와 웹서버가 기본 설치됩니다. VI 서버는 TCP/IP 통신, ActiveX, 프런트패널 제어 등 여러 기능을 담당합니다. 이번 장에서는 VI 서버의 프런트패널 제어 기능에 대해 살펴보도록 하겠습니다.

7-1. VI 서버

VI 서버에서 객체, 프로퍼티, 메소드, 클래스 등의 용어들을 사용합니다. 각 용어들의 의미를 예를 들어 살펴보도록 하겠습니다.
[그림 7-1-1]에서 '사람'을 클래스, '남자', '여자'를 서브 클래스, 'Tom', '홍길동', '영희' 등 클래스에 속한 멤버를 객체, 클래스 또는 서브 클래스가 가진 성격을 프로퍼티, 클래스 또는 서브 클래스가 할 수 있는 동작을 메소드라고 합니다. 클래스에 속한 객체들은 상위 클래스들이 가진 프로퍼티나 메소드의 특성을 그대로 가집니다.

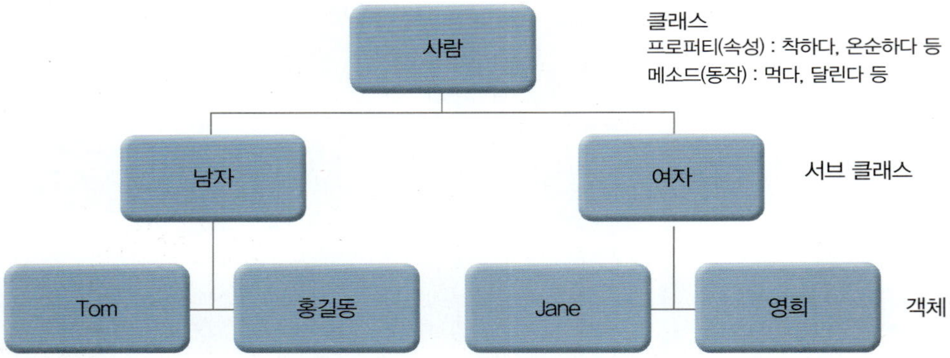

그림 7-1-1 VI 서버 용어

대상을 LabVIEW로 바꿔 설명하면, VI 서버는 컨트롤 클래스와 VI 클래스를 가지고 있습니다. [그림 7-1-2]는 컨트롤 클래스입니다. 컨트롤 클래스는 컨트롤 팔레트와 비슷한 구조를 가집니다.

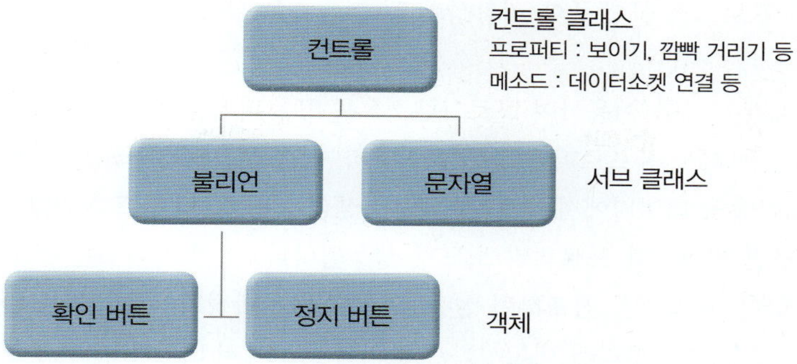

그림 7-1-2 컨트롤 클래스

7-2. 프로퍼티 노드

프런트패널에 있는 노브가 가진 프로퍼티 중에 비활성화 및 회색화를 변경하려면 두 가지 방법이 있습니다. 첫 번째 방법은 노브의 바로가기메뉴를 이용하여 수동적으로 컨트롤하는 방법입니다. [그림 7-2-1]에서 노브의 **바로가기메뉴 〉 프로퍼티**를 선택하면 대화 창이 나타나고 활성 상태에서 비활성화 & 회색화를 선택합니다.

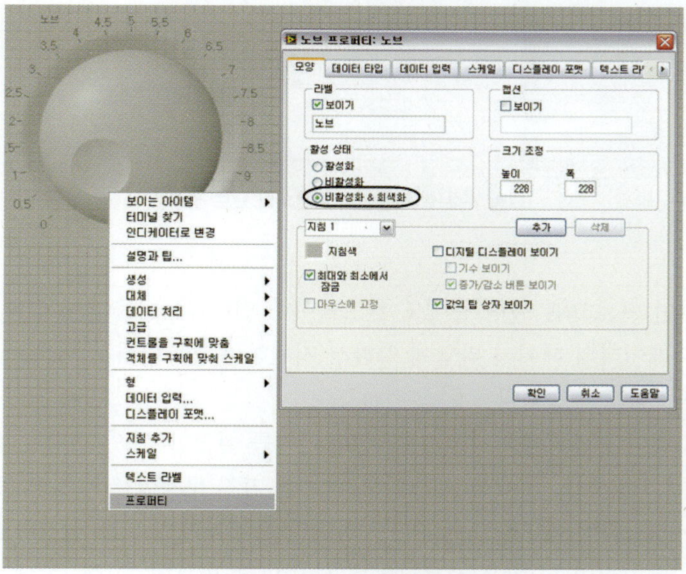

그림 7-2-1 수동으로 프로퍼티 컨트롤

앞의 방법을 이용하면 프로그램 실행 중에 비활성화 및 회색화로 설정된 프로퍼티를 변경할 수 없습니다.

두 번째 방법은 프로퍼티 노드를 이용하여 프로그램적으로 프로퍼티를 컨트롤하는 방법입니다. [그림 7-2-1]과 같은 기능을 하도록 프로퍼티 노드를 이용하여 변경합니다. 프로퍼티를 변경하고자 하는 컨트롤이나 인디케이터의 터미널에서 **바로가기메뉴 〉 생성 〉 프로프티 노드 〉 비활성화**를 선택하면 노브와 같은 라벨을 가진 비활성화 프로퍼티 노드가 생성됩니다. 여기서 라벨은 누구의 프로퍼티인지를 알 수 있게 해줍니다. 도움말을 참조하면 설정 값에 따라서 활성화, 비활성화 또는 비활성화 및 회색화가 된다고 되어 있습니다. 따라서 비활성화 프로퍼티 노드에서 **바로가기메뉴 〉 모든 것을 쓰기로 변경**을 선택한 뒤 상수를 만들어 다음과 같이 설정하고 실행을 하게 되면 노브가 비활성화 및 회색화가 될 것입니다.

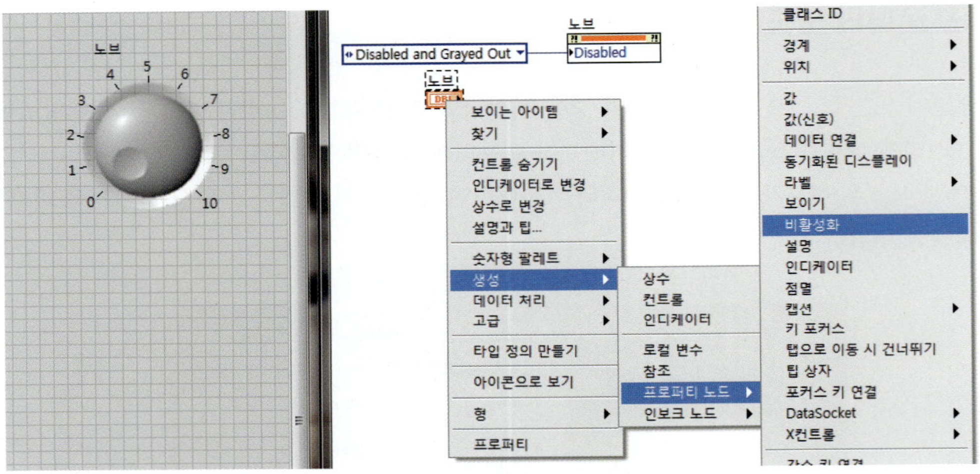

그림 7-2-2 비활성화 프로퍼티 노드 생성

위의 방법을 사용하면 프로그램 실행 중에도 컨트롤이나 인디케이터들의 속성을 변경할 수 있습니다. 컨트롤이나 인디케이터의 데이터 타입에 따라서 지원하는 프로퍼티는 서로 다를 수 있으므로 항상 기본 도움말을 참조하도록 합니다.

또한 프로퍼티 노드 하나를 사용하여 여러 개의 프로퍼티를 설정할 수 있습니다. 실행 순서는 위에서 아래로 실행됩니다. [그림 7-2-3]에서 '패스워드' 라벨을 가진 문자열 컨트롤의 프로퍼티 중 키 포커스, 점멸, 디스플레이 스타일 3개의 프로퍼티를 하나의 프로퍼티 노드로 설정하였습니다. 프로퍼티 노드의 크기를 아래로 늘리면 더 많은 프로퍼티를 설정할 수 있으며, 실행 중 에러가 발생하면 실행되지 않은 프로퍼티가 남아 있더라도 실행되지 않습니다.

그림 7-2-3 여러 개의 프로퍼티 설정

실습 7.2.1 프로퍼티 노드를 사용해 불리언 컨트롤과 문자열 컨트롤의 속성들을 변경해 봅니다.

1. 새 VI의 프런트패널에 그림과 같이 누름 버튼과 문자열 컨트롤을 만들어 라벨은 각각 'a'와 'b'로 변경합니다. 그리고 문자열 컨트롤에 'LabVIEW'를 입력합니다.

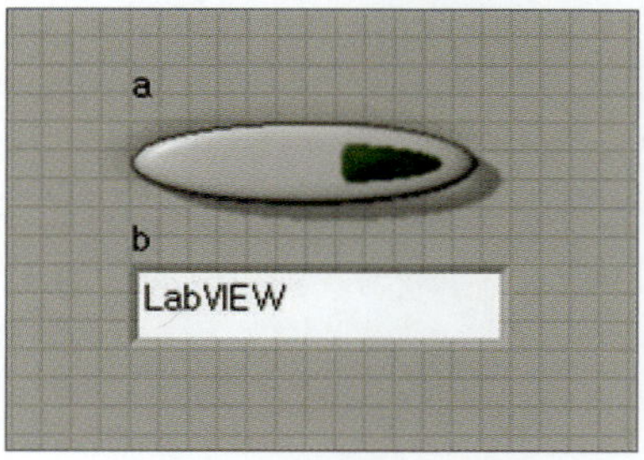

2. 블록다이어그램에 'a'와 'b'의 **바로가기메뉴 〉 생성 〉 프로퍼티 노드 〉 비활성화**를 만듭니다. 만들어진 두 개의 프로퍼티 노드에서 **바로가기메뉴 〉 모든 것을 쓰기로 변경**을 선택하여 그림과 같이 구성합니다.

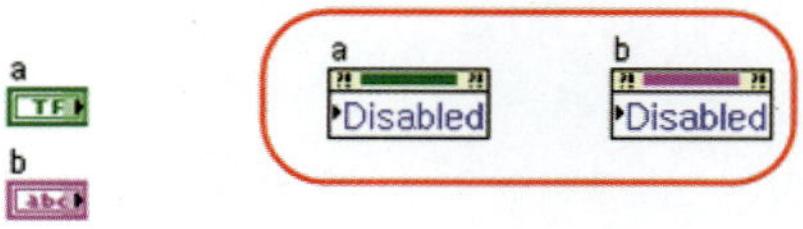

3. 각 프로퍼티 노드에 상수를 만들어 다음과 같이 설정합니다. 그리고 실행하면 프런트패널에서 'a'와 'b'가 비활성화 및 회색화됩니다.

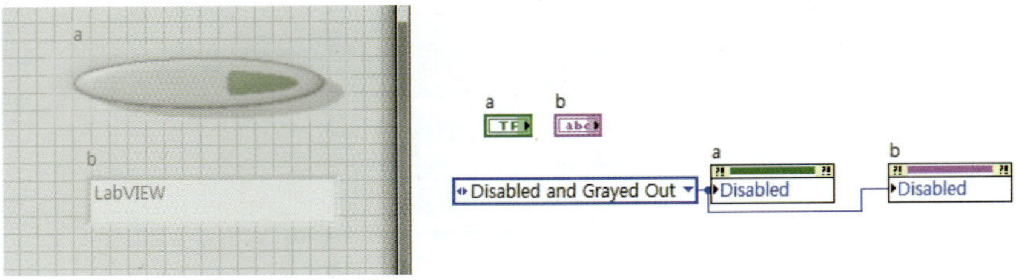

4. 'b'에 디스플레이 스타일 프로퍼티 노드를 추가하여 상수 '2'를 입력하고 실행을 하게 되면 프런트패널의 'b'가 'LabVIEW'가 아닌 '*******'로 디스플레이되는 것을 확인하세요.

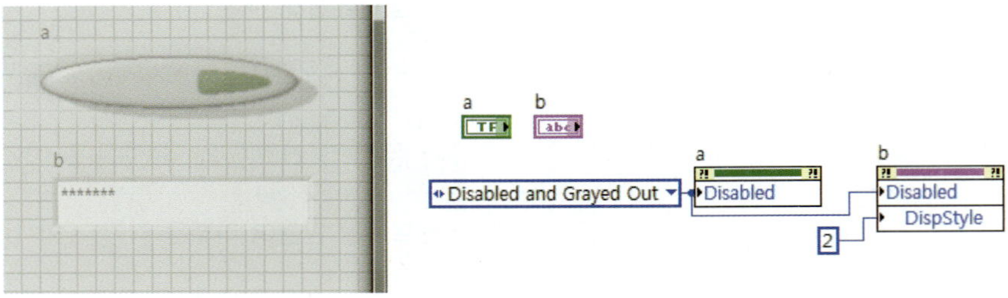

5. VI를 저장하고 닫습니다.

7-3. 참조

7.2장에서는 프런트패널에 있는 컨트롤이나 인디케이터의 프로퍼티를 블록다이어그램에서 변경하였습니다. 7.3장에서는 프런트패널의 컨트롤이나 인디케이터의 속성을 변경하는 프로퍼티 노드를 subVI로 만듭니다. 이때 참조가 필요한데 참조는 subVI에 있는 프로퍼티 노드 또는 인보크 노드(7.4장 참조)를 main VI의 프런트패널에 있는 어떤 컨트롤 또는 인디케이터의 속성이나 동작을 바꿀 것인가를 알려줍니다.

[그림 7-3-1]은 프런트패널에 있는 'a' 불리언 버튼의 비활성화 프로퍼티 부분을 subVI로 만들기 위

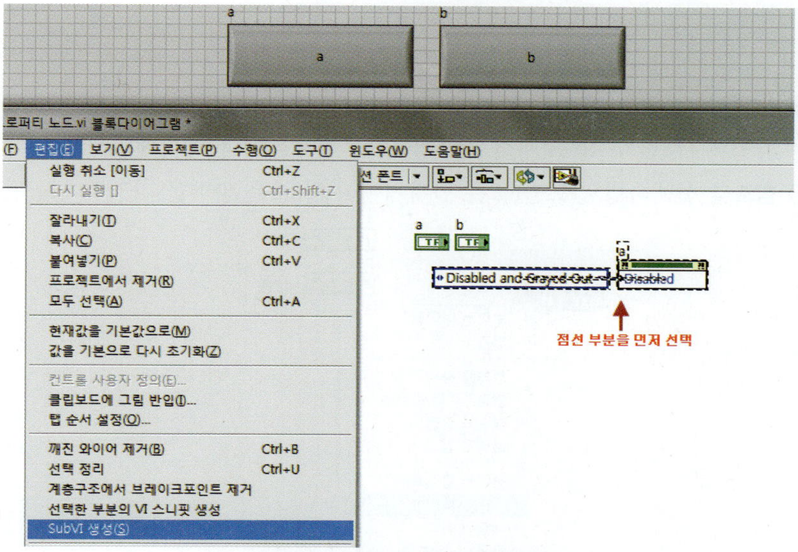

그림 7-3-1 프로퍼티를 subVI로 만들기

해 비활성화 프로퍼티를 선택한 후 **파일풀다운메뉴 〉 편집 〉 SubVI 생성**을 선택하였습니다. 그 결과 [그림 7-3-2]처럼 'a' 불리언 버튼의 비활성화 프로퍼티가 subVI로 만들어지면서 'a' 불리언 버튼의 참조가 불리언 버튼과 같은 라벨을 가지고 자동으로 생성 되었습니다. 다음 그림에서 만들어진 subVI를 더블 클릭하여 내부로 들어가 subVI의 프런트패널과 블록다이어그램을 살펴보면 프런트패널은 참조번호가 있고, 블록다이어그램에는 비활성화 프로퍼티 노드가 있습니다. 따라서 다음 코드를 실행하면 subVI 내부에 있는 비활성화 프로퍼티 노드는 참조에 의해 'a' 불리언 버튼을 비활성화 및 회색화시킵니다.

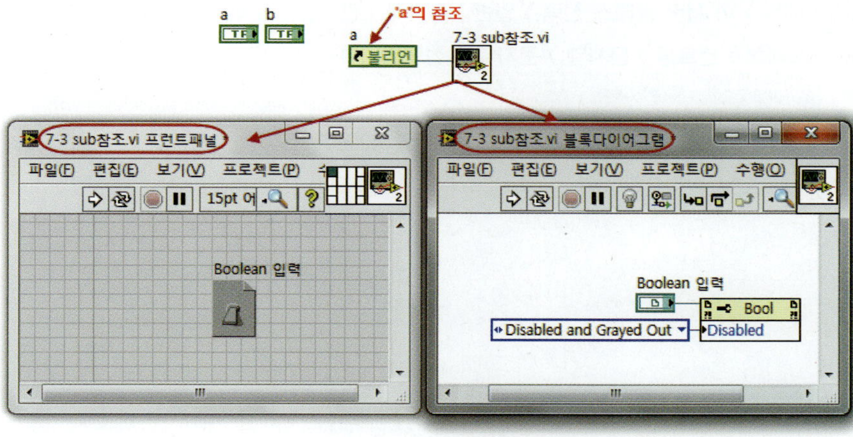

그림 7-3-2 subVI 내부

예를 들어 위의 코드에서 'b' 불리언 버튼을 비활성화 및 회색화하려면 'b'에서 참조를 만들어 subVI에 연결하면 됩니다.

참조를 만드는 방법은 [그림 7-3-3]처럼 참조를 만들 컨트롤이나 인디케이터의 터미널에서 **바로가기메뉴 〉 생성 〉 참조**를 선택하면 컨트롤(또는 인디케이터)과 같은 라벨을 가지고 생성됩니다.

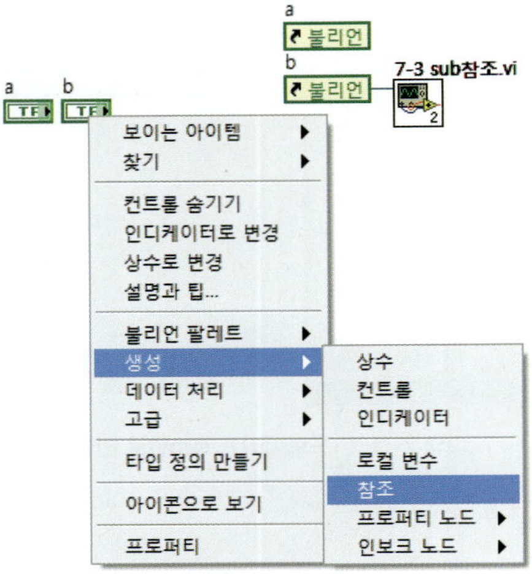

그림 7-3-3 참조 만들기

실습 7.3.1 프로퍼티 노드를 subVI로 만들어 참조를 사용해 봅니다.

1. 새 VI의 프런트패널에 그림과 같이 컨트롤 참조 번호를 두 개 위치시킵니다. 그리고 각각의 컨트롤 참조 번호에서 **바로가기메뉴 〉** VI **서버 클래스 선택 〉 일반 〉 G객체 〉 컨트롤 〉 불리언**과 **바로가기메뉴 〉** VI **서버 클래스 선택 〉 일반 〉 G객체 〉 컨트롤 〉 문자열 〉 문자열**을 선택합니다.

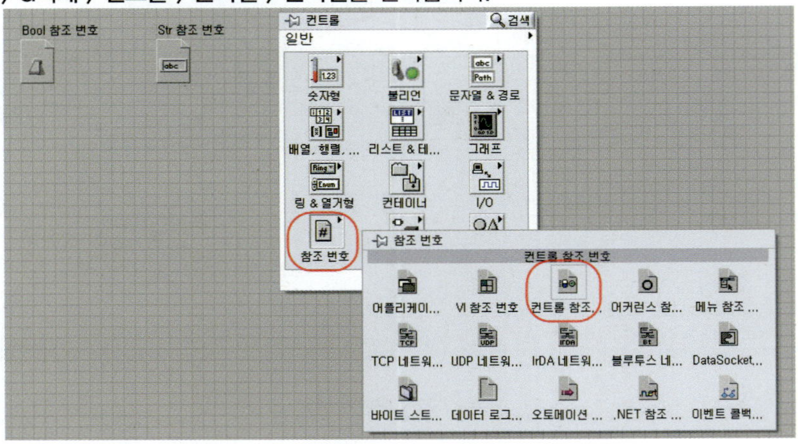

2. 블록다이어그램에 프로퍼티 노드를 그림과 같이 두 개 위치시키고 각 컨트롤 참조 번호를 와이어링합니다.

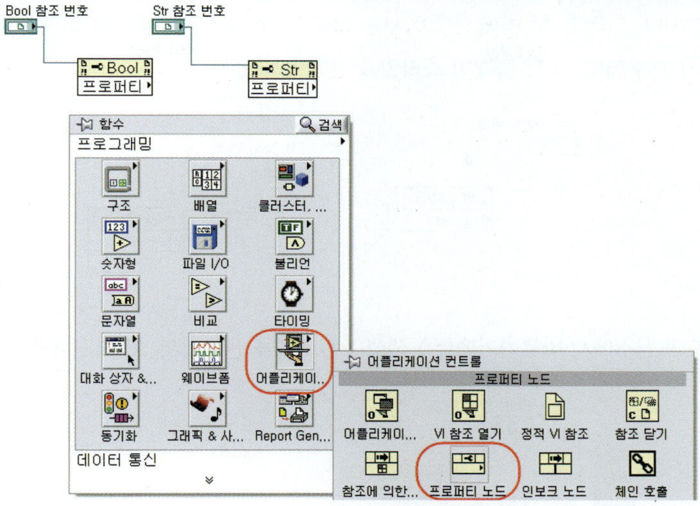

3. 첫 번째 프로퍼티 노드에서 **바로가기메뉴 〉 프로퍼티 〉 비활성화**를 선택하고 다시 한 번 **바로가기메뉴 〉 쓰기로 변경**을 선택해 줍니다.

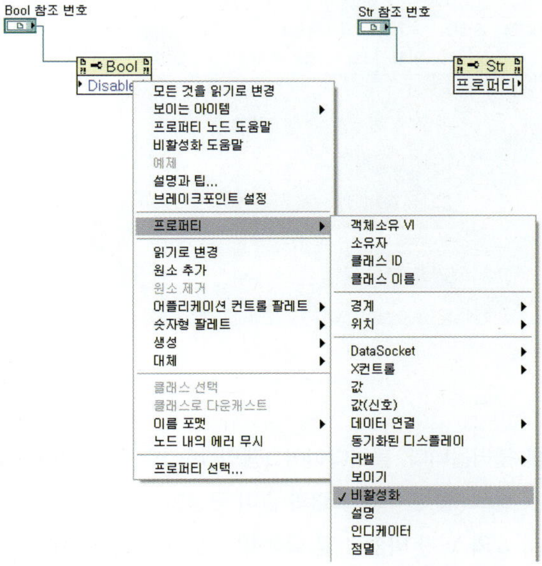

4. 두 번째 프로퍼티 노드에서 **바로가기메뉴 〉 원소 추가 선택**을 하고 다시 한 번 **바로가기메뉴 〉 모든 것을 쓰기로 변경**을 선택합니다. 그리고 첫 번째 원소에서는 **바로가기메뉴 〉 프로퍼티 〉 비활성화**를, 두 번째 원소에서는 **바로가기메뉴 〉 프로퍼티 〉 디스플레이 스타일**을 선택합니다.

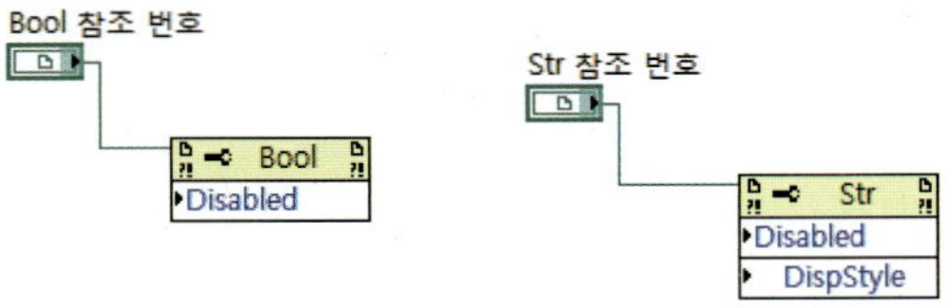

5. 각 프로퍼티 노드의 원소에서 **바로가기메뉴 〉 생성 〉 컨트롤**을 선택해서 그림과 같이 구성합니다.

6. 그리고 이 VI를 아이콘 디자인하고 커넥터를 연결하여 그림과 같이 subVI로 만들어 저장합니다.

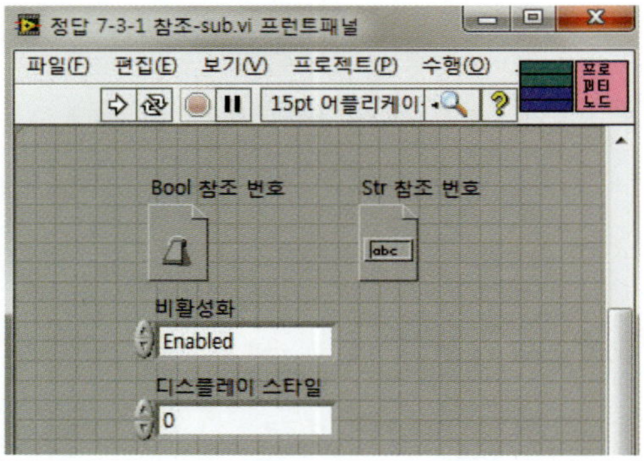

7. '실습' 폴더에서 '7-3-1 참조.vi'를 불러옵니다. 블록다이어그램의 'a', 'b', 'c'의 터미널에서 **바로가기메뉴 〉 생성 〉 참조**를 생성하고 위에서 만든 subVI를 불러와 그림과 같이 구성합니다.
그리고 실행한 뒤 프런트패널에서 'a'와 'c'가 비활성 및 회색화되고, 'c'는 암호처럼 디스플레이되는 것을 확인하세요.

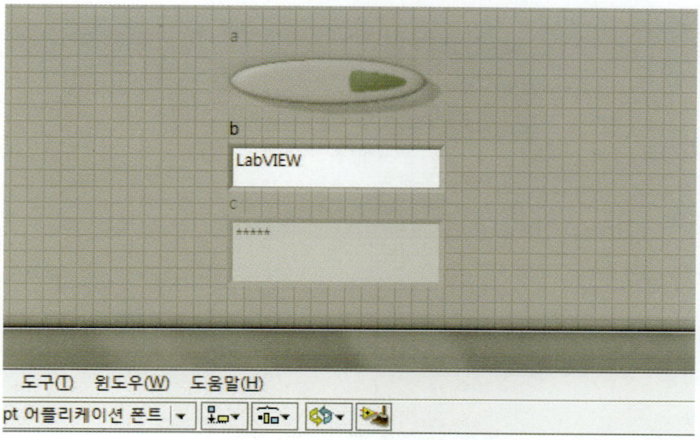

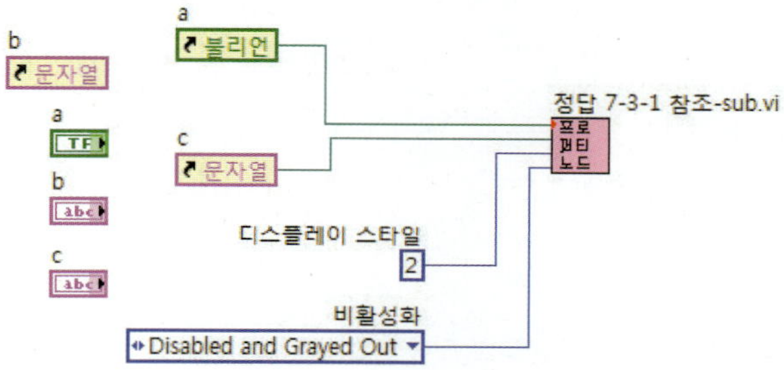

8. 'c' 참조를 떼고 'b' 참조를 대신 연결하여 다시 실행해 보고 어떤 변화가 있는지 확인해 보세요.

9. VI를 저장하고 닫습니다.

7-4. 인보크 노드

인보크 노드는 메소드를 프로그램적으로 컨트롤할 때 사용합니다. 인보크 노드를 만드는 방법은 [그림 7-4-1]에서 프로퍼티 노드를 생성할 때처럼 인보크 노드를 만들 컨트롤이나 인디케이터의 터미널에서 **바로가기메뉴 > 생성 > 인보크 노드**를 선택하고 여러 개의 메소드 중 원하는 메소드를 선택하면 컨트롤(또는 인디케이터)과 같은 라벨을 가진 인보크 노드가 생성됩니다.

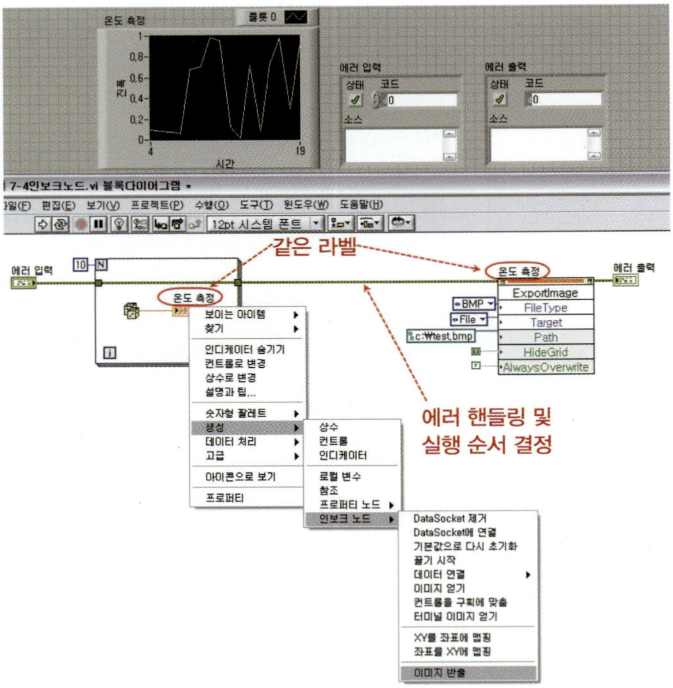

그림 7-4-1 인보크 노드 생성

위의 이미지 반출 메소드를 실행하면 [그림 7-4-2]와 같이 '온도 측정' 웨이브폼 차트의 데이터가

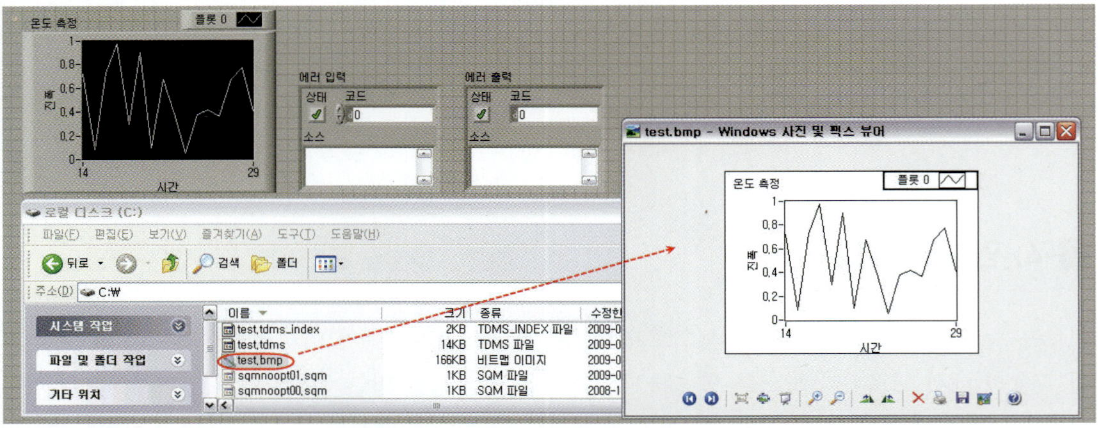

그림 7-4-2 이미지 반출 메소드 실행 결과

bmp 파일로 생성됩니다.

인보크 노드는 프로퍼티 노드와는 달리 인보크 노드 하나에 메소드 하나만 선택할 수 있습니다. [그림 7-4-3]에서 만들어진 이미지 반출 인보크 노드를 보면 여러 개의 메소드를 선택한 것처럼 보이지만 이미지 반출이라는 메소드를 설정하고 나머지들은 이 메소드를 실행하기 위해 필요한 파라미터 값들을 설정한 것입니다. [그림 7-4-3]은 이미지 반출을 실행하되, bmp 파일 타입으로 C:₩test.bmp 경로에다가 저장하고, 그리드는 보이지 않고 덮어쓰기는 비활성화하겠다는 것을 의미합니다.

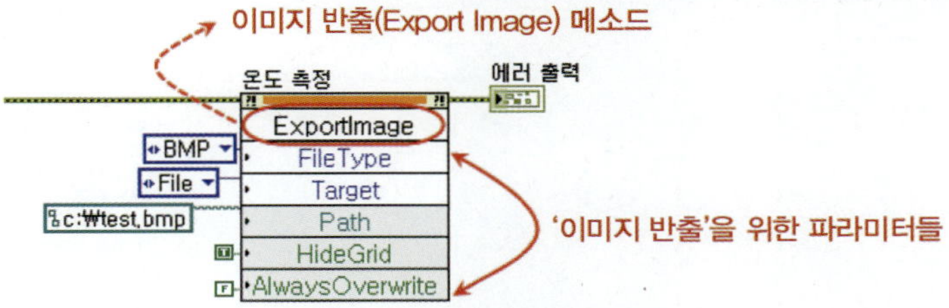

그림 7-4-3 이미지 반출 메소드 파라미터 설정

실습 7.4.1 인보크 노드를 사용하여 그래프에 디스플레이된 데이터를 그림 파일로 저장하도록 합니다.

1. '실습' 폴더에서 '7-4-1 인보크 노드.vi'를 불러옵니다.

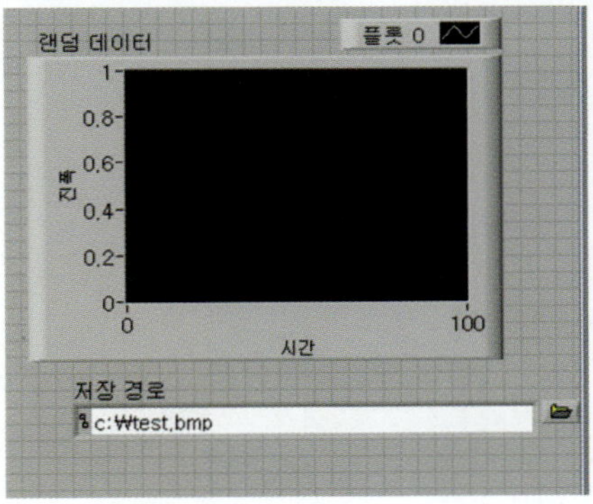

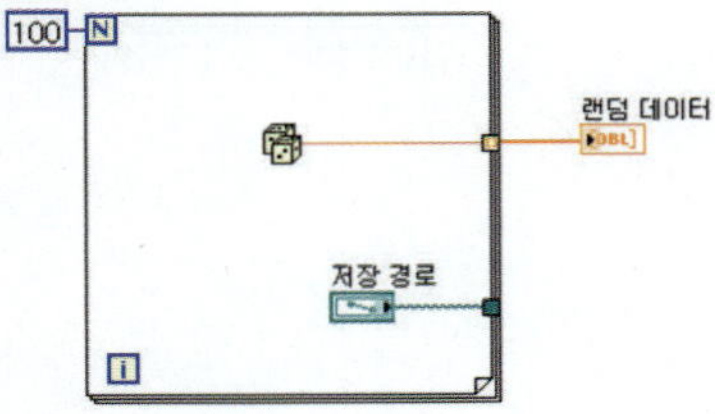

2. 블록다이어그램의 '랜덤 데이터' 터미널에서 **바로가기메뉴 〉 생성 〉 인보크 노드 〉 이미지 반출**을 선택하여 인보크 노드를 생성합니다.

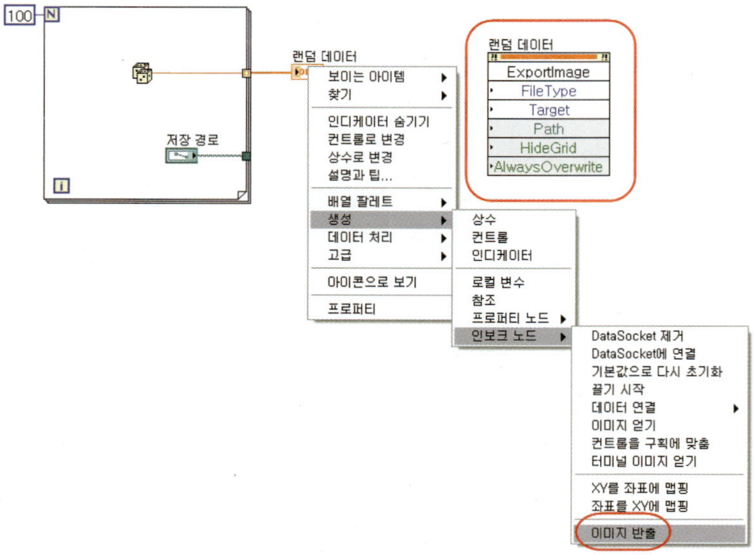

3. 생성된 인보크 노드에서 바로가기메뉴를 사용해 그림과 같이 상수들을 생성 및 설정하고 와이어링합니다. 설정한 상수들의 의미는 파일로 저장하되 확장자 'bmp', 경계선은 숨기지 않고 반복쓰기를 하겠다는 의미입니다. 참고로 '저장 경로'가 For 루프 안에 위치한 이유는 1.12장에서 소개된 데이터 흐름으로 실행 순서를 결정하기 위한 것입니다. 즉 For 루프 안의 코드가 먼저 실행되고 실행이 끝나면 인보크 노드를 실행하기 위한 것입니다.

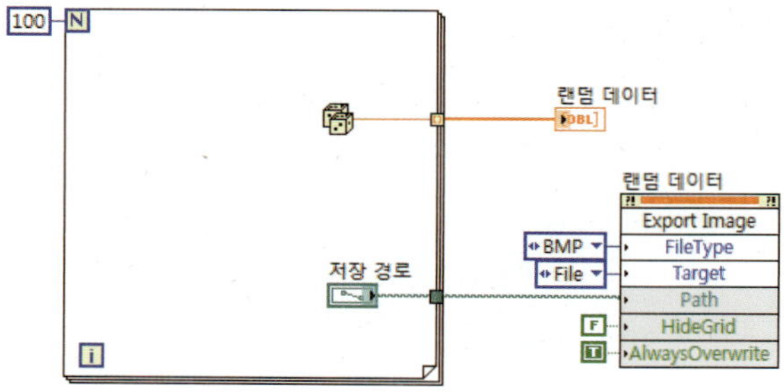

4. 실행하면 그림과 같은 파일 경로에 bmp 파일이 생성됩니다.

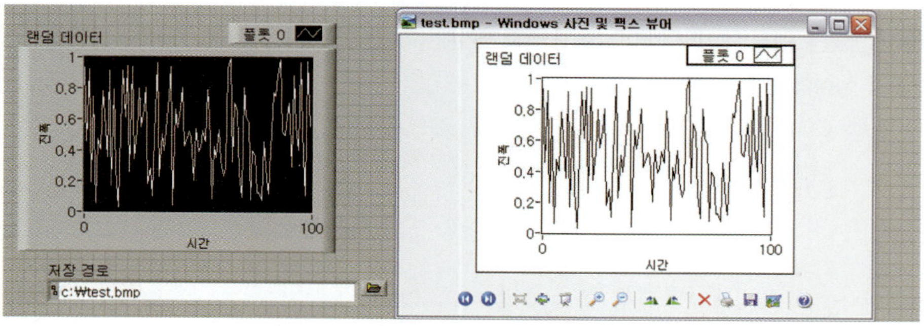

5. VI를 저장하고 닫습니다.

7-5. VI 클래스

7.2장에서 7.4장까지는 컨트롤 클래스의 프로퍼티, 참조, 메소드에 대해 배웠습니다. 7.5장에서는 VI 클래스의 프로퍼티와 메소드에 대해 알아봅니다.

[그림 7-5-1]에서 VI 서버 참조는 현재 프로그램 중인 VI를 지칭함으로써 뒤에 오는 프로퍼티 노드와 인보크 노드의 실행을 현재 작성 중인 이 VI(this VI)에다 적용하라는 의미입니다. 프로퍼티 노드와 인보크 노드를 사용하여 VI 클래스의 다양한 프로퍼티와 메소드를 각각 선택합니다.

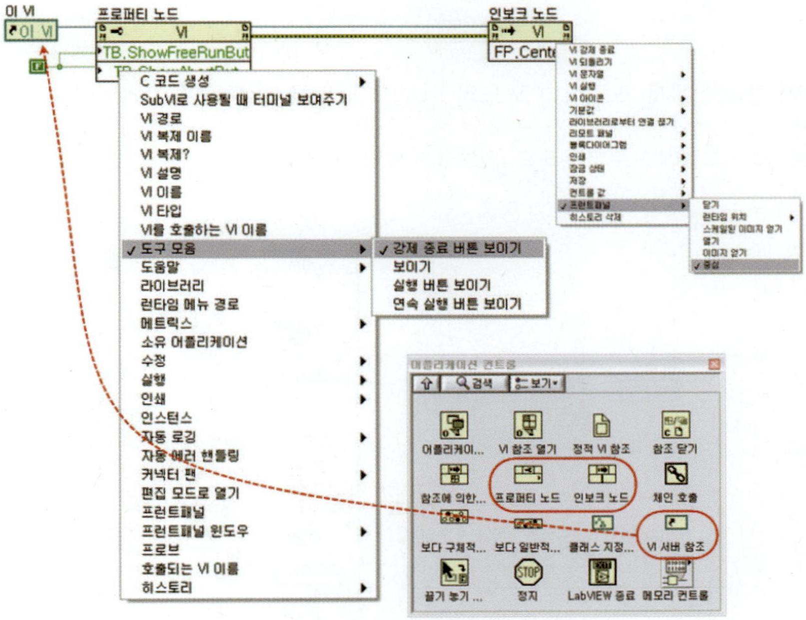

그림 7-5-1 VI 클래스 프로퍼티 노드와 인보크 노드

[그림 7-5-2]의 VI는 **도구 모음 〉 연속 실행 버튼 보이기**와 **도구 모음 〉 강제 종료 버튼 보이기**의 프로퍼티를 설정하여 연속 실행 버튼과 강제 종료 버튼이 보이지 않도록 거짓(F) 값을 연결하였고, **프런트패널 〉 중심**이라는 메소드를 선택하였습니다. 따라서 [그림 7-5-2]의 VI를 실행 전후의 프런트패널과 비교해 보면 강제 종료 버튼과 연속 실행 버튼이 보이지 않게 되고, 프런트패널의 스크린 중심에서 실행되는 것을 확인할 수 있습니다.

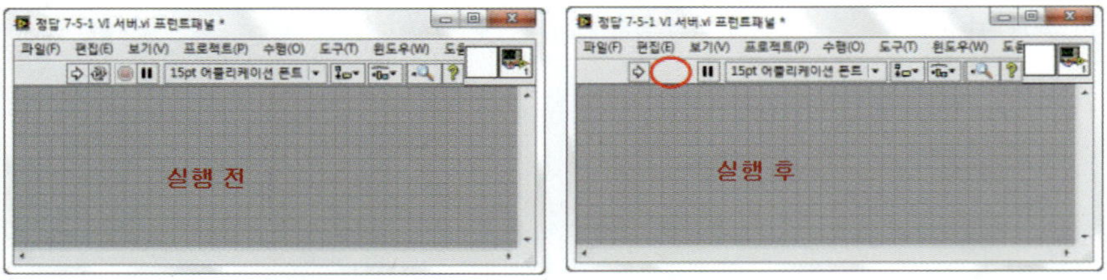

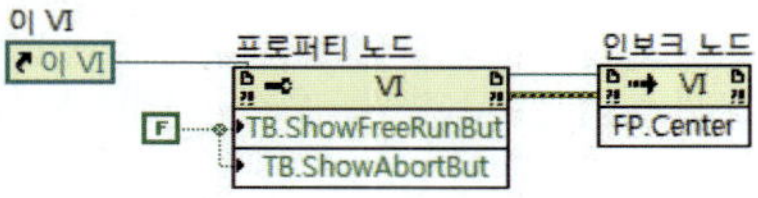

그림 7-5-2 VI 클래스 VI 실행

이처럼 VI 클래스의 프로퍼티 노드와 인보크 노드를 이용하여 VI의 프로퍼티와 메소드를 프로그램적으로 컨트롤할 수 있습니다.

실습 7.5.1 VI 클래스에서 프로퍼티 노드와 인보크 노드를 사용하여 VI의 속성을 변경합니다.

1. 새 VI의 블록다이어그램에 프로퍼티 노드, 인보크 노드와 VI 서버 참조를 그림과 같이 와이어링합니다.

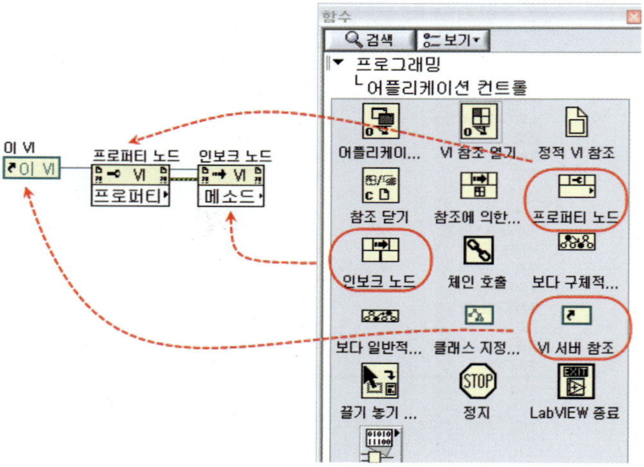

2. 프로퍼티 노드의 **바로가기메뉴 〉 모든 것을 쓰기로 변경**과 **바로가기메뉴 〉 프로퍼티 〉 도구 모음 〉 강제 종료 버튼 보이기**를, 인보크 노드의 **바로가기메뉴 〉 메소드 〉 프런트패널 〉 중심**을 설정하고 그림과 같이 구성합니다.

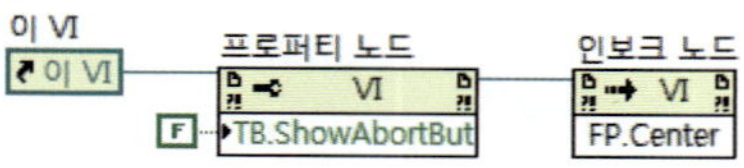

3. 실행하면 프런트패널의 강제 종료버튼이 사라지고 프런트패널이 스크린의 중심으로 이동될 것입니다.

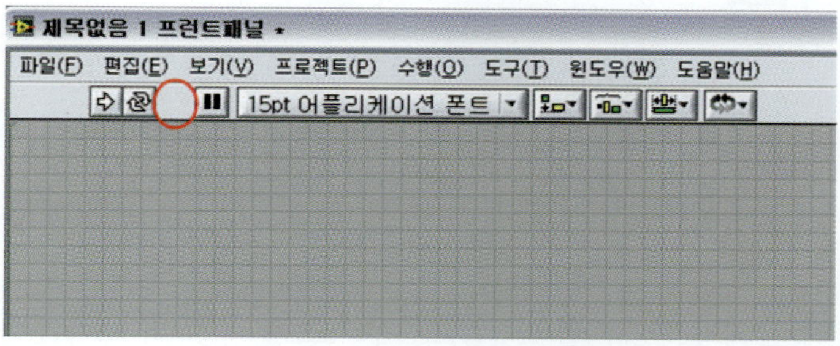

4. VI를 저장하고 닫습니다.

7-6. 클래스 계층구조

LabVIEW 도움말에서 VI 서버의 클래스 계층구조를 참조하면 각 클래스가 가진 프로퍼티와 메소드들을 잘 정리해 놓았습니다.

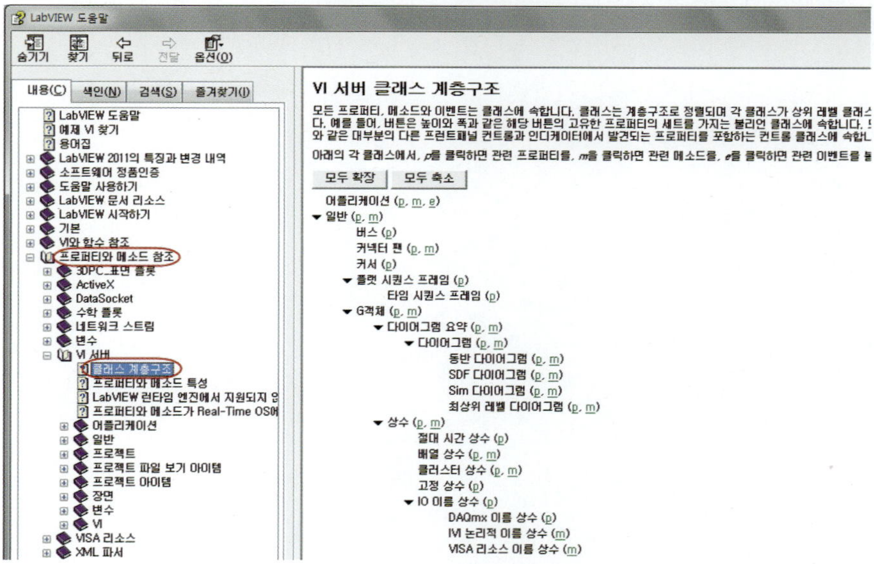

그림 7-6-1 VI 서버 계층구조

자가 진단 퀴즈

LabVIEW

❶ VI 서버는 ______________ 클래스와 ______________ 클래스를 가지고 있습니다.

❷ ______________ 노드는 프로퍼티에 접근할 때 사용하고, ______________ 노드는 메소드에 접근할 때 사용합니다.

❸ 다음 코드의 '전압'에서 3개의 프로퍼티를 하나의 프로퍼티 노드를 사용하여 설정하였습니다. 실행 순서는 어떻게 되나요?

❹ ______________ 은/는 subVI에 구현된 프로퍼티 또는 인보크 노드를 mainVI의 프런트패널에 있는 어떤 컨트롤 또는 인디케이터에 적용할 것인가를 알려줍니다.

CHAPTER 요약

LabVIEW

| 프런트패널 제어 요약 |

- VI 서버는 컨트롤 클래스와 VI 클래스가 존재합니다.
- 프로퍼트 노드는 속성을 프로그램적으로 변경하는 데 사용합니다.
- 인보크 노드는 메소드를 프로그램적으로 변경하는 데 사용합니다.
- 참조는 프로퍼티 노드나 인보크 노드를 subVI로 만들 경우 사용합니다.

LabVIEW의 정석

기본편

CHAPTER

08

디자인 패턴

8-1 디자인 패턴의 개요 8-2 단순(Simple) VI 디자인 패턴

8-3 일반(General) VI 디자인 패턴 8-4 상태머신(State Machine) 디자인 패턴

8-5 사용자 인터페이스 이벤트 핸들러(User Interface Event Handler) 디자인 패턴

8-6 큐 메시지 핸들러(Queue Message Hadler) 디자인 패턴 8-7 병렬 루프(Parallel Loop) 디자인 패턴

8-8 멀티 루프 간의 실시간 데이터 공유 8-9 마스터/슬레이브(Master/Slave) 디자인 패턴

8-10 생산자/소비자 데이터(Producer/Consumer Data) 디자인 패턴

8-11 생산자/소비자 이벤트(Producer/Consumer Event) 디자인 패턴 8-12 디자인 패턴 응용

08 디자인 패턴

프로그램에서 가장 중요하면서도 어려운 것은 전체적인 구조, 즉 디자인 패턴을 선정하는 것입니다. 디자인 패턴을 잘못 선정하게 되면 프로그램을 처음부터 다시 해야 하는 일이 발생할 수도 있습니다. 이번 장에서는 LabVIEW에서 많이 사용하는 다양한 디자인 패턴들에 대해 살펴보도록 하겠습니다. 참고로 디자인 패턴은 'LabVIEW의 정석 구조편'에서 더 자세히 다루고 있습니다.

8-1. 디자인 패턴의 개요

디자인 패턴이란 LabVIEW에서 사용하는 정형화된 프로그램의 전체 구조를 의미합니다. VI에 While 루프가 하나 이하가 있을 때 단일 루프 디자인 패턴이라 하고, 2개 이상이면 멀티 루프 디자인 패턴이라 합니다.

단일 루프 디자인 패턴에는 단순, 일반, 상태머신, 사용자 인터페이스 이벤트 핸들러, 큐 메시지 핸들러 등이 있습니다. 멀티 루프 디자인 패턴에는 병렬, 마스터/슬레이브, 생산자/소비자(데이터), 생산자/소비자(이벤트) 등이 있습니다.

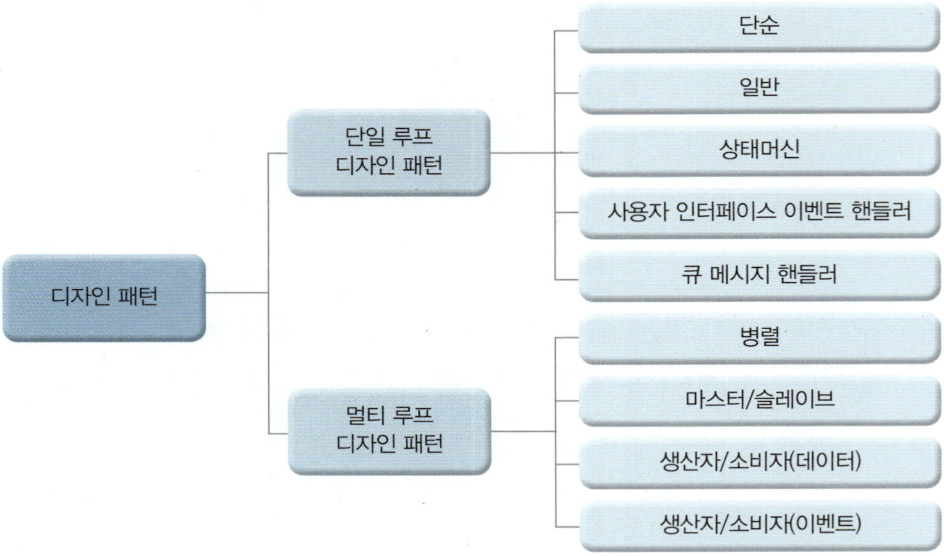

그림 8-1-1 디자인 패턴

각각의 디자인 패턴에 대해 다음에서 살펴봅니다.

8-2. 단순(Simple) VI 디자인 패턴

While 루프가 없는 구조로써 한 번 실행하고 종료되는 구조입니다. 반복할 필요가 없는 코드의 경우 적합하며 subVI로 많이 사용하는 디자인 패턴이기도 합니다.

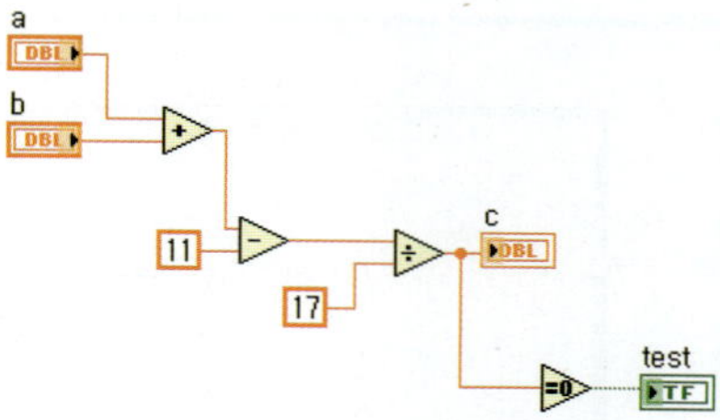

그림 8-2-1 단순 VI 디자인 패턴

8-3. 일반(General) VI 디자인 패턴

While 루프가 하나 있는 구조로써 초기화-반복-종료로 구성합니다. 연속 데이터 수집에서 많이 사용하는 디자인 패턴입니다.

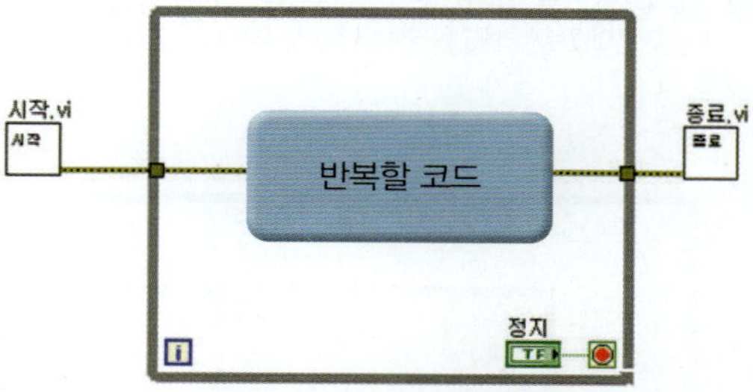

그림 8-3-1 일반VI 디자인 패턴

8-4. 상태머신(State Machine) 디자인 패턴

상태머신 디자인 패턴은 프로젝트가 A를 실행한 뒤 B를 실행하고 B의 결과에 따라 C 또는 D를 실행해야 하는 등의 프로그램을 만들 때 적합한 디자인 패턴입니다. 즉 다음 상태를 어떤 상태로든 이동할 수 있습니다. [그림 8-4-1]과 같이 While 루프와 케이스 구조를 조합하여 구성합니다. 특히 While 루프의 시프트 레지스터 기능을 이용하여 다음 상태의 값을 전달합니다. [그림 8-4-1]에서 시프트 레지스터가 '시작'으로 초기화되어 있어 While 루프의 실행 시 '시작' 케이스가 실행되고, 다음 '설정'이 시프트 레지스터에 저장되어 다음 반복할 때 '설정' 케이스가 실행됩니다.

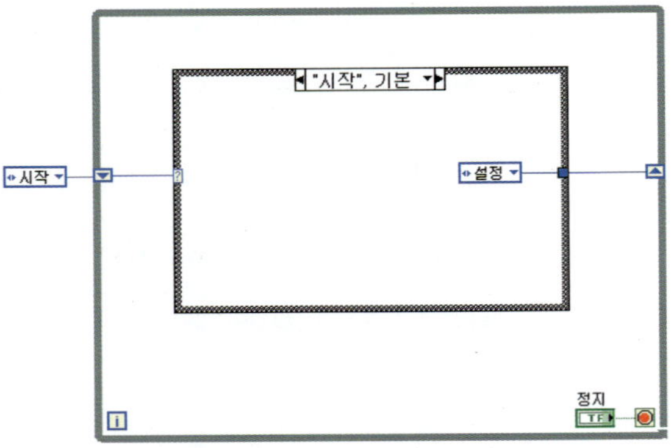

그림 8-4-1 상태머신 디자인 패턴

실습 8.4.1 상태머신 디자인 패턴을 이용하여 측정→분석→저장→종료하는 프로그램을 만듭니다.

1. 새 VI의 블록다이어그램에 While 루프와 시프트 레지스터, 케이스 구조, 열거형 상수를 가져다 놓습니다. 열거형 상수의 **바로가기메뉴 〉 아이템 편집...**을 하여 '측정', '분석', '저장', '종료'를 정의합니다. 그리고 그림과 같이 와이어링합니다.

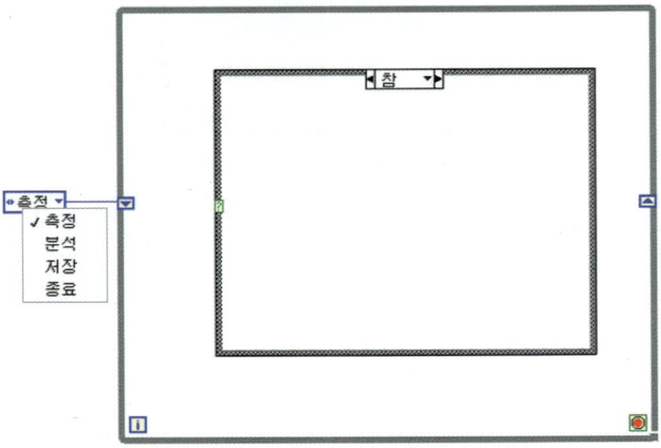

2. 시프트 레지스터를 케이스 구조의 선택자 터미널에 연결한 후, 케이스 구조의 **바로가기메뉴 〉 모든 값에 대한 케이스 추가**를 하게 되면 열거형 상수가 가지고 있는 아이템에 대한 4개의 케이스가 생성됩니다.

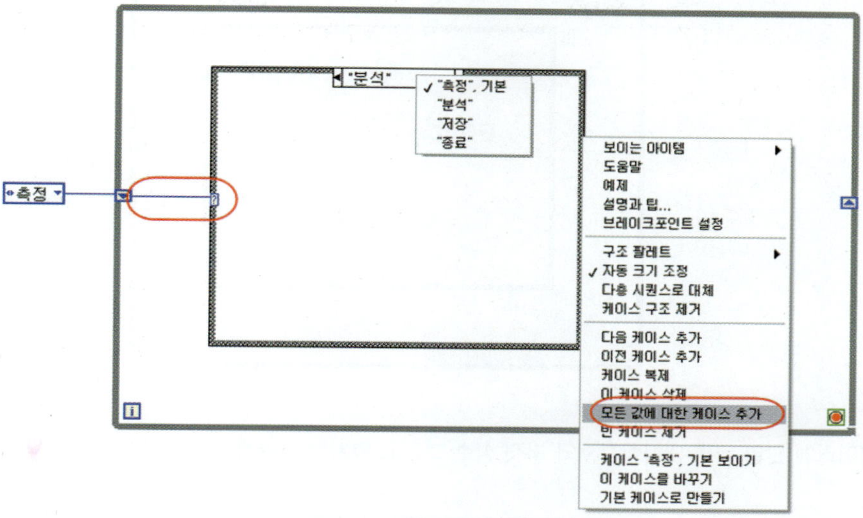

3. '측정' 케이스에 **단일 버튼 대화상자**.vi와 거짓 상수 그리고 열거형 상수를 그림과 같이 연결합니다.

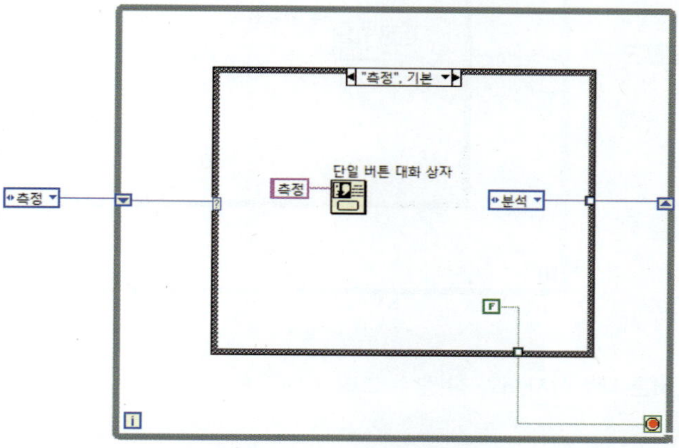

4. '분석' 케이스에 **단일 버튼 대화상자**.vi와 거짓 상수 그리고 열거형 상수를 그림과 같이 연결합니다.

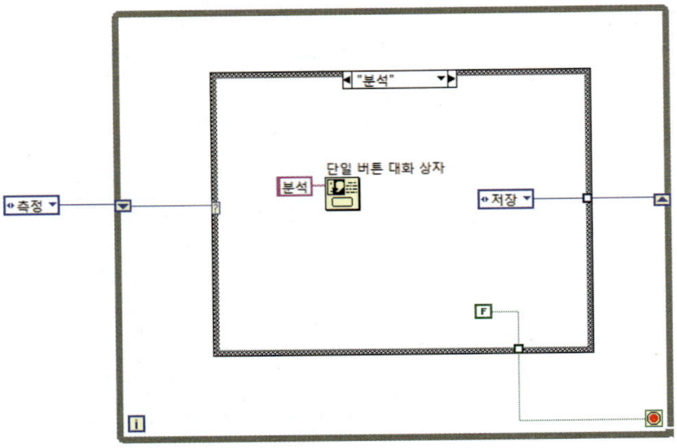

5. '저장' 케이스에 **단일 버튼 대화상자**.vi와 거짓 상수 그리고 열거형 상수를 그림과 같이 연결합니다.

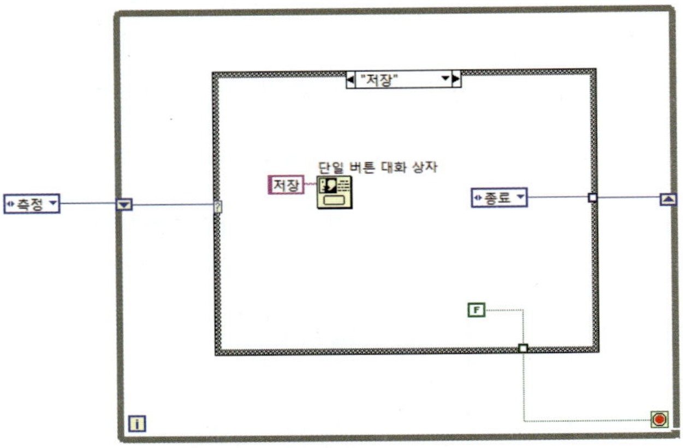

6. '종료' 케이스에 **단일 버튼 대화상자**.vi와 참 상수 그리고 열거형 상수를 그림과 같이 연결합니다.

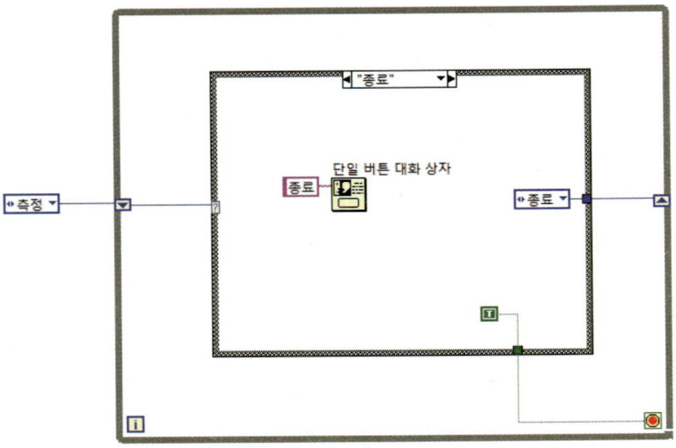

7. 실행하면 측정 → 분석 → 저장 → 종료 순서로 대화 상자가 나오면서 종료됩니다.

8. VI를 저장하고 닫습니다.

8-5. 사용자 인터페이스 이벤트 핸들러(User Interface Event Handler) 디자인 패턴

사용자 인터페이스인 프런트패널에서 마우스나 키보드의 이벤트(마우스 다운, 마우스 업, 키 다운 등)가 발생할 때 동기화를 맞추어 특정 코드를 실행하고자 할 때 사용하기에 적합한 디자인 패턴입니다.

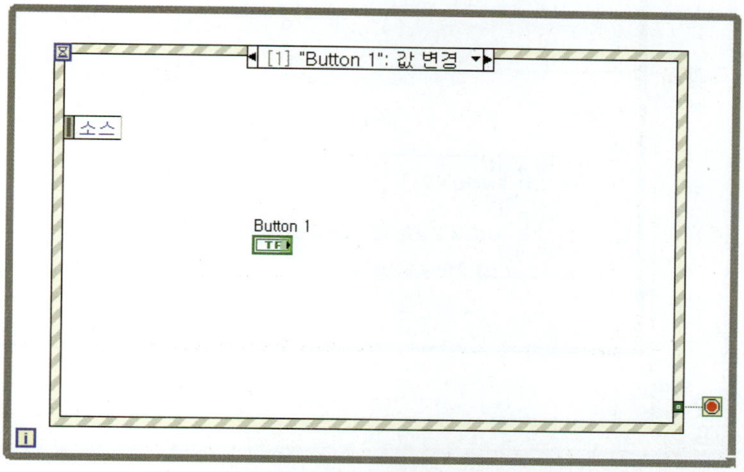

그림 8-5-1 사용자 인터페이스 이벤트 핸들러 디자인 패턴

실습 8.5.1 실습 4.10.1을 참조하세요. 실습 4.10.1은 사용자 인터페이스 이벤트 핸들러 디자인 패턴으로 구현되어 있습니다.

8-6. 큐 메시지 핸들러(Queue Message Handler) 디자인 패턴

큐 메시지 핸들러 디자인 패턴은 프로젝트가 A를 실행한 뒤 B를 실행하고 B를 실행한 뒤 C를 실행해야 하는 식의 프로그램을 만들 때 적합한 디자인 패턴입니다. [그림 8-6-1]과 같이 While 루프와 케이스 구조를 조합하여 구성합니다. 특히 While 루프의 시프트 레지스터 기능을 이용하여 다음 상태의 값을 전달합니다. 이는 8.4장의 상태머신 디자인 패턴과 유사합니다.

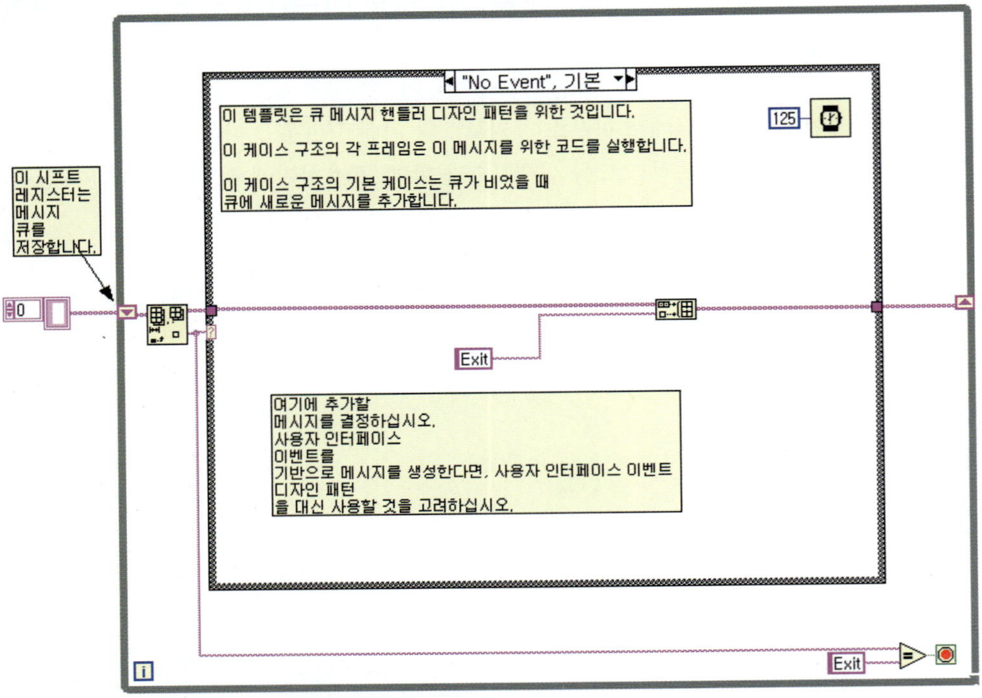

그림 8-6-1 큐 메시지 핸들러 디자인 패턴

8-7. 병렬 루프(Parallel Loop) 디자인 패턴

동시에 태스크를 실행하고 응답해야 할 경우 각 태스크를 서로 다른 While 루프에 할당하여 병렬 실행을 할 수 있습니다. 병렬 루프 디자인 패턴은 두 개 이상의 While 루프가 서로 다른 실행 주기를 가지고 동시에 다양한 태스크를 처리할 때 주로 사용합니다. While 루프 간에 실행 중에는 실시간으로 데이터를 주고 받고 하는 관계가 없는, 즉 While 루프 각각 독립적인 일을 처리하고자 할 때 사용하기에 적합합니다.

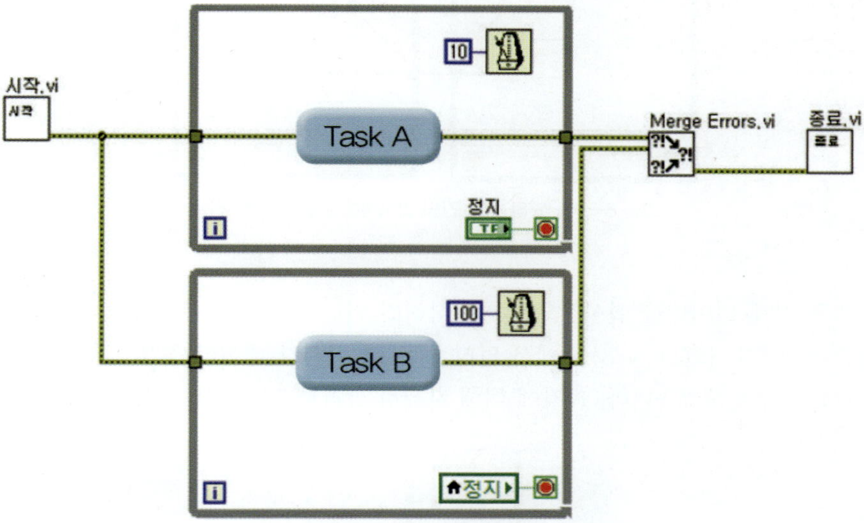

그림 8-7-1 병렬 루프 디자인 패턴

8-8. 멀티 루프 간의 실시간 데이터 공유

멀티 루프 간에 실시간으로 데이터를 공유하는 방법에 대해서 알아보겠습니다. [그림 8-8-1]에서 보면 첫 번째 While 루프 노드의 출력 터널에서 값이 출력되려면 While 루프 노드의 실행이 끝나야 하고, 두 번째 While 루프 노드가 시작될려면 입력 터널로부터 값을 받아야 실행될 수 있습니다. 자세한 정보는 1.12장 데이터 흐름을 참조하세요.
즉 와이어를 이용해서는 멀티 루프 간에 실시간으로 데이터를 공유할 수 없습니다.

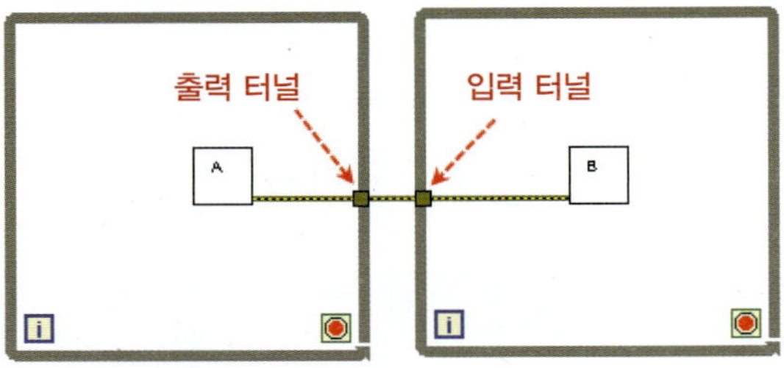

그림 8-8-1 멀티 루프 간의 와이어를 통한 데이터 전달

그럼 멀티 루프 간에 데이터를 실시간으로 공유하려면 어떤 방법을 사용해야 할까요? 여기서는 3가지 방법을 소개합니다. [그림 8-8-2]에서 멀티 루프 간 실시간 데이터 공유 방법을 변수, 다이나믹 이벤트, 동기화로 구분하였습니다. 각각에 대해 자세히 살펴보도록 하겠습니다.

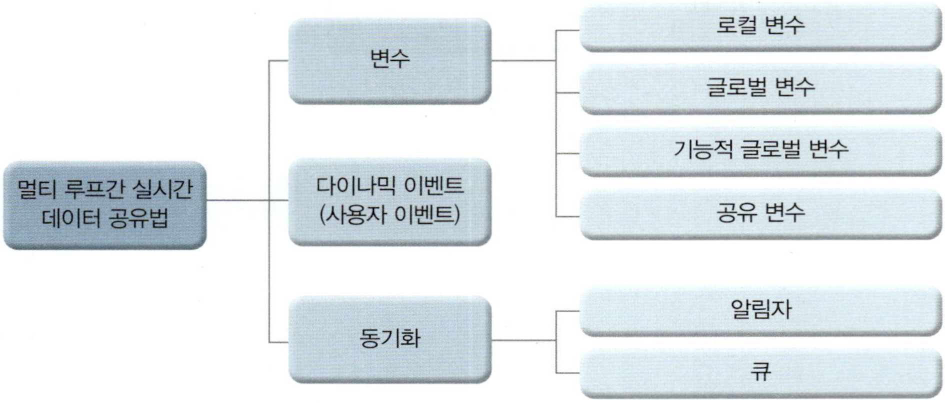

그림 8-8-2 멀티 루프 간의 실시간 데이터 전달법

먼저, 변수란 데이터를 저장하는 공간입니다. 여러 곳에서 이 공간에 접근하여 저장된 값을 실시간으로 공유 가능합니다. 변수는 읽기와 쓰기 속성을 가지고 있으며, 크게 로컬 변수, 글로벌 변수, 기능적 글로벌 변수, 공유 변수로 나눕니다. 기능적 차이는 없으며, 사용 범위의 차이가 있습니다. [그림

8-8-3]을 보면, 로컬 변수는 같은 VI 내에서 데이터를 실시간 공유하고, 글로벌 변수와 기능적 글로벌 변수는 서로 다른 VI에서 데이터를 공유하며, 공유 변수는 설정에 따라 차이가 있긴 하지만 주로 서로 다른 컴퓨터 간의 데이터를 공유하는 데 사용합니다.

그림 8-8-3 변수 사용 범위

가장 사용 범위가 좁은 로컬 변수를 생성하는 방법은 공유하고자 하는 컨트롤 또는 인디케이터의 터미널에서 **바로가기메뉴 〉 생성 〉 로컬 변수**를 선택합니다. 그러면 터미널과 같은 라벨을 가진 로컬 변수가 생성이 됩니다.

로컬 변수를 처음 생성하면 쓰기 속성을 가지고 있습니다. 이를 읽기 속성으로 변경하고자 할 때, 로컬 변수의 **바로가기메뉴 〉 읽기로 변경**을 선택합니다.

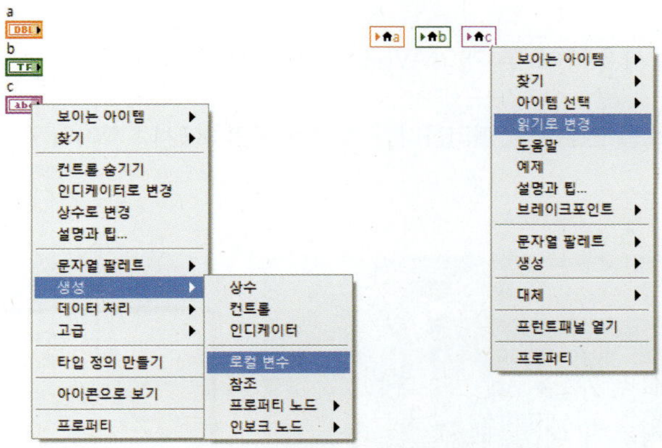

그림 8-8-4 로컬 변수 생성

[그림 8-8-5]에서 로컬 변수를 이용하여 같은 VI 내에서 두 개의 While 루프를 하나의 정지 버튼을 이용하여 모든 While 루프를 정지하고 'test'에 디스플레이되는 값을 로컬 변수로 만들어서 'copy'에 연결하여 두 웨이브폼 차트에서 같은 값이 디스플레이되도록 하였습니다. 이때 두 로컬 변수의 속성은 로컬 변수에 저장된 값을 읽어와야 하므로 읽기 속성을 사용합니다.

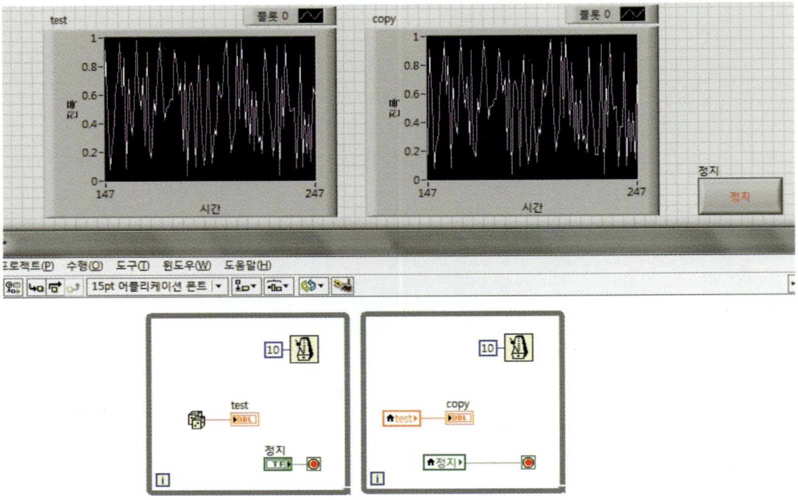

그림 8-8-5 정지 로컬

참고로 불리언 데이터는 로컬 변수로 만들 때 기계적 동작을 반드시 스위치로 변경해서 사용해야 합니다.

실습 8.8.1 로컬 변수를 사용하여 두 개의 While 루프 간에 데이터를 실시간 공유합니다.

1. '실습' 폴더에서 '8-8-1 로컬 변수.vi'를 불러옵니다. 실행을 하면 0에서 1 사이의 임의의 숫자가 웨이브폼 차트에 나타납니다.

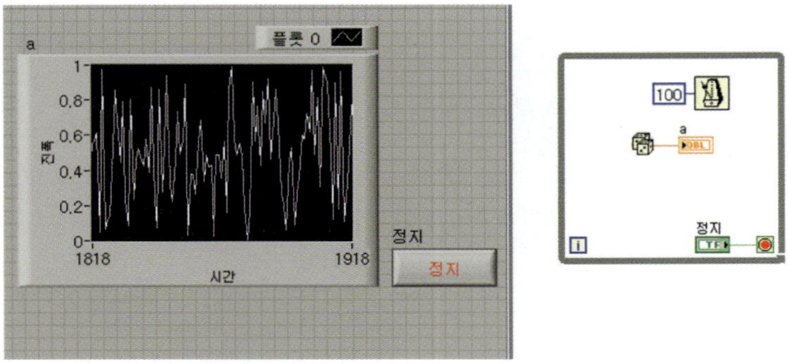

2. 프런트패널에 라벨이 'b'인 웨이브폼 차트를 추가합니다.

3. 블록다이어그램을 그림과 같이 수정합니다.

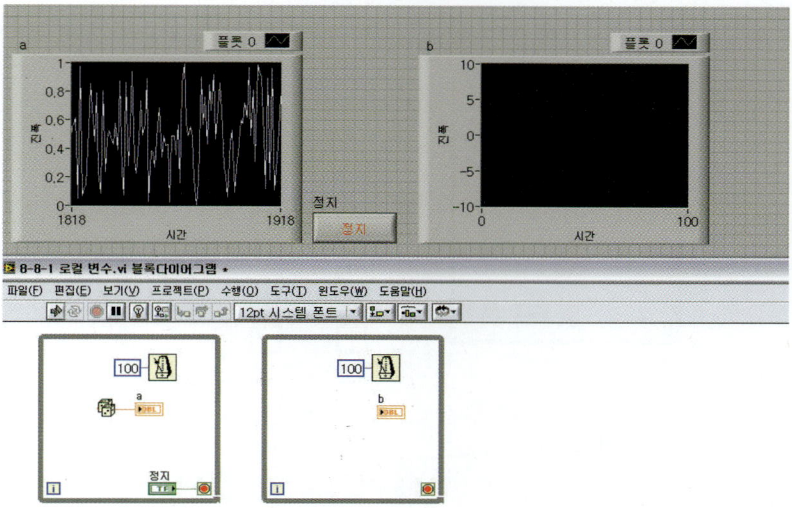

4. 'a'와 '정지' 터미널에서 각각 **바로가기메뉴 > 생성 > 로컬 변수**를 생성하고 생성된 각각의 로컬 변수들을 **바로가기메뉴 > 읽기로 변경**하여 그림과 같이 와이어링합니다.

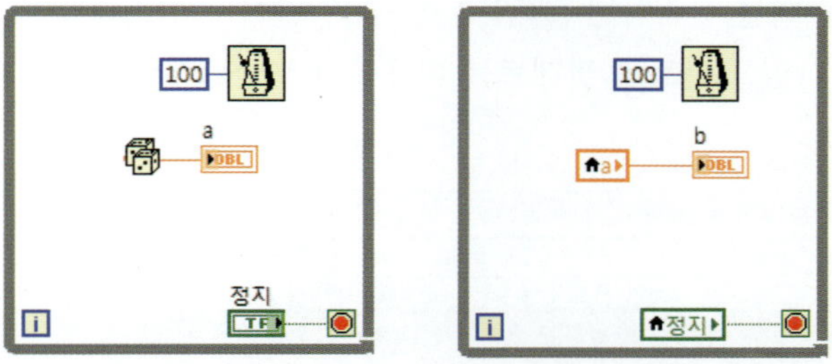

5. 실행하면 'b'는 'a'와 같은 값이 디스플레이되고, '정지' 버튼이 눌러지면 두 개의 While 루프가 동시에 정지됩니다.

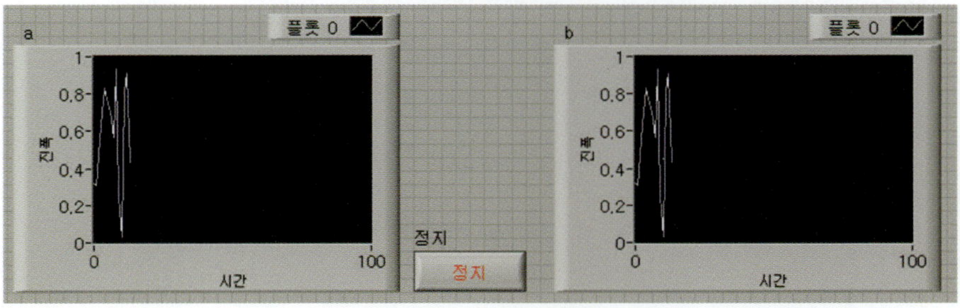

6. VI를 저장하고 닫습니다.

글로벌 변수는 서로 다른 VI간에 데이터를 공유할 수 있습니다. 예를 들어 a.vi의 정지 버튼이 눌러지면 b.vi의 While 루프도 종료될 수 있도록 할 때는 글로벌 변수를 이용하여 구현합니다. 글로벌 변수를 만드는 방법은 [그림 8-8-6]과 같이 **함수 팔레트 〉 구조 〉 글로벌 변수**를 블록다이어그램에 위치시킵니다.

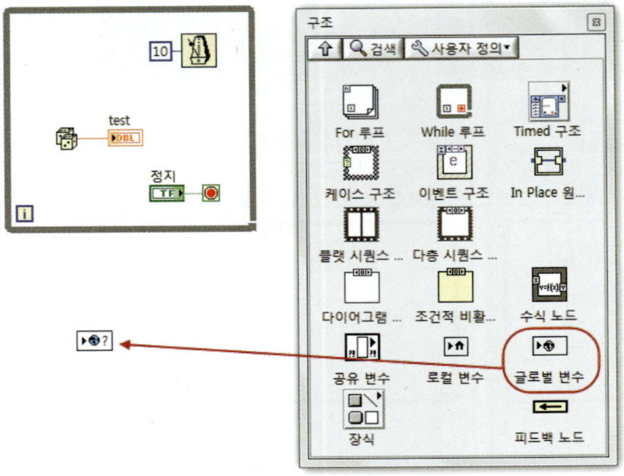

그림 8-8-6 글로벌 변수

위치시킨 글로벌 변수를 더블 클릭하면 [그림 8-8-7]과 같이 프런트패널만 있는 새로운 창이 하나 뜹니다. 공유할 데이터 타입을 컨트롤 팔레트를 이용하여 프런트패널에 가져다 놓고 저장한 후 창을 닫습니다.

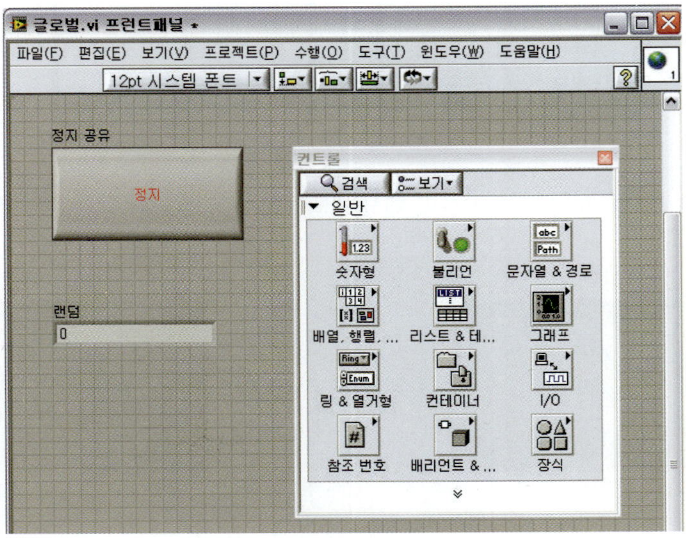

그림 8-8-7 글로벌 변수 선언

[그림 8-8-8]에서 다시 블록다이어그램으로 돌아와서 글로벌 변수의 **바로가기메뉴 〉 아이템 선택**을 하면 [그림 8-8-7]에서 만든 컨트롤 또는 인디케이터의 라벨이 나타납니다. 그 중 사용하고 싶은 것을 선택하면 됩니다.

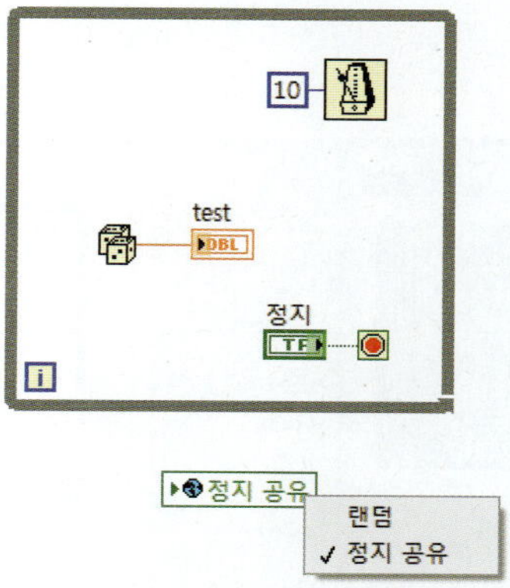

그림 8-8-8 글로벌 변수 지정

[그림 8-8-9]에서 왼쪽 VI에서 정지 버튼을 눌렀을 때, 오른쪽 VI와 왼쪽 VI 둘 다 프로그램을 종료시킬 수 있도록 하기 위해 정지 버튼의 값을 글로벌 변수를 이용하여 공유합니다. 왼쪽 VI에서 블록다이어그램을 보면 '정지 공유' 글로벌 변수를 쓰기 속성으로 설정하여 '정지'의 값을 글로벌 변수에 씁니다. 오른쪽 VI의 블록다이어그램에서 '정지 공유' 글로벌 변수를 읽기 속성으로 설정하여 왼쪽 VI에서 글로벌 변수에 쓴 값을 읽어 온 후 오른쪽 VI의 조건 터미널에 연결합니다.

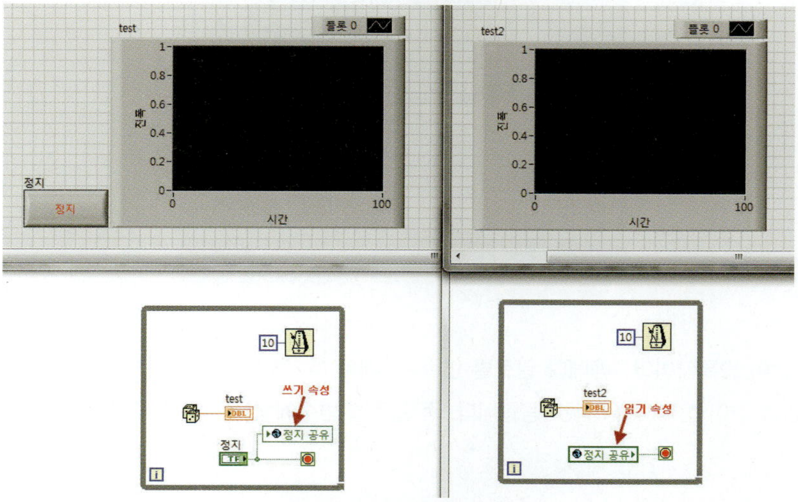

그림 8-8-9 글로벌 변수 통신

실습 8.8.2 글로벌 변수를 사용하여 서로 다른 VI에 있는 While 루프 간에 데이터를 실시간 공유합니다.

1. '실습' 폴더에서 '8-8-2 글로벌 변수.vi'를 불러옵니다. 실행을 하면 0에서 1 사이의 임의의 숫자가 웨이브폼 차트에 나타납니다.

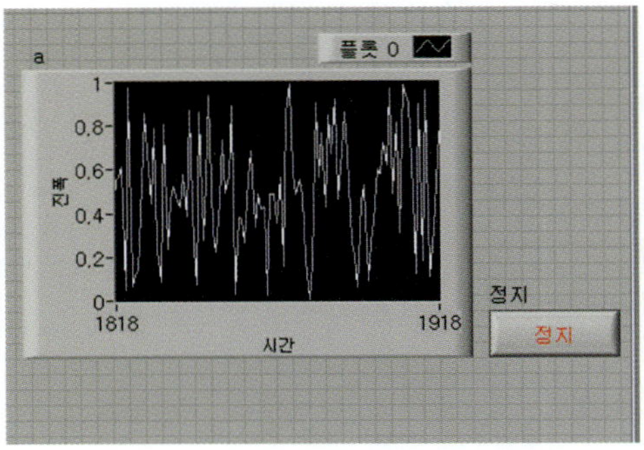

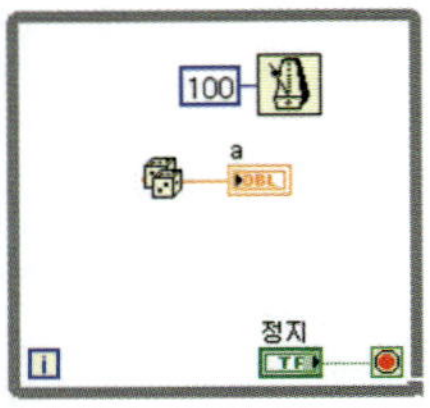

2. 블록다이어그램에 글로벌 변수를 하나 가져다 놓고 더블 클릭하여 글로벌 변수를 열어 그림과 같이 '난수' 웨이브폼 차트와 'While 정지' 불리언 버튼을 추가하고 '글로벌 변수'라고 저장하고 닫습니다.

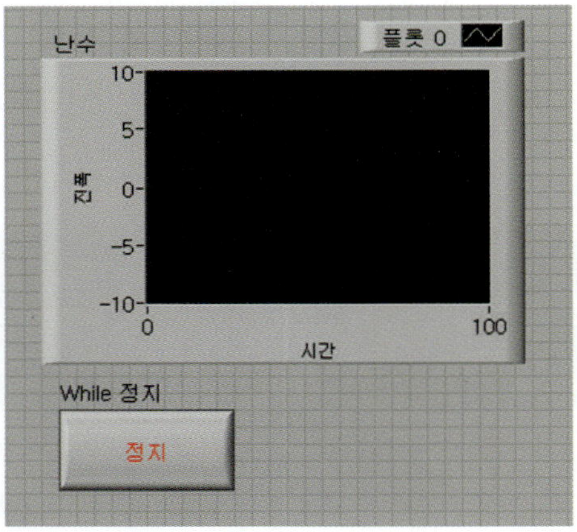

3. 다음 그림과 같이 블록다이어그램에다 글로벌 변수 두 개를 추가하여 **바로가기메뉴 〉 아이템 선택**을 통해 각 아이템을 그림과 같이 선정하여 와이어링합니다. 즉 글로벌 변수에 값을 저장합니다.

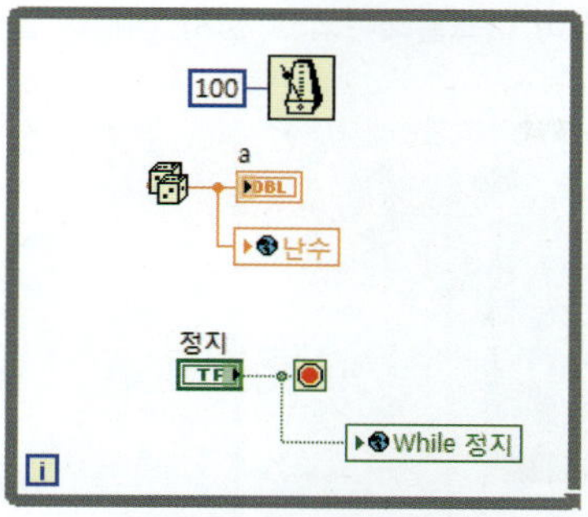

4. 새 VI에 그림과 같이 프런트패널과 블록다이어그램을 구현하고 'b.vi'로 저장합니다.

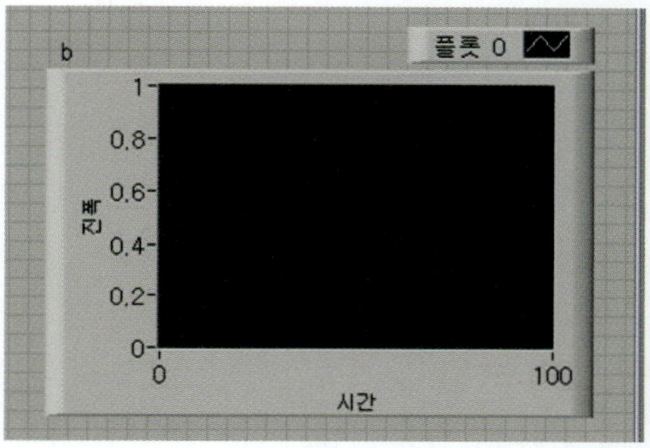

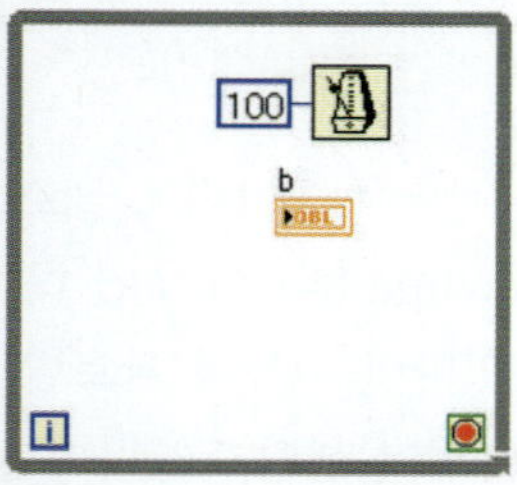

5. 'b.vi'의 블록다이어그램에 2번에서 만든 글로벌 변수를 불러와 글로벌 변수의 **바로가기메뉴 〉 읽기로 변경**을 선택하고, **바로가기메뉴 〉 아이템 선택**을 통해 각 아이템을 그림과 같이 선정하여 와이어링합니다. 즉 글로벌 변수에 저장된 값을 읽어 옵니다.

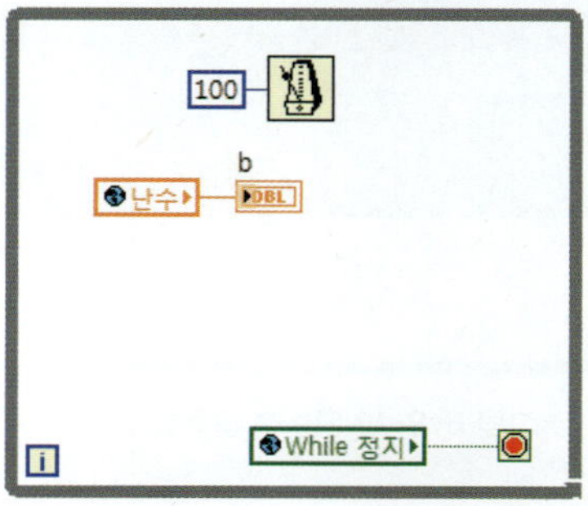

6. 두 VI를 실행하여 'a'와 'b'는 같은 값이 디스플레이되고 '정지' 버튼이 눌러지면 두 VI가 동시에 정지됩니다.

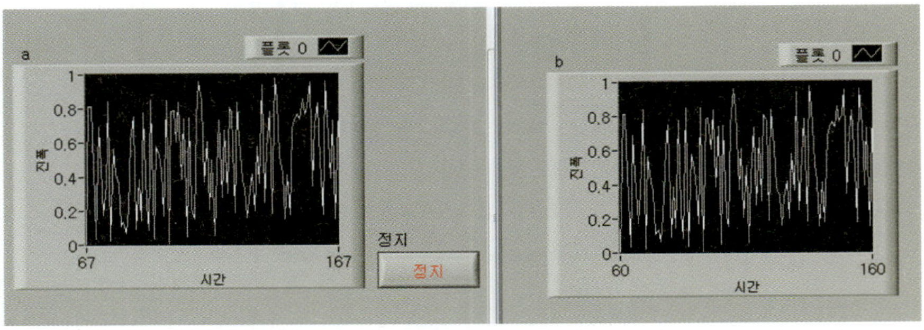

7. VI를 저장하고 닫습니다.

기능적 글로벌 변수는 이름 그대로 글로벌 변수의 기능을 하는 VI입니다. 구조는 [그림 8-8-10]과 같습니다. 특징은 While 루프의 조건 터미널에 참 상수가 연결되어 있고 초기화되지 않은 시프트 레지스터를 가지고 있다면 기능적 글로벌 변수입니다. 조건 터미널에 참 상수가 연결되어 있으므로 While 루프는 한 번만 실행되고 끝나며 시프트 레지스터가 초기화되지 않았으므로 마지막 값을 저장했다가 다음 번 실행 때 그 값을 사용할 수 있습니다. 즉 저장 기능이 가능합니다. 시프트 레지스터의 기능에 대한 자세한 정보는 4.3장을 참조하세요.

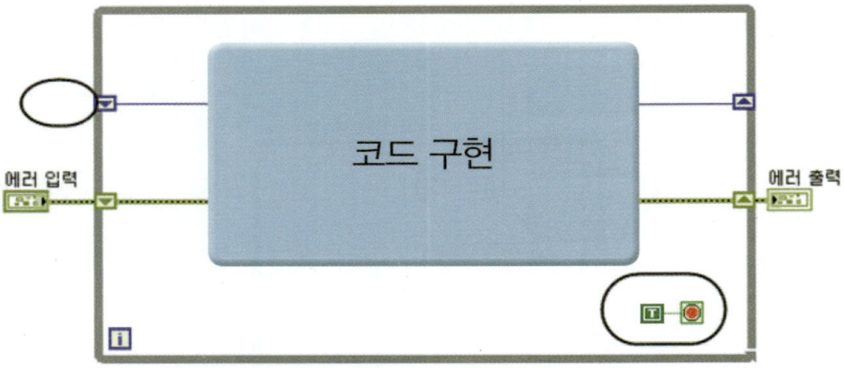

그림 8-8-10 기능적 글로벌 변수

[그림 8-8-11]에서 기능적 글로벌 변수를 만들었습니다. 변수는 읽기/쓰기 속성이 가능해야 하기 때문에 이 기능을 케이스 구조를 사용하여 분리합니다. '속성'을 '읽기'로 선택하면 '읽기' 케이스가 실행되면서 시프트 레지스터에 저장된 값을 읽어서 '출력' 인디케이터에 출력시키고, '속성'을 '쓰기'로 설정하면 '입력' 컨트롤에 입력한 값을 시프트 레지스터에 저장하는 '쓰기' 케이스가 실행됩니다.

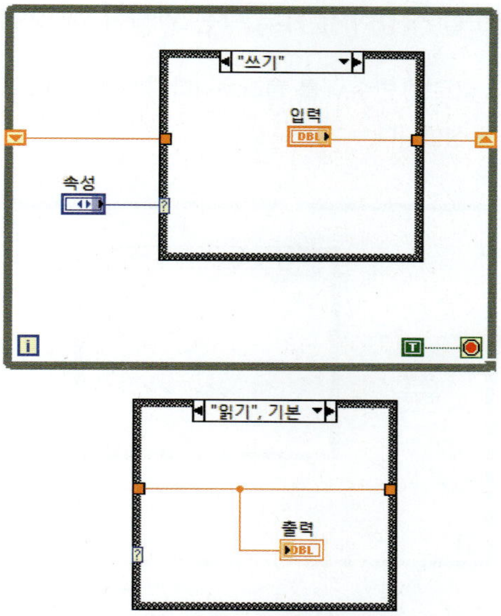

그림 8-8-11 기능적 글로벌 변수 구현

[그림 8-8-12]에서 보면, [그림 8-8-11]의 VI를 subVI로 만들어 서로 다른 VI에서 실시간으로 데이터를 공유하였습니다.

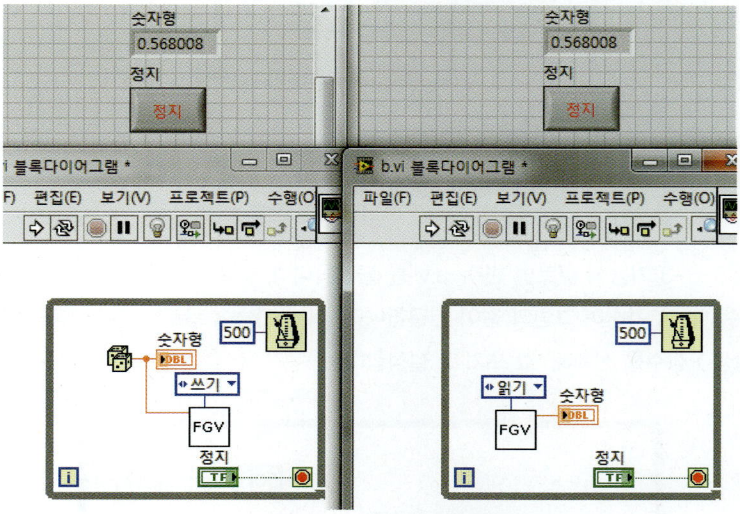

그림 8-8-12 기능적 글로벌 변수 이용

실습 8.8.3 기능적 글로벌 변수를 사용하여 서로 다른 VI에서 데이터를 실시간 공유합니다.

1. '실습' 폴더에서 '8-8-3 기능적 글로벌 변수.vi'를 불러옵니다. 블록다이어그램에서 '명령' 터미널을 케이스 구조에 연결한 다음 그림과 같이 구성합니다.

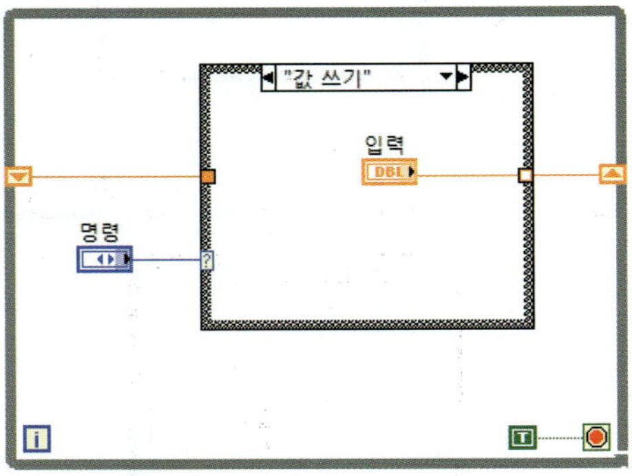

2. 블록다이어그램에서 '값 읽기' 케이스를 그림과 같이 수정하고 저장한 뒤 VI를 닫습니다.

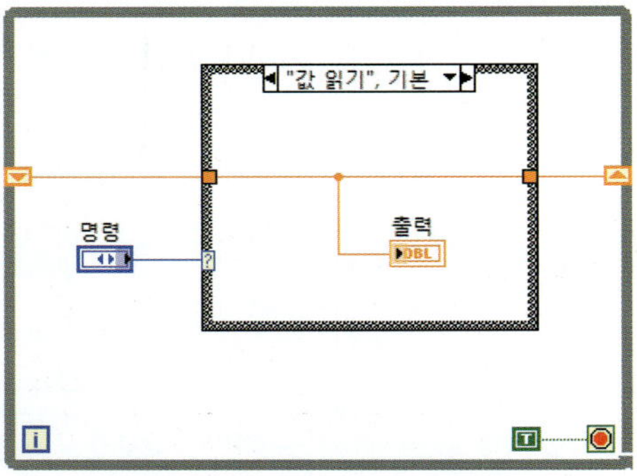

3. '실습' 폴더에서 '8-8-3 기능적 글로벌 변수-a.vi'를 불러옵니다. 블록다이어그램에 1번과 2번을 통해 만든 기능적 글로벌 변수.vi를 추가하여 그림과 같이 연결합니다. 이때 기능적 글로벌 변수.vi의 명령 파라미터에서 **바로가기메뉴 〉 생성 〉 상수**를 선택해 '값 쓰기'로 설정합니다.

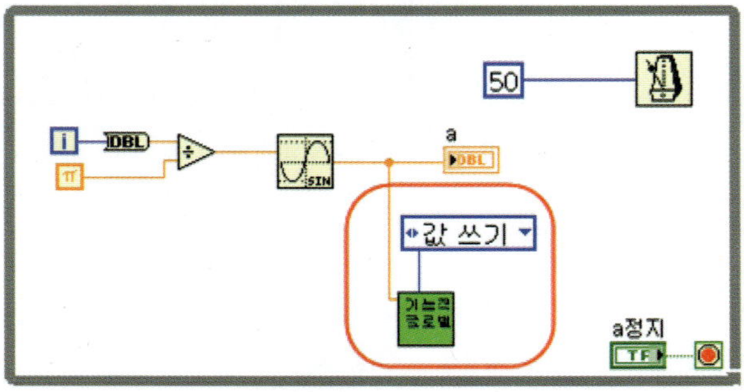

4. '실습' 폴더에서 '8-8-3 기능적 글로벌 변수-b.vi'를 불러옵니다. 블록다이어그램에 3번과 같이 기능적 글로벌 변수.vi를 추가하여 그림과 같이 연결합니다. 이때 기능적 글로벌 변수.vi의 명령 파라미터에서 **바로가기메뉴 〉 생성 〉 상수**를 선택해 '값 읽기'로 설정합니다.

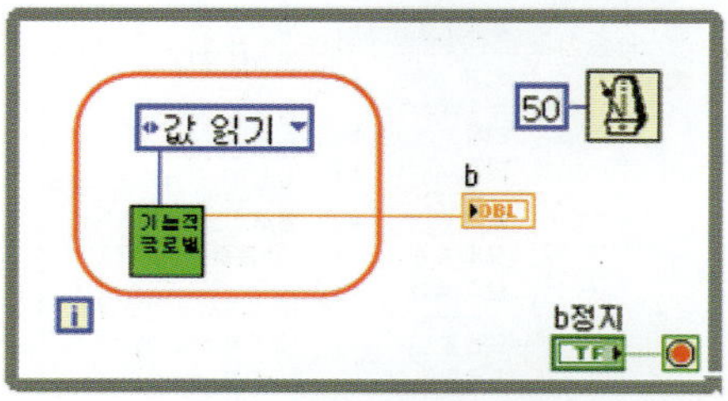

5. 3번과 4번을 통해 수정한 두 VI를 각각 실행시키면 '8-8-3 기능적 글로벌 변수-a.vi'의 'a' 웨이브폼 차트에 있는 사인파형이 기능적 글로벌 변수를 통해 '8-8-3 기능적 글로벌 변수-b.vi'의 'b' 웨이브폼 차트에 전달되어 같은 데이터가 디스플레이되는 것을 확인할 수 있습니다.

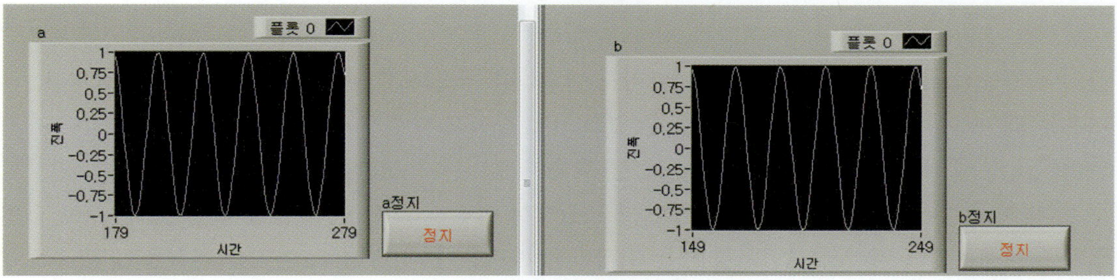

6. VI를 저장하고 닫습니다.

공유 변수는 설정하기에 따라 차이가 있긴 하지만 주로 서로 다른 컴퓨터 간의 데이터를 실시간으로 공유할 때 사용합니다. [그림 8-8-13]은 공유 변수를 생성하는 것입니다. 공유 변수는 프로젝트 탐색기를 이용하여 생성합니다. 생성된 변수를 설정한 뒤 프로젝트 탐색기에서 생성된 공유 변수를 선택하고 블록다이어그램으로 드래그해서 사용합니다.

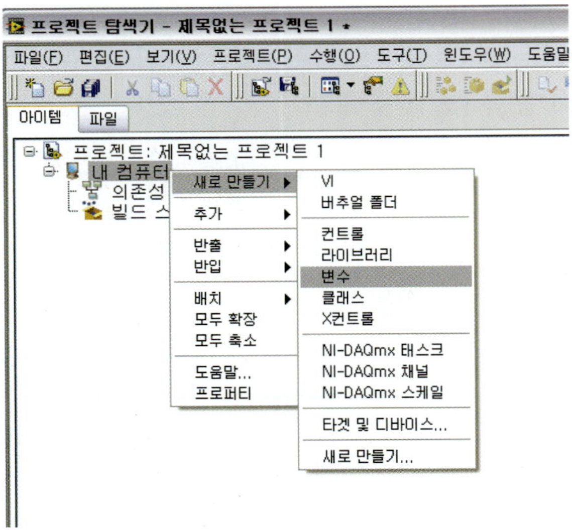

그림 8-8-13 공유 변수 생성

이상으로 로컬 변수, 글로벌 변수, 기능적 글로벌 변수, 공유 변수를 살펴 보았습니다.
하지만 기능적 글로벌 변수를 제외하고 나머지 변수들은 꼭 필요할 때만 사용하는 것이 좋습니다. 그 이유는 데이터 손실이나 중복이 발생할 수 있고, 1.12장에서 다뤄지는 데이터 흐름 패러다임이 깨져 와이어를 통해 데이터 전달할 때보다 속도 등 효율이 떨어지고 경합 조건(race condition)이 발생할 수 있기 때문입니다. 경합 조건은 [그림 8-8-14]에서 어떤 노드가 먼저 실행되는지 또는 test 값이 언제 읽혀지는지에 따라서 그림처럼 다른 결과값을 가져올 수 있습니다. 이러한 현상을 경합 조건이라고 합니다.

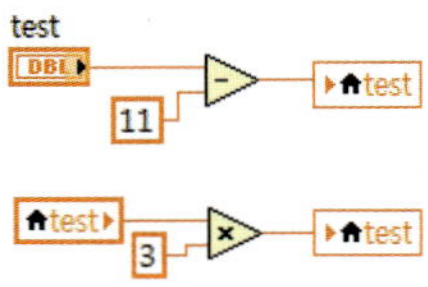

test = 3*(test-11)

test = test-11

test = test*3

test = 3*test-11

그림 8-8-14 경합 조건

코드에 경합 조건이 있어도 테스트 중 수천 번 같은 결과를 반환하다가 어떤 때는 다른 결과를 반환한다거나 해서 경합 조건은 디버깅이 어렵습니다. 따라서 변수는 꼭 필요한 곳에서만 사용하고 사용할 때도 경합 조건이 발생하지 않도록 주의해서 사용하기 바랍니다.

다음은 동기화에 대해 알아보도록 하겠습니다. 동기화는 알림자와 큐 두 가지로 구성됩니다. 알림자와 큐의 차이는 버퍼 구조의 유무입니다. 큐는 버퍼 구조로 되어 있고, 알림자는 그렇지 않습니다. 동작 원리나 프로그램 방법은 비슷합니다.

먼저 알림자에 대해 알아보도록 하겠습니다. [그림 8-8-15]에서 **알림자 얻기**.vi에서 실시간으로 전달할 데이터 타입을 선언합니다. 그리고 **알림 보내기**.vi가 실행되면 알림 파라미터에 연결된 데이터가 **알림 기다림**.vi의 알림 파라미터로 전달됩니다. 그리고 프로그램 종료 전에 **알림자 해제**.vi를 실행합니다. 즉 **알림자 보내기**.vi가 실행되면 동시에 **알림 기다림**.vi가 실행되면서 선언한 데이터 타입의 데이터가 전송이 됩니다.

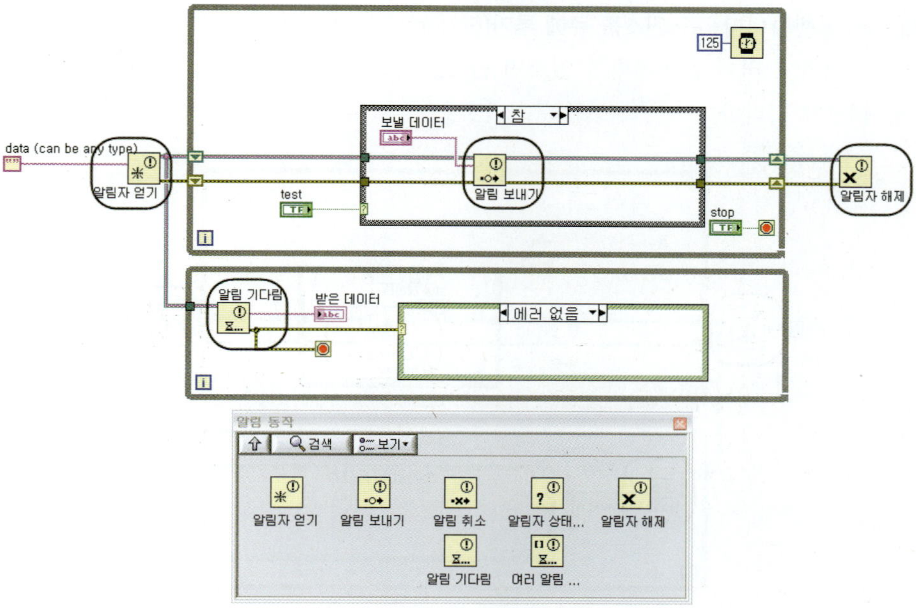

그림 8-8-15 알림자

알림자의 단점은 버퍼 구조가 아니라서 데이터 손실이 발생할 수 있습니다. 그러나 큐는 [그림 8-8-16]과 같이 버퍼 구조로 되어 있어 데이터 손실을 막을 수 있습니다.

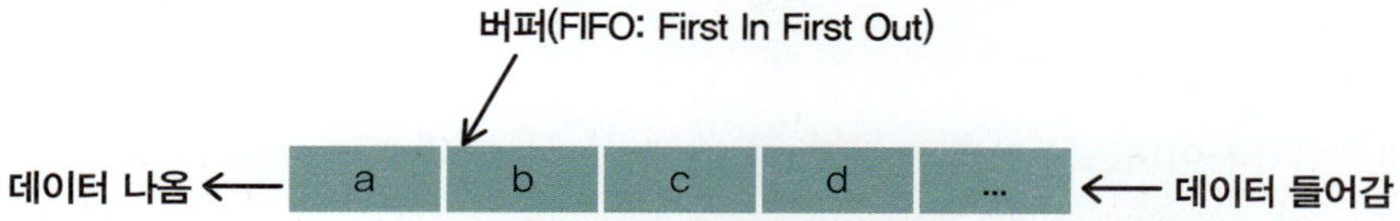

그림 8-8-16 버퍼 구조(FIFO)

동작은 알림자와 비슷합니다. [그림 8-8-17]에서 **큐 얻기.vi**의 원소 데이터 타입 파라미터에 실시간으로 전달할 데이터 타입을 선언하고 버퍼의 사이즈를 최대 큐 크기 파라미터에 설정합니다. 버퍼 크기를 지정하면 그 공간을 사용하든 사용하지 않든 간에 메모리를 지정한 크기만큼 차지합니다. 버퍼 사이즈를 설정하지 않으면 버퍼 크기에 제한이 없음을 나타냅니다. 설정하지 않고 무한대의 크기를 가진다고 해서 메모리를 미리 할당하지 않고 필요할 때 할당하며, 사용하지 않으면 바로 해제하는 방식입니다. 따라서 버퍼 크기를 설정하지 않고 실행해도 메모리를 과다 차지하는 문제는 없기 때문에 일반적으로 버퍼 크기를 설정하지 않고 사용하는 것이 더 유용합니다. 그리고 **원소를 큐에 추가(Enqueue).vi**가 실행되면 원소 파라미터에 연결된 데이터가 버퍼에 들어가고, **원소를 큐에서 제거(Dequeue).vi**는 버퍼에 있는 데이터를 빼와서 원소 파라미터로 전달됩니다. 그리고 프로그램 종료 전에 **큐 해제.vi**를 실행합니다. 즉 **원소를 큐에 추가(Enqueue).vi**가 실행되면 선언한 데이터 타입의 데이터가 버퍼에 들어가고 버퍼에 데이터가 있으면 **원소를 큐에서 제거(Dequeue).vi**가 실행되면서 버퍼에서 데이터를 빼오게 됩니다.

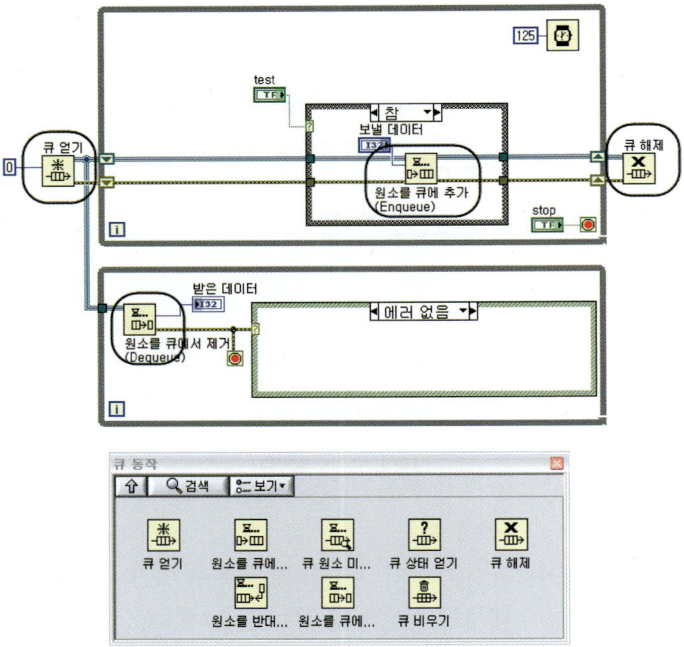

그림 8-8-17 큐

마지막으로 다이나믹 이벤트(사용자 이벤트)에 대해 살펴보도록 하겠습니다. 참고로 4.10장에서 이벤트 중 정적 이벤트에 대해 살펴보았습니다. 다이나믹 이벤트(사용자 이벤트)는 이름처럼 사용자가 임의로 이벤트를 정의해서 사용할 수 있습니다. 부가적으로 다이나믹 이벤트(사용자 이벤트)는 루프들 간에 실시간으로 데이터를 전달하는 기능도 가지고 있습니다. [그림 8-8-18]은 사용자 이벤트 관련 노드들입니다.

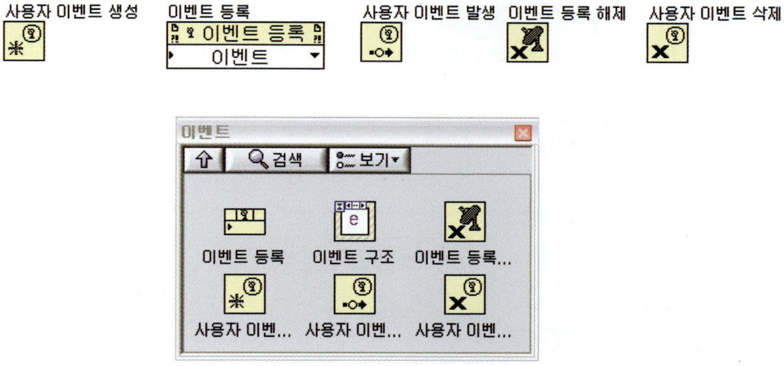

그림 8-8-18 사용자 이벤트 노드들

[그림 8-8-19]의 사용자 이벤트 예를 가지고 사용법을 설명하겠습니다. 다음 프로그램은 두 번째 While 루프의 현재 반복 횟수를 모니터링하여 그 값을 7로 나눈 나머지가 5일 때마다 사용자 이벤트를 발생하여 그 때의 두 번째 While 루프의 반복 터미널 값을 첫 번째 While 루프에 전달하여 프런트 패널에 인디케이터로 표현합니다.

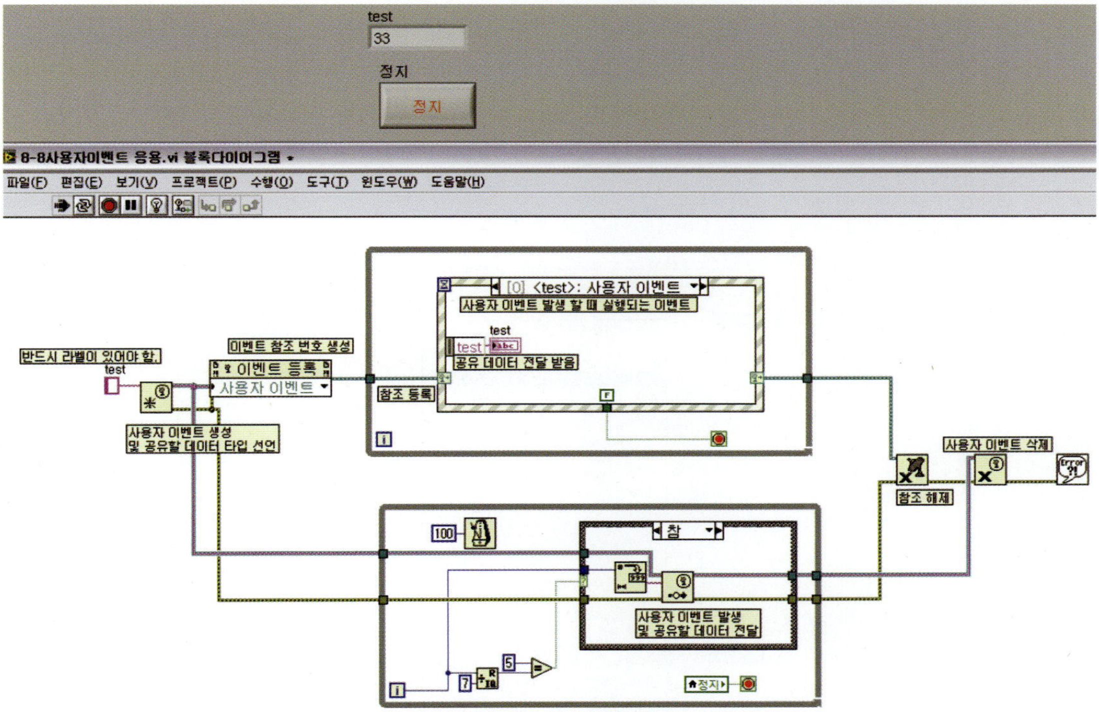

그림 8-8-19 사용자 이벤트 응용

두 개의 While 루프에서 첫 번째 While 루프 안에 이벤트 구조를 두고 [그림 8-8-20]처럼 이벤트 구조의 **바로가기메뉴 〉 다이나믹 이벤트 터미널 보이기**를 선택하여 **이벤트 등록**.vi에서 출력되는 이벤트 참조 번호를 연결할 수 있도록 만듭니다. 이벤트 참조 번호를 등록해야지만 [그림 8-8-21]처럼 이벤트 편집창의 이벤트 소스에서 다이나믹(사용자) 이벤트가 활성화됩니다.

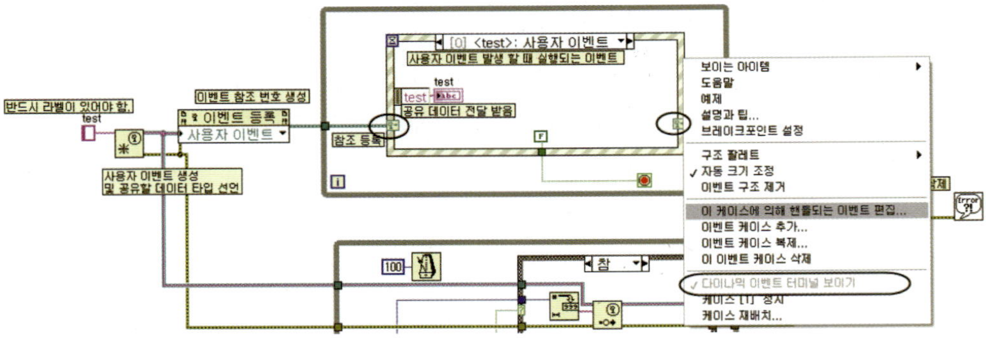

그림 8-8-20 다이나믹 터미널 보이기

사용자 이벤트 생성.vi에서 사용자 이벤트 데이터 타입 파라미터에 공유할 데이터 타입을 정의할 때 반드시 데이터 타입에 라벨이 있어야 합니다. 이 라벨이 사용자 이벤트의 이름으로 사용되므로 이벤트를 편집할 때 이 이름으로 이벤트를 구분합니다. [그림 8-8-20]에서는 데이터 타입의 라벨로 'test'를 사용하였습니다. 이벤트 편집창에서 이벤트 소스는 '〈test〉:사용자 이벤트'를 선정하고, 이벤트에서는 '사용자 이벤트'를 선정하였습니다.

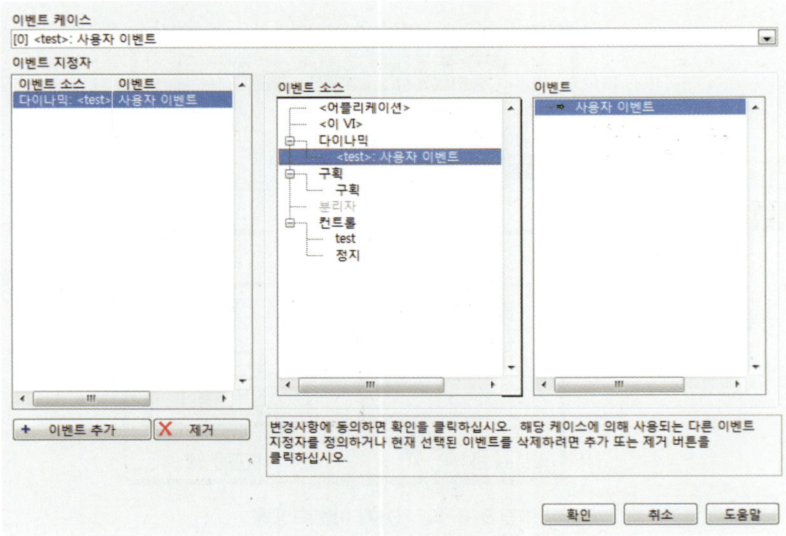

그림 8-8-21 사용자 이벤트 생성 및 이벤트 편집

이벤트의 사용자 이벤트 선정이 완료한 후, '〈test〉 : 사용자 이벤트' 케이스 내에서 이벤트 데이터 노드의 **바로가기메뉴 〉 아이템 선택**을 하면 [그림 8-8-22]와 같은 메뉴가 나타납니다. 이 메뉴에서 **사용자 이벤트 생성**.vi의 사용자 이벤트 데이터 타입 파라미터에 연결한 데이터의 라벨과 같은 'test'가 보이게 됩니다. 사용자 이벤트를 통해 전달받을 데이터를 모니터링하기 위해서 'test'를 선택합니다.

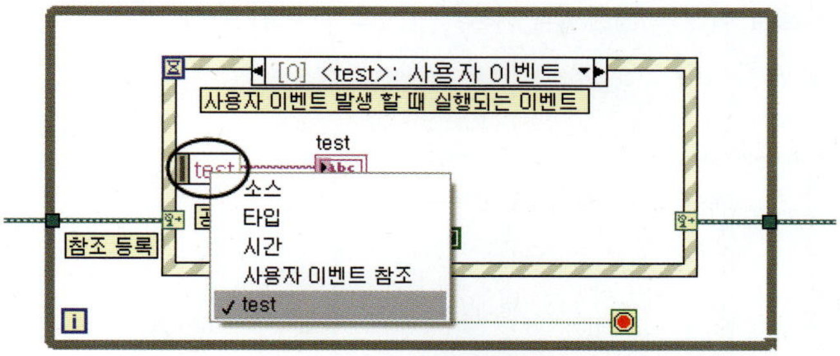

그림 8-8-22 이벤트 데이터 노드

[그림 8-8-23]에서 두 번째 루프의 현재 반복 횟수를 모니터링하여 그 값을 7로 나눈 나머지가 5일 때마다 사용자 이벤트를 발생하기 위해 케이스 구조를 사용하여 참 케이스 구조 안에 **사용자 이벤트 발생**.vi를 위치시킵니다. 이 노드의 이벤트 데이터 파라미터에 'i' 값을 문자열로 변경하여 전달하였습니다. 문자열로 변경한 이유는 처음 전달할 데이터 타입을 문자열로 선언하였기 때문입니다. 선언할 때 숫자형(I32)으로 선언하였다면 [그림 8-8-23]에서 문자열로 변경 없이 바로 'i' 값을 전달할 수 있습니다. 그리고 마지막으로 **이벤트 등록 해제**.vi와 **사용자 이벤트 삭제**.vi를 하였습니다.

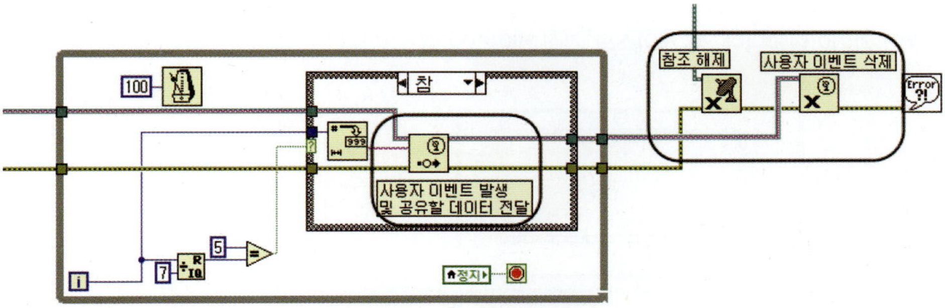

그림 8-8-23 사용자 이벤트 발생

실습 8.8.4 다이나믹 이벤트(사용자 이벤트)를 사용하여 서로 다른 While 루프 간에 데이터를 실시간 전달합니다.

1. '실습' 폴더에서 '8-8-4 사용자 이벤트.vi'를 불러옵니다. 블록다이어그램을 그림과 같이 **사용자 이벤트 생성**.vi, **이벤트 등록**.vi, **사용자 이벤트 발생**.vi(참/거짓 케이스 각각 추가), **이벤트 등록 해제**.vi, **사용자 이벤트 삭제**.vi를 추가합니다. **사용자 이벤트 생성**.vi의 사용자 이벤트 데이터 타입 파라미터에 문자열 상수를 연결해 주고 라벨을 'aaa'라고 붙여 줍니다.

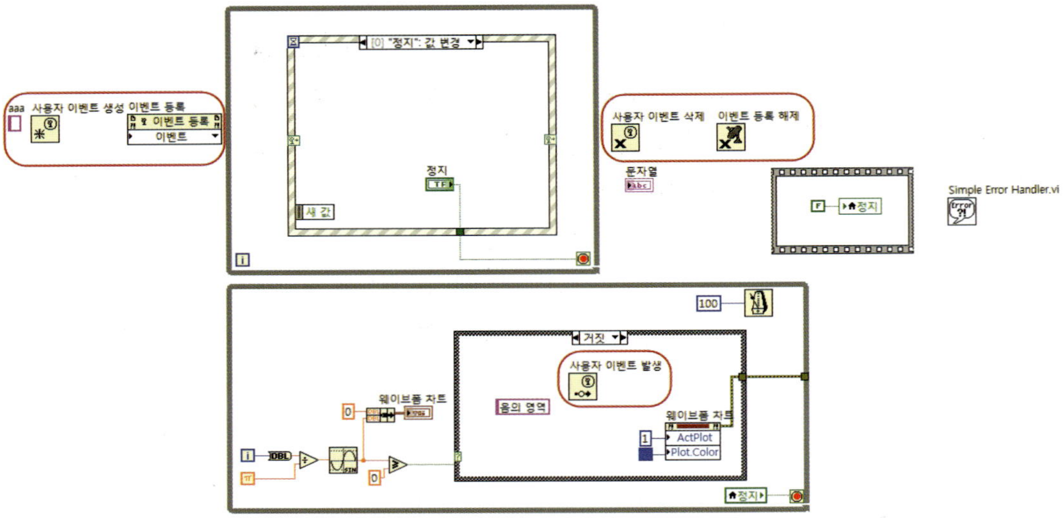

2. 그림과 같이 와이어링합니다. 참 케이스도 거짓 케이스와 같은 방법으로 와이어링합니다.

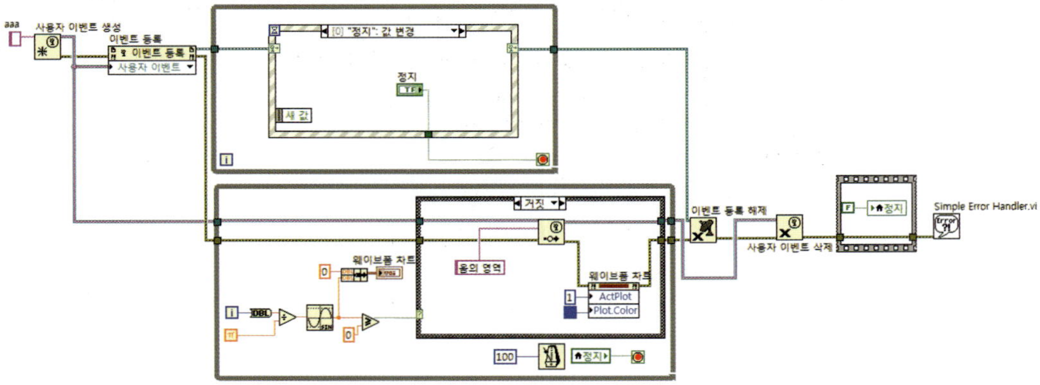

3. 이벤트 구조의 **바로가기메뉴 〉 이벤트 케이스 추가...**에서 다이나믹의 〈aaa〉: 사용자 이벤트를 선택한 후, 이벤트 데이터 노드를 'aaa'로 설정하고 그림과 같이 와이어링하고 수정합니다.

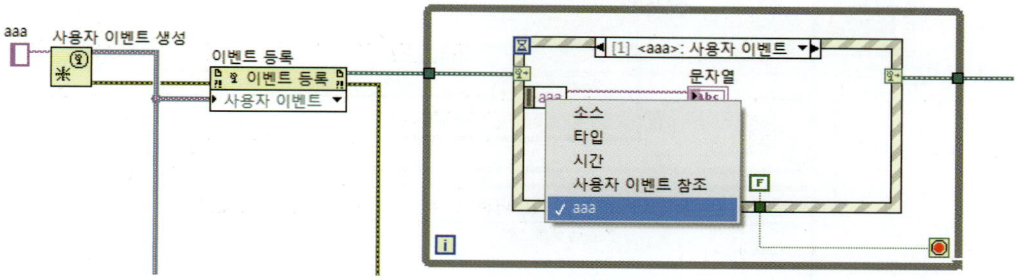

4. 프런트패널에서 실행하면 그림처럼 사인파가 0보다 크거나 같으면 문자열 컨트롤에 '양의 영역'이 0보다 작으면 '음의 영역'이 사용자 이벤트를 통해 전달되는 것을 볼 수 있습니다.

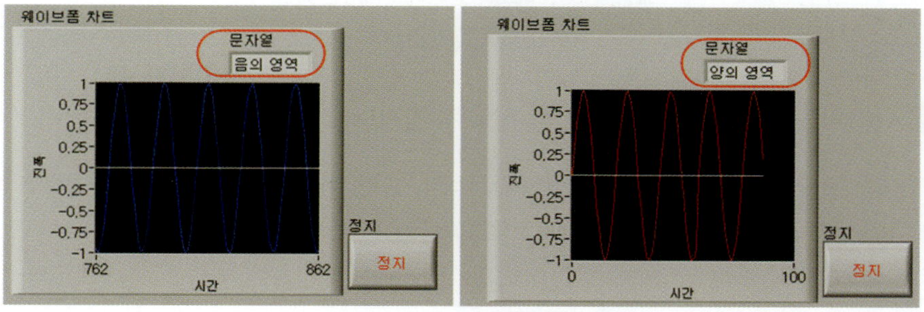

5. VI를 저장하고 닫습니다.

8-9. 마스터/슬레이브(Master/Slave) 디자인 패턴

알림자를 사용한 디자인 패턴으로 슬레이브 루프가 마스터 루프에 동기화되어 실행됩니다. 버퍼 구조가 아니라 데이터 손실이 발생할 수도 있습니다. 알림자를 통해 마스터에서 슬레이브로 데이터를 실시간 전달합니다.

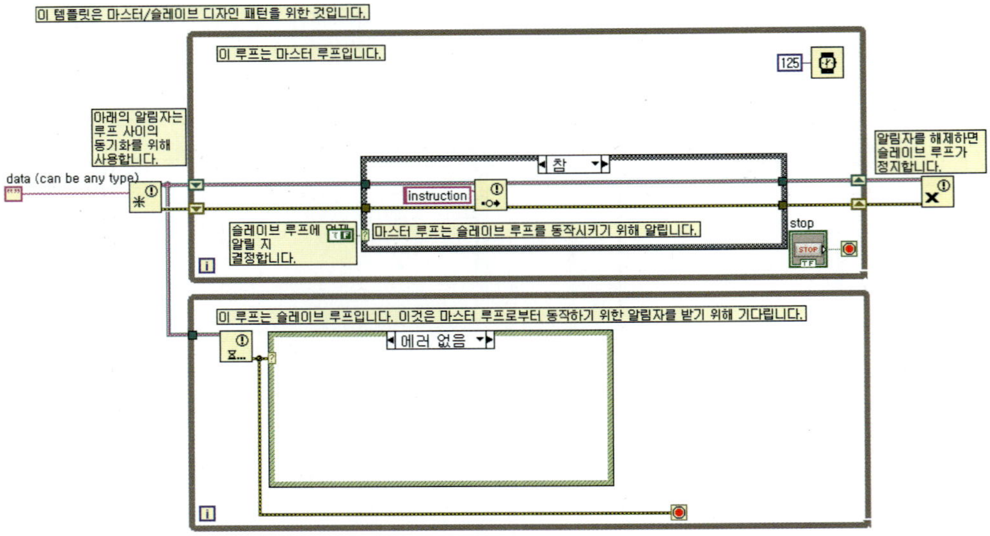

그림 8-9-1 마스터/슬레이브 디자인 패턴

실습 8.9.1 마스터/슬레이브 디자인 패턴을 사용해 봅니다.

1. '실습' 폴더에서 '8-9-1 마스터 슬레이브.vi'를 불러옵니다. 블록다이어그램을 살펴보면 알림자를 이용해 마스터 루프에서 슬레이브 루프로 문자열 데이터를 전달하고 있습니다.

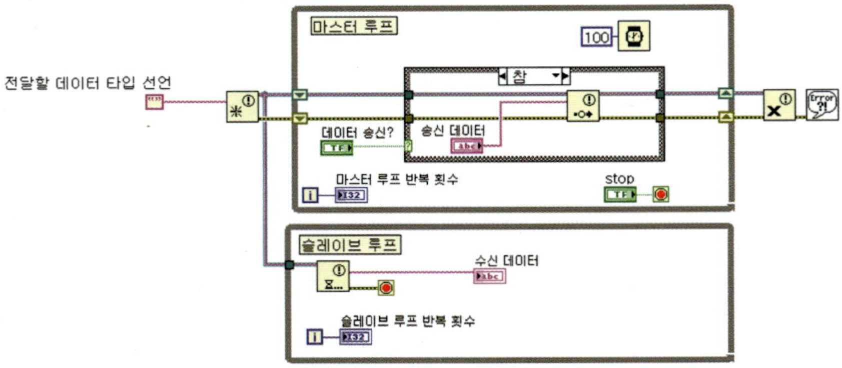

2. 다음 그림과 같이 '데이터 송신?'을 '송신하지 않음' 위치에 놓고 실행을 합니다. 그러면 '마스터 루프 반복 횟수'는 증가할 것이고 데이터는 전달되지 않을 것입니다. 이를 확인한 다음 '데이터 송신?'을 '송신'으로 변경하게 되면 두 While 루프의 반복 횟수가 증가될 것이며, '송신 데이터'에서 입력한 값이 '수신 데이터'에 전달이 되고, '송신 데이터'의 입력 값을 바꾸면 실시간으로 '수신 데이터'에 전달이 될 것입니다.

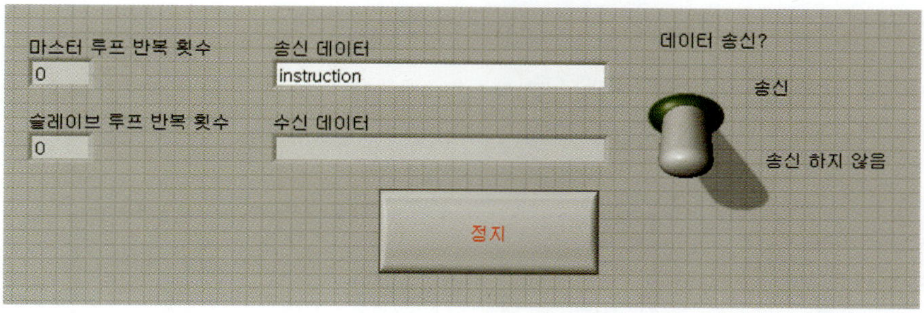

8-10. 생산자/소비자 데이터(Producer/Consumer Data) 디자인 패턴

큐를 사용한 디자인 패턴으로 큐가 버퍼 구조이므로 데이터 손실이 없습니다. 따라서 서로 다른 속도로 실행되는 두 While 루프 간에 데이터 공유 기능을 향상시킬 수 있습니다. 큐를 통해 생산자에서 소비자로 데이터를 실시간 전달합니다.

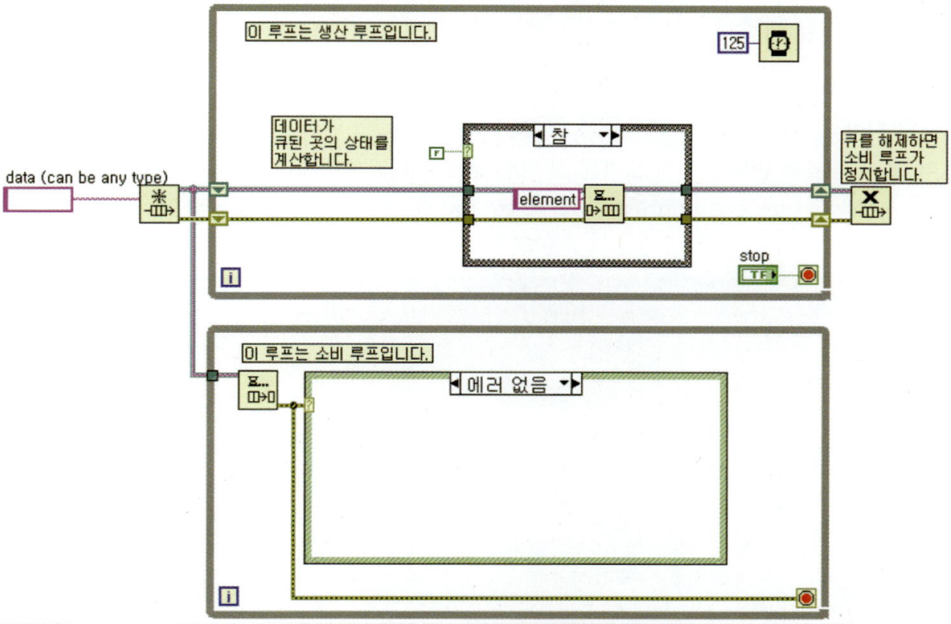

그림 8-10-1 생산자/소비자 데이터 디자인 패턴

실습 8.10.1 생산자/소비자 데이터 디자인 패턴을 사용해 봅니다.

1. '실습' 폴더에서 '8-10-1 생산 소비 데이터.vi'를 불러옵니다. 블록다이어그램을 살펴보면 큐를 이용해 생산자 루프에서 소비자 루프로 문자열 데이터와 숫자형 데이터를 묶은 클러스터를 전달하고 있습니다.

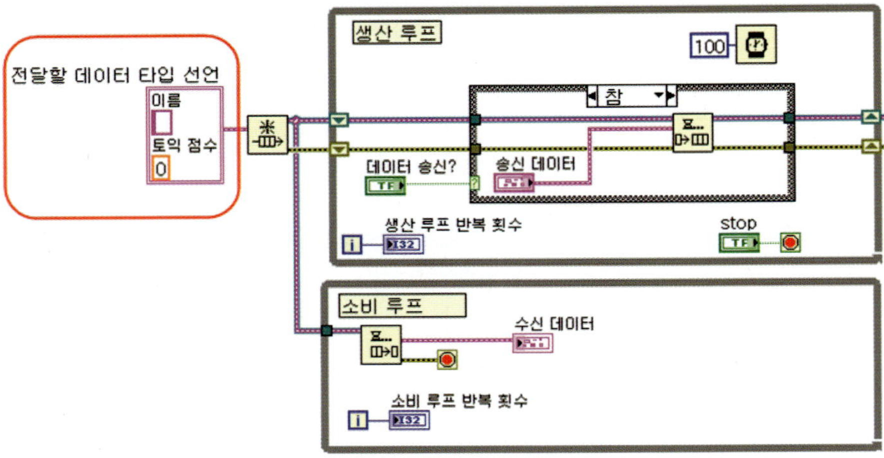

2. 다음 그림과 같이 '데이터 송신?'을 '송신하지 않음' 위치에 놓고 실행을 합니다. 그러면 '생산 루프 반복 횟수'는 증가할 것이고, 데이터는 전달되지 않을 것입니다. 이를 확인한 다음 '데이터 송신?'을 '송신'으로 변경하게 되면 두 While 루프의 반복 횟수가 증가될 것이며, '송신 데이터'에서 입력한 값이 '수신 데이터'에 전달이 되고, '송신 데이터'의 입력 값을 바꾸어도 실시간으로 '수신 데이터'에 전달이 될 것입니다.

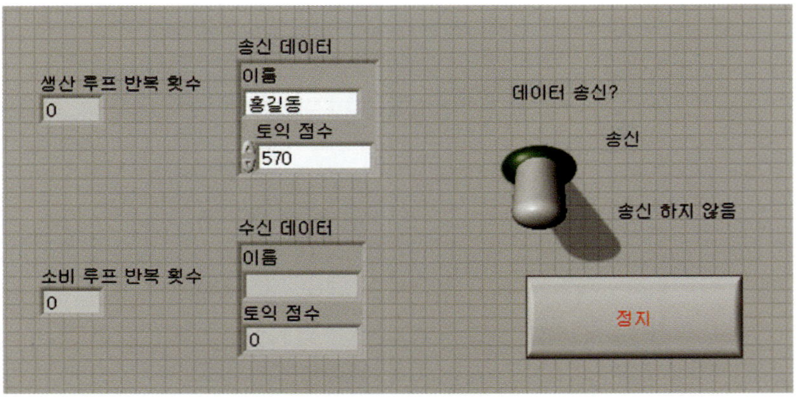

8-11. 생산자/소비자 이벤트(Producer/Consumer Event) 디자인 패턴

생산자/소비자 이벤트 디자인 패턴은 생산자/소비자 데이터 디자인 패턴에서 생산자 루프에 있는 케이스 구조를 이벤트 구조로 변경합니다. 이벤트 구조를 사용함으로써 프런트패널의 사용자 응답에 동기화하여 코드를 실행할 수 있습니다. 역시 큐를 이용하여 생산자에서 소비자로 데이터를 실시간 전달합니다. 8.5장에서 배운 사용자 인터페이스 이벤트 핸들러 디자인 패턴과 비교해 보면 마우스나 키보드에 의해 이벤트가 발생할 때 실행할 코드가 복잡할 경우에는 멀티 루프 구조인 생산자/소비자 이벤트 디자인 패턴을 사용하고, 코드가 단순할 경우에는 단일 루프 구조인 사용자 인터페이스 이벤트 핸들러 디자인 패턴을 사용하는 것이 좋습니다.

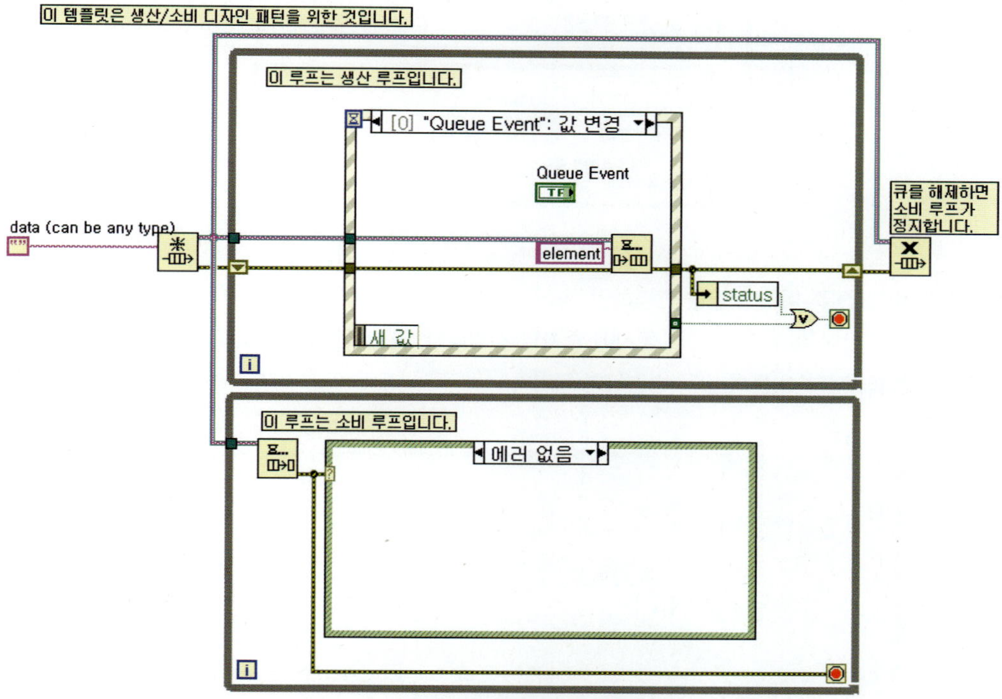

그림 8-11-1 생산자/소비자 이벤트 디자인 패턴

실습 8.11.1 생산자/소비자 이벤트 디자인 패턴을 사용해 봅니다.

1. '실습' 폴더에서 '8-11-1 생산 소비 이벤트.vi'를 불러옵니다. 블록다이어그램을 살펴보면 큐를 이용해 생산자 루프에서 소비자 루프로 문자열 데이터와 숫자형 데이터를 묶은 클러스터를 전달하고 있습니다. **원소를 큐에 추가**.vi는 '데이터 전달' 불리언 버튼의 값이 변경되면 실행되도록 되어 있습니다.

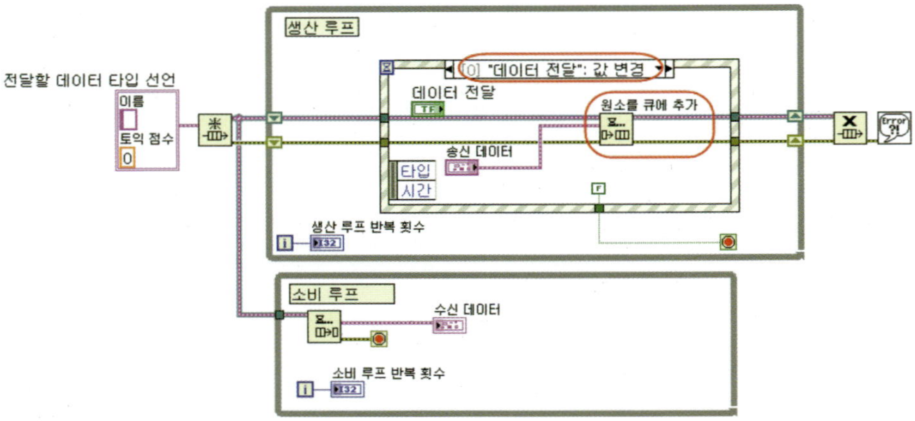

2. 실행하여 '데이터 전달' 버튼의 값을 변경하면 '송신 데이터'가 '수신 데이터'로 전달이 되고 '생산 루프 반복 횟수'와 '소비 루프 반복 횟수'가 하나씩 동시에 증가할 것입니다. '송신 데이터'의 입력을 변경하고 이를 전달하려면 역시 '데이터 전달' 버튼의 값을 변경하면 됩니다.

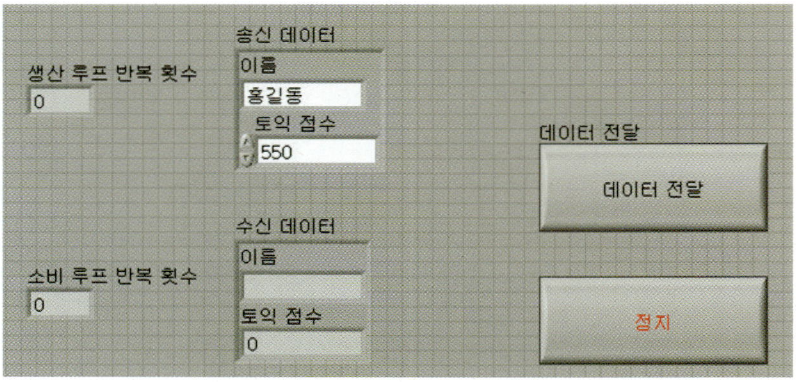

8-12. 디자인 패턴 응용

지금까지 배운 여러가지 디자인 패턴들을 함께 사용하여 응용할 수 있습니다. [그림 8-12-1]은 생산자/소비자 디자인 패턴과 상태머신 디자인 패턴을 함께 구현하였습니다. 즉 생산자에서 소비자로 전달한 데이터를 상태머신을 통해 여러가지 단계를 거쳐 처리할 수 있도록 하였습니다.

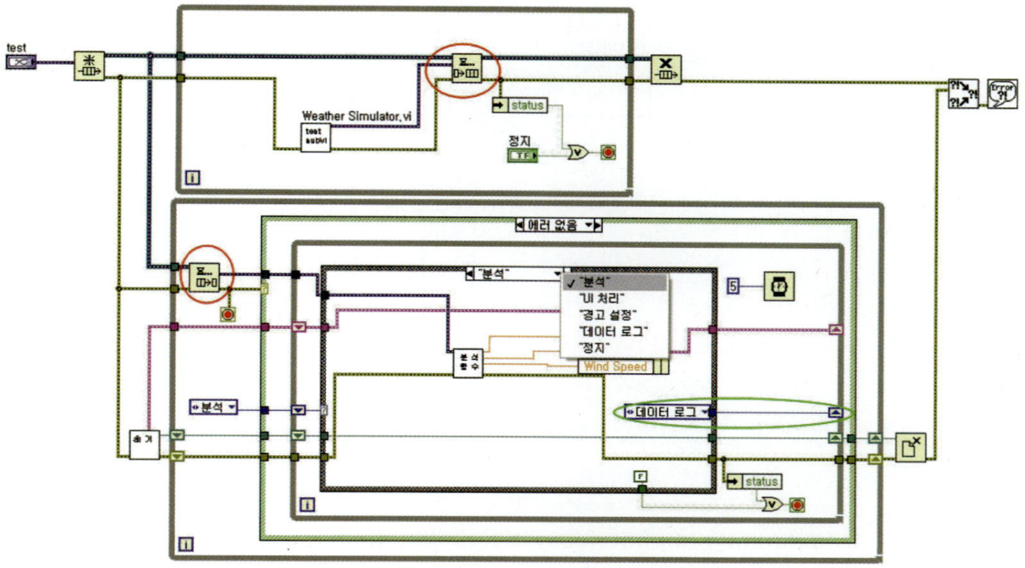

그림 8-12-1 생산자/소비자 데이터 + 상태머신 디자인 패턴

[그림 8-12-2]는 생산자/소비자 이벤트 디자인 패턴과 다이나믹(사용자) 이벤트를 구현하였습니다.

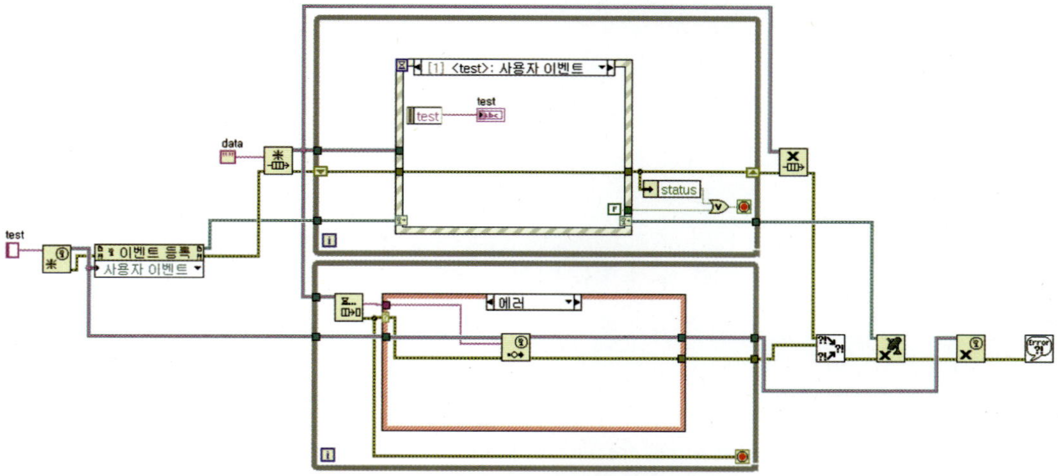

그림 8-12-2 생산자/소비자 이벤트 + 사용자 이벤트

[그림 8-12-2]에 구현한 디자인 패턴을 간략하게 그려보면 [그림 8-12-3]처럼 생산자에서 소비자로 데이터를 전달할 때는 큐를 통해서 전달하고, 반대로 소비자에서 생산자로 데이터를 전달할 때는 다이나믹(사용자) 이벤트를 통해서 전달함으로써 양방향 데이터 전송이 가능합니다.

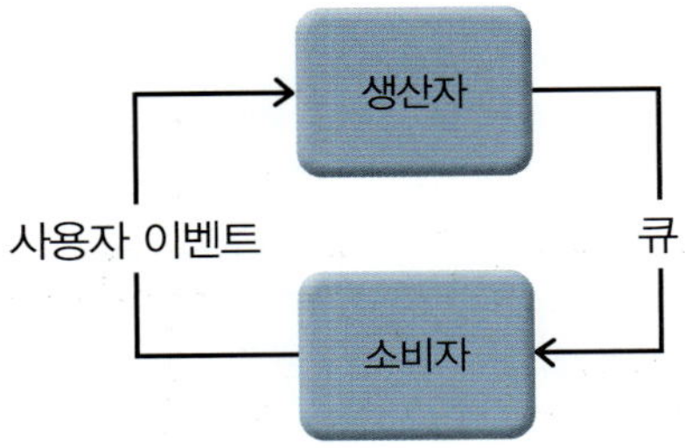

그림 8-12-3 양방향 데이터 전송

자가 진단 퀴즈

LabVIEW

❶ 멀티 루프 간의 데이터를 실시간 공유하는 방법으로 ____________, ____________, ____________ 이/가 있습니다.

❷ 변수는 사용 범위에 따라 같은 VI 내에서 사용하는 ____________변수, 서로 다른 VI 에서 사용하는 ____________ 변수 또는 ____________ 변수, 서로 다른 컴퓨터 간에 사용하는 ____________변수로 구성됩니다.

❸ 동기화는 ____________와/과 ____________이/가 있습니다.

❹ (큐, 알림자)는 버퍼 구조로 되어 있어 데이터 손실이 없습니다.

❺ 기능적 글로벌 변수의 특징은 (초기화된, 초기화되지 않은) 시프트 레지스터와 한 번 실행하도록 구현한 반복 구조입니다.

❻ 알림자를 사용한 멀티 루프 디자인 패턴을 ____________라고/이라고 합니다.

❼ 그림과 같은 디자인 패턴은 무엇입니까?

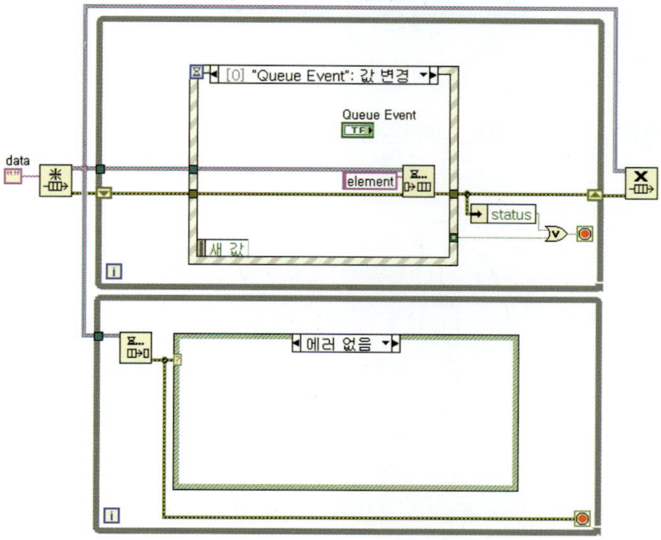

자가 진단 퀴즈

❽ 그림과 같은 디자인 패턴은 무엇입니까?

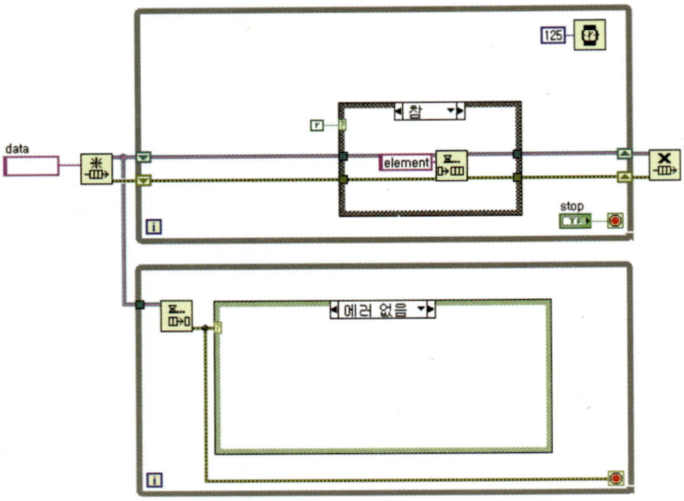

❾ 그림과 같은 프로젝트에 적합한 디자인 패턴은 무엇인가요?

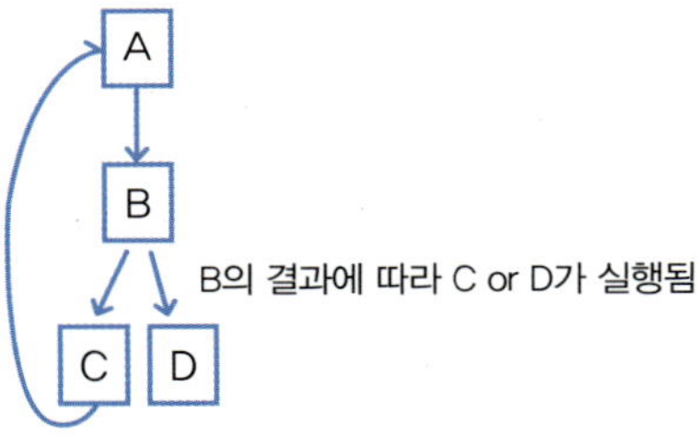

CHAPTER 요약

| 디자인 패턴 요약 |

- 디자인 패턴은 단일 루프 디자인 패턴과 멀티 루프 디자인 패턴으로 크게 나눠집니다.
- 단일 루프 디자인 패턴은 단순VI 디자인 패턴, 일반VI 디자인 패턴, 상태머신 디자인 패턴, 사용자 인터페이스 이벤트 핸들러 디자인 패턴, 큐 메시지 핸들러 디자인 패턴으로 구성됩니다.
- 멀티 루프 디자인 패턴은 병렬 루프 디자인 패턴, 마스터/슬레이브 디자인 패턴, 생산자/소비자 데이터 디자인 패턴, 생산자/소비자 이벤트 디자인 패턴으로 구성됩니다.
- 멀티 루프 간의 데이터를 실시간 공유하는 방법으로는 크게 변수, 동기화, 다이나믹(사용자) 이벤트가 있습니다.
- 변수는 사용 범위에 따라 로컬 변수, 글로벌 변수, 기능적 글로벌 변수, 공유 변수가 있습니다.
- 동기화는 알림자와 큐가 있습니다.

LabVIEW의 정석

기본편

CHAPTER

09

데이터 수집

09 데이터 수집

LabVIEW를 사용하는 이유 중 가장 많이 차지하는 것 중 하나가 바로 데이터 수집(Data Acquisition)을 하기 위해서입니다. 현재 여러분이 사용하고 있는 컴퓨터에 계측 기능을 추가하여 컴퓨터 기반의 계측기를 구현해 봅니다.

9-1. 데이터 수집 시스템 구성

기존에는 신호를 수집 및 생성하고자 할 때 [그림 9-1-1]처럼 오실로스코프, 임의 파형발생기, 스펙트럼 애널라이져, 디지털멀티미터 등과 같은 박스 형태의 전용 계측기를 이용하였습니다.

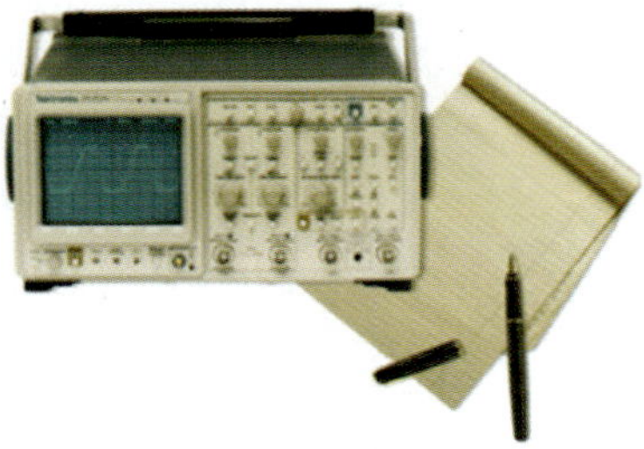

그림 9-1-1 전용 계측기

예를 들어 오실로스코프를 이용하여 전압을 측정한다고 가정하면 측정한 데이터를 보관하고자 할 때는 이 데이터를 종이에 쓰거나 엑셀 등에 입력하여 저장하는 등의 번거로운 작업을 거쳐야 합니다. 하지만 컴퓨터가 계측기의 역할까지 한다면 얼마나 편리할까요? 이러한 개념을 컴퓨터 기반의 계측기라고 합니다. 즉 여러분이 현재 사용하고 있는 컴퓨터가 계측기 역할을 해서 측정한 데이터를 바로 컴퓨터에 저장하면 보다 편리하게 사용할 수 있으며, 시간도 절약할 수 있습니다.

이처럼 컴퓨터 기반의 계측기를 만들기 위해서는 [그림 9-1-2]와 같이 구성을 해야 합니다. 즉 컴퓨터에 계측 기능을 할 수 있는 하드웨어인 데이터 수집(DAQ : Data Acquisition) 하드웨어를 설치하면 됩니다. 그러면 컴퓨터가 전기적 신호(전압 또는 전류)의 측정 및 생성이 가능하게 됩니다. 컴퓨터 기반의 측정 시스템의 구성요소에 대해 자세히 살펴보도록 하겠습니다.

- 센서 : 온도, 소리, 압력 등과 같은 물리적인 신호를 전압 또는 전류로 바꿔주는 기능을 합니다.
- **터미널블록** : 센서들로부터 나오는 전기적 신호를 DAQ 하드웨어에 연결해 주는 연결 단자입니다.
- **DAQ 하드웨어** : 전기적 신호를 측정 및 생성할 수 있는 기능을 가지고 있습니다.
- **컴퓨터/소프트웨어** : 컴퓨터는 랩탑, 데스크탑 등 일반적으로 사용하는 컴퓨터 또는 산업용 컴퓨터(PXI)가 있습니다. 소프트웨어는 DAQ 하드웨어를 컨트롤하여 사용자 정의 계측기를 만드는 데 LabVIEW를 이용하면 편리할 것입니다.

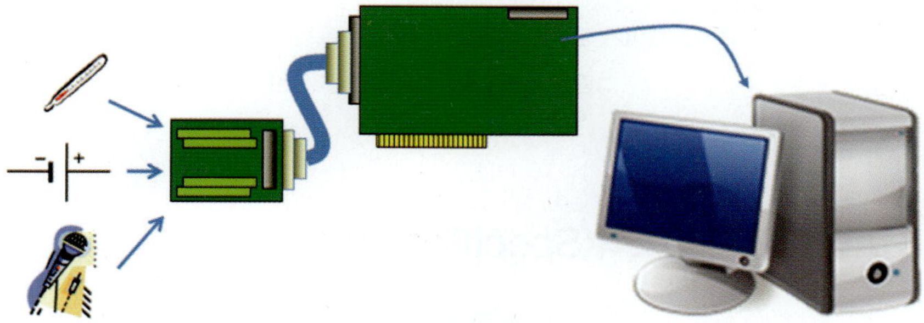

그림 9-1-2 컴퓨터 기반의 측정 시스템

9-2. DAQ 하드웨어 기능

DAQ 하드웨어는 종류가 매우 다양합니다. 일반적으로 DAQ 하드웨어는 아날로그 입력/출력, 디지털 입력/출력, 카운터 입력/출력 등의 다양한 기능을 가지고 있습니다. [그림 9-2-1]에서 각 기능들에 대해 살펴보도록 하겠습니다.

- **아날로그 입력**(Analog Input) : 오실로스코프와 비슷한 기능으로써, 아날로그 신호를 측정할 수 있습니다.
- **아날로그 출력**(Analog Output) : 임의 파형발생기와 비슷한 기능으로써, 사용자가 원하는 아날로그 신호를 생성하여 내보낼 수 있습니다.
- **디지털 입력**(Digital Input) : 디지털 신호를 측정할 수 있습니다.
- **디지털 출력**(Digital Output) : 디지털 신호를 생성하여 내보낼 수 있습니다.
- **카운터 입력**(Counter Input) : 디지털 신호의 주파수, 주기, 펄스 개수 등을 측정할 수 있습니다.
- **카운터 출력**(Counter Output) : 펄스 신호를 생성하여 내보낼 수 있습니다.

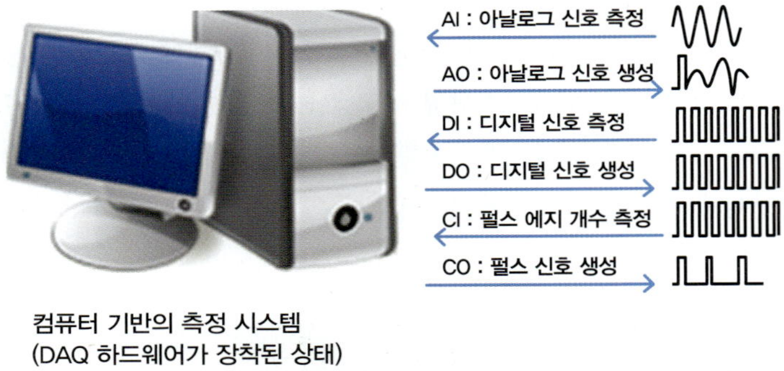

그림 9-2-1 DAQ 하드웨어의 다양한 기능

9-3. DAQ 하드웨어 스펙(Specification)

DAQ 하드웨어 스펙의 의미를 정확하게 알면 다양한 DAQ 하드웨어들 중 프로젝트에 적합한 DAQ 하드웨어를 선정할 때 도움이 될 것입니다. 이 중 몇 가지만 살펴보도록 하겠습니다. 다음의 스펙들은 일반적으로 아날로그 입력에 관련된 스펙입니다.

[그림 9-3-1]에 최대 길이 30cm인 두 개의 '자'가 있습니다. 첫 번째는 300등분을 하여 최소 눈금이 1mm가 되도록 하고, 두 번째는 30등분을 하여 최소 눈금이 1cm가 됩니다. 두 번째 '자'로 길이가 0.7mm 크기의 개미를 측정할려고 합니다. 정확한 측정이 가능할까요? 불가능합니다. 그럼 어떻게 해야할까요?

첫 번째, 개미를 측정하려면 적어도 '자'의 최소 눈금이 0.7mm 이하가 되어야 할 것입니다.

두 번째, 이 개미의 크기를 '자'의 최소 눈금 보다 크게 증폭하면 됩니다. 그럼 얼마만큼 증폭시키는 것이 가장 정확하게 측정이 가능할까요? '자'가 가진 모든 눈금을 다 사용해서 측정하는 것, 즉 이 개미를 30cm까지 증폭시켜 측정하는 것이 가장 정확할 것입니다.

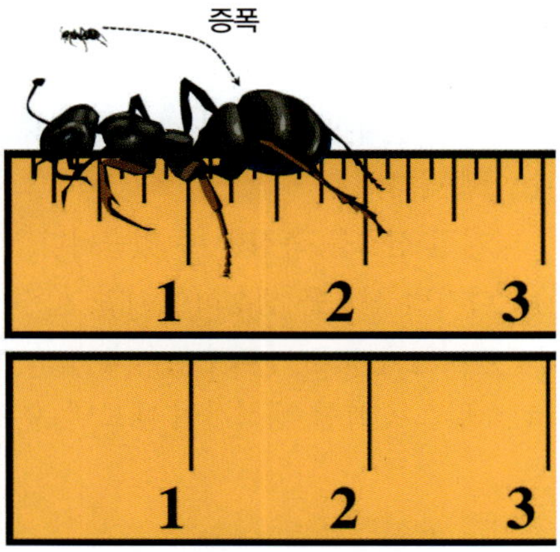

그림 9-3-1 '자'스펙

이제 DAQ 하드웨어에 대해 설명해 보도록 하겠습니다. DAQ 하드웨어는 전압을 측정하는 '자'입니다. 이것 역시 최대 측정할 수 있는 전압값이 있습니다. 일반적으로 ±10V입니다. 이를 입력 범위(Input Range)라고 합니다. 이것은 하드웨어에 따라 0~10V, ±5V 등과 같이 조절 가능합니다. 그리고 이 입력 범위를 몇 등분하겠느냐를 해상도(Resolution)라고 합니다. 이는 자가 가진 눈금 개수에 비유할 수 있습니다. 일반적으로 단위는 비트(bit)이며 예를 들어 'A' DAQ 하드웨어는 입력 범위 ±10V이고 해상도가 3비트라면 −10V에서 10V를 $2^3 = 8$등분한다는 의미입니다. 그리고 DAQ 하드웨어 안에는 다양한 증폭도를 가진 증폭기가 들어 있습니다. 작은 입력이 들어오면 DAQ 하드웨어에 있는 증폭기를 통해 신호를 증폭하여 DAQ 하드웨어가 가진 모든 눈금을 이용하여 신호를 측정함으로써 더 정확하게 표현합니다. 위에서 작은 개미를 측정하는 것보다 개미를 증폭 후 측정하는 것이 더 정확한 측정이 가능한 것과 같은 원리라고 생각하면 이해가 쉽습니다. 마지막으로 DAQ 하드웨어가 가진 최소 눈금의 크기를 코드 폭(Code Width)이라고 합니다. 이는 자의 최소 눈금 크기에 비유할 수 있습니다. 코드 폭은 [그림 9-3-2]의 수식에 의해 계산합니다.

$$\text{코드 폭} = \frac{\text{입력 범위}}{2^{\text{분해능}}}$$

그림 9-3-2 코드 폭 계산식

예를 들어 입력 범위 0~10V, 분해능 3비트이면, 코드 폭은 1.25V입니다. 여기서 입력 범위를 ±10으로 변경하면, 코드 폭은 2.5V입니다. 같은 DAQ 하드웨어라도 입력 범위를 어떻게 설정하느냐에 따라 DAQ 하드웨어의 코드 폭, 즉 최소 눈금의 크기가 달라 최소 측정할 수 있는 전압의 차이가 생깁니다. 따라서 프로젝트에 적합하게 설정하여 사용하세요.

다음으로 접지 모드에 대해 설명하겠습니다. 일반적으로 다음과 같이 3가지가 제공됩니다.

- 차동(Differenctial) : +단자는 ACH(n), −단자는 ACH(n+8)
- RSE(Referenced Single Ended) : +단자는 ACH(n), −단자는 AIGND
- NRSE(Non−Referenced Single Ended) : +단자는 ACH(n), −단자는 AISENSE

예를 들어 차동으로 아날로그 입력 1번 채널에 연결하고자 한다면 신호의 +단자를 DAQ 하드웨어의 ACH1번, −단자를 ACH9번에 연결하면 됩니다.
측정 신호가 접지된 콘센트에 플러그를 꽂아 사용하는 것과 같은 접지 신호(Grounded)냐 건전지와 같은 유동(Floating) 신호냐에 따라 접지 모드를 달리 선택해야 합니다. [표 9-3-1]을 참조하세요.

모드	접지 신호	유동 신호
차동	Best	Better(바이어스 저항 추가)
RSE	No Use	Best
NRSE	Good	Good(바이어스 저항 추가)

표 9-3-1 접지 모드

바이어스 저항을 추가하는 방법은 마이너스 단자와 AIGND를 저항으로 연결해주면 됩니다. 일반적으로 저항값은 10kΩ~100kΩ을 사용하면 됩니다. [그림 9-3-3]은 차동 모드를 사용한 경우 바이어스 저항을 추가한 것입니다.

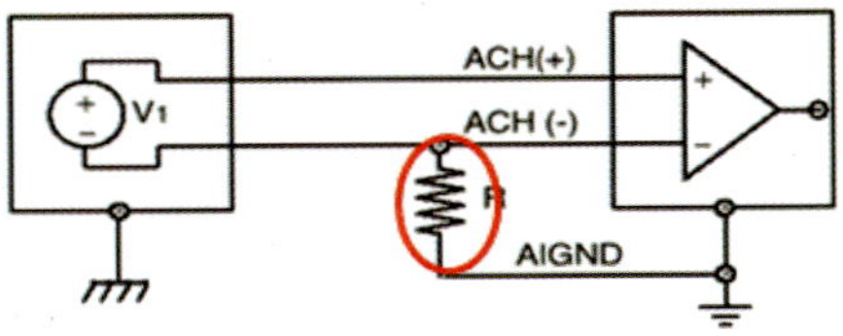

그림 9-3-3 바이어스 저항

마지막으로 샘플 속도(Sample Rate)에 대해 살펴보도록 하겠습니다. 이는 얼마의 속도(Hz)를 가진 신호를 측정하느냐에 따라 선정해야 합니다. 샘플 속도란 아날로그를 디지털로(Analog to Digital) 변환하는 속도를 의미합니다. 단위는 Samples/sec로써 초당 AD 변환되는 샘플의 개수를 의미합니다.

예를 들어 10Hz 사인파 신호를 측정하고자 한다면 한 주기에 AD 변환을 몇 번 하느냐에 따라 [그림 9-3-4]처럼 신호의 표현이 달라집니다. 주기당 1번 변환하면, 즉 10S/s의 샘플 속도로 수집하게 되면 샘플 속도가 낮아 주파수 정보가 왜곡되어 DC처럼 측정됩니다. 이를 앨리어스(Alias) 현상이라 합니다. 앨리어스 현상, 즉 주파수 왜곡 현상을 제거하려면 적어도 측정 신호 최고 주파수의 2배 이상으로 AD 변환을 해야 합니다. 이것이 나이퀴스트(Nyquist) 이론입니다. 즉 20S/s의 샘플 속도로 수집하면 주파수의 왜곡은 없지만 신호의 모양(Shape)이 사인파가 아닌 삼각파로 측정됩니다. 마지막으로 주기당 10번의 AD 변환, 즉 100S/s의 샘플 속도로 측정하면 주파수 및 신호 모양까지 복원됩니다. 이보다 더 높은 샘플 속도로 데이터 수집을 하게 되면 원래 신호(Real Signal)와 더 유사하게 복원이 될 것입니다. 하지만 무작정 샘플 속도를 높게 할 수 없습니다. 일반적으로 주기당 최소 10번 이상의 AD 변환을 하는게 좋습니다. 따라서 측정할 신호의 최고 주파수 성분의 최소 10배 이상으로 샘플 속도를 설정하세요. 예를 들어 10kHz를 측정한다면 샘플 속도는 100kS/s이상으로 설정하면 됩니다.

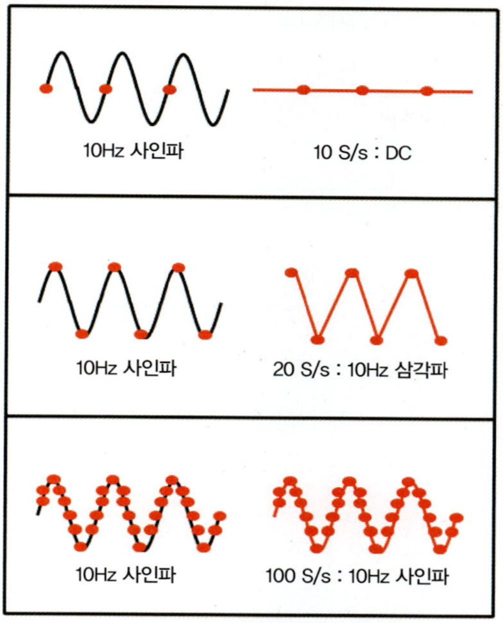

그림 9-3-4 샘플 속도에 따른 신호 복원

9-4. MAX(Measurement and Automation Explorer)

컴퓨터에 새로운 하드웨어를 설치하고 이를 정상적으로 사용하기 위해서는 반드시 하드웨어 드라이버를 설치해야 합니다. DAQ 하드웨어의 드라이버 명칭이 NI-DAQmx입니다. 참고로 'NI-'로 시작하면 NI의 하드웨어 드라이버 이름이라고 생각하면 됩니다. DAQ 하드웨어 드라이버를 설치하면 [그림 9-4-1]처럼 LabVIEW에서 DAQ 하드웨어를 컨트롤할 수 있는 노드들이 추가됩니다.

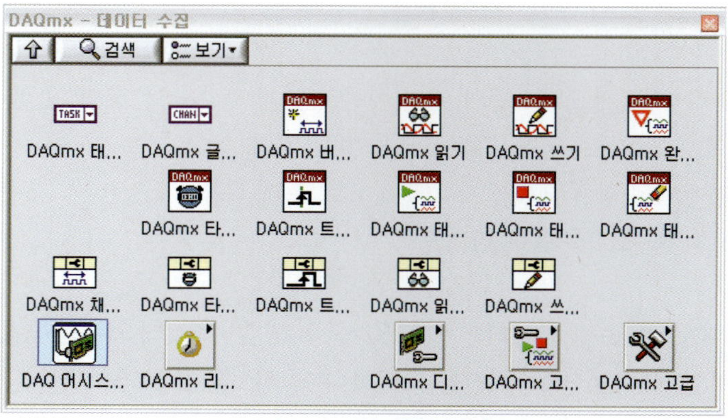

그림 9-4-1 DAQmx 노드들

또한 MAX(Measurement and Automation Explorer)가 설치됩니다. MAX로 NI 하드웨어 및 소프트웨어가 제대로 설치가 되었는지, 설치된 하드웨어가 정상적으로 동작하는지 확인하거나 하드웨어 설정 등을 할 수 있습니다. 이를 런칭하면 [그림 9-4-2]와 같은 화면이 나타납니다. 참고로, MAX의 메뉴들은 드라이버 버전에 따라 조금씩 차이가 있을 수 있습니다.

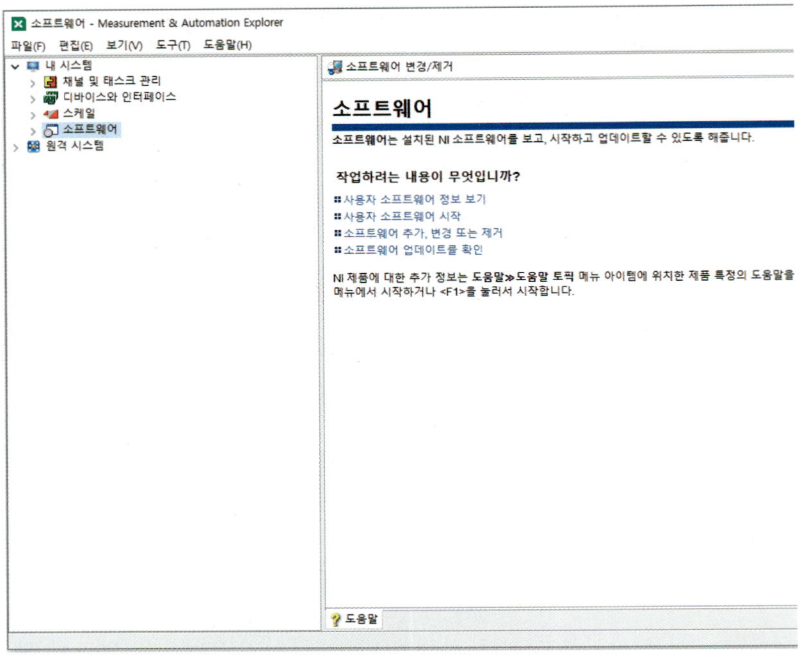

그림 9-4-2 MAX

MAX의 메뉴에 대해 살펴봅니다. 내 시스템은 로컬 컴퓨터의 상태를 보여주고, 원격 시스템은 네트웍상에 연결된 NI 하드웨어 및 소프트웨어 상태를 보여줍니다. 내 시스템이 가진 메뉴를 몇 가지 살펴보면 다음과 같습니다.

- **채널 및 태스크 관리** : NI 하드웨어들의 채널 이름 설정과 태스크 설정 및 관리
- **디바이스와 인터페이스** : 설치된 하드웨어 설정 및 관리
- **스케일** : 하드웨어에서 측정된 데이터에 일괄적으로 수식 적용
- **소프트웨어** : 설치된 NI 소프트웨어 리스트

[그림 9-4-3]에서 MAX를 통해 컴퓨터의 상황을 볼 수 있습니다. **내 시스템 〉 소프트웨어**에서 DAQ 하드웨어의 드라이버인 NI-DAQmx 버전을 확인합니다. 하드웨어 드라이버들은 수시로 업데이트되기 때문에 최신 버전을 유지하는 것이 좋습니다. **내 시스템 〉 디바이스와 인터페이스**에서 DAQ 하드웨어의 모델명 'NI DAQCard-6062E'를 확인할 수 있습니다. 드라이버나 하드웨어가 제대로 설치되지 않으면 MAX에서 확인할 수 없습니다.

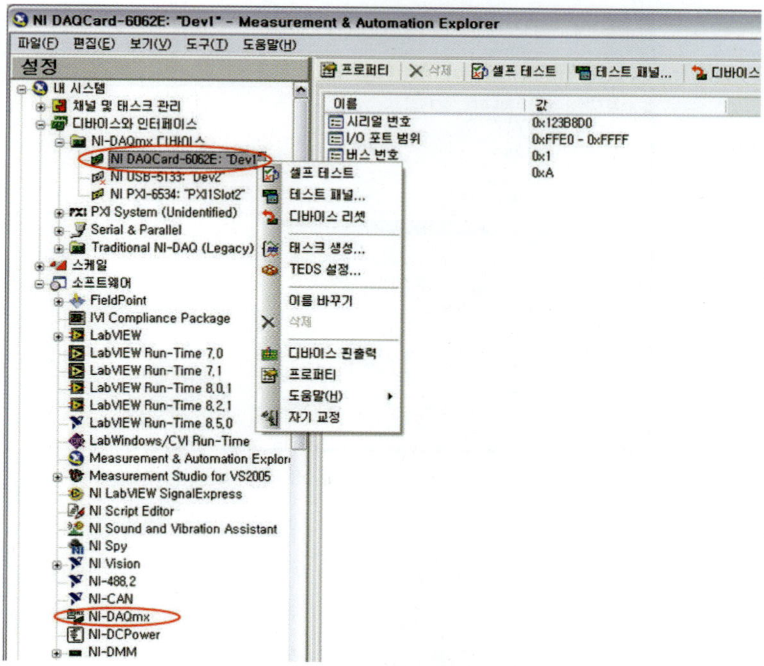

그림 9-4-3 MAX 메뉴

[그림 9-4-4]에서 DAQ 하드웨어 모델명 앞에 있는 아이콘 색상이 흰색에 X표가 되어 있는 것은 예전에 설치했었던 흔적이 남아있는 것이고, 노란색은 시뮬레이션한 하드웨어입니다.

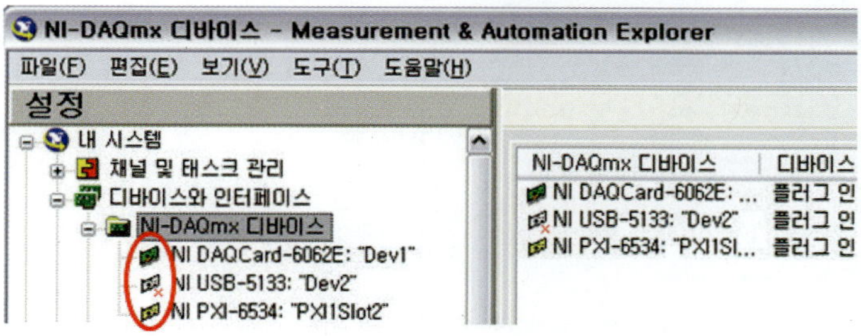

그림 9-4-4 디바이스 아이콘

MAX를 실습하기 위해서 실제 하드웨어는 없지만 있는 것처럼 시뮬레이션할 수 있는데 이는 NI-DAQmx 7.4 이후 버전에서 제공되는 기능입니다. [그림 9-4-5]에서 **내 시스템 〉 디바이스와 인터페이스의 바로가기메뉴 〉 새로 생성... 〉 시뮬레이션 NI-DAQmx 디바이스 또는 모듈러 인스트루먼트**를 선택하면 시뮬레이션할 수 있습니다. 참고로 NI-DAQmx 드라이버 버전에 따라서 NI-DAQmx 시뮬레이션 디바이스가 보여지는 바로가기메뉴의 위치는 달라질 수 있습니다.

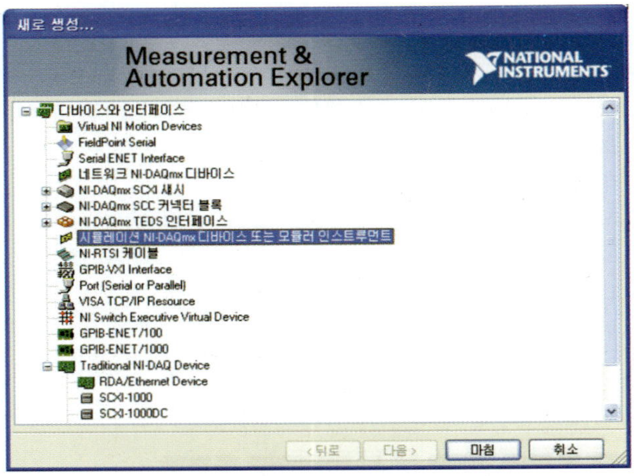

그림 9-4-5 시뮬레이션 디바이스

지금부터 실제 DAQ 하드웨어(NI DAQCard-6062E)를 설치하여 MAX 사용법을 보여드리겠습니다. 실제 DAQ 하드웨어가 없다면 시뮬레이션 기능을 이용하여 MAX의 기능을 따라해 보세요.

'NI DAQCard-6062E'에서 마우스 오른쪽 버튼을 클릭하면 [그림 9-4-6]처럼 바로가기메뉴가 나타납니다. **바로가기메뉴 〉 셀프 테스트**를 했을 때 '성공'이라는 메세지가 나타나면 'NI DAQCard-6062E'가 정상적으로 설치되었음을 확인할 수 있습니다.

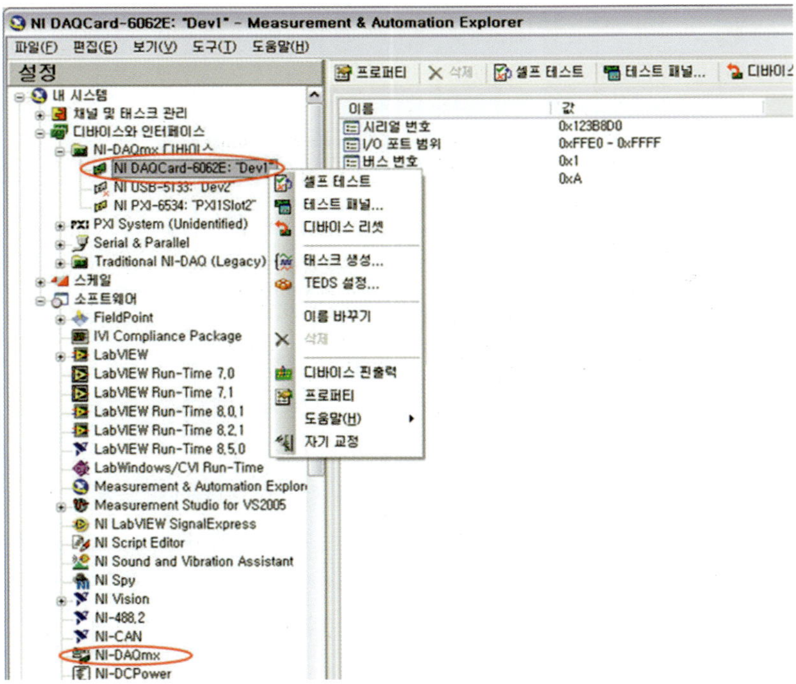

그림 9-4-6 셀프 테스트

DAQ 하드웨어의 **바로가기메뉴 〉 테스트 패널...**로 설치된 하드웨어가 정상적으로 기능을 하는지 확인해 볼 수 있습니다. [그림 9-4-7]은 시뮬레이션으로 생성한 'PCI-6251'의 테스트 패널의 모습입니다. 아날로그 입력/아날로그 출력/디지털 입출력/카운터 입출력의 기능을 각각 테스트해 볼 수 있도록 탭으로 구분되어 있습니다.

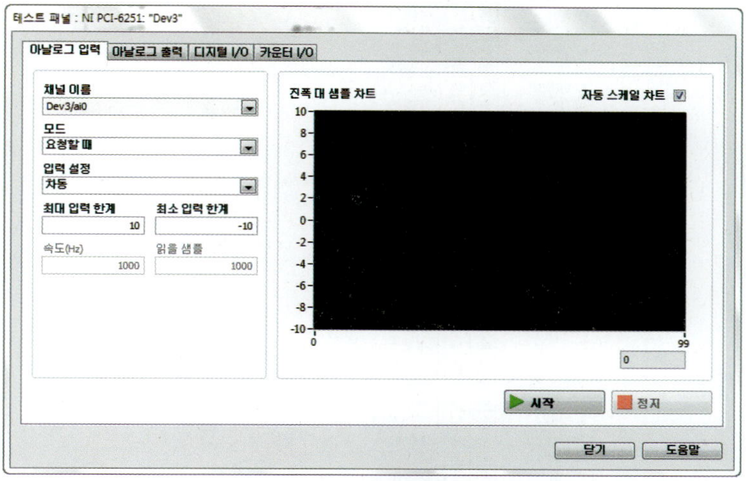

그림 9-4-7 테스트 패널

DAQ 하드웨어의 **바로가기메뉴 〉 이름 바꾸기**를 선택하면 하드웨어에 별명을 줄 수 있습니다. 하드웨어 모델명으로 구분하기보다는 별명으로 구분하는 것이 더 쉬울 것입니다.

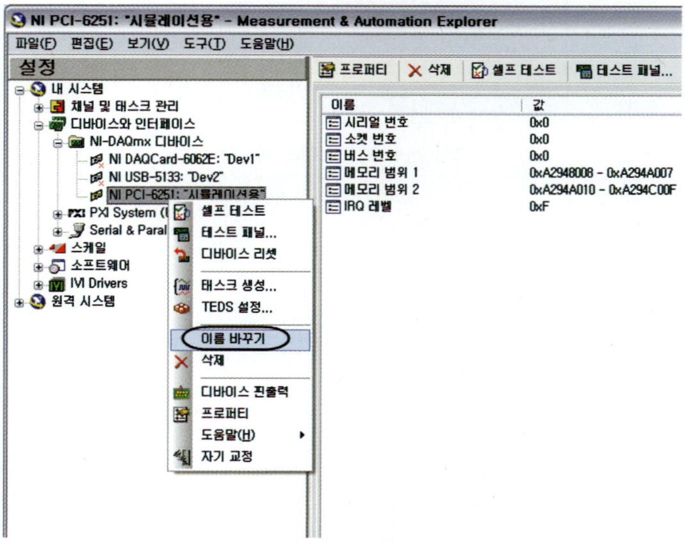

그림 9-4-8 이름 바꾸기

마지막으로 DAQ 하드웨어의 **바로가기메뉴 〉 디바이스 핀출력**을 선택하면 [그림 9-4-9]와 같이 해당 하드웨어의 핀출력을 볼 수 있습니다.

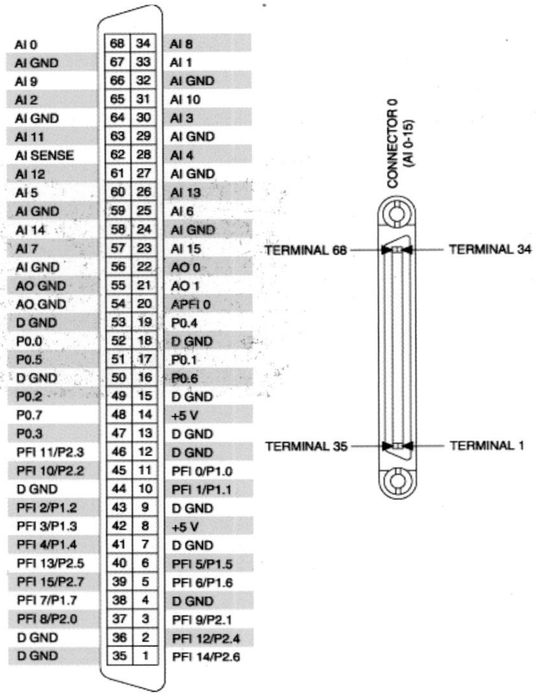

기본 NI-DAQmx 카운더 더미널

카운터/타이머 신호	기본 핀 번호	신호 이름
CTR 0 SRC	37	PFI 8
CTR 0 GATE	3	PFI 9
CTR 0 AUX	45	PFI 10
CTR 0 OUT	2	PFI 12
CTR 0 A	37	PFI 8

그림 9-4-9 디바이스 핀출력

9-5. DAQ 어시스턴트 사용법

DAQ 어시스턴트란 데이터 수집용 상위레벨 노드명입니다. [그림 9-5-1]은 상위레벨을 사용하여 두 채널로 데이터를 수집한 예제를 완성한 모습입니다.

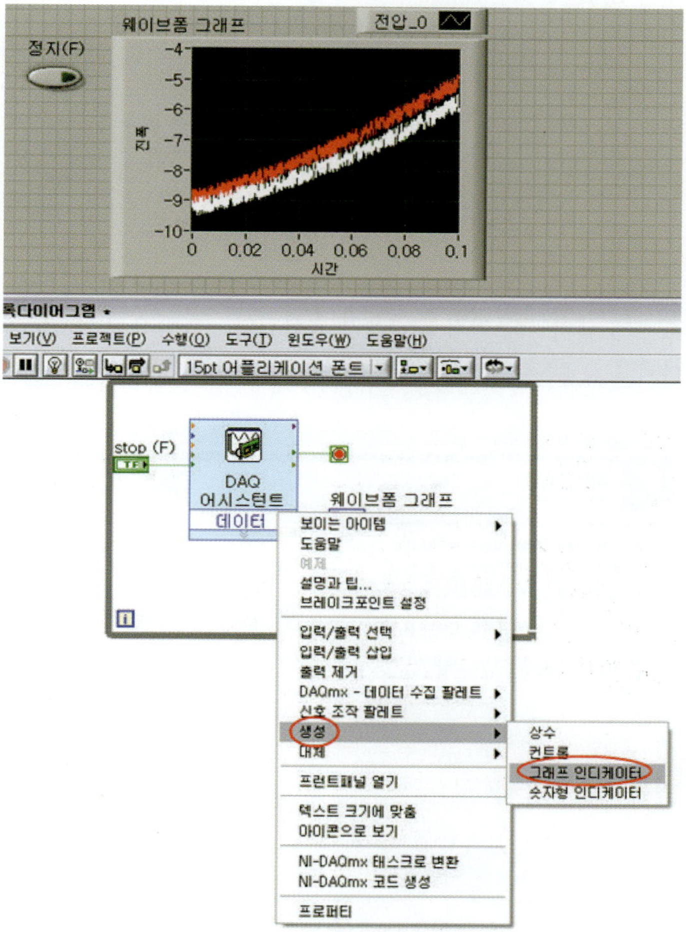

그림 9-5-1 DAQ 어시스턴트

DAQ 어시스턴트를 블록다이어그램에 위치시키면 [그림 9-5-2]처럼 대화 창이 나타나고 이를 통해 설정하게 됩니다. 여기서는 **신호 수집 〉 아날로그 입력 〉 전압**으로 설정하였습니다.

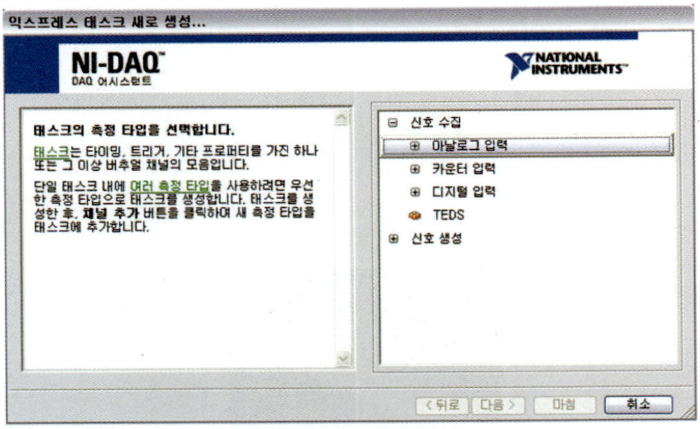

그림 9-5-2 DAQ 어시스턴트 기능 설정 1

두 번째 단계로 DAQ 하드웨어와 물리적 채널을 설정합니다. [그림 9-5-3]은 ai0, ai1 두 채널을 동시에 선택하였습니다.

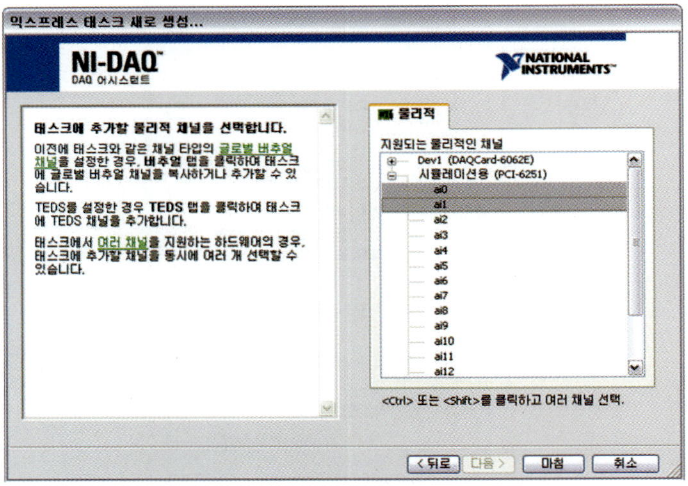

그림 9-5-3 DAQ 어시스턴트 기능 설정 2

마지막 단계로 수집 모드, 속도(샘플 속도), 읽을 샘플(그래프에 보여질 데이터 개수) 등을 설정하였습니다.

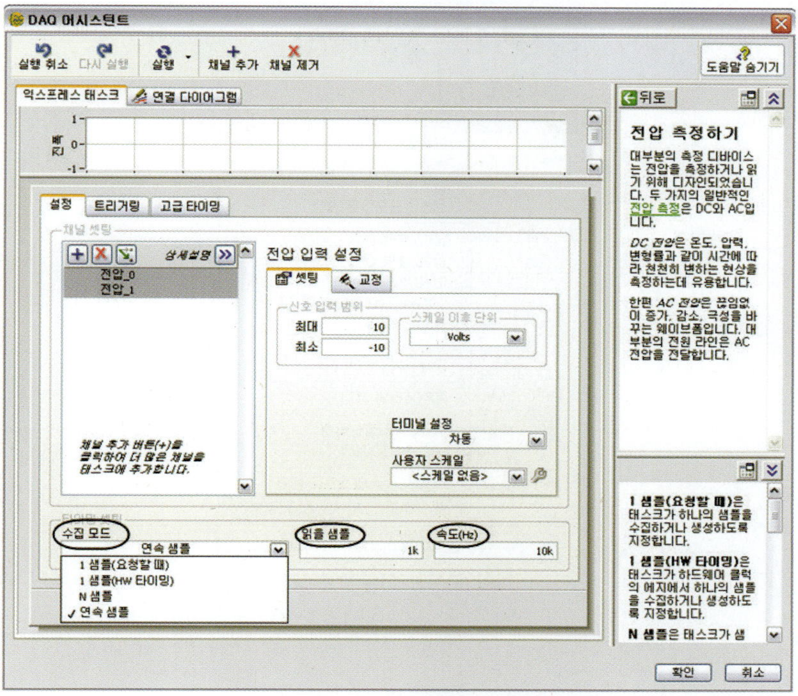

그림 9-5-4 DAQ 어시스턴트 기능 설정 3

[그림 9-5-4]에서 수집 모드를 '연속 샘플'로 설정하고 확인 버튼을 누르게 되면 [그림 9-5-5]와 같이 자동으로 While 루프를 만들 것인지를 묻게 됩니다.

그림 9-5-5 DAQ 어시스턴트 기능 설정 4

'예'를 선택하면 [그림 9-5-1]처럼 프로그램이 생성되고, 출력을 웨이브폼 그래프를 이용해 모니터링하게 되면 ai0, ai1 두 채널에 입력되는 데이터를 10kS/s 샘플 속도로 AD 변환한 데이터를 While 루프가 반복할 때마다 1000개의 데이터를 보여줍니다.

[그림 9-5-6]에서 설정을 완료한 DAQ 어시스턴트의 **바로가기메뉴 〉 NI-DAQmx 코드 생성**을 선택하면 하위레벨 노드인 DAQmx 코드로 자동으로 변환됩니다.

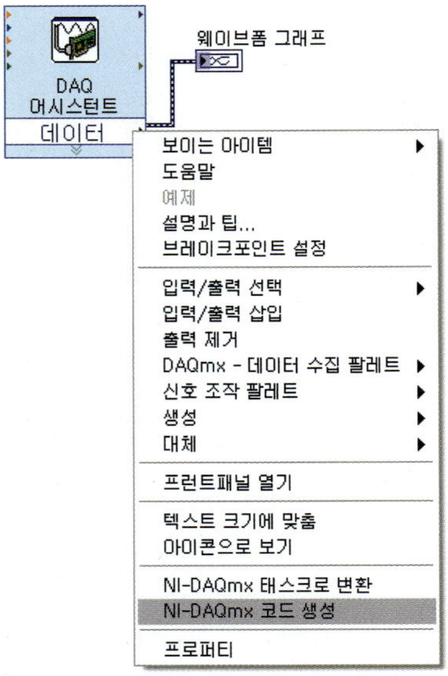

그림 9-5-6 자동 코드 생성

9-6. NI-DAQmx 하위레벨 노드

9.5장에서 상위레벨 노드인 DAQ 어시스턴트를 배웠습니다. 이는 LabVIEW 초보자들이 사용하기에 적합하지만 어느 정도 익숙해지면 잘 사용하지 않습니다. 상위레벨이 아닌 하위레벨로 프로그램하는 것이 프로그램 성능에 있어 훨씬 효율적입니다. 지금부터 하위레벨 노드들을 살펴보도록 하겠습니다. 참고로, 하위레벨 노드들의 노드명이나 파라미터 이름들은 설치한 DAQ 드라이버 버전에 따라 조금씩 차이가 있을 수 있습니다.

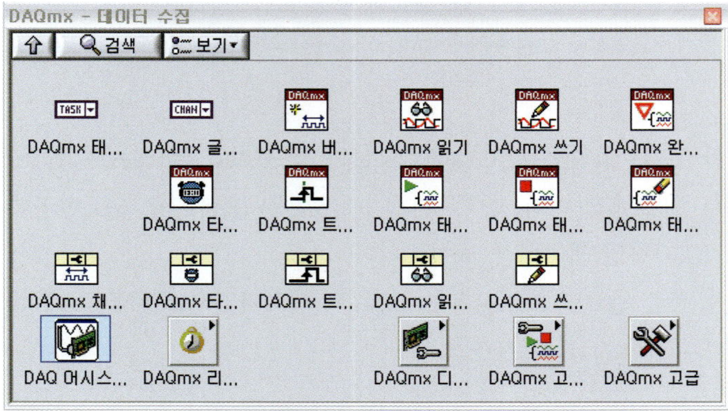

그림 9-6-1 DAQmx 노드들

- **DAQmx 채널 생성(DAQmx Create Channel.vi)** : 채널을 생성하는 기능으로써 [그림 9-6-2]처럼 사용할 채널의 기능을 설정합니다. 이 노드에 최소값과 최대값 파라미터는 측정 또는 생성할 신호의 최대값과 최소값을 입력해 주면 DAQ 하드웨어가 가진 가장 최적의 증폭도가 자동으로 설정됩니다. 증폭도는 설정을 하고 사용하는 것이 정확한 측정에 좋습니다.

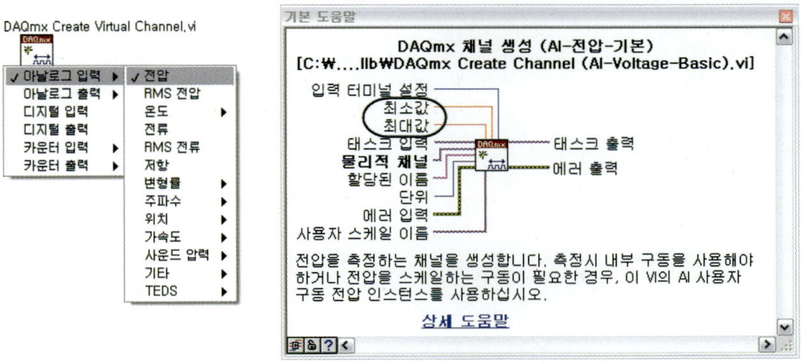

그림 9-6-2 채널 생성

- **DAQmx 타이밍(DAQmx Timing.vi)** : 타이밍을 설정하는 것으로써 샘플 모드(연속 or 유한)와 속도 파라미터를 설정합니다. DAQ 하드웨어를 사용할 때는 데이터를 측정할 때나 데이터를 생성해서 내보낼 때 하드웨어 타이밍 또는 소프트웨어 타이밍을 사용할 수 있습니다. 이 노드는 하드웨어 타이밍을 설정할 때 사용합니다. 이 노드를 사용하면 DAQ 하드웨어의 내부에 있는 오실레이터(Oscillator : 일정하게 펄스를 발생함으로써 시간 측정을 정확히 하고자 할 때 이용)를 기준으로 시간을 측정한다는 의미입니다. 반면 소프트웨어 타이밍은 LabVIEW의 타이밍 노드들을 이용하여 시간을 측정합니다. 소프트웨어 타이밍을 사용하면 시간 측정이 정확하지 않다는 단점이 있으므로 정확한 시간 측정이 필요하지 않은 DC 생성 내지는 DC 측정 등에 사용하는 것이 바람직합니다.

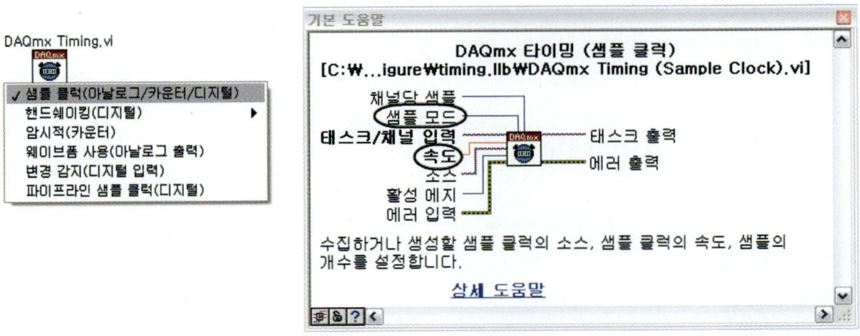

그림 9-6-3 타이밍

● **DAQmx 트리거(DAQmx Trigger.vi)** : 트리거를 설정하는 기능입니다. 트리거는 동작의 원인이나 자극을 의미합니다. 예를 들어 종을 치면 수업을 시작하겠다라고 했을 경우 종을 치는 것이 수업이라는 동작을 하는 데 있어 트리거라 할 수 있습니다. 또는 디지털 0번 채널에 상승 에지가 감지되면 아날로그 출력 1번 채널에서 데이터를 출력하라고 했을 때 디지털 신호가 바로 트리거가 됩니다.

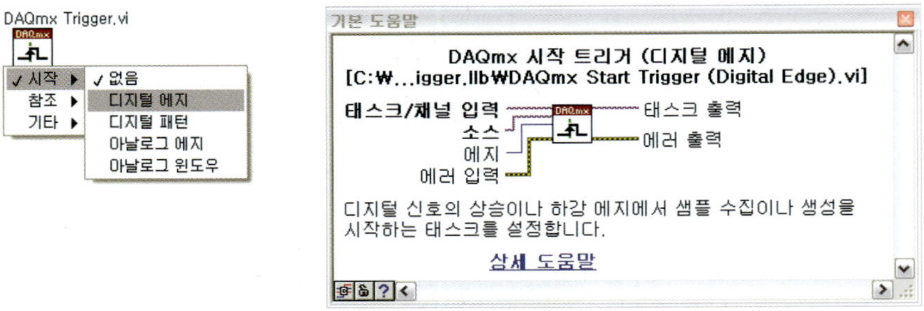

그림 9-6-4 트리거

동작에 의한 트리거를 몇 가지 구분해 보면 시작을 알려주는 시작 트리거, 트리거 신호 기준으로 앞, 뒤 데이터를 획득하는 참조 트리거, 일시 정지시키는 일시 정지 트리거 등이 있습니다.

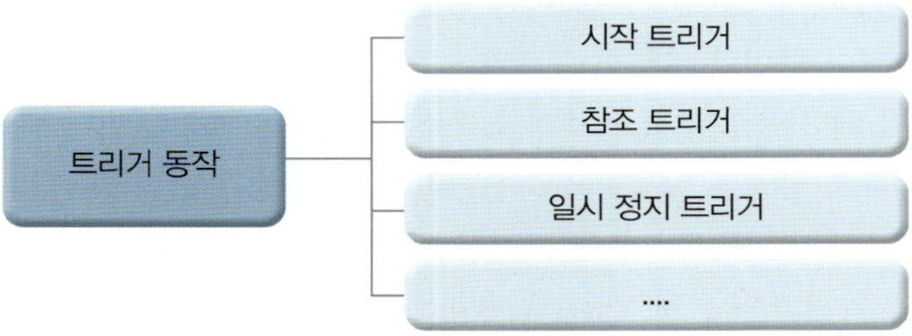

그림 9-6-5 트리거 동작에 의한 분류

또한 트리거 신호가 아날로그 신호냐 디지털 신호냐에 따라 [그림 9-6-6]과 같이 구분합니다.

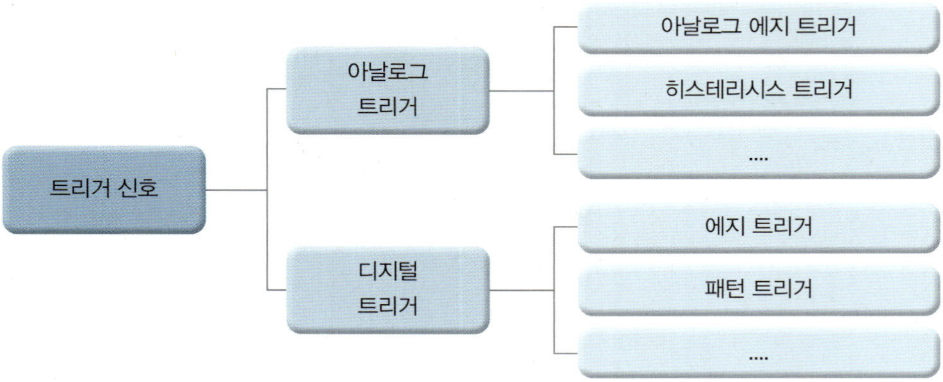

그림 9-6-6 트리거 신호에 의한 분류

- **DAQmx 태스크 시작(DAQmx Start.vi)** : 설정한 대로 태스크를 실행하여 데이터의 측정 또는 생성을 시작합니다.

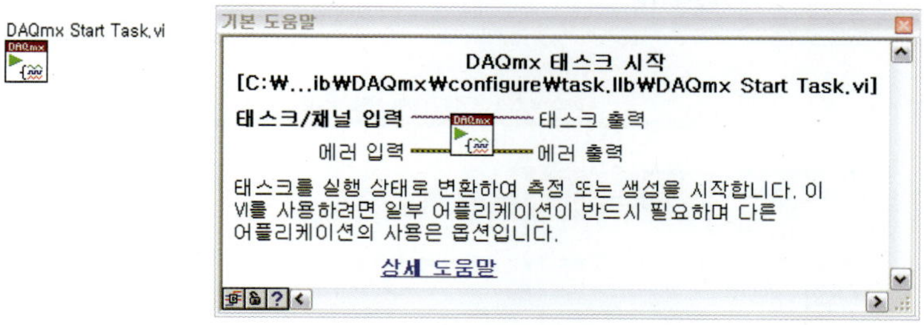

그림 9-6-7 시작

- **DAQmx 읽기(DAQmx Read.vi)** : DAQ 하드웨어에서 데이터를 읽어 옵니다. 따라서 아날로그 입력, 디지털 입력, 카운터 입력에서만 사용합니다.

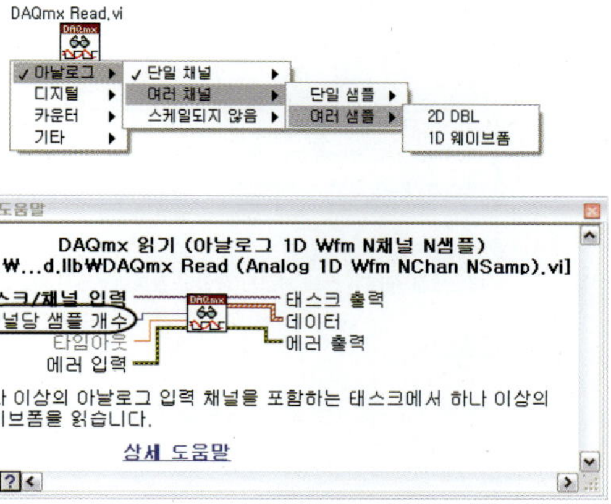

그림 9-6-8 읽기

- **DAQmx 쓰기(DAQmx Write.vi)** : DAQ 하드웨어에 데이터를 씁니다. 따라서 아날로그 출력, 디지털 출력, 카운터 출력에서만 사용합니다.

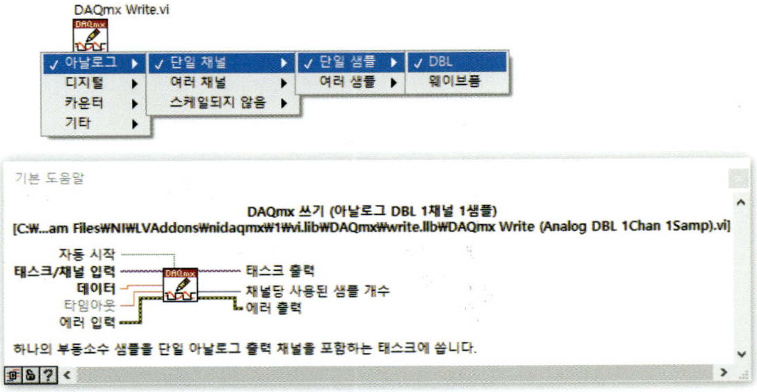

그림 9-6-9 쓰기

- **DAQmx 완료될 때까지 기다림(DAQmx Wait Until Done.vi)** : 유한개의 데이터를 출력/입력할 때 사용하는 노드로 출력 또는 입력이 완성될 때까지 기다려 주는 기능을 합니다. 주로 출력에서 많이 사용합니다. 즉 유한 출력용 기다림 노드라고 간주합니다.

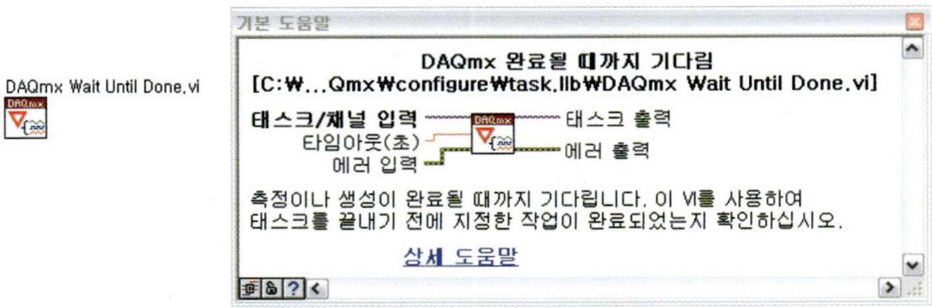

그림 9-6-10 기다림

- **DAQmx 태스크 완료?(DAQmx Is Task Done.vi)** : 연속 데이터를 출력/입력할 때 사용하는 노드로 실행이 완료되었는지 확인이 가능합니다. 주로 출력에서 많이 사용합니다. 즉 연속 출력용 기다림 노드라고 간주합니다.

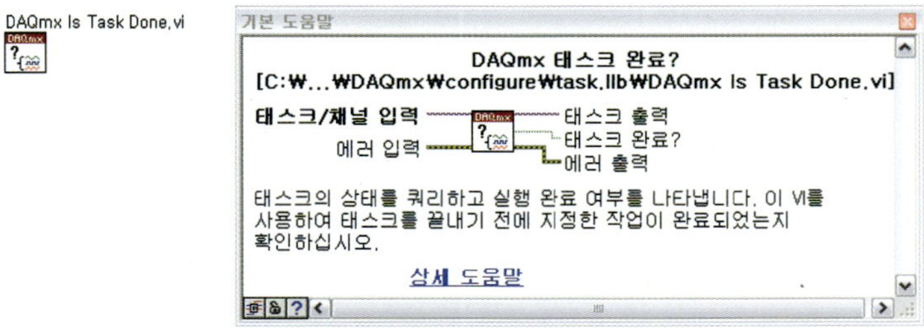

그림 9-6-11 태스크 완료 확인

- **DAQmx 태스크 정지(DAQmx Stop Task.vi)** : 측정 또는 생성을 정지시킵니다.

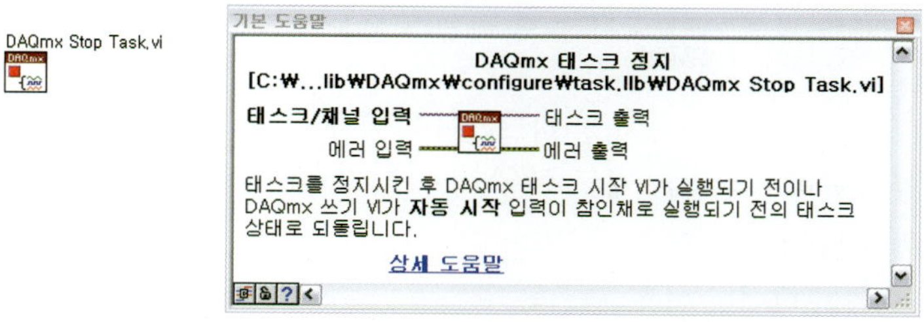

그림 9-6-12 정지

- **DAQmx 태스크 지우기(DAQmx Clear Task.vi)** : 사용한 하드웨어를 해제(release)합니다.

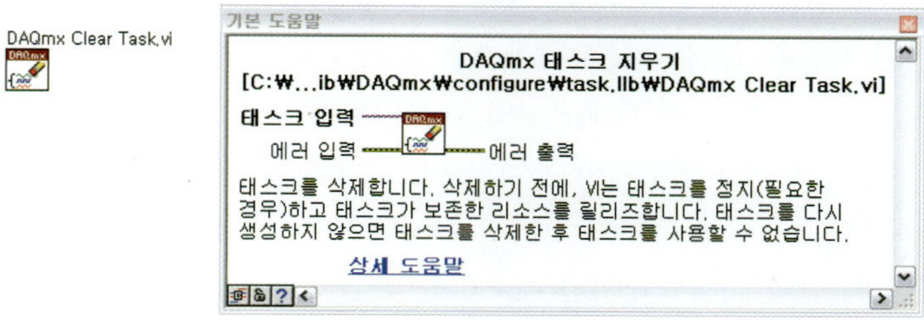

그림 9-6-13 삭제

- **DAQmx 프로퍼티(DAQmx Property Node)** : 채널, 타이밍, 트리거, 읽기, 쓰기에 대한 프로퍼티 노드가 있어 속성들을 구체적으로 설정 가능하도록 합니다.

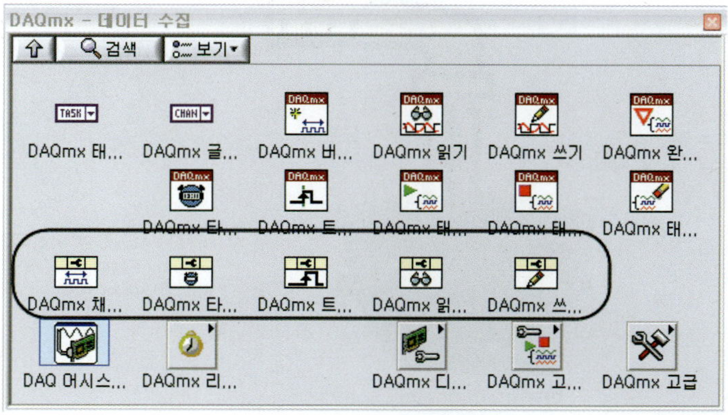

그림 9-6-14 프로퍼티

9-7. 아날로그 입력

아날로그 입력에서 4가지 프로그램을 다루도록 하겠습니다.

- 디지털 시작 트리거를 이용한 연속 측정(하드웨어 타이밍 이용)
- 연속 측정(하드웨어 타이밍 이용)
- 유한 측정(하드웨어 타이밍 이용)
- 1샘플 측정(소프트웨어 타이밍 이용)

[그림 9-7-1]은 연속 측정 원리를 설명합니다. 연속 측정을 할 때, 데이터의 손실이 없도록 더블 버퍼를 사용하게 됩니다. 양동이에 물이 차서 넘치기 전에(즉 설정한 버퍼의 크기를 넘어 데이터가 손실 되기 전에) 바가지로 물을 퍼냅니다(즉 그래프로 보거나 파일로 저장합니다). 설정하는 방법은 샘플 속도(물 떨어지는 속도 : DAQmx Timing.vi의 '속도' 파라미터에서 설정)는 측정할 신호의 최대 주파수의 10~50배, 어플리케이션 메모리(바가지 사이즈 : DAQmx Read.vi의 '채널당 샘플 개수' 파라미터에서 설정)는 예를 들어 샘플 속도의 1/10정도 설정하면 데이터 손실(물이 양동이에 넘쳐흐르는 상황)이 없을 것입니다. 만약 어플리케이션 메모리를 너무 작게 설정하면 데이터 손실이 발생했다(물이 양동이를 넘쳐 흐르는 상황)는 덮어쓰기(over wirte) 에러가 발생할 것입니다.

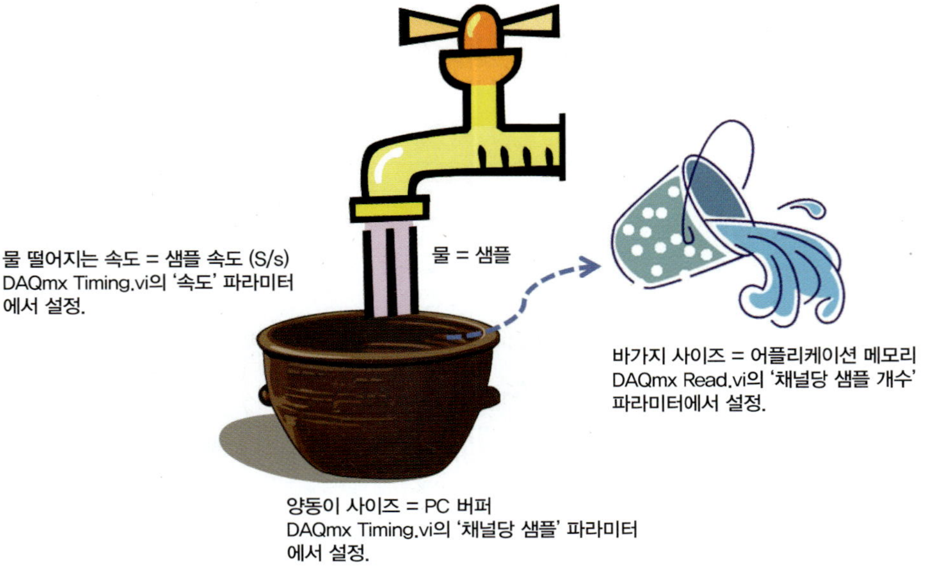

그림 9-7-1 연속 측정 원리

마지막으로 PC 버퍼(양동이 사이즈 : DAQmx Timing.vi의 '채널당 샘플' 파라미터에서 설정)는 따로 설정하지 않더라도 [표 9-7-1]과 같이 기본값이 자동으로 설정되므로 설정하지 않고 쓰는 것이 편리합니다.

채널 생성	버퍼 크기
속도 지정되지 않음	10kS
0 – 100S/s	1kS
100 – 10kS/s	10kS
10k –1MS/s	100kS
1MS/s 이상	1MS

표 9-7-1 PC 버퍼를 설정하지 않을 경우 설정되는 기본값

먼저 디지털 시작 트리거가 DAQ 하드웨어에 입력되면 그때부터 아날로그 신호를 하드웨어 타이밍을 기준해서 연속적으로 측정하는 프로그램입니다. [그림 9-7-2]와 같은 순서로 프로그램하면 됩니다. 채널을 만들고 트리거를 설정하고 하드웨어 타이밍을 설정합니다. 설정을 끝내고 시작한 다음 데이터를 연속적으로 읽고 정지하고 지우게 됩니다. 여기서 트리거와 타이밍 중 무엇을 먼저 설정하든 상관없습니다. 시작 단계 전에만 설정 완료하면 됩니다.

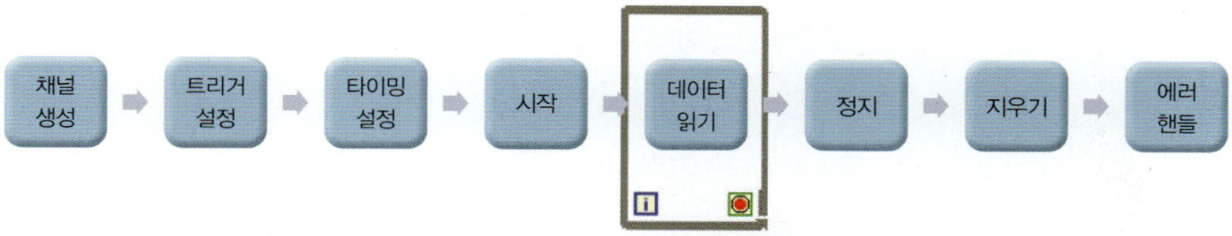

그림 9-7-2 디지털 트리거와 하드웨어 타이밍을 이용한 연속 측정

[그림 9-7-3]은 [그림 9-7-2]의 순서대로 프로그램한 것입니다. 즉 디지털 에지가 들어오면 다채널에서 연속적으로 데이터를 측정하는 프로그램입니다. While 루프 사용 시 타이밍 노드가 없어도 샘플 속도와 바가지 사이즈의 값을 참조하여 자동으로 While 루프의 실행 주기가 설정됩니다. 예를 들어 샘플 속도를 10kS/s, 바가지 사이즈를 1k로 설정한다면 While 루프는 1/10초에 한 번씩 반복하게 됩니다.

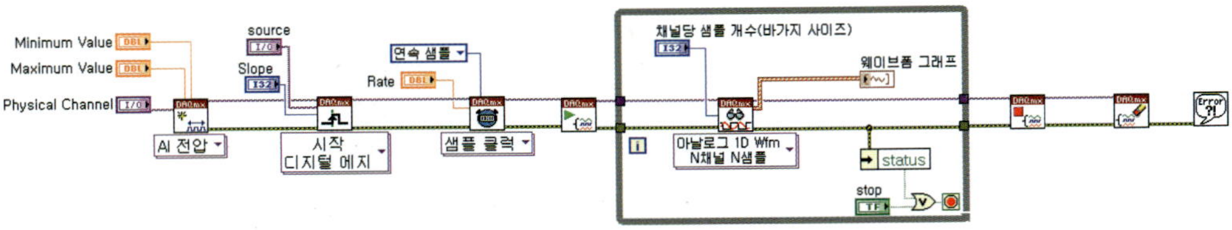

그림 9-7-3 트리거 연속 측정

실습 9.7.1 하드웨어 타이밍과 디지털 시작 트리거를 사용한 다채널용 연속 측정 프로그램을 해봅니다.

1. 새 VI를 생성하여 그림과 같이 블록다이어그램을 구성합니다.

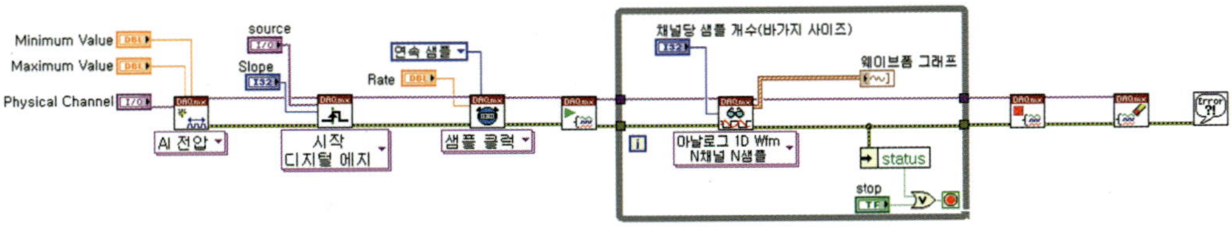

2. 다음의 표를 참조하여 각 노드를 설정합니다.

채널 생성	• 아날로그 입력 〉 전압
트리거	• 시작 〉 디지털 에지
타이밍	• **샘플 모드** : 연속 샘플
읽기	• **다채널용** : 아날로그 〉 여러 채널 〉 여러 샘플 〉 1D 웨이브폼

3. 프런트패널에서 그림과 같이 설정합니다. 그림의 설정값은 PFI0에 트리거 신호로 디지털 상승 에지가 감지되면 DAQ 하드웨어의 ai0번과 ai1번에서 주파수가 1kHz의 사인파형과 사각파형 측정을 시작하겠다고 가정하여 설정한 값입니다. 샘플 속도는 10kHz로 설정하였는데 이는 사인파 한 주기당 10번 AD 변환을 하겠다는 의미이고, 채널당 샘플 개수(바가지 사이즈)는 1000개로 설정하여 한 번에 각 신호의 데이터를 1000개씩 가지고 와서 웨이브폼 그래프에 표현하겠다는 의미입니다.

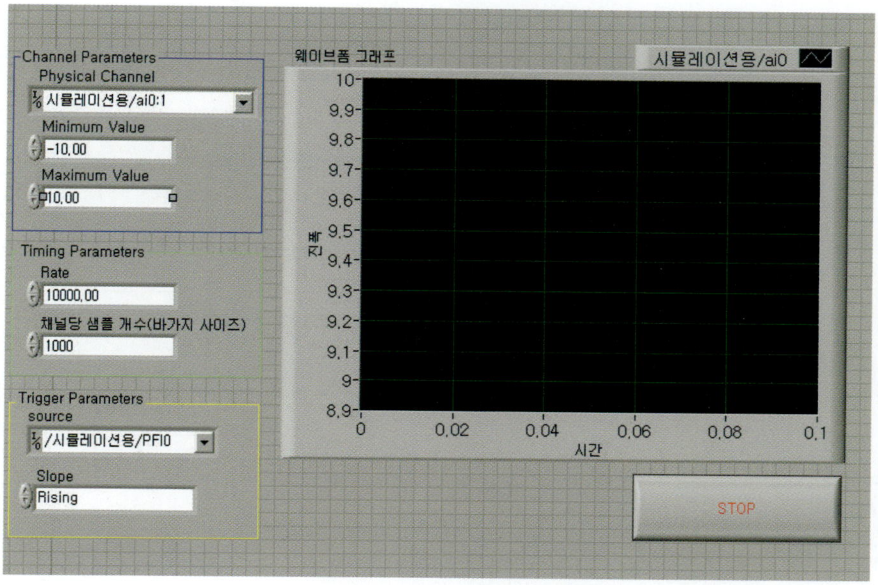

4. VI를 저장하고 닫습니다.

두 번째로 하드웨어 타이밍을 사용한 연속 측정 프로그램을 해보도록 하겠습니다. [그림 9-7-2]에서 트리거 설정 단계만 제거하면 됩니다.

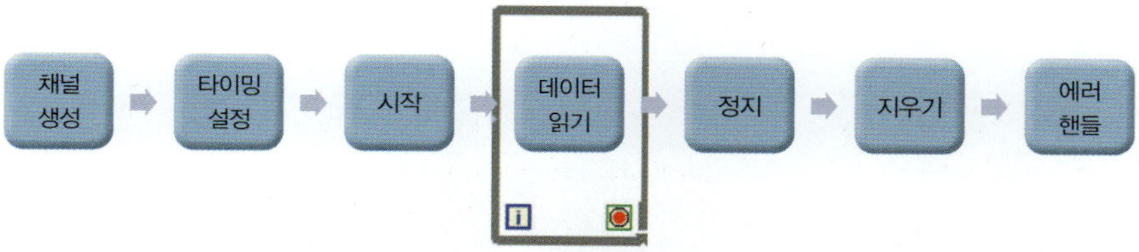

그림 9-7-4 하드웨어 타이밍을 이용한 연속 측정

[그림 9-7-5]는 [그림 9-7-3]에서 **DAQmx 트리거 노드(DAQmx Trigger.vi)**를 제거하였습니다.

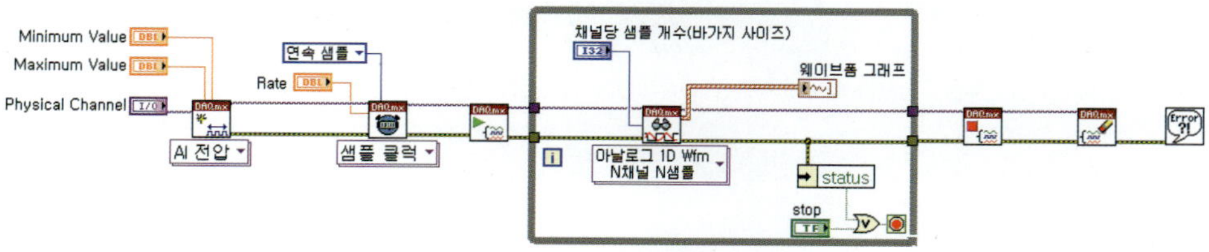

그림 9-7-5 연속 측정

실습 9.7.2 하드웨어 타이밍을 사용한 다채널용 연속 측정 프로그램을 해봅니다.

1. 새 VI를 생성하여 그림과 같이 블록다이어그램을 구성합니다.

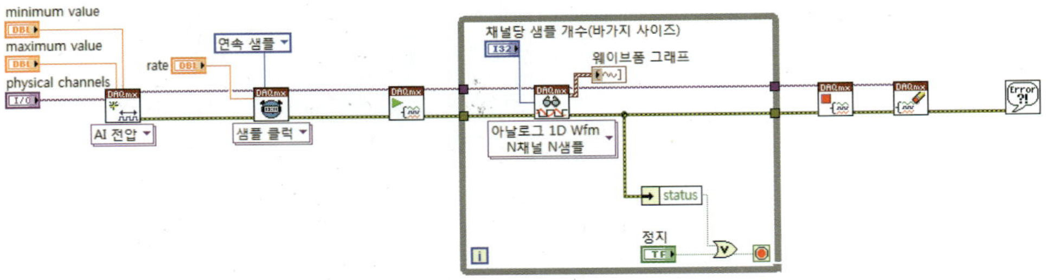

2. 다음의 표를 참조하여 각 노드를 설정합니다.

채널 생성	• 아날로그 입력 〉 전압
타이밍	• **샘플 모드** : 연속 샘플
읽기	• **다채널용** : 아날로그 〉 여러 채널 〉 여러 샘플 〉 1D 웨이브폼

3. 프런트패널에서 그림과 같이 설정합니다. 그림의 설정값은 DAQ 하드웨어의 ai0번과 ai1번에서 주파수가 1kHz의 사인파형과 사각파형을 측정하겠다고 가정하여 설정한 값입니다. 샘플 속도는 10kHz로 설정하였는데 이는 사인파 한 주기당 10번 AD 변환을 하겠다는 의미이고, 채널당 샘플 개수(바가지 사이즈)는 1000개로 설정하여 한 번에 각 신호의 데이터를 1000개씩 가지고 와서 웨이브폼 그래프에 표현하겠다는 의미입니다.

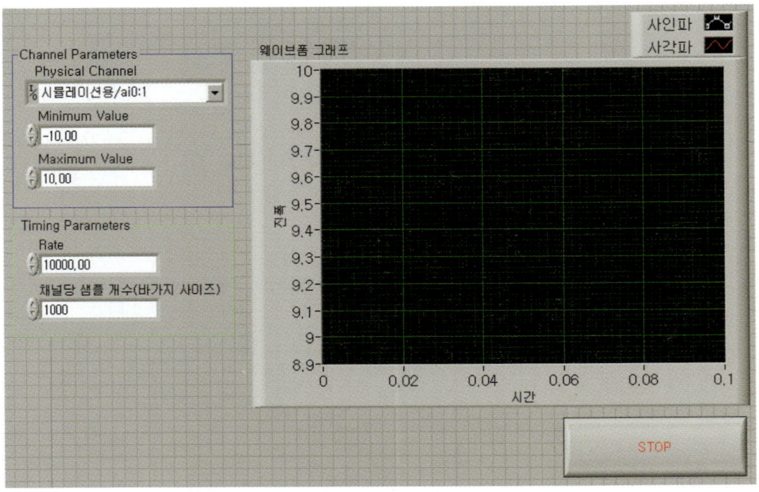

4. VI를 저장하고 닫습니다.

세 번째로 하드웨어 타이밍을 사용한 유한 측정 프로그램을 해보도록 하겠습니다. 유한 측정은 연속적으로 데이터를 측정하는 것과는 달리 N개의 데이터만 측정하고 끝나는 프로그램입니다. [그림 9-7-4]에서 While 루프만 제거합니다.

그림 9-7-6 하드웨어 타이밍을 이용한 유한 측정

[그림 9-7-7]은 [그림 9-7-5]에서 While 루프를 제거하였습니다.

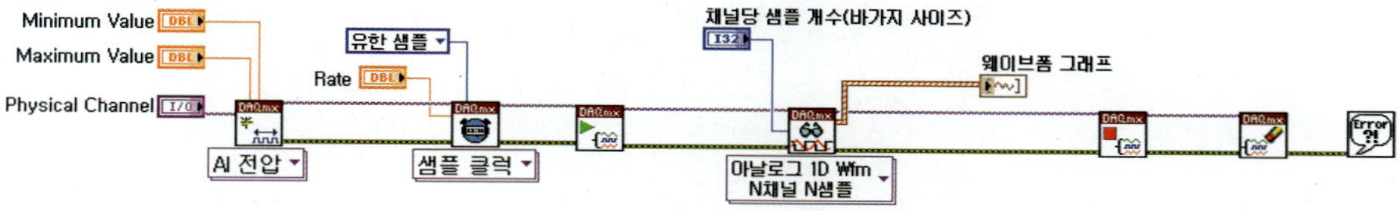

그림 9-7-7 유한 측정

실습 9.7.3 하드웨어 타이밍을 사용한 다채널용 유한 측정 프로그램을 해 봅니다.

1. 새 VI를 생성하여 그림과 같이 블록다이어그램을 구성합니다.

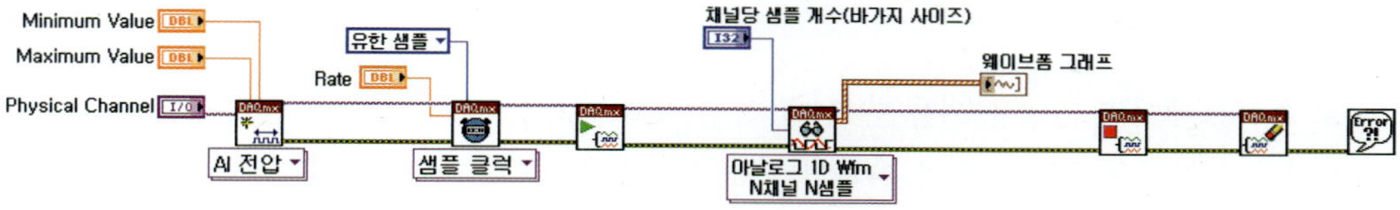

2. 다음의 표를 참조하여 각 노드를 설정합니다.

채널 생성	• 아날로그 입력 〉 전압
타이밍	• **샘플모드** : 유한 샘플
읽기	• **다채널용** : 아날로그 〉 여러 채널 〉 여러 샘플 〉 1D 웨이브폼

3. 프런트패널에서 그림과 같이 설정합니다. 그림의 설정값은 DAQ 하드웨어의 ai0번과 ai1번에서 주파수가 1kHz의 사인파형과 사각파형을 측정하겠다고 가정하여 설정한 값입니다. 샘플 속도는 10kHz로 설정하였는데 이는 사인파 한 주기당 10번 AD 변환을 하겠다는 의미이고, 채널당 샘플 개수(바가지 사이즈)는 1000개로 설정하여 한 번에 각 신호의 데이터를 1000개를 가지고 와서 웨이브폼 그래프에 표현하고 프로그램을 종료하겠다는 의미입니다.

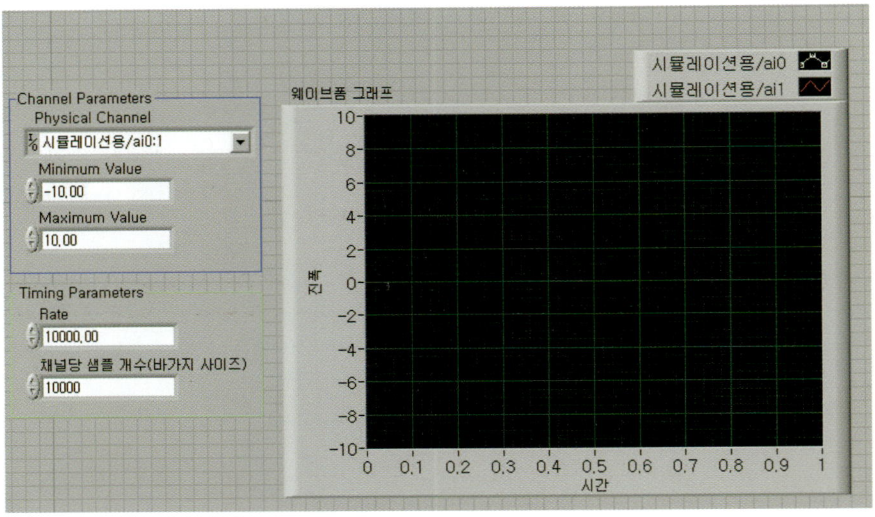

4. VI를 저장하고 닫습니다.

마지막으로 소프트웨어 타이밍을 이용한 1샘플 측정 프로그램을 해보도록 하겠습니다. 이는 측정 데이터 간의 시간 간격이 중요하지 않은 속도가 낮은 프로젝트나 DC측정과 같은 프로젝트에 적합합니다. 소프트웨어 타이밍을 사용하므로 [그림 9-7-6]에서 타이밍 설정 단계가 빠집니다.

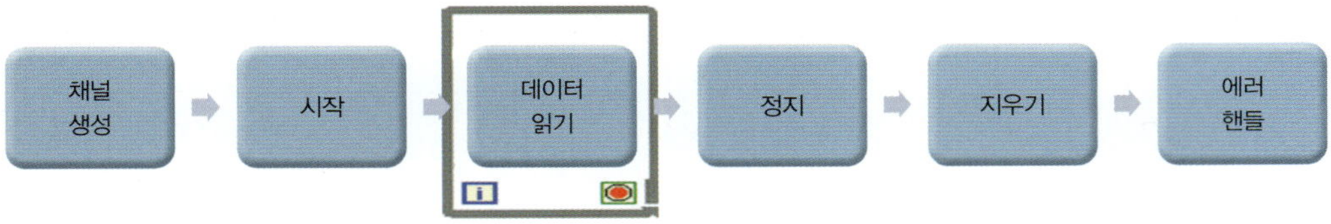

그림 9-7-8 소프트웨어 타이밍을 이용한 1샘플 측정

[그림 9-7-9]는 [그림 9-7-7]에서 **DAQmx 타이밍 노드(DAQmx Timing.vi)**가 빠지고 While 루프를 추가합니다. 그리고 **다음 ms 배수까지 기다림**.vi를 이용하여 100msec값을 주어 0.1초마다 데이터 하나씩 읽어오게 됩니다. 다음 프로그램은 **DAQmx 타이밍 노드(DAQmx Timing.vi)** 대신 타이밍 노드로 While 루프의 주기를 컨트롤함으로써 읽어 온 데이터 간의 시간 간격을 조절합니다.

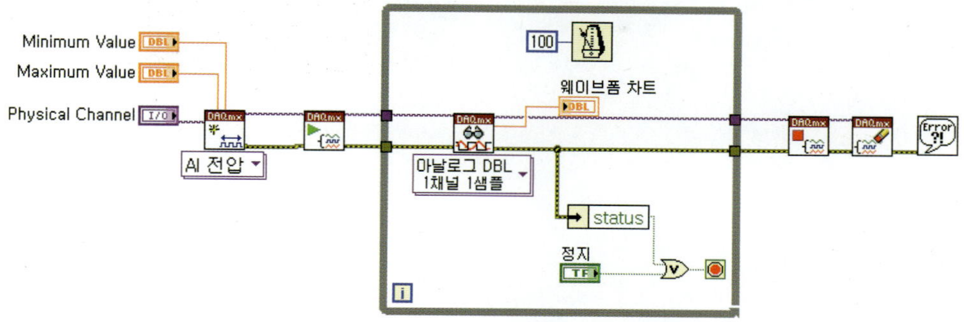

그림 9-7-9 1샘플 측정

실습 9.7.4 소프트웨어 타이밍을 사용한 단일 채널용 측정 프로그램을 해 봅니다.

1. 새 VI를 생성하여 그림과 같이 블록다이어그램을 구성합니다.

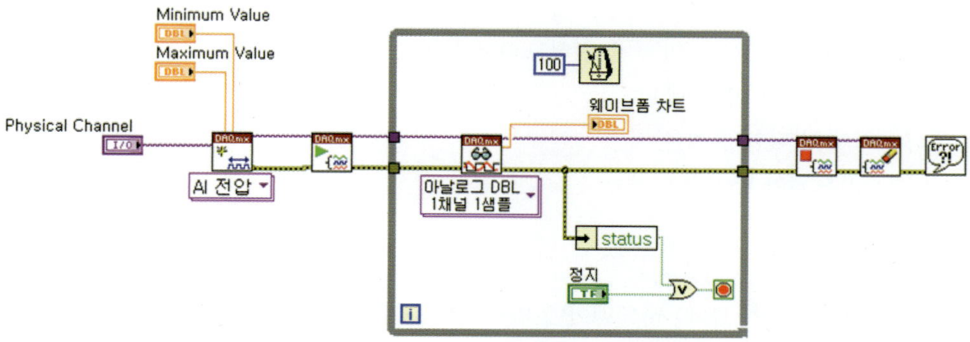

2. 다음의 표를 참조하여 각 노드를 설정합니다.

채널 생성	• 아날로그 입력 〉 전압
타이밍	• 다음 ms 배수까지 기다림
읽기	• 아날로그 〉 단일 채널 〉 단일 샘플 〉 DBL

3. 프런트패널에서 그림과 같이 설정합니다. 그림의 설정값은 DAQ 하드웨어의 ai0번에서 0.1초에 한 번씩 DC 전압을 측정하겠다고 가정하여 설정한 값입니다.

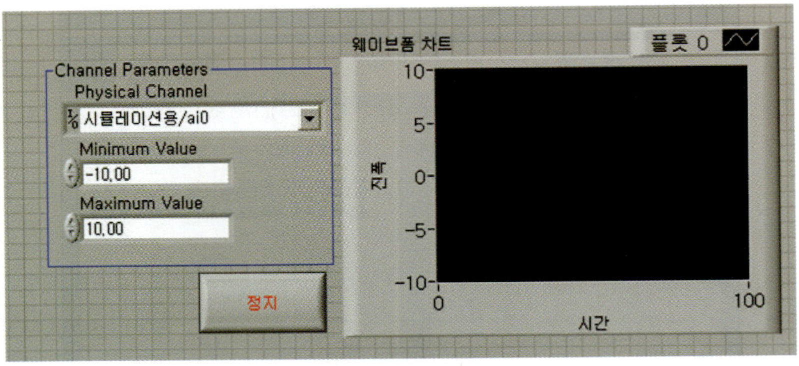

4. VI를 저장하고 닫습니다.

9-8. 아날로그 출력

아날로그 출력에서 4가지 프로그램을 다루도록 하겠습니다.

- 디지털 시작 트리거를 이용한 연속 생성(하드웨어 타이밍 이용)
- 연속 생성(하드웨어 타이밍 이용)
- 유한 생성(하드웨어 타이밍 이용)
- 1샘플 생성(소프트웨어 타이밍 이용)

먼저 디지털 시작 트리거가 DAQ 하드웨어에 입력되면 그때부터 하드웨어 타이밍을 기준해서 연속적으로 아날로그 신호를 생성하는 프로그램입니다. [그림 9-8-1]과 같은 순서로 프로그램하면 됩니다. 채널을 만들고 트리거를 설정하고 하드웨어 타이밍을 설정합니다. 그리고 생성할 데이터를 씁니다. 설정 단계에서 데이터 쓰기를 하는 이유는 하드웨어 타이밍을 이용한 프로그램은 데이터들 사이의 시간 간격이 매우 중요합니다. 따라서 시작한 다음에 데이터를 쓰게 되면 생성되는 데이터들 간에 시간 지연이 발생하여 데이터 간 시간 간격이 일정치 않게 될 수 있기 때문에 이를 방지하고자 설정 단계에서 생성할 데이터를 쓰도록 합니다. 설정을 다 끝내고 시작한 다음, 데이터를 연속적으로 출력할 때까지 기다리다가 정지 버튼을 누르면 정지하고 지우게 됩니다. 여기서 트리거, 타이밍, 쓰기 중 무엇을 먼저 설정하든 상관없습니다. 시작 단계 전에만 설정 완료하면 됩니다.

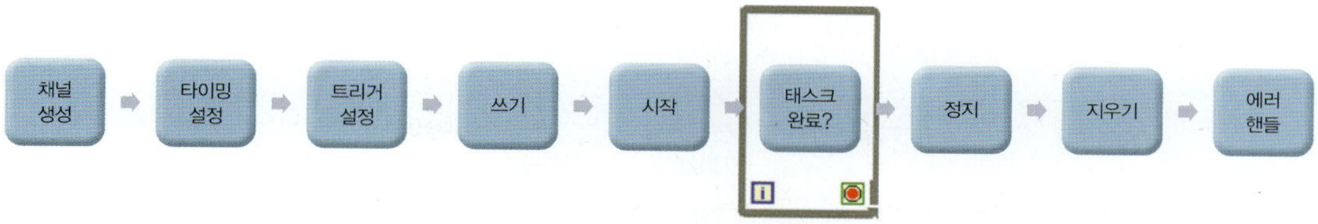

그림 9-8-1 디지털 트리거와 하드웨어 타이밍을 이용한 연속 생성

타이밍을 설정할 때는 아날로그 입력에서의 샘플 속도 대신 아날로그 출력에서는 업데이트 속도를 사용합니다. 업데이트 속도란 디지털을 아날로그로(Digital to analog) 변환하는 속도를 의미하며 단위는 샘플 속도와 같이 Samples/sec를 사용합니다. 즉 초당 DA 변환 샘플 개수를 의미합니다.

예를 들어 1000개의 버퍼에 1000개의 포인트로 구성된 사인 파형 한 주기를 만들어서 업데이트 속도 1000S/s로 설정했다고 가정합니다. 즉 초당 1000개를 DA 변환해서 출력하는데 이때 발생되는 파형이 1000개로 구성된 한 주기의 사인파형이므로 1초에 파형 하나, 즉 1Hz의 사인파형이 출력될 것입니다.

[그림 9-8-2]는 [그림 9-8-1]의 순서대로 프로그램한 것입니다. 즉 디지털 에지가 들어오면 한 채널에서 연속적으로 데이터를 생성하는 프로그램입니다. **DAQmx 타이밍 노드(DAQmx Timing.vi)**를 '웨이브폼 사용'으로 설정하면 업데이트 속도를 계산하지 않고 출력할 웨이브폼 데이터를 와이어링할 때 그 데이터의 타이밍 정보를 가지고 스스로 업데이트 속도를 계산하여 자동으로 설정합니다. 단 데이터 타입이 웨이브폼 데이터 타입이어야 합니다.

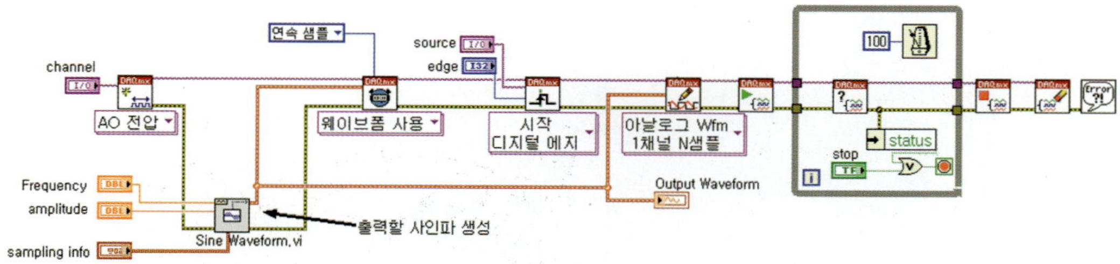

그림 9-8-2 트리거 연속 생성

실습 9.8.1 하드웨어 타이밍과 디지털 시작 트리거를 사용한 단일 채널용 연속 생성 프로그램을 해 봅니다.

1. 새 VI를 생성하여 그림과 같이 블록다이어그램을 구성합니다.

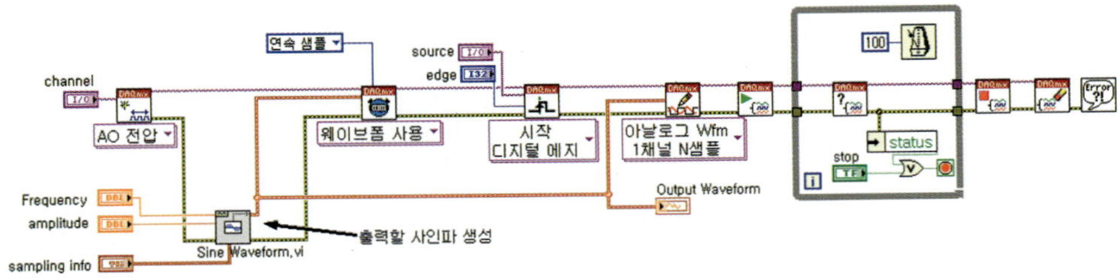

2. 다음의 표를 참조하여 각 노드를 설정합니다.

채널 생성	• 아날로그 출력 〉 전압
타이밍	• **샘플 모드** : 연속 샘플 • 웨이브폼 사용(업데이트 속도 입력 대신 생성한 웨이브폼 데이터를 입력하면 데이터의 정보대로 데이터가 생성될 수 있도록 자동으로 업데이트 속도를 계산함)
타이밍	• 시작 〉 디지털 에지
쓰기	• 아날로그 〉 단일 채널 〉 여러 샘플 〉 웨이브폼

3. 프런트패널에서 그림과 같이 설정합니다. 그림의 설정값은 PFI0에 트리거 신호로 디지털 상승 에지가 감지되면 DAQ 하드웨어의 ao0에서 진폭 1, 주파수가 1kHz의 사인파형 연속 생성을 시작하겠다고 가정하여 설정한 값입니다.

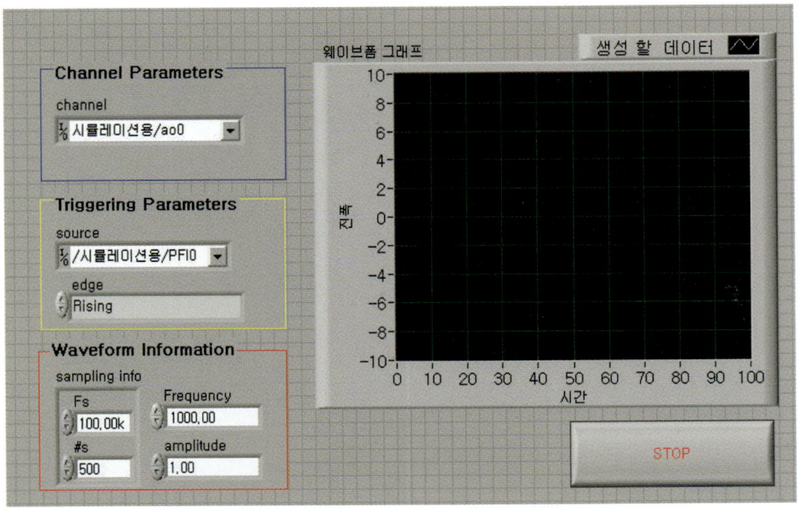

4. VI를 저장하고 닫습니다.

두 번째로 하드웨어 타이밍을 사용한 연속 생성 프로그램을 해 보도록 하겠습니다. [그림 9-8-1]에서 트리거 설정 단계만 제거하면 됩니다.

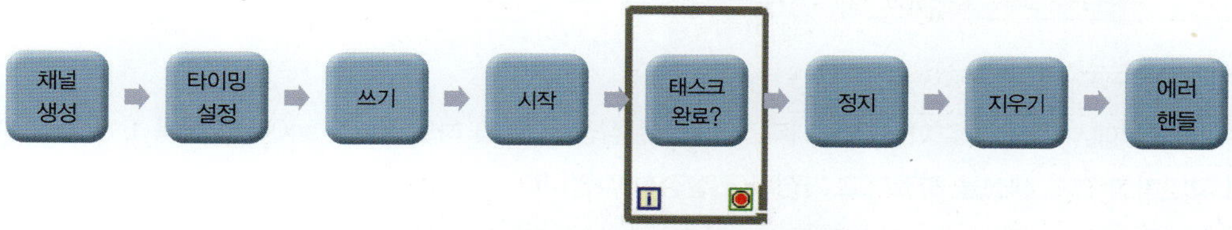

그림 9-8-3 하드웨어 타이밍을 이용한 연속 생성

[그림 9-8-4]는 [그림 9-8-2]에서 **DAQmx 트리거 노드(DAQmx Trigger.vi)**를 제거하였습니다.

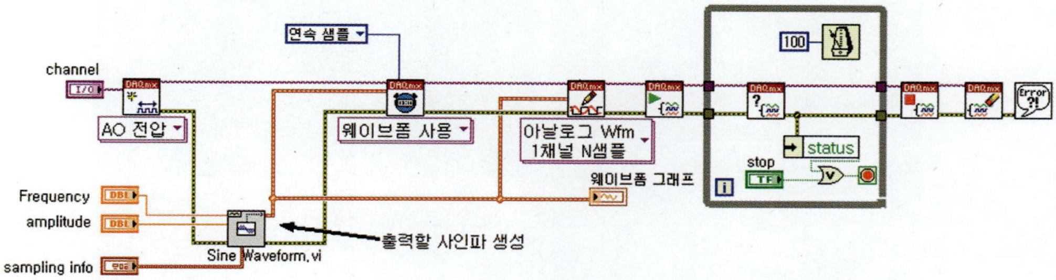

그림 9-8-4 연속 생성

실습 9.8.2 하드웨어 타이밍을 사용한 단일 채널용 연속 생성 프로그램을 해 봅니다.

1. 새 VI를 생성하여 그림과 같이 블록다이어그램을 구성합니다.

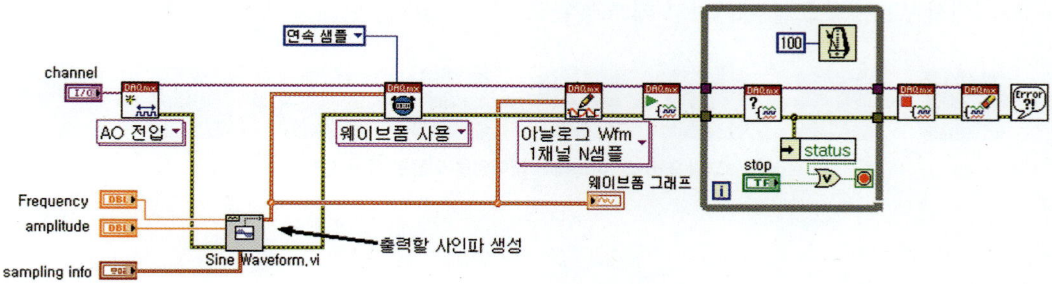

2. 다음의 표를 참조하여 각 노드를 설정합니다.

채널 생성	• 아날로그 출력 〉 전압
타이밍	• **샘플 모드** : 연속 샘플 • 웨이브폼 사용
쓰기	• 아날로그 〉 단일 채널 〉 여러 샘플 〉 웨이브폼

3. 프런트패널에서 그림과 같이 설정합니다. 그림의 설정값은 DAQ 하드웨어의 ao0에서 진폭 1, 주파수가 1kHz의 사인파형 연속 생성을 하겠다고 가정하여 설정한 값입니다.

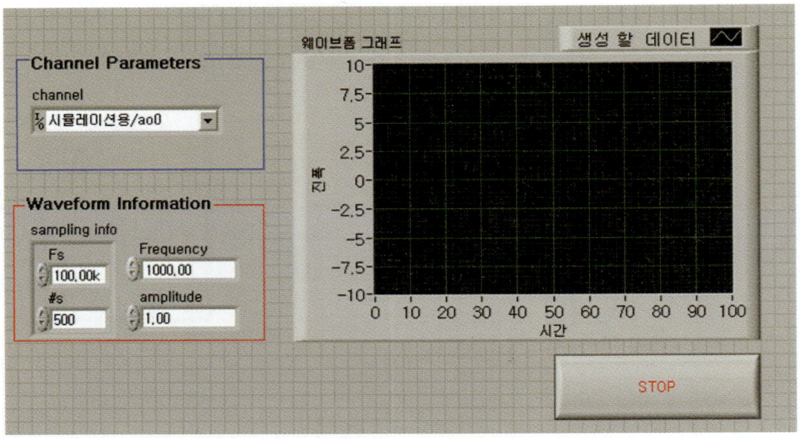

4. VI를 저장하고 닫습니다.

세 번째로 하드웨어 타이밍을 사용한 유한 생성 프로그램을 해보도록 하겠습니다. 유한 생성은 연속적으로 데이터를 생성하는 것과는 달리 N개의 데이터만 생성하고 끝나는 프로그램입니다. [그림 9-8-3]에서 While 루프를 제거하고 태스크 완료? 대신 기다림 단계로 대체합니다.

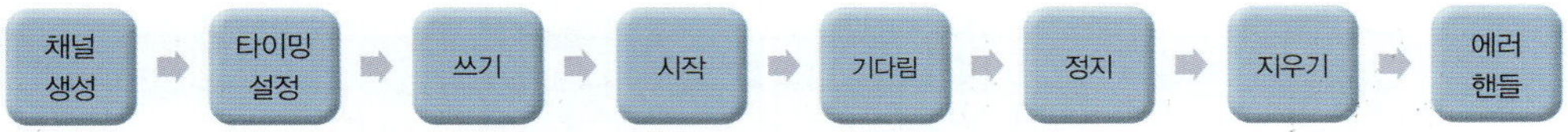

그림 9-8-5 하드웨어 타이밍을 이용한 유한 생성

[그림 9-8-6]은 [그림 9-8-4]에서 While 루프를 제거하고, **DAQmx 태스크 완료?**(DAQmx Is Task Done.vi) 대신 **DAQmx 완료될 때까지 기다림**(DAQmx Wait Until Done.vi)으로 대체합니다.

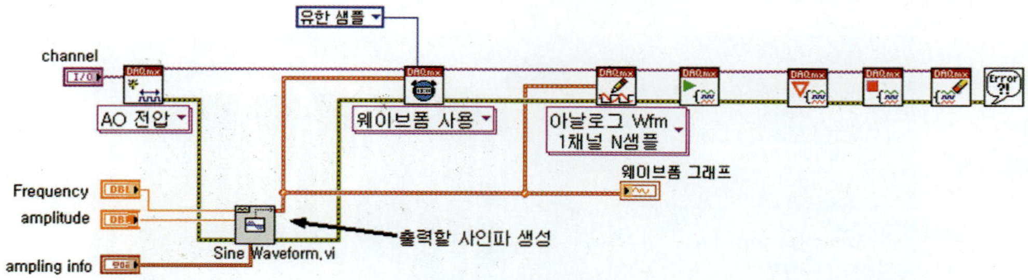

그림 9-8-6 유한 생성

실습 9.8.3 하드웨어 타이밍을 사용한 단일 채널용 유한 생성 프로그램을 해 봅니다.

1. 새 VI를 생성하여 그림과 같이 블록다이어그램을 구성합니다.

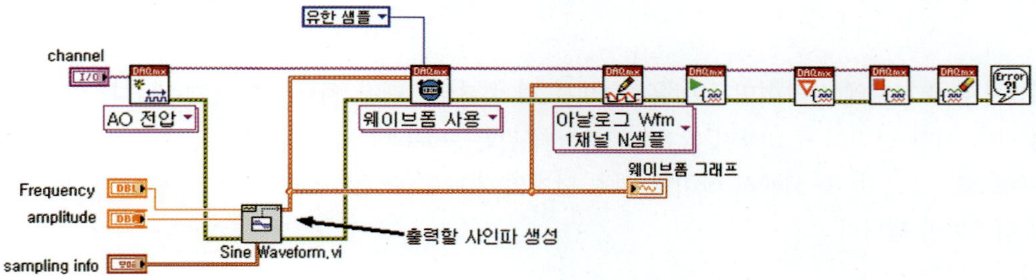

2. 다음의 표를 참조하여 각 노드를 설정합니다.

채널 생성	• 아날로그 출력 〉 전압
타이밍	• **샘플 모드** : 유한 샘플 • 웨이브폼 사용
쓰기	• 아날로그 〉 단일 채널 〉 여러 샘플 〉 웨이브폼

3. 프런트패널에서 그림과 같이 설정합니다. 그림의 설정값은 DAQ 하드웨어의 ao0에서 진폭 1, 주파수가 1kHz의 사인파형 유한(500개의 데이터 포인트 생성, 즉 한 주기가 100포인트로 구성되어 있으므로 5주기를 생성) 생성을 하겠다고 가정하여 설정한 값입니다.

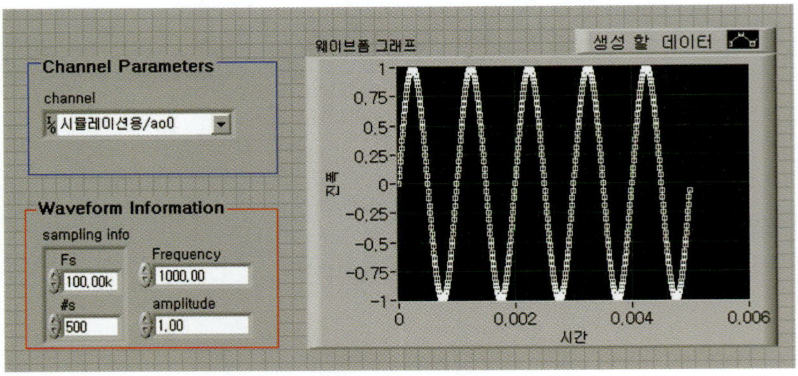

4. VI를 저장하고 닫습니다.

마지막으로 소프트웨어 타이밍을 이용한 1샘플 생성 프로그램을 해보도록 하겠습니다. 이는 생성 데이터 간의 시간 간격이 중요하지 않은 DC생성과 같은 프로젝트에 적합합니다. 소프트웨어 타이밍을 사용하므로 [그림 9-8-5]에서 타이밍 설정 단계와 기다림 단계가 빠지고 쓰기 단계가 시작 단계 다음에 위치하면 됩니다.

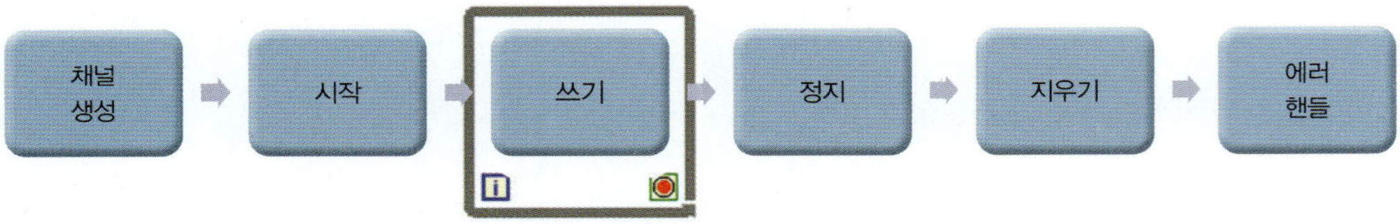

그림 9-8-7 소프트웨어 타이밍을 이용한 1샘플 생성

[그림 9-8-8]은 [그림 9-8-6]에서 **DAQmx 타이밍 노드**(DAQmx Timing.vi)와 **DAQmx 완료될 때까지 기다림 노드**(DAQmx Wait Until Done.vi)가 빠지고 **DAQmx 쓰기 노드**(DAQmx Write.vi)를 **DAQmx 태스크 시작 노드**(DAQmx Start.vi) 다음으로 위치를 변경하고 **DAQmx 쓰기 노드**(DAQmx Write.vi)에 While 루프를 추가합니다. 그리고 **다음 ms 배수까지 기다림**.vi을 이용하여 100msec값을 주어 0.1초마다 데이터를 하나씩 출력합니다. 다음 프로그램은 **DAQmx 타이밍 노드**(DAQmx Timing.vi) 대신 타이밍 노드로 While 루프의 주기를 컨트롤함으로써 출력 데이터 간의 시간 간격을 조절합니다.

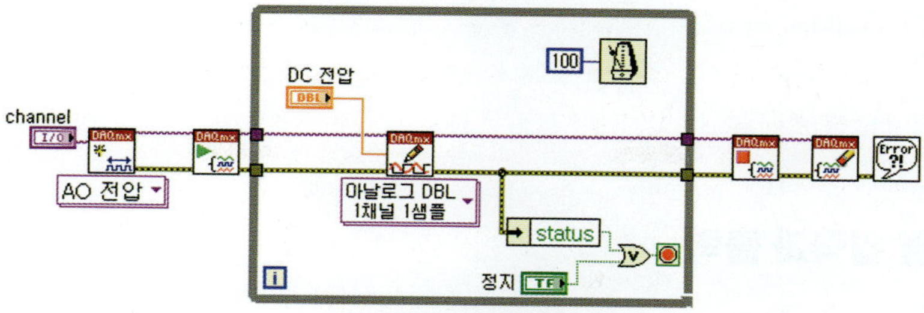

그림 9-8-8 DC 생성

실습 9.8.4 소프트웨어 타이밍을 사용한 단일 채널용 DC 생성 프로그램을 해 봅니다.

1. 새 VI를 생성하여 그림과 같이 블록다이어그램을 구성합니다.

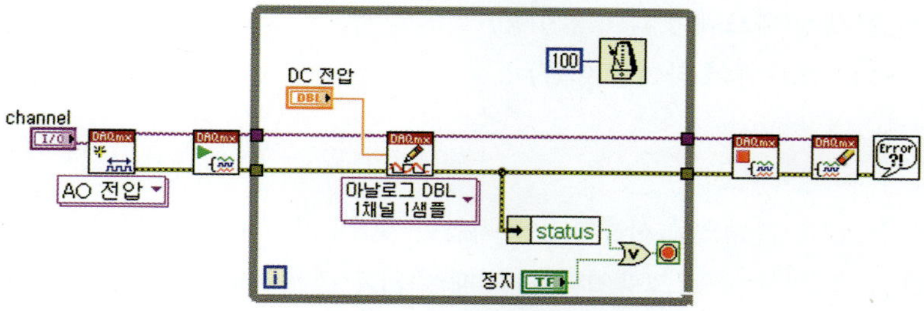

2. 다음의 표를 참조하여 각 노드를 설정합니다.

채널 생성	• 아날로그 출력 〉 전압
타이밍	• While 루프의 타이밍 노드(다음 ms 배수까지 기다림)
쓰기	• 아날로그 〉 단일 채널 〉 단일 샘플 〉 DBL

3. 프런트패널에서 그림과 같이 설정합니다. 그림의 설정값은 DAQ 하드웨어의 ao0번에서 100msec마다 DC 전압을 생성하겠다고 가정하여 설정한 값입니다.

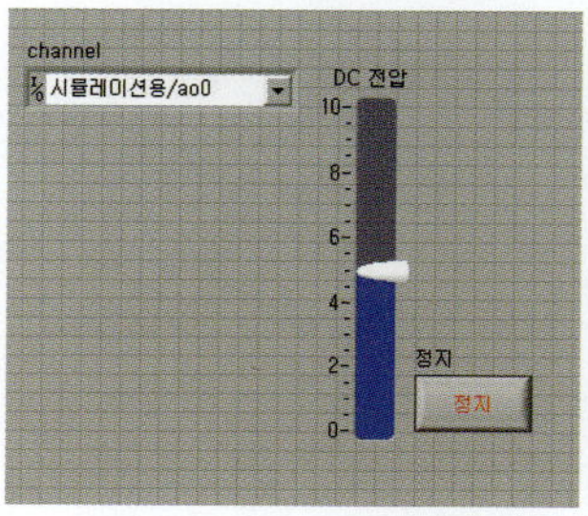

4. VI를 저장하고 닫습니다.

9-9. 디지털 입력과 출력

디지털 입력/출력에서 다음 4가지 프로그램을 다루도록 하겠습니다. 디지털 신호는 매우 다양하므로 하드웨어도 종류가 다양합니다. 하드웨어 타이밍을 이용한 프로그램은 DAQ 하드웨어가 디지털 입출력 기능에서 하드웨어 타이밍을 지원하는지 확인하고 사용하세요.

- 연속 디지털 신호 측정(하드웨어 타이밍 이용)
- 디지털 신호 측정(소프트웨어 타이밍 이용)
- 연속 디지털 신호 생성(하드웨어 타이밍 이용)
- 디지털 신호 생성(소프트웨어 타이밍 이용)

먼저 로직 분석기와 같은 기능으로 사용하기에 적합한 것으로써 하드웨어 타이밍을 기준해서 연속적으로 디지털 신호를 측정하는 프로그램입니다. 이때 주의할 점은 National Instrumentst 사의 DAQ 하드웨어 모델에 따라 디지털 전용 샘플 클럭을 제공하지 않는 경우도 있으므로 이런 경우에는 아날로그 입력 또는 출력 샘플 클럭을 가져다 사용하거나 외부에서 클럭을 입력해 주어야 합니다. 외부 클럭 생성은 9.12장에서 배울 카운터 출력 기능을 이용하기도 합니다. [그림 9-9-1]과 같은 순서로 프로그램합니다.

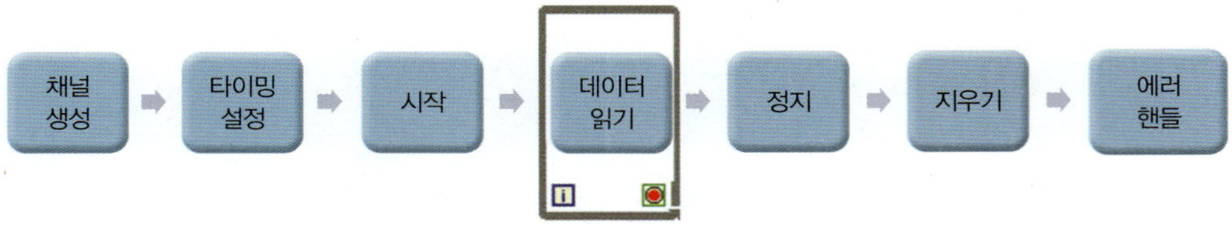

그림 9-9-1 하드웨어 타이밍을 이용한 연속 측정

[그림 9-9-2]는 [그림 9-7-5]의 아날로그 입력 프로그램과 노드 사용 순서는 같고 설정만 일부 달라집니다.

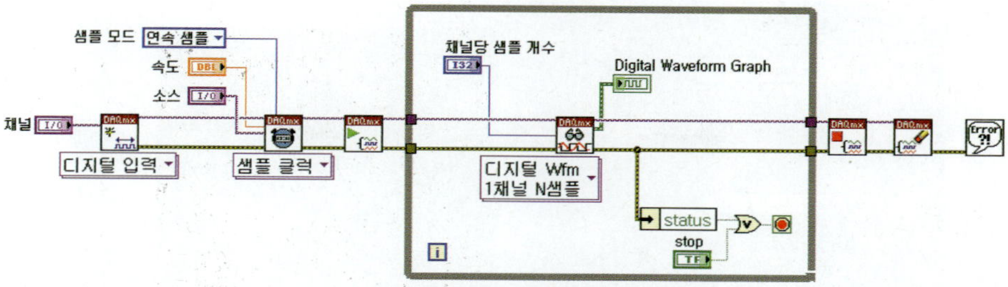

그림 9-9-2 연속 측정

실습 9.9.1 하드웨어 타이밍을 사용한 단일 채널 연속 디지털 측정 프로그램을 해 봅니다.

1. 새 VI를 생성하여 그림과 같이 블록다이어그램을 구성합니다.

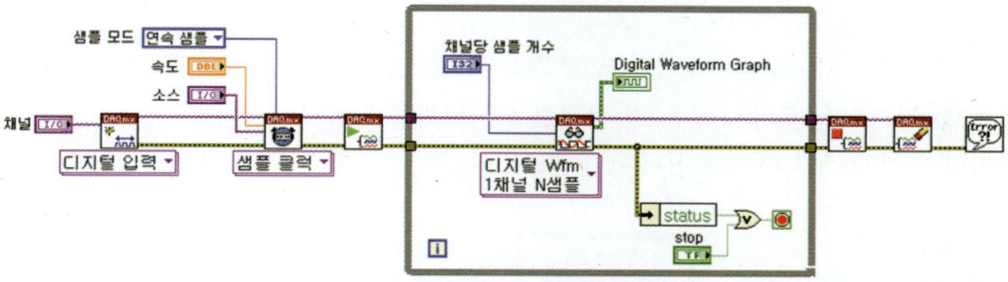

2. 다음의 표를 참조하여 각 노드를 설정합니다.

채널 생성	• 디지털 입력
타이밍	• **샘플 모드** : 연속 샘플
읽기	• 디지털 〉 단일 채널 〉 여러 샘플 〉 웨이브폼

3. 프런트패널에서 그림과 같이 설정합니다. 그림의 설정값은 PFI0에 외부 클럭 신호가 입력되고 이 클럭에 맞춰 port0/line0로 입력되는 신호를 측정합니다. 1000개의 데이터를 읽어서 디지털 웨이브폼 그래프에 표현합니다. 이때 설정한 속도 10kS/s는 PFI0로 입력되는 외부 클럭의 대략의 주파수 값을 입력합니다.

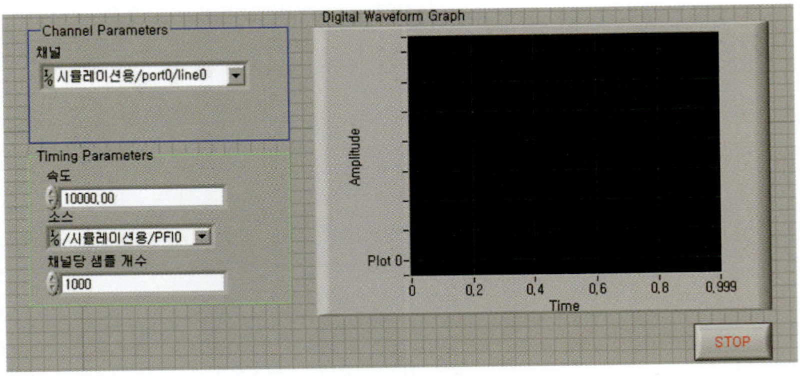

4. VI를 저장하고 닫습니다.

두 번째로 소프트웨어 타이밍을 이용한 1샘플 측정 프로그램을 해 보도록 하겠습니다. 이는 측정 데이터 간의 시간 간격이 중요하지 않은 저속 접점 모니터링에 적합합니다. 소프트웨어 타이밍을 사용함으로써 타이밍 설정 단계가 빠지게 됩니다.

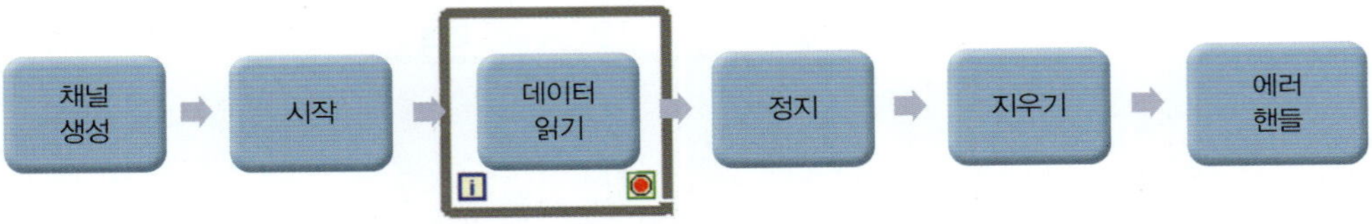

그림 9-9-3 소프트웨어 타이밍을 이용한 1샘플 측정

[그림 9-9-4]는 [그림 9-7-9]의 아날로그 입력 프로그램과 노드 사용 순서는 같고 설정만 일부 달라집니다.

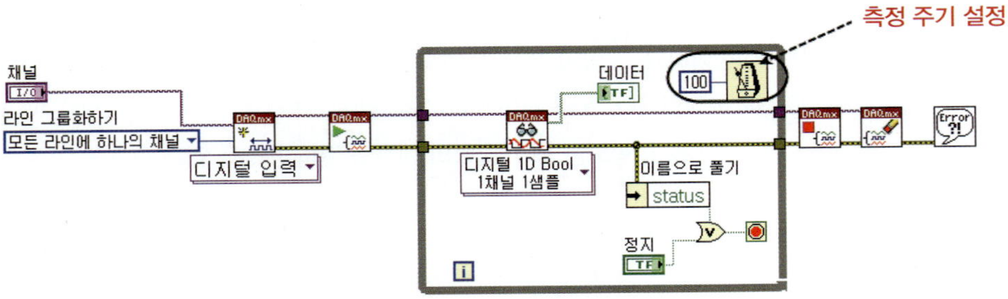

그림 9-9-4 1샘플 측정

실습 9.9.2 소프트웨어 타이밍을 사용한 단일 채널 디지털 측정 프로그램을 해 봅니다.

1. 새 VI를 생성하여 그림과 같이 블록다이어그램을 구성합니다.

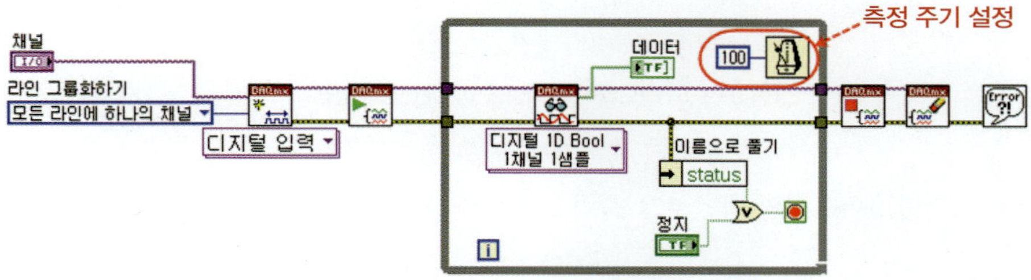

2. 다음의 표를 참조하여 각 노드를 설정합니다.

채널 생성	• 디지털 입력 • 라인 그룹화하기 : 모든 라인에 하나의 채널(여러 라인을 단일 채널로 그룹화해서 단일 채널로 처리하겠다는 의미)
읽기	• 디지털 〉 단일 채널 〉 단일 샘플 〉 1D 불리언(N 라인)

3. 프런트패널에서 그림과 같이 설정합니다. 그림의 설정값은 port0의 line0에서 line7까지 8개의 라인에 입력되는 디지털 신호를 모니터링하여 0.1초에 한 번씩 불리언 배열에 on/off 상태를 표현하겠다고 가정하여 설정한 값입니다.

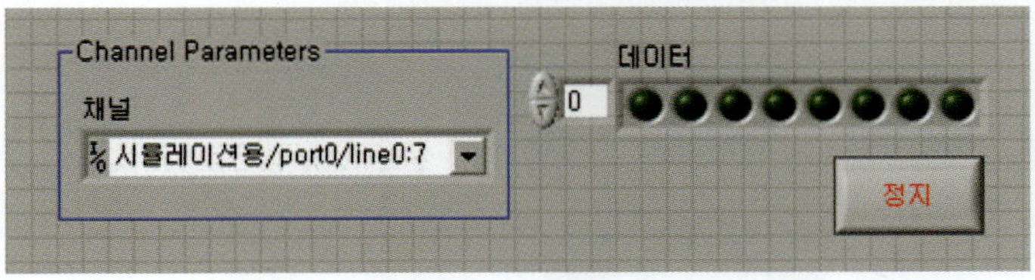

4. VI를 저장하고 닫습니다.

세 번째로 고속의 디지털 통신, 반도체 칩 테스트에서 디지털 패턴을 생성하는 기능으로 사용하기에 적합한 것으로써 하드웨어 타이밍을 기준해서 연속적으로 디지털 신호를 생성하는 프로그램입니다. 이때 주의할 점은 National Instrumentst 사의 DAQ 하드웨어를 모델에 따라 디지털 전용 샘플 클럭을 제공하지 않는 경우도 있으므로 이런 경우에는 아날로그 입력 또는 출력 샘플 클럭을 가져다 사용하거나 외부에서 클럭을 입력해 주어야 합니다. [그림 9-9-5]와 같은 순서로 프로그램합니다.

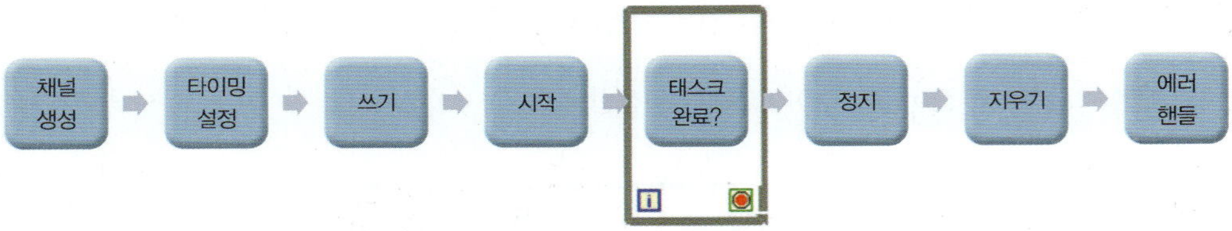

그림 9-9-5 하드웨어 타이밍을 이용한 연속 생성

[그림 9-9-6]은 [그림 9-8-4]의 아날로그 출력 프로그램과 노드 사용 순서는 같고 설정만 일부 달라집니다.

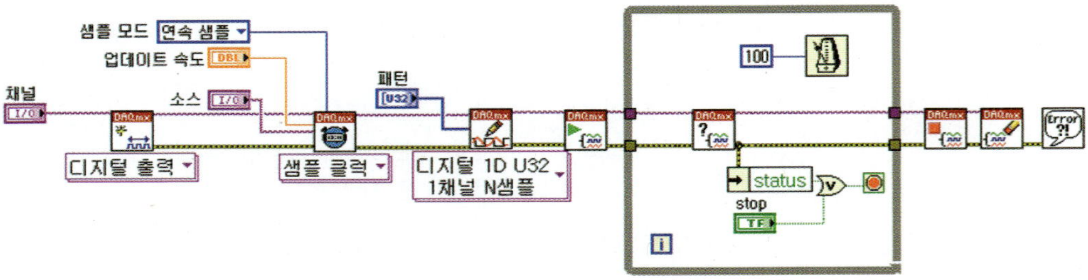

그림 9-9-6 연속 생성

실습 9.9.3 하드웨어 타이밍을 사용한 단일 채널 연속 디지털 생성 프로그램을 해 봅니다.

1. 새 VI를 생성하여 그림과 같이 블록다이어그램을 구성합니다.

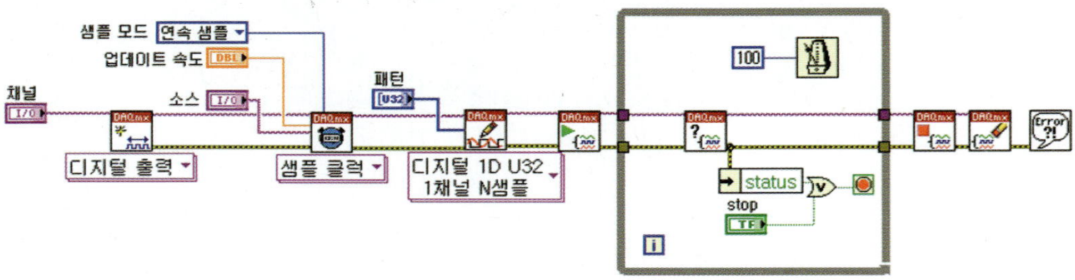

2. 다음의 표를 참조하여 각 노드를 설정합니다.

채널 생성	• 디지털 출력
타이밍	• **샘플 모드** : 연속 샘플
쓰기	• 디지털 〉 단일 채널 〉 여러 샘플 〉 1D U32(포트 포맷)

3. 프런트패널에서 그림과 같이 설정합니다. 그림의 설정값은 PFI0에 외부 클럭 신호가 입력되고 이 클럭에 맞춰 port0/line0에서 line7로 디지털 신호를 출력합니다. 이때 설정한 업데이트 속도 1kS/s는 PFI0로 입력되는 외부 클럭의 대략의 주파수 값을 입력합니다.

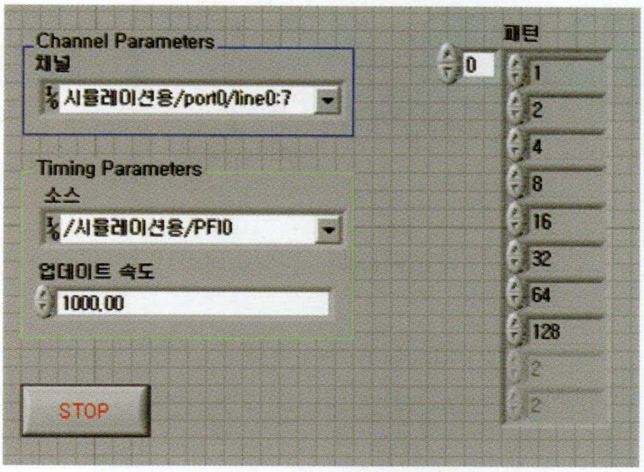

4. VI를 저장하고 닫습니다.

마지막으로 소프트웨어 타이밍을 이용한 1샘플 생성 프로그램을 해 보도록 하겠습니다. 이는 생성 데이터 간의 시간 간격이 중요하지 않은 저속 디지털 신호 생성에 적합합니다. 소프트웨어 타이밍을 사용함으로써 타이밍 설정 단계가 빠지게 됩니다.

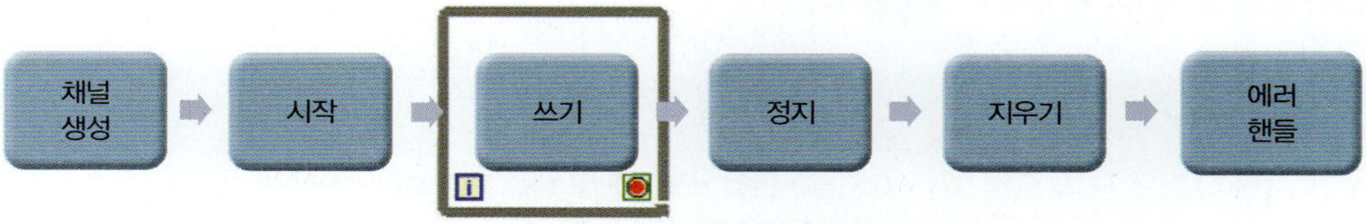

그림 9-9-7 소프트웨어 타이밍을 이용한 1샘플 생성

[그림 9-9-8]은 [그림 9-8-8]의 아날로그 출력 프로그램과 노드 사용 순서는 같고 설정만 일부 달라집니다.

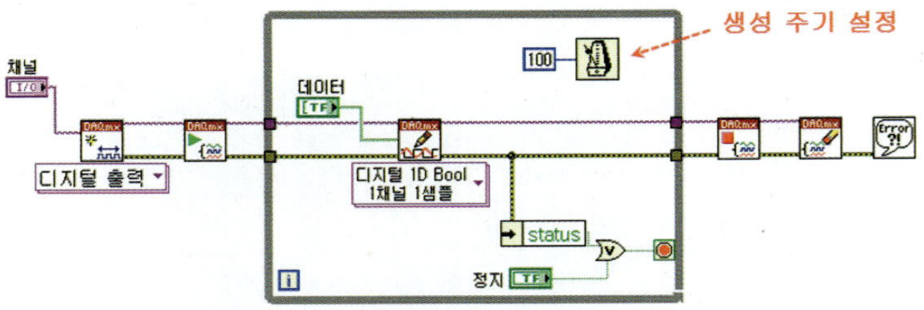

그림 9-9-8 1샘플 생성

실습 9.9.4 소프트웨어 타이밍을 사용한 단일 채널 디지털 생성 프로그램을 해 봅니다.

1. 새 VI를 생성하여 그림과 같이 블록다이어그램을 구성합니다.

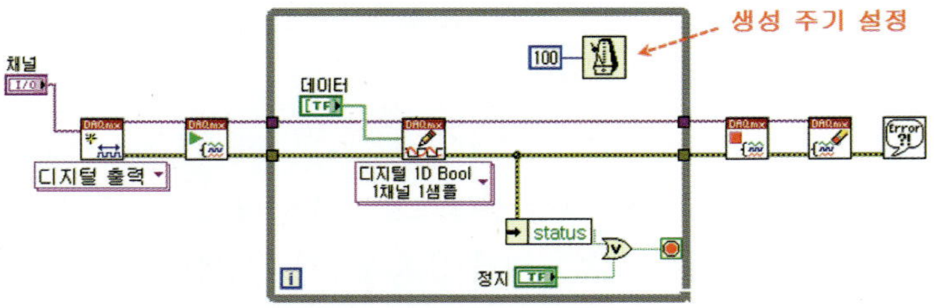

2. 다음의 표를 참조하여 각 노드를 설정합니다.

채널 생성	• 디지털 출력
쓰기	• 디지털 〉 단일 채널 〉 단일 샘플 〉 1D 불리언(N라인)

3. 프런트패널에서 그림과 같이 설정합니다. 그림의 설정값은 port0의 line0에서 line7까지 8개의 라인으로 디지털 신호를 출력합니다. 0.1초에 한 번씩 불리언 배열에 on/off 상태를 출력하겠다고 가정하여 설정한 값입니다.

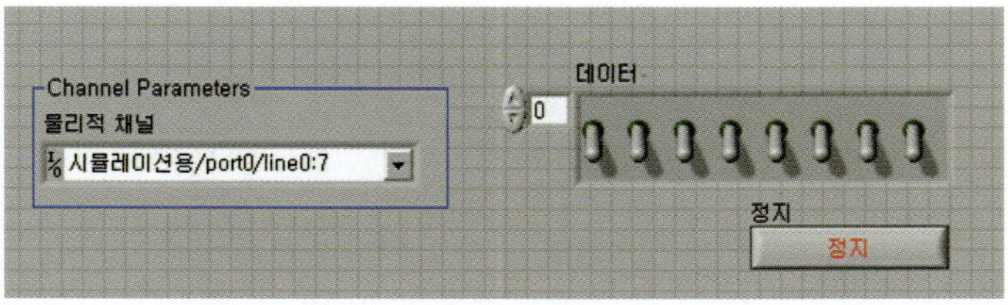

4. VI를 저장하고 닫습니다.

9-10. 카운터 개요

카운터의 기본적인 기능은 펄스의 상승 혹은 하강 에지를 카운팅하는 것입니다. 이 기능을 응용하여 시간 측정, 주파수 측정(주기 측정), 각도 측정, 이동 거리 측정 등을 할 수 있습니다. 또한 펄스 신호를 생성할 수 있습니다. 카운터는 [그림 9-10-1]과 같은 규격을 만족하는 신호만 취급합니다. 다음과 같은 조건을 만족하는 신호를 TTL(Transistor-Transistor Logic)이라고 합니다.

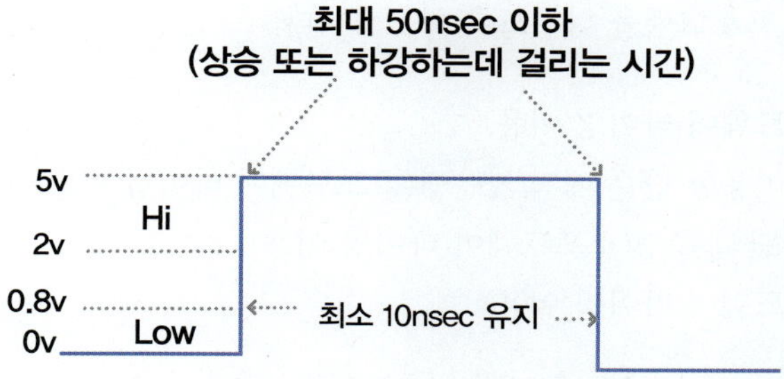

그림 9-10-1 TTL 신호 정의

카운터는 [그림 9-10-2]와 같은 구조를 가집니다. 각 부분들의 역할은 일반적으로 다음과 같습니다. 카운터를 어떤 기능으로 사용하느냐에 따라 역할이 달라지기도 합니다.

- 소스(Source) : 측정할 신호 연결
- 게이트(Gate) : 트리거 신호 연결
- 출력(Out) : 생성한 신호가 출력
- 카운트 레지스터(Count Register) : 측정한 값이 저장된 메모리

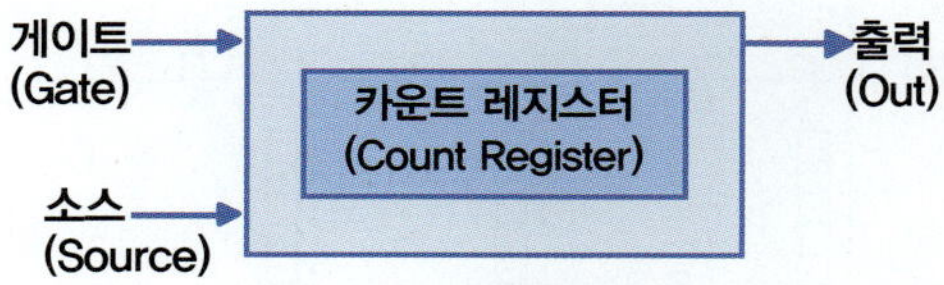

그림 9-10-2 카운터 구조

카운터의 스펙(Specification) 중에 해상도(Resolution)가 있습니다. 이는 9.3장에서 언급한 해상도와는 또 다른 개념입니다. 카운터가 셀 수 있는 펄스 에지의 최대 수는 ($2^{해상도} - 1$)개입니다. 예를 들어 3bit 해상도의 카운터는 $2^3 - 1 = 7$개의 펄스 0,1, ...,7까지 카운트할 수 있습니다. 여기서 마지막 7을 터미널 카운트(terminal count)라고 합니다. 카운팅한 펄스의 에지 값을 카운트 레지스터에 저장합니다. 만약 8번째 펄스가 입력되면 출력핀(Out)에 펄스 하나를 출력하고 카운트 레지스터는 0으로 리셋되어 다시 증가합니다.

9-11. 카운터 입력

카운터 입력에서 4가지 프로그램을 다루도록 하겠습니다.

- 연속 에지 카운팅(하드웨어 타이밍 이용)
- 일시 정지 트리거를 이용한 단순 에지 카운팅(소프트웨어 타이밍 이용)
- 펄스폭/주기/주파수 단일 측정(소프트웨어 타이밍 이용)
- 주파수 연속 측정(하드웨어 타이밍 이용)

첫 번째, 하드웨어 타이밍을 이용한 연속 에지 카운팅을 하겠습니다. [그림 9-11-1]처럼 게이트에 들어오는 신호의 상승(또는 하강) 에지가 발생할 때만 측정한 신호의 에지 카운팅 값을 버퍼에 업데이트합니다.

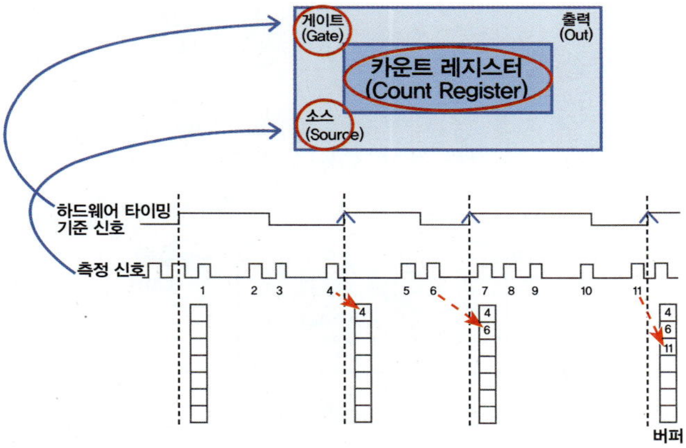

그림 9-11-1 하드웨어 타이밍을 이용한 카운팅 신호 연결법

[그림 9-11-2]와 같은 순서로 프로그램합니다.

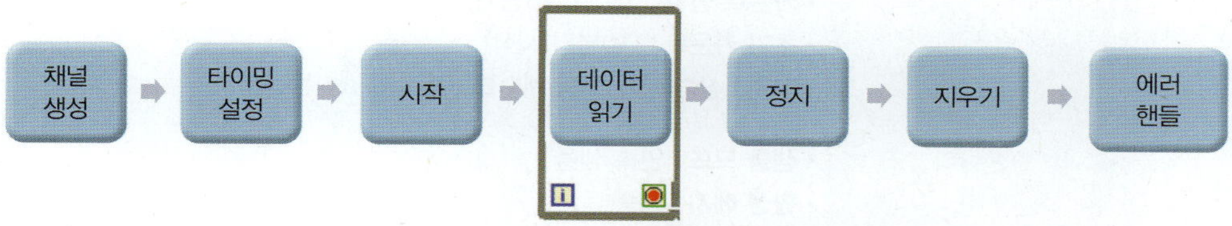

그림 9-11-2 하드웨어 타이밍을 이용한 연속 에지 카운팅

[그림 9-11-3]은 [그림 9-7-5]의 아날로그 입력 프로그램과 노드 사용 순서는 같고 설정만 일부 달라집니다.

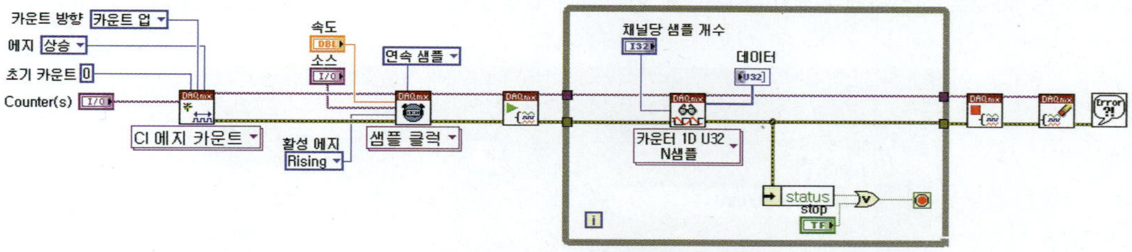

그림 9-11-3 연속 측정

실습 9.11.1 외부 클럭을 사용한 하드웨어 타이밍으로 연속 에지 개수 측정 프로그램을 해 봅니다.

1. 새 VI를 생성하여 그림과 같이 블록다이어그램을 구성합니다.

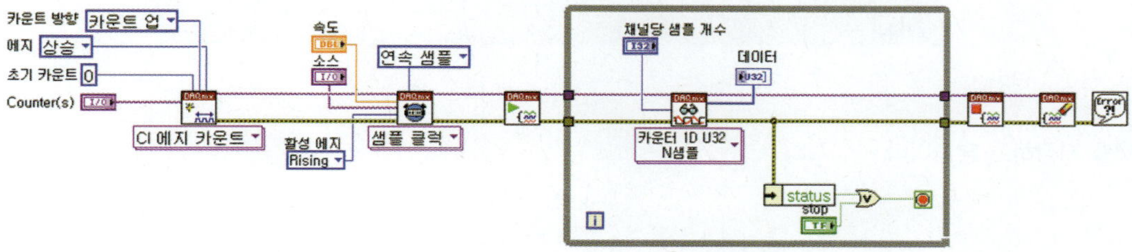

2. 다음의 표를 참조하여 각 노드를 설정합니다.

채널 생성	• 카운터 입력 〉 에지 카운트 • **카운트 방향** : 카운트 업(증가) • **초기 카운트** : 0(0부터 시작) • **에지** : 상승(상승 에지 개수를 카운팅하겠다는 의미)
쓰기	• **샘플 모드** : 연속 샘플 • **활성 에지** : 상승
읽기	• 카운터 〉 여러 샘플 〉 1D U32

3. 프런트패널에서 그림과 같이 설정합니다. DAQ 하드웨어의 ctr0번의 소스에 입력된 펄스의 상승 에지를 PFI0로 들어오는 외부 클럭 상승 에지에 맞춰서 데이터를 한 번에 1000개씩 읽어 온다고 가정하여 설정한 값입니다. 속도는 1kHz로 설정하였는데 이는 PFI0에 입력되는 외부 클럭의 대략의 주파수값을 입력한 것입니다.

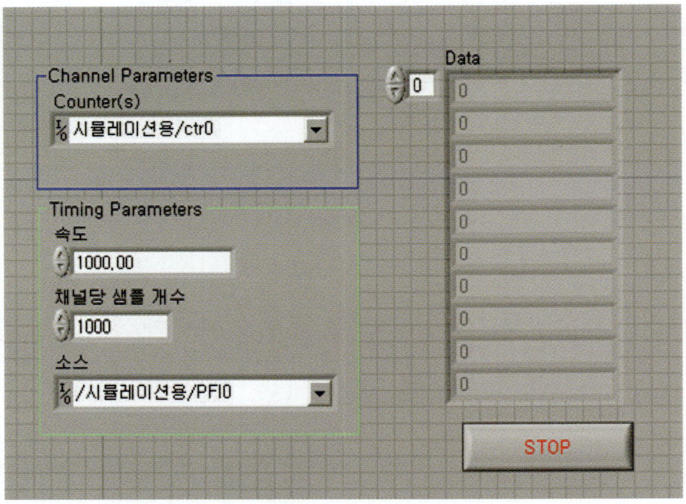

4. VI를 저장하고 닫습니다.

두 번째, 일시 정지 트리거를 이용한 단순 에지 카운팅을 하겠습니다. 게이트로 들어오는 트리거 신호가 하이(High) 또는 로우(Low)일 때만 에지 카운팅을 합니다. [그림 9-11-4]에서는 트리거 신호가 하이(High)일 때 소스로 들어오는 에지를 카운팅하도록 하였습니다.

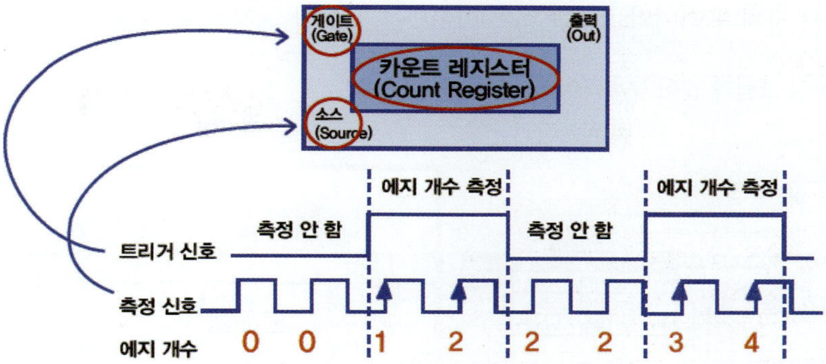

그림 9-11-4 일시 정지 단순 에지 카운팅 신호 연결법

[그림 9-11-5]와 같은 순서로 프로그램합니다. 소프트웨어 타이밍을 사용함으로써 [그림 9-11-2]에서 타이밍 설정 단계가 빠지고 트리거 설정 단계가 추가됩니다.

그림 9-11-5 일시 정지 단순 에지 카운팅

[그림 9-11-6]은 DAQmx 트리거 프로퍼티 노드를 이용하여 일시 정지 트리거를 설정합니다.

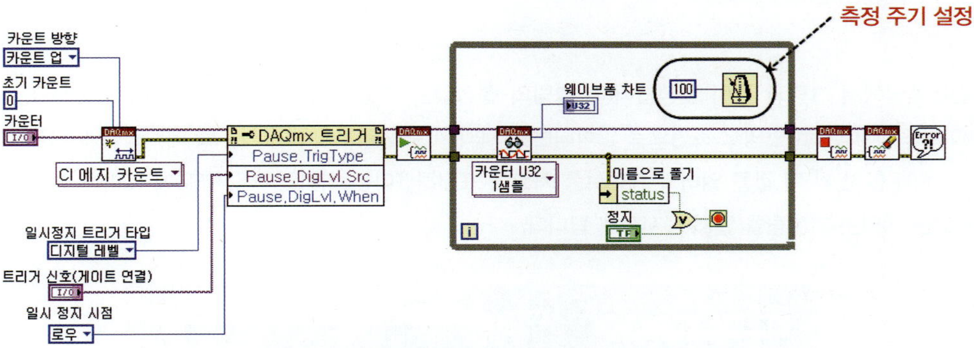

그림 9-11-6 자세한 트리거 단순 측정

실습 9.11.2 일시 정지 트리거와 소프트웨어 타이밍을 사용한 에지 개수 측정 프로그램을 해 봅니다.

1. 새 VI를 생성하여 그림과 같이 블록다이어그램을 구성합니다.

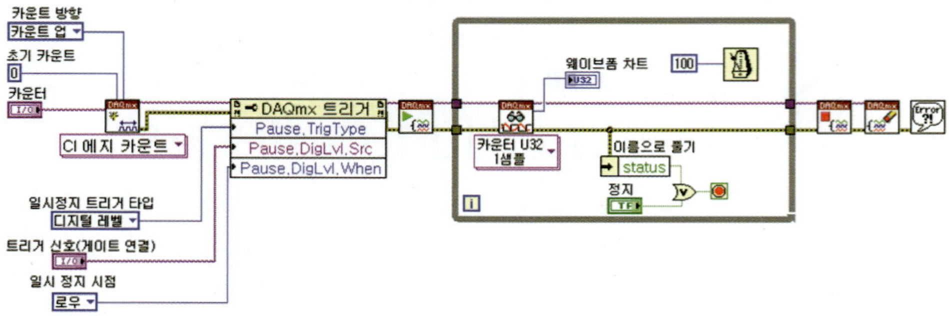

2. 다음의 표를 참조하여 각 노드를 설정합니다.

채널 생성	• 카운터 입력 〉 에지 카운트 • 카운트 방향 : 카운트 업(증가) • 초기 카운트 : 0(0부터 시작)
트리거	• 기타 〉 일시 정지 〉 트리거 타입 : 디지털 레벨 • 기타 〉 일시 정지 〉 디지털 레벨 〉 소스 • 기타 〉 일시 정지 〉 디지털 레벨 〉 일시 정지시점 : 로우
읽기	• 카운터 〉 단일 샘플 〉 U32

3. 프런트패널에서 그림과 같이 설정합니다. 그림의 설정값은 PFI0에 트리거 신호로 하이가 감지되는 동안만 DAQ 하드웨어의 ctr0번의 소스핀으로 입력되는 에지의 개수를 카운팅하여 카운트 레지스터에 저장하고 있다가 0.1초에 한 번씩 이 값을 읽어와 웨이브폼 차트에 표현하겠다는 의미입니다. PFI0에 트리거 신호로 로우가 감지되는 동안은 카운팅을 일시 정지하게 됩니다.

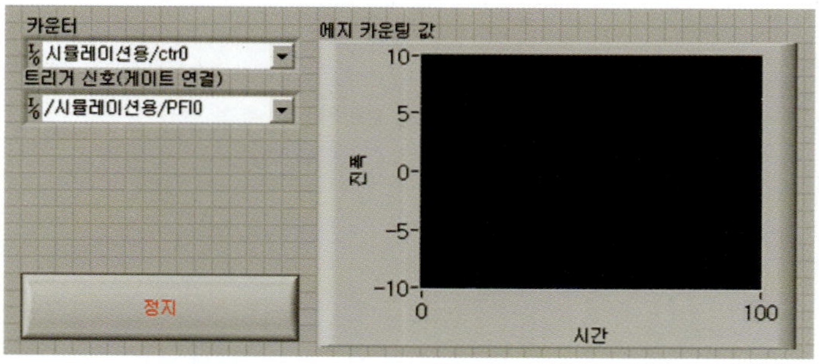

4. VI를 저장하고 닫습니다.

세 번째, 펄스폭/주기/주파수 단일 측정입니다.

- **펄스폭** : 상승 에지에서 바로 다음의 하강 에지/하강 에지에서 바로 다음의 상승 에지까지의 시간 측정
- **주기** : 상승 에지에서 바로 다음 상승 에지/하강 에지에서 바로 다음의 하강 에지까지의 시간 측정
- **주파수** : 주기의 역의 값으로써 상승 에지에서 바로 다음 상승 에지/하강 에지에서 바로 다음의 하강 에지까지의 시간을 측정한 값의 역수

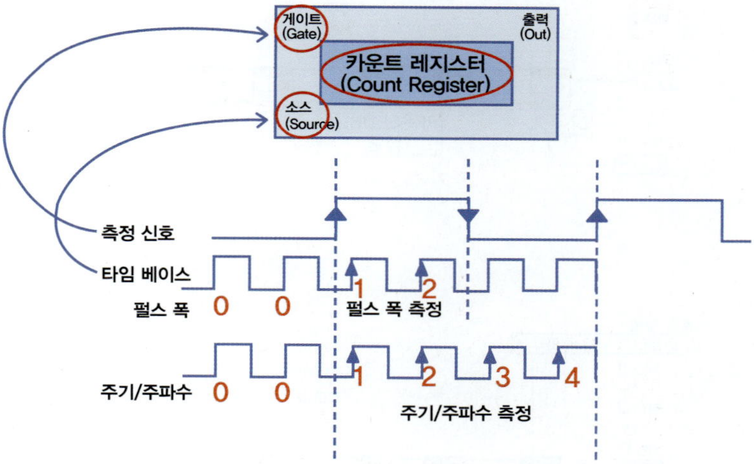

그림 9-11-7 펄스폭/주기/주파수 단일 측정 신호 연결법

펄스폭/주기/주파수 단일 측정은 [그림 9-11-8]과 같은 순서로 프로그램합니다. 소프트웨어 타이밍을 사용함으로써 타이밍 설정 단계가 빠지게 됩니다.

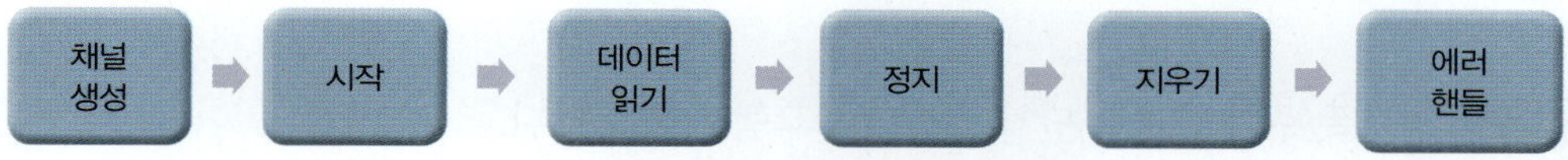

그림 9-11-8 펄스폭/주기/주파수 단일 측정

[그림 9-11-9]의 펄스폭/주기/주파수 단일 측정 프로그램은 채널 생성 단계의 설정만 다르고 나머지 부분은 동일합니다.

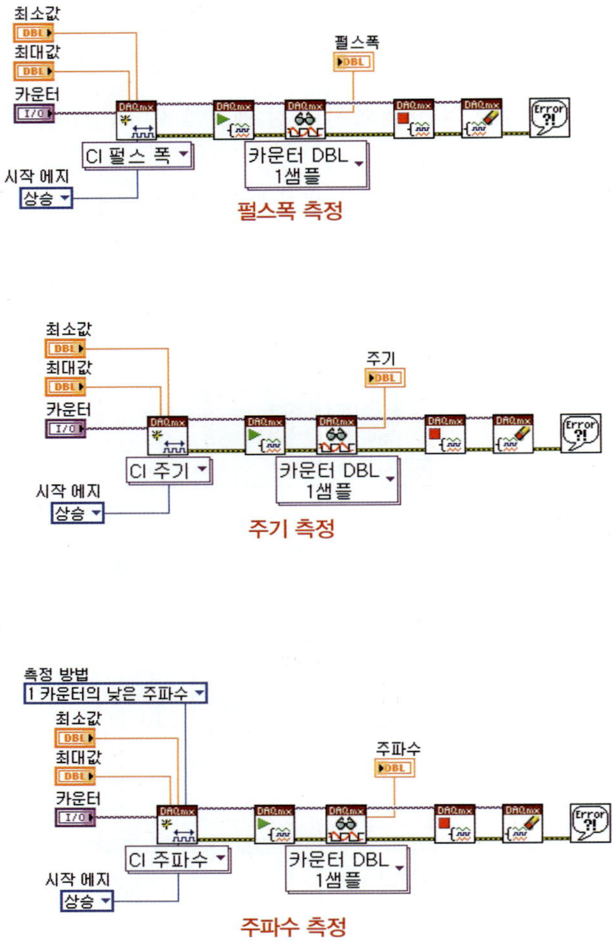

그림 9-11-9 펄스폭/주기/주파수 단일 측정

실습 9.11.3 펄스폭/주기/주파수 단일 측정 프로그램을 해 봅니다.

1. 3개의 새 VI를 생성하여 각각의 블록다이어그램을 그림과 같이 구성합니다.

펄스폭 측정

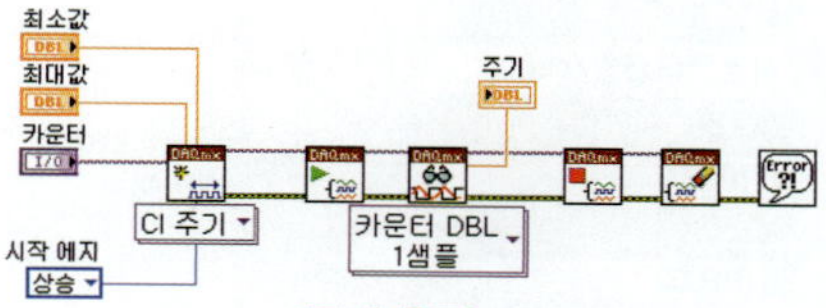

주기 측정

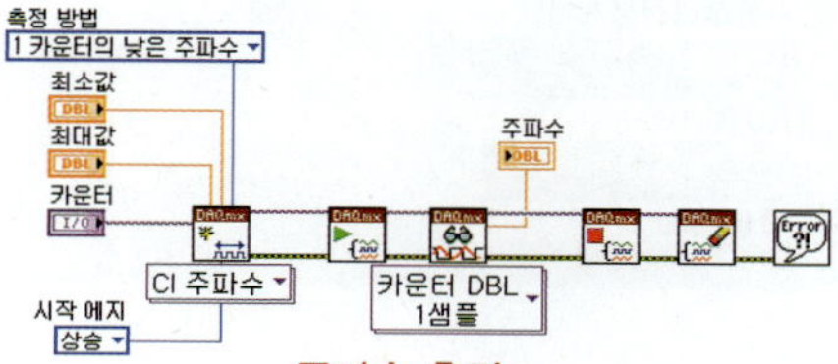

주파수 측정

2. 다음의 표를 참조하여 각각의 VI 노드를 설정합니다.

채널 생성	• 펄스폭 측정 : 카운터 입력 〉 펄스 폭 • 시작 에지 : 상승(상승 에지에서 측정 시작을 의미)
읽기	• 카운터 〉 단일 샘플 〉 DBL
채널 생성	• 주기 측정 : 카운터 입력 〉 주기 • 시작 에지 : 상승(상승 에지에서 측정 시작을 의미)
읽기	• 카운터 〉 단일 샘플 〉 DBL
채널 생성	• 주파수 측정 : 카운터 입력 〉 주파수 • 시작 에지 : 상승(상승 에지에서 측정 시작을 의미) • 측정 방법 : 1 카운터의 낮은 주파수
읽기	• 카운터 〉 단일 샘플 〉 DBL

3. 각각의 프런트패널에서 그림과 같이 설정합니다. 각각의' 최대값', '최소값'은 측정할 펄스폭/주기/주파수의 대략의 범위를 입력하게 됩니다. 측정할 신호를 ctr0의 게이트핀에 연결하고 프로그램을 실행하면 펄스폭/주기/주파수 값이 측정될 것입니다.

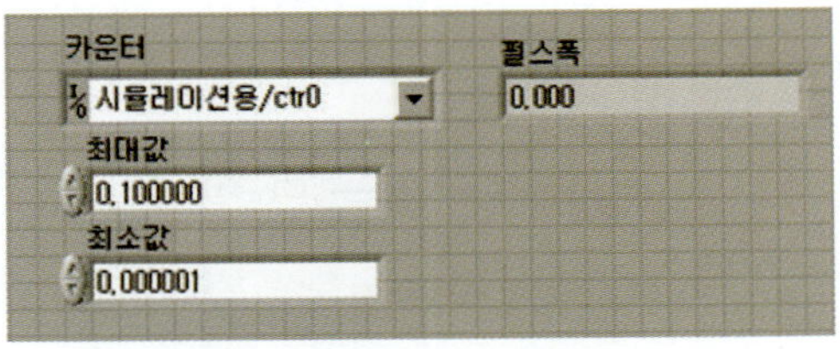

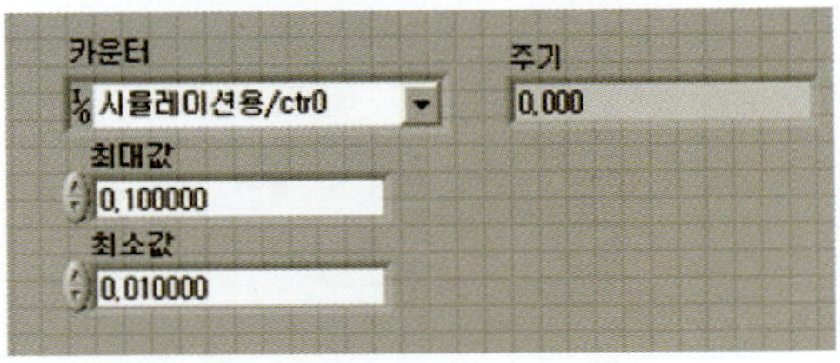

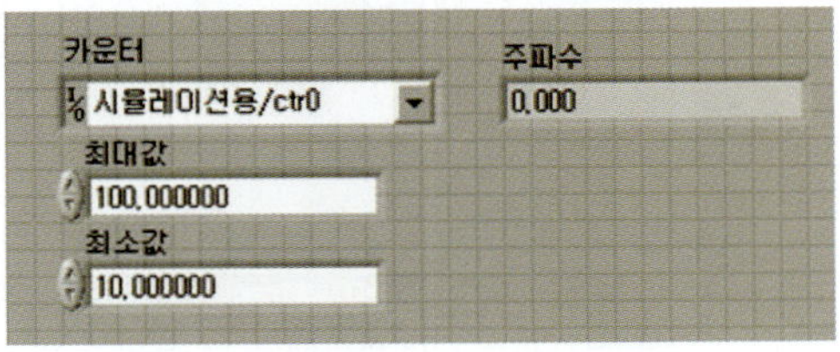

4. 3개의 VI를 저장하고 닫습니다.

네 번째, 주파수 연속 측정 프로그램을 해 보도록 하겠습니다. 주파수를 측정하는 방법은 세 가지가 있습니다. 첫 번째 방법은 위에서 소개한 낮은 주파수를 측정할 때 적합한 방법으로 주기를 측정해서 역을 취하는 방법입니다. 나머지 방법은 높은 주파수 측정에도 사용가능한 평균(Average) 방법과 나누기(Divide Down) 방법입니다. 이 방법들은 두 개의 카운터를 사용함으로써 주파수 측정의 정확도를 높였습니다. 주파수 연속 측정은 [그림 9-11-10]과 같은 순서로 프로그램합니다.

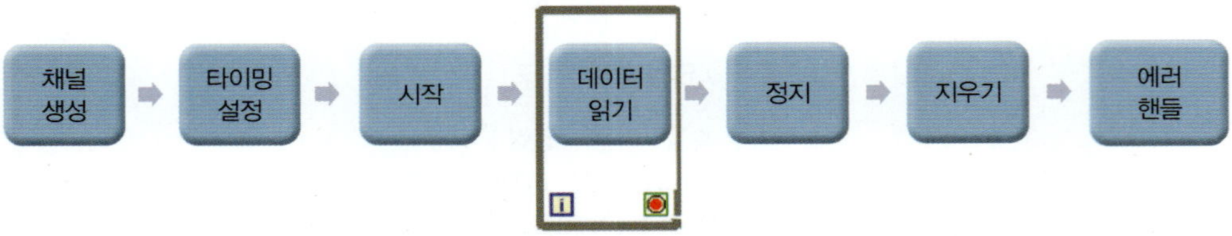

그림 9-11-10 주파수 연속 측정

[그림 9-11-11]은 [그림 9-7-5]의 아날로그 입력 연속 측정과 노드 설정만 차이가 나고 나머지는 모두 같습니다. **DAQmx 채널 생성**.vi의 측정 방법 파라미터에서 '2 카운트의 넓은 범위'와 제수 파라미터를 설정하면 나누기 방법을 의미하고, '2 카운트의 높은 주파수'와 측정 시간 파라미터를 설정하면 평균 방법으로 측정하겠다는 의미합니다.

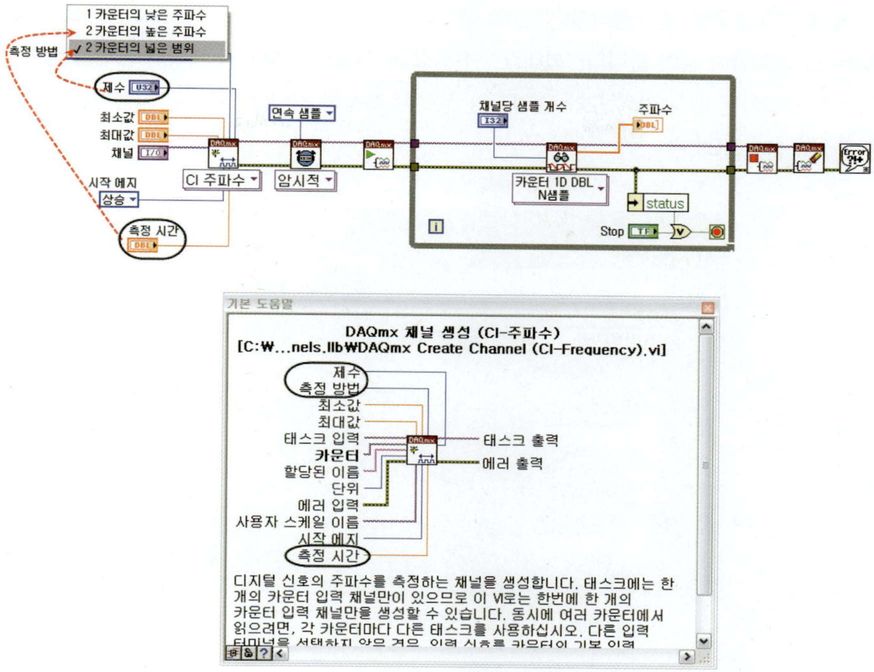

그림 9-11-11 주파수 연속 측정

실습 9.11.4 하드웨어 타이밍을 사용하여 높은 주파수 측정에 적합한 나누기 방법을 이용한 연속 주파수 측정 프로그램을 해 봅니다.

1. 새 VI를 생성하여 그림과 같이 블록다이어그램을 구성합니다.

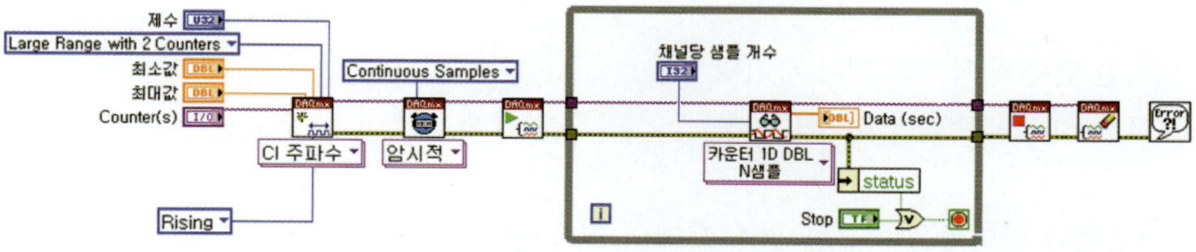

2. 다음의 표를 참조하여 각 노드를 설정합니다.

채널 생성	• 카운터 입력 〉 주파수 • 시작 에지 : 상승(상승 에지에서 측정 시작을 의미) • 측정 방법 : 2 카운트의 넓은 범위(나누기 방법)
타이밍	• 암시적(카운터)
읽기	• 카운터 〉 여러 샘플 〉 1D DBL

3. 프런트패널에서 그림과 같이 설정합니다. 그림의 설정값은 DAQ 하드웨어의 ctr0번의 게이트핀으로 입력되는 신호의 주파수를 측정하여 읽어 옵니다. '최대값', '최소값'은 측정할 주파수의 대략의 범위를 입력하게 됩니다. '제수'가 클수록 측정하는 데 시간은 오래 걸리지만 정확한 측정이 됩니다. '채널당 샘플 개수'는 한 번에 읽어 올 데이터 개수를 설정합니다.

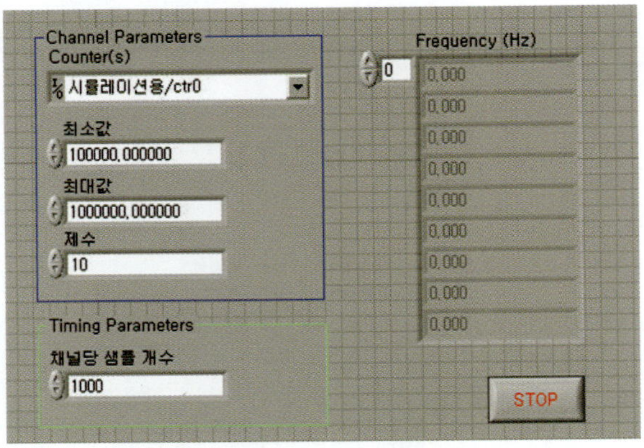

4. VI를 저장하고 닫습니다.

9-12. 카운터 출력

카운터의 출력 기능은 펄스 신호를 생성할 수 있습니다. 카운터 출력에서 2가지 프로그램을 다루도록 하겠습니다.

- 펄스 트레인 연속 생성(하드웨어 타이밍 이용)
- 단일 펄스 생성(소프트웨어 타이밍 이용)

첫 번째, 하드웨어 타이밍을 이용한 펄스 트레인 연속 생성을 하겠습니다. [그림 9-12-1]처럼 신호를 만들 때 사용할 기준 신호(타임 베이스)를 소스에 연결하고 출력에서 신호가 출력됩니다. 일반적으로 타임 베이스는 DAQ 하드웨어 내부에 있는 클럭을 사용하므로 따로 연결할 필요는 없으며, 외부 신호를 타임 베이스로 사용하고자 할 때만 연결하면 됩니다.

그림 9-12-1 펄스 신호 생성 연결법

[그림 9-12-2]는 [그림 9-8-3]의 아날로그 출력 연속 생성과 비슷한 순서로 프로그램합니다. 특이 사항은 쓰기 단계가 없다는 것입니다. 카운터는 펄스만 생성하기 때문에 쓰기 노드를 이용하여 데이터를 써줄 필요가 없습니다.

그림 9-12-2 펄스 신호 연속 생성

채널을 생성할 때 [그림 9-12-3]과 같이 주파수 모드, 시간 모드, Ticks 모드 3가지가 있습니다. 주파수 모드는 주파수와 주기 점유율, 시간 모드는 하이 시간과 로우 시간을, Ticks 모드는 하이 Ticks, 로우 Ticks를 설정합니다. 여기서 Ticks란 타임 베이스의 펄스 하나를 의미합니다. 즉 생성할 펄스의 하이/로우 상태를 타임베이스 펄스 몇 개로 구성할 것인가를 설정합니다.

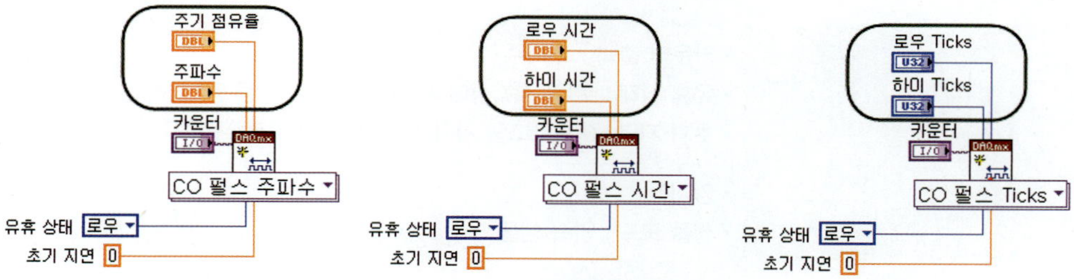

그림 9-12-3 채널 설정 모드

[그림 9-12-4]는 채널을 생성할 때 주파수 모드로 설정하였습니다.

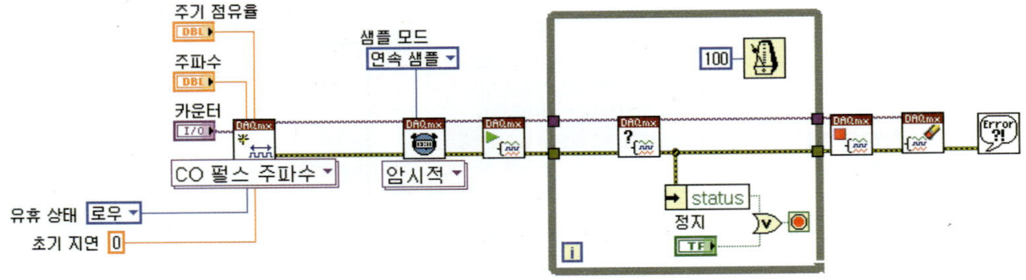

그림 9-12-4 연속 펄스 생성

실습 9.12.1 하드웨어 타이밍을 사용하여 연속 펄스 트레인 생성 프로그램을 해 봅니다.

1. 새 VI를 생성하여 그림과 같이 블록다이어그램을 구성합니다.

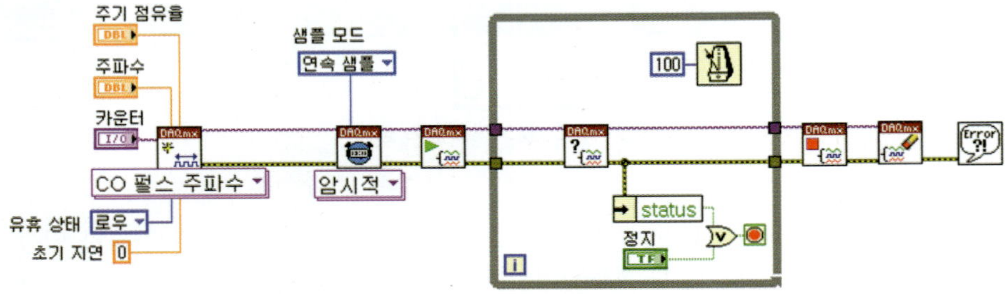

2. 다음의 표를 참조하여 각 노드를 설정합니다.

채널 생성	• 카운터 출력 〉 주파수 • 유휴 상태 : 로우(유휴 상태 시 레벨) • 초기 지연 : 0(프로그램 시작 시 지연 없이 바로 생성)
타이밍	• 암시적 • 샘플 모드 : 연속 샘플

3. 프런트패널에서 그림과 같이 설정합니다. 그림의 설정값은 DAQ 하드웨어의 ctr0번의 출력핀으로 주파수 100Hz이면서 주기 점유율(duty cycle = 펄스폭/펄스 주기) 0.5인 펄스 신호를 연속적으로 생성한다고 가정하여 설정한 값입니다.

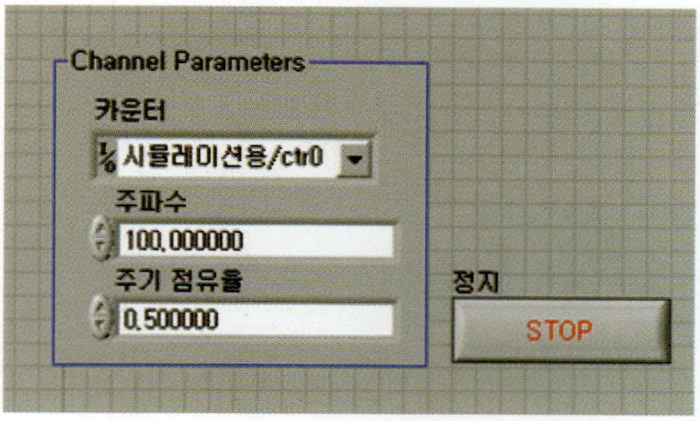

4. VI를 저장하고 닫습니다.

두 번째, 단일 펄스 생성을 하겠습니다. [그림 9-12-5]와 [그림 9-12-2]의 차이점은 타이밍 설정 단계와 While 루프가 빠지고, 태스크 완료? 대신 기다림 단계로 대체합니다.

그림 9-12-5 단일 펄스 생성

[그림 9-12-6]은 채널을 생성할 때 주파수 모드로 설정하였습니다.

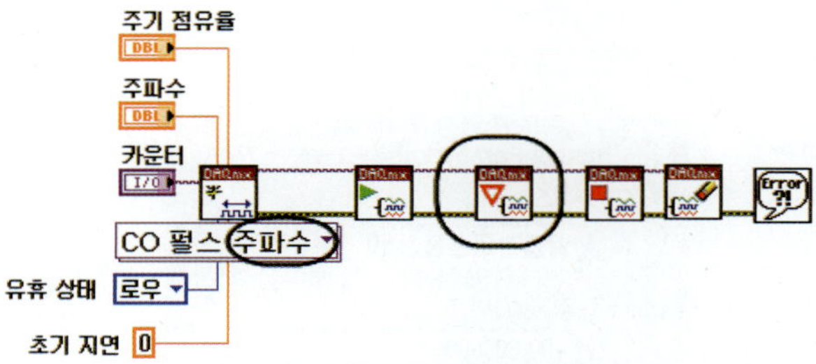

그림 9-12-6 단일 생성

실습 9.12.2 단일 펄스(펄스 한 개) 생성 프로그램을 해 봅니다.

1. 새 VI를 생성하여 그림과 같이 블록다이어그램을 구성합니다.

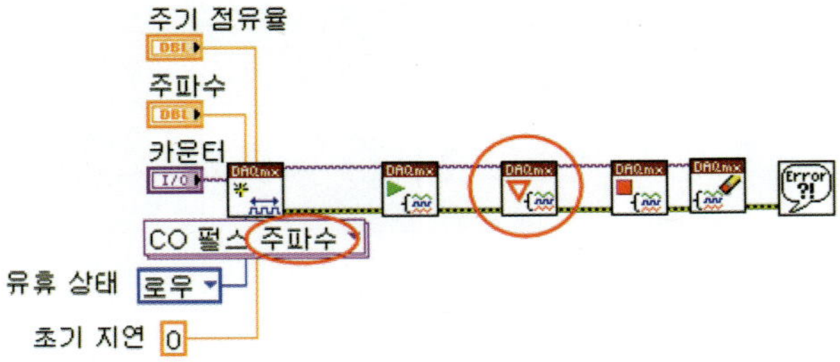

2. 다음의 표를 참조하여 각 노드를 설정합니다.

채널 생성	• 카운터 출력 〉 주파수 • **주기 점유율** : (펄스폭/펄스 주기)를 의미함 • **주파수** : 생성할 주파수 • **유휴 상태** : 로우(유휴 상태 시 레벨) • **초기 지연** : 0(프로그램 시작 시 지연 없이 바로 생성)

3. 프런트패널에서 그림과 같이 설정합니다. 그림의 설정값은 DAQ 하드웨어의 ctr0번의 출력핀으로 주파수 100Hz이면서 주기 점유율(duty cycle = 펄스폭/펄스 주기) 0.5인 펄스를 한 개 생성한다고 가정하여 설정한 값입니다.

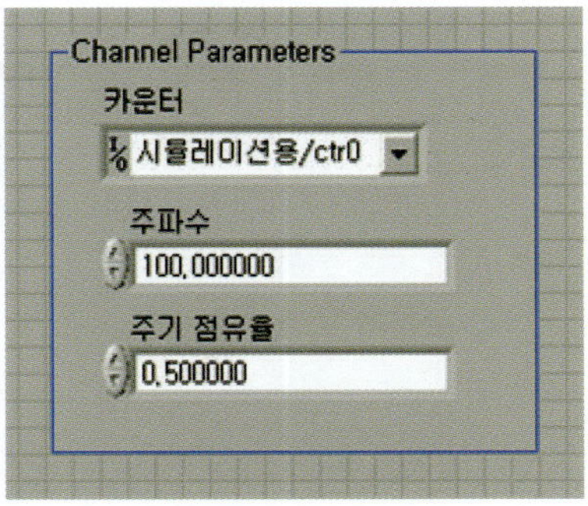

4. VI를 저장하고 닫습니다.

자가 진단 퀴즈

LabVIEW

❶ 펄스 신호를 생성하는 데 가장 적합한 기능은 무엇인가요?

❷ 아날로그 신호를 측정하는 데 가장 적합한 기능은 무엇인가요?

❸ 일반적으로 DAQ 하드웨어에서 제공하는 3가지 접지 모드는 무엇인가요?

❹ 측정할 신호가 접지 신호인 경우 사용하지 않는 접지 모드는 무엇인가요?

❺ 다음과 같은 수식으로 구하는 값을 ______________라고/이라고 합니다.

$$\frac{\text{입력 범위}}{2^{\text{분해능}}}$$

❻ ______________트리거는 시작 시점을 알려줄 때 사용하고, ______________ 트리거는 트리거 신호 앞 뒤로 유한개의 데이터를 취득할 때 사용 적합합니다.

❼ 하드웨어 타이밍을 사용할 경우 필요한 노드는 무엇인가요?

자가 진단 퀴즈

❽ 디지털 시작 트리거와 하드웨어 타이밍을 이용하여 아날로그 신호를 연속 측정하고자 합니다. 다음 단계를 완성하세요.

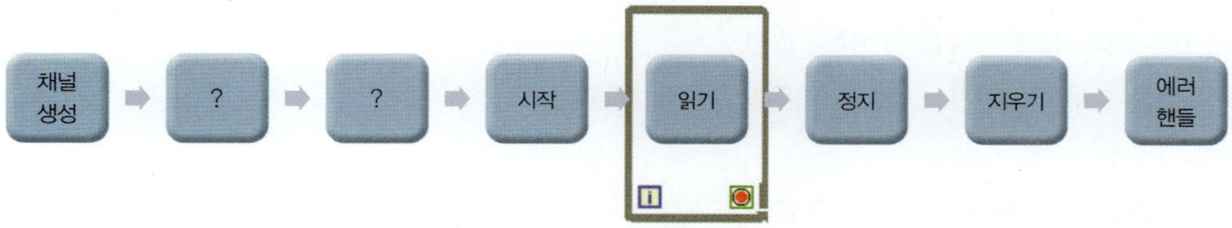

❾ 1000개의 버퍼에 1000개의 포인트로 구성된 사인파형 한 주기를 만들어서 업데이트 속도 1000S/s로 설정했다고 가정합니다. 이때 아날로그 출력을 통해 생성되는 사인파형의 주파수는 얼마입니까?

❿ 하드웨어 타이밍을 이용하여 아날로그 신호를 연속 생성하고자 합니다. 다음 단계를 완성하세요.

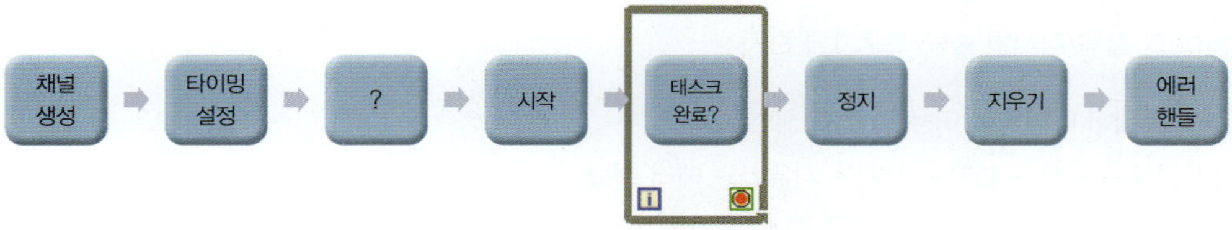

CHAPTER 요약

LabVIEW

| 데이터 수집 요약 |

- 아날로그 입력/디지털 입력/카운터 입력 프로그램 순서

  1. 소프트웨어 타이밍을 이용한 1샘플 측정 :
  채널 생성 – 시작 – 읽기 – 정지 – 지우기 – 에러 핸들

  2. 하드웨어 타이밍을 이용한 유한 측정 :
  채널 생성 – 타이밍 – 시작 – 읽기 – 정지 – 지우기 – 에러 핸들

  3. 하드웨어 타이밍을 이용한 연속 측정 :
  채널 생성 – 타이밍 – 시작 – 읽기(While 루프) – 정지 – 지우기 – 에러 핸들

  4. 하드웨어 타이밍과 트리거를 이용한 연속 측정 :
  채널 생성 – 타이밍 – 트리거 – 시작 – 읽기(While 루프) – 정지 – 지우기 – 에러 핸들

- 아날로그 출력/디지털 출력/프로그램 순서

  1. 소프트웨어 타이밍을 이용한 1샘플 생성 :
  채널 생성 – 시작 – 쓰기 – 정지 – 지우기 – 에러 핸들

  2. 하드웨어 타이밍을 이용한 유한 생성 :
  채널 생성 – 타이밍 – 쓰기 – 시작 – 기다림 – 정지 – 지우기 – 에러 핸들

  3. 하드웨어 타이밍을 이용한 연속 생성 :
  채널 생성 – 타이밍 – 쓰기 – 시작 – 태스크 완료?(While 루프) – 정지 – 지우기 – 에러 핸들

  4. 하드웨어 타이밍과 트리거를 이용한 연속 생성 :
  채널 생성 – 타이밍 – 트리거 – 쓰기 – 시작 – 태스크 완료?(While 루프) – 정지 – 지우기 – 에러 핸들

CHAPTER 요약

LabVIEW

- 카운터 출력 프로그램 순서(쓰기 단계가 빠짐)

  1. 단일 펄스 생성 :
  채널 생성 – 시작 – 기다림 – 정지 – 지우기 – 에러 핸들

  2. 하드웨어 타이밍을 이용한 유한 펄스 생성 :
  채널 생성 – 타이밍 – 시작 – 기다림 – 정지 – 지우기 – 에러 핸들

  3. 하드웨어 타이밍을 이용한 연속 펄스 생성 :
  채널 생성 – 타이밍 – 시작 – 태스크 완료?(While 루프) – 정지 – 지우기 – 에러 핸들

  4. 하드웨어 타이밍과 트리거를 이용한 연속 펄스 생성 :
  채널 생성 – 타이밍 – 트리거 – 시작 – 태스크 완료?(While 루프) – 정지 – 지우기 – 에러 핸들

LabVIEW의 정석

기본편

CHAPTER

10

통신

10 통신

이번 장에서는 계측장비와 통신할 때 일반적으로 사용하는 시리얼 통신, GPIB 통신과 컴퓨터 간의 데이터 전송할 때 사용하는 TCP/IP 통신에 대해 살펴보도록 하겠습니다.

10-1. 시리얼(Serial) 통신

시리얼 통신은 RS-232, RS-485, RS-422 등 다양한 종류가 있습니다. 두 개의 데이터 라인을 이용하여 직렬(시리얼)로 통신하는 방식입니다. 종류에 따라 최대 수 km까지 통신이 가능합니다. 이는 표준화된 통신 방식이 아니라 경우에 따라 데이터(Data) 비트, 패러티(Parity) 비트, 통신 속도(Baud Rate) 등 여러 가지 항목을 설정해야 합니다. 설정할 때 LabVIEW에서는 물론이고 컴퓨터의 시리얼 포트(장치 관리자에서 설정), 장비의 시리얼 포트, MAX의 시리얼 포트 세팅까지 동일하게 해야 합니다.

[그림 10-1-1]은 MAX에서 시리얼 포트를 설정하는 모습입니다. 참고로, MAX의 화면들은 MAX 설치 버전에 따라 조금씩 달리 보일 수 있습니다.

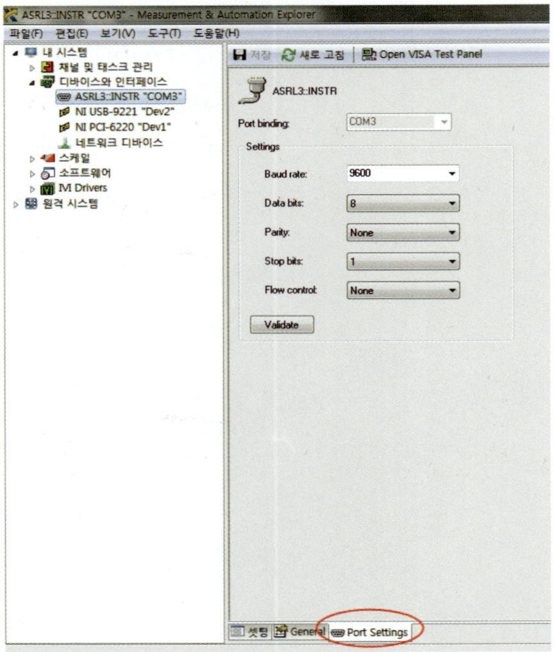

그림 10-1-1 MAX에서 시리얼 포트 설정

[그림 10-1-2]처럼, MAX에서 Open VISA Test Panel를 사용하면 시리얼 통신이 정상적으로 동작하는지를 테스트할 수 있습니다.

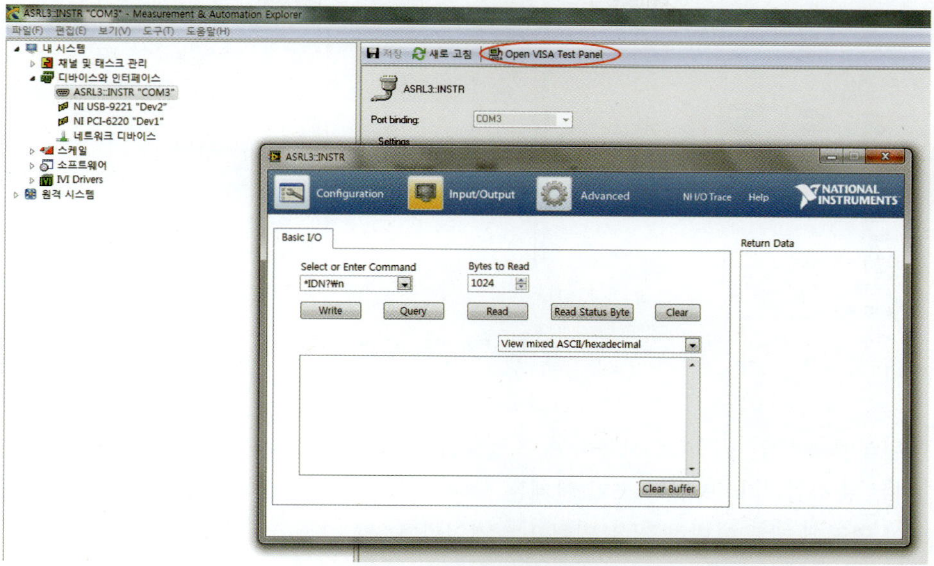

그림 10-1-2 시리얼 기능 테스트

LabVIEW를 이용해 시리얼 통신을 할 때, 하드웨어는 따로 필요한 것이 없고 NI-VISA(드라이버)[14]는 설치하셔야 합니다. 이는 National Instruments 웹사이트에서 무료로 다운 받을 수 있습니다. 지금부터 시리얼 통신을 상위레벨과 하위레벨로 프로그램하는 방법을 살펴보도록 하겠습니다. [그림 10-1-3]은 상위레벨 노드인 인스트루먼트 I/O 어시스턴트를 사용하여 시리얼 통신 프로그램을 한 것입니다. 인스트루먼트를 선택하고 단계 추가를 이용하여 명령어를 보내고 응답받을 수 있도록 되어 있습니다.

14 RT OS를 사용시에는 NI-Serial이 필요합니다.

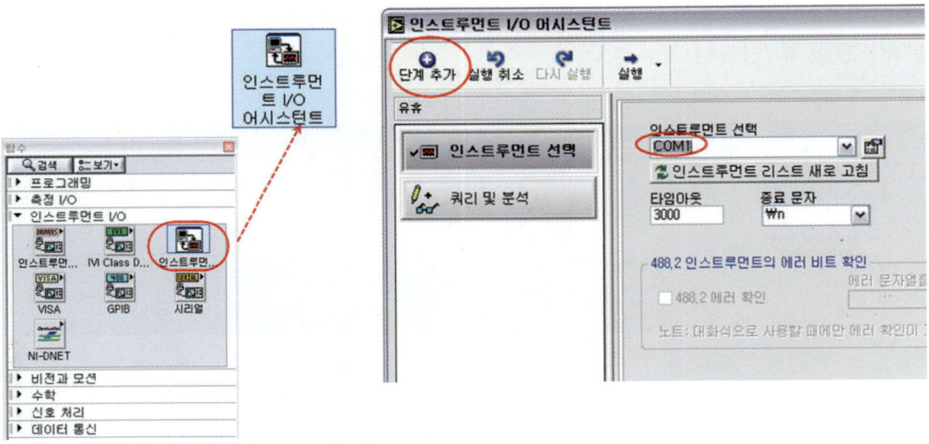

그림 10-1-3 인스트루먼트 I/O 어시스턴트

다음은 하위레벨 노드인 VISA를 사용하여 프로그램하도록 하겠습니다. [그림 10-1-4]는 하위레벨 프로그램하는 순서입니다. 명령어 쓰기 단계는 상대편에 명령어를 보내는 역할이고, 응답 읽기 단계는 상대편이 명령에 대해 응답한 것을 읽어오는 것입니다.

그림 10-1-4 하위레벨 프로그램 순서

[그림 10-1-5]는 VISA라는 하위레벨 노드를 사용하여 프로그램한 것입니다. **VISA 시리얼 포트 설정.vi**를 사용하여 설정을 한 뒤 PC에서 상대편에게 명령어를 보내고, 상대편이 명령어에 해당하는 응답을 보내면 읽어 오고 마지막으로 통신을 종료하게 됩니다.

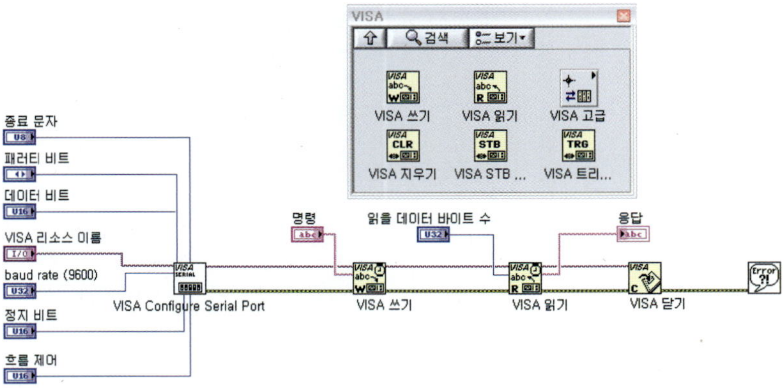

그림 10-1-5 VISA를 이용한 하위레벨 프로그램

10-2. GPIB(General Purpose Interface Bus) 통신

GPIB는 전통적으로 계측기랑 통신할 때 가장 많이 사용한 방법으로 IEEE 488.2로 표준화가 되어 있습니다. 시리얼 통신에 비해 설정 항목이 별로 없어 편리하게 사용 가능합니다. [그림 10-2-1]에서 보면 컴퓨터에 GPIB 인터페이스가 없으므로 GPIB 통신이 가능한 하드웨어를 설치해야 합니다. GPIB 포트 하나에 14대의 계측기와 통신이 가능합니다.

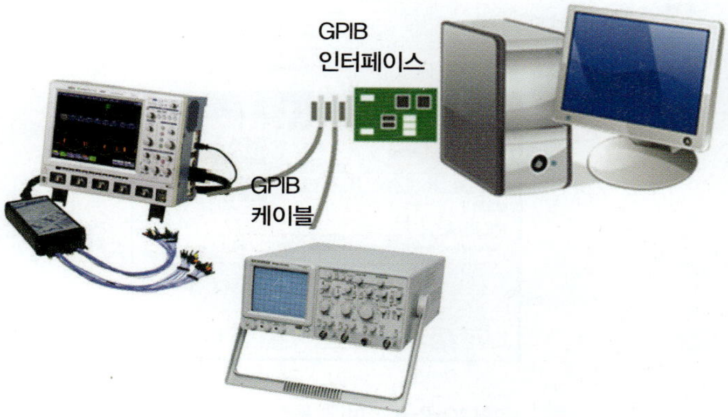

그림 10-2-1 GPIB 구성도

[그림 10-2-2]는 MAX에서 GPIB 통신으로 연결된 장비를 검색하는 것입니다.

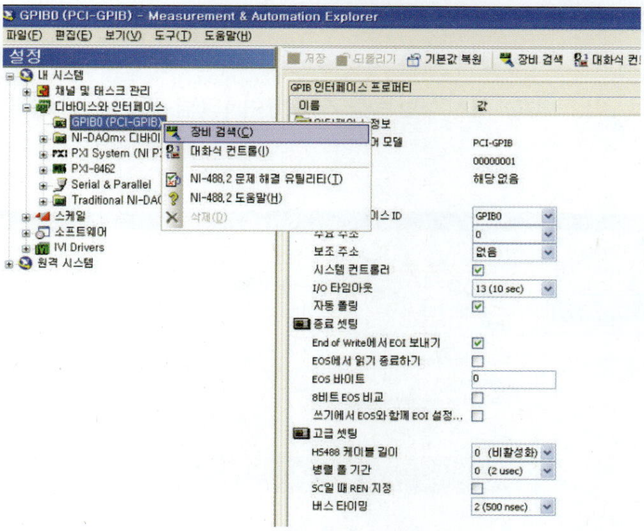

그림 10-2-2 장비 검색

장비 검색이 끝나면 명령어를 보내고 응답을 받는데 문제가 없는지 확인해 봐야 합니다. [그림 10-2-3]은 이를 확인해 보는 과정입니다.

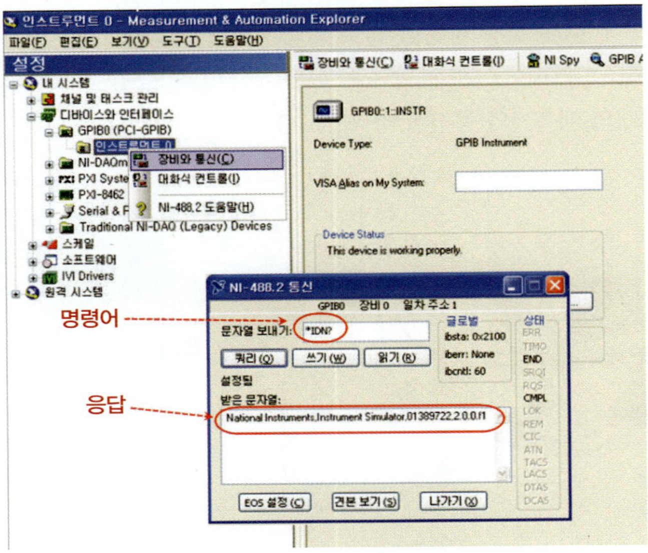

그림 10-2-3 장비와 통신

LabVIEW를 이용해 GPIB 통신을 할 때, GPIB 인터페이스가 가능한 하드웨어와 NI-488.2(드라이버)는 설치해야 합니다. 이는 National Instruments 웹사이트에서 무료로 다운 받을 수 있습니다. 지금부터 GPIB 통신을 상위레벨과 하위레벨로 프로그램하는 방법과 인스트루먼트 드라이버 사용법을 살펴보도록 하겠습니다. 10.1장에서 배운 시리얼 통신 프로그램과 크게 다르지 않습니다. 먼저 상위 레벨 노드인 인스트루먼트 I/O 어시스턴트를 사용하여 [그림 10-2-4-a]와 같이 통신할 인스트루먼트를 선택합니다.

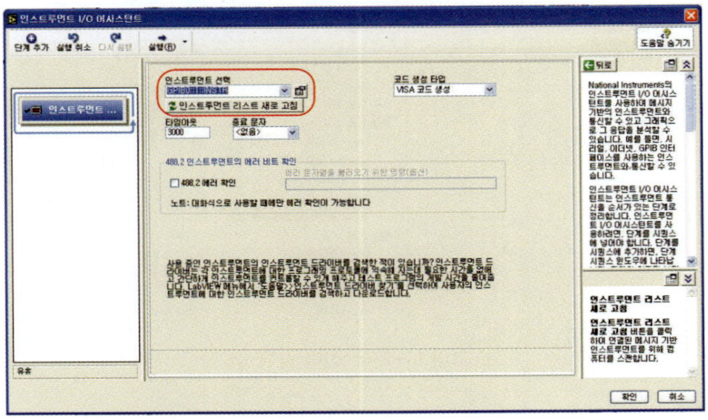

그림 10-2-4-a 인스트루먼트 선택

[그림 10-2-4-b]는 단계 추가를 이용하여 명령어를 보내고 응답을 받아 분석합니다.

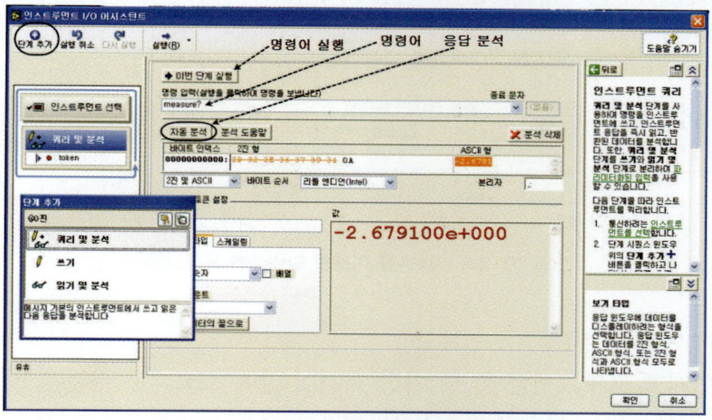

그림 10-2-4-b 명령어 주고 응답 받아 분석

[그림 10-2-4-c]는 GPIB 통신 프로그램을 완성한 모습입니다.

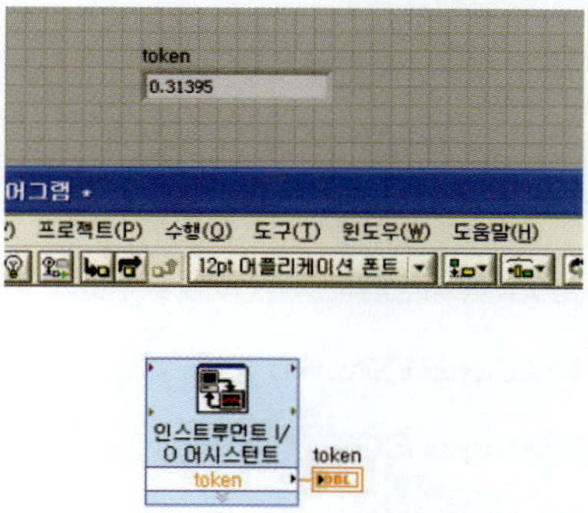

그림 10-2-4-c 완성

다음은 하위레벨 노드인 VISA를 사용하여 프로그램하도록 하겠습니다. [그림 10-2-5]는 하위레벨 프로그램하는 순서입니다. [그림 10-1-4]의 설정 단계 대신 열기 단계로 변경되었습니다. 명령어 쓰기 단계는 상대편에 명령어를 보내는 역할이고, 응답 읽기 단계는 상대편이 명령에 대해 응답한 것을 읽어오는 것입니다.

그림 10-2-5 하위레벨 프로그램 순서

[그림 10-2-6]은 VISA라는 하위레벨 노드를 사용하여 프로그램한 것입니다. [그림 10-1-5]에서 **VISA 시리얼 포트 설정.vi** 대신 **VISA열기.vi**를 사용합니다. 나머지 부분은 시리얼 통신 프로그램과 같습니다.

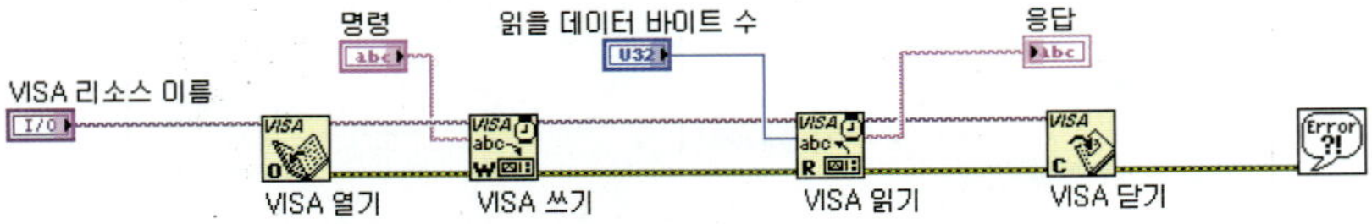

그림 10-2-6 VISA를 이용한 하위레벨 프로그램

VISA를 이용한 하위레벨 프로그램을 할 때 가장 시간이 많이 소요되는 부분은 첫 번째, 원하는 일을 시키기 위해 필요한 명령어를 찾는 일입니다. [그림 10-2-7]처럼 GPIB 통신이 가능한 계측기는 매뉴얼에 GPIB 명령어가 정리되어 있습니다. 계측기가 고가일수록 기능이 많을수록 명령어들은 훨씬 많습니다. 이렇게 다양한 명령어들 중에 내가 원하는 명령어를 찾는 작업은 시간이 많이 소요될 것입니다.

RFANalyzer:MANual:BAND

RFANalyzer:EXPected:POWer:PGSM

RFANalyzer:EXPected:POWer:EGSM

RFANalyzer:EXPected:POWer:RGSM

RFANalyzer:EXPected:POWer:DCS

RFANalyzer:EXPected:POWer:PCS

RFANalyzer:EXPected:POWer:GSM450

RFANalyzer:EXPected:POWer:GSM480

RFANalyzer:EXPected:POWer:GSM750

RFANalyzer:EXPected:POWer:GSM850

RFANalyzer:MANual:CHANnel[:SELected]

GPIB 명령어

그림 10-2-7 특정 계측장비의 GPIB 명령어

두 번째, 계측기로부터 읽어온 데이터를 원하는 데이터 타입으로 변경하는 것입니다. 통신은 무조건 문자열 데이터를 보내고 받도록 되어 있습니다. 따라서 문자열로 온 응답을 원하는 데이터만 뽑아 원하는 데이터 타입으로 변환을 해야 합니다. 예를 들어 측정한 데이터를 웨이브폼 그래프에 표현하고자 한다면 문자열 데이터를 숫자형 배열로 변경하는 작업이 필요합니다.
위의 두 문제는 인스트루먼트 드라이버를 이용하면 손쉽게 해결됩니다. 인스트루먼트 드라이버란 계측기 제조사가 미리 VISA와 명령어로 노드를 만들어서 사용자는 명령어를 전혀 몰라도 쉽게 사용할 수 있도록 만든 것입니다. 이렇게 만들어진 인스트루먼트 드라이버는 [그림 10-2-8]에서 **파일풀다운 메뉴 〉 도구 〉 인스트루먼테이션 〉 인스트루먼트 드라이버 찾기**를 이용하면 특정 계측기들의 인스트루먼트 드라이버를 찾을 수 있습니다.

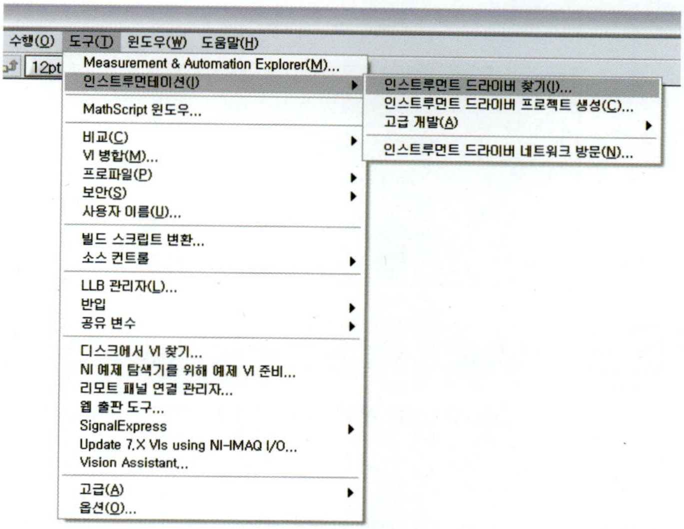

그림 10-2-8 인스트루먼트 드라이버 찾기

사용하는 계측기 제조사와 모델명을 입력하면 해당 드라이버가 있으면 찾아줍니다.

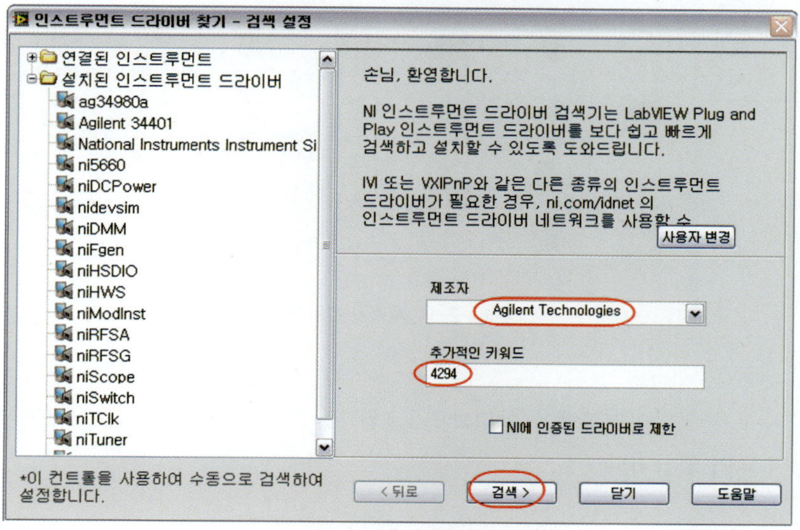

그림 10-2-9 계측기 검색

검색을 한 후 발견이 되어 설치 버튼을 누르면 자동으로 설치를 합니다.

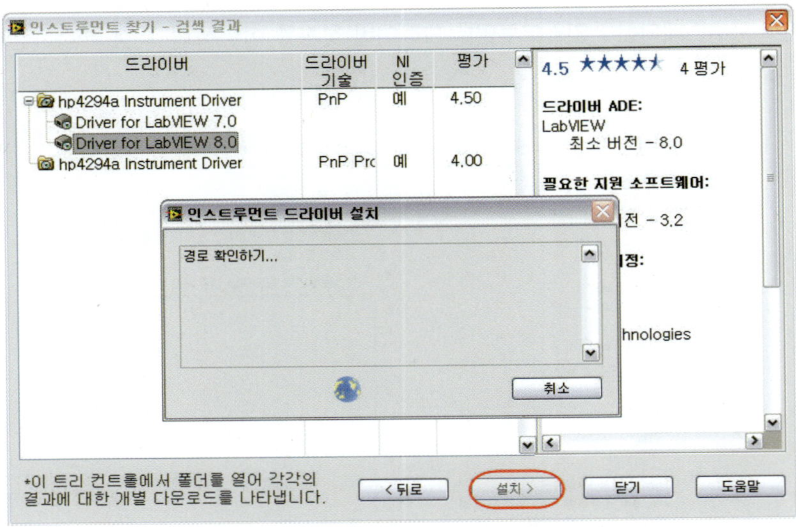

그림 10-2-10 계측기 검색 결과 및 설치

설치가 완료되면 사용자는 [그림 10-2-11]처럼 블록다이어그램의 함수 팔레트에서 찾아 사용할 수 있습니다.

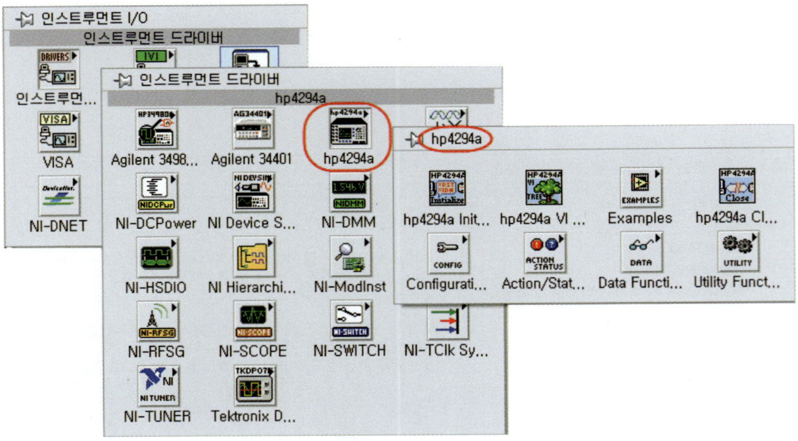

그림 10-2-11 계측기 설치 완료

설치된 노드의 내부 블록다이어그램을 살펴보면 [그림 10-2-12]와 같이 VISA 노드들과 명령어들의 조합으로 구성이 되어 있습니다.

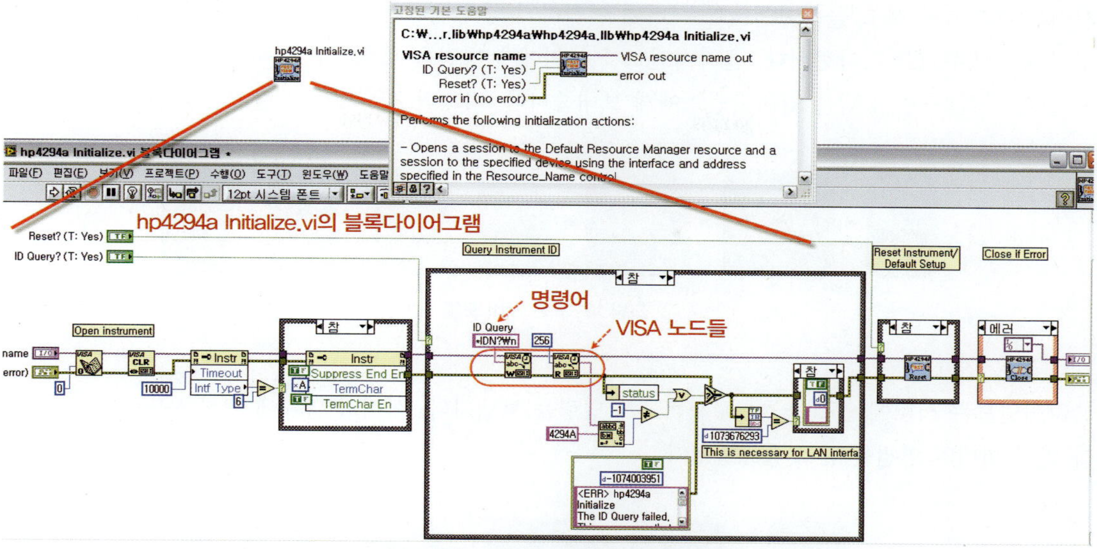

그림 10-2-12 인스트루먼트 드라이버 내부 코드

10-3. TCP/IP 통신

TCP/IP 통신은 컴퓨터마다 유일한 주소인 IP를 기본으로 통신함으로써 일반적이면서도 안정한 네트워크 방법입니다.

TCP/IP 통신은 서버(Server)와 클라이언트(Client)의 역할이 있습니다. 서버는 일반적으로 데이터를 공급하는 역할을 하고, 클라이언트는 일반적으로 데이터를 요청하는 역할을 합니다. 즉 클라이언트가 데이터를 요청하면 서버가 데이터를 공급하는 양방향 통신입니다.

서버

클라이언트

그림 10-3-1 양방향 통신

서버는 초기화를 하고 클라이언트가 서버에 연결하기를 대기하고 있다가 연결이 되면 클라이언트가 명령을 보내주기를 기다립니다. 클라이언트가 서버에게 명령을 보내주면 서버는 해당 명령을 실행하고 실행한 결과, 즉 응답을 클라이언트에게 보내줍니다. 마지막으로 서버를 닫고 종료합니다.

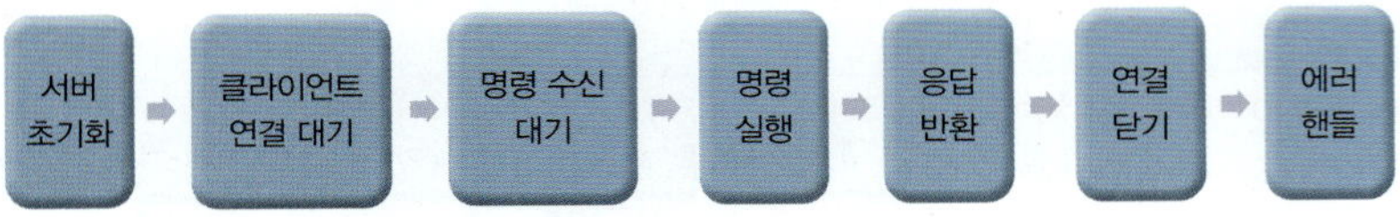

그림 10-3-2 서버 모델

클라이언트는 서버에 연결을 한 후 서버에게 명령을 보냅니다. 서버가 명령에 대한 응답을 보내면 이를 받고 서버와 연결을 닫고 종료합니다.

그림 10-3-3 클라이언트 모델

TCP/IP 통신을 하기 위해 우선 [그림 10-3-4]에서 **파일풀다운메뉴 〉 도구 〉 옵션**을 통해 TCP/IP 통신을 하기 전에 환경 설정을 합니다. 자세한 설정 방법은 도움말을 참조하세요.

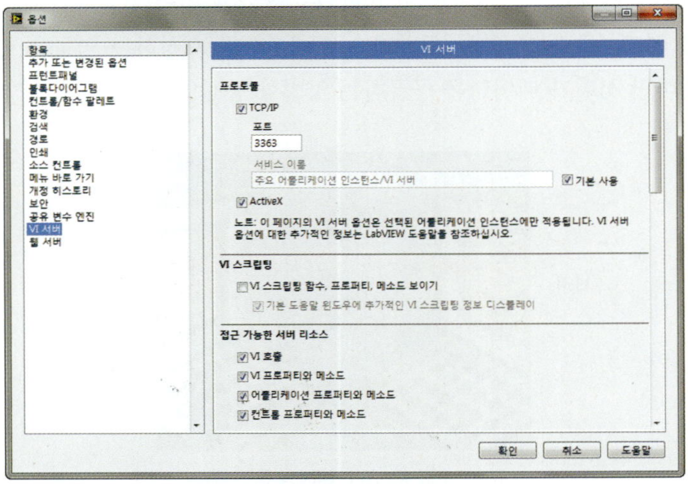

그림 10-3-4 TCP/IP 환경 설정

[그림 10-3-5]의 노드들을 사용하여 서버용과 클라이언트용으로 나누어 프로그램하게 됩니다.

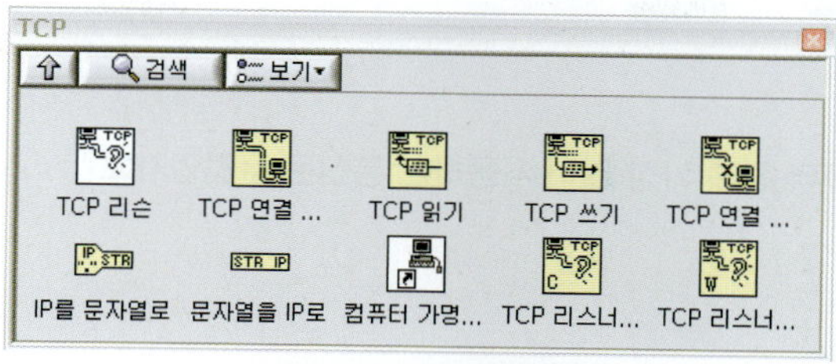

그림 10-3-5 TCP/IP 노드들

[그림 10-3-5]의 노드들을 사용하여 TCP/IP 통신으로 서버에 있는 While 루프의 반복 터미널값을 클라이언트로 보내는 프로그램을 작성해 봅니다.

[그림 10-3-6]은 서버 프로그램입니다. **TCP 리슨**.vi는 서버를 초기화하고 클라이언트의 접속을 대기하는 역할을 합니다. 클라이언트가 접속을 하면 While 루프의 반복 터미널 데이터의 크기와 데이터를 **TCP 쓰기**.vi를 통해 클라이언트에 전달합니다. 마지막으로 **TCP 연결 닫기**.vi를 하고 에러 핸들을 합니다.

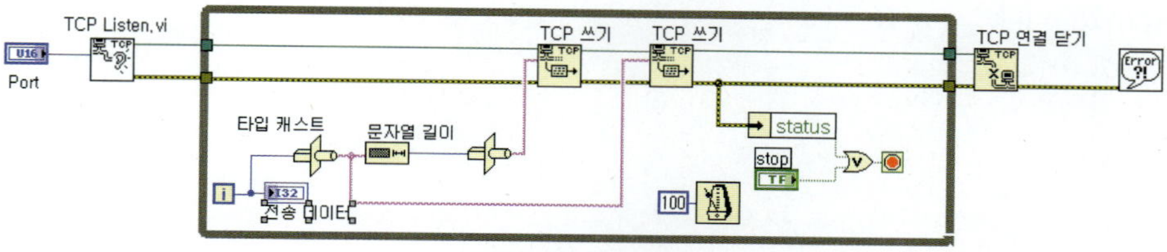

그림 10-3-6 서버

[그림 10-3-7]은 [그림 10-3-6]의 서버 프로그램에 대한 클라이언트 프로그램입니다. 먼저 **TCP 연결 열기**.vi로 서버에 접속을 하고 서버가 보낸 데이터 크기와 데이터를 **TCP 읽기**.vi로 읽어 옵니다. 이때 읽어 올 데이터의 바이트 수를 알려줘야 하며, 읽은 데이터는 **타입 캐스트**.vi를 통해 문자열 데이터 타입을 원래 데이터 타입으로 변경합니다. 마지막으로 **TCP 연결 닫기**.vi를 하고 에러 핸들을 합니다.

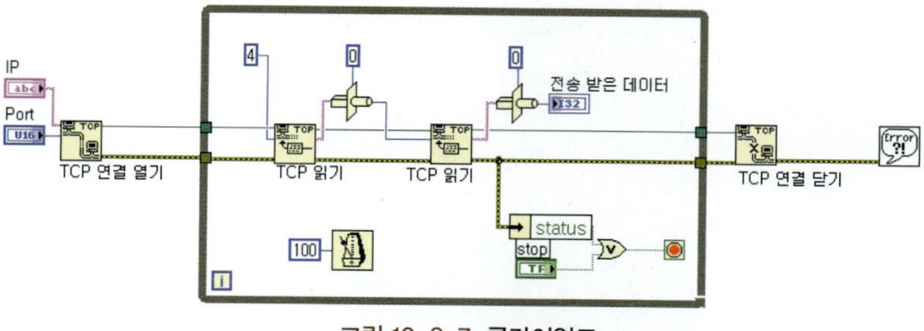

그림 10-3-7 클라이언트

자가 진단 퀴즈

LabVIEW

❶ 전통적으로 계측기와 컴퓨터 간에 가장 많이 사용하는 통신은 무엇인가요?

❷ GPIB와 시리얼 통신을 할 때 공통적으로 사용할 수 있는 하위레벨 노드는 무엇인가요?

❸ ______________은/는 계측기 회사가 VISA와 명령어들로 만들어 제공하는 드라이버로써 프로그램 할 때 시간과 노력을 절약해 줍니다.

❹ TCP/IP 통신은 일반적으로 데이터를 공급하는 ______________와/과 데이터를 요청하는 ______________의 역할이 있습니다.

CHAPTER 요약

| 통신 요약 |

- 시리얼 통신 프로그램 순서

  설정 – 명령어 쓰기 – 응답 읽기 – 닫기 – 에러핸들

- GPIB 통신 프로그램 순서

  열기 – 명령어 쓰기 – 응답 읽기 – 닫기 – 에러핸들

- TCP/IP 통신 프로그램 순서

  1. 서버 프로그램 :
  서버 초기화 – 클라이언트 연결 대기 – 명령 수신 대기 – 명령 실행 – 응답 반환 – 연결 닫기 – 에러 핸들

  2. 클라이언트 프로그램 :
  서버에 연결 – 서버에 명령 보내기 – 서버에서 응답 수신 – 연결 닫기 – 에러 핸들

LabVIEW의 정석

기본편

CHAPTER

11

어플리케이션 완성

11 어플리케이션 완성

LabVIEW로 완성한 프로젝트를 실행 파일(exe)과 LabVIEW 없이도 실행 파일을 실행할 수 있도록 설치 파일(LabVIEW Run-time Engine)을 만드는 방법에 대해 살펴보도록 하겠습니다. 그 외 LabVIEW를 사용하면서 알고 있으면 유용한 스킬들 몇 가지를 소개하도록 하겠습니다.

11-1. VI 성능과 메모리

성능과 메모리는 VI가 실행될 때, 실행하는 데 걸린 시간 및 차지하는 메모리 등의 정보를 볼 수 있습니다. 자세한 정보는 도움말을 참조하세요.

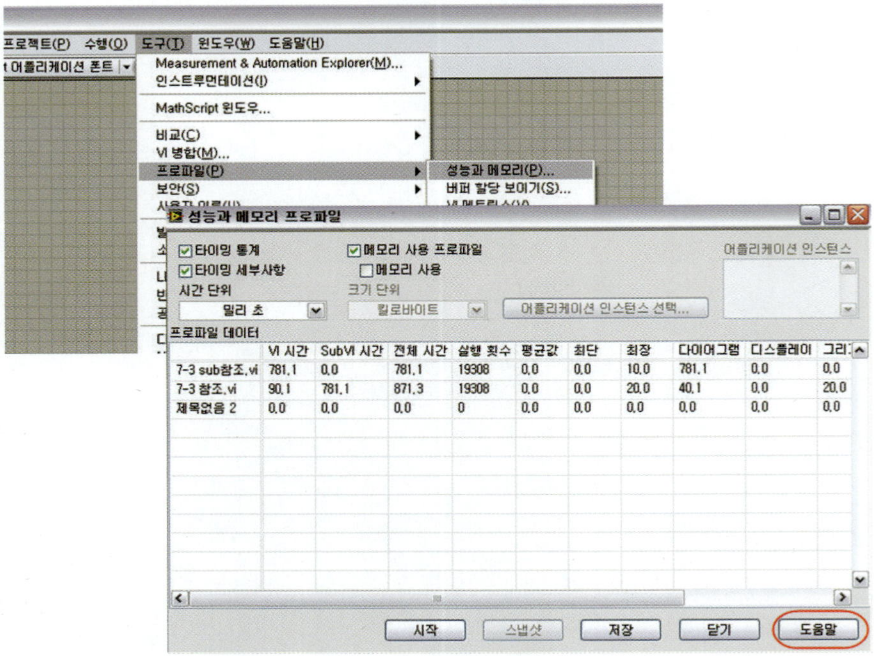

그림 11-1-1 성능과 메모리

11-2. VI 메트릭스

VI 메트릭스는 VI에 사용된 노드 수, 구조 수, 변수 수, 컨트롤/인디케이터 수 등을 알 수 있습니다. 이러한 정보를 통해 효율적으로 잘 만들었는지 판단해 볼 수 있습니다. 자세한 정보는 도움말을 참조하세요. 하지만 VI 메트릭스는 최근 LabVIEW 기능에서 지원되지 않습니다.

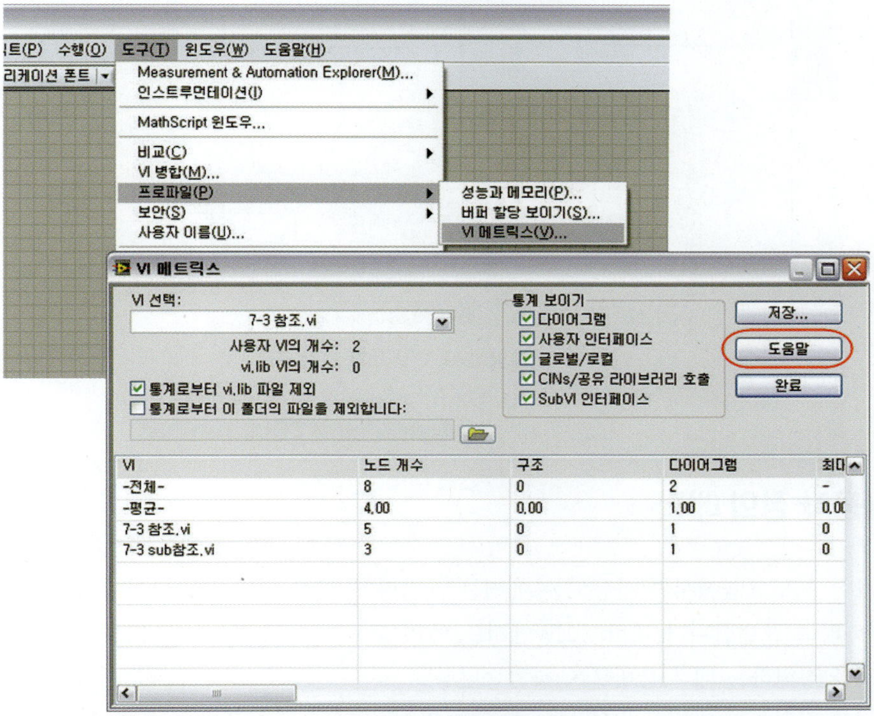

그림 11-2-1 VI 메트릭스

11-3. VI 비교

두 VI의 차이를 비교할 수 있습니다. 프런트패널이나 블록다이어그램의 차이를 표시해 줍니다. 자세한 정보는 도움말을 참조하세요.

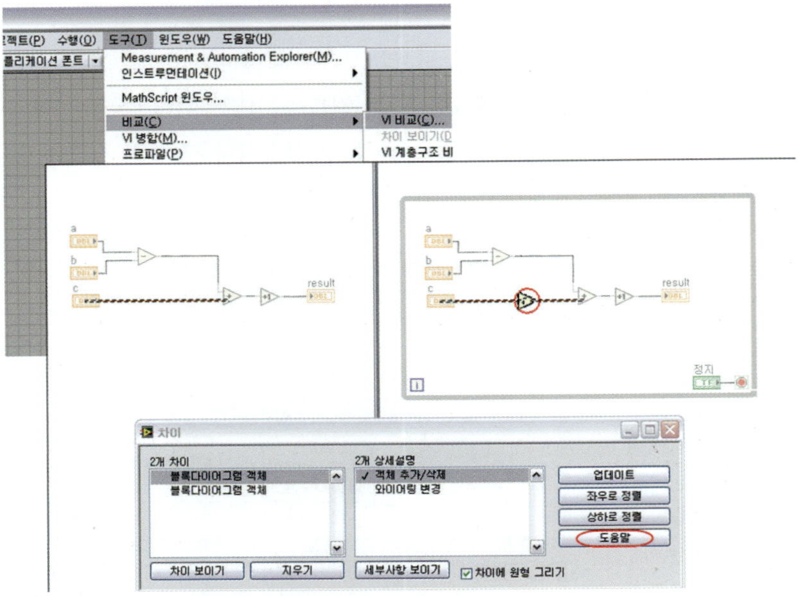

그림 11-3-1 VI 비교

11-4. 사용자 정의 에러

본인이 제작한 프로그램에서만 사용되는 에러는 개발자가 직접 에러를 만들어야 합니다. 이를 사용자 정의 에러라고 표현합니다. LabVIEW에서는 에러 코드 5000~9999, −8999~−8000번 등은 사용자가 에러를 정의하는 데 사용하도록 하였습니다.

사용자 에러를 정의하는 방법은 [그림 11-4-1]과 같이 에러 코드 편집을 이용합니다. 자세한 정보는 도움말을 참조하세요.

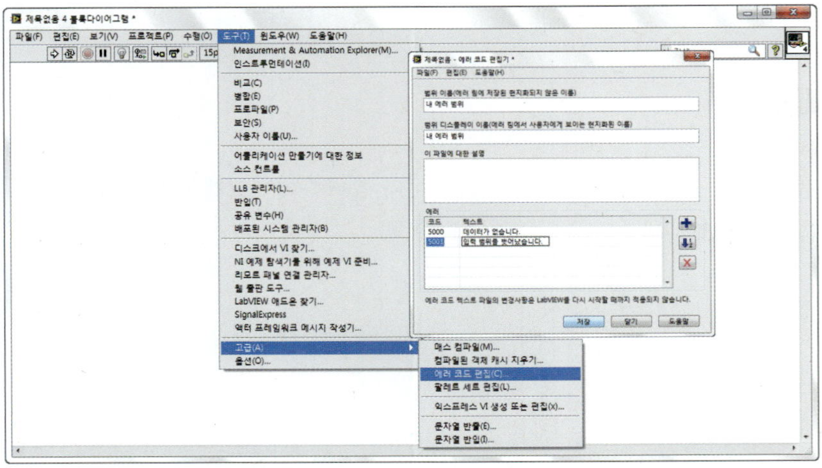

그림 11-4-1 에러 편집기

위의 그림처럼 사용자 에러를 정의한 다음, 저장을 하는데 [그림 11-4-2]처럼 반드시 파일명은 '~-errors.txt'로 저장해야 하며, 이 파일을 저장할 경로는 반드시 LabVIEW가 설치된 폴더 안의 'user.lib₩errors' 폴더 안에 저장을 해야 합니다. 만약 'errors' 폴더가 없으면 직접 생성합니다.

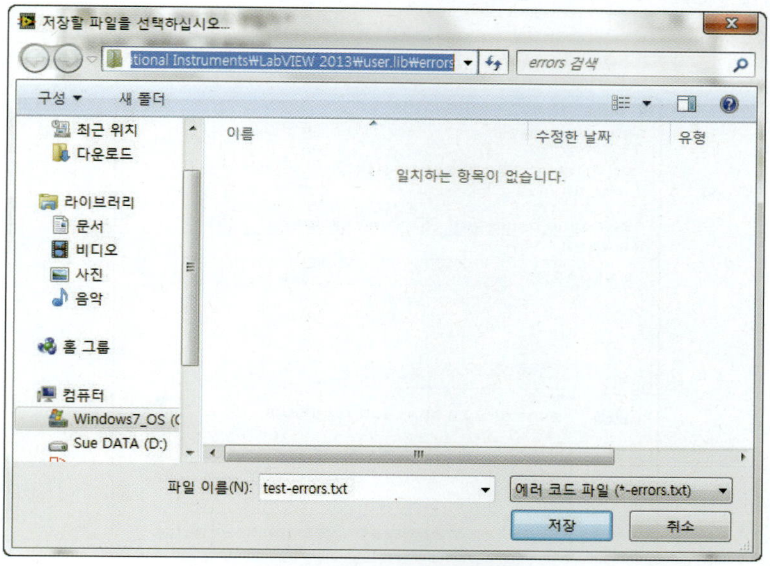

그림 11-4-2 사용자 에러 저장

실습 11.4.1 사용자 정의 에러를 사용하여 6 이상 입력하면 5000번의 에러를 발생하도록 합니다.

1. '실습' 폴더에서 '11-4-1 사용자 정의 에러.vi'를 불러옵니다. 블록다이어그램에서 '6..' 케이스에 에러 코드를 **에러 코드를 에러 클러스터로**.vi를 추가하여 그림과 같이 구성합니다.

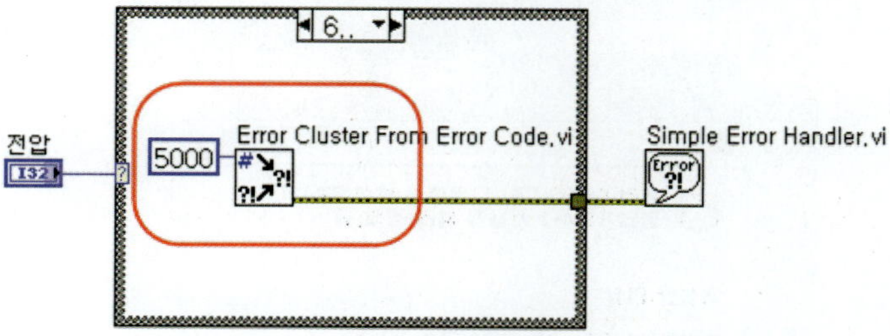

2. **파일풀다운메뉴 〉 도구 〉 고급 〉 에러 코드 편집(C)...**에서 추가를 선택하면 나타나는 에러 코드 추가창에서 새 코드에 '5000', 새 명령에 '범위에서 벗어난 값을 입력하였습니다. 다시 입력하세요'를 입력합니다. 그러면 그림과 같은 화면이 나타납니다. 마지막으로 'test-errors.txt'라는 이름으로 저장해야 하며, 디폴트로 나타나는 '~errors' 폴더에 저장합니다. 이때 '~errors' 폴더가 나타나지 않으면 'errors' 폴더를 만들어서 그 안에 저장을 합니다.

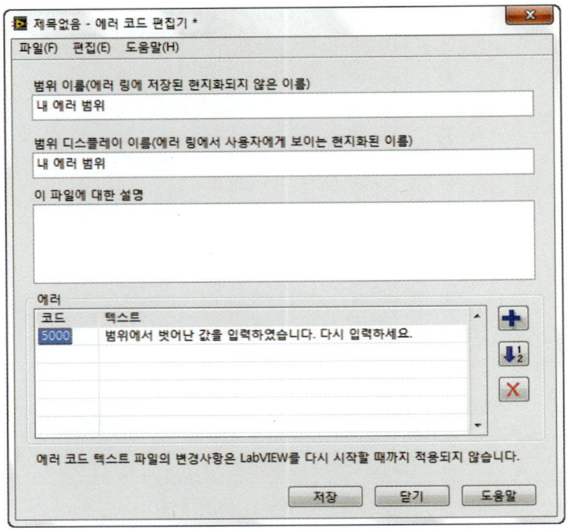

3. '전압'에 '6' 이상의 값을 입력하고 실행하면 그림과 같은 에러 메시지가 나타나는지 확인합니다. 만약 나타나지 않으면 수정된 VI를 저장하고 LabVIEW를 완전히 종료한 다음, 다시 '11-4-1 사용자 정의 에러.vi'를 불러와 실행합니다.

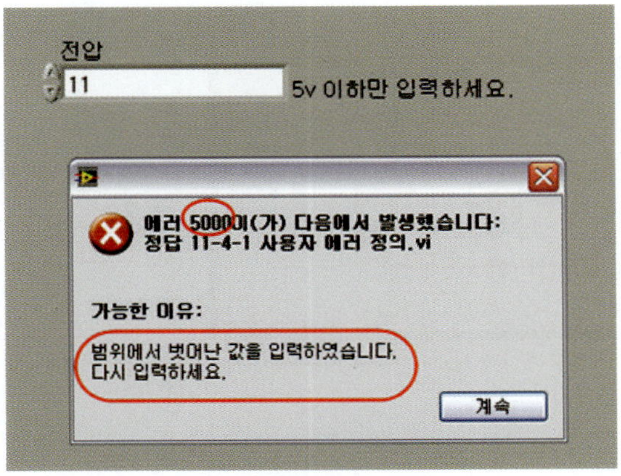

4. VI를 저장하고 닫습니다.

11-5. 사용자 정의 런타임 메뉴

[그림 11-5-1]처럼 실행 중인 VI의 파일풀다운메뉴를 사용자 정의 가능합니다. 실행이 끝나면 원래대로 바뀝니다.

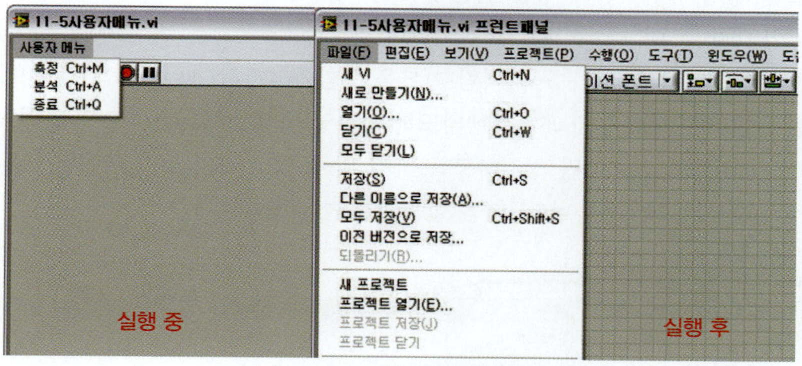

그림 11-5-1 런타임 메뉴

런타임 메뉴를 편집해 봅니다. 먼저 **파일풀다운메뉴 〉 편집 〉 런타임 메뉴(R)...**를 선택하고 [그림 11-5-2]처럼 상단에 '기본'을 '사용자 정의'로 변경합니다. 아이템 이름에 사용할 메뉴를 입력하고 아이템 태그는 프로그램할 때 사용됩니다. 그리고 바로 가기에 직접 단축키로 사용할 키를 눌러줍니다. 이렇게 편집을 하면 미리보기에서 미리 볼 수도 있습니다. 편집이 끝나면 '.rtm'의 확장자로 저장합니다.

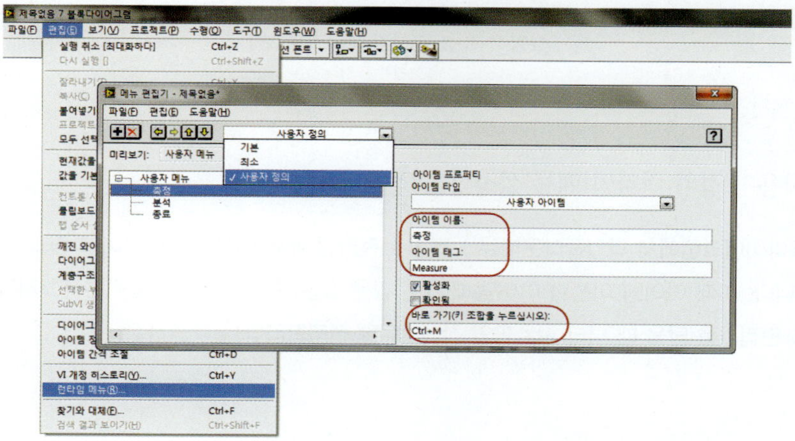

그림 11-5-2 런타임 메뉴 편집기

이제 런타임 메뉴를 선택했을 때 선택한 메뉴를 실행하는 프로그램을 작성합니다. 이때 반드시 이벤트 구조와 함께 사용해야 합니다. [그림 11-5-3]처럼 이벤트 구조를 사용하여 이벤트 소스는 '〈이 VI〉'를, 이벤트는 '메뉴 선택(사용자)'을 선택합니다. 이벤트 데이터 노드를 '아이템 태그'로 선택한 다음 이 출력을 케이스 구조의 선택자 터미널에 연결합니다. 그런 다음 아이템 태그에서 나올 수 있는 값들과 기본 케이스를 생성하여 기능 수행을 위한 코드를 작성합니다. [그림 11-5-1]이 가진 메뉴 '측정', '분석', '종료'의 아이템 태그는 [그림 11-5-2]처럼 각각 'Measure', 'Analysis', 'Exit'로 설정하였습니다. 따라서 케이스도 [그림 11-5-3]처럼 기본을 포함한 4개의 케이스를 만들어 각 메뉴를 선택했을 때 실행할 **단일 버튼 대화 상자.vi**가 실행되도록 만들었습니다. While 루프의 조건 터미널은 런타임 메뉴가 '종료'가 선택되었을 때만 정지하도록 하기 위해 'Exit' 케이스일 때만 참 상수를 연결하고 나머지는 거짓 상수를 연결하였습니다. 다음 실습에서 만들어 봅니다.

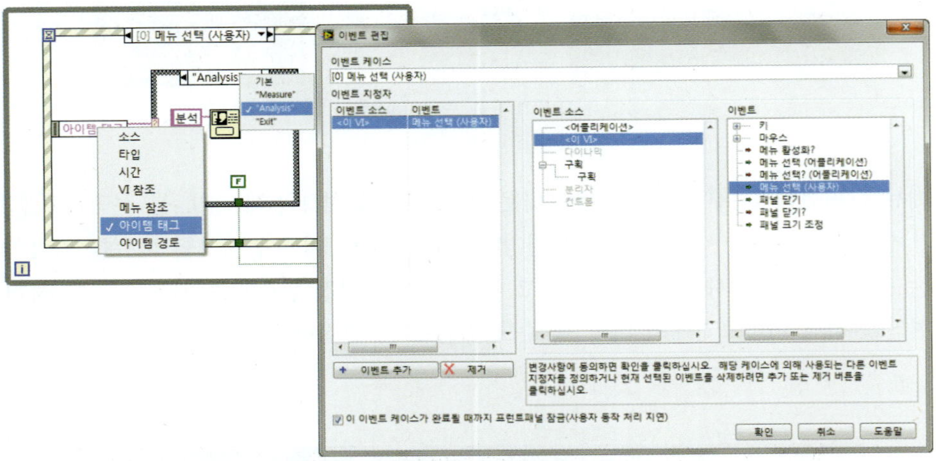

그림 11-5-3 런타임 메뉴 프로그램

실습 11.5.1 사용자 정의 런타임 메뉴 설정법을 익힙니다.

1. 새 VI의 블록다이어그램에서 **파일풀다운메뉴 〉 편집 〉 런타임 메뉴(R)...**를 선택하여 그림과 같이 메뉴를 편집하고 저장합니다. 이때 아이템 이름과 아이템 태그는 같은 값을 줍니다. 즉 '측정', '분석', '저장', '종료'로 설정합니다. 메뉴 편집기를 닫을 때 나타나는 팝업 창에 '예'를 선택합니다.

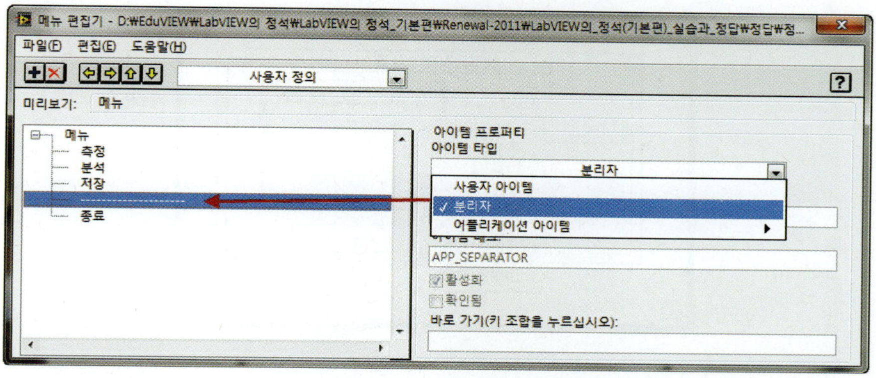

2. 블록다이어그램에서 While 루프, 이벤트 구조, 케이스 구조를 그림과 같이 구성합니다. 이때 이벤트 구조의 **바로가기메뉴 〉 이 케이스에 의해 핸들되는 이벤트 편집...**을 선택하여 그림과 같이 설정합니다.

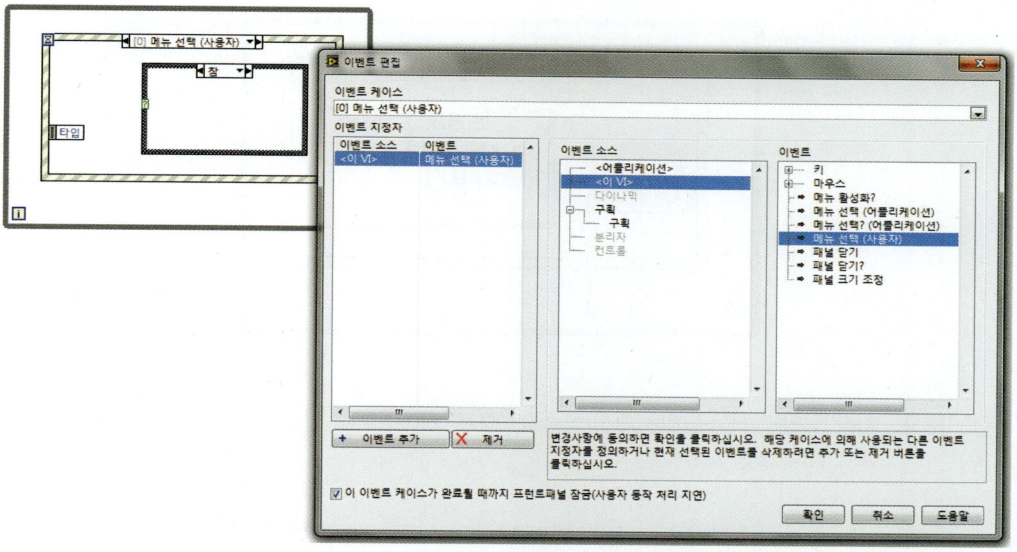

3. 이벤트 구조의 이벤트 데이터 노드를 '아이템 태그'로 설정하고 케이스 구조의 선택자 터미널에 연결합니다.

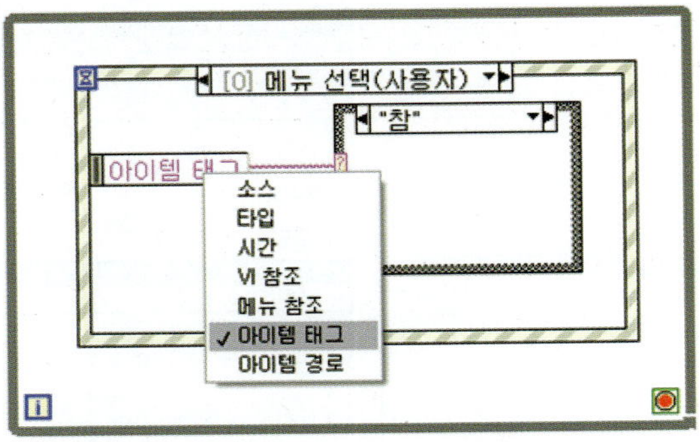

4. 케이스 구조의 **바로가기메뉴 〉 다음 케이스 추가**를 통해 그림과 같이 5가지 케이스를 만들어서 '측정', '분석' ,'저장' 케이스에 각각 **단일 버튼 대화 상자.vi**를 다음과 같이 구성하고 '종료'와 '기본' 케이스에는 **단일 버튼 대화 상자.vi**를 넣지 않습니다.

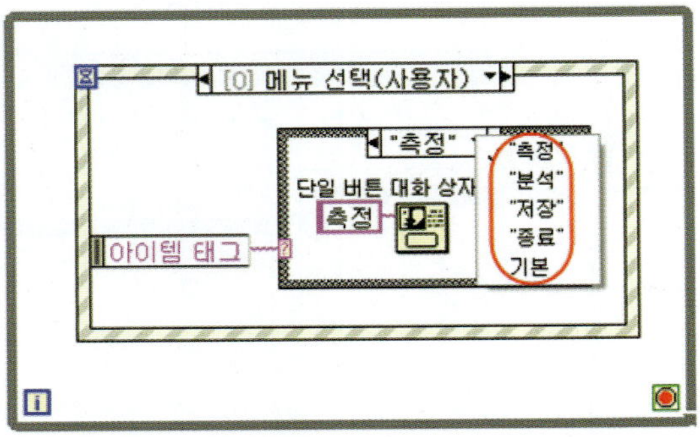

5. '측정', '분석', '저장', '기본' 케이스에는 거짓 상수를, '종료' 케이스에는 참 상수를 추가하여 그림과 같이 구성합니다.

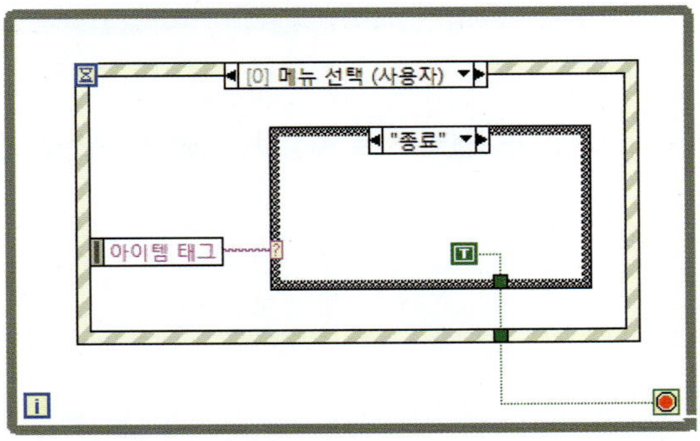

6. 실행하면 런타임 메뉴가 변경되고 각 메뉴를 선택하면 그림처럼 단일 버튼 대화 상자가 나타납니다.

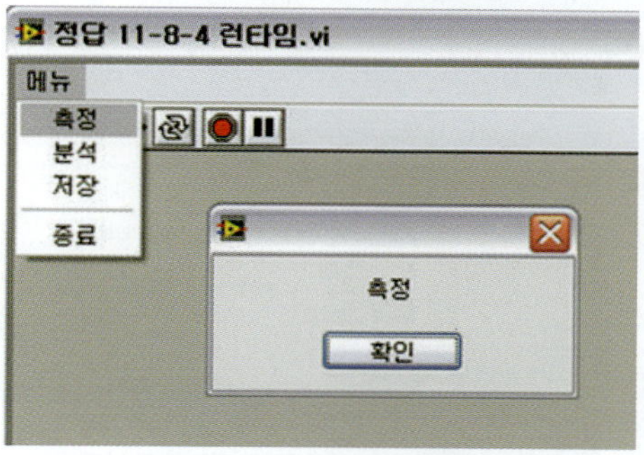

7. VI를 저장하고 닫습니다.

11-6. 사용자 매뉴얼 작성

프로그램을 하는데 걸리는 시간만큼 사용자 매뉴얼을 작성하는데도 많은 시간이 소요됩니다. 하지만 프로그램을 개발할 때 코드 설명(주석)이나 컨트롤 또는 인디케이터의 설명만 잘 만들어도 훌륭한 사용자 매뉴얼을 쉽게 작성할 수 있습니다.

[그림 11-6-1]은 컨트롤 또는 인디케이터에 설명을 작성하는 방법입니다. 컨트롤이나 인디케이터의 **바로가기메뉴 〉 설명과 팁**을 이용하여 설명을 작성하면 기본 도움말에서 해당 컨트롤/인디케이터를 선택했을 때 입력한 설명을 보여줍니다.

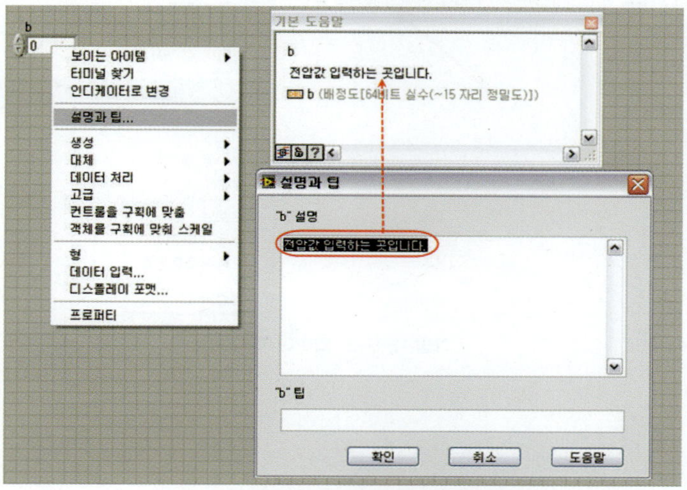

그림 11-6-1 컨트롤/인디케이터 도움말

[그림 11-6-2]는 subVI의 도움말을 작성하는 방법입니다. **파일풀다운메뉴 〉 파일 〉 VI 프로퍼티**에서 항목을 '문서'로 선택하고 subVI에 대한 설명을 작성합니다. 기본 도움말에서 해당 subVI를 선택했을 때 작성한 설명을 보여줍니다.

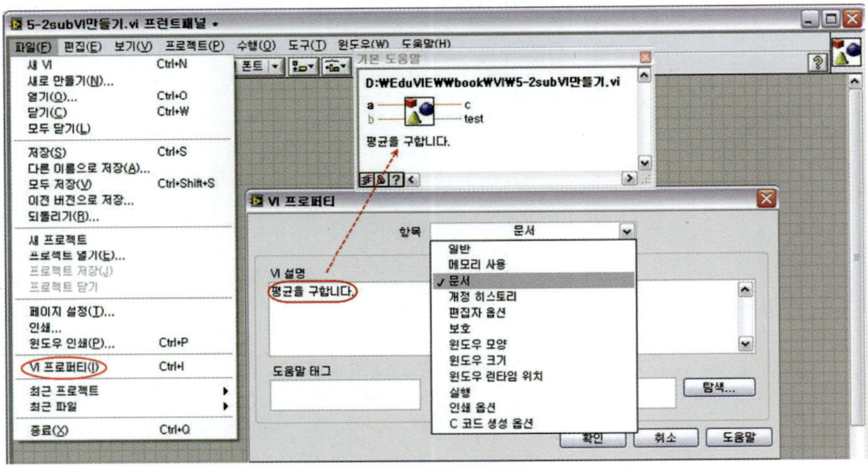

그림 11-6-2 subVI 도움말

다음은 블록다이어그램 코드에 대한 설명을 작성하는 방법입니다.
와이어를 통해 흘러가는 데이터에 대한 설명은 와이어의 **바로가기메뉴 〉 보이는 아이템 〉 라벨**을 이용합니다.

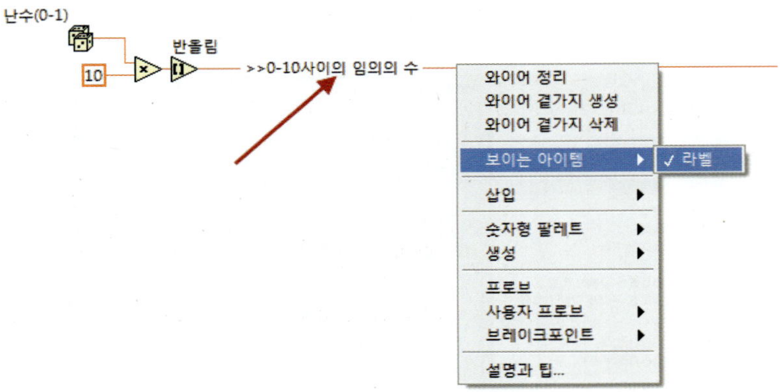

그림 11-6-3 와이어 주석

모든 구조에 주석 처리 기능이 빌트인 되어 있어 구조들의 주석을 보다 깔끔하고 편리하게 추가할 수 있습니다.

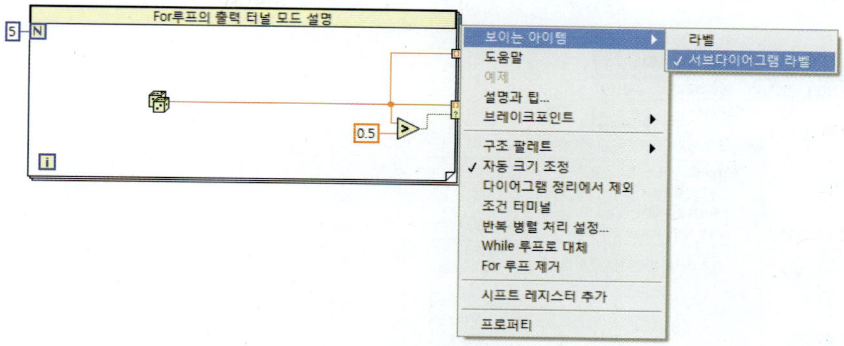

그림 11-6-4 구조 주석

코드에 대한 설명은 원하는 곳에서 더블 클릭하여 입력하면 되고, 전체 프로그램의 구조를 설명할 수 있는 순서도나 상태전이 다이어그램 등의 그림을 복사해서(ctrl + c) 붙이기(ctrl + v) 등의 다양한 방법으로 블록다이어그램 코드에 대한 설명을 작성합니다.

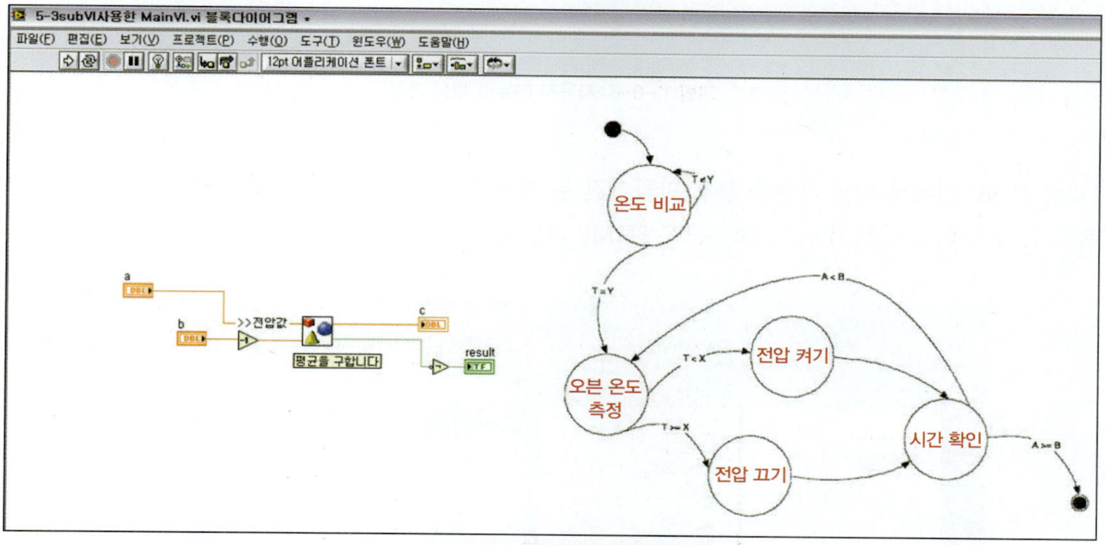

그림 11-6-5 블록다이어그램 도움말

[그림 11-6-6]과 같이 **파일풀다운메뉴 > 파일 > 인쇄...**를 선택하면 지금까지 만든 프로그램의 사용자 매뉴얼을 쉽게 작성할 수 있습니다. 그림처럼 여러 단계를 통해 설정한 다음 리치 텍스트 포맷(RTF) 파일 또는 HTML 파일을 선택하면 해당 파일로 결과물이 생성됩니다.

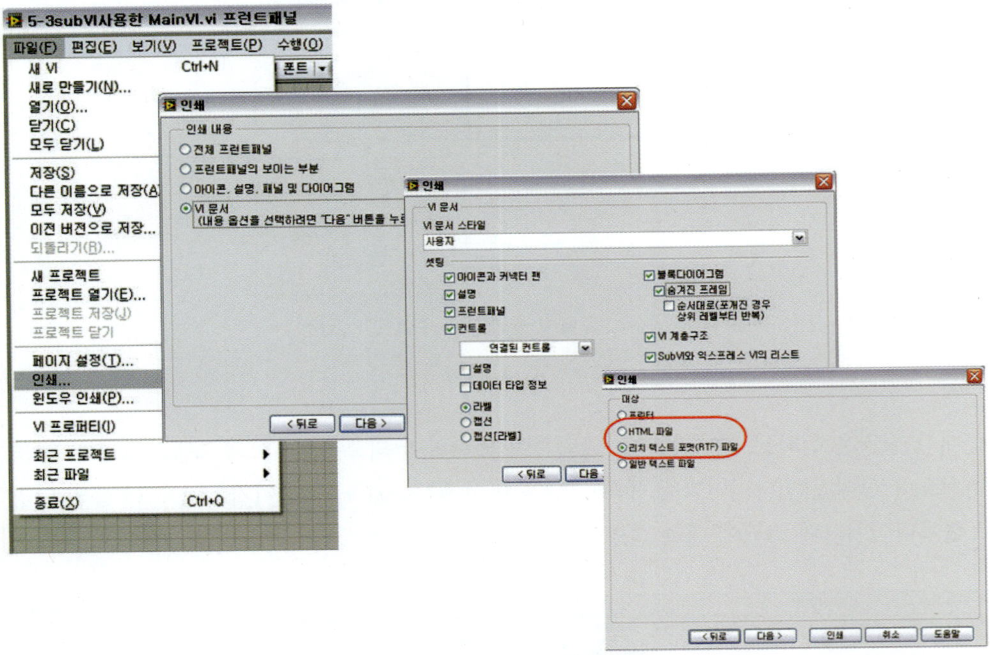

그림 11-6-6 사용자 매뉴얼 생성 과정

[그림 11-6-7]에서 위의 과정을 통해 만들어진 두 가지 종류의 사용자 매뉴얼을 볼 수 있습니다. 왼쪽은 RFT 파일로 만든 것이고, 오른쪽은 HTML 파일로 만든 것입니다.

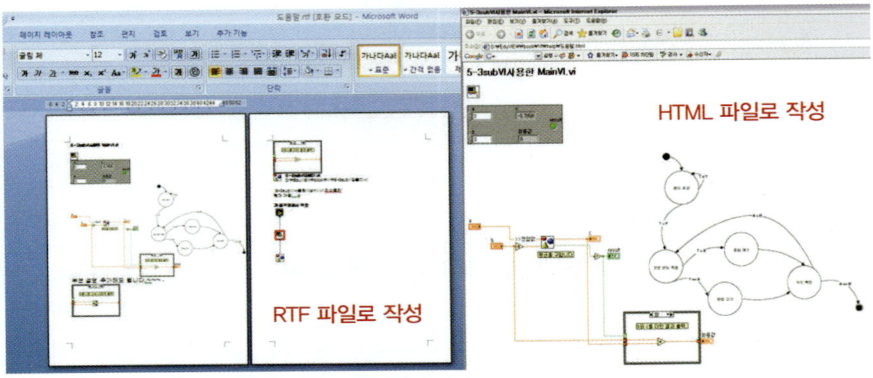

그림 11-6-7 사용자 매뉴얼 생성

11-7. 단축키

컨트롤에서 마우스를 사용하지 않고 키보드의 키를 단축키로 사용하여 조작할 수 있습니다. [그림 11-7-1]은 숫자형의 증감 기능을 F1과 Shift + F2를 누르면 가능하도록 단축키를 할당한 것입니다. 단축키 할당은 컨트롤의 **바로가기메뉴〉 고급 〉 키 조작...**을 선택합니다.

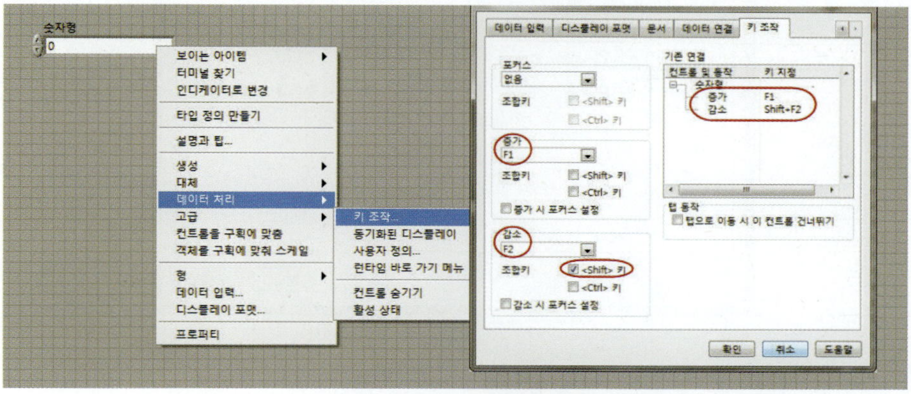

그림 11-7-1 단축키 할당

실습 11.7.1 단축키를 할당해 봅니다.

1. '실습' 폴더에서 '11-7-1 단축키 할당.vi'를 불러옵니다. 실행하면 임의의 숫자가 웨이브폼 차트에 누적되고 '정지' 버튼을 누르면 프로그램이 종료됩니다.

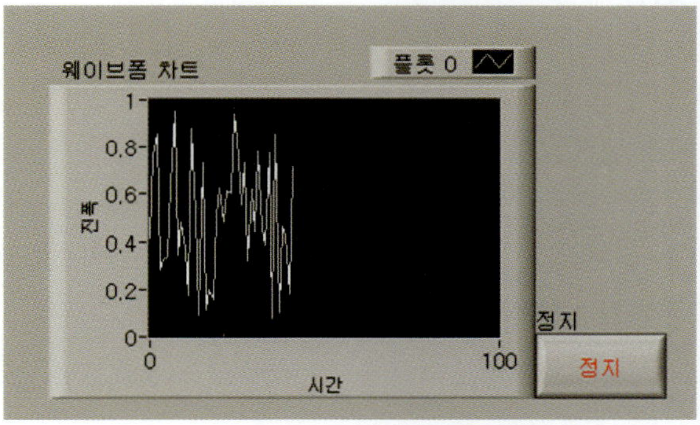

2. '정지' 버튼에 단축키(Shift + F1)를 할당하도록 하겠습니다. '정지' 버튼의 **바로가기메뉴 〉 고급 〉 키 조작...**을 선택하여 그림과 같이 설정합니다.

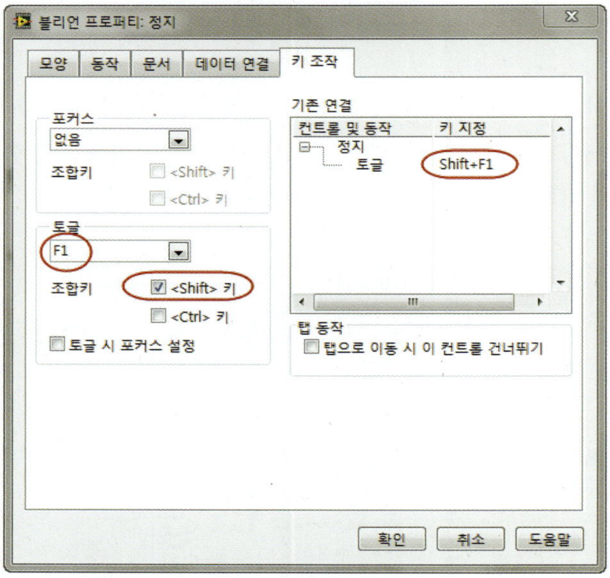

3. 다시 실행하고 프로그램을 종료하기 위해 '정지' 버튼을 누르는 대신 할당한 단축키(Shift + F1)를 눌러보세요.

4. VI를 저장하고 닫습니다.

11-8. 실행 파일(.exe)

LabVIEW로 프로그램을 완성한 후 실행 파일(.exe)로 만들어 배포하기도 합니다. 실행 파일로 만들면 블록다이어그램이 보이지 않으므로 코드를 보호할 수 있으며, LabVIEW가 없는 PC에서 실행 가능하므로 편리합니다. 단 LabVIEW 런타임 엔진(Run-time Engine)은 있어야 합니다. 이는 11.9장에서 다루도록 하겠습니다. 실행 파일을 만들기 위해 [그림 11-8-1]처럼 프로젝트 파일의 빌드 스펙에서 **바로가기메뉴 〉 새로 만들기 〉 어플리케이션(EXE)**을 선택합니다.

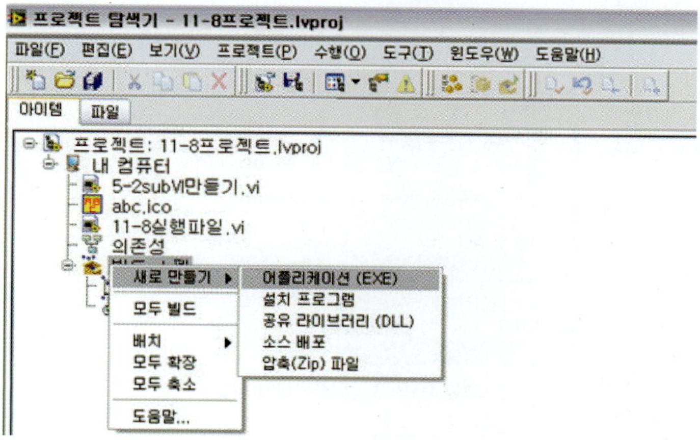

그림 11-8-1 실행 파일 만들기

[그림 11-8-2]처럼 실행 파일 이름, 실행 파일 만들 폴더 위치, 실행 파일로 만들 VI 선택 등 항목에서 설정을 완료한 다음, 빌드 버튼을 누르면 실행 파일이 만들어 집니다. 참고로 [그림 11-8-2]는 실행 파일을 만들기 위해 반드시 기본적으로 설정을 해야 하는 정보와 소스 파일 항목만 변경한 것입니다. 나머지 항목들에서 설정하는 것들은 옵션이라서 설정을 안하셔도 실행 파일이 만들어지는 데는 문제가 없습니다. 상기 관련 더 자세한 정보는 도움말을 참조하세요.

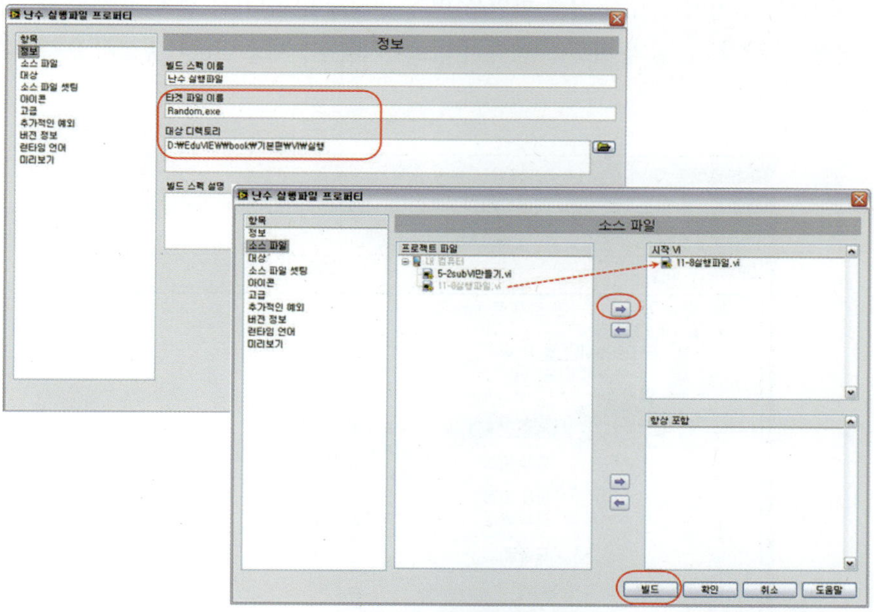

그림 11-8-2 실행 파일 설정

[그림 11-8-3]에서 위의 과정들을 거쳐 생성된 실행 파일을 확인할 수 있습니다.

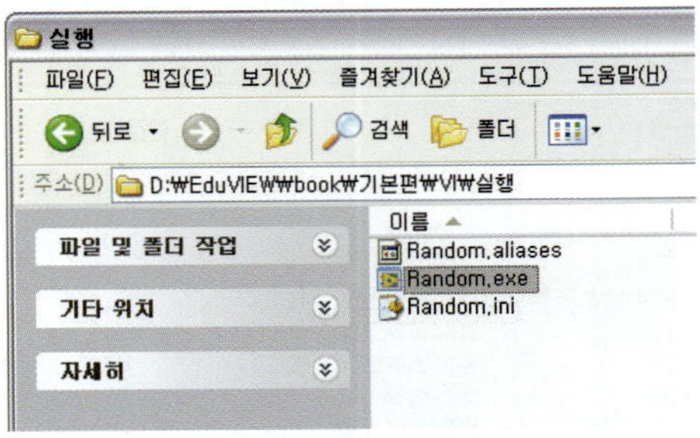

그림 11-8-3 생성된 실행 파일

11-9. 설치 파일

11.8장을 통해 실행 파일을 만들었고 이를 실행하기 위해서는 LabVIEW는 설치가 안되어 있어도 되지만 LabVIEW 런타임 엔진(Run-time Engine)은 반드시 설치가 되어 있어야 합니다.LabVIEW 런타임 엔진(Run-time Engine)은 www.ni.com에서 무료로 다운로드를 받을 수 있지만 LabVIEW에서 이를 만들 수도 있습니다. 지금부터 설치 파일을 만드는 과정에 대해 설명하도록 하겠습니다. 우선 설치 파일을 만들기 전에 반드시 실행 파일을 먼저 생성해야 합니다. 설치 파일을 만들기 위해 [그림 11-9-1]처럼 프로젝트 파일의 빌드 스펙에서 **바로가기메뉴 〉 새로 만들기 〉 설치 프로그램**을 선택합니다.

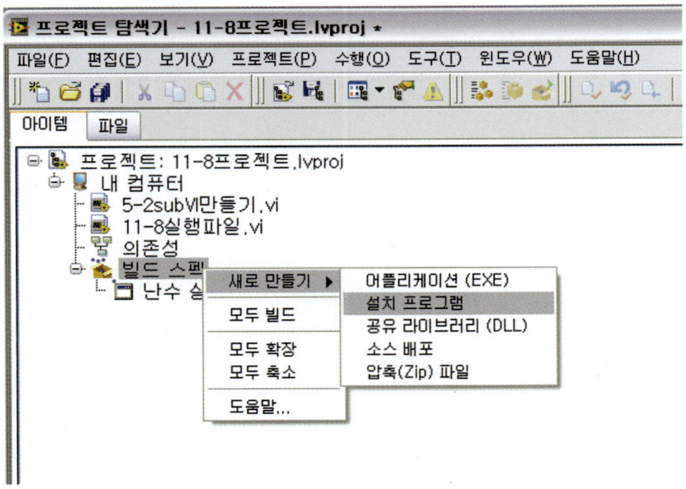

그림 11-9-1 설치 파일 만들기

[그림 11-9-2]처럼 설치 파일 만들 폴더 위치, 설치 파일로 만들 실행 파일 선택, LabVIEW 런타임 엔진(Run-time Engine) 이외에 추가 설치할 프로그램 등 항목에서 설정을 완료한 다음, 빌드 버튼을 누르면 설치 파일이 만들어 집니다. 참고로 [그림 11-9-2]는 설치 파일을 만들기 위해 반드시 기본적으로 설정을 해야 하는 제품 정보, 소스 파일, 추가 설치 프로그램 항목만 변경한 것입니다. 나머지 항목들에서 설정하는 것들은 옵션이라서 설정을 안하셔도 설치 파일이 만들어지는 데는 문제가 없습니다. 상기 관련 더 자세한 정보는 도움말을 참조하세요.

그림 11-9-2 설치 파일 설정

[그림 11-9-3]에서 위의 과정들을 거쳐 생성된 설치 파일을 확인할 수 있습니다.

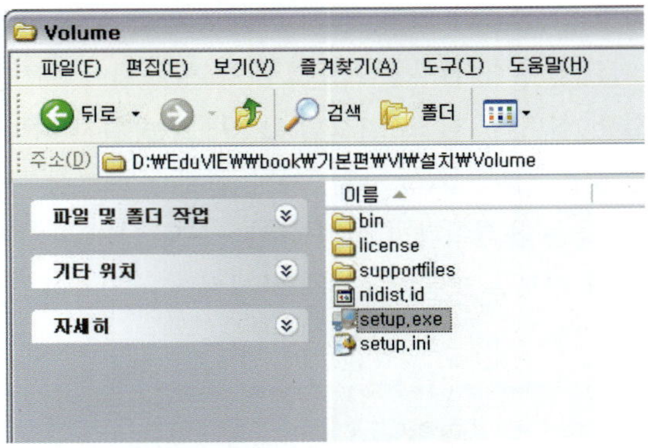

그림 11-9-3 생성된 설치 파일

[그림 11-9-3]에서 만든 설치 파일(setup.exe)를 실행하면 [그림 11-9-4]와 같이 LabVIEW 런타임 엔진(Run-time Engine)은 물론 실행 파일까지 설치가 되는 것을 확인할 수 있습니다.

그림 11-9-4 설치 완료

자가 진단 퀴즈

LabVIEW

❶ ______________은/는 VI가 실행될 때, 실행하는데 걸린 시간 및 차지하는 메모리의 정보를 볼 수 있습니다.

❷ 실행 파일과 설치 파일은 반드시 ______________파일에서 만들어야 합니다.

❸ 컨트롤에 단축키를 할당하려면 바로가기메뉴 〉 고급 〉 ______________을/를 선택합니다.

❹ 사용자 정의 에러는 에러 코드 5000~________, − 8999~________등의 범위에서 사용 가능합니다.

❺ 사용자 정의 런타임 메뉴는 반드시 ______________구조와 함께 사용해야 합니다.

CHAPTER 요약

| 어플리케이션 완성 요약 |

- 성능과 메모리를 이용해 VI가 실행될 때 차지하는 메모리나 소요 시간 등을 모니터링할 수 있습니다.
- VI 메트릭스는 VI를 만들 때 사용한 구조, 변수, 컨트롤/인디케이터 등의 사용 횟수를 모니터링할 수 있습니다.
- VI 비교를 통해 두 개 VI의 차이점을 쉽게 찾을 수 있습니다.
- 사용자 정의 에러는 사용자가 직접 에러 코드와 에러 메시지를 만들어 VI에서 사용할 수 있습니다.
- 사용자 정의 런타임 메뉴는 VI 실행 시 파일풀다운메뉴를 사용자가 원하는 형태로 직접 만들 수 있습니다.
- 사용자 매뉴얼은 프로그램 시 설명과 주석 처리를 하여 손쉽게 만들 수 있습니다.
- 단축키는 컨트롤의 바로가기메뉴를 통해 단축키를 할당할 수 있습니다.
- 실행 파일은 블록다이어그램이 보이지 않아 코드 보안도 되고 LabVIEW가 없어도 실행할 수 있어 편리합니다.
- 설치 파일은 실행 파일이 실행되기 위해 가장 기본적으로 필요한 LabVIEW 런타임 엔진 및 필요에 따라 하드웨어 드라이버 등을 포함하여 만듭니다.

LabVIEW의 정석

기본편

부록

APPENDIX

A1 CLAD 시험 준비 가이드   A2 CLAD 샘플 예제   A3 CLAD 샘플 예제 풀이

A1 CLAD 시험 준비 가이드[15]

국제인증 개요

National Instruments LabVIEW 국제인증 자격 프로그램은 3단계로 구성되어 있습니다.
단계별로 취득할 수 있는 자격시험의 종류는 다음과 같습니다:

- Certified LabVIEW Associate Developer(CLAD)
- Certified LabVIEW Developer(CLD)
- Certified LabVIEW Architect(CLA)

이전 단계의 자격증이 있어야 상위 단계의 자격시험에 응시할 자격이 주어집니다.

CLAD 단계에서는 LabVIEW Full Development System의 주요 기능을 완전히 이해하고 LabVIEW 모듈을 개발, 디버깅, 관리하는 데 필요한 지식과 능력을 갖추어야 합니다.
일반적으로 LabVIEW Full Development System을 대략 6~9개월간 사용하면, CLAD 수준의 경험을 쌓을 수 있습니다.

CLD 단계에서는 중대형 LabVIEW 어플리케이션을 개발, 디버깅, 배포, 관리할 수 있는 능력을 갖추어야 합니다. LabVIEW를 통해 중대형 어플리케이션을 총 12~18개월 정도 개발한 경험이 있으면, CLD 수준의 전문성을 쌓을 수 있습니다.

CLA 단계에서는 여러 명의 개발자가 참여하는 환경에서 LabVIEW 어플리케이션을 설계할 수 있는 수준의 숙달된 전문성을 갖추어야 합니다. CLA 단계에서는 프로젝트 설계에서 요구하는 사항들을 관리 가능한 LabVIEW 구성요소로 구분할 수 있는 전문 기술 및 소프트웨어 개발 경험뿐만 아니라, 프로젝트 및 설정 관리 도구를 효과적으로 활용하여 전반적인 프로젝트를 파악할 수 있는 경험이 있어야 합니다. LabVIEW를 통해 중대형 어플리케이션을 총 24개월정도 개발한 전문 경험이 있으면, CLA 수준에 이를 수 있습니다.

---

15 www.niedu.co.kr 전문 발췌

노트!!

- CLAD 자격증이 있어야 CLD 자격시험을 응시할 수 있습니다.
- CLD 자격증이 있어야 CLA 자격시험을 응시할 수 있습니다.
- 이 응시 자격에 대해 예외 사항은 없습니다.

● 자격시험 개요

제품 : Windows용 LabVIEW Full Development System에서 사용 가능한 기능에 대한 자세한 사항은 LabVIEW 개발 시스템 비교 페이지를 참조하십시오.

- 시험 시간 : 1 시간
- 시험 문항 수 : 40
- 문제 유형 : 다지선다형
- 합격 기준 : 정답률 70% 이상

이 시험에서는 수험자의 어플리케이션에 대한 지식을 평가하며 메뉴 단계 또는 VI와 구성요소의 이름을 외우는 능력은 평가 대상이 아닙니다.

시험 도중 LabVIEW 또는 다른 교재를 사용하는 것은 금지되어 있습니다. 수험자의 편의를 위해 시험에는 필요한 경우 LabVIEW 도움말의 스크린샷이 제공됩니다.

공정한 시험을 위해 시험의 일부를 복사, 재생하는 것을 금지하고 있습니다. 이를 어기면 불합격 처리됩니다. 시험 답안을 종이에 기록하는 방식으로 시험이 치뤄지는 지역에서는 시험지의 일부를 분리하면 시험 결과는 채점되지 않고 불합격 처리됩니다.

● 응시 방법

컴퓨터에서 시험을 보며, 시험 채점 및 결과는 시험이 끝나면 바로 결과를 알려줍니다.
자세한 사항 및 시험 일정에 대해서는 한국 NI 교육센터 홈페이지 www.niedu.co.kr 및 전화(02-3451-3400) 또는 이메일(Training.Korea@ni.com)로 연락하십시오.
일반 문의사항 또는 건의사항이 있는 경우, 이메일(certification@ni.com)로 연락하십시오.

● 시험주제

CLAD는 총 40문항으로 구성되어 있습니다. 시험은 다음 테이블의 각 항목에서 특정한 수의 문제를 추출하여 구성됩니다.

시험 주제		문항 수
테스트	LabVIEW 프로그래밍 원리	3
	LabVIEW 환경	2
	데이터 타입	2
	배열 및 클러스터	4
	에러 핸들링하기	2
	문서	1
	디버깅	2
구조	루프	4
	케이스 구조	1
	시퀀스 구조	1
	이벤트 구조	2
프로그래밍 태스크	파일 I/O	1
	타이밍	2
	VI 서버	2
	동기화 및 통신	2
	디자인 패턴	2
프런트패널	차트 및 그래프	2
	불리언의 기계적 동작	1
	프로퍼티 노드	2
변수	로컬 변수	1
	기능적인 글로벌 변수	1
합계		40

● 시험주제(개요)

주제	소주제
1. LabVIEW 프로그래밍 원리	a. 데이터 흐름 b. 병렬처리
2. LabVIEW 환경	a. 버추얼 인스트루먼트(VI) b. 프런트패널 및 블록다이어그램 c. 아이콘 및 커넥터 팬 d. 기본 도움말 윈도우
3. 데이터 타입	a. 숫자형, 문자열, 불리언, 경로, 열거형 b. 클러스터 c. 배열 d. 타입 정의 e. 웨이브폼 f. 타임스탬프 g. 다이나믹 데이터 타입 h. 데이터 형 i. 강제 변환 j. 데이터 변환 및 조작
4. 배열 및 클러스터	a. 배열 함수 b. 클러스터 함수 c. 다형성 함수
5. 에러 핸들링하기	a. 에러 클러스터 b. 에러 핸들링 VI와 함수 c. 사용자 에러 코드 d. 자동/수동 에러 핸들링
6. 문서	a. 중요성 b. 기본 도움말
7. 디버깅	a. 도구 b. 기술
8. 루프	a. 루프 구성요소 b. 오토인덱싱 c. 시프트 레지스터 d. 루프 동작

9. 케이스 구조	a. 케이스 선택자 b. 터널 c. 어플리케이션
10. 시퀀스 구조	a. 타입 b. 동작 c. 어플리케이션
11. 이벤트 구조	a. 알림과 필터 이벤트 b. 어플리케이션
12. 파일 I/O	a. 함수와 VI b. 어플리케이션
13. 타이밍	a. 타이밍 함수 b. 어플리케이션
14. VI 서버	a. 클래스 계층구조 b. 어플리케이션
15. 데이터 동기화 및 통신	a. 알림자(Notifiers) b. 큐(Queues) c. 세마포어(Semaphores) d. 글로벌 변수 e. 어플리케이션
16. 디자인 패턴	a. 상태 머신 b. 마스터/슬레이브 c. 생산자/소비자(데이터 및 이벤트) d. 어플리케이션
17. 차트와 그래프	a. 타입 b. 데이터 플롯하기
18. 불리언의 기계적 동작	CLAD 주제 세부사항 참조
19. 프로퍼티 노드	CLAD 주제 세부사항 참조
20.로컬 변수	a. 동작 b. 어플리케이션
21. 기능적인 글로벌 변수	a. 동작 b. 어플리케이션

● CLAD 주제별 세부사항

1. LabVIEW 프로그래밍 원리

a. 데이터 흐름

i. 데이터 흐름 정의

ii. LabVIEW에서 데이터 흐름의 중요성 식별

iii. 블록다이어그램, VI 및 SubVI에서 데이터 흐름을 강화하는 프로그래밍 기법 식별

iv. 데이터 흐름을 깨는 프로그래밍 기법 식별

v. VI에서의 코드 실행 추적

b. 병렬처리

i. 병렬 실행 정의

ii. 병렬 코드 구조 식별

iii. 병렬처리에서 프로그래밍 시 주의할 점 식별

iv. 경합 조건 정의

v. 코드의 경합 조건 식별

vi. 정의되지 않은 실행 식별

2. LabVIEW 환경

a. 버추얼 인스트루먼트(VI)

i. 프런트패널 및 블록다이어그램

1. 프런트패널 객체와 블록다이어그램 객체 사이의 관계 식별
2. 프런트패널과 블록다이어그램을 시각적으로 검사하고 분석하여 기능을 설명
3. 주어진 블록다이어그램에 기반하여 프런트패널 결과 예측
4. 블록다이어그램이 없는 VI 타입 식별
5. 주어진 어플리케이션의 프런트패널 객체 프로퍼티 및 옵션 사용

ii. 아이콘 및 커넥터 팬

1. 아이콘 및 커넥터 팬의 용도 식별
2. 여러 연결 타입 구별

b. 기본 도움말 윈도우

i. 필수, 권장, 옵션 등 세 가지 커넥터 팬 터미널 타입 식별 및 정의

ii. 주어진 기본 도움말 윈도우에 근거하여 VI 또는 함수의 기능 정의

3. 데이터 타입 및 데이터 구조

a. 숫자형, 문자열, 불리언, 경로, 열거형

i. 프런트패널 및 블록다이어그램 객체에 가장 적합한 데이터 타입 식별

ii. 다음 데이터 타입과 관련된 함수를 식별하고 설명
1. 숫자형 – 숫자형, 변환, 데이터 조작 및 비교 팔레트
2. 문자열 – 문자열, 문자열/숫자 변환, 및 문자열/배열/경로 변환 팔레트
3. 불리언 – 불리언 팔레트
4. 경로 – 파일 I/O 팔레트의 경로 함수

b. 클러스터

i. 클러스터를 사용하여 데이터를 그룹화하면 이득을 볼 수 있는 어플리케이션 식별
ii. [묶기], [풀기], [이름으로 묶기], [이름으로 풀기] 함수 선택하여 적용
iii. 클러스터에 컨트롤 또는 인디케이터를 사용할 때의 영향 결정

c. 배열

i. 배열 팔레트에서 함수 선택하여 사용하기
ii. 메모리 사용 문제를 초래하는 기술 찾기
iii. 메모리 사용을 최소화하는 기술 찾기
iv. 배열을 적절히 사용하면 이득을 볼 수 있는 어플리케이션 찾고, 설명하기

d. 타입 정의

i. 타입 정의 또는 엄격한 타입 정의를 사용하면 이득을 볼 수 있는 어플리케이션 찾고 설명하기
ii. 데이터 아이템을 나타내기 위해 타입 정의 또는 엄격한 타입 정의가 필요한지 결정하기

e. 웨이브폼

i. 데이터를 그래프 및 차트에 나타낼 때의 웨이브폼 데이터 타입을 선택하고, 적용하기
ii. 주어진 어플리케이션에 대한 [웨이브폼 만들기] 및 [웨이브폼 구성요소 얻기] 함수 선택하고 적용하기

f. 타임스탬프

i. 타임스탬프 데이터 타입을 설명하고 이 타입이 측정 데이터에 어떻게 적용되는지 설명하기
ii. 주어진 어플리케이션에 대해 타이밍 팔레트에 있는 타임스탬프 함수 선택하고 적용하기

g. 다이나믹 데이터 타입

i. 다이나믹 데이터 사용 사례 구분하기
ii. [다이나믹 데이터로부터 변환] 익스프레스 VI의 기능 설명하기
iii. 다이나믹 데이터를 받는 컨트롤과 인디케이터 및 입력과 출력 타입 구분하기

h. 데이터 형

i. 여러 데이터 형의 비트 사용 설명하기
ii. 컨트롤, 인디케이터 및 상수의 숫자형 데이터 타입 변경하기
iii. 데이터 형 범위 한도를 구분하고 범위를 초과할 경우 다른 정수 타입에 맞게 변환하기
iv. LabVIEW 고유의 빅 엔디언 형태 구분하기

i. 강제 변환

i. 강제 변환이 발생하는 것을 최소화하도록 가장 적합한 데이터 타입 선택하기

ii. 이기종 숫자형 작업의 메모리 사용 및 데이터 타입 결과 구분하기
iii. 변환 팔레트에서 올바른 함수 선택하고 적용하기

j. 데이터 변환 및 조작

i. 데이터 변환, 조작 및 타입캐스트를 정의하고 원리 적용하기
ii. 데이터 타입과 숫자형 사이의 변환에 사용되는 함수를 구분하고 선택하기

4. 배열 및 클러스터

a. 배열 함수

i. 배열 팔레트에서 함수 구분하기
ii. 배열 함수를 사용하는 블록다이어그램의 결과 예측하기
iii. 적합한 함수를 선택하고 적용하여 원하는 실행 동작 얻기
iv. 여러 대등한 디자인 비교하고 선택하기

b. 클러스터 함수

i. 클러스터, 클래스 & 배리언트 팔레트에서 클러스터와 관련된 함수 구분하기
ii. 클러스터 함수를 사용하는 블록다이어그램의 결과 예측하기
iii. 적합한 클러스터 함수를 선택하고 적용하여 원하는 실행 동작 얻기

c. 다형성 함수

i. 다형성 정의
ii. 다형성의 이점 구분
iii. 다형성 입력을 사용하는 VI의 데이터 원소 출력 결정

5. 에러 핸들링하기

a. 에러 클러스터

i. 에러 클러스터 구성 요소의 기능 정의 및 구분
ii. 에러 클러스터를 입력으로 받는 터미널 식별
iii. 에러와 경고 구분

b. 에러 핸들링 VI 및 함수

i. 대화 상자 및 사용자 인터페이스 팔레트에서 에러 핸들링과 관련된 VI 식별
ii. 에러를 핸들하고 보고하는 데 가장 적합한 위치 식별
iii. 지정된 에러 핸들링 및 보고를 완료하는 VI 또는 함수 선택

c. 사용자 에러 코드

i. 사용자 에러 코드를 위해 예약된 범위 식별
ii. 에러 클러스터를 조작하여 VI에서 사용자 에러 생성

d. 자동/수동 에러 핸들링

i. 자동 에러 핸들링의 효과 설명

ii. 에러를 철저하고 효과적으로 관리하는 VI 설계

iii. 주어진 블록다이어그램에서 에러가 발생했을 때의 실행 동작 설명

6. 문서

a. 중요성

i. VI 프로퍼티에 설명을 추가하는 것의 중요성 식별

ii. 팁 상자를 추가하는 것의 중요성 식별

b. 기본 도움말

i. VI를 실행하는데 필요한 입력 결정

ii. 기본 도움말에 VI의 입력 및 출력 문서화하는 방법 설명

7. 디버깅

a. 도구

i. 실행 하이라이트, 브레이크포인트, 단계별 실행, 프로브 등의 디버깅 도구 식별

ii. 특정 디버깅 도구의 기능 및 적합한 사용 사례 설명

b. 기술

i. 주어진 상황에서 가장 적합한 디버깅 도구 또는 전략 선택

ii. 특정 블록다이어그램에서 에러가 발생할지 예측

8. While 루프와 For 루프

a. 루프 구성요소

i. 루프 구성요소를 식별하고 터널, 카운트 터미널, 조건 터미널, 반복 터미널, 시프트 레지스터 등의 기능 설명

ii. 루프 구성요소의 동작 설명

b. 오토인덱싱

i. 오토인덱싱 터널 식별

ii. 새 터널을 생성할 때 기본 인덱싱 설정 식별

iii. 오토인덱싱 터널을 설명하고 오토인덱싱 터널을 사용할 때와 사용하지 않을 때의 효과 예측

c. 시프트 레지스터

i. 시프트 레지스터의 적절한 사용 사례 및 데이터 저장 원소로 초기화하기 설명

ii. 루프가 일정한 횟수 반복한 후 또는 종료된 후 시프트 레지스터의 데이터 값 예측

iii. 다층 시프트 레지스터가 초기화된/초기화되지 않은 상태일 때 동작 식별

iv. 피드백 노드와 루프 안에서 사용 사례 식별

d. 루프 동작

i. For 루프와 While 루프의 특정한 동작 식별

ii. 가장 적합한 루프 구조 선택 및 적용

iii. 주어진 블록다이어그램에서 루프가 반복하는 횟수 예측

iv. For 루프에서 조건 터미널을 사용하는 사례 식별

v. 다양한 사항에서 코드 실행에 필요한 루프 터미널 결정

9. 케이스 구조

a. 케이스 선택자

i. 입력으로 사용 가능한 데이터 타입 식별

ii. 숫자형 값의 범위에 대한 여러 케이스 옵션 식별

iii. 주어진 블록다이어그램에서 어떤 케이스가 실행되는지 예측

b. 터널

i. 출력 터널의 여러 옵션 식별

ii. 각 터널 타입의 장점 및 단점 식별

c. 어플리케이션

i. 다른 구조 대신 케이스 구조를 사용해야 하는 경우 결정

ii. 케이스 구조에서 컨트롤 및 인디케이터의 적절한 위치 식별

10. 시퀀스 구조

a. 타입

i. 플랫 시퀀스 구조

ii. 다층 시퀀스 구조

b. 동작

i. 시퀀스 구조의 기본적 기능 식별

ii. 시퀀스 구조를 포함하는 블록다이어그램의 결과 예측

iii. 에러가 발생했을 때 시퀀스 구조의 동작 설명

iv. 다층 시퀀스 구조에서 시퀀스 로컬의 동작 설명

c. 어플리케이션

i. 다층 및 플랫 시퀀스 구조의 장점 및 단점 식별

ii. 다른 구조 대신 시퀀스 구조를 사용하는 것이 더 적절한 경우 결정

11. 이벤트 구조

a. 알림과 필터 이벤트

i. 필터 이벤트와 알림 이벤트 정의

ii. 필터 및 알림 이벤트의 각각 다른 동작 설명

iii. 블록다이어그램에서 필터와 알림 이벤트 식별

iv. 값(신호) 프로퍼티 노드를 이벤트 구조에 적용

b. 어플리케이션

i. 이벤트 드리븐 프로그래밍의 이점 식별

ii. 이벤트를 생성할 수 있는 여러 방법 식별

iii. 주어진 블록다이어그램에서 실행 결과 예측

12. 파일 I/O

a. 함수와 VI

i. 파일 I/O 팔레트에서 VI와 함수 식별

ii. 이 함수를 사용하는 블록다이어그램의 결과 예측

iii. 상위 레벨 및 하위 레벨 파일 I/O VI의 장점 및 단점 식별

b. 어플리케이션

i. 블록다이어그램에서 에러가 발생할지 예측

ii. 주어진 블록다이어그램에서 특정 함수에 의해 쓰여진 바이트 수 결정

iii. 파일에 데이터를 쓸 때 가장 효과적인 방법 및 효과적이지 않은 방법 결정

13. 타이밍

a. 타이밍 함수

i. 타이밍 팔레트에서 함수 식별하고 설명

ii. [틱 카운트] 함수에서 실행 중 0으로 되돌아가는 동작의 효과 설명

b. 어플리케이션

i. 주어진 상황에서 가장 적합한 함수 선택

ii. 루프에서 CPU 사용을 감소하는 데 적합한 함수 선택

iii. 장시간의 타이밍 어플리케이션에 사용하는 데 적합한 함수 선택

14. VI 서버

a. 클래스 계층구조

i. 메소드와 프로퍼티 상속 설명

ii. 컨트롤 및 SubVI와 상호 작용하는 데 적합한 참조 선택

b. 어플리케이션

i. 프로퍼티 노드와 인보크 노드의 적합한 사용 사례 식별

ii. 프로퍼티와 메소드를 호출하는 데 적합한 프로퍼티 노드와 인보크 노드 선택

iii. 엄격한 타입과 엄격하지 않은 타입의 컨트롤 참조 구별

iv. 호출 VI와 VI 서버를 사용하는 SubVI 사이의 상호 작용 설명

15. 데이터 동기화 및 통신

a. 알림자(Notifiers)

i. 알림자 팔레트에서 함수 식별하고 설명
ii. 알림자를 사용하는 블록다이어그램에서 실행 결과 예측

b. 큐(Queues)

i. 큐 팔레트에서 함수 식별하고 설명
ii. 큐를 사용하는 블록다이어그램에서 실행 결과 예측

c. 세마포어(Semaphores)

i. 세마포어의 기능 설명
ii. 세마포어의 적합한 사용 사례 식별

d. 글로벌 변수

i. 글로벌 변수의 동작 설명
ii. 글로벌 변수의 적합한 사용 사례 식별

e. 어플리케이션

i. 주어진 디자인 사례에서 가장 적합한 데이터 동기화 메커니즘 선택
ii. 알림자와 큐의 기능상 차이 설명

16. 디자인 패턴

a. 상태 머신

i. 상태 머신 구조의 주요 구성요소 식별
ii. 상태 정보를 유지하는 데 사용되는 메커니즘 식별

b. 마스터/슬레이브

i. 마스터/슬레이브 구조의 주요 구성요소 식별
ii. 마스터/슬레이브 디자인 패턴의 장점 및 단점 식별
iii. 알림자가 제공하는 루프 타이밍 설명

c. 생산자/소비자(데이터 및 이벤트)

i. 생산자/소비자 디자인 패턴의 주요 구성요소 식별
ii. 생산자/소비자 디자인 패턴의 장점 및 단점 식별
iii. 큐가 제공하는 루프 타이밍 설명

d. 어플리케이션

i. 주어진 프로그래밍 태스크를 수행하는 데 가장 적합한 디자인 패턴 선택
ii. 디자인 패턴 비교하고 각 패턴의 장점 및 단점 식별

17. 차트와 그래프

a. 타입

i. 여러 다른 차트와 그래프 구별
ii. 웨이브폼 차트의 버퍼링 기능 설명

iii. 균일하지 않은 X 축 스케일을 지원하는 그래프 식별

iv. 여러 축을 지원하는 차트와 그래프 식별

b. 데이터 플롯하기

i. 차트와 그래프에서 사용 가능한 데이터 타입 식별

ii. 주어진 상황에서 가장 적합한 차트 또는 그래프 타입 선택

18. 불리언의 기계적 동작

a. 6 개의 기계적 동작 설명

b. 각 동작의 적합한 사용 사례 식별

c. 주어진 블록다이어그램에서 실행 결과 예측

19. 프로퍼티 노드

a. 프로퍼티 노드의 실행 순서 정의

b. 프로퍼티 노드의 이상적인 사용 사례 식별

c. 프로퍼티 노드 실행 중 에러가 발생했을 때 어떤 일이 발생하는지 예측

20. 로컬 변수

a. 동작

i. 로컬 변수의 동작 설명

ii. 로컬 변수를 사용하는 블록다이어그램의 결과 예측

iii. 발생할 수 있는 경합 조건 식별

b. 어플리케이션

i. 통신에 로컬 변수를 사용하는 것이 적합한 경우 결정

ii. 로컬 변수를 부적절하게 사용하는 블록다이어그램 디버깅

21. 기능적인 글로벌 변수

a. 동작

i. 기능적인 글로벌 변수의 동작 설명

ii. 구성요소와 데이터 저장 메커니즘 식별

iii. 재호출이 아니어야 할 경우 식별

b. 어플리케이션

i. 기능적인 글로벌 변수의 동기화 기능 설명

ii. 정보 숨기기 설명

iii. 주어진 상황에서 적합한 기능적인 글로벌 변수가 사용되는지 결정

● CLAD 시험 준비 참조 문헌

시험 준비 시 다음 참조 문헌을 사용하십시오:

CLAD 준비 :

- CLAD 준비 E-Kit(시험 준비 가이드 및 견본 시험 포함)

CLAD 시험 준비 웹 세미나 :

- National Instruments CLAD 시험 준비 과정(온라인) 웹 세미나
- CLAD 시험에서 수험자들이 가장 많이 틀리는 개념

무료 온라인 LabVIEW 교육 및 튜토리얼 :

- 온라인 LabVIEW Graphical Programming Course (Connexions 사 제공)
- LabVIEW Introduction Course – Three Hours
- LabVIEW Introduction Course – Six Hours

National Instruments 강사 진행 필수 교육과정 :

- LabVIEW Core 1
- LabVIEW Core 2

그 외 시험에 도움이 될 수 있는 보충 학습 리소스 :

- LabVIEW Core 3
- LabVIEW Performance

기타 National Instruments 리소스 :

- National Instruments Academic Web
- National Instruments Developer Zone
- National Instruments LabVIEW Zone
- National Instruments LabVIEW Support

A2 CLAD 샘플 예제[16]

● Sample 1 :

1. 향후에 어플리케이션을 확장할 수 있는 상태 다이어그램을 구현하기에 가장 적절한 기본 구조는 무엇입니까?

   a. 시퀀스 구조
   b. 케이스 구조
   c. 수식 노드
   d. 객체 지향 구조

2. ________ 버튼을 클릭하면 노드에서 단계별 실행없이 블록다이어그램에서 노드를 건너뛸 수 있습니다.

   a. 단계별 실행 들어가기
   b. 단계별 실행 건너뛰기
   c. 단계별 실행 나가기
   d. 단계마다 실행

3. 다음 중 프로퍼티 노드에 대한 설명으로 맞는 것은 무엇입니까?(정답이 하나 이상일 수 있습니다.)

   a. 프로그램적으로 프런트패널 객체의 속성을 변경할 수 있음
   b. 프런트패널 객체에 포함된 값을 업데이트하는 데 사용할 수 있음
   c. 하나의 프런트패널 객체에 대해 여러 개의 프로퍼티 노드를 사용할 수 있음
   d. 프로퍼티 노드를 사용하여 값 변경 이벤트를 프로그램적으로 생성할 수 있음

16 www.niedu.co.kr

4. 최상위 VI에 SubVI에서 조정해야 하는 프런트패널 컨트롤이 있습니다. SubVI에 반드시 전달해야 하는 것은 무엇입니까?

   a. 컨트롤의 프로퍼티
   b. 컨트롤의 메소드
   c. 컨트롤의 참조
   d. 컨트롤의 데이터 타입

5. VI가 실행된 후 값 출력 인디케이터에 나타나는 값은 무엇입니까?

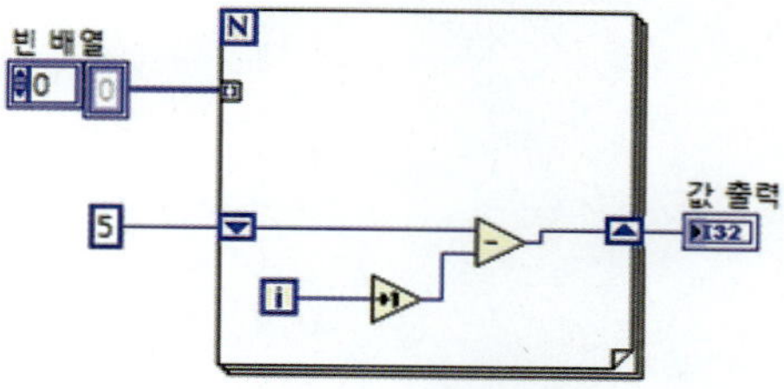

   a. 0
   b. 4
   c. 5
   d. 6

6. 케이스 구조의 거짓 케이스에 포함된 코드 안에 브레이크포인트를 설정했습니다. 케이스 구조의 참 케이스에 포함된 코드가 실행될 때, VI의 실행이 일시 정지됩니까?

   a. 예
   b. 아니오

7. 다음 중 SubVI의 디지털 숫자형 컨트롤의 텍스트 색 속성을 변경하는 프로퍼티 노드는 무엇입니까?

a. 

b. 

c. 

d. 

8. 실행 중인 데이터를 차트 왼쪽에서 오른쪽 방향으로 지속적으로 스크롤하며 보여주려면, 어떤 차트 업데이트 모드를 사용해야 합니까?

a. 스트립 차트
b. 스코프 차트
c. 스윕 차트
d. 스텝 차트

9. 다음 중 데이터 흐름 프로그래밍 패러다임을 따르지 않는 것은 무엇입니까?

a. 시프트 레지스터
b. 터널
c. SubVI
d. 로컬 변수

10. 가능하다면, 시퀀스 구조를 무엇으로 대체해야 합니까?

a. 이벤트 구조
b. For 루프
c. 상태 머신
d. While 루프

11. 다음 코드에 대한 설명으로 참인 것은 무엇입니까?

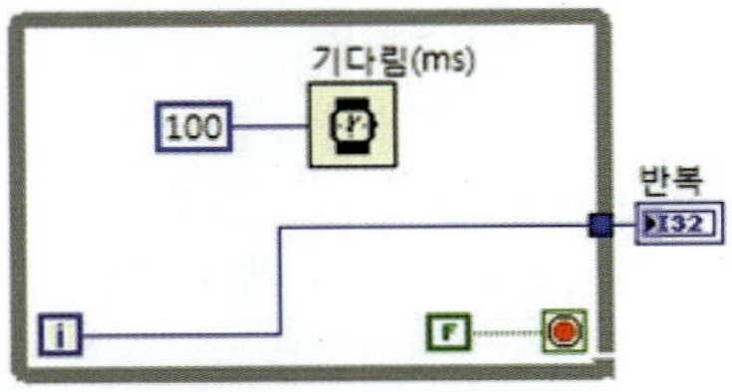

a. 루프는 한번 실행되며, 반복 인디케이터의 값은 1
b. 루프는 한번 실행되며, 반복 인디케이터의 값은 0
c. 루프는 무한히 실행되며, 프로그램을 강제 종료해야 멈출 수 있음
d. 루프는 실행되지 않으며, 반복 인디케이터의 값은 0

12. 다음 중 아래의 코드와 같은 식은 무엇입니까?

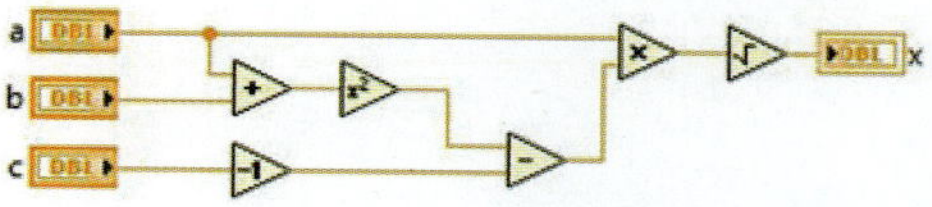

a. $x = \sqrt{a \times ((a+b)^2-(c-1))}$

b. $x = \sqrt{a \times ((c-1)-(a+b)^2)}$

c. $x = \sqrt{a \times ((a+b)^2-(c-1))}$

d. $x = \sqrt{a^2 \times ((a+b)^2-(c-1))}$

13. VI에 자동 에러 핸들링이 활성화되어 있습니다. 이 VI는 자동 에러 핸들링이 비활성화된 SubVI를 호출합니다. 호출 VI의 SubVI 에러 출력 터미널이 연결되어 있지 않고, SubVI는 호출 VI에 에러를 반환합니다. 자동 에러 핸들링으로 인해 에러 대화 상자가 나타나게 됩니까?

a. 아니오. SubVI의 자동 에러 핸들링이 비활성화되어 있기 때문
b. 예. SubVI의 자동 에러 핸들링이 비활성화되어 있기 때문
c. 아니오. 호출 VI에서 SubVI의 에러 출력 터미널이 연결되어 있지 않기 때문
d. 예. 호출 VI에서 SubVI의 에러 출력 터미널이 연결되어 있지 않기 때문

14. 다음 설명 중 거짓인 것은 무엇입니까?

a. SubVI 커넥터 팬은 입력과 출력을 연결할 위치를 정의
b. SubVI 커넥터 터미널의 색은 연결된 데이터 타입과 일치
c. SubVI를 사용하려면 아이콘 및 커넥터 팬이 필요
d. 함수 팔레트에서 SubVI 아이콘 편집 가능

15. 다음 중 데이터를 전달하는 데 사용할 수 없는 것은?

a. 세마포어
b. 큐

c. 알림자
d. 로컬 변수

16. 에러 리스트에서 보여주지 않는 것은 무엇입니까?
a. 에러가 있는 아이템
b. 에러와 경고
c. 경고에 대한 세부사항
d. 에러 코드

17. 루프 경계에서 자동 인덱싱을 사용할 때 가능해지는 작업은 무엇입니까?(정답이 하나 이상일 수 있습니다.)
a. 루프를 반복할 때마다 각 반복에 해당하는 배열의 원소를 자동으로 가져옴
b. 배열 함수가 자동으로 배열 원소를 인덱싱함
c. 배열을 사용하는 함수가 자동으로 배열을 인덱싱함
d. 루프 경계에서 배열이 자동으로 생성됨

18. 다음 코드가 실행된 후에 [배열 초기화] 함수가 출력하는 값은 무엇입니까?

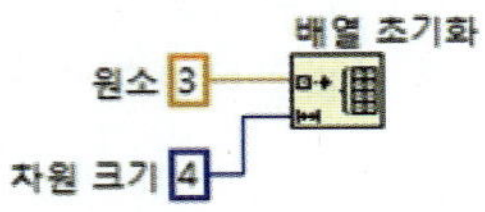

a. {3, 3, 3, 3}의 1D 배열
b. {4, 4, 4}의 1D 배열
c. {3, 4}의 1D 배열
d. {4, 3}의 1D 배열

19. 다음 중 LabVIEW 이벤트 구조에 의하여 사용할 수 있는 이벤트는 무엇입니까?
a. 컨트롤에서 마우스를 클릭하여 프런트패널 컨트롤의 값 변경하기
b. 프로퍼티 노드를 통해 프런트패널 컨트롤 값 프로퍼티 변경하기
c. 컨트롤 참조를 통해 프런트패널 컨트롤 값 변경하기

d. 로컬 변수를 통해 프런트패널 컨트롤 값 변경하기

20. 다음 중 코드 또는 데이터에 동시에 접근하는 것을 방지하여 경합 조건을 제거하는데 일반적으로 사용되는 변수는 무엇입니까?

a. 기능적인 글로벌 변수
b. 로컬 변수
c. 글로벌 변수
d. 공유 변수

21. 다음 코드의 실행이 완료된 후 시프트 레지스터 답의 값은 무엇입니까?

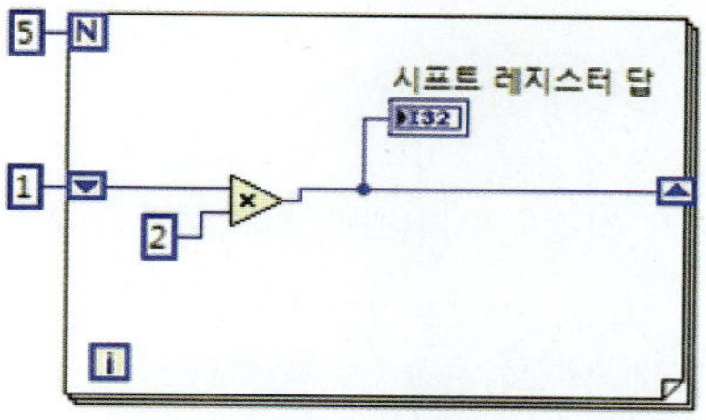

a. 16
b. 24
c. 32
d. 10

22. 다음 코드를 실행한 후, 부분배열에 나타나는 결과값은 무엇입니까?

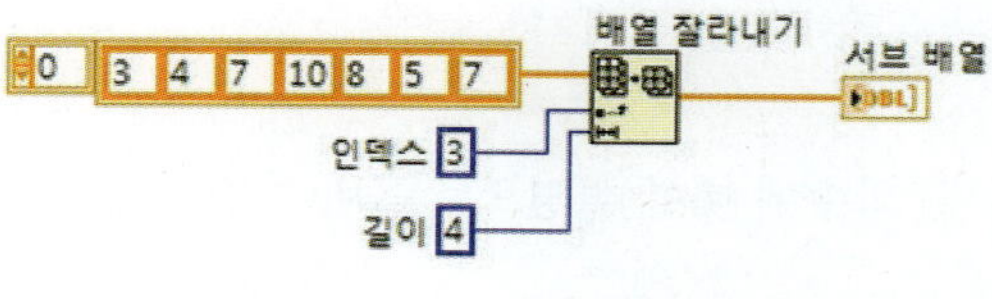

a. {8, 5, 7}의 1D 배열
b. {10, 8, 5}의 1D 배열
c. {10, 8, 5, 7}의 1D 배열
d. {7, 10, 8, 5}의 1D 배열

23. 기본 도움말 보이기 팝업 윈도우에서 VI에 대한 설명을 보이도록 하려면 어떤 방법으로 내용을 작성해야 합니까?

a. VI 프로퍼티 문서 윈도우 사용
b. 기본 도움말 보이기 윈도우 안에 입력
c. 프런트패널에 독립 라벨 생성
d. LabVIEW 도움말 파일 편집

24. For 루프가 반복 실행하는 횟수를 결정하는 터미널은 무엇입니까?

a. 
b. 
c. 
d. 

25. 다음 코드에서 프로퍼티 노드가 적절히 사용되었습니까?

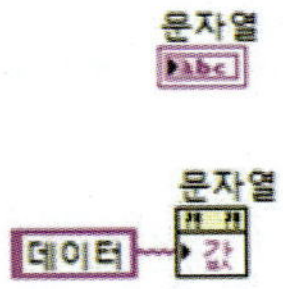

a. 예. 프로퍼티 노드를 사용하여 값을 업데이트하면 터미널에 쓰는 것보다 메모리를 적게 사용함
b. 예. 프로퍼티 노드를 사용하여 값을 업데이트하면 에러를 확인할 수 있음
c. 아니오. 가능하면 데이터는 항상 인디케이터에 직접 연결해야 함
d. 아니오. 프로퍼티 노드는 보다 복잡한 데이터 타입과 함께 사용되어야 함

26. [다음 ms 배수까지 기다림] 함수에 대한 설명으로 올바른 것은 무엇입니까?

a. 프로그램이 시작할 때 타이머를 시작하고, PC 타이머의 배수에 맞춰서 타이머를 마침
b. 루프의 코드가 완료된 후에 타이머를 시작하고, 사용자가 입력한 시간의 배수가 경과할 때 타이머가 끝남
c. 루프의 코드가 완료된 후에 타이머를 시작하고, 사용자가 입력한 시간이 경과할 때 타이머가 끝남
d. 프로그램이 시작할 때 타이머를 시작하고, 루프의 코드가 완료될 때까지 기다림

27. 다음 중 어플리케이션이 일시적으로 스스로 처리할 수 있는 속도보다 더 빠른 속도로 데이터를 제공할 때, 데이터를 손실하지 않도록하는 데이터 동기화 메커니즘은 무엇입니까?

a. 알림자
b. 큐
c. 세마포어
d. 로컬 변수

28. 다음 설명 중 유효하지 않은 것은 무엇입니까?

a. 클러스터로 이루어진 클러스터를 만들 수 있음
b. 배열로 이루어진 배열을 만들 수 있음
c. 배열로 이루어진 클러스터를 만들 수 있음
d. 클러스터로 이루어진 배열을 만들 수 있음

29. 다음 중 케이스 구조에서 케이스 선택자 터미널에 연결할 수 없는 데이터 타입은 무엇입니까?

a. 배열
b. 열거형 타입 값
c. 문자열
d. 정수

30. 다음 코드가 실행될 때 LabVIEW는 파일에 몇 바이트를 씁니까?

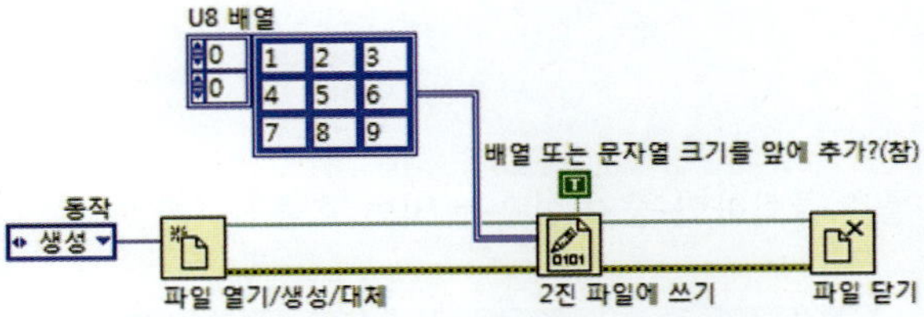

a. 9바이트
b. 11바이트
c. 13바이트
d. 17바이트

31. 다층 시퀀스 구조의 프레임 0에서 시퀀스 로컬 터미널이 할당되지 않은 것으로 나타나는 이유는 무엇입니까?

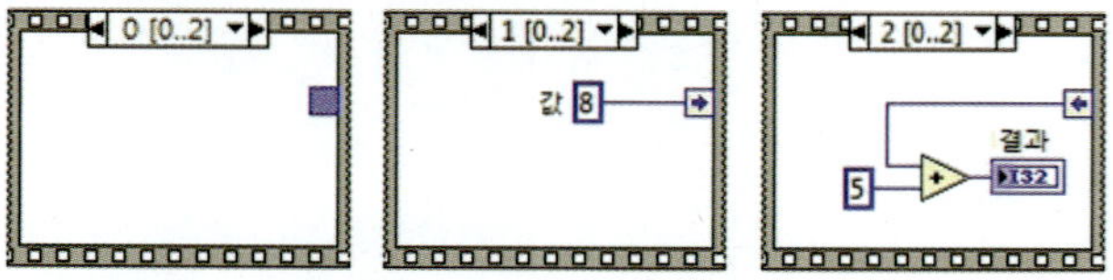

a. 개발자가 프레임의 모든 터미널에 값을 연결하지 않도록 선택했음
b. 값은 프레임 1 이후의 프레임에서만 사용 가능
c. 값의 데이터 타입이 터미널의 데이터 타입과 호환되지 않음
d. 개발자가 터미널을 비활성화했음

32. [기다림] 함수를 While 루프에 추가하는 이유는 무엇입니까?

a. 메모리를 사용 가능하도록 하기 위해
b. CPU가 사용하는 메모리를 할당하기 위해
c. 다른 태스크를 완료할 시간 여유를 주기 위해
d. 코드가 실행되는 프로세서를 예약하기 위해

33. 링은 허용되는 모든 데이터 타입을 가질 수 있지만, 열거형의 디지털 디스플레이 데이터 타입은 부호없는 데이터 타입만 가능합니다.

a. 참
b. 거짓

34. 사용자가 버튼 컨트롤을 클릭하면 증가 함수는 몇번 호출됩니까?

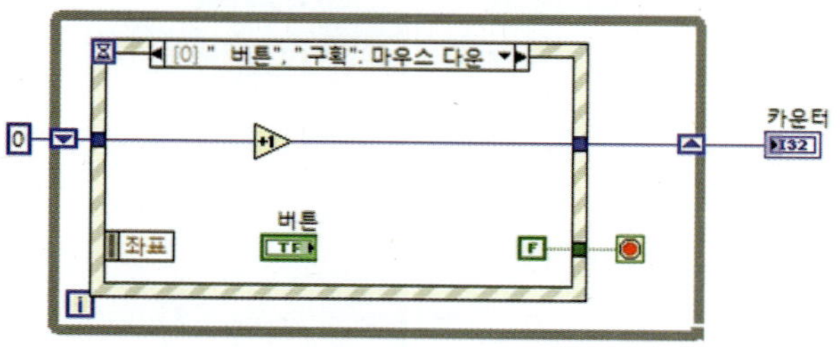

a. 0
b. 1
c. 2
d. 3

35. LabVIEW가 데이터 흐름 프로그래밍 언어인 이유는 무엇입니까?

a. 텍스트 대신 아이콘을 사용하여 어플리케이션을 생성하기 때문
b. 블록다이어그램에서 노드를 통해 흐르는 데이터가 실행을 결정하기 때문
c. 실행을 컨트롤하는 Goto 함수가 없기 때문에
d. 데이터가 저장된 메모리 위치는 매번 반복될 때마다 변경되기 때문에

36. a의 값이 2이고 b 의 값이 128일 때, VI가 실행된 후 결과 인디케이터에 나타나는 값은 무엇입니까?

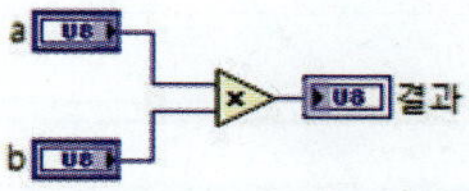

a. −128
b. 0
c. 255
d. 256

37. 에러 클러스터 연결을 종료하고 에러 메시지를 나타내는데 일반적으로 사용되는 VI는 무엇입니까?

a. 에러 병합
b. 단일 버튼 대화 상자/두 버튼 대화 상자
c. 프런트패널 작업 발생
d. 단순 에러 핸들러

38. 두 개의 플롯이 있는 XY 그래프를 생성하려면 어떻게 해야 합니까?

a. X 값의 배열 두 개, Y 값의 배열 두개로 이루어진 X,Y,X,Y 패턴의 클러스터 한 개를 생성

b. X와 Y 배열을 한 쌍씩 짝지어 두 개의 클러스터로 묶은 후 이 두 클러스터로 이루어진 배열을 생성
c. X와 Y 배열을 한 쌍씩 짝지어 두 개의 클러스터로 묶은 후 이 두 클러스터로 이루어진 클러스터를 생성
d. 각 X 배열 및 Y 배열로 이루어진 X,Y,X,Y 패턴의 배열 생성

39. VI가 실행되는 동안, 사용자가 "놓을 때까지 스위치" 기계적 동작을 사용하는 불리언 컨트롤을 누른 후 놓습니다. 불리언 컨트롤의 시작값이 거짓이라고 가정할 때, 실행 후 결과 인디케이터에 나타나는 값은 무엇입니까?

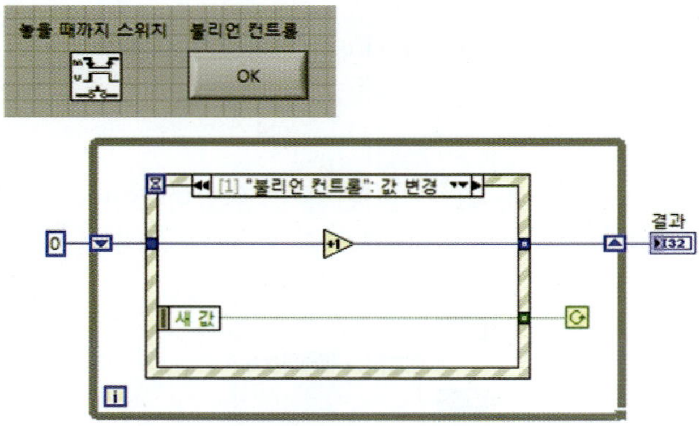

a. 0
b. 1
c. 2
d. 3

40. 프런트패널의 인디케이터를 업데이트하는 가장 좋은 방법은 무엇입니까?

a. 값 프로퍼티 노드 사용
b. 인디케이터 터미널에 직접 와이어를 연결
c. 로컬 변수 사용
d. 기능적인 글로벌 변수 사용

● Sample 2 :

1. 다음 중 코드 실행에 관한 설명으로 참인 것은 무엇입니까?

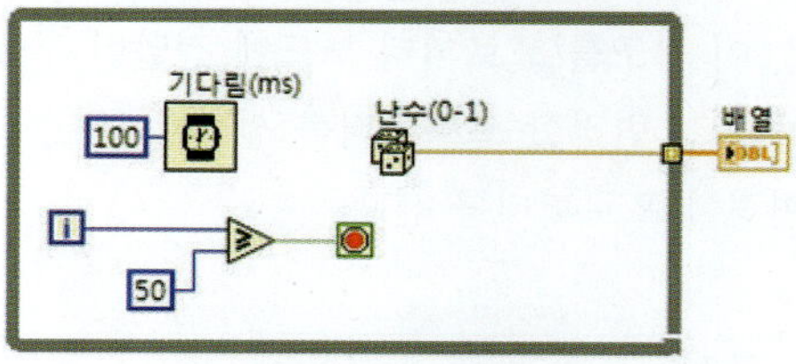

a. 루프는 51번 반복됨.
b. 루프는 50번 반복됨.
c. 루프는 49번 반복됨.
d. 카운트 터미널에 50이 연결된 For 루프는 같은 동작을 수행.

2. 다음 중 LabVIEW 이벤트 구조에 의하여 사용할 수 있는 이벤트는 무엇입니까?

a. 마우스를 클릭하여 프런트패널 컨트롤의 값을 변경할 때
b. 프로퍼티 노드를 사용하여 프런트패널 컨트롤을 업데이트할 때
c. 컨트롤 참조를 통해 프런트패널 컨트롤을 프로그램적으로 업데이트할 때
d. VI 서버를 사용하여 프런트패널 컨트롤을 업데이트할 때

3. 다음 코드가 실행된 후 결과 인디케이터에 나타나는 값은 무엇입니까?

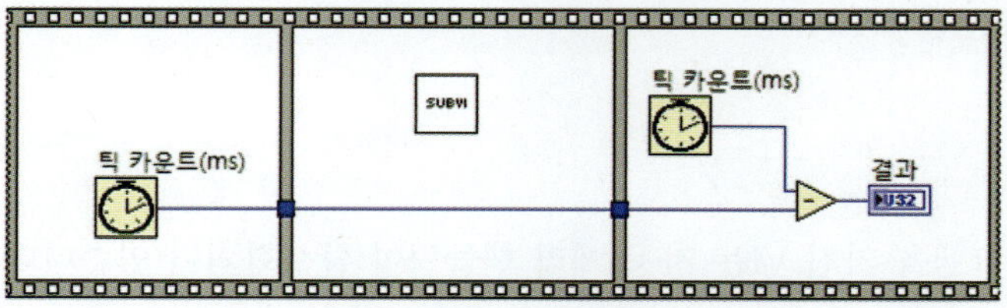

a. SubVI 실행 중 경과된 시간(밀리초 단위)
b. 0
c. 1970년 1월 1일 이후 경과된 시간(초 단위)
d. 시퀀스 구조 실행 중 경과된 시간(밀리초 단위)

4. VI 프런트패널에 컨트롤이 하나 있는데, 런타임 중에 이 컨트롤 프로퍼티 하나를 변경해야 합니다. 가장 적절한 방법은 무엇입니까?

   a. 함축적인(implicit) 프로퍼티 노드를 생성하고 변경할 프로퍼티를 선택
   b. 컨트롤 참조를 생성하고, 이 참조를 프로퍼티 노드에 전달한 후에 변경할 프로퍼티를 선택
   c. 연결된 공유 변수를 생성하고, 변경할 프로퍼티를 선택
   d. 로컬 변수를 생성하고 변경할 프로퍼티를 선택

5. 배열을 생성하는 가장 효율적인 방법은 무엇입니까?

   a. While 루프 안에 [배열 만들기] 함수 추가
   b. 배열을 초기화한 후 While 루프 안에서 원소 대체
   c. 자동 인덱싱을 활성화한 For 루프 사용
   d. 자동 인덱싱을 활성화한 While 루프 사용

6. 장시간 실행되는 어플리케이션에서 시간을 제어하는 데 가장 적합한 시간 함수(VI)는 무엇입니까?

   a. 

   b. 

   c. 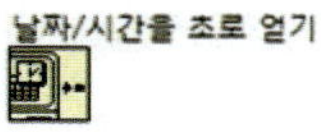

   d. 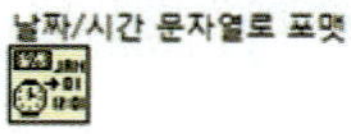

7. 다음 블록다이어그램을 가진 VI는 자동 에러 핸들링이 활성화되어 있습니다. C:₩data.txt 파일이 존재하지 않는 경우, 에러 대화 상자가 나타납니까?

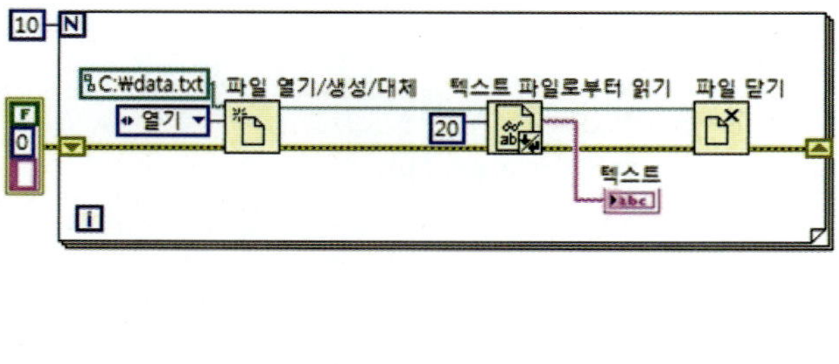

a. 예. [파일 열기/생성/대체] 함수로부터 에러가 반환될 때마다 대화 상자가 나타남
b. 예. 루프 반복이 완료될 때마다 나타남
c. 예. 그러나 루프가 반복될 때마다 나타나지 않고 한 번만 나타남
d. 아니오

8. 기본 도움말 보이기 윈도우에서 SubVI의 입력 이름이 굵은체로 표시되었습니다. 다음 중 올바른 설명은 무엇입니까?(정답이 하나 이상일 수 있습니다.)

a. 입력 값은 반드시 스칼라(scalar)이어야 함
b. 입력을 권장하기는 하지만, 반드시 입력해야 하는 것은 아님
c. 입력이 반드시 필요함
d. 입력에 와이어를 연결하지 않으면, 그 결과로 깨진 실행 화살표가 나타남

9. 아래 그림에서 [배열 크기] 함수의 출력은 무엇입니까?

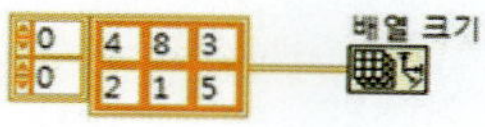

a. {2, 3}의 1D 배열
b. {3, 2}의 1D 배열
c. 2
d. 해당 사항 없음

10. 다음 중 디스크에 가장 작은 양의 데이터를 쓰는 코드는 무엇입니까?

a.

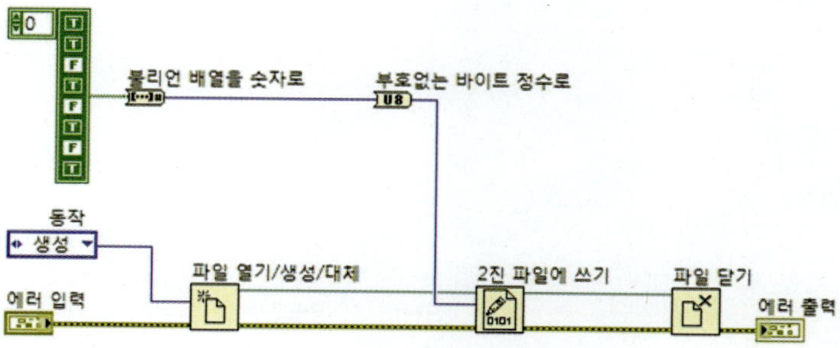

b.

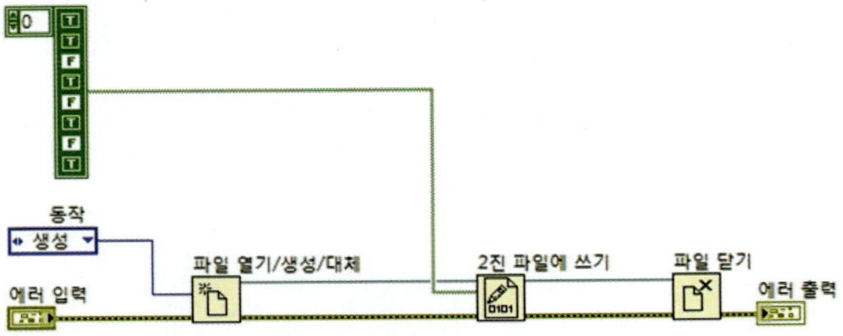

c.

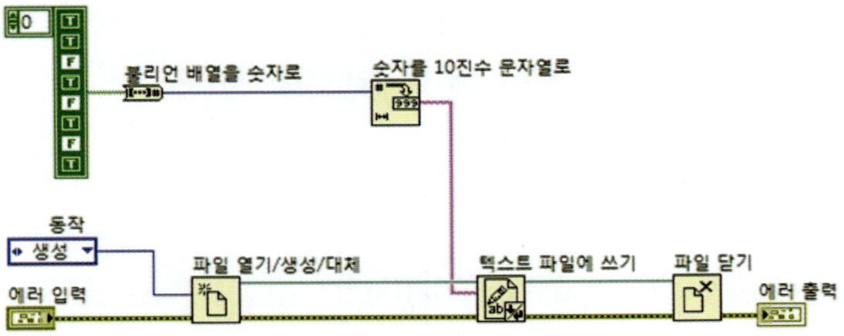

d.

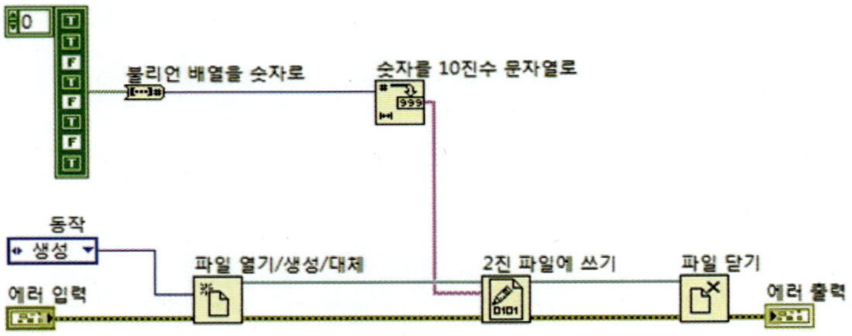

11. 프런트패널 컨트롤에 대해 특정 키 또는 키 조합을 할당하는 설정은 무엇입니까?

a. 키 포커스
b. 키 조작
c. 기수
d. 객체 간격 조절

12. 다음 코드를 실행한 후, 새 문자열에 나타나는 결과는 무엇입니까?

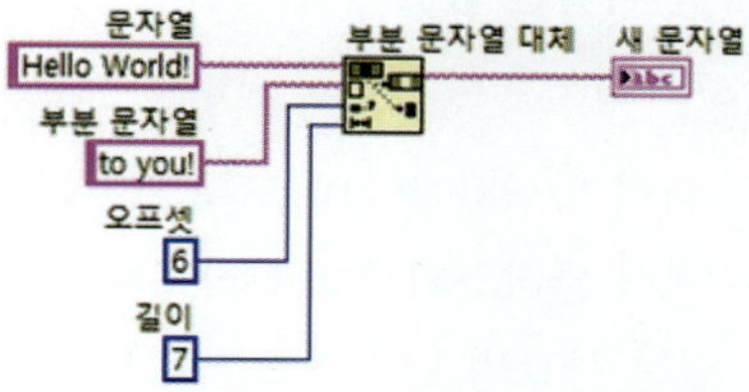

a. Hello to you!
b. Hello Wto you!
c. Hello to you!!
d. Helloto you!

13. 컨트롤 참조는 어떤 기능을 제공합니까?

a. 컨트롤과 인디케이터를 프로그램적으로 VI에 추가하는 기능
b. SubVI에서 프런트패널 객체의 프로퍼티에 접근하는 기능
c. 가명을 통해 여러 DAQ 입력을 컨트롤하는 기능
d. 컨트롤에서 함수 및 SubVI로 연결하는 기능

14. 다음 코드가 실행된 후 숫자형 인디케이터에 나타나는 값은 무엇입니까?

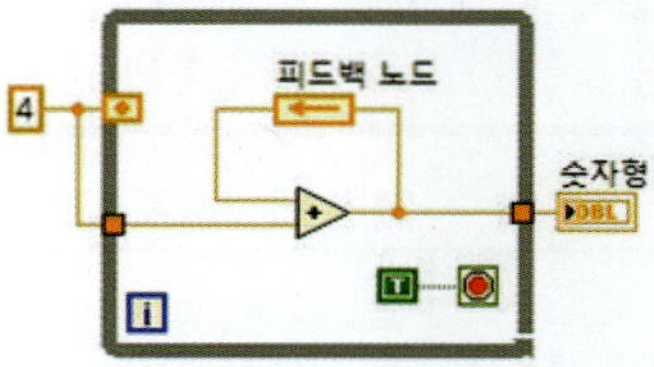

a. 0
b. 4
c. 8
d. While 루프는 무한으로 반복

15. 출력만 가진 SubVI를 개발하여, 이 SubVI를 호출 VI에서 사용해야 합니다. 데이터 흐름을 통해 SubVI의 실행을 컨트롤하는 가장 적절한 방법은 무엇입니까?

a. 시퀀스 구조에서 SubVI 사용
b. 호출 VI에서 사용할 수 있는 더미 입력을 포함하도록 SubVI 변경
c. 호출 VI에서 사용할 수 있는 에러 클러스터를 포함하도록 SubVI 변경
d. 호출하는 VI에서 사용할 수 있는 글로벌 변수를 포함하도록 SubVI 변경

16. C:\data.txt 파일이 존재하지 않지만, VI는 에러를 리포트하지 않습니다. 다음 중 에러를 보고하고 정지하는 코드는 무엇입니까?

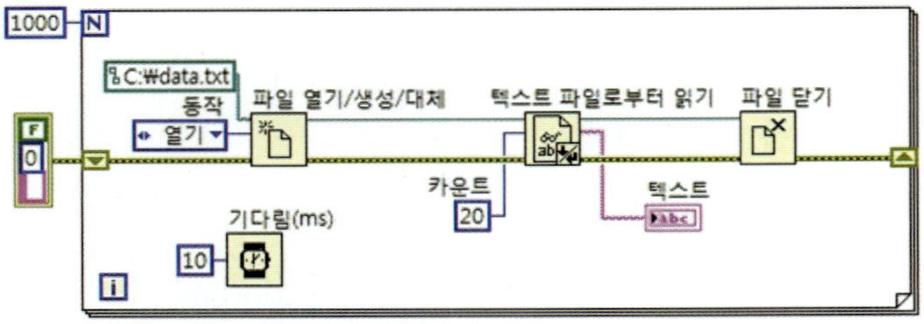

a.

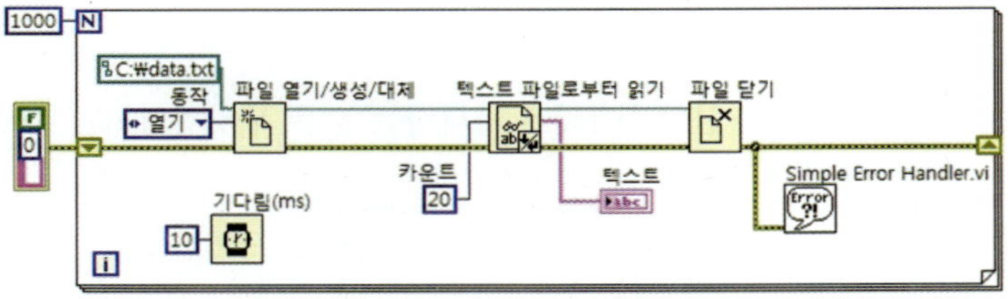

b.

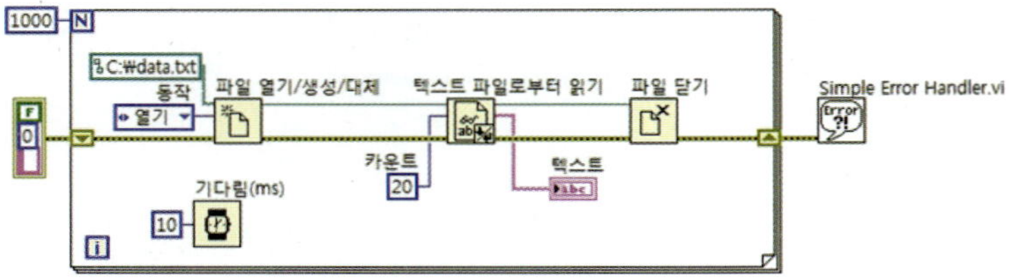

c.

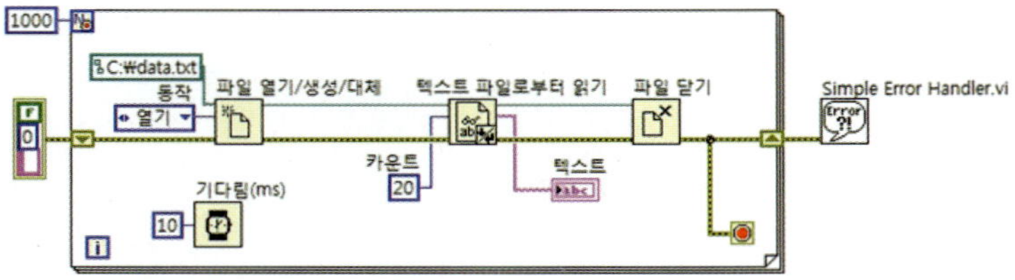

d.

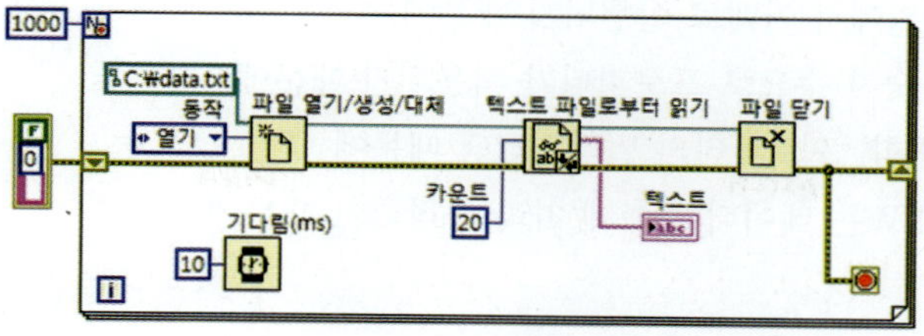

17. 병렬로 실행되는 루프 사이에서 와이어를 통해 데이터를 전달할 수 있습니까?

a. 예
b. 아니오

18. 숫자형 컨트롤의 값을 프로그램적으로 업데이트해야 합니다. 가장 적합한 방법은 무엇입니까?

a. 기능적인 글로벌 변수 사용
b. 로컬 변수 사용
c. 원하는 값을 기본값으로 설정
d. 데이터 값 참조 사용

19. 글로벌 변수가 로컬 변수에 비해 갖는 장점에 대한 설명으로 올바른 것은 무엇입니까?

a. 글로벌 변수는 동시에 실행 중인 두 독립적인 VI 사이에 데이터를 전달할 수 있음
b. 글로벌 변수는 배열 데이터를 전달할 수 있지만, 로컬 변수는 전달할 수 없음
c. 글로벌 변수는 데이터 흐름 모델을 따르기 때문에, 경합 조건을 일으킬 수 없음
d. 글로벌 변수는 고유 라벨을 필요로 하지 않음

20. 가장 먼저 색상이 변하는 플롯은 무엇입니까?

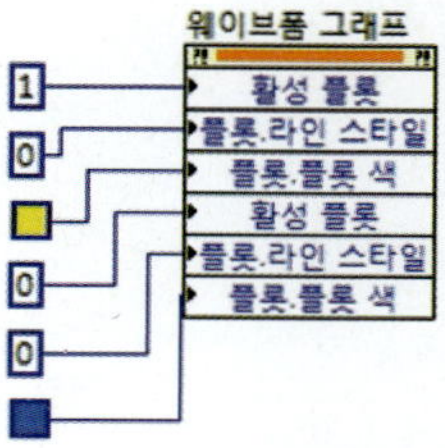

a. 플롯1, 프로퍼티는 위에서 아래로 실행되기 때문에

b. 플롯 0, 0에서부터 숫자 순으로 프로퍼티가 적용되기 때문에

c. 동시에 두 플롯이 변함, 프로퍼티의 멀티스레딩 때문에

d. 알 수 없음, LabVIEW는 데이터 흐름에 따라 동작하기 때문에

21. 다음 중 여러 플롯이 있는 웨이브폼 그래프를 만드는 방법은 무엇입니까?

a. X와 Y 데이터를 가진 1D 배열 두 개를 각 플롯으로 묶음. 이러한 클러스터로 이루어진 배열을 만든 후, 이 배열을 웨이브폼 그래프 인디케이터에 연결

b. 배열에서 각 플롯이 각각 다른 행(또는 열)에 있는 데이터의 2D 배열을 만든 후, 이 배열을 웨이브폼 그래프 인디케이터에 연결

c. 각 웨이브폼의 원소를 클러스터로 묶고 이러한 클러스터로 이루어진 배열을 만든 후, 이 배열을 웨이브폼 그래프 인디케이터에 연결

d. B와 C 모두 맞음.

22. 다음 중 불리언 컨트롤의 값 변경과 같은 알림 이벤트를 가장 잘 설명하는 것은 무엇입니까?

a. 이벤트가 발생했지만 LabVIEW가 이 이벤트를 처리하지 않았음을 나타냄

b. 이벤트가 발생했지만 사용자가 이벤트를 버렸음을 나타냄

c. 이벤트가 발생했으며 LabVIEW가 이 이벤트를 처리했음을 나타냄

d. 이벤트가 발생하지 않았지만 지정된 이벤트 타임아웃이 발생했음을 나타냄

23. 컨트롤을 사용자 정의하고, 타입 정의 상태 풀다운 메뉴에서 컨트롤을 선택한 후, 이 컨트롤을 .ctl 파일로 저장합니다. 그 후 프런트패널 윈도우에서 해당 사용자 컨트롤 인스턴스를 사용합니다. .ctl 파일을 열고 컨트롤을 변경하는 경우, 프런트패널 윈도우의 컨트롤이 변경됩니까?

a. 예

b. 아니오

24. 이 [원소를 큐에서 제거] 함수가 데이터를 받을 때까지 기다리는 시간은 얼마입니까?

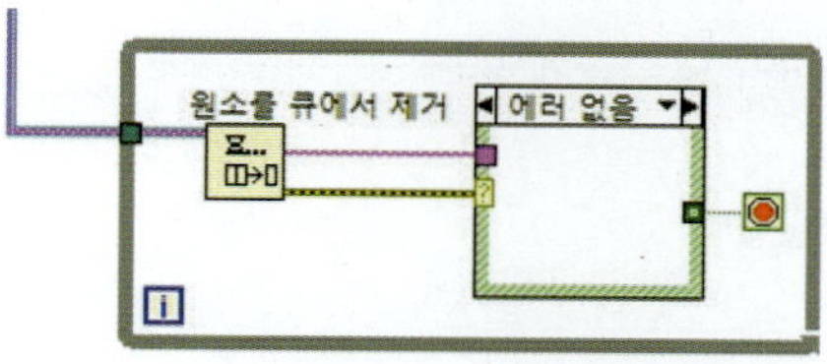

a. 1 밀리초(연결되지 않으면 기본값)
b. 1 초(연결되지 않으면 기본값)
c. 무한정 기다림
d. 기다리지 않고 바로 반환함

25. 이 다층 시퀀스 구조를 포함하는 VI가 실행된 후 결과 F2 인디케이터에 나타나는 값은 무엇입니까?

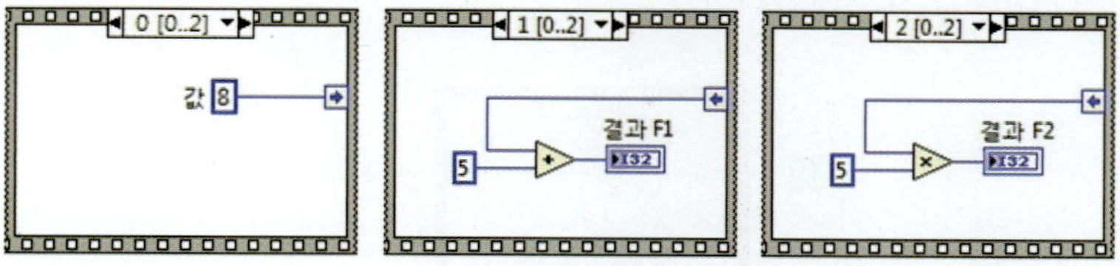

a. 0
b. 25
c. 40
d. 65

26. 다음 중 아래 루프의 실행 결과에 대한 가장 정확한 설명은 무엇입니까?

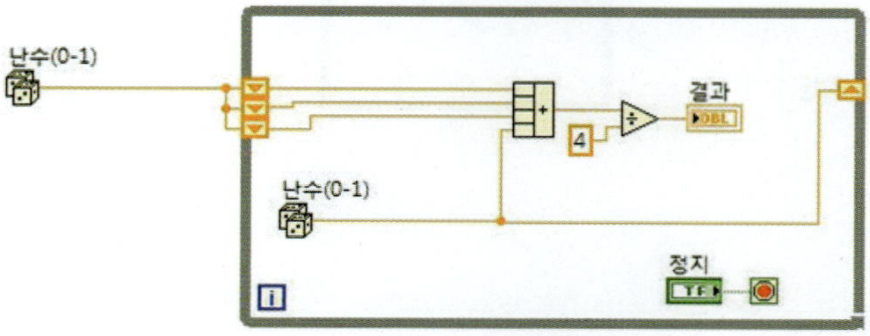

a [난수] 함수의 마지막 값 세 개가 디스플레이됨

b. 모든 측정값의 이동 평균(running average)이 디스플레이됨

c. 마지막 측정값 4 개의 평균이 디스플레이됨

d. 해당 사항 없음

27. 다음 사례 중에서 실행 하이라이트를 사용하는 것보다 프로브 도구를 사용하는 것이 더 좋은 경우는?

a. 데이터의 흐름을 보려고 할 때

b. 실시간으로 와이어의 값을 보려고 할 때

c. 프로세스가 실행 중인 상태에서 SubVI를 자세히 살펴보려고 할 때

d. VI의 실행을 늦추고 와이어에 데이터 값을 보여주려고 할 때

28. 이 그림은 하나의 케이스 구문에 있는 모든 케이스를 디스플레이합니다. VI가 실행된 후 결과 인디케이터에 나타나는 값은 무엇입니까?

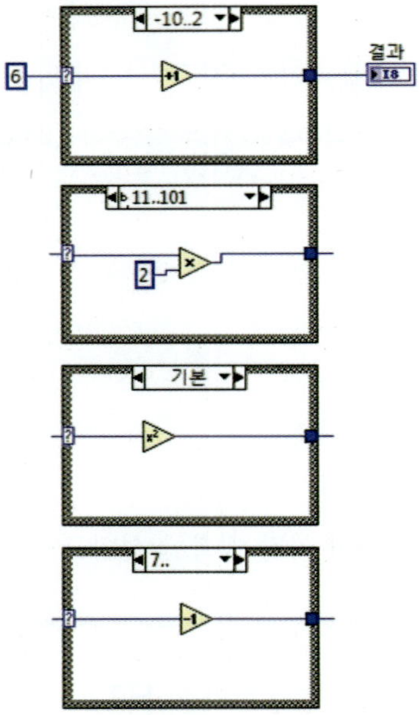

a. 5

b. 7

c. 12

d. 36

29. 다음 브레이크포인트는 어떤 동작을 합니까?

a. VI가 강제 종료되도록 함
b. VI가 일시 정지되도록 함
c. VI가 추가된 부분에서 단계별 실행을 건너뛰도록 함
d. VI가 인디케이터의 단계별 실행을 건너뛰도록 함

30. 다음 코드가 실행된 후 결과에 나타나는 값은 무엇입니까?

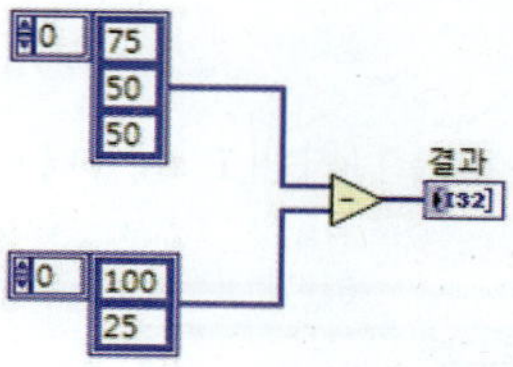

a. {−25, 25, 50}의 1D 배열
b. {−25, 25}의 1D 배열
c. {{−25, −50, −50}, {50, 25, 25}}의 2D 배열
d. {75, −50, 25}의 1D 배열

31. Windows 대화 상자의 버튼과 유사하게 불리언을 만드려면 어떤 기계적인 동작을 사용해야 합니까?

a. 놓을 때까지 스위치
b. 놓을 때 스위치
c. 놓을 때까지 래치
d. 놓을 때 래치

32. 다음 중 기능적인 글로벌 변수를 생성할 때 중요하지 않은 것은 무엇입니까?

a. 시프트 레지스터를 사용하여 정보를 저장
b. VI의 실행 셋팅을 재호출로 변경

c. VI를 호출하는 VI로 인라인하도록 설정
d. While 루프가 한번 반복된 후 정지하도록 설정

33. 다음 중 수직선으로 구분되어 있는 이전 데이터와 새 데이터를 비교할 때 사용해야하는 차트 업데이트 모드는 무엇입니까? 이 차트는 심전도(EKG:Electro-cardiogram) 차트와 유사하게 디스플레이됩니다.

a. 스트립 차트
b. 스코프 차트
c. 스윕 차트
d. 스텝 차트

34. 다음 블록다이어그램은 어떤 VI 구조를 나타내고 있습니까?

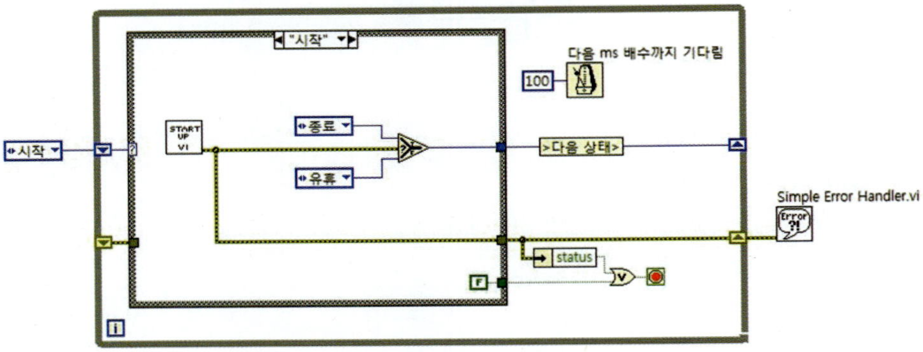

a. 여러 케이스 구조 VI
b. 일반 VI
c. 상태 머신 VI
d. 병렬 루프 VI

35. 클러스터의 기능은 무엇입니까?

a. 여러 데이터 타입을 논리적인 구조로 묶음
b. 차트 또는 그래프를 사용하여 프런트패널에 데이터를 나타냄
c. 블록다이어그램에서 여러 데이터 타입을 구분하는 방법을 제공
d. 프런트패널에서 데이터 객체를 데이터 타입별로 구별

36. 강제 변환점이 의미하는 것은 무엇입니까?

a. 데이터 타입이 일치함
b. 데이터에 다형성(polymorphic) 연산이 실행됨
c. 데이터 변환을 처리하기 위해 데이터 버퍼가 생성됨
d. 데이터가 범위를 벗어났기 때문에 데이터 값이 강제 변환됨

37. 다음 설명의 빈 칸에 들어갈 단어를 순서대로 올바르게 짝지은 것은 무엇입니까? ______ 프로퍼티 노드와는 달리, ______ 프로퍼티 노드는 올바르게 작동하려면 ______를 입력으로 필요로 합니다.

a. 명시적(Explicit), 함축적(Implicit), 데이터 값 참조
b. 함축적, 명시적, 데이터 값 참조
c. 명시적, 함축적, 컨트롤 참조
d. 함축적, 명시적, 컨트롤 참조

38. 상태 머신 VI 구조의 단점은 무엇입니까?

a. 상태 머신 구조는 오직 순서에 따라 여러 상태를 통과
b. 동시에 두 상태의 변경이 발생하면, 첫 번째 상태 변경만 수행하고 두 번째 상태 변경은 무시
c. 일반 VI 구조에서 상태 머신 구조로 변경할 때 다이어그램의 크기 확대
d. 상태 머신 구조를 사용하여 데이터를 수집하거나 DAQ 함수 사용 불가

39. 다음 설명의 빈 칸에 들어갈 단어를 순서대로 올바르게 짝지은 것은 무엇입니까?

______________은 루프가 반복되는 총 횟수를 나타내며, ______________은 루프가 반복된 횟수에서 1을 뺀 값을 반환합니다.

a. 카운트 터미널 [N] ; 조건 터미널
b. 조건 터미널 ; 반복 터미널 [i]
c. 카운트 터미널 [N] ; 반복 터미널 [i]
d. 조건 터미널 ; 카운트 터미널 [N]

40. 다음 중 LabVIEW 프로젝트 (.lvproj) 파일에 대한 설명으로 맞는 것은 무엇입니까?

a. 어플리케이션과 관련있는 모든 파일을 포함하는 맞춤형 폴더
b. 프로그래밍 단계를 구현할 수 있는 프런트패널 및 블록다이어그램을 포함하는 파일
c. 어플리케이션의 최종 개발 단계에 주로 사용되는 코드의 컴파일된 버전
d. 어플리케이션에 대한 참조를 포함하고, 어플리케이션과 관련된 모든 파일의 구조를 조직하는 파일

● Sample 3 :

1. 기본 도움말 보이기(Show Context Help) 팝업 창에서 VI에 대한 설명을 보이도록 하려면 어디에 내용을 작성해야 합니까?

   a. VI 프로퍼티 문서(VI Properties Documentation) 윈도우
   b. 기본 도움말 보이기(Show Context Help) 윈도우에 직접 입력
   c. 프런트패널에 독립 라벨(Free Label) 생성
   d. LabVIEW 도움말(LabVIEW Help) 파일 편집

2. 병렬로 실행되는 루프 사이에서 와이어를 통해 데이터를 전달할 수 있습니까?

   a. 예
   b. 아니오

3. 다음 중 탭 컨트롤(Tab Control)에 대한 설명으로 올바른 것은?

   a. 선택된 탭에 상응하는 ASCII 값을 출력하는 컨트롤입니다.
   b. 열거형 컨트롤의 한 종류입니다.
   c. 탭에 있는 컨트롤 및 인디케이터의 클러스터를 출력하는 컨트롤입니다.
   d. 프런트패널에 있는 컨트롤의 탭 순서를 출력하는 컨트롤입니다.

4. DataSocket VI를 실행하기 전에 먼저 시작되어야 하는 서버는?

   a. HTTP 서버
   b. DataSocket 서버
   c. FTP 서버
   d. OPC 서버

5. 강제 변환점(coercion dot)이 의미하는 것은?

   a. 데이터 타입이 일치합니다.
   b. 데이터에 대한 다형성(polymorphic) 연산이 실행될 것입니다.
   c. 데이터 변환을 처리하기 위해 데이터 버퍼가 생성됩니다.
   d. 데이터가 범위를 벗어났기 때문에 강제 변환됩니다.

6. 다음 블록다이어그램에 대한 설명으로 올바른 것은?

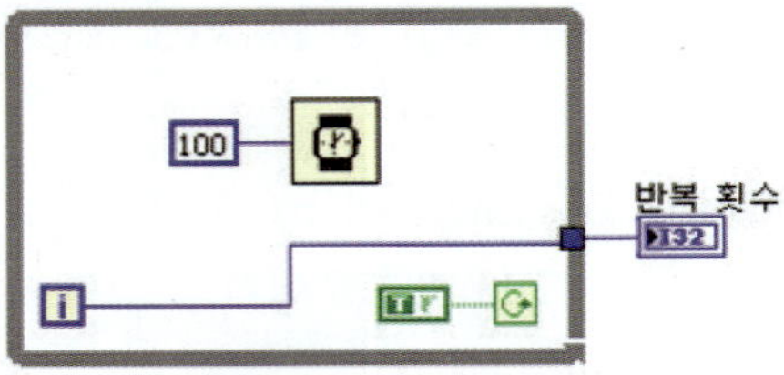

a. 루프는 한번 실행되며, 반복 터미널의 출력 값은 1입니다.
b. 루프는 한번 실행되며, 반복 터미널의 출력 값은 0입니다.
c. 루프는 무한히 실행되며, 프로그램을 강제 종료해야 멈출 수 있습니다.
d. 루프는 실행되지 않으며, 반복 터미널 의 출력 값은 널(Null)입니다.

7. 다음 중 데이터를 전달하는 데 사용할 수 없는 것은?

a. 세마포어(Semaphores)
b. 큐(Queues)
c. 알림자(Notifiers)
d. 로컬 변수(Local variables)

8. For 루프가 반복 실행하는 횟수를 결정하는 터미널은?

a. 
b. 
c. 
d. 

9. VI 프런트패널에 컨트롤이 하나 있습니다. 실행 중에 이 컨트롤 프로퍼티(Property)를 변경하려고 할 때 가장 적절한 방법은?

a. 함축적인(implicit) 프로퍼티 노드를 생성하고 변경할 프로퍼티를 선택합니다.
b. 컨트롤 참조를 생성하고, 이 참조를 프로퍼티 노드에 전달한 후에 변경할 프로퍼티를 선택합니다.
c. 연결된 공유 변수를 생성하고, 변경할 프로퍼티를 선택합니다.
d. 로컬 변수를 생성하고 변경할 프로퍼티를 선택합니다.

10. 다음 보기 중 수식 노드(formula node)에서 수행할 수 있는 작업은?

a. 기본 프로그래밍 언어 명령 Input 및 Print
b. 수식 노드 안에 SubVI 넣기
c. C 언어처럼 연속 증가(++), 연속 감소(--)
d. 수식 노드를 중첩하여 사용하기

11. 다음 보기 중 프런트패널의 인디케이터를 업데이트하는 가장 좋은 방법은?

a. 값 프로퍼티 노드(Value property node)를 사용합니다.
b. 인디케이터 터미널에 직접 와이어를 연결합니다.
c. 로컬 변수(local variable)를 사용합니다.
d. 기능적 글로벌 변수(functional global variable)를 사용합니다.

12. 다음 중에서 고유 라벨(owned label)에 따라 클러스터 원소를 정리하는 함수는 무엇입니까?

a. 이름으로 풀기(Unbundle by Name)
b. 풀기(Unbundle)
c. 이름으로 묶기(Bundle by Name)
d. 묶기(Bundle)

13. 다음 블록다이어그램에서 배열 만들기(Build Array) 함수가 입력 연결(Concatenate Inputs)로 선택되었을 때 출력 값은?

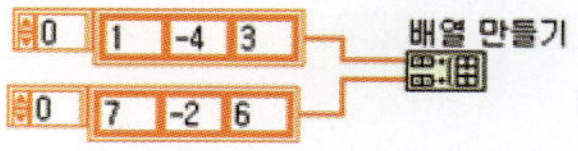

a. {1, −4, 3, 7, −2, 6}의 1−D 배열
b. {1, 7, −4, −2, 3, 6}의 1−D 배열
c. {{1, −4, 3, 0}, {7, −2, 6}}의 2−D 배열
d. {{1, −4, 3}, {7, −2, 6}}의 2−D 배열

14. 다음 코드가 실행된 후에 배열 초기화(Initialize Array) 함수가 출력하는 값은?

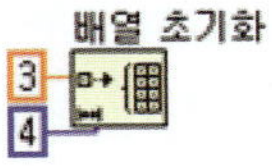

a. {3, 3, 3, 3}의 1-D 배열
b. {4, 4, 4}의 1-D 배열
c. {3, 4}의 1-D 배열
d. {4, 3}의 1-D 배열

15. 상태 머신(State Machine) VI 구조의 단점은?

a. 상태 머신은 오직 순서에 따라 여러 상태를 통과합니다.
b. 동시에 두 상태를 변경하면, 첫 번째 상태 변경만 수행되고 두 번째 상태의 변경은 잃게 됩니다.
c. 일반 VI 구조에서 상태 머신으로 변경할 때 다이어그램이 상당히 커집니다.
d. 상태 머신은 데이터를 수집하거나 DAQ 함수를 사용할 수 없습니다.

16. 다음 중 에러 컨디션으로 While 루프를 정지하는 방법으로 가장 적절한 것은?

a. 에러 클러스터의 상태 불리언(Status boolean)을 상수와 비교하고, 이를 정지 터미널에 연결합니다.
b. 에러를 직접 정지 터미널에 와이어로 연결합니다.
c. 이벤트 구조(Event Structure)를 생성하여 에러 이벤트를 처리합니다.
d. 에러 핸들러(Error Handler) VI를 사용하여 자동으로 에러를 처리합니다.

17. Windows 대화 창의 버튼처럼 만들려면, 다음 중에서 어떤 불리언의 기계적인 동작을 사용해야 합니까?

a. 놓을 때까지 스위치
b. 놓을 때 스위치
c. 놓을 때까지 래치
d. 놓을 때 래치

18. 다음 설명의 빈 칸에 들어갈 단어를 순서대로 올바르게 짝지은 것은?

기존에 저장된 데이터를 덮어써서 전체 웨이브폼을 디스플레이하는 ___________와/과는 달리, ___________ 은/는 주기적으로 업데이트되며 이전에 저장된 데이터의 히스토리 유지합니다.

a. 그래프(Graph), 차트(Chart)
b. 차트(Chart), 플롯(Plot)
c. 플롯(Plot), 그래프(Graph)
d. 차트(Chart), 그래프(Graph)

19. 다음 사례 중에서 실행 하이라이트(Highlight Execution)를 사용하는 것보다 프로브(Probe) 도구를 사용하는 것이 더 좋은 경우는?

a. 데이터의 흐름을 보려고 할 때
b. 실시간으로 와이어의 값을 보려고 할 때
c. 프로세스가 실행 중인 상태에서 SubVI를 자세히 살펴보려고 할 때
d. VI의 실행을 늦추고 와이어에 데이터 값을 보여주려고 할 때

20. 사용자 정의 컨트롤을 편집할 때, 타입 정의를 컨트롤(Control)로 선택하고 .ctl 파일로 저장했습니다. 이후 프런트패널에서 해당 사용자 컨트롤(custom control) 인스턴스를 사용했습니다. 이때 .ctl 파일을 열고 컨트롤을 다시 변경하는 경우, 프런트패널의 컨트롤이 변경됩니까?

a. 예
b. 아니오

21. 출력만 가진 SubVI를 개발했습니다. 이 SubVI를 호출(calling) VI에서 사용해야 합니다. 데이터 흐름에 따라 SubVI를 실행하려고 할 때, 가장 적절한 방법은 무엇입니까?

a. 시퀀스 구조(Sequence structure)에서 SubVI를 사용합니다.
b. 모형 입력(Dummy Input)을 가지도록 SubVI를 변경합니다.
c. 에러 클러스터(Error Cluster)를 가지도록 SubVI를 변경합니다.
d. 글로벌 변수(Global Variable)를 가지도록 SubVI를 변경합니다.

22. 다음 코드의 실행을 완료한 후에, 시프트 레지스터 응답 값은 무엇입니까?

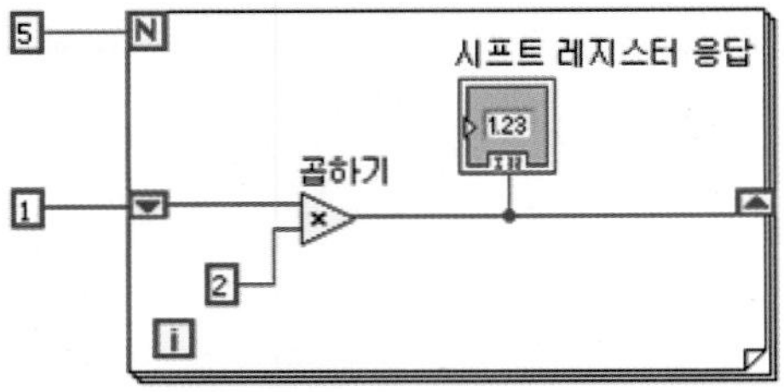

a. 16
b. 24
c. 32
d. 10

23. 차트(Chart) 업데이트 모드 중 왼쪽에서 오른쪽 방향으로 새 데이터를 그리고 차트를 지운 다음, 다시 왼쪽에서 오른쪽 방향으로 새 데이터를 그리는 모드는 무엇입니까?

a. 스트립 차트(Strip Chart)
b. 스코프 차트(Scope Chart)
c. 스윕 차트(Sweep Chart)
d. 스텝 차트(Step Chart)

24. 글로벌 변수(Global Variable)가 로컬 변수(Local Variable)에 비해 갖는 장점에 대한 설명으로 올바른 것은?

a. 글로벌 변수는 동시에 실행 중인 두 독립적인 VI 사이에 데이터를 전달할 수 있습니다.
b. 오직 글로벌 변수만이 배열 데이터를 전달할 수 있고, 로컬 변수는 전달할 수 없습니다.
c. 글로벌 변수는 데이터 흐름 모델(dataflow model)을 따르기 때문에, 경합 조건(race condition)을 일으킬 수 없습니다.
d. 글로벌 변수가 동작할 때 고유 라벨(owned label)이 없어도 됩니다.

25. 장시간 실행되는 어플리케이션에서 사용하기에 가장 적합한 시간 함수(VI)는 무엇입니까?

a. 틱 카운트(ms)

b. 기다림(ms)

c. 날짜/시간을 초로 얻기

d. 날짜/시간 문자열로 포맷

26. 다음 중 어떤 조건에서 For 루프가 실행을 중지합니까?

a. 조건 터미널에 참 값이 있고, 조건 터미널이 일 때
b. 반복 터미널 i의 값이 카운트 터미널 N의 값보다 1이 작을 때
c. 반복 터미널 i의 값이 카운트 터미널 N의 값보다 1이 클 때
d. 해당 사항 없음

27. 원을 나타내는 데이터를 입력하려고 합니다. 원 데이터는 x 좌표, y 좌표, 반지름을 포함합니다. 세 데이터는 모두 배정도(Double-Precision)입니다. 추후에 원의 색을 나타내는 정수(Integer) 데이터를 저장해야 할 수도 있습니다. 프런트패널 윈도우에서 원을 나타내는 데이터를 어떻게 표시합니까?

a. 두 좌표(x 와 y)와 반지름을 나타내는 세 개의 개별 컨트롤
b. 모든 데이터를 포함하는 클러스터
c. 타입 정의된 클러스터를 사용
d. 세 개의 원소를 가진 배열

28. 다음 중 LabVIEW 이벤트 구조(Event Structure)에 의하여 사용할 수 있는 이벤트는 무엇입니까?

a. 마우스를 클릭하여 프런트패널 컨트롤의 값을 변경할 때
b. 프로퍼티 노드를 사용하여 프런트패널 컨트롤을 업데이트할 때
c. 컨트롤 참조를 통해 프런트패널 컨트롤을 프로그램적으로 업데이트할 때
d. VI 서버를 사용하여 프런트패널 컨트롤을 업데이트할 때

29. 다음 중 데이터 흐름 프로그래밍 패러다임을 따르지 않는 것은 무엇입니까?

a. 시프트 레지스터(Shift Register)
b. 터널(Tunnel)
c. SubVI
d. 로컬 변수(Local Variable)

30. 마이크로소프트 사의 엑셀을 이용하여 데이터를 분석하려고 합니다. 데이터를 어떠한 파일 형태로 저장해야 합니까?

a. 탭(Tab) 구분된 ASCII
b. 사용자 정의된 binary 형식
c. TDM
d. Datalog

31. 다음 배열의 더하기 결과는 무엇입니까?

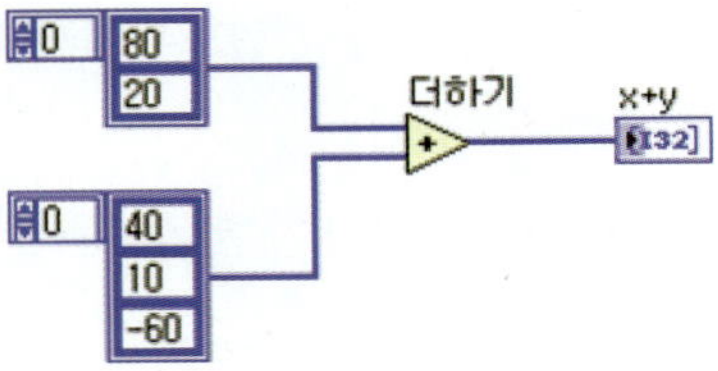

a. {80, 20, 40, 10, −60}의 1−D 배열
b. {120, 30, −60}의 1−D 배열
c. {120, 30}의 1−D 배열
d. {{120, 90, 20}, {60, 30, −40}}의 2−D 배열

32. 다음 설명 중 옳지 않은 것은?

a. SubVI 커넥터 팬은 입력과 출력을 연결할 위치를 정의합니다.
b. SubVI 커넥터 터미널의 색은 연결된 데이터 타입과 일치합니다.
c. SubVI로 사용하려면 아이콘 및 커넥터가 있어야 합니다.
d. 함수 팔레트에서 SubVI 아이콘을 편집할 수 있습니다.

33. 배열을 생성하는 가장 효율적인 방법은?

a. 자동 인덱싱(Auto-indexing)을 활성화한 For 루프를 사용합니다.
b. While 루프 안에 [배열 만들기(Build Array)] 함수를 놓습니다.
c. 배열을 초기화한 후 While 루프 안에서 원소를 대체합니다.
d. 자동 인덱싱(Auto-indexing)을 활성화한 While 루프를 사용합니다.

34. 다음 블록다이어그램은 어떤 VI 구조를 나타내고 있습니까?

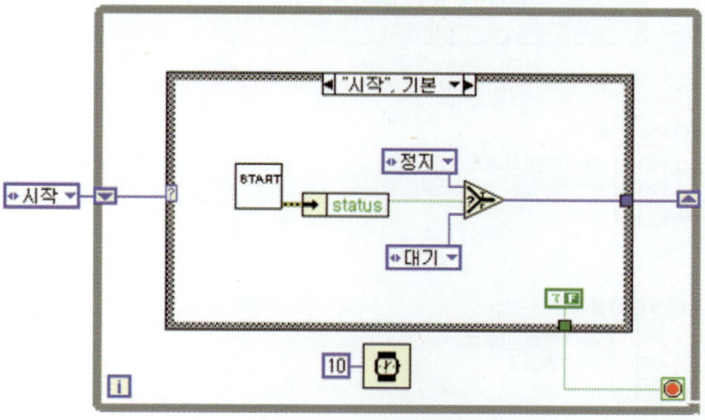

a. 여러 케이스 구조(Multiple Case Structure) VI
b. 일반적인(General) VI
c. 상태 머신(State Machine) VI
d. 병렬 루프(Parallel Loop) VI

35. 다음 중 반복 터미널[i]에 대한 설명으로 올바른 것은?
a. 루프가 실행된 횟수를 반환합니다.
b. 루프가 실행된 횟수에 1을 더한 값을 반환합니다.
c. 루프가 실행된 횟수에 1을 뺀 값을 반환합니다.
d. 상수를 반환합니다.

36. 다음의 프런트패널과 대응하는 블록다이어그램은 무엇입니까?

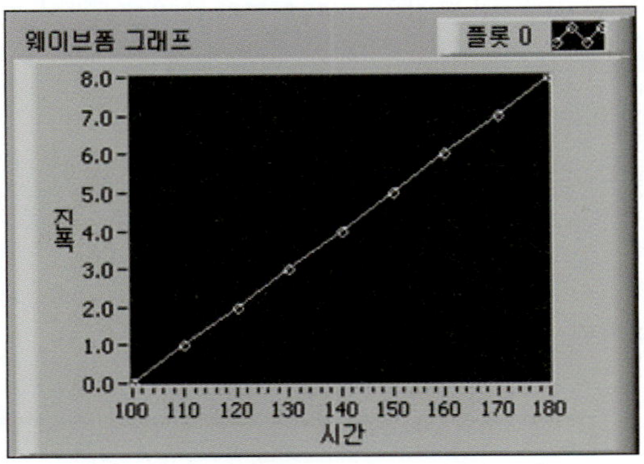

a. 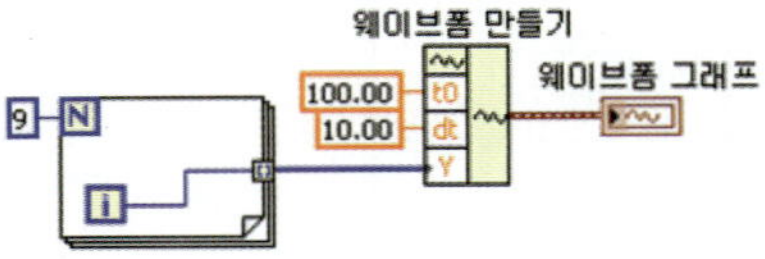

b. 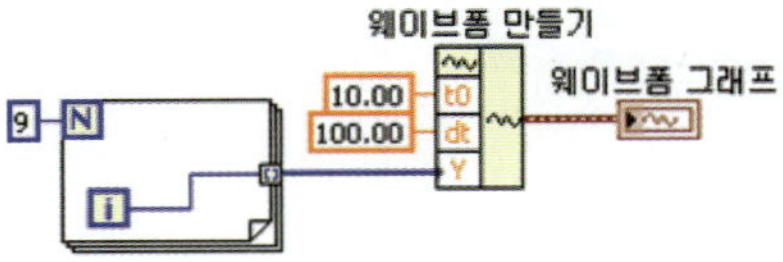

c. 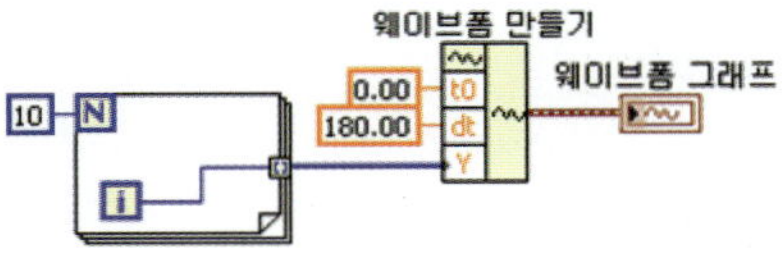

d. 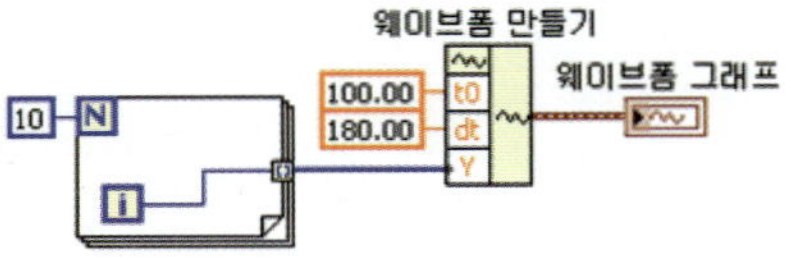

37. 아래 웨이브폼 그래프와 같은 결과를 나타내려면, 주어진 보기 중 어떤 블록다이어그램을 실행해야 합니까?

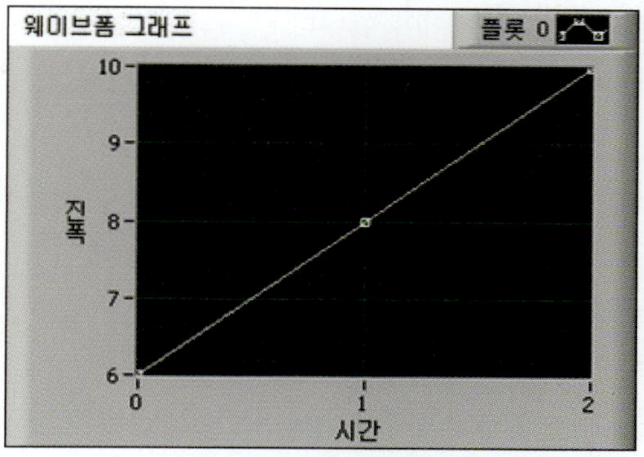

a.
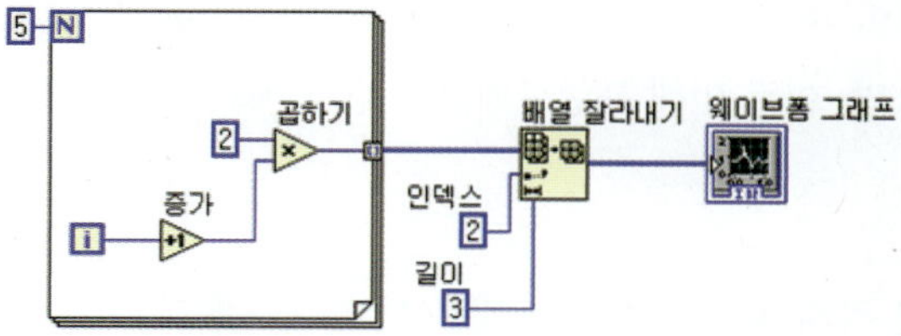

b.
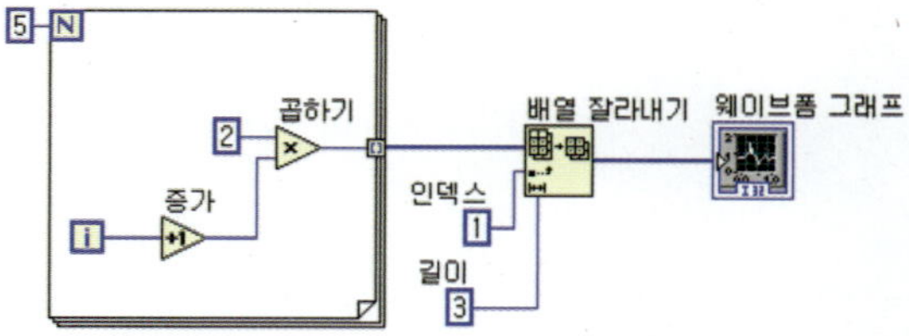

c.
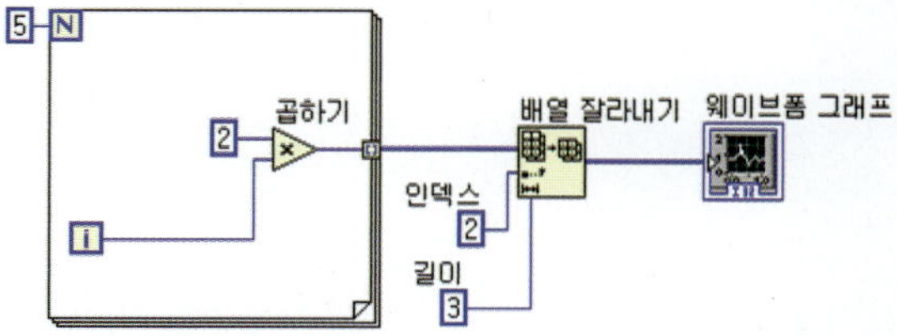

d.
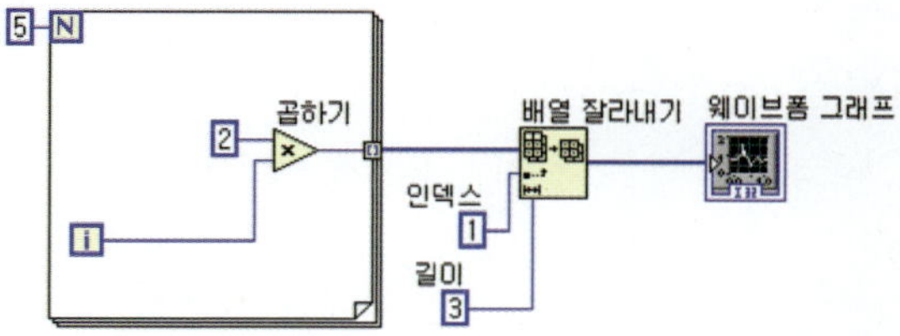

38. 기본 도움말 보이기(Show Context Help) 윈도우에서 SubVI의 입력 이름이 굵은체로 표시되었습니다. 다음 중 올바른 것은?

a. 입력 값은 반드시 스칼라(scalar)이어야 합니다.
b. 입력을 권장하기는 하지만, 반드시 입력해야 하는 것은 아닙니다.
c. 입력이 필요합니다.
d. 입력에 와이어를 연결하지 않으면, 그 결과로 깨진 실행 화살표가 나타납니다.

39. 다음 중 프로퍼티 노드(Property Node)에 적용되는 설명은?

a. 프로그램적으로 프런트패널 객체 속성을 변경할 수 있습니다.
b. 프런트패널 객체에 포함된 값을 업데이트하는데 사용할 수 있습니다.
c. 하나의 프런트패널 객체에 대해 여러 개의 프로퍼티 노드를 사용할 수 있습니다.
d. SubVI가 프로퍼티 노드를 포함하고 있으면, 이로 인해 프런트패널이 항상 메모리에 로드됩니다.

40. 다음 VI 메모리 구성요소 중에서 SubVI를 위해 항상 존재하는 것은?

a. 데이터 공간(Data Space)
b. 프런트패널(Front Panel)
c. 블록다이어그램(Block Diagram)
d. 코드(Code)

A3 CLAD 샘플 예제 풀이

다음은 CLAD 샘플 예제에 대한 해답입니다. 손쉽게 채점하려면, 답을 모두 작성한 답안지를 떼어내어 해답 페이지와 비교하십시오. 이 해답 페이지는 실제 CLAD 시험에서는 제공되지 않으며, 연습용으로 이 시험지에만 포함되어 있습니다.

● Sample 1 해답 페이지 :

1.	b	21.	c
2.	b	22.	c
3.	a, b, c, d	23.	a
4.	c	24.	d
5.	c	25.	c
6.	b	26.	a
7.	b	27.	b
8.	a	28.	b
9.	d	29.	a
10.	c	30.	d
11.	c	31.	b
12.	a	32.	c
13.	d	33.	a
14.	d	34.	c
15.	a	35.	b
16.	d	36.	b
17.	a, d	37.	d
18.	a	38.	b
19.	a	39.	c
20.	a	40.	b

● **Sample 1 예제 풀이 :**

1. LabVIEW에서 간단한 상태 머신은 케이스 구조를 포함하는 While 루프로 이루어져 있습니다. 케이스 구조를 사용하여 어떤 케이스가 실행될지 프로그램적으로 결정할 수 있습니다. 또한 새로운 케이스를 케이스 구조에 간단히 추가할 수 있어 확장이 가능합니다.

2. 단계별 실행 들어가기 버튼을 클릭하면 LabVIEW는 노드 또는 SubVI를 엽니다. 단계별 실행 나가기 버튼을 사용하여 단계별 실행 중 SubVI를 나가 Main VI로 돌아갈 수 있습니다. 단계마다 실행이라는 버튼은 없습니다. 단계별 실행 건너뛰기 버튼은 문제에서 설명하는 기능을 제공하기 때문에 맞는 답입니다.

3. 모든 보기는 프로퍼티 노드에 대해 올바른 설명입니다.

4. 호출 VI에서 SubVI로 전달할 수 있는 유일한 옵션은 컨트롤 참조입니다. 그 후 참조를 프로퍼티 노드 및 인보크 노드와 함께 사용하여 각각 프로퍼티와 메소드를 호출할 수 있습니다. 데이터 타입은 컨트롤의 프로퍼티입니다.

5. 자동 인덱싱 터널을 사용하는 For 루프에 빈 배열이 연결되었습니다. 이 때문에 For 루프는 배열 안의 모든 원소에 대해 한 번씩 반복되며, 이 경우에는 0번 반복됩니다. 그러나 루프 실행 전에 시프트 레지스터에 값 5를 썼으며, 루프가 0번 반복되기 때문에 값 5가 출력 시프트 레지스터에 그대로 있게 됩니다.

6. 브레이크포인트를 포함하는 코드는 데이터가 브레이크포인트를 포함하는 와이어에 전달될 때까지는 정상적으로 실행됩니다. 그 후 LabVIEW는 실행을 중지합니다. 브레이크포인트가 활성화되려면 브레이크포인트를 포함하는 코드의 부분이 호출되어야 합니다. 케이스 구조에서는 코드가 호출될 때마다 한 개의 케이스만 실행됩니다. 그러므로 이 경우, 브레이크포인트를 포함하는 케이스가 호출되지 않았기 때문에 실행이 중단되지 않았습니다.

7. 엄격한 프로퍼티 노드는 숫자형을 정확하게 알아야 합니다. 이 문제에서는 모든 컨트롤의 텍스트 색을 변경하는 방법을 물어보고 있으므로 엄격한 프로퍼티 노드로는 충분하지 않습니다. 함축적인 프로퍼티 노드(C)는 로컬에서만 사용할 수 있습니다. 보기 D의 프로퍼티는 문제와는 전혀 관련이 없습니다. 따라서 보기 B가 정답입니다.

8. 스트립 차트는 왼쪽에서 오른쪽으로 플롯하며, 플롯하는 동안 지속적으로 스크롤합니다. 스코프 차트는 왼쪽에서 오른쪽으로 플롯하며 차트가 끝까지 채워질 때까지 계속 플롯합니다. 끝까지 채

워지면 차트가 지워지고 왼쪽에서부터 다시 플롯이 시작됩니다. 스윕 차트는 스코프 차트와 유사하게 작동하지만, 차트가 끝까지 채워지면 차트를 지우지 않는 대신 왼쪽에서부터 플롯을 다시 시작하며 이전에 플롯된 데이터를 덮어씁니다. LabVIEW에는 스텝 차트는 없습니다.

9. 로컬 변수는 값이 아닌 참조로 내용을 주고받기 때문에 데이터 흐름 패러다임을 따르지 않습니다. 로컬 변수의 기본 전제는 와이어를 사용할 수 없는 부분에서 데이터의 전송을 가능하게 하는 것입니다. 이는 데이터 흐름 패러다임의 개념과 배치됩니다.

10. 상태 머신을 사용하여 시퀀스 구조와 같은 기능을 얻을 수 있습니다. 그러나 상태 머신을 사용하면 개발자가 실행 시 시퀀스를 프로그램적으로 결정할 수 있습니다. 그러므로 상태 머신은 시퀀스 구조보다 확장이 더 용이합니다.

11. While 루프의 거짓 불리언이 참인 경우 정지로 설정된 조건 터미널에 연결되어 있습니다. 그러므로 이 While 루프를 정지시킬 만한 조건이 없습니다. While 루프는 무한정 실행될 수 있기 때문에 VI는 강제 종료되어야 합니다.

12. LabVIEW는 데이터 흐름 언어이기 때문에 블록다이어그램에서 데이터의 흐름을 추적하여 동작이 어떤 순서대로 실행되는지 볼 수 있습니다.

13. Main VI에 자동 에러 핸들링이 활성화되어 있고 SubVI의 에러 터미널이 연결되어 있지 않으므로, LabVIEW는 대화 상자를 디스플레이하여 자동으로 에러를 핸들링합니다.

14. 아이콘은 함수 팔레트에서 편집할 수 없습니다. SubVI 아이콘은 VI의 오른쪽 위의 아이콘에서 마우스 오른쪽 버튼을 클릭하고 아이콘 편집을 선택하여 편집할 수 있습니다.

15. 큐, 알림자 및 로컬 변수는 모두 데이터를 전달하려는 목적으로 디자인되었습니다. 세마포어는 데이터를 전달하지 않습니다. 세마포어의 유일한 목적은 코드의 중요한 부분이 실행되는 동안 다른 특정한 부분이 실행되는 것을 방지하는 것입니다.

16. 에러 코드를 찾으려면 출력 에러 클러스터 또는 에러 대화 상자를 살펴보아야 합니다.

17. 오토인덱싱은 배열을 사용하는 루프를 위한 기능입니다. 배열 함수 자체에는 반복적인 오토인덱싱 기능이 없습니다.

18. [배열 초기화] 함수는 차원 크기로 지정한 길이의 배열을 생성합니다. 각 원소 값은 원소 입력으로 지정됩니다. 다차원 배열을 초기화하려면, [배열 초기화] 함수를 확장하여 더 많은 차원 크기 입력을 디스플레이합니다.

19. 각 보기는 값 변경 이벤트를 언급하고 있습니다. 값 변경 이벤트는 프런트패널에서의 사용자 동작으로 또는 값(신호) 프로퍼티 노드를 호출하여 생성할 수 있습니다. 값 프로퍼티 노드를 호출하면 이벤트가 생성되지 않습니다.

20. 기능적인 글로벌 변수 안에 중요한 데이터 또는 코드 일부를 놓을 수 있습니다. 기능적인 글로벌 변수는 재호출 VI가 아니므로 경합 조건이 발생할 가능성이 없습니다.

21. For 루프는 5번 실행됩니다. 이전 반복의 결과는 값 1부터 시작하여 2로 곱해집니다. 그러므로 5번 반복 후 인디케이터의 값은 1×2×2×2×2×2 (25)= 32입니다.

22. [배열 잘라내기] 함수는 입력 배열을 받아 배열의 부분을 반환합니다. 이때 반환되는 배열의 부분은 주어진 인덱스부터 시작하여 배열의 길이와 같은 원소의 개수까지입니다. 여기서 인덱스 값 3은 배열의 4번째 원소, 10을 나타냅니다. 지정된 길이가 4이므로, 길이가 4인 배열은 다음과 같이 반환됩니다: {10, 8, 5, 7}

23. 기본 도움말에 나타나는 VI에 대한 정보는 VI 프로퍼티의 문서 윈도우에서만 편집할 수 있습니다.

24. For 루프는 카운트 터미널의 입력을 참조하여 몇 번 반복하여 실행할지 결정합니다.

25. 인디케이터 터미널이 다른 구조가 쓰는 데이터로부터 떨어져있지 않기 때문에, 프로퍼티 노드를 사용하는 대신 데이터를 인디케이터에 직접 연결해도 됩니다. 또한 변수 또는 프로퍼티 노드를 사용하여 값을 업데이트할 때 주의를 기울이지 않으면 경합 조건이 발생할 수 있기 때문에, 가능하면 항상 데이터를 직접 연결하는 것이 가장 좋습니다.

26. [다음 ms 배수까지 기다림] 함수는 루프 반복이 종료된 후가 아니라 종료되기 전에 실행되기 때문에 보기 B와 D는 틀립니다. 보기 C는 [기다림(ms)] 함수의 기능을 설명하고 있으므로 역시 틀립니다.

27. 세마포어는 데이터를 전달할 수 없으므로 보기 C는 틀립니다. 알림자는 데이터를 전달하지만 한 번에 한 개의 원소만 전달할 수 있기 때문에 보기 A는 틀립니다. 데이터를 읽기 전에 프로그램이 알림자에 데이터를 두 번 쓰는 경우, 데이터는 덮어쓰이거나 손실됩니다. 로컬 변수는 데이터가

언제 업데이트되는지 알 수 있는 메커니즘이 없어서 데이터가 새로 수집된 데이터인지 아닌지 알 수 있는 방법이 없기 때문에 보기 D는 틀립니다. 큐는 여러 원소를 지원하고 FIFO 원리를 사용하여 작동하므로 데이터가 손실되거나 덮어쓰이지 않도록 합니다.

28. 기존의 배열에 차원을 추가할 수 있기 때문에 굳이 배열의 배열을 만들 필요가 없습니다.

29. 케이스 선택자 터미널은 스칼라 값을 필요로 하기 때문에 케이스 선택자 터미널은 배열을 받지 않습니다.

30. LabVIEW는 배열을 헤더와 배열 데이터를 포함하는 바이트 리스트로 나타냅니다. 헤더는 각 차원에 그 차원의 길이를 지정하는 4바이트 정수를 포함합니다. 헤더 뒤에는 실제 배열 데이터가 있습니다. 문제에서 배열은 2차원입니다. 각 차원의 헤더에는 4바이트가 있으므로 헤더에는 총 8바이트가 있습니다. 배열이 8비트(1바이트 정수)로 이루어져 있으므로, 실제 배열 데이터에는 총 9바이트가 있습니다. 따라서 파일에는 총 17바이트가 쓰여집니다.

31. 시퀀스 로컬은 프레임 1에 처음으로 쓰여집니다. 그러므로 프레임 0에서는 데이터가 아직 쓰이지 않아 읽을 데이터가 없습니다.

32. [기다림(ms)] 함수는 메모리를 해제 또는 할당하지 않으며, 프로세서 코어를 지정하는 데 필요한 동작을 전혀 하지 않습니다. 이 함수가 하는 동작은 VI의 실행이 짧은 시간 동안 정지되도록 하여 다른 태스크를 완료할 시간적 여유를 주는 것입니다.

33. 링 타입은 모든 숫자형을 사용할 수 있으나 열거형 타입은 부호없는 정수만 사용할 수 있습니다.

34. 문제의 이벤트 구조는 다음 두 개의 이벤트를 처리합니다: 버튼 컨트롤에서 마우스 다운 이벤트, 구획 또는 프런트패널에서 마우스 다운 이벤트. 이 두 이벤트는 동시에 발생하기 때문에 이벤트 구조는 두 이벤트를 큐에 저장한 후 하나씩 처리합니다. 그러므로 반복은 두 번 발생하며, 시프트 레지스터의 값도 두 번 증가합니다.

35. 함수와 VI는 모든 입력에 데이터가 연결되면 바로 실행됩니다. 그러므로 프로그램을 통해 흐르는 데이터가 실행 순서를 결정하는 것입니다.

36. 문제의 정수는 부호없는 8비트 정수입니다. 이때 8비트 정수의 범위는 0에서 255입니다. 2 × 128 = 256으로 부호없는 8비트 정수의 최대 범위보다 1이 큽니다. 그러므로 값은 0으로 변환됩니다.

37. [에러 병합] 함수는 대화 상자를 디스플레이하지 않습니다. [단일 버튼 대화 상자]와 [두 버튼 대화 상자]는 일반적인 목적으로 사용되며, 에러 핸들링 어플리케이션에 적용하기에는 적합하지 않습니다.
이러한 함수에는 에러 입력이 없습니다. [프런트패널 작업 발생]이라는 이름의 primitive는 있어도 VI는 없습니다. [단순 에러 핸들러]는 에러 클러스터를 입력으로 받고, 에러가 발생한 경우 사용자에게 대화 상자를 보여주기 때문에 가장 적합한 선택입니다.

38. XY는 X 배열과 Y 배열의 두 배열로 이루어진 클러스터를 받아 단일 플롯을 생성합니다. XY 그래프는 이러한 클러스터 여러 개로 이루어진 배열을 받아 여러 플롯을 생성합니다.

39. 기계적 동작이 놓을 때까지 스위치로 설정되어 있으므로 사용자가 클릭 후 놓으면 두 개의 이벤트가 생성됩니다. 첫 이벤트는 거짓에서 참으로 변경되며, 두 번째 이벤트는 참에서 거짓으로 변경됩니다. 래치 동작은 변경된 값을 읽은 후 두 번째 이벤트를 생성하지 않고 버튼의 값을 리셋하도록 특별히 디자인되었습니다.

40. 가능하다면 항상 데이터를 인디케이터에 직접 연결하는 것이 가장 좋습니다. 이렇게 하면 데이터 흐름 패러다임의 개념을 유지하는 데 도움이 됩니다.

● Sample 2 해답 페이지 :

1.	a	21.	d
2.	a	22.	c
3.	a	23.	b
4.	a	24.	c
5.	c	25.	c
6.	c	26.	c
7.	d	27.	b
8.	c, d	28.	d
9.	a	29.	b
10.	a	30.	b
11.	b	31.	d
12.	a	32.	c
13.	b	33.	c
14.	c	34.	c
15.	c	35.	a
16.	c	36.	c
17.	b	37.	d
18.	b	38.	b
19.	a	39.	c
20.	a	40.	d

● Sample 2 예제 풀이 :

1. While 루프와 For 루프의 반복 카운트는 항상 0에서 시작합니다 반복 카운트는 첫 번째 반복에서 0을 반환하고 두 번째 반복에서 1을 반환하며, 이런 식으로 계속 진행됩니다. While 루프는 반복 터미널의 출력이 50과 같거나 클 때 정지하도록 설정되어 있으므로, 반복 터미널의 출력값이 최소 50임을 알 수 있습니다. 출력값이 처음으로 50이 되는 것은 루프가 51번 반복된 후 입니다.

2. 각 보기는 값 변경 이벤트에 대해 설명합니다. 값 변경 이벤트는 가장 일반적으로 프런트패널에서 사용자의 동작으로 인해 발생합니다.

3. [틱 카운트(ms)] 함수는 호출될 때 밀리초 타이머의 값을 반환합니다. 이 함수를 두 번 호출하고, 호출된 값의 차이를 계산하면 호출 사이에 경과된 시간(밀리초)을 알 수 있습니다. 이 코드에서 SubVI는 [틱 카운트(ms)] 함수의 첫 번째 호출과 두 번째 호출 사이에 호출되었으므로, A가 맞는 답입니다.

4. 프로퍼티 노드는 프런트패널 객체를 프로그램적으로 변경하도록 만들어졌습니다. 변수는 프런트패널 객체를 변경하지 않기 때문에 보기 C와 D는 맞지 않습니다. SubVI를 사용하지 않고 함축적인 프로퍼티 노드는 명시적인 프로퍼티 노드와는 달리 추가의 입력을 필요로 하지 않기 때문에 보기 A는 보기 B보다 적합합니다.

5. For 루프는 미리 정해진 횟수만큼 반복되기 때문에 배열을 생성하는 데 있어서 While 루프보다 더 효과적입니다. 그러므로 LabVIEW는 For 루프가 실행되기 전에 배열이 사용하는 메모리를 미리 할당할 수 있습니다.

6. 보기 A와 B는 모두 값을 밀리초 단위로 반환합니다. 문제에서 어플리케이션이 장시간 실행된다고 지정하였으므로, 클럭 값이 0으로 변환되는 가능성을 최소화하기 위해 시간 간격을 작게 할 수 있는 함수를 선택해야 합니다. 또한 보기 B는 코드에 동기화로 인한 시간 지연을 추가합니다. 이는 장시간 실행되는 어플리케이션에 사용하기에는 충분치 않습니다. 얼마나 시간이 경과했는지 정확히 알려면 현재 시간을 참조 시간과 비교해야 합니다. 그러므로 보기 C가 가장 적합한 선택입니다.

7. 자동 에러 핸들링이 활성화되어 있지만, 모든 함수의 에러 클러스터가 출력에 연결되어 있습니다. 이런 경우 에러가 발생해도 LabVIEW는 실행을 중단하거나 사용자에게 대화 상자를 디스플레이할 수 없습니다. 함수 중 단 한 개라도 에러 클러스터가 출력에 연결되어 있지 않은 경우, LabVIEW는 대화 상자를 디스플레이하고 실행을 중단합니다.

8. 기본 도움말의 굵은체 부분은 필수 입력을 나타냅니다. 필수 입력의 특성 때문에 필수 입력이 연결되지 않으면 VI에는 깨진 실행 버튼이 나타납니다.

9. 다차원 배열의 경우, [배열 크기] 함수는 각 차원의 크기를 포함하는 1D 배열을 출력합니다. 배열의 순서는 항상 행이 처음이며, 열이 두 번째입니다. 그러므로 2개의 행과 3개의 열을 가진 A가 맞는 답입니다.

10. 한 개의 불리언 값은 LabVIEW에서 메모리 1바이트를 사용합니다. [불리언 배열을 숫자로]는 8개의 불리언 값, 8바이트를 1개의 8비트 정수값, 1바이트로 변환하기 때문에 A가 정답입니다. 그러므로 쓴 데이터의 총 량은 1바이트입니다. 보기 B는 각각의 불리언 값에 대해 1바이트를 쓰며, 보기 C와 D는 문자열을 씁니다. 문자열의 각 문자는 1바이트를 사용하므로 보기 C와 D는 파일에 여러 바이트의 데이터를 씁니다.

11. 키 조작은 개발자가 키보드 동작을 컨트롤에 할당할 수 있도록 하는 컨트롤의 프로퍼티입니다. 키 포커스는 컨트롤이 현재 선택되었는지 아닌지 결정하는 프로퍼티입니다. 기수는 사용자가 2진수, 8진수, 10진수, 또는 16진수 중 하나를 선택하여 나타내도록 하는 정수 컨트롤의 디스플레이 구성요소입니다. 객체 간격 조절은 프런트패널을 구성하는 도구 중 하나입니다.

12. 주어진 문자열 입력에서 [부분 문자열 대체] 함수는 원래의 문자열을 오프셋에서 지정된 위치에서부터 부분 문자열 입력에서 제공한 문자열로 대체합니다.

13. 컨트롤 참조를 다른 VI에 전달하여 Main VI에서 SubVI가 객체의 프로퍼티와 메소드에 접근하도록 할 수 있습니다.

14. 피드백 노드의 기능은 시프트 레지스터와 비슷합니다. 이 코드에서 피드백 노드는 4의 값으로 초기화되었습니다. 피드백 노드는 한 번 반복하고 값 4는 피드백 노드에 저장된 값에 추가되어 최종값은 8이 됩니다.

15. SubVI에서 에러 클러스터를 사용하면 적절하게 에러를 핸들링하기 때문에 데이터 흐름을 강화하는 가장 적합한 방법입니다.

16. 보기 A와 B는 에러를 보고하지만, 정지하지는 않습니다. 보기 D는 정지하지만 에러를 보고하지는 않습니다. 보기 C가 유일한 선택입니다.

17. For 루프는 병렬로 실행되며, 루프 사이에 데이터 의존성이 없어도 됩니다. 한 루프에서 다른 루

프로 와이어가 연결되면 데이터 흐름의 규칙 때문에 루프 사이에 의존성이 생깁니다. 그러므로 루프 사이에 와이어가 연결되면 이 루프는 더 이상 병렬로 실행된다고 할 수 없습니다.

18. 기능적인 글로벌 변수는 프런트패널 컨트롤을 조작할 수 있는 기능을 직접 가지고 있지 않기 때문에 답이 될 수 없습니다. 데이터 값 참조는 이 상황에 적용되지 않습니다. 원하는 값을 기본값으로 설정하는 것은 컨트롤을 프로그램적으로 업데이트하는 방법이 아닙니다. 보기 B가 유일한 선택입니다.
19. 글로벌 변수 사용의 주요 이점은 여러 VI 사이에 데이터를 전달할 수 있다는 것입니다.

20. 프로퍼티 노드는 항상 위에서 아래로 실행됩니다. 플롯 1은 제일 처음 선택되고 변경되었기 때문에, 색도 가장 먼저 변경됩니다.

21. 웨이브폼 그래프는 2D 배열 또는 웨이브폼 데이터를 포함하는 클러스터로 이루어진 1D 배열을 받습니다. 웨이브폼 그래프는 1D 배열에 끼워놓기 된 X, Y 데이터를 받지 않으므로 보기 A는 맞지 않습니다.

22. 알림 이벤트는 LabVIEW에 이벤트가 발생했으며, 처리되었다는 사실만 전달합니다. 필터 이벤트를 사용하면 이벤트를 버릴지 프로그램적으로 결정할 수 있습니다.

23. .ctl 파일이 타입 정의 또는 엄격한 타입 정의가 아닌 컨트롤로 저장되었기 때문에 이 파일을 변경해도 컨트롤의 인스턴스가 업데이트되지 않습니다.

24. [원소를 큐에서 제거] 함수는 데이터가 사용 가능할 때까지 기다리도록 기본 설정되어 있습니다. 이 함수는 데이터가 사용 가능하거나 큐 참조가 삭제되는 경우 결과를 반환합니다. 이 기능은 생산자/소비자 디자인 패턴에서 매우 중요합니다.

25. 시퀀스 로컬은 다층 시퀀스 구조의 프레임 사이에 데이터를 저장합니다. 시퀀스 로컬은 프레임 0에만 쓰였습니다. 그러므로 프레임 1은 프레임 2에 아무 영향을 미치지 않습니다. 값 F2의 값은 5×8, 그러므로 40입니다.

26. 다층 시프트 레지스터는 여러 이전 루프 반복에서 쓰인 값을 기억합니다. 위의 노드는 가장 최근에 실행된 반복입니다. 코드를 살펴보면 가장 최근의 측정값 4개를 평균하여 나타내고 있다는 것을 알 수 있습니다.

27. 프로브 도구를 사용하면 실행 중 와이어의 데이터를 볼 수 있으며, 실행 속도에도 전혀 지장을 주지 않습니다. 실행 하이라이트는 실행 속도를 늦추며 데이터 흐름을 보여주고, 단계별 실행 시작하기 도구를 사용하면 SubVI를 살펴볼 수 있습니다.

28. 케이스 선택자의 입력이 다른 케이스에 맞지 않기 때문에 기본 케이스가 실행됩니다. 그러므로 답은 62, 36입니다.

29. 브레이크포인트를 사용하면 VI가 실행을 일시 정지하고 단계별 실행을 시작하거나 실행을 다시 시작할 때까지 기다립니다.

30. 배열 연산을 할 때, LabVIEW는 출력이 작은 입력의 크기와 같게 되도록 합니다. 이 경우, 출력은 두 개의 원소를 가진 1D 배열입니다. 원소는 75-100과 50-25, 즉 {-25, 25}입니다.

31. 대화 상자 버튼은 클릭을 처리하기 전에 사용자가 놓을 때까지 기다립니다. 사용자가 클릭 후 놓으면, 버튼은 기본 상태로 돌아갑니다. 이러한 동작은 LabVIEW에서 놓을 때 래치 기계적 동작과 비슷합니다.

32. 기능적인 글로벌 변수를 이 변수를 호출하는 VI에 인라인으로 놓을 필요는 없습니다. 더욱이 인라인으로 놓으려면 SubVI가 재호출로 설정되어야 하며, 이는 기능적인 글로벌 변수에서 허용되지 않습니다.

33. 스트립 차트는 왼쪽에서 오른쪽으로 플롯하며, 플롯하는 동안 지속적으로 스크롤합니다. 스코프 차트는 왼쪽에서 오른쪽으로 플롯하며 차트가 꽉 찰 때까지 계속 플롯합니다. 꽉 차면 차트가 지워지고 왼쪽에서부터 다시 플롯이 시작됩니다. 스윕 차트는 스코프 차트와 유사하게 작동하지만, 차트가 꽉 차면 차트를 지우지 않는 대신 왼쪽에서부터 플롯을 다시 시작하며 이전에 플롯된 데이터를 덮어씁니다. LabVIEW에는 스텝 차트는 없습니다.

34. 상태 머신은 전달을 결정하기 위해 While 루프, 케이스 구조, 시프트 레지스터와 코드로 이루어져 있습니다.

35. 클러스터를 사용하면 데이터를 구조로 묶을 수 있습니다. 이렇게 하면 필요한 와이어와 터미널의 수를 최소화하여 블록다이어그램을 더 간단하게 정리할 수 있습니다. 클러스터는 여러 다른 데이터 타입을 받습니다.

36. 강제 변환점은 다르지만 호환 가능한 데이터 타입을 받는 터미널에 특정 데이터 타입이 연결되었

음을 나타냅니다. 이런 일이 발생하면, LabVIEW는 데이터를 두 데이터 타입 중 더 큰 타입으로 변환합니다. 이때 변환된 데이터를 저장하기 위해 메모리 버퍼를 생성해야 합니다.

37. 함축적인 프로퍼티 노드는 소유하는 컨트롤 또는 인디케이터에 명시적으로 연결됩니다. 참조 와이어는 필요하지 않습니다. 명시적인 프로퍼티 노드는 어떤 컨트롤을 조작할지 결정하기 위해 참조 와이어를 필요로 합니다. 데이터 값 참조는 프로퍼티 노드와 관련이 없습니다.

38. 간단한 상태 머신은 이전의 상태 실행 중 사용자가 프런트패널 버튼을 클릭하는 것과 같은 상태 변경이 발생하는 경우에 대한 버퍼가 없습니다. 그러므로 여러 개의 상태 변경이 상태 머신이 이를 처리하기 전에 발생하는 경우, 가장 최근의 상태 변경 외에는 모두 손실됩니다.

39. 카운트 터미널은 For 루프의 반복 횟수를 나타냅니다. While 루프의 조건적인 터미널은 루프의 반복 횟수를 결정할 수도 있지만, 루프가 몇 번 반복될지 직접적으로 알 수 있는 방법은 없습니다. 반복 터미널은 이미 반복된 횟수에서 1을 뺀 값을 반환합니다.

40. LabVIEW 프로젝트는 폴더와 같이 파일을 포함하지는 않으며, 일반 어플리케이션에 속해있는 파일들을 정리하기만 합니다.

● Sample 3 해답 페이지 :

1.	a	21.	c
2.	b	22.	c
3.	b	23.	b
4.	b	24.	a
5.	c	25.	c
6.	c	26.	b
7.	a	27.	c
8.	d	28.	a
9.	a	29.	d
10.	c	30.	a
11.	b	31.	c
12.	c	32.	d
13.	a	33.	a
14.	a	34.	c
15.	b	35.	c
16.	b	36.	a
17.	d	37.	a
18.	a	38.	c, d
19.	b	39.	a, b, c, d
20.	b	40.	a, d

● Sample 3 예제 풀이 :

1. 기본 도움말 보이기의 팝업 창에 대한 설명은 **파일풀다운메뉴 〉 파일 〉 VI 프로퍼티**에서 항목을 '문서'로 변경하여 윈도우에 작성합니다.

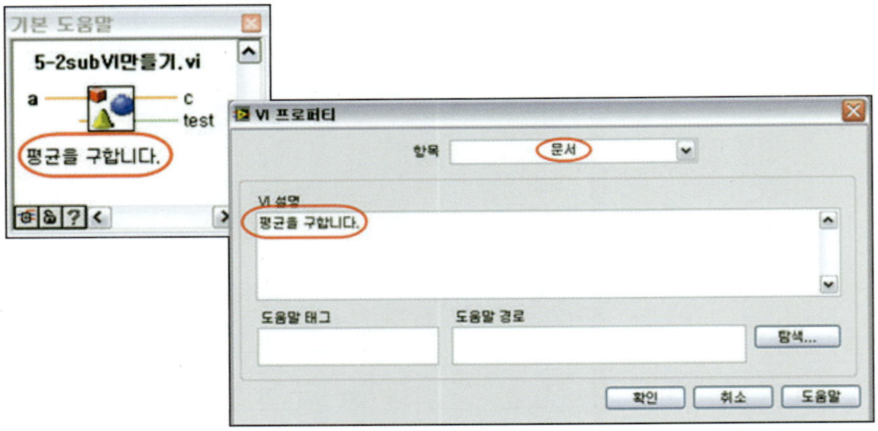

2. 병렬 루프 사이에서는 와이어를 통해 데이터를 실시간으로 전달할 수 없습니다. 루프도 일종의 노드이므로 1.12장에 소개된 데이터 흐름의 법칙을 따릅니다.

3. 다음 그림에서 살펴보면 알 수 있듯이 열거형과 탭 컨트롤의 터미널 모습이 같습니다. 즉 탭 컨트롤은 열거형 컨트롤의 한 종류입니다.

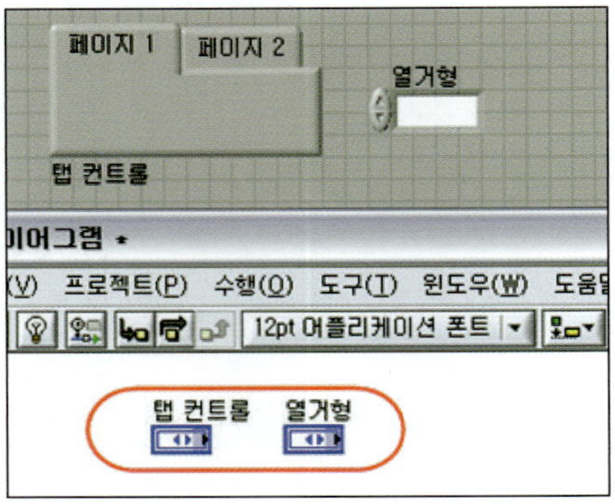

4. 데이터 소켓 프로그램은 데이터 소켓 서버를 시작해야지만 실행 가능합니다.

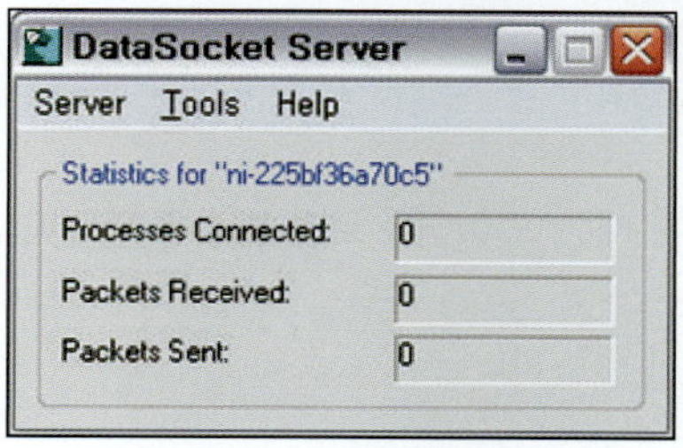

5. 강제 변환점은 데이터 타입을 맞지 않게 프로그램했을 때 생성되고, LabVIEW가 자체적으로 데이터를 변환합니다. 하지만 데이터 타입 변환을 위해 버퍼를 생성하게 되고 그림처럼 빨간색 점으로 표시됩니다.

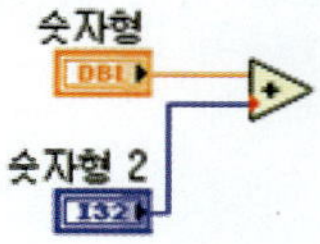

6. 4.1장에서 다뤄지는 While 루프는 정지 터미널의 조건을 '참인 경우 계속'으로 설정하고 여기에 참 상수를 연결해주면 무한 반복을 하게 됩니다. 이때 멈출 수 있는 방법은 강제 종료 버튼으로 해결합니다.

7. 세마포어는 프로그램 실행 시 동시에 실행하는 것을 방지하는 역할을 합니다.

8. 4.2장에서 다뤄지는 For 루프의 반복 실행 횟수는 카운트 터미널에서 지정합니다.

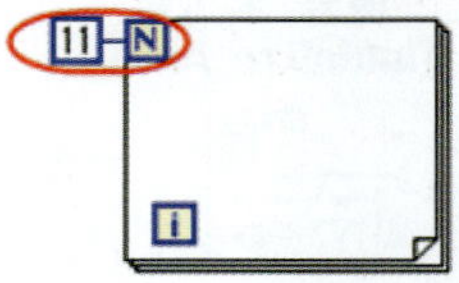

9. 하나의 컨트롤의 프로퍼티를 변경하고자 할 때는 7.2장에서 다뤄지는 프로퍼티 노드를 사용하는 것이 가장 바람직합니다. 혹 다양한 컨트롤들의 프로퍼티를 변경하고자 할 때는 7.3장의 참조하는 방법을 사용하면 편리합니다.

10. 4.9장에서 다뤄지는 수식 노드에서는 C언어와 비슷한 문법을 사용하여 복잡한 수식을 구현할 수 있습니다.

11. 인디케이터의 값을 업데이트할 때는 **와이어 〉 로컬 변수 〉 프로퍼티 노드 〉 참조**순으로 하는 것이 효율적입니다.

12. 3.5장에서 다뤄지는 클러스터를 라벨을 기준으로 정리하는 노드는 이름으로 묶기.vi로써 주로 기존 클러스터의 일부 원소를 업데이트할 때 많이 사용합니다.

13. **배열 만들기**.vi의 **바로가기메뉴 〉 입력 연결**을 하면 첫 번째 입력 배열 뒤에 두 번째 입력 배열을 연결해줍니다.

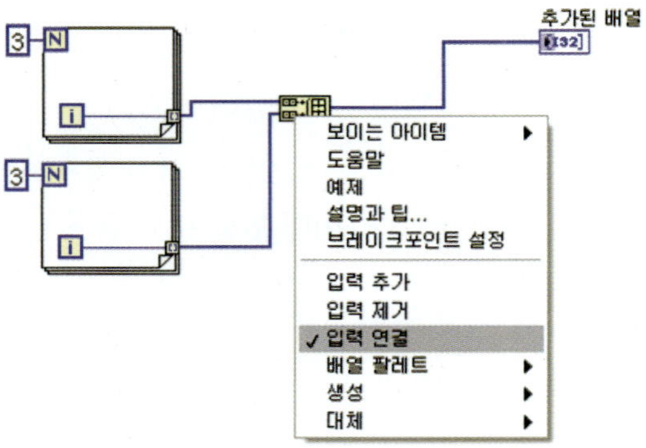

14. **배열 초기화**.vi를 사용하면 원하는 원소로 배열의 모든 원소를 초기화해 줍니다.

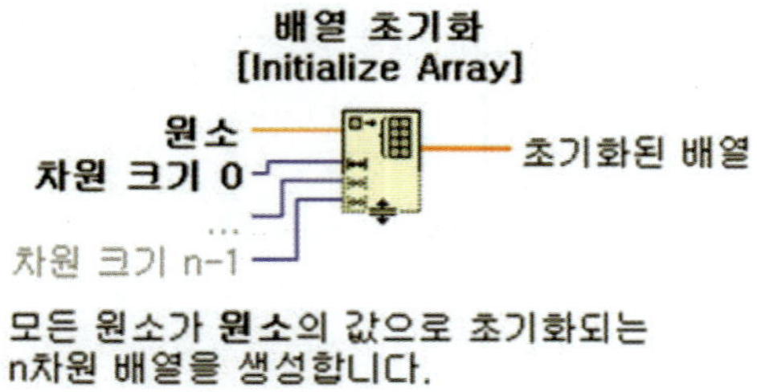

15. 8.4장에서 다뤄지는 상태 머신 디자인 패턴의 단점은 동시에 두 상태를 변경하면 첫 번째 상태 변경만 수행되고 두 번째는 상태를 잃게 됩니다. 즉 여러 상태를 동시에 변경하는 경우 가장 처음에 변경을 시도한 것만 실행되게 됩니다.

16. While 루프를 에러 클러스터로 정지할 때는 에러 클러스터를 직접 조건 터미널에 연결합니다.

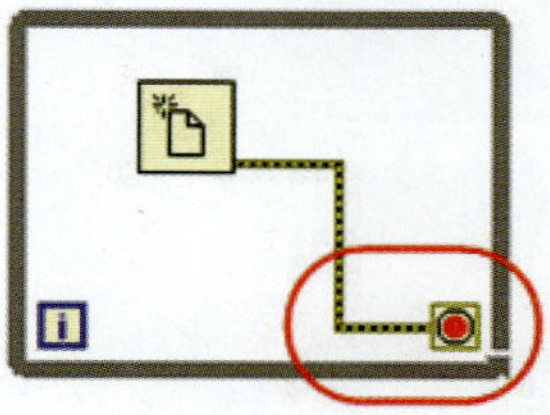

17. Window의 대화 창 버튼은 불리언의 **바로가기메뉴 〉 기계적 동작 〉 놓을 때 래치**를 선택하는 것과 같습니다.

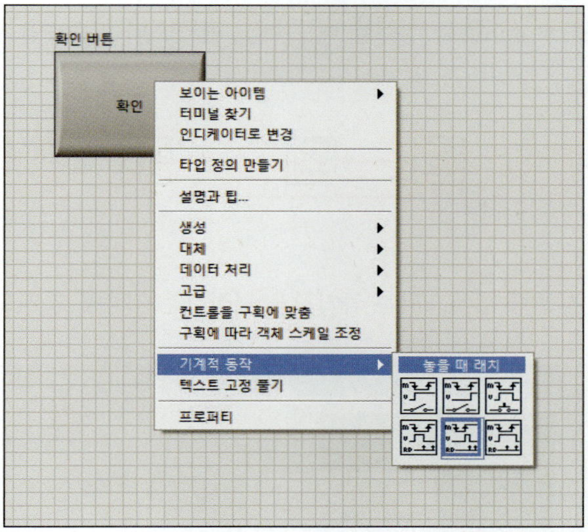

18. 웨이브폼 차트는 웨이브폼 그래프와 달리 값이 누적되어 데이터의 히스토리를 볼 수 있습니다.

19. 2.3장에서 다뤄지는 프로브는 실시간으로 원하는 지점의 값을 보고자 할 때 사용합니다.

20. 3.10장에서 다뤄지는 타입 정의를 컨트롤로 설정하면 추후 수정 내용이 일괄적으로 반영되지 않습니다.

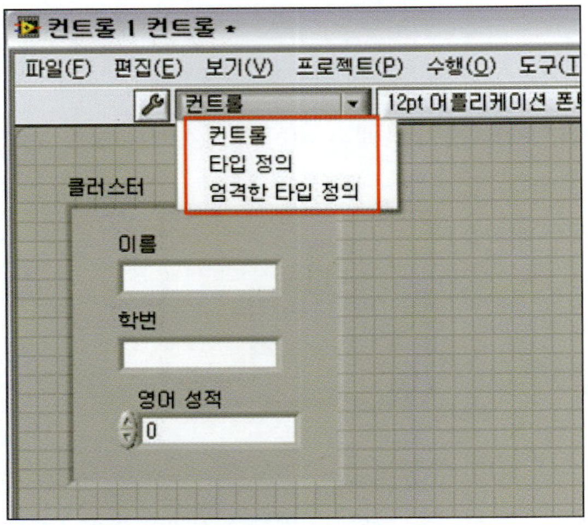

21. 노드의 실행 순서를 결정하는데 보편적으로 가장 많이 사용되는 것이 에러 클러스터 입출력을 사용하는 것입니다. 따라서 subVI를 생성할 때도 에러 클러스터 입출력을 만들어 주는 것이 일반적입니다.

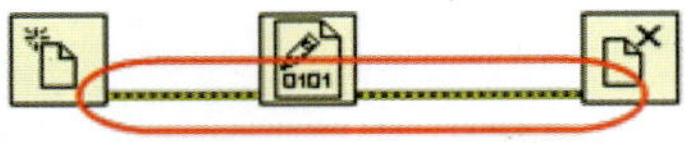

22. 4.3장에서 다뤄지는 시프트 레지스터는 과거값을 저장하는 기능을 가지고 있습니다.

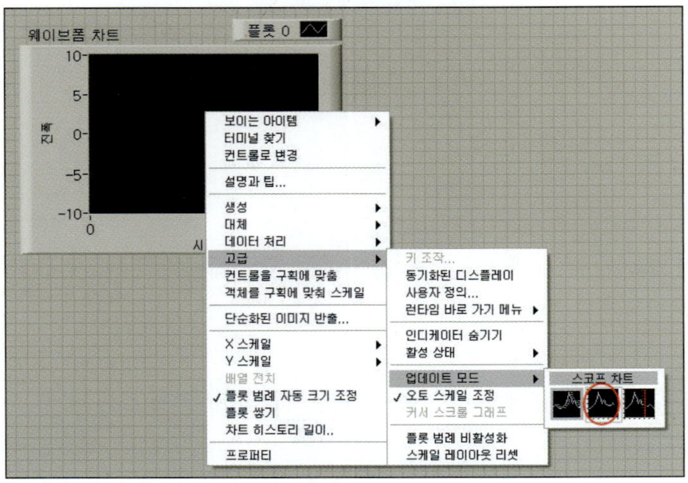

23. 웨이브폼 차트의 **바로가기메뉴 〉 고급 〉 업데이트 모드 중 스코프 차트**는 웨이브 차트의 데이터를 지운 다음, 왼쪽에서 오른쪽 방향으로 새 데이터를 그립니다.

24. 8.8장에서 다뤄지는 글로벌 변수는 서로 다른 VI간에 데이터를 실시간으로 전달할 수 있습니다.

25. 장시간 실행되는 프로젝트에 적합한 타이밍 노드는 **날짜/시간을 초로 얻기.vi**입니다. 다른 타이밍 노드들은 시간이 리셋되는 한계값이 있지만 위의 노드는 날짜와 시간을 초로 변경하기 때문에 절대 같은 값이 나올 수 없습니다.

26. 4.2장에서 다뤄지는 For 루프의 반복 터미널은 0부터 시작합니다. 따라서 카운트 터미널에 연결된 값보다 1 작은 값을 반복 터미널이 나타내면 For 루프는 종료됩니다.

27. 3.5장에서 다뤄지는 서로 다른 데이터의 묶음인 클러스터를 사용하여 타입 정의를 하면 추후에 업데이트해도 일괄적 업데이트가 가능하여 편리합니다.

28. 4.10장에서 다뤄지는 이벤트 구조를 통해 사용할 수 있는 기본적인 이벤트는 키보드나 마우스가 발생하는 정적 이벤트입니다.

29. 1.12장에서 다뤄지는 데이터 흐름의 패러다임을 따르지 않는 것은 로컬 변수입니다. 따라서 로컬 변수를 많이 사용하면 프로그램의 효율성이 떨어집니다.

30. 탭(Tab) 또는 콤마(,)로 구분되어 있는 아스키 파일로 저장하면 엑셀에서 데이터를 읽어 올 수 있습니다.

31. 원소의 개수가 서로 다른 두 배열을 더하면 원소의 개수가 작은 배열에 맞춰 더한 결과값이 나타납니다.

32. subVI의 아이콘은 아이콘 편집기를 통해 수정 가능합니다.

33. 4.6장에서 다뤄지는 For 루프를 이용하여 배열을 만드는 것이 가장 효율적인 방법입니다.

34. 8.4장에서 다뤄지는 상태 머신 디자인 패턴은 While 루프와 시프트 레지스터, 케이스 구조로 구성되어 있습니다.

35. While 루프나 For 루프의 반복 터미널은 0부터 시작되기 때문에 1을 더하면 루프의 실행된 회수를 나타냅니다.

36. 3.6장에서 다뤄지는 웨이브폼 데이터는 t0(처음 데이터를 획득한 시간), dt(데이터 간의 시간 간격), Y[ ](측정된 값들이 배열)로 구성됩니다.

37. **배열 잘라내기.vi**는 입력된 배열에서 주어진 인덱스부터 시작하여 주어진 길이만큼 잘라냅니다.

38. 기본 도움말에서 굵은체는 필수 연결로써 반드시 연결해야 하며 연결되지 않으면 프로그램 실행이 되지 않습니다. 참고로 검정 글씨체는 권장, 회색 글씨체는 옵션을 의미합니다.

39. 7.2장에서 다뤄지는 프로퍼티 노드는 프로그램적으로 프런트패널의 컨트롤이나 인디케이터의 속성을 변경할 때 사용하며, 하나의 프로퍼티 노드로 여러 개의 속성을 변경할 수 있습니다.

40. VI의 메모리 구성 요소는 데이터 공간, 프런트패널, 블록다이어그램, 코드로 구성되어 있으며 subVI 는 데이터 공간과 코드를 위한 메모리 공간이 항상 존재합니다.

자가 진단 퀴즈 정답

1장

1. 프런트패널
2. 블록다이어그램
3. 컨트롤 팔레트, 함수 팔레트, 도구 팔레트
4. 컨트롤
5. 인디케이터
6. 터미널
7. 상수, 노드
8. lvproj
9. 노드가 실행되려면 모든 입력으로부터 모든 값이 들어와야 하고 노드 실행이 끝나야만 출력을 내보낼 수 있다.

2장

1. 실행 하이라이트
2. 프로브
3. 브레이크포인트
4. 단계별 실행
5. 와이어 값 유지
6. Inf
7. NaN
8. 상태, 코드, 소스
9. 에러 정보를 다음 노드로 전달하는 역할과 실행 순서를 결정합니다.

3장

1. 주황, 파랑3장
2. 분홍
3. 불리언, 녹색
4. 배열
5. 클러스터
6. 웨이브폼 차트, 웨이브폼 그래프
7. 배리언트
8. 컨트롤, 타입 정의, 엄격한 타입 정의
9. 묶기.vi
10. 이름으로 풀기.vi

4장

1. 참인 경우 계속, 참인 경우 정지
2. For 루프
3. 인덱싱 활성화 출력 : [0, 1, 2]
   인덱싱 비활성화 출력 : 2
4. For 루프
5. 기본 케이스 부재
6. 0, 거짓
7. 시퀀스
8. 수식
9. 다이나믹 이벤트 or 사용자 이벤트
10. 필터 이벤트

5장

1. subVI
2. 아이콘, 커넥터

6장

1. 아스키
2. 바이너리
3. LVM, TDMS
4. 문자열
5. 클러스터
6. 채널
7. 바이너리

7장

1. 컨트롤, VI
2. 프로퍼티, 인보크
3. 위에서 아래 순서대로 실행됨
   참조

8장

1. 변수, 다이나믹 이벤트, 동기화
2. 로컬, 글로벌, 기능적 글로벌, 공유
3. 알림자, 큐
4. 큐
5. 초기화 되지 않은
6. 마스터/슬레이브 디자인 패턴
7. 생산자/소비자 이벤트 디자인 패턴
8. 생산자/소비자 데이터 디자인 패턴
9. 상태 머신 디자인 패턴

9장

1. 카운터 출력
2. 아날로그 입력
3. 차동, RSE, NRSE
4. RSE
5. 코드 폭
6. 시작, 참조
7. DAQmx 타이밍.vi
8. 타이밍 설정/ 트리거 설정(순서 바뀌어도 상관 없음)
9. 1Hz
10. 쓰기

10장

1. GPIB
2. VISA
3. 인스트루먼트 드라이버
4. 서버, 클라이언트

11장

1. 성능과 메모리
2. 프로젝트
3. 키 조작
4. 9999, -8000
5. 이벤트

INDEX

UNI SOLUTIONS

(주)유엔아이솔루션즈(UNI Solutions Co., Ltd)는 전기/전자, 기계, 국방, 철도, 자동차 등의 산업 분야에 PC 및 PXI기반의 제어 및 계측 솔루션을 제공하는 전문 기업입니다.

주요 사업 분야

● 시스템 통합	● 계측기 개발	● 연구 개발
Industrial Measurement & Automation	PMIC Tester	Arc Measurement
Distributed Monitoring	Arc Measurement	Adaptive Optics
Embedded System	Smart Trigger Oscilloscope	
	RF Record & Playback	

주요 인력 소개

주요 인력 모두가 한국내쇼날인스트루먼트의 기술지원부 및 기술영업부에서 다년간 근무한 경력을 바탕으로 LabVIEW를 이용한 최적의 측정 및 자동화 솔루션을 제공합니다.

임헌영 (hylim@unisolutions.co.kr) – 전기/전자, 기계 담당
– 한양대 정밀기계공학과 석사, 동역학 및 제어 전공, 한국NI 7년 근무, CLD 보유

김창회 (chkim@unisolutions.co.kr) – 전기/전자, 신 재생 에너지 담당
– 성균관대 기계공학과 석사, 구조 및 시스템 설계 전공, 한국NI 7년 근무, CLD 보유

주식회사 유엔아이솔루션즈를 최고의 회사로 함께 만들어 갈 유능한 인재를 1년 365일 수시 모집합니다. 채용관련 문의는 uni@unisolutions.co.kr로 하십시오.

주식회사 유엔아이솔루션즈, 경기도 성남시 수정구 창업로 43, A동 711호 (시흥동, 판교글로벌비즈센터)
Tel : 031-703-7456, **Fax** : 031-703-7459, **E-mail** : uni@unisolutions.co.kr, www.unisolutions.co.kr

UNI SOLUTIONS　NATIONAL INSTRUMENTS Certified Alliance Partner　NATIONAL INSTRUMENTS LabVIEW CERTIFIED DEVELOPER

LabVIEW 무료 체험방법

ni.com/trylabview를 방문하십시오

- LabVIEW의 새로운 기능 온라인 교육
- 모든 기능을 경험할 수 있는 평가판 다운로드
- 어플리케이션 별 모듈과 툴킷 평가판 제공
- DVD로 신청시 우편 발송

LabVIEW
LabVIEW의 정석 기본편 컬러판

인쇄 2024년 02월 14일 1판 7쇄
발행 2024년 02월 28일 1판 7쇄

지은이 손혜영
발행인 채희만
기획편집팀 임민정, 임유리, 강미연 | **마케팅팀** 한석범, 성희령 | **경영관리팀** 이승희
발행처 INFINITYBOOKS | **주소** 경기도 고양시 일산동구 하늘마을로 158 대방트리플라온 C동 209호
대표전화 02) 302-8441 | **팩스** | 02) 6085-0777

도서 문의 및 A/S 지원
홈페이지 www.infinitybooks.co.kr | **이메일** helloworld@infinitybooks.co.kr

ISBN 978-89-92649-91-9 | **등록번호** 제2021-000018호 | **판매정가** 28,000원

본서의 무단복제를 금하며 파본은 구입처에서 교환하여 드립니다.